IM SPIEGEL DER ZEIT

IM SPIEGEL DER ZEIT

Erlebtes

Erfahrenes

Erforschtes

Verlag Das Beste
Stuttgart · Zürich · Wien

© 1992 by Verlag Das Beste GmbH, Stuttgart

604

Printed in Germany

ISBN 3 87070 388 1

INHALT

Die programmierte Ausrottung der Yanomami-Indianer und die Vernichtung des Regenwaldes

Die letzte Jagd

von Rüdiger Nehberg

*„Wir werden als Goldsucher gehen. So
kommen wir unbehelligt vor Ort und
sehen selbst, was da wirklich los ist."*

*Das war die Grundidee, die auch mei-
nen Reisegefährten Wolfgang Brög gleich
begeisterte. Seit er während meiner Tretbootfahrt über den Atlantik selbst bei den
Yanomami gewesen war, um sie im Film
vorzustellen, war er genauso besessen
von dem Gedanken, helfen zu müssen.*

Rüdiger Nehberg

Die Bluffer

"DAS ist ein Todeskommando", versicherte uns Dieter Zimmer, der Redakteur der Reihe *reportage* des Zweiten Deutschen Fernsehens. "Dafür kann ich Ihnen unmöglich einen Auftrag erteilen."

Ich war enttäuscht. Nach all der jahrelangen fruchtbaren Zusammenarbeit nun diese Absage, diese fehlende Bereitschaft zum Risiko. Nur weil ich auf der Strecke bleiben und eine etwaige Vorauszahlung verlorengehen konnte? Aber Dieter Zimmer tröstete mich: "Das ist nicht der Grund. Wenn ich Ihnen einen Auftrag gäbe und Ihr Versuch tödlich endete, würde ich mir den Vorwurf einer Mitschuld machen."

Nun – das war ein Argument. Trotzdem war ich niedergeschlagen. Denn einen Vorschuß hätte der Filmemacher Wolfgang Brög, mein Freund und Reisegefährte, dringend brauchen können. Im Gegensatz zu mir – ich besaß damals noch eine Konditorei und lebte außerdem von Publikationen und Vorträgen – bezog Wolfgang seine Einnahmen einzig aus dem Drehen von Dokumentarfilmen. Seine Geldreserven waren aufgebraucht, und gerade bei dem neuen Vorhaben mußten wir weite Strecken mit Privatmaschinen fliegen, mußten Schmiergelder bereithalten und Mittel zum Ankauf von Gold besitzen. Immerhin waren vier Monate Zeit für dieses Unternehmen angesetzt, Monate, die auch ohne solche Sonderausgaben Geld kosten würden.

Daß unsere neue Aktion große Risiken barg, war uns auch klar. Doch wir wollten etwas zum Wohle der bedrohten Yanomami-Indianer tun. Dazu brauchten wir das Fernsehen, weil wir nur über einen solch wirksamen Multiplikator die Chance hatten, Änderungen zu bewirken. Ohne die Medien im Hintergrund war jeglicher Einsatz für die Yanomami wirkungslos.

Sicherlich hätten andere Organisationen, die uns unterstützten, wie die "Gesellschaft für bedrohte Völker", "Greenpeace", der "World Wildlife Fund" und "Robin Wood", uns nicht nur mit Rat, sondern notfalls auch mit Tat unter die Arme gegriffen. Aber da plünderte ich lieber das Betriebskonto meiner Konditorei. Mit eigenem Geld geht man sorgfältiger um.

Bevor ich die konkreten Reisepläne verrate, muß ich noch einmal kurz zurückblenden in das Jahr 1987. Damals war ich mit einem Tretboot über den Atlantik gestrampelt, von Dakar im Senegal nach São Luís in Brasilien. Im Reisegepäck hatte ich eine Bittschrift der Gesellschaft für bedrohte Völker an das brasilianische Staatsoberhaupt José Sarney. Er wurde darin ersucht, von seinem Recht als Präsident Gebrauch zu machen, per Dekret die Yanomami wirksam zu schützen.

Das Spektakel, mit einem an sich untauglichen Fahrzeug den Atlantik zu überqueren, sollte die nötige weltweite Aufmerksamkeit erregen. Die Medien würden, so hoffte ich, für ein großes Interesse in der Öffentlichkeit sorgen, dem sich letztlich auch ein Staatschef nicht entziehen könnte.

Ich hatte die Demonstration sozusagen offiziell angemeldet. Der brasilianische Generalkonsul in Hamburg, Francisco de Lima e Silva, hatte meine Bitte um ein Kurzgespräch mit José Sarney auf dem Dienstweg nach Brasilien weitergeleitet.

Doch als ich endlich nach über zwei Monaten Geschaukel Brasilien erreichte, lief alles anders. Ich gelangte zwar in den marmornen Präsidentenpalast und kam sogar ins Vorzimmer des Allmächtigen, aber dort fingen mich einige Herren ab, die mir bei vielen Täßchen Cafezinho klarzumachen versuchten, daß ich mich völlig verlaufen hätte. „Für dieses Anliegen sind wir nicht zuständig", erklärten sie. „Das ist einzig und allein Sache der Indianerbehörde FUNAI."

Die FUNAI! Ausgerechnet diese Organisation, die jeglichem echten Indianerschutz Hohn spricht! Ihr sollte ich die Bittschrift der Gesellschaft für bedrohte Völker überreichen?

Ich klagte Wolfgang Brög, der mich auch damals beim Besuch im Präsidentenpalast begleitet hatte, mein Leid. „Findest du nicht, daß es entwürdigend wäre, die Petition ausgerechnet der FUNAI zu geben? Sie ist doch an José Sarney persönlich gerichtet!"

Wolfgang war ganz meiner Meinung. Und er hatte gleich eine akzeptable Lösung parat. „Weißt du, was wir machen? Wir gehen nebenan ins Protokollamt und geben die Bittschrift dort ab. Der FUNAI überlassen wir allenfalls eine Kopie." So machten wir's.

„Das Protokollamt des Präsidenten ist eine große demokratische Einrichtung", hatte uns ein Journalist im Palast stolz belehrt. „Wenn ein Bürger auf dem Amtsweg nicht zu seinem vermeintlichen Recht kommt, kann er sein Anliegen schriftlich formulieren und dort abgeben. Der Mitarbeiterstab des Präsidenten befaßt sich dann mit der Angelegenheit. Jeder Bittsteller erhält eine Antwort."

Das hörte sich vielversprechend an. Wir gingen also hin und überreichten unsere Bittschrift. „Hier

Wolfgang Brög

ist Ihre Quittung", hieß es. „Beachten Sie bitte diese Registriernummer. In ungefähr vier Wochen werden Sie Antwort erhalten." Ich steckte den wertvollen Schein in meinen Brustbeutel.

Inzwischen sind achtzehn Monate verstrichen. Achtzehnmal vier Wochen. Die Antwort steht noch aus – oder in den Sternen.

„Sollen wir uns noch an die FUNAI wenden?" fragte ich Wolfgang nach der Übergabe im Protokollamt. „Oder belassen wir es dabei?"

Wolfgang war sich auch nicht ganz schlüssig, zumal es gleich geheißen hatte, der FUNAI-Präsident Romeró Jucá Filho sei ebenso unabkömmlich wie sein Staatschef. „Aber sein persönlicher Vertrauter Marcelo Chagas wird Sie empfangen", hatte man uns mitgeteilt. Dieses Herumgedruckse zeigte uns deutlich, daß die verantwortlichen Herren sich jeglicher Kommentare enthalten wollten, um später nicht beim Wort genommen zu werden.

Wir riefen damals das ZDF an. Dieter Zimmer entschied kurzerhand: „Gehen Sie zur FUNAI. Dann haben die Reise und der Film einen Abschluß mit offizieller Note."

Marcelo Chagas war genau der richtige Empfangschef für die von ihm repräsentierte Behörde und der ideale Vertreter seines Vorgesetzten: Dressman-Typ und Strahlemann. „Ihr Einsatz für die Yanomami ehrt Sie, und wir freuen uns über Ihr Interesse. Ich darf Ihnen aber versichern, daß der Schutz der Yanomami perfekt ist. Wir sind dabei, letzte Vermessungsarbeiten abzuschließen. Aber Sie werden sehen: Noch in diesem Jahr[1] wird der Yanomami-Nationalpark verwirklicht."

Das Vermessungsargument kannten wir bereits. Seit Jahren mußte es als Ausrede für Verzögerungen herhalten. Dabei besagt die brasilianische Verfassung klipp und klar, daß die Ureinwohner ein unabsprechbares Recht auf ihr traditionell bewohntes Land haben, ganz egal, wie viele Hektar das sein mögen. Von Bedeutung dürfte

Besuch bei Marcelo Chagas

nur sein, von welchem bis zu welchem Fluß sie es seit Urzeiten besiedelt haben. Das wären dann die Grenzen, die festgeschrieben werden müßten.

Deshalb wagte ich es, Chagas ein Angebot zu unterbreiten. „Dürfte ich Ihnen und Brasilien kostenlos eine internationale Truppe von Landvermessern zur Verfügung stellen, die die Arbeiten zu Ende bringt? Unter der Garantie der Nichteinmischung in Ihre politischen Angelegenheiten?" Ich war mir sicher, ein solches Team zusammenzubekommen.

Chagas hörte sich den Vorschlag ruhig an. „Ich darf Ihnen versichern, daß Brasilien sehr wohl in der Lage ist, diese Aufgabe selbst zu bewältigen", antwortete er schließlich. „Zum einen, weil die Arbeiten so gut wie abgeschlossen sind, zum anderen, weil gerade der Beruf

---

[1] 1988

des Landvermessers in unserem Lande zu den bestorganisierten gehört."

Mit Marcelo Chagas' Versprechen im Kopf und seiner edlen FUNAI-
Visitenkarte in der Tasche kehrten wir nach Deutschland zurück.

Wir mußten uns eingestehen, daß wir das eigentliche Ziel, den
Staatspräsidenten Sarney zu sprechen, nicht erreicht hatten. Aber mit
Hilfe der Tretbootaktion war es uns dennoch gelungen, die Not der
Yanomami wieder einmal in die Diskussion zu bringen. Im Präsiden-
tenpalast hatte ich die größte Pressekonferenz meines Lebens gegeben.
Sechzig Fernseh-, Rundfunk- und Zeitungsleute hatten sich noch um
die besten Plätze gerangelt, während ich im Foyer bereits die Ge-
schichte der Überfahrt erzählte und über ihre Hintergründe sprach.

Und Wolfgangs Film erhielt die vorteilhafteste Sendezeit (19.30 Uhr,
23. 2. 88, ZDF) und werbewirksame Vorankündigungen. Vor allem
ernteten wir nach der Ausstrahlung ausschließlich sehr gute Kritiken.
Zehn Millionen Zuschauer erfuhren, daß es irgendwo auf der Erde die
Yanomami gibt, daß es sich bei diesen um das letzte Urvolk des süd-
amerikanischen Kontinents handelt und daß Schutz möglich ist, ohne
Brasilien einen Verlust zuzufügen. Ganz im Gegenteil sogar: Das Land
würde in moralischer Hinsicht gewinnen, sein Ansehen weltweit steigen. Ein ideales Geburtstagsgeschenk Brasiliens an die ganze Welt zum
bevorstehenden 500. Geburtstag Amerikas im Jahr 1992.

Daheim in Hamburg verfolgte ich den Fortschritt der von der FUNAI
propagierten Landvermessungsarbeiten und wartete auf ihr Ende.
Doch von Marcelo Chagas hörten wir nichts mehr.

Dafür erreichte mich am 20. 3. 1988 ein Situationsbericht von Johanna Gerdts von der Gesellschaft für bedrohte Völker:

> Der Goldrausch wird die Yanomami töten!
> Die Situation der Yanomami in Brasilien hat sich zu einem Kampf
> auf Leben und Tod zugespitzt. Die Zahl der ins Sperrgebiet einge-
> drungenen Goldsucher ist inzwischen auf zehntausend angestiegen,
> so daß die Indianer jetzt in der Minderheit sind. Die Goldsucher
> sind weit ins Urwaldinnere vorgestoßen, ihre Vorhut hat bereits
> die *Serra do Surucucú* erreicht. Dieses Bergland nahe der vene-
> zolanischen Grenze ist die Kernzone der Yanomamiverbreitung.

Durch die Invasion ist ihr Überleben aufs stärkste bedroht. Der Regierung ist die Situation durch den massiven Ansturm der illegalen Goldsucher völlig außer Kontrolle geraten. Sie hat jedoch auch selbst zu dem augenblicklich herrschenden Chaos entscheidend beigetragen.

Für die Indianergebiete wurden verschiedene „Lösungen" erarbeitet. Anfang 1987 hatte Präsident Sarney bekanntgegeben, daß er ein ausgedehntes Yanomamireservat mit einer speziellen Naturschutzzone entlang der Grenze befürworte. Später war dann die Rede von neunzehn einzelnen kleineren Eingeborenengebieten im Verbund mit Waldreservaten und Bergbauzonen, die zunächst unangetastet und einer Ausbeutung in späteren Zeiten vorbehalten bleiben sollten. Im Bundesstaat Roraima, wo die Mehrzahl der Yanomami lebt, entfachten diese Pläne einen Proteststurm von seiten der Goldsucher und der Landesregierung.

Der Einmarsch der Goldsucher hat zu zahlreichen Konflikten mit den Yanomami geführt, unter anderem im August 1987, als eine Auseinandersetzung mit der Ermordung von drei Indianern endete. Immer wieder fordern die Indianerhäuptlinge den Rückzug der Goldsucher und eine strenge Regelung der Beziehung zwischen Indianern und Brasilianern, die im Rahmen des Entwicklungsplans im Gebiet tätig sind.

Ebenfalls im vergangenen August wurde das Ärzteteam der CCPY[1] aus „Sicherheitsgründen" ausgewiesen. Die medizinische Versorgung, die diese Organisation den Yanomami seit 1981 geboten hat, wurde damit abrupt unterbunden. Desgleichen wurden Ethnologen und einige Missionare ausgewiesen. Die Indianerbehörde kündigte an, die medizinische Betreuung der Indianer selbst übernehmen zu wollen. Da es ihr jedoch an ausgebildetem Personal und Geld fehlt, ist sie dazu gar nicht in der Lage.

Die Militärs haben inzwischen den Bau von Flugpisten und Soldatenunterkünften an mehreren Orten im Yanomamigebiet abgeschlossen. Vier Häuptlinge waren nach Manaus geflogen worden, wo man ihnen erzählte, daß die Indianerbehörde gemeinsam mit

---

[1] Kommission zur Gründung des Yanomami-Nationalparks

dem Militär eine Volkszählung unter den Eingeborenen durchführen werde, der bis Ende 1988 eine Landvermessung folgen solle.

Die Ausbreitung der Goldsucher macht jedoch jeglichen Reservatsplan undurchführbar. Pressemeldungen in brasilianischen Zeitungen über das „größte Eldorado aller Zeiten" haben das Klima noch angeheizt. Die Soldaten versuchten zeitweilig, die Invasion zu stoppen, konnten aber nichts ausrichten. Vielmehr erleichtern die militärischen Landepisten den Goldsuchern den Zugang ins Landesinnere. Die Garimpeiros[1] fliegen kurzerhand mit Hubschraubern ein und dringen von dort aus weiter in die Wälder vor.

Täglich werden im Yanomamiland über dreißig Kilo Gold aus der Erde gegraben und aus den Flüssen gewaschen. Epidemien, vor allem Grippe mit Lungenkomplikationen, haben sich unter den Yanomami rasch ausgebreitet. Es heißt, daß es die Absicht der Goldsucher gewesen sei, eine Situation herbeizuführen, die sich nicht mehr rückgängig machen ließe, und möglicherweise ist ihnen dies gelungen. Wenn nicht sofort drastische Maßnahmen ergriffen werden – nämlich der Abzug aller Goldsucher –, gehen die Yanomami ihrer physischen und kulturellen Vernichtung entgegen.

Johanna Gerdts' Brief setzte bei mir erste Überlegungen für eine neue Aktion in Gang. Dann erreichte mich Ende Oktober 1988 ein Eilbrief der CCPY. Ich kenne diese Organisation schon seit Jahren und arbeite eng mit ihr zusammen. Im Gegensatz zur FUNAI tut sie wirklich etwas für die Yanomami. Sie verhandelt mit Politikern, initiiert Berichte in den Medien, entlarvt die Farcen der FUNAI und betreut die Yanomami medizinisch.

Dem Eilbrief entnahm ich, was sich wirklich ereignete und wie sich die Situation verschlimmert hatte. Statt des seit Jahren versprochenen einheitlich geschlossenen Yanomami-Nationalparks wurde ein Flickenteppich geschaffen. Aus dem „Nationalpark" wurde ein Mosaik aus „Nationalwäldern" und neunzehn „Indianerkolonien". Nur ein einziges größeres Gebiet, der „Parque Pico da Neblina", war als Rest der ursprünglichen Nationalparkidee übriggeblieben.

---

[1] Goldsucher

Den Verantwortlichen der CCPY war klar, daß diese Gesetzesänderung und die damit verbundene Zerstückelung des eigentlich geplanten großen Reservats den Goldsuchern Flüsse und Urwald erschließen sollten. Denn die „Nationalwälder" sind nur bedingt geschützt. Abgesehen davon, daß auch kaum jemand die Refugien der Indianer, die „Indianerkolonien", respektieren würde, entzog man mit der Freigabe des Restwaldes den Yanomami die wichtigste Lebensgrundlage: die Basis des Sammelns und des Jagens. Denn wo Tausende von bewaffneten Goldsuchern hausen, überlebt kein Beutetier.

Die neue Regelung der Parzellierung würde sich auf die Yanomami auswirken wie auf einen Bauern, dem man das Land wegnimmt, um ihn mit einem Schrebergarten abzuspeisen. Vielleicht könnte ein Bauer, der des Portugiesischen mächtig ist und viele handwerkliche Fähigkeiten besitzt, einen Ersatzjob finden – den Indianern aber ist dieser Weg verwehrt. Sie sprechen nur ihre Yanomamisprache und kein Portugiesisch. Und all die vielen Kunstfertigkeiten, die den Indianern das Überleben im Urwald ermöglichen, nutzen ihnen in unserer Welt gar nichts.

Der Eilbrief der CCPY löste in mir einen schnellen Entschluß aus. Es mußte *sofort* gehandelt werden. Wir mußten vor Ort gelangen und eine Reportage über die Goldsucher und die von ihnen angerichteten Schäden machen.

Ich fragte Claudia Andujar von der CCPY in São Paulo brieflich um Rat.

Ihre Antwort: „Wenn Du wirklich als Garimpeiro in das Yanomamiterritorium gehen willst, kannst Du keine Fernsehkamera mitnehmen. So etwas besitzt keiner dieser Burschen. Sie werden Dich für einen Spion halten. Die Goldsucher sind bestens bewaffnet und arbeiten in organisierten Gruppen. Wenn sie vermuten, daß Du nicht wirklich zu ihnen gehörst, solltest Du sofort verschwinden. Und wenn Dir etwas passiert: Die örtliche Polizei ist stets auf seiten der Goldsucher..."

Immerhin endete der Brief positiv. Der von mir ins Auge gefaßte Januar sei ein günstiger Monat, schrieb Claudia, weil er mitten in die Trockenzeit falle. Und das sei die Hauptsaison der Goldsucher.

Inzwischen war auch die FUNAI nicht untätig geblieben. Sie „verzichtete" großzügig auf ihr Vormundschaftsrecht gegenüber den Indianern. Bisher hatte die FUNAI rechtlich als „Vormund" der „beschränkt handlungsfähigen" Indianer gegolten. Das hatte aber auch bedeutet, daß dem Mündel immerhin ein eigener Wille zuerkannt wurde. Ob es ihn tatsächlich durchsetzen konnte, hing allerdings ausschließlich von der FUNAI ab.

Jetzt jedoch, mit dem „Verzicht" auf die Vormundschaft, landete die FUNAI den ganz großen Coup. Er vervollständigte das Negativbild dieser Behörde um eine weitere Nuance. „Schluß mit der Minder-jährigkeit des Indianers!" verkündete sie öffentlich-keitswirksam. „Der India-ner soll ein gleichberech-tigter Staatsbürger sein."

Claudia Andujar

Doch was sich hier so edel anhörte und nach Gerechtigkeit und nach einem Sinneswandel klin-gen sollte, war in Wirk-lichkeit ein einziger Bluff, der der völligen Entrech-tung der Ureinwohner gleichkam. Nun war nicht mehr die FUNAI der Sündenbock, ab jetzt waren die Indianer selbst an allem schuld. Nun konnten sie, des Portugiesischen nicht mächtig und sich unserer Gemeinheiten, Stärken und Raffinessen nicht bewußt, selbst entscheiden, ob Goldsucher zu ihnen einströmen durften oder nicht, ob ihr Wald abgeholzt werden durfte oder nicht. Eine unerhörte und kriminelle Lösung! Denn wie soll ein Indianer den Schaden be-urteilen können, der ihm langfristig dadurch entsteht? Wie soll ein Mensch ohne unser Wissen um ökologische Zusammenhänge in diesen Fragen eine richtige Entscheidung treffen, wenn nicht einmal wir in unserer eigenen Welt mit solchen Schwierigkeiten fertig werden? Der damalige FUNAI-Präsident verspürte auch keinerlei Hemmungen, als er einige gekaufte Häuptlinge vor die Fernsehkameras holte, um sie lautstark nach Gleichberechtigung rufen zu lassen.

Einfacher konnte man das Indianerland nicht stehlen. Man würde reich, behielte eine weiße Weste und könnte Kritikern kaltlächelnd

entgegnen: „Was wollt ihr denn? Die haben uns doch darum gebeten."
Es wurde höchste Zeit, diese Blender und Bluffer bloßzustellen. Im
Januar 1989 würden wir starten.

Taten statt Warten

WIR werden als Goldsucher gehen. So kommen wir unbehelligt
„ vor Ort und sehen selbst, was da wirklich los ist."
Das war die Grundidee, die auch meinen Reisegefährten Wolfgang
Brög gleich begeisterte. Seit er während meiner Tretbootfahrt über den
Atlantik selbst bei den Yanomami gewesen war, um sie im Film vorzu-
stellen, war er genauso besessen vom Gedanken, helfen zu müssen.

Wie die Dinge lagen, war diesmal unbedingt Verschwiegenheit ange-
sagt. Wenn die Goldmafia auch nur eine Andeutung erfuhr, hatten wir
keine Chance. Einen zweiten Versuch würde es dann nicht mehr geben.

Ende 1988 begannen wir mit den Vorbereitungen. Wolfgang legte
sich eine neue Kamera zu, diesmal eine Super-VHS. Im Gegensatz zur
Video-8-Kamera der letzten Reise war dieses Modell viel größer. Aber
es war deshalb nicht unbedingt schwerer. Man konnte die handelsübli-
chen großen Videokassetten einlegen und hatte bis zu vier Stunden
Drehzeit zur Verfügung. Die Kamera lag beim Filmen auf der Schulter
auf und konnte somit besonders ruhig geführt werden. Entscheidend
war, daß sie völlig geräuschlos lief. Das erleichterte heimliche Aufnahmen.

Ich hatte zwei halbautomatische Spiegelreflexkameras, eine vollauto-
matische Kleinkamera mit Drahtauslöser, einige Objektive, einen Blitz
und ein Tonbandgerät dabei. Zu unserer Selbstverteidigung packten
wir zunächst nur CS-Reizgas und einen Elektroschocker ein. In Brasilien wollten wir uns Revolver kaufen.

Ich hatte zwei Mitglieder der Bundesregierung angeschrieben:
Außenminister Hans-Dietrich Genscher und Dr. Gerhard Stoltenberg,
der zu dieser Zeit noch Finanzminister war. Vom einen erbat ich gene-
relle Hilfe in Brasilien und vom anderen die Vermittlung eines
Gesprächs mit der Weltbank in Washington. Eine bestimmte Idee
spukte mir im Kopf herum.

Ich hatte Glück. Beide Politiker sagten mir ihre Unterstützung zu und
hielten später auch ihr Wort.

Und dann entschied ich mich zu einem weiteren wichtigen Schritt:
Ich verkaufte meine Konditorei. Eigentlich wollte ich mit diesem Entschluß bis zum 60. Lebensjahr warten. Aber von Jahr zu Jahr hatte sich
bei mir das Gefühl verstärkt, daß meine Interessen sich von der Zivilisation zum Urwald verlagerten, von den Torten zu den Torturen. Seit
die Yanomami in meinem Leben aufgetaucht waren, war ich mit Gedanken und Herz immer weniger in der Konditorei und immer mehr in
Brasilien. Mir war klar, daß das langfristig nur einen geschäftlichen
Abstieg bedeuten konnte.

Anschleichen

„DARF ich einen Moment Platz nehmen?" Das Mädchen lächelte.
Eigentlich hatte ich keine Lust zu einer Unterhaltung. Ich war
gerade erst in Manaus angekommen und wollte ein wenig schlafen. Die
saunaartige Hitze hatte mich in den Schwitzkasten genommen, kaum
daß ich das Flughafengebäude verlassen hatte. Das Wasser war mir an
Rücken und Beinen hinabgelaufen. Nicht einmal die Frischluft, die
durch die heruntergekurbelten Scheiben des Taxis hereinströmte, hatte
für eine spürbare Abkühlung gesorgt.

Wird das hier eigentlich bei jedem Besuch heißer? hatte ich mich
gefragt. Ist das schon der Klimaumschwung, die Auswirkung der abgeholzten Wälder oder des Ozonlochs? Oder werde ich schlicht älter und
habe nicht mehr die Flexibilität, mich anzupassen? Doch auch der Taxifahrer hatte sich mit einem Tuch, das neben ihm bereitlag, das tropfende Kinn trockengewischt. Ich hatte überlegt, wie schnell ich unter
der Dusche sein würde – das einzige, das ich an diesem Tag schnell
machen würde.

Ganz so schnell, wie ich das Duschen ersehnt hatte, war es dann
doch nicht gegangen. Erst hatte ich zwei mahagonifarbene Riesen-
kakerlaken mit ihren Fernsehantennenfühlern zur Seite bitten müssen,
zurück in eine Ritze zwischen den Kacheln.

Aber schließlich hatte ich mich sauber, erfrischt und startklar fürs neue Unternehmen gefühlt und nur noch ein kleines Nickerchen machen wollen. Und gerade da hatte es geklopft. „Herein!" Die Tür hatte sich einen Spalt geöffnet, und eine anmutige junge Frau hatte frische Handtücher hindurchgereicht. „Legen Sie sie ins Bad", hatte ich mit einer Handbewegung angedeutet. Sie war an mir vorbei zur Dusche gehuscht. Es dauerte eine Weile, dann stand sie wieder im Zimmer.

„Waren Sie nicht schon einmal hier? Vor einem Jahr?" Sie lehnte sich an den Türrahmen.

„Ja, das stimmt", bestätigte ich und überlegte, ob sie sich wirklich erinnern konnte. Denn ich war tatsächlich schon mal in diesem Hotel abgestiegen. Aber nur für drei Tage.

„Ich erinnere mich ganz deutlich. Sie kamen damals von den Yanomami-Indianern."

Also doch wiedererkannt. Aber wohl kein Kunststück. Wer hat hier schon Halbglatze und einen Dreitagebart? Erinnerte sie sich auch an ein Gespräch über die Yanomami? Solche Brasilianer waren rar. Ich vergaß völlig, daß ich eigentlich unter der Hitze litt und schlafen wollte.

„Ich stamme nämlich vom oberen Rio Padauirí", fuhr sie fort, während sie sich in einen der Sessel setzte. „Daher kenne ich die Yanomami. Hin und wieder tauchten einige von ihnen in meinem Heimatdorf auf. Ich heiße übrigens Neide. Meine Eltern wohnen immer noch am Rio Padauirí. Als ich kürzlich wieder dort war, um sie zu besuchen, kamen auch einige Yanomami und erzählten von einem Krieg."

„Sind die Goldsucher bei ihnen eingedrungen?" Ich war sofort ganz Ohr.

„Nein. Ein Krieg unter den Indianern. Am Rio Juruparí gibt es drei Malocas[1]. Eine liegt am Unterlauf des Flusses, kurz vor der Einmündung in den Padauirí. Dort erschien ein Yanomami von einem der flußabwärts gelegenen Dörfer. Er war über und über mit einem Ausschlag bedeckt. Die Gastgeber waren davon überzeugt, daß er von seiner Sippe geschickt worden war, um sie anzustecken. Zwar bewirteten sie ihn, aber als er ging, lauerten sie ihm im Wald auf und töteten ihn. Und nun ist Krieg. Das heißt, kein Indianer vom Oberlauf traut einem vom Unterlauf."

---

[1] Indianerdörfer

Meine Müdigkeit war wie verflogen. Beinahe der erste Mensch, der mir in Brasilien begegnete, war eine Yanomami-Kennerin und zugleich eine so sympathische Frau!

„Ich muß jetzt weiterarbeiten", beendete sie die Unterhaltung bald. Sie hatte auf die Uhr geschaut und war aufgesprungen.

„Wann hast du Feierabend?"

„Um sechs."

„Hast du schon etwas vor?"

„Nein. Aber erst muß ich nach Hause. Um acht Uhr hätte ich Zeit."

Bei unserem Treffen am Abend verstanden wir uns auf Anhieb gut. Gleiche Interessen verbinden. Nicht nur, daß sie das Volk der Yanomami kannte und mir einiges über sie erzählen konnte, sie tat es auch mit Hochachtung. Der Durchschnittsbrasilianer schaut eher abfällig auf die Indianer herab. Er hält sie für unzivilisiert und empfindet sie als Schandfleck für das moderne, entwickelte Brasilien.

„Wenn ich bedenke, wie ich hier in Manaus wohnen muß und wie die Indianer und auch meine Familie im Wald leben, dann ist das unvergleichbar", meinte Neide. „Wenn ich könnte, ginge ich sofort zurück."

Ganz wesentlich für mich war: Neide sprach ein sehr verständliches Brasilianisch. Sie bediente sich eines einfachen Vokabulars, drückte sich meinetwegen langsam und klar aus.

„Das ist eine alte Angewohnheit", erklärte sie. „Anders könnte ich mich mit den Indianern gar nicht unterhalten. Es ist ja kaum jemand unter ihnen, der ein paar Brocken Portugiesisch spricht."

Auch mein Portugiesisch ist mangelhaft. Jeweils vor Reisen frische ich mein Grundvokabular auf. Sobald es aber um Feinheiten geht, ist Wolfgang zuständig, der „Dolmetscher". Er beherrscht die Sprache sehr gut, weil er sprachbegabt ist und drei Jahre mit einer Brasilianerin zusammengelebt hat.

In den nächsten Tagen streckten Wolfgang und ich die Fühler aus nach Waffen, nach Landkarten und nach einem Übungsgelände. Denn eines stand fest: Zunächst mußten wir das Goldsuchen erlernen wie Lehrlinge. Wir wollten uns das Vokabular der Goldsucher aneignen, ihren Arbeitsablauf beherrschen, die Preise studieren und dann entscheiden, wann, wie und wo wir uns bei ihnen im Yanomamiland einschleichen würden.

Die heile Welt der Yanomami-
Indianer, bevor die Gold-
sucher kamen: Vater und
Sohn (oben), Vorbereitungen zu
einem Fest (links) und fröhlich
spielende Kinder (unten)

In der traditionellen *Maloca*, dem Indianerdorf, führten die Yanomami jahrtausendelang ein naturnahes Leben, das in all seinen Formen von den Bedingungen des unberührten Regenwaldes abhängig war.

Wir durften nichts überstürzen. Der kleinste Fehler konnte die Mission zum Scheitern bringen. Deshalb hatten wir uns auch vorgenommen, niemanden in unser Vorhaben einzuweihen. Wir interessierten uns eben für Gold. Das taten Tausende anderer Leute auch, daran war also nichts Auffälliges. Vor allem nicht, wenn wir behaupteten, wir wollten in das Gebiet bei Santarém im Bundesstaat Pará reisen. Denn dort war „garimpar", das Goldsuchen, legal und alltäglich. Zwar wurden auch in dieser Region Flüsse versaut und die Landschaft zerstört, aber wenigstens wurden die Indianer nicht be- und verdrängt. Das hatte man vor einigen Jahrzehnten bereits gründlich erledigt. Ausländer – darunter auch Journalisten und Umweltschützer – tauchten häufiger in diesem Gebiet auf. Da würden wir am wenigsten auffallen. Wir mußten nur fleißig mitschuften und eine plausible Erklärung parat haben, wenn wir gefragt wurden, warum ein *estrangeiro* sich für eine solche Arbeit interessierte.

„ICH war heute bei einem gewissen Paulo im Departamento Nacional da Produção Mineral", erzählte Wolfgang. Wir saßen, wie fast jeden Abend, im „Fiorentina", einem gemütlichen Eßlokal im Herzen der Stadt. Im „Departamento" kann man Landkarten kaufen – allerdings nicht irgendwelche. Diese dem Ministerium für Energie und Bergbau unterstellte Behörde verfügt über die besten Luftaufnahmen, die man sich denken kann. Daraus macht sie Karten in Riesenmaßstäben. Die reinsten Wanderkarten. Und obwohl auf vielen dieser Druckerzeugnisse „Nicht für den Verkauf bestimmt" oder „Geheim" steht, sind alle frei erhältlich. Spätestens wenn ein paar Cruzados die Geldbörse gewechselt haben, ist jede Geheimhaltung aufgehoben.

Bis auf eine Ausnahme: Das Fotografieren im Archiv ist unerwünscht. Da bleiben die Beamten hart. Doch gerade ein Foto, das die gute Kartenversorgung der Goldsucher belegte, schien uns ein Pflichtdokument zu sein. Wir mußten es in den Kasten kriegen.

So standen wir am nächsten Morgen gleich um neun Uhr erneut und gemeinsam auf der Matte.

„Paulo ist noch nicht da. Der fühlt sich morgens nie gut und kommt meist erst um zehn." Die schnuckelige Kollegin vom Schreibtisch gegenüber bemühte sich um einen Zweitschlüssel und fand ihn sogar. Aber sie blieb zurückhaltend und dienstlich. Immerhin bekamen wir unsere Landkarten, jedenfalls soweit sie vorhanden waren. Es fehlte uns nur noch ein Foto dieses Ladens.

„Darf man hier fotografieren?" fragte Wolfgang.

„Nein, da müßte ich erst den Direktor fragen. Warum wollen Sie denn ein Foto machen?"

„Wir sind Journalisten", antwortete Wolfgang, „und arbeiten für die *Manchete*[1] an einem Bericht über behördliche Dinge, die besonders vorbildlich sind. Wie hier dieser Kartenverkauf."

Die Schnuckelige war unentschlossen. „Ich werde mich beim Direktor erkundigen", sagte sie.

Damit sie uns jetzt nicht aus dem Raum bugsierte, betrachteten wir rasch mit großem Interesse die riesige Übersichtskarte an der Wand. „Dürfen wir hier solange warten? Die Kameras können wir ja immer noch holen, wenn der Herr Direktor sein Einverständnis gegeben hat."

Das beruhigte die Senhora. Wir hatten die Kameras also gar nicht dabei. Wo sollten sie auch sein? Schließlich hatten wir ja keine Taschen. Nur Hosen und Hemden.

Kaum war sie draußen, hielt ich bereits die automatische Kleinkamera mit Blitz und Motor in der Hand. Sie hatte in der Hosentasche gesteckt, vom über dem Gürtel getragenen Hemd gut verdeckt. In Sekundenschnelle waren die dokumentarischen Aufnahmen im Kasten. Was wir hatten, das hatten wir, und es machte uns unabhängig von der Entscheidung des Herrn Direktors.

Da kam sie zurück. „Der Herr Direktor bedauert sehr, aber es ist untersagt, hier zu fotografieren. Er kann ohne Zustimmung des Ministeriums keine Ausnahme machen."

Wir trugen es mit Fassung. „Na ja, Vorschrift ist Vorschrift. Schönen Dank für Ihre Mühe."

Unser Kartenmaterial war immer noch unvollständig. Als wir Neide unser Leid klagten, gab sie uns einen Tip. „Geht doch mal zur Divisão de Levantamentos Aéreos in der Estrada da Compensa. Da seid ihr

---

[1] größte brasilianische Illustrierte

direkt beim Militär, und es wäre doch gelacht, wenn unsere Soldaten
nicht alles tipptopp und komplett beieinanderhätten."

Der Rat war Gold wert, wie sich herausstellte. Die Jungs vom Militär
besaßen nicht nur eine komplette Sammlung, sie hatten sogar noch viel
bessere Karten als Schnucki und Paulo. Während diese nur fotografi-
sche Karten besaßen (auf denen die Flüsse nicht immer erkennbar
waren) oder Zeichnungen (auf denen nur die Flüsse eingezeichnet
waren), verfügten die Soldaten über die Kombination beider Karten-
typen, und überdies waren in ihren Blättern sogar die Orts-, Fluß- und
Gebirgsnamen eingetragen. In sechs Minuten hatte ich meine zehn
Blätter, das lückenlose Yanomamiterritorium vom Pico da Neblina bis
Roraima. Den Erfolg feierten wir, wie üblich, im Fiorentina.

ABENDS im Hotel hockte Wolfgang auf seinem Bett. Er saß im Schnei-
dersitz vor seiner neuen wertvollen Videokamera, Marktwert 4500
DM, und bearbeitete sie mit Säge und Raspel, Messer und Schrauben-
zieher. Weder träumte ich, noch hatte ich Halluzinationen: Es war
wirklich Wolfgang, der hier im Begriff war, seine Kamera zu zerstören.
Nur sein Lächeln stimmte mit dem Wahnsinnsakt nicht überein.

„Wie find'ste das?" meinte er schließlich. „Da glaubt doch kein
Mensch mehr, daß das einmal eine hypermoderne Videokamera war. So
nimmt man uns sofort den gewöhnlichen Touristen ab." Er überklebte
sämtliche Leuchtanzeigen mit verschmiertem Lassoband, so daß niemand beurteilen konnte, ob die Kamera gerade lief oder nicht. Und
Geräusche gab sie ohnehin nicht von sich.

Ja, jetzt wurde es allmählich ernst. „Ich habe Verbindung zu Goldsuchern aufnehmen können", berichtete ich ihm. „Wir kommen in
einem Goldabbaugebiet südlich von Santarém unter. Morgen um acht
Uhr geht unsere Maschine."

Die Goldsucherlehre

DER Garimpeiro Mauricio schrie wie am Spieß. Er umklammerte
mit beiden Händen die linke Wade und drückte zu, so stark er
konnte. In dieser gebückten Haltung hatte er voller Panik versucht,

seinen *barranco*, die Goldgrube, zu erreichen. Mauricio brüllte vor Schmerz und vor Angst, und er schrie um Hilfe. Er hatte die Schlange nicht gesehen und war darauf getreten. Sie hatte zugebissen, und er hatte sie wie ein Besessener mit seinem Buschmesser in mehrere Teile zerhackt. Zwar war sie nun tot, aber das änderte nichts an dem Biß. Wenn nichts geschah, würde er bald das Zeitliche segnen. So laut er auch schrie – es war sinnlos. Der nächste Barranco war hundert Meter entfernt. Und dort dröhnten zwei starke 40-PS-Motoren.

Der Goldsucher konnte auch nicht mit den Armen Zeichen geben, weil er sie dringend für die Abschnürung der Wade brauchte. Einmal loslassen, und das Gift würde sich im Körper verteilen. Wie kürzlich bei seinem Gefährten Gerisio. Eine Stunde lang hatte er sich vor Schmerzen am Boden gekrümmt, Haut und Fleisch hatten sich ekelhaft schwarz verfärbt. Dann war er gestorben. Gott sei Dank hatte bei Mauricio die Verfärbung noch nicht eingesetzt. Das ließ ihm einen Rest Hoffnung.

Meter um Meter kam er seinem Ziel näher. Endlich wurde er entdeckt, eigentlich mehr durch Zufall. Denn die Absaugpumpe war verstopft, wie das häufig passierte, wenn Moacir, der Mann am Absaugrohr, träumte. Sie mußte vorübergehend abgestellt werden. In genau diesem Moment hörte Moacir den Schrei seines Kameraden Mauricio.

Alle stürmten ihm entgegen und schleppten ihn zur *barraca*, ihrer gemeinsamen Hütte. Dort legten sie ihn, so vorsichtig es ging, in seine Hängematte. „Lauf zu Flávio, der hat Serum", flehte Mauricio, und Moacir jagte los. Flávio kannten alle. Er war der einzige Garimpeiro im Umkreis, der das begehrte Fläschchen des rettenden „Específico contra veneno de cobra" besaß. Dabei war es gar nicht so teuer. Jeder konnte es sich leisten. In Manaus kostete es lumpige vier Cruzados[1]. Aber dort hatte man nicht daran gedacht. Na ja – und hier war es Mangelware. Sobald die Campapotheke wieder ein paar Fläschchen geliefert bekam, waren sie gleich vergriffen.

Flávio, wie gesagt, war ein Glückspilz, denn er besaß eins. Zehn Gramm Goldstaub im Wert von 200 DM hatte man ihm schon dafür geboten. Aber Flávio hatte lächelnd abgelehnt. Mauricio hatte genau

---

[1] etwa 4 DM (1989)

21,7 Gramm – der Lohn von sechs Wochen. Aber die würde er hingeben. Und sein Radio dazu. Hauptsache, er käme lebend aus der Sache raus. Tot würde ihm der Goldstaub genausowenig nützen wie das Radio.

Moacir war noch unterwegs, als uns die Nachricht von dem Zwischenfall erreichte. Wolfgang und ich waren vor zwei Stunden in *Cachorro ladrando* („Bellender Hund") gelandet, auf einer Piste mitten im Goldgebiet des Rio Tapajós. Der Flugplatzverwalter hatte uns beschrieben, in welchem Barranco zwei Leute gebraucht würden, und dann waren wir losgetippelt.

Wir hatten Glück, weil gerade ein Träger mit einem Fäßchen Dieselöl das Flugfeld in Richtung unseres Barrancos verließ. Die Goldgrube war etwa zwei Marschstunden entfernt, wir brauchten dem Mann nur zu folgen. Dabei erhielten wir gleich einen kleinen Vorgeschmack von der Arbeit, die uns erwartete. Denn Sebastão, der Träger, lud das Sechzigliterfäßchen in sein *remanchim*, eine Art Tragegestell, und stapfte los. Sebastão trug es mittels Stirngurt. Das hatte Vorteile, vor allem im Notfall. Man konnte sich seiner Last mit einer einzigen Bewegung blitzschnell entledigen, was in unsicheren Gebieten mit kriminellem Gesindel besonders wichtig war.

Gott sei Dank war Cachorro ladrando damals ziemlich sicher, ganz im Gegensatz zur Serra Pelada. Auch heute geschehen dort täglich Morde, und keiner ist sich seines Lebens und des bißchen Goldstaubs mehr sicher. Derzeit herrschen aber auch im Bundesstaat Roraima ähnliche Zustände.

Wir trotteten hinter Sebastão her. Unsere Garderobe hatten wir den Gegebenheiten des Garimpos[1] angepaßt: Hemd, Weste, Turnhose, Schirmmütze. Doch statt der üblichen Sandalen trugen wir hohe Schuhe aus kräftigem Stoff mit Profilsohle. Sie saßen fest am Fuß, griffen sicher im Gelände, und der Stoff sorgte für eine ausreichende Ventilation. Die einzige Sonderanfertigung waren die Westen. Neide hatte sie uns gemacht. Sie hatte von zwei Hemden die Ärmel abgetrennt und daraus Taschen gezaubert. Zwei für die Seiten, eine für den Rücken. Damit wir im Gelände nichts daraus verlören, hatte sie sie mit Reißverschlüssen gesichert. In diesen Westentaschen trugen wir die

---

[1] Goldabbaugebiet

Revolver, die wir uns mittlerweile besorgt hatten, das Reizgas und den
Elektroschocker. Auch wenn wir das Gerät hier bestimmt noch nicht
benötigten, wollten wir es dennoch stets bei uns haben, um uns daran
zu gewöhnen. Die Kleidungsstücke waren außerdem schön luftig und
leicht.

Sebastão eilte vor uns her. Obwohl die Last seiner Kiepe viel schwerer war als unsere, kam er schneller voran. Das Schwerste an unserem
Gepäck waren die Schraubkanister mit Müsli – selbstgemischten Hafer-
flocken mit Milchpulver und Zucker – und die Kameras.

„Das Ölschleppen machen immer die Neuen. Das ist also euer Job ab
morgen", hatte uns der Flugplatzverwalter verraten. Ansonsten hatte er
nur unsere Namen notiert und den des uns zugewiesenen Barranco.

Nach einer Stunde legte Sebastão eine Rast ein. Er setzte seine Kiepe
auf einen querliegenden Stamm und trank einen Schluck Wasser aus
einer kleinen Pfütze neben dem aufgewühlten gelben Bach. Mitten im
Trinken zuckte er zusammen. Er griff unter sein Hemd und blickte ins
Dickicht. Aus dem Hosenbund zauberte er einen Colt hervor. Die
Waffe war uns vorher gar nicht aufgefallen.

Wir waren ebenfalls sofort in Deckung gegangen, und auch wir hatten die Hände gleich in die Seitentaschen unserer Westen gesteckt und
die Revolver entsichert.

Aber da entspannte sich unser Führer bereits. Vorn tauchte hastend
Moacir auf. „Was ist los, Moacir?" fragte Sebastão.

„Mauricio ist von einer Schlange gebissen worden. Er liegt im Sterben. Ich will versuchen, von Flávio das Serum zu kriegen." Und dann
mit einem Blick zu uns: „Seid ihr die Neuen? Habt ihr zufällig Serum
dabei?"

Wir hatten tatsächlich welches. Polyvalentes Trockenserum mit
destilliertem Wasser, zum Mischen bei Bedarf. Das hat den Vorteil der
längeren Haltbarkeit.

Moacir atmete auf. „Seid ihr sicher, daß das gegen einen Biß der
Jararacá hilft?"

„Ja, es hilft gegen das Gift aller Tiere dieser Region, auch gegen das
von Spinnen und Skorpionen", versicherten wir ihm.

„*Bom* – gut. Dann beeilt euch. Ich hole vorsichtshalber noch Flávio
und sein Serum. Er arbeitet hier ganz in der Nähe." Im Eilschritt ging er

weiter. Dennoch dauerte es eine weitere Stunde, ehe wir den Barranco erreicht hatten, der unsere neue Heimat werden sollte.

Mauricio, ein kleinwüchsiger Brasilianer aus dem Bundesstaat Maranhao, wimmerte in seiner Hängematte. Das Bein hatte man unterm Knie mit einem Handtuch umbunden, aber keinen Stau angelegt. Das Blut konnte zirkulieren. „Die haben Serum dabei, Mauricio!" rief Sebastão schon von weitem. Wir setzten unser Gepäck sofort ab und sahen uns die Bißstelle an.

Die Jararacá oder Lanzenotter hat ein sehr wirksames Gift. Es zerstört die Blutgefäße und das Blut, verhindert so die weitere Zirkulation und führt schließlich zum Tod. Wie schnell das geht, hängt ab von der Menge des Giftes in Relation zur Blutmenge des Opfers. Wer vor Schlangen besonders große Angst hat, belastet sein Herz noch zusätzlich, weil er durchdreht. Damit erhöht sich die Gefahr des Schocks, und sehr häufig sterben Gebissene daran und nicht am Schlangengift.

Mauricio wirkte bereits sehr apathisch. Er hatte sich völlig verausgabt. Während Wolfgang das Serum hervorholte, sah ich mir Mauricios Bein an. Aber sosehr ich auch hinguckte – die typischen Symptome fehlten. Ich ließ mir von Kátia, der Köchin unseres Barrancos, Wasser, Seife und einen Lappen reichen und wusch Mauricios Unterschenkel. Und da entdeckte ich auch die Bißstelle. Aber sie rührte niemals von einer Lanzenotter her. Ich rief sofort Wolfgang herbei. „Laß das Serum unangetastet. Das war keine Jararacá. Schau mal, hier: Wäre es eine Giftschlange gewesen, könnte man deutlich die zwei Einstichstellen der Giftzähne erkennen. Hier aber sehe ich eine Fülle von Einstichen, die in zwei Halbkreisen angeordnet sind. Das war eine harmlose Schlange."

Wir teilten unsere Entdeckung den Umstehenden mit. „Das war keine Giftschlange – es muß eine harmlose gewesen sein."

Mauricio begriff das gar nicht. Er war bereits zu sehr weggetreten. Deshalb antwortete Rómeu, der Vorarbeiter. „Doch, das war eine. Ich habe sie selbst gesehen. Ich kann sie euch zeigen."

„Dann hol sie schnell her!" bat ich. „Inzwischen reinige ich die Wunde und erkläre es Mauricio."

„Niemals." Rómeu schüttelte sich. „Schlangen fasse ich nicht an. Die

Köpfe beißen noch, wenn sie tot sind. Du kannst ja mitkommen. Es ist nicht weit."

Ich folgte ihm. Es war tatsächlich nicht weit. In respektvoller Entfernung blieb Rómeu stehen. „Da drüben liegt sie!" Mit dem Zeigefinger wies er in die Richtung. Ich ging ein paar Schritte weiter, und dann sah auch ich sie. Mauricio hatte sie in Wurstscheiben zerhackt. Aber zum Glück war der Kopf unversehrt. Ein Blick genügte: Das getötete Tier war eine Regenbogenboa. Eine Würgeschlange, absolut harmlos. Ich erkannte sie sofort und ohne Zweifel, weil ich früher einmal ein solches Tier großgezogen hatte.

Für alle Fälle nahm ich den Kopf mit. Ich öffnete ihn im Beisein der anderen, um ihnen meine Behauptung zu beweisen: viele kleine Nadelzähne, aber kein Giftzahn.

„Ich würde dir von dem Serum sofort geben, wenn du wirklich von einer Giftschlange gebissen worden wärest", erklärte ich Mauricio. „Aber es war keine. Mir geht es nicht ums Geld, das Serum könntest du umsonst haben."

Mauricio glaubte mir nicht. Er spürte das Gift, ahnte den Tod. Er wimmerte weiter. Statt sich über die gute Nachricht zu freuen, schien er noch verzweifelter. Da war endlich Hilfe möglich, aber sie wurde ihm vorenthalten. So sah er das jedenfalls. „Sollen wir ihm nicht einfach eine harmlose Spritze geben?" flüsterte mir Wolfgang zu.

„Das ist eine gute Idee. Aber was nehmen wir da?" Sosehr wir überlegten – wir hatten nichts Harmloses dabei. Oder? Wir wühlten das kleine Erste-Hilfe-Paket durch. Da waren die Antibiotika, Schock- und Schmerzmittel. Aber nichts Harmloses. Außer dem destillierten Wasser. „Und wenn wir ihm das verabreichen?"

„Könnten wir machen. Aber dann nutzt uns im Ernstfall auch das Trockenserum nichts mehr. Ich weiß nicht, ob das klug wäre, nur weil er sich einbildet, es sei eine Giftschlange gewesen."

In diesem Moment kamen Moacir und Flávio. Sie waren verschwitzt und außer Atem, denn sie hatten sich sehr beeilt. Flávio witterte ein Geschäft. „O ja, ein Schlangenbiß", stellte er sofort sachkundig fest. Dann öffnete er seine Hand, in der das kleine Fläschchen lag. Alle starrten es an wie ein Wunder.

„Gibst du es ihm?" fragte Rómeu.

„Im Prinzip schon. Aber ihr wißt ja auch, wieviel man mir schon dafür geboten hat. Das wäre der eine Punkt. Und der andere: Dann habe ich nichts mehr für den Fall, daß mir selbst etwas passiert. Und mein Leben ist mir einiges wert."

„Wieviel willst du denn? Mauricio hat nur um die zwanzig Gramm."

„Zwanzig Gramm? Seid mir nicht böse. Ich kann doch mein Serum nicht verschenken. Aber um es kurz zu machen: Für fünfunddreißig gebe ich es ab. Das heißt, ich kriege die Differenz später von seinem Anteil im jetzigen Barranco."

Mauricio bekam diese Unterhaltung nur von ferne mit. Aber er nickte.

Flávio war ein abgebrühter Profi. Wolfgang und mir sträubten sich die Haare. Das war nicht nur Wucher, sondern Erpressung und Betrug. Denn dieses „Específico contra veneno de cobra" war physiologisch absolut wertlos. Vor Jahren hatte ich das erste Mal davon gehört und einige Fläschchen in Frankfurt von der Herpetologischen Gesellschaft untersuchen lassen. „Nach wie vor", so hatten mir die Wissenschaftler geschrieben, „gibt es gegen Schlangengifte kein oral anzuwendendes Gegenmittel."

Und spritzen kann man dieses Zauberelixier erst recht nicht. Es muß getrunken werden und erinnert deutlich an einen würzigen Kräuterschnaps. Auf jeden Fall wirkt der Saft aber psychologisch, wenn man an seine Wirkung glaubt. Und Mauricio glaubte daran. Er war bereit, den geforderten Preis zu zahlen, und trank das dunkle Gebräu. Wir hielten uns mit unserer Meinung zurück. Neulinge, die alles besser wissen, machen sich schnell unbeliebt.

Mauricio lebte zusehends auf. Vor allem, als ihm Kátia, unsere Köchin, noch einen starken, süßen Kaffee spendierte.

Auch Flávio erhielt einen Becher Kaffee, und er bekam sein Gold. Hochzufrieden zog er von dannen. Eine schnelle Art, Geld zu machen, dachten wir. Und eine abgebrühte.

Später erfuhren wir noch den Clou dieser Geschichte. Flávio besaß natürlich nicht nur dieses eine Fläschchen Medizin, in Wirklichkeit hatte er ein Dutzend davon. Das blieb sein kleines Geheimnis, bis er sich mit der Machete schwer am Fuß verletzte und seine Kameraden seine Apotheke öffnen mußten.

Dieser Zwischenfall gab uns erste Einblicke in die Gesetze des Garimpos und in die Wahrheit des Sprichworts: Wie gewonnen, so zerronnen. Das wurde im Laufe der nächsten Wochen noch viel öfter unter Beweis gestellt.

Die Aufregung im Camp legte sich bald, und Mauricio war rasch wieder fit. Wir saßen mit unseren neuen Partnern am selbstgezimmerten Holztisch in der Barraca.

Es war eine simple Unterkunft. Acht mal vier Meter: ein paar senkrechte Pfähle mit darübergelegten Querstämmen, über die eine stabile Plastikplane geworfen war. Sie schützte gegen Regen, Sonne und Wind. Der Raum war einmal unterteilt. In der einen Hälfte befand sich der Schlafraum mit den drei Hängematten von Sebastão, Mauricio und Moacir. Auf Holzklötzen stand ihr Hab und Gut: Kaum mehr, als in einen Pappkarton paßte. Und auf einer als Leine gespannten Liane trockneten ihre Hosen und Hemden, die Kátia täglich wusch.

Die andere Hälfte der Barraca war der Aufenthalts-, Eß- und Kochraum. Da hockten wir nun und machten Bekanntschaft mit Kátias Kochkünsten. Es gab Reis und Bohnen. Dazu erhielt jeder ein sardinengroßes Stück Fisch. „Der ist uns heute in das Absaugrohr geraten und von dort auf die *caixa*, die Wassertreppe", berichtete Rómeu. „Kommt aber selten vor. Hier gibt es keine Fische mehr." Wenn man sich diese zerstörte Landschaft ansah, diese auf- und durchgewühlten Flüsse, ahnte man, daß es auch keinen Frosch und keinen Wasserfloh mehr gab.

Jeder, auch wir, schüttete sich reichlich *farinha de mandioca* über das Essen. Kein Brasilianer kann auf dieses Maniokmehl verzichten. Es gehört zur täglichen Nahrung.

Beim erstenmal, und vor allem, wenn man hungrig war, schmeckte Kátias Menü ganz lecker. Das Problem entstand erst nach ein paar Tagen. Denn es gab immer dasselbe: Bohnen und Reis, Reis und Bohnen, verbohnten Reis und verreiste Bohnen. Und über alles Maniokmehl. Und als Abschluß jeweils Kaffee. Schwarz und klebrig süß.

Das konnte ja heiter werden! Gut, daß wir unser Müsli dabeihatten. Sonst hätten wir in den folgenden Wochen nicht durchgehalten. Wie die anderen mit solch eintönigem Essen zurechtkamen, konnten wir nicht begreifen. Wir verspürten sehr bald Sodbrennen, wenn wir nur an den Bohnenreis dachten.

Links: Mit dem Hubschrauber wird das schwere Gerät zu den Goldgruben transportiert.

Unten: Eine von über hundert illegalen Pisten im Indianergebiet

Oben: **Wolfgang beim Absaugen des goldhaltigen Schlamms**

Rechts: **Mit dem scharfen Strahl aus der Wasserpumpe werden Tausende Kubikmeter Urwaldboden aufgewühlt.**

Unten: **Kátias Hauptgericht – Reis mit Bohnen**

Der erste Abend in der Barraca wurde lang. Wir wollten wissen, wie die Arbeit ablaufen würde. Und die anderen interessierte es, wie es in Deutschland aussah und warum wir hier waren. Wir drucksten zunächst ein wenig herum, so als hätten wir etwas zu verbergen. Schließlich gaben wir uns geschlagen. „Also", begann Wolfgang, „wir hatten zusammen eine gute Frau. Sie war so heiß auf Liebe, daß weder Rüdiger noch ich ihr genügten. Sie brauchte uns beide. Aber sie hatte auch einen Mann. Und wir drei teilten uns diese Frau. Das war eine tolle Zeit. Bis der Mann dahinterkam. Er raste vor Zorn, schlug die Frau fast tot und setzte seine *pistoleiros* auf uns an. Und weil er ein sehr einflußreicher Mann ist, haben wir es vorgezogen abzuhauen. Tja – und deshalb sind wir hier. Es soll ein paar Monate Gras über die Sache wachsen."

Die Goldsucher hatten Wolfgang wie gebannt zugehört. Das war eine Geschichte ganz nach ihrem Geschmack, da konnte man sich als Brasilianer so richtig hineinfühlen! „Diese Reichen, was die sich so alles einbilden!" sagte einer.

Ein anderer wandte sich an Kátia. „Na? Wie viele könntest du denn so gebrauchen?"

Kátia war eine Dame. Sie schaute Rómeu an, kuschelte sich demonstrativ an ihn und schwieg. Rómeu war der Leiter des Barrancos, also stand ihm Kátia allein zu. Er wohnte deshalb auch nicht in der Barraca, sondern drei Meter nebenan in einem separaten, rundum geschlossenen „Plastikhaus". Rómeu und Kátia lebten zusammen wie Mann und Frau. Dafür, daß Kátia tagsüber für alle kochte und wusch, mußte ihr jeder Angehörige des Viermannteams monatlich fünf Gramm zahlen. Sie hatte also einen Festlohn, während sich die Männer nur dreißig Prozent des gefundenen Goldes teilten.

Zum Schlafen war die Barraca zu eng für fünf Personen. Deshalb spannten Wolfgang und ich unsere Hängematten am Waldrand auf und unsere Regendächer darüber. Das hatte den Vorteil, daß wir uns abends noch ungestört unterhalten konnten.

Eine neue und interessante Welt hatte sich uns aufgetan. Wir mußten an Claudia Andujar denken, unsere Beraterin von der „Kommission zur Gründung des Yanomami-Nationalparks". Viele ihrer Verhaltenstips hatten wir schon befolgt.

Wir hatten uns einige Tage zuvor mit ihr in Brasília getroffen. Ich hatte eine lange Liste von Fragen vorbereitet, und zu meiner Überraschung hatte sie ebenfalls mit einem Fragebogen aufgewartet. „Vor allem merkt euch eine Grundregel", hatte sie uns geraten. „Sie gilt sowohl für eure Goldsucherlehre als auch für den Ernstfall in Roraima: Traut niemandem! In Goldabbaugebieten dreht sich alles ums Gold. Und alle haben direkt oder indirekt damit zu tun. Und traut erst recht nicht Politikern und der FUNAI. Wenn irgendwie ruchbar wird, was ihr vorhabt, ist euer Leben keinen Maniokkrümel mehr wert. Einen Killer zu finden kostet nicht mehr als fünfzig Cruzados. Aber nicht einmal die müßten die Herren von der Goldmafia bezahlen, weil sie festangestellte Pistoleiros haben, die sich freuen, wenn sie Arbeit kriegen. Nicht ohne Grund ist bisher noch kein Journalist ohne Aufsicht und ‚Führung' vor Ort gewesen. Was da bisher in der *Manchete* oder *Veja* an Berichten über das Goldschürfen gestanden hat, war weder objektiv noch kritisch. Es war das gläubige Nachbeten dessen, was die Bosse den Reportern diktiert hatten."

Der einzigen Person, der wir in Boa Vista trauen könnten, sei ihr jahrelanger treuer Mitarbeiter Carlo Zacchini, hatte Claudia hinzugefügt. „Aber auch den dürft ihr nur bei Dunkelheit treffen. Wenn euch eine einzige Person mit ihm sieht, weiß man, auf welcher Seite ihr steht. Ich werde Carlo vorher von eurem Kommen in Kenntnis setzen."

Nun, wir kannten noch jemanden, dem wir ebenso rückhaltlos vertrauen konnten. Das war Bischof Dom Aldo Mongiano, ein alter Kämpfer für die Menschenrechte. Für ihn hatten wir ein Empfehlungsschreiben der CIMI (Rat der Eingeborenenmissionare) bekommen, das wir meinem Freund Casimiro, einem Salesianerpater aus Manaus, verdankten. Er kannte meine früheren Bemühungen um die Yanomami, und er wußte von der Tretbootaktion. Er war es auch, der mich zu Francisco Günther von der CIMI geschickt hatte, wo das Empfehlungsschreiben für den Bischof zustande gekommen war. Ich hielt es für wichtig, denn ich kannte zwar den Bischof, aber er kannte mich nicht. Und in einer Stadt, in der jeder jedem mißtraut, genügte es nicht, wenn man sich selbst vorstellte und erwartete, daß der andere einem auf Anhieb vertraute.

„Es ist auf alle Fälle besser, zwei sichere Empfehlungen zu haben als nur eine. Womöglich ist einer der beiden Vertrauensleute derzeit nicht anwesend."

So grübelten wir an jenem Abend in der Hängematte und kamen dabei wieder auf Claudias Ratschläge zurück.

„Vertraut euch auch im Übungsgarimpo niemandem an", hatte sie gemeint, „Goldsucher wechseln alle naselang ihren Aufenthaltsort. Es kann ohne weiteres passieren, daß euch die Leute von Santarém morgen in Boa Vista über den Weg laufen. Das wäre fatal."

Sie hatte uns auch gewarnt, daß im Falle eines Verdachts nichts sicher sei. „Kein Telefongespräch, kein Brief und auch nicht euer Hotelzimmer. Sie werden alles durchsuchen. Macht deshalb nie belastende Notizen. Lernt alles auswendig!" Schließlich hatte sie uns für unseren Aufenthalt in Boa Vista das Hotel Eusébio empfohlen. „Es ist ein typisches Hotel der Mittelklasse, und ihr seid gleich unter den richtigen Leuten im Goldgeschäft: Piloten, Händlern, Unternehmern. Aber selbst wenn ihr deutsch redet, seid vorsichtig. Dort halten sich nämlich auch einige ausländische Piloten auf."

Allmählich dösten wir ein. Wir hatten noch einen freien Tag vor uns. Am nächsten Tag sollte der alte Barranco aufgegeben werden. Dann wollten Moacir und Sebastão weiterziehen, und wir würden für sie einspringen. Die Ausbeute in diesem Gebiet war ihnen zu gering. „Weiter flußaufwärts werden neue Barrancos begonnen. Und die Chance, daß die Ausbeute reichlicher ausfällt als hier, ist groß."

Todo bem – alles klar, dachten wir. Ohne die Hoffnung auf schnellen Reichtum gäbe es keinen einzigen Garimpeiro. Auch flußaufwärts würden die Goldsucher die Erfahrung machen, daß ihnen zu guter Letzt nicht mehr blieb als an den anderen Stellen. Das System der Garimpos war viel zu raffiniert aufgebaut, als daß hier jemand reich werden konnte. Wäre das tatsächlich der Fall, gäbe es ja bald keine Arbeiter mehr.

Wir deckten uns mit unseren leichten Schlafsäcken zu. Vor dem endgültigen Einschlafen vergewisserten wir uns noch einmal, daß Taschenlampe und Revolver griffbereit lagen. Ums Camp hatten wir in Schienbeinhöhe eine dünne Nylonschnur gespannt – unsere Alarmanlage. Winzig, aber wirkungsvoll. Kam jemand dagegen, schlug eine Mausefalle zu, deren Bügel zwei Platzpatronen zündete.

Schließlich sanken wir ins Reich der Träume. So dämmerten wir dem Tag entgegen.

Da fiel der Schuß. Wir rollten uns sofort aus der Hängematte, sprangen auf die Erde, gingen in Deckung, griffen Lampe und Revolver und versuchten, in der Dunkelheit den Urheber der Störung auszumachen. Auch in der Barraca, fünfundzwanzig Meter entfernt, wurde es lebendig. Aufgeregte Stimmen, nervöses Gerenne, Durchladen von Gewehren, leise Zurufe, aber niemand sah etwas. So ging das fünf Minuten lang. Bis endlich Entwarnung kam. „Alles in Ordnung. Es war der Hund, er ist gegen eure Alarmanlage geraten. Danach hat er sich Rüdigers Kochtopf geschnappt, und jetzt läßt er sich hier seelenruhig die Reste des Haferbreis schmecken." Großes Gelächter. „Diese Ausländer! Eine Mausefalle als Alarmanlage!"

Kaum waren wir wieder eingeschlafen, als in der Nachbarschaft die ersten Maschinen angeworfen wurden. Es war erst halb fünf und noch stockdunkel. „Die werden wohl im Akkord bezahlt", schimpfte Wolfgang. „Uns so früh zu stören!" Und ich dachte mit Schaudern daran, daß wir vom nächsten Tag an selbst so zeitig aus den Matten mußten.

Um sechs Uhr mischten sich Rufe, diverse Radiosender mit Werbung, das Bellen von Hunden und das Klappern von Töpfen in den Maschinenlärm. Das große Aufstehen hatte begonnen.

Nach dem Frühstück, trockenen Keksen und Kaffee, blieben wir noch sitzen. Wir ließen unsere neue Heimat auf uns wirken. Da war zunächst Kátia. Gut gelaunt und fleißig, adrett angezogen. Ein Gegensatz zur chaotischen Umgebung. Sie schürte das Feuer, weil sie Bohnen kochen wollte.

In einem Kessel schwamm die eingeweichte Wäsche. Sosehr wir unsere Augen anstrengten – Waschpulver suchten wir vergeblich. Nichts zum Reinigen, nichts zum Weißermachen, nichts zum Kuscheligmachen. Wie sollte denn die Wäsche ohne die vielgepriesene Chemie sauber und tragbar werden? Kátia genügte klares Wasser, ausreichend langes Einweichen und ein Stück Kernseife. Dann ein gutes Quantum an unverdrossener Handarbeit und schließlich ein paar Sonnenstrahlen, und ihre Wäsche konnte sich durchaus sehen und tragen lassen.

So proper Kátia und die Barraca waren, so wüst sah es draußen aus. Gefällte Bäume, so weit das Auge reichte: flußab- und flußaufwärts und seitwärts noch gut fünfzig Meter die Hänge hoch. Sie lagen kreuz und quer wie Mikadostäbe und bildeten ein Riesenhindernis. Das ganze Flußtal schien durch sie unpassierbar. Doch bei genauerem Hinsehen entdeckten wir Wege. Nimmermüde Motorsägen hatten schmale Pfade durch den Wirrwarr gefressen, und Bretter überbrückten sumpfige Stellen. Schlanke, lange Baumstämme machten Flüsse überquerbar. Geländer aus Ästen oder Lianen gaukelten ein wenig Sicherheit vor.

Um die Behausung herum türmte sich der Müll. Alles, was man nicht mehr benötigte – meist nicht verrottendes Plastik –, flog vor die Tür und blieb da liegen. Eine Müllgrube existierte nicht. Das Tal selbst war die große Mülldeponie. Auch eine Toilette gab es nicht. Man ging ein Stück weit den Berg hinauf, dorthin, wo noch ein paar lebende Bäume standen, und suchte sich ein stilles Plätzchen.

Aber immerhin gab es abseits des Flusses, am erhöhten Ufer einen Brunnen. Er war rechteckig ausgehoben und hatte eine Stufe, die die Wasserentnahme auch bei Niedrigwasser gestattete. Gegen die Verschmutzung war ein Zeltdach darübergespannt und rundum ein Graben ausgehoben worden. Aus diesem Brunnen schöpfte man auch sein Wasser für die Dusche.

„Komm, laß uns jetzt unseren Arbeitsplatz ansehen!" schlug Wolfgang vor. „Vielleicht können wir schon Grundsätzliches beobachten und lernen. Dann stellen wir uns morgen nicht so dämlich an."

Gesagt, getan. Wir schauten zu, fragten, halfen, riefen und diskutierten. Und so verstrich der erste Tag.

Es folgte der zweite, unser erster Arbeitstag. Um sechs Uhr morgens war Wecken und nicht, wie tags zuvor, zur Bäckerzeit um halb fünf.

„Warum stehen wir heute erst um sechs Uhr auf und nicht wie gestern um halb fünf?" wollte ich von Mauricio wissen.

„Das ist erst in wenigen Tagen wieder erforderlich", meinte er. „Sobald der neue Barranco tiefer ist und nachts voll Wasser läuft. Dann muß er rechtzeitig morgens leergepumpt werden, damit wir gegen sieben Uhr mit der Arbeit anfangen können. Aber noch existiert das neue Loch nicht. Wir fangen ja erst heute damit an."

Das Frühstück war eine genaue Kopie des Essens vom Tag zuvor. Also knäckebrottrockene Mehl-Salz-Kekse und Kaffee, ein kärgliches Mahl und keine Basis für eine solide Arbeit. Deshalb gab es für uns

noch eine Extraration Müsli. Dann gingen, kletterten, balancierten, krochen und stolperten wir zum neuen Arbeitsplatz.

„Normalerweise müßten wir jetzt erst die Bäume fällen. Das haben
wir aber bereits vor zwei Wochen getan, als unsere Pumpe kaputt war
und wir auf das Ersatzteil warten mußten." Rómeu, der Chef, hielt
seine Begrüßungsrede. „Vielleicht sind die Äste schon so trocken, daß
sie brennen. Sonst müssen wir alles in handliche Stücke sägen und die
vorgesehene Fläche so abräumen."

Dieselöl wurde über das Geäst geschüttet und mittels einiger Papp-
stücke entzündet. Das erforderte ein wenig Geduld, doch bald brannte
das Öl. Die Munterkeit der Ölflammen übertrug sich auch auf einige
trockene Blätter. Dann war der Ofen aus. Das Holz war noch zu frisch.

„Das wird nichts. Ehe das abbrennt, haben wir es längst weggetra-
gen. Nehmt eure Sägen, und fangt an!" befahl Rómeu. Schon knatter-
ten die Motorsägen los. Zwei Mann sägten, zwei Mann schleppten.

Bald hatten wir mit den Sägen das erste Loch in das Dickicht gefräst.
Dadurch hatten wir einen festen Stand, und die Arbeit ging wesentlich
sicherer und schneller von der Hand. Dies war aber mehr eine unbe-
wußte Feststellung von uns, denn hier waren keine Rekorde gefordert.
Jeder gab sein Bestes, ließ das aber nicht in Höchstleistung ausarten.
Nach zwei Stunden wurde gewechselt. Wolfgang sägte, und ich
schleppte. Zwischendurch gab es Kaffee, den man in der Barraca während einer zehnminütigen Unterbrechung schlürfte. Wir betrachteten
ihn mehr als Nahrung denn als Getränk. Den Durst stillte der Brunnen.
Weil wir uns durch das Fällen der Bäume des Schattens beraubt hatten,
arbeiteten wir in praller Sonne. Jeder trug eine Kopfbedeckung. Ferner
hatte jeder ein T-Shirt an, eine kurze Hose und Schuhzeug. Sobald der
Schweiß unerträglich wurde, hüpfte man zu einem erfrischenden Bad in
den vorbeiströmenden Fluß. Dann ging's sofort weiter.

Am späten Nachmittag war die Fläche abgeräumt. Zwanzig mal dreißig Meter im Geviert. Lediglich ein paar knapp meterhohe Baumstümpfe, die aus der Erde ragten, zeugten noch von der einstigen Ur-
waldpracht.

Gegen elf Uhr hatte es Bohnen und Reis gegeben. Wir hatten einige
Löffel voll zu uns genommen und dann lieber kräftigenden Hafer nach-
gestopft.

Rechts: Nach dem Fällen der Urwaldbäume werden die gerodeten Flächen gezielt „abgefackelt".

Unten: Die Spur der Zerstörung – für eine neue illegale Piste wird das Gelände planiert.

Oben: Der Autor mit dem Tragekorb vor der „Goldgrube"

Links: Gelegentlich besuchen Eingeborene das Camp – als Bettler.

Jetzt, am Abend, hockte jeder ein wenig müde auf einem Baum-
stammstuhl oder döste in der Hängematte. Nach einer kurzen Ver-
schnaufpause hatten wir geduscht, die Zähne geputzt und uns rasiert
und fühlten uns um vieles wohler. Die verdreckten Klamotten lagen auf
einem Haufen. Kátia erbarmte sich ihrer. Der erste Tag war überstanden. Wir waren erschöpft, aber nicht völlig zerschlagen.

Am nächsten Morgen ging es an die Maschinen. Mit ihrer Hilfe sollte
die Grube entstehen. Die eine saugte das Wasser aus dem Fluß und
jagte es mit gewaltigem Druck durch eine Düse wieder ins Freie. Mit
diesem messerscharfen Strahl wurde das Erdreich aufgerissen. Man
klemmte sich den Zwölfzentimeterschlauch fest zwischen die Schenkel
und versuchte ihn zu bändigen. Gleichzeitig dirigierte man den Strahl
dorthin, wo Erde aufgeschlämmt werden mußte.

In diese Drecksuppe tauchte ein anderer Garimpeiro den Schlauch
der zweiten Pumpe. Sie war auf einem Floß montiert, das in der Grube
dümpelte und aus Brettern und vier Ölfässern bestand. Mit ihrer Hilfe
wurde das flüssige Schlammwasser abgesaugt und über eine lange, fle-
xible Rohrleitung auf die zwölfstufige Wassertreppe befördert. Dort
plätscherte es im Winkel von zirka fünfundvierzig Grad wieder heim in
den Fluß. Dabei ließ es dreißig Prozent seines Goldes auf der Treppe
zurück. Die anderen siebzig waren verloren. Sie wurden in die Natur
zurückgespült und würden die Nachfolger erfreuen.

Das Prinzip dieser Trennung von Gold und Sand basiert auf dem
unterschiedlichen spezifischen Gewicht. Während gewöhnliches Ge-
stein durchschnittlich „lediglich" sechs Gramm pro Kubikzentimeter
auf die Waage bringt, wiegt Gold stolze 19,35 Gramm. Hier, in unserem Garimpo, war das Edelmetall nur in Form von Staub vorhanden.

Unter die Dachlatten, die die Wassertreppe bildeten, hatte man vorher ein Tuch und darüber ein feinmaschiges Plastikgitter gespannt. Es
sollte den Goldstaub besser festhalten.

Mein Job in den ersten zwei Stunden des zweiten Tages war die
Bedienung des Absaugstutzens. Man stellte sich in den tiefsten Punkt
des Loches oder der Grube und setzte sich das Absaugrohr auf die
Zehen. Sie wahrten den nötigen Abstand zwischen Boden und Rohr,
und so spürte man auch, wenn Geäst das Rohr zu versperren drohte.
Dann entfernte man die Äste und warf sie dem Absammler hin. Der

packte sie in eine große Plastiktonne und brachte sie aus der Grube.
Wenn der Mann am Absaugrohr die Hände frei hatte, bediente er auch
den Motor. Der Vierte im Bunde wartete die Maschinen oder machte
Pause. Alle ein bis zwei Stunden wurden die Jobs gewechselt.

Ein weiterer Posten war der des Spritzers. Wo der Spritzer hinzielte,
wuchs kein Gras mehr. Der scharfe Wasserstrahl lockerte alles. Wie
eine Stichsäge fraß er sich in jede anvisierte Richtung. Auch die gewalti-
gen Wurzeln der stehengebliebenen Baumstümpfe wurden erbar-
mungslos unterspült, so daß sie absackten. Spätestens nach drei Metern
war ihre Talfahrt jedoch beendet. Denn keine Grube wurde tiefer ausgewaschen. Aber ehe es soweit war, vergingen zwei bis drei Wochen. In
unserem Falle genau zwanzig Tage.

In dieser Zeit war man ständig naß, egal, welchen Job man ausübte.
Hemd und Hose, Hut und Haut – alles war gelb vom Schlammwasser.

Die ersten Stunden empfanden wir unsere Tätigkeit als interessant.
Was Menschen sich alles ausdachten, um an Gold zu kommen! Und
wenn die Natur dabei draufging – Hauptsache Profit. Daß der einzelne,
vor allem der arme Goldsucher, nicht an Naturschutz dachte, war klar.
Daß aber der Staat diesen Raubbau billigte, war unverzeihlich. Denn
die Verantwortlichen in Brasilien wußten, was hier geschah und welches die Folgen waren. Sie hatten genügend Fachleute zur Seite, die
ihnen sagten, daß die Urform dieser Landschaft nie wiederherstellbar
war.

„Was die Umweltschützer nur immer jammern", hatte der Dono, der
Eigentümer des Barrancos, eines Tages gemeint, als er uns sein Herz
ausschüttete. „Prozentual sind das vielleicht fünf Prozent der Landschaft, die wir umkrempeln."

Da mochte er recht haben. Aber die Flußtäler waren nicht irgendwelche fünf Prozent. Es waren die Schlagadern einer einzigartigen Natur-
landschaft. Wer sie so nachhaltig zerstörte, eliminierte die spezifische
Flußflora und -fauna. Und damit veränderte er auch die restlichen fünf-
undneunzig Prozent. Was übrigblieb, wenn die Goldsucher weiterzogen,
war eine Wüste. Zwar würde die Wunde bald mit Gräsern zuwachsen,
die eine zarte erste neue Haut bildeten, und es würden sich dann auch
andere Pflanzen ansiedeln – aber nie wieder, solange wir leben, werden
die riesigen Urwaldbäume an diesen Stellen ihren angestammten Platz

einnehmen können. Dazu wären Ruhe nötig, völlige Schonung und Jahrhunderte an Zeit.

Doch meist schon nach Wochen, spätestens nach Monaten würde hier erneut das Erdreich aufgebrochen werden. Hatte man sich bis an die Quellen der Flüsse hinaufgearbeitet, begann man unten von neuem. Denn schließlich wurden bei der ersten Auswaschung siebzig Prozent des Goldes gar nicht festgehalten. Und ehe man sich teure neue Garimpos kaufte, holte man sich erst einmal die nächsten dreißig der verbliebenen siebzig Prozent.

„HEUTE könnten wir fertig werden", verkündete Rómeu am neunzehnten Tag. Das hätte vielleicht geklappt, aber Mauricio wurde krank. Schon tags zuvor hatte er sich nicht wohl gefühlt. Er klagte über Kopfschmerzen, und die Glieder taten ihm weh.

„Es ist wieder ein Malariaanfall", diagnostizierte Mauricio. Er mußte es wissen, denn zweimal hatte er das bereits miterlebt. „Nur noch dieser Barranco. Dann haue ich ab. Sonst geh ich hier drauf."

Am Morgen war er plötzlich mit hohem Fieber und schweißgebadet aufgewacht. Kátia hatte ihn abgetrocknet, und jetzt schaukelte sie die Hängematte, in der Mauricio lag, um den Kranken ein wenig zu kühlen.

Wolfgang und ich waren gegen Malaria gefeit. Wir schluckten Resochin und Fansidar. „Immer mehr Mücken in Nordbrasilien sind resistent gegen diese beiden Medikamente. Deshalb empfehle ich Ihnen, unbedingt auch noch Lariam mitzunehmen", hatte mir der Tropenarzt geraten. „Das ist ein neues Mittel, dem man wahre Wunderkraft beimißt. Gegen Lariam können die Erreger keine Resistenz aufbauen."

Das Medikament war zwar sündhaft teuer, aber was waren fünfzig Deutsche Mark letztlich, wenn man dafür am Leben blieb? Also hatten wir es mitgenommen.

„Rüdiger, sollen wir Mauricio, diesem armen Hund, nicht unsere Lariamtabletten geben? Selbst wenn wir uns auch 'ne Malaria aufhalsen, haben wir noch immer die Geldmittel, um notfalls schnell nach Manaus zu fliegen."

Ich hatte genau denselben Gedanken gehabt.

Das Lariam wirkte Wunder. Wir verabreichten Mauricio drei Tabletten, und schon nach wenigen Stunden fühlte er sich viel besser. Am anderen Tag war er fit. Jedenfalls sagte er das. Er wollte sofort zurück in die Grube. Aber wir übrigen drei einigten uns: Mauricio durfte liegenbleiben. Er war darüber sehr glücklich. Im Achtstundenrhythmus gaben wir ihm noch je eine Tablette.

Durch diese Krankengeschichte hatte sich mir eine Frage aufgedrängt. „Was ist eigentlich, wenn bei euch mitten in der Arbeit jemand krank wird?" wollte ich wissen. „Wie steht es um die medizinische Versorgung, die Lohnfortzahlung und den Rücktransport?"

Die Garimpeiros blickten mich entgeistert an. „Wenn du krank bist, hängt alles von deinen Kumpels ab. Wenn sie dich pflegen wollen und es auch können, ist es in Ordnung. Wenn sie es nicht tun, mußt du nach Hause. Den Flug zahlst du selbst. Das einzige Geld, das dir zusteht, ist der Anteil aus dem Barranco, an dem du gerade gearbeitet hast. Wichtig ist, daß du mindestens einen vollen Tag mitgeschuftet hast."

„Was glaubt ihr? Wieviel Gold werden wir diesmal in unserem Loch finden?" Einer der Kameraden stellte die Frage, die alle Garimpeiros immer wieder und bei jedem Barranco erneut beschäftigt.

Rómeu antwortete nach kurzem Nachdenken: „Ich schätze zweihundert bis zweihundertfünfzig Gramm."

Ein viertel Kilo also! Zweihundertfünfzig Gramm für drei Wochen Schinderei.

Mauricio war tatsächlich wieder fit. Er arbeitete am letzten Tag wie eh und je. Sogar mit noch mehr Begeisterung als sonst. Man merkte es den Brasilianern an, wie sehr das Goldfieber sie erfaßt hatte.

Es war unser zwanzigster Tag. Zwanzig Tage ohne Sonn- und Feiertage, ohne nennenswerte Pausen. Dafür mit reichlich Wasser und Dreck. Und das von sieben Uhr morgens bis sechs Uhr abends. Dazu in trauter Gleichförmigkeit Kátias Bohnen-Reis-Mampfe.

„Um siebzehn Uhr hören wir auf", entschied Rómeu. Und auf den Gongschlag genau wurden die beiden Maschinen abgeschaltet. Vor uns gähnte ein lehmgelber Hohlquader von fünfzehn mal zwanzig mal drei Meter Größe. Das waren neunhundert Kubikmeter Erde, die wir bewegt und vergewaltigt hatten. Und wir waren nur *ein* Team von vielen Hunderten hier im Goldabbaugebiet am Rio Tapajós.

Wir nahmen ein Bad, und dann trafen wir uns an der Wassertreppe, unter deren Ende wir eine Blechtonne gestellt hatten. In sie sollte das auf der Rutsche verbliebene Sand-Gold-Gemisch hineinfallen. Rómeu entkeilte die zwölf Stufen und nahm sie ab. Die einzelnen Sprossen wurden sorgfältig über dem Bottich mit Flußwasser abgespült. Sehen konnten wir mit bloßem Auge nicht ein einziges Stäubchen des Edelmetalls. Geschweige denn eine *pepita*, ein Nugget. Man spülte auf Verdacht und in bester Hoffnung.

Als die Treppenstufen beiseite gelegt waren, hoben wir das Plastikgitter ab. Auch dieses wurde gewaschen, und zuletzt kam die Tuchbespannung an die Reihe. „Da sitzt das meiste Gold drin", erklärte Mauricio. Und er wusch sie und wusch und wusch.

Irgendwann, nach einer letzten und allerletzten Spülung, war die Ernte eingeholt, das Gold in der Tonne.

„Bringt sie zum Fluß!" rief Rómeu. Er meinte Wolfgang und Mauricio. Aber die Tonne hatte keinen Griff und wog bestimmt über einen Zentner.

„Kannst du das nicht für mich machen? Du bist darin geübter." Wolfgang hatte sich an Rómeu gewandt, und der hatte das sofort eingesehen.

So nutzten Wolfgang und ich diesen feierlichen Moment zum Filmen und Fotografieren. Die beiden anderen hatten ihre Goldpfannen geholt. Dahinein gaben sie ein paar Hände voll Goldschlamm aus der Tonne, dann hockten sie sich an den Flußrand, tauchten die Pfannen an einer Stelle ein und füllten sie mit Wasser.

Nun begann das zirkulierende Schwenken. Wasser und Sand gerieten in immer schnellere Rotation, bis sie über den Rand schwappten. Dann wurde neues Wasser nachgefüllt und der Vorgang wiederholt. Nur das viel schwerere Gold, sofern etwas dabei war, sackte auf den tiefsten Punkt – auf den Grund der Pfannen.

Nach mehreren solchen Waschungen war der körnige Sand fortgeschwemmt. Was jetzt noch in der Pfanne lag, waren Sandreste und Goldstaub. Für unser ungeübtes Auge war auch in diesem Klacks Restgemisch kein Gold auszumachen. Doch die professionellen Garimpeiros schworen, es deutlich zu sehen, und meinten, daß wir blind sein müßten.

Um den Goldstaub vom Schmutz zu trennen, gab man Quecksilber hinzu, etwa einen Eßlöffel voll. Es wirkt wie ein Magnet. Sämtlicher Goldstaub wird an das Quecksilber gebunden, so daß der Schmutz manuell von dem nun deutlich sichtbaren, silbrig schimmernden Quecksilber-Gold-Gemisch getrennt werden kann. Das gebundene Edelmetall kommt in die *cuia*, die kleine Rundschüssel.

Genauso wurde nun mit dem restlichen Sand in der Tonne verfahren. Kilo um Kilo. Das dauerte anderthalb Stunden. Dann hatten wir eine Handvoll quecksilbergebundenes Gold, das sogenannte *açougue*.

„Morgen früh gehen wir alle rauf zur Piste und lassen das Gold rausschmelzen", schlug Rómeu vor. „Und dann wird geteilt."

Wir waren einverstanden und ließen uns mit Bohnen verwöhnen. Aus Kátias kalter Küche. Denn heute hatte sie das Abendbrot schon mittags gekocht. Bei der Goldlese wollte sie dabeisein.

Das Essen hatte uns erfrischt, oder vielleicht war es auch einfach das Bewußtsein, daß die Arbeit abgeschlossen war. Der Zahltag stand bevor. Man spürte die Aufregung. „Wißt ihr was?" fragte Rómeu unvermittelt. „Wir schmelzen das Gold gleich heute."

Natürlich waren alle einverstanden. Jeder war neugierig.

Die Schüssel mit dem Quecksilber-Gold-Gemisch wurde in den Sand gestellt. Dann holten die Goldwäscher eine Gasflasche hervor mit einem Bunsenbrenner. Die Flamme wurde entzündet, auf die optimale Hitze eingestellt, und schon ging es los.

Sofort begann das Quecksilber zu verdunsten. Da wir uns unter freiem Himmel befanden, verschwanden die giftigen Dämpfe in die Atmosphäre und konnten uns nichts anhaben. Das Schmelzen ging sehr schnell, und übrig blieb das reine Gold, das porös aussah wie Schlacke und eine schmutzig-blaßgelbe Farbe hatte.

Jeder wog es sachkundig in der Hand und gab seine Prognose ab. „Hundertachtzig Gramm!" Rómeu, der „Boß", durfte als erster schätzen.

„Hundertsiebzig", meinte Mauricio.

Beide waren sich jedenfalls einig, daß man die 250-Gramm-Marke nicht erreicht hatte. Wolfgang schätzte auch: „Hundertsechsund- zwanzig Komma fünf Gramm." Die Garimpeiros schüttelten sich vor Lachen. „Wie kommst du denn auf diese krumme Zahl?"

„Ganz einfach. Weil das das Gewicht ist."

Wie gewonnen, so zerronnen

WOLFGANG hatte die Schätzung eigentlich als Scherz gedacht. Um so verblüffter waren wir, als am anderen Tag die Elektronikwaage im Büro an der Landepiste genau dieses Gewicht anzeigte: hundertsechsundzwanzig Komma fünf Gramm.

So was hatten die Garimpeiros noch nie erlebt. Dieser Alemão war eine wandelnde Goldwaage! Obwohl Wolfgang immer wieder betonte, das sei reiner Zufall gewesen, glaubte ihm niemand.

Es war früher Morgen, und wir waren nicht die einzigen Kunden. Die Landebahn lag mitten im Garimpo, und die Herren Goldsucher waren von allen Seiten gekommen, um ihr Gold wiegen zu lassen, es zu teilen und es wieder auszugeben oder gut zu verstauen. Es herrschte ein regelrechtes Gedränge. Über der Theke prangte ein Bild, das einen kläffenden Köter zeigte. Cachorro ladrando, Bellender Hund, der Name der Piste. Heute zahlten Struppis Herrchen achtzehn Cruzados pro Gramm. Das war nicht viel. Aber ehe man nach Itaituba flog, wo es zwanzig Cruzados gab, tauschte man schon lieber hier. Der Flug nach Itaituba kostete hin und zurück vierhundert Cruzados. Dazu kam der Taxipreis vom und zum Flughafen in Itaituba, das Hotel und, nicht zu vergessen, die Startgebühr. Wer Cachorro ladrando verlassen wollte, mußte drei Gramm löhnen. Da nahm man lieber die zehn Prozent Verlust in Kauf, achtzehn statt zwanzig Cruzados. Das System der Ausbeutung war raffiniert und vielfältig. Das merkte man in jedem Augenblick und bei allem, was hier ablief.

Zum Beispiel die Preise für Lebensmittel: Die Dose Ölsardinen kostete vier Cruzados. In der Stadt erhielt man für soviel Geld fünf Dosen. Alles war mindestens fünfmal so teuer wie in Manaus. Von den Preisen in der „Boîte", dem Tanzlokal, ganz zu schweigen.

Beim Einkauf an der Piste fiel uns auch etwas anderes auf. Viele kleine Kartons mit Quecksilber-Destillationsgeräten! Wir ließen sie uns zeigen. Der Flugplatzverwalter baute eines vor uns auf. Ein solides Werkstück aus Messing. Das Quecksilber-Gold-Gemisch wurde in ein tennisballgroßes, fest verschraubbares Kugelgefäß gegeben, das auf einem Dreifuß stand. Wenn man mit einem Bunsenbrenner für die erforderliche Hitze sorgte, verdampfte das Quecksilber sofort über ein Steigrohr, und bei 1064 Grad Celsius schmolz das Gold. Aber bei diesem geschlossenen System ging nichts verloren. Das Gold blieb in der Kugel, und das gasförmige Quecksilber entwich über das Rohr in ein zweites geschlossenes Gefäß mit kaltem Wasser. Dort wurde es sofort wieder zu flüssigem Quecksilber. Ein ebenso simples wie hundertprozentiges Patent, das die Atmosphäre von großer Belastung freihalten würde.

„Es wird von den Garimpeiros nicht angenommen", erklärte uns der Flugplatzverwalter. „Weil das Quecksilber von den Besitzern der Barrancos bezahlt wird, jagen sie es lieber in die Luft. Man könnte das nur ändern, wenn das Quecksilber zu Lasten der Garimpeiros ginge."

Natürlich kann man vom einfachen Arbeiter nicht erwarten, daß ihn Umweltschutz interessiert, das ist Sache der Politiker. Aber dieser Beitrag zum Umweltschutz wäre realisierbar, und Tonnen von Quecksilber blieben der Natur erspart. Wieviel das ist, verrät die simple Rechnung, daß man pro Tonne Gold auch eine Tonne Quecksilber braucht. Vorsichtigen Schätzungen zufolge sollen in Brasilien seit 1983 eintausendachthundert Tonnen hochtoxisches Quecksilber in die Atmosphäre gejagt worden sein. Eine gigantische Vergiftung.

Wie bei vielen Naturschäden stellen sich auch bei den durch Quecksilber verursachten die Folgen erst allmählich ein. Denn das Quecksilber kommt auf jeden Fall zurück zur Erde. All die vielen Tonnen – nichts geht verloren. Der Quecksilberschaden ist eine Zeitbombe, die noch ein wenig ticken wird, bis es zum großen Knall kommt.

Das zur Erde zurückgekehrte Quecksilber wird von Bakterien, aber auch von den im Flußwasser enthaltenen Säuren zersetzt. Dann ist das Supergift genau mundgerecht zubereitet für Algen und Minitierchen, und so gelangt es in die Nahrungskette, die über die Fische – aber auch über Pflanzen und Rinder – schließlich den Menschen erreicht. Und der stirbt daran. Alle Lebewesen sterben an einer Überdosis Quecksilber. Und der Tod tritt erst nach etwa zehn Jahren ein, die Vergiftung verläuft schleichend und ist deshalb besonders gefährlich, weil die Auswirkungen kaum wahrnehmbarer sind als das gewöhnliche Altern und leider nicht so deutlich wie eine klaffende Schnittwunde.

Oben: Ausrüstungslager des *Barranco* – hier gibt es Wasser-rohre, Werkzeug, Ersatzteile.

Links: Die Wassertreppe, über die der aufgeschlämmte Urwaldboden geleitet wird.

Unten: Goldwaschen mit der *Bateia,* der „Goldpfanne"

Alles wird mit Gold bezahlt, die Preise sind überhöht – so bleibt dem einfachen Goldsucher nicht viel von seiner Ausbeute übrig.

Zum Binden des Goldstaubs wird Quecksilber in die Goldpfanne gegeben (kleines Bild, linke Seite). Beim Schmelzen entweicht das giftige Schwermetall in die Luft (unten links). Ein geschlossenes System zur Rückgewinnung des Quecksilbers steht zwar zur Verfügung, wird aber nicht benutzt (unten rechts).

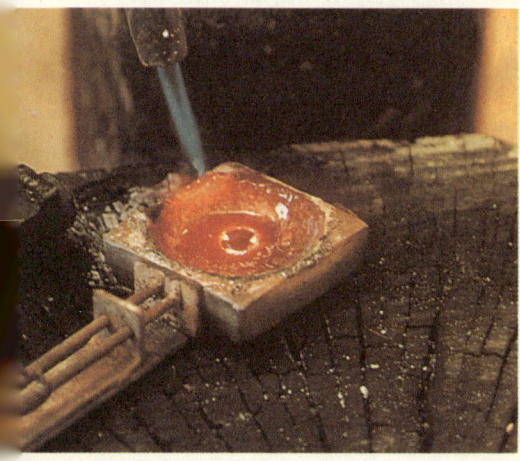

Die Krankheit, die das Quecksilber verursacht, heißt Minamata, nach der gleichnamigen Stadt in Japan. Dort trat die Krankheit erstmals in Erscheinung. Eine Fabrik hatte ihre Quecksilberabfälle jahrelang in den Fluß geleitet, von dessen Fischbestand die Anwohner lebten.

Minamata beginnt mit Gefühlsverlust in den Finger- und Zehenspitzen. Irgendwann setzt eine ständige Benommenheit ein. Die Seh- und die Hörfähigkeit lassen nach, und es kommt zu Gleichgewichtsstörungen. Auf unkontrollierten Speichelfluß folgen dann Krämpfe und der Tod.

Aber wieder zurück zur Piste. Ganz besonders fiel der Nepp bei den Gewehren auf. Für eine simple einläufige Flinte mußte man sechshundert Cruzados hinblättern. In den Städten dagegen kostete sie nur hundert. Trotzdem verkaufte der Flugplatzverwalter heute morgen gleich zwei Stück.

„Warum kauft ihr die Gewehre nicht in Itaituba?" fragten wir die beiden Goldsucher, die die Waffen erworben hatten. „Bei diesem Preis lohnt es sich doch zu fliegen?"

Die Männer schauten erst uns und dann einander an. *Estrangeiros* – Fremde! werden sie gedacht haben. „In Itaituba braucht man Papiere. Waffen gibt es nur, wenn man seinen Personalausweis vorlegen kann. Und wer hat den schon?"

Hier an der Piste fragte keiner nach einem Ausweis, hier zählte nur Gold. Und wir besaßen dieses gelbe angebetete Metall nun auch. Daß es nur hundertsechsundzwanzig Komma fünf Gramm waren statt der erhofften zweihundertfünfzig, störte niemanden. Brasilianer sind es gewohnt, ausgebeutet zu werden und Enttäuschungen kritik- und klaglos hinzunehmen. Fast kann man diese Duldsamkeit schon eine Volkseigenschaft nennen.

Hundertsechsundzwanzig Komma fünf Gramm also, für die vier Personen drei Wochen von morgens bis abends geschuftet hatten. Wir hatten hundertachtzig Kubikmeter Erde mit mindestens sechstausend Kubikmeter Wasser ausgewaschen, rund zweihundertfünfzig Liter Dieselöl in die Luft gepustet.

„Laßt uns teilen!" sagte Rómeu. Er lieh sich den Taschenrechner und stellte fest, daß von diesem Fund 88,55 Gramm, das sind siebzig Prozent, dem Dono gehörten. Das war nicht nur der feste Tarif, sondern

auch gerecht, so meinten unsere Kameraden. Denn dafür hatte der
Dono das Essen gestellt, den Sprit, die Maschinen, und er hatte sich in
das Goldabbaugebiet, den Garimpo, eingekauft. Dieser Anteil von
88,55 Gramm wanderte gleich und unantastbar in den Tresor, der im
Büro neben dem Flugplatzgebäude stand. Aber der Rest gehörte uns.
Ganze 37,95 Gramm. Die wurden nun durch vier geteilt. Ein Anteil
betrug 9,485 Gramm. Wir erhielten ein Stück Papier, und dorthinein
wickelten wir den kostbaren Lohn. Knapp zehn Gramm also, hundertachtzig Mark.

Halleluja, das war ein Leben! Was konnte es Schöneres geben?

„Wollen wir Kátias Anteil gleich beiseite legen?" fragte Rómeu und
unterbrach uns in unseren Betrachtungen.

„Kátia? Ach ja, Kátia!" Ihr Anteil ging ja auch noch ab von diesem
Feudallohn! Fünf Gramm standen ihr monatlich zu. Das waren für drei
Wochen demnach, wenn wir den Monat großzügig in vier Wochen
aufteilten, 3,75 Gramm. Da blieben uns ja nur noch 5,735 Gramm –
eine Summe, die man nur noch mit dem Rechner ermitteln konnte, und
ein Gewicht, bei dem sogar die Elektronikwaagen irritiert waren. Aber
Kátia mußte auch leben. Immerhin hatte sie die besten Bohnen aller
Zeiten gekocht.

Erst um zwanzig Uhr öffnete die „Boîte", das Tanzlokal nebenan. Der
Raum war fünfzehn mal fünfzehn Meter groß und sehr nüchtern eingerichtet. Zehn klapprige Tische, vierzig Stühle. Seitlich die Theke,
dahinter ein Regal mit großen Mengen an Alkohol, ein Tisch, eine
Goldwaage. Und zwei Goldmädchen, die das Geschäftliche abwickel-
ten. Sie wogen das Gold, brachten das Bier und machten Musik. Mit
Langspielplatten.

Der Dono war heute gut in Form. Er hatte beste Laune und war
mitteilsam. Das ist nicht immer so. Im Goldgeschäft muß man verschwiegen sein und immer auf der Hut. Zu viele Neider gibt es, und
ohne Vorsicht, Waffen, Schmiergelder, Leibwachen und Intrigen hält
sich niemand lange in dieser Position.

Die gute Stimmung unseres Dono hatte einen Grund. Am Vortag war
es ihm gelungen, die bekannteste „Visionária", die Hellseherin, zu einer
ungeahnten Vorausschau zu bewegen. „Das hat mich einiges gekostet",
erzählte er. „Aber diese Frau hat wirklich etwas auf dem Kasten. Sie

wird sogar offiziell vom Bergbauministerium eingesetzt, wenn es darum geht, neue Garimpos zu finden. Sie hat mir gestern südlich von hier – der Ort tut nichts zur Sache – ein sehr fündiges Gebiet vorausgesagt. Ich habe es daraufhin sofort gekauft. Nächste Woche beginnen wir mit dem Bau der Piste."

Boa Vista – Schöne Aussicht

„WEISST du, was mir die ganze Zeit durch den Kopf geht?" Wolfgang saß neben mir in der VARIG-Maschine, die uns von Manaus nach Boa Vista brachte.

„Nein – keine Ahnung. Aber mir geht auch vieles im Hirn herum."

„Ich werde das Gefühl nicht los, daß man uns die Goldsucher nicht abnimmt."

„Du hast recht. Uns fehlt die gewisse Physiognomie und die sklavische Ergebenheit. Irgendwie sehen wir nicht aus wie Garimpeiros."

„Genau das. Außerdem wären wir zu sehr an einen Ort gebunden, wenn wir wieder die Goldsucher spielen würden. Wir kämen nicht weit genug herum und erhielten zuwenig Überblick. Das wäre auch für meinen Film schlecht."

In wenigen Minuten würden wir landen. In Boa Vista, im Feindesland. Dort, wo mit einem Schlage alles anders sein würde, und dort, wo man uns niemals als Journalisten erkennen durfte. Deshalb hatten wir die Abendmaschine gewählt. Wenn wir ankamen, war es dunkel.

„Ich habe da eine Idee", fuhr Wolfgang fort. „Was hältst du davon, wenn wir als Investoren auftreten oder als Vermittler? Wenn wir zum Beispiel sagen, wir verträten eine Gruppe deutscher Unternehmer, die ihre Schwarzgelder in Brasilien anlegen möchte?"

„Du meinst Leute, die sich in die Garimpos einkaufen und eigene Barrancos betreiben wollen?"

„Ja. Oder andere, die einfach Gold kaufen möchten, um ihr Kapital zu sichern, und die sogar sehr gut zahlen können, weil sie die Frankfurter Goldpreise gewöhnt sind."

Das leuchtete mir gleich ein. „Das muß die Leute von der Goldmafia anlocken, weil wir entschieden mehr zahlen können als deren Aufkäufer in São Paulo, und es erscheint auch aus unserer Sicht glaubwürdig, weil unsere ‚Kunden' in Deutschland ihr Geld so in Sicherheit bringen und außerdem noch einen besseren Kurs erzielen wollen."

„Genau. Ein lohnender Deal für beide Seiten. Da können wir mit den Millionen nur so um uns werfen."

Wir als Anlagevermittler, als große Finanzbosse – die Idee gefiel mir auf Anhieb.

Es war dunkel in Boa Vista. Und der Flugplatz war erleuchtet. Das erste, was uns nach der Landung ins Auge stach, war die Armada der Kleinflugzeuge, die auf dem Rollfeld stand.

„Guck dir das an, Wolfgang! Wie Heuschrecken."

Wir versuchten zu zählen. Es war schwer, denn die Fläche war groß, und auf die Maschinen, die weiter entfernt standen, fiel nicht mehr genügend Licht. Unser Gepäck war noch nicht ausgeladen. So gingen wir in das Obergeschoß des Flughafengebäudes auf die Publikumsterrasse, wo wir einen besseren Überblick hatten. Und dort zählten wir erneut.

„Ich komme auf vierhundert", sagte Wolfgang.

„Ja, und dazu sieben Hubschrauber und drei DC-3."

„Wenn jede Maschine nur zweimal pro Tag fliegt, sind das achthundert Starts. Wenn es zwölf Stunden hell ist, bedeutet das pro Minute einen Start."

Die Publikumsterrasse war voll mit Schaulustigen. Jeder Neue wurde genau gemustert und „durchgehechelt". Auch wir.

Dann setzte sich im Untergeschoß das Gepäckkarussell in Bewegung. Etwas größer als ein Traktorrad und um einiges kleiner als ein Dorfkarussell. Zwei Männer hoben die vielen Gepäckstücke vom Lastkarren auf dieses rotierende mickrige Rondell, und die Fluggäste griffen sie sich fast im selben Moment und nahmen sie wieder herunter. Als nächstes hieß es, dafür einen Abstellplatz zu finden. Und der war rar. Denn der Raum war klein. Schlappe acht mal acht Meter nur, und die waren vollgepfercht mit Menschen. Nun kam noch das viele Gepäck hinzu, häufig unförmige und zerfledderte Stücke. Also wurde gestapelt, kunstvoll verschachtelt und schon mal rausgeschleppt, sofern man zu mehreren war und jemand als Wache abgestellt werden konnte.

Wir wurden zwar weiterhin neugierig gemustert, aber so erging es anderen auch. Und das beruhigte uns. Bis auf unser europäisches Aussehen unterschieden wir uns wenig von ihnen: Schirmmütze (vier Cruzados), Turnhose, Turnschuhe, Messingkettchen (ein Cruzado) und tagsüber auch eine Sonnenbrille (drei Cruzados). Jetzt lugte sie zusammengeklappt aus der Hemdtasche. In ähnlicher Montur liefen auch die anderen herum.

Unsichtbar hingegen waren unsere Waffen. Noch nie in unserem Leben waren wir mit so vielen hinterlistigen Abwehrgeräten gespickt gewesen. Dabei waren wir nicht annähernd so gut bestückt wie die Gegner. Denn sie verfügten über Pistolen, Maschinenpistolen und Handgranaten. Wie die meisten Mitreisenden hatten wir unser gesamtes Arsenal sogar im Flugzeug „am Mann" gehabt. Leibesvisitationen bei Inlandflügen gab es nicht.

Faustfeuerwaffen sahen wir allerorten. Sie beulten Jackentaschen aus, steckten in Hosen oder Holstern oder befanden sich im Handgepäck. Ich hatte meinen NAA-Minirevolver in der Mütze, Wolfgang seinen im Schuh. Er war kaum größer als ein Feuerzeug, aber dennoch leistungsstark. Immerhin fünf Hohlspitzgeschosse, die auf nahe Distanz durchaus tödlich waren.

Wir schauten uns die Leute an, genauso wie sie uns betrachteten: dreist und abschätzig. So, als wären *wir* hier zu Haus und sie die Fremden.

„Unsympathische Typen. Die Geldgier steht ihnen ins Gesicht geschrieben." Wolfgang machte keinen Hehl aus seinen Gefühlen. Ich empfand ähnlich.

Endlich war das Gepäck komplett. Ein Taxi brachte uns für sechs Cruzados ins Hotel Eusébio. Unser Zimmer war reserviert. Wir hatten von Manaus aus angerufen. Die Unterkunft war nicht schön, aber zweckdienlich. Für zwanzig Cruzados war sie sogar gut. Vor allem sauber. Das Geld war sofort bei der Ankunft fällig. „Vertrauen ist gut, sofortige Bezahlung ist besser." Dieser Hinweis über der Kasse machte uns klar, daß hier in Boa Vista strenge Gepflogenheiten herrschten. „Schecks unerwünscht! – Ihre Waffen sind nur in unserem Tresor sicher! – Wir erlauben nicht, ohne Hemd herumzulaufen!" Ein feiner Laden also.

Das Eusébio, von Claudia Andujar als Mittelklassehotel empfohlen, lag am Rande des Stadtkerns. Fünf Minuten vom Regierungspalast, zehn Minuten von der Hauptgeschäftsstraße entfernt. Es war zweigeschossig und nicht gerade klein. Vom Quergebäude an der Straße gingen viele flache Anbauten nach hinten hinaus. Trotzdem herrschte chronischer Zimmermangel.

Einfachen Garimpeiros begegnete man hier kaum. Eher denjenigen, die an ihnen verdienten. Und insofern waren wir genau im richtigen Haus abgestiegen.

Claudias Warnungen im Hinterkopf, schlossen wir unser Gepäck immer ab. Das heißt, wir steckten unsere Ausrüstung und die Nahrungsmittelkanister in stabile Seesäcke, die sich mit Kette und Schloß sichern ließen. Das Geld hatten wir stets an vier Stellen am Körper verteilt, alles in Hundertdollarnoten. Die trugen nicht dick auf und behielten ihren Wert. Getauscht wurde nur für drei Tage. Und immer auf dem Schwarzmarkt.

Ab sechs Uhr gab's Frühstück. Die Neugier auf den ersten Tag und die neue Stadt hatten uns früh aufstehen lassen. Welche Überraschungen würde sie für uns bereithalten? Würden wir den gewünschten Erfolg finden? Oder würden wir entlarvt werden? Und was wäre dann? Würden wir Boa Vista dann noch verlassen können?

Der große Speisesaal war schon gut besucht. Auffallend viele fettleibige Bosse mit protzigen Nuggets am Kettchen um den Hals und Sonnenbrille auf der Nase schlürften Kaffee, aßen Ananas, Bananen und Brot.

Unser erstes Ziel an diesem Tag waren die beiden Straßen mit den Goldgeschäften. Wir brauchten Pepitas, Goldbrocken. Hunderte von Läden reihten sich da aneinander und überboten sich mit der Fülle und Farbenpracht ihrer Schilder, Stelltafeln und Leuchtreklamen.

Wo sollten wir anfangen? Entgegen allen Beteuerungen auf den Schildern wirkte kaum ein Aufkäufer freundlich. Die meisten hockten neugierig vor der Tür, allein oder in Gruppen, und übten sich darin, uns mißtrauisch einzuordnen und potente Kunden hereinzuhypnotisieren.

Wir liefen die gesamte Strecke erst einmal ab. Dabei kamen wir auf fast zwei Kilometer Ladenfront. Wolfgang kaufte an einem Kiosk die neueste *A Crítica Roraima* und die *Correio do Garimpo*, die „Goldgräberpost". Im Schatten eines Baumes legten wir Rast ein, bestellten uns eine frische Bananenmilch mit Mango und Limone und studierten die neuesten Nachrichten. Die *A Crítica Roraima* zierte das Foto eines Ermordeten vom letzten Wochenende: Ausgelaufenes Blut schien ein Viertel der Titelseite zu beanspruchen. Und die „Goldgräberpost" verhalf uns zu ersten Eindrücken in Sachen Gold.

Wolfgang tippte auf eine Großanzeige. „Vielleicht sollten wir hier einfach mal anfangen. Dieses Unternehmen scheint sich für besonders clever zu halten. Ich les dir das vor: ‚Gold ist ein ernstes Geschäft. Es kostet Arbeit und Schweiß. Warum es also an der erstbesten Tür verkaufen? Wir wiegen Ihr Gold mit den besten elektronischen Waagen. Sie werden bei uns auf eine Weise behandelt, daß die Konkurrenz neidisch wird: mit großer Aufmerksamkeit, mit Respekt und stets mit einem Täßchen Cafezinho. São Paulo Ouro.' Dieses Geschäft steuern wir an", entschied Wolfgang.

Wir fragten uns zu dem piekfeinen Laden durch und betraten ihn erwartungsvoll. Er war zur Straße hin ganz offen.

Aus einem Nebenraum stürzte sofort ein dienstbeflissener guter Geist herbei. „Was kann ich für Sie tun?"

„Wir hätten gern ein paar Pepitas. Haben Sie einige zu verkaufen?"

Der Mann taxierte uns ohne ein Lächeln. Er antwortete auch nicht gleich. „Sie wissen, daß Sie für Nuggets mehr bezahlen als den üblichen Goldpreis?"

„Selbstverständlich. Aber das war nicht unsere Frage. Haben Sie Pepitas zu verkaufen? Der Preis ist zweitrangig."

Wieder legte er eine Schweigeminute ein. Dann bequemte er sich zur Antwort. „Sicher, das war nicht Ihre Frage. Aber das hier ist auch nicht Ihr Laden. Schauen Sie dort, die Schilder. Da steht es doch in Riesenlettern: COMPRAMOS OURO – Wir kaufen Gold. Da steht nichts von Verkaufen. Auf Wiedersehen."

So erlebten wir die erste Abfuhr. Und es war nicht die letzte.

„Ärgere dich nicht", tröstete mich Wolfgang beim Weiterbummeln. „Der hätte uns sowieso betrogen. Wir bilden uns einfach ein, viel Geld gespart zu haben, und davon kaufen wir uns jetzt einen Cafezinho."

Das taten wir, und frisch belebt enterten wir einen anderen Laden. „Müller Ouro" – ein Riesenschild prangte da über dem Eingang. Sollte das ein Deutscher sein? Ich setzte vorsichtshalber meine Sonnenbrille auf. Zusammen mit der roten Schirmmütze sorgte sie dafür, daß ich nicht mehr zu erkennen war.

Ja, Müller war deutschstämmig. Aber Müller junior war schon gebürtiger Brasilianer. Trotz aller landsmännischen Verbundenheit und sogar dreier Cafezinhos erstanden wir auch hier keine Pepitas. Aber zumindest erfuhren wir, daß ihr Kauf grundsätzlich möglich sei.

„Pepitas sind hier knapp. Die meisten stammen aus anderen Gebieten Brasiliens. Bei den Yanomami gibt es hauptsächlich Goldstaub."

Müller ließ es aber nicht dabei bewenden. Er rief ein paar Freunde an. Und bei einem wurde er fündig. „Das ist eigentlich eine Anwaltskanzlei, und Gold ist ihr Zweiterwerb", erklärte er. „Aber mein Freund dort hat vier Pepitas."

Also gingen wir zum Advokaten. Wir wurden gleich vorgelassen. Während der Rechtsanwalt sich mit einem anderen Kunden weiter unterhielt, wickelte er aus einer Papierserviette die vier kleinen Goldstücke und schob sie uns rüber. Die Nuggets waren farblos, sehr klein und von wenig schöner Form. Wir hatten etwas ganz anderes erwartet. Solche wie die Prachtstücke, die die Garimpeiros am Hals trugen. Mindestens fünf Gramm schwer, formschön und blankpoliert vom Tragen.

„Ein bißchen größer könnten sie sein und glänzend."

Der Anwalt machte eine wegwerfende Bewegung mit der Hand. „Polieren kann Ihnen die jeder Juwelier, und der kann sie Ihnen auch größer machen. Er schweißt sie einfach zusammen."

„Kennen Sie andere Leute, die auch Pepitas verkaufen? Wir möchten gern viele kaufen."

Sein Interesse war erwacht. Er bat seinen Mandanten um etwas Geduld. Der verstand und ließ uns allein.

„Nur – es sollen auch schöne Stücke sein", fuhren wir fort.

„Um welche Größenordnung handelt es sich denn?"

„Oh, um dreitausend bis fünftausend Dollar etwa."

Nun lächelte der Mann sogar. „Ach so. Das ist was anderes. Hat es einen Tag Zeit? Dann würde ich mich mal umhören."

Wir ließen ihm Zeit. Und der Rechtsanwalt hielt sein Versprechen. Ein mittelgroßer Laden in der Nähe hatte schöne Nuggets, um die zehn Gramm das Stück. Sie waren sogar schon alle mit einer Öse für die Kette versehen. Wir einigten uns auf einen Preis, der nur fünfzehn

Prozent über dem örtlichen Goldpreis lag. Jetzt besaßen wir neun Pepitas und wirkten um einiges wohlhabender.

Unser erster Schritt, glaubwürdige Goldjungs zu sein, war damit getan. Wir konnten zum zweiten ansetzen. Der Nuggethändler schien uns dafür der geeignete Partner, weil seine Forderung korrekt und nicht überzogen war. Deshalb fragte ihn Wolfgang: „Kennen Sie jemanden, der auch Normalgold in größeren Mengen verkaufen würde? Also keine Pepitas, sondern gewöhnliches Gold?"

„Das kann ich auf Anhieb nicht sagen, weil das praktisch nie vorkommt. Wir kaufen Gold. Der Verkauf findet in São Paulo statt. Wenn ich, wie in diesem Falle, mal ein paar Pepitas abgebe, dann mache ich das nur, weil Sie mir den Ankaufspreis von São Paulo bezahlen."

„Nun, soviel würden wir auch für das Gold bezahlen. Wir bieten Ihnen sogar mehr als die Leute in São Paulo."

Jetzt musterte uns der Mann noch intensiver. „Warum kaufen Sie es dann nicht direkt in São Paulo?"

Wolfgang überlegte nicht lange. „Das kann ich Ihnen sagen: Der Preis wäre höher. Wir denken, daß wir hier vor Ort etwas günstiger an die Ware kommen. Bei den Mengen, die wir brauchen, fallen nämlich auch *kleine* Preisunterschiede ins Gewicht. Vielleicht wäre ein solches Geschäft für Sie genauso lukrativ wie für uns."

„An welche Größenordnung denken Sie denn?"

Wolfgang tat, als müßte er das mal kurz addieren. „Nun – zwei Millionen werden es sicher werden." Er wartete eine Weile, ehe er präzisierte: „Und zwar US-Dollar, zweimal pro Jahr." Und nach erneuter Kunstpause: „Wenn das Geschäft zur beiderseitigen Zufriedenheit läuft, sind wir davon überzeugt, daß die Summe noch erheblich steigen wird."

Jetzt bat uns der Händler hinter die Kulissen, in sein Büro. Dort weihten wir den Mann in unser „Geheimnis" ein. Daß wir das ganze Geld nicht selbst zur Verfügung hätten, sondern daß wir die Vertrauensleute einer Gruppe deutscher Großverdiener seien, die ihre Schwarzgelder in Gold oder gar als Pächter in den Garimpos anlegen wollte.

„Weil es sich dabei ausschließlich um Schwarzgeld handelt", erklärte ich, „können unsere Auftraggeber nicht selbst aktiv werden. Sie zahlen daher auch höhere Preise. In Deutschland ist das so nicht machbar. Deshalb kam uns die Idee mit Roraima."

Und Wolfgang fügte hinzu: „Wie heißt doch der neue Slogan Ihres Bundesstaates? ‚Roraima – ein Staat, in dem sich das Investieren lohnt.' Genau das wollen wir tun."

Wir gaben ihm ein paar Momente Zeit, damit er die Informationen verdauen konnte. Dann ließen wir unseren weiteren Gedanken freien Lauf. „Ideal aus unserer Sicht wäre ein Partner, der sowohl einen großen Garimpo besitzt als auch beste Verbindungen zu einer Bank hat. Das Gold muß hier im Tresor deponiert werden. Und je weniger Leute in die ganze Transaktion verwickelt sind, desto lieber ist es uns."

Wir glaubten zu spüren, daß unsere Saat keimte. Wir mußten sie nur gelegentlich gut wässern und in Ruhe aufgehen lassen. Das erste Angießen besorgten wir beim Rausgehen.

„Wir haben noch eine Bitte. Horchen Sie mal rum, wo wir die restlichen Pepitas kriegen. Wie gesagt – es können ruhig Mengen um fünftausend Dollar sein. Wir hatten nämlich daran gedacht, jeder der Frauen und Töchter unserer Auftraggeber ein Stück Gold zu schenken."

Dieselbe Geschichte erzählten wir auch anderweitig. Und wir erkundigten uns immer wieder nach Pepitas. Allmählich kriegten wir mehr zusammen und sogar ausgesprochen schöne Stücke.

Das versetzte uns in die Lage, weniger schöne wieder zu verkaufen. Mit etwas Geduld machte man dabei keinen Verlust, weil die Nuggetpreise nach Schönheit und Laune ausgehandelt wurden, während der übliche Goldpreis nur wenig von Laden zu Laden differierte.

Dennoch mußten wir aufpassen, daß wir nicht übervorteilt wurden. Beim Ankauf war es wichtig, den Deckenventilator abzuschalten. Er konnte so ausgerichtet sein, daß er auf der „Goldseite" der Waage ein paar Gramm zusätzlich drückte.

Bei den Balkenwaagen mußten die Gewichtsstücke Originale sein. Streichhölzer, Schrauben und sonstigen Ersatz, der angeblich soundso viel wog, lehnten wir ab oder machten die Gegenkontrolle mit unserem eigenen Gewichtsset. Es war komplett, von zehntel Gramm bis zu zehn Gramm.

Wir gingen auch ungeniert hinter den Verkaufstisch. Zu schnell war

Je mehr Gold gefunden wird, desto höher ist der Preis für eine Nacht (linke Seite).

Das Goldwäscherdenkmal in Boa Vista (rechts) und sein Pendant in der Wirklichkeit (oben).

„Wir kaufen Gold" – Hunderte solcher Läden säumen die Straßen von Boa Vista (unten).

auf der falschen Seite ein Magnetchen unter die Waagschale geheftet. Bei fünfhundert Gramm fielen zehn Gramm Differenz nicht auf. Aber sie bedeuteten einen Verlust von zweihundert Deutschen Mark.

Es gab noch andere Tricks. Wer kleinkörniges Gold verkaufte, mußte darauf achten, daß der Käufer sich nicht mit schnellem Pusten ein paar Stäubchen – beim Wiegen und Verpacken – an die Seite blies. Es soll „Staubbläser" geben, die einmal wöchentlich die hinter der Goldwaage raffiniert angebrachte Ritze leeren und ihr einen satten Monatslohn entnehmen.

Immer wenn jemand viel redete oder den Hektiker spielte, verzichteten wir auf das Geschäft. Ein solcher Verkäufer führte etwas im Schilde. Man mußte ja nicht mit ihm zusammenarbeiten. Es gab noch neunhundertneunzig andere Verkäufer. Fast jeder Laden handelte mit Gold.

Vor allem abends bemühten wir uns, Informationen zu sammeln, denn wir wollten unsere beiden Vertrauensleute treffen, den Menschenrechtler Carlo Zacchini und den Bischof Dom Aldo Mongiano. Beide waren für die Goldmafia ein rotes Tuch. Sie waren erklärte Gegner der FUNAI und des korrupten Staatsapparats, sie waren mehrfach mit dem Tode bedroht worden, und sie ließen sich beide davon nicht einschüchtern. Wir durften sie – das hatte Claudia immer wieder betont – nur des Nachts und unter Ausschluß der Öffentlichkeit treffen. Wenn wir eine solche Begegnung telefonisch vereinbarten, sollten wir nicht zu deutlich und nicht zu lange sprechen und nie aus dem Hotel anrufen. Das alles hatten wir berücksichtigt. Und so war es zur ersten Verabredung gekommen.

Um zwanzig Uhr fünf wollte Carlo Zacchini mit einem blauen Pritschenwagen am Gebäude der Fernsehgesellschaft „Teleraima" vorbeifahren. Wenn kein anderes Auto hinter ihm wäre, würde er kurz bremsen, und wir sollten einsteigen.

Es wurde zwanzig Uhr zehn, weil er zweimal einen verdächtigen Wagen hatte abhängen müssen. Aber dann klappte es. Wir saßen neben Carlo, einem sympathischen Mann in den Vierzigern, mit Kinn- und Oberlippenbart.

Ziemlich bald erreichten wir ein Haus, das unscheinbar an einem Abhang hinter einer hohen Mauer stand. Türen und Fenster waren vergittert. Seit in Boa Vista zwei Jahre zuvor die Goldgräberinvasion begonnen hatte, war nichts mehr sicher. Die Kriminalität hatte derart zugenommen, daß man nachts nicht allein auf die Straße konnte. Im Februar 1989 gab es in Boa Vista achtundvierzig Morde. Die meisten wurden nie aufgeklärt.

Carlo war uns eine große Hilfe, weil er das Yanomamiland gut kannte. Fast zwei Jahrzehnte hatte er mit den Indianern gearbeitet. Er beherrschte ihre Sprache und war mit dieser Fähigkeit fast konkurrenzlos. Nicht einmal die FUNAI von Boa Vista konnte mit einem Dolmetscher aufwarten. Aber Carlos Hilfe beanspruchte die Indianerbehörde dennoch so gut wie nie. Denn Carlo war ein Gegner der FUNAI, und als Dolmetscher war er in der Lage, ihre miserable Arbeit be-

Carlo Zacchini

kanntzumachen. „Mich holen sie nur, wenn es sich nicht umgehen läßt", erklärte er. „Wenn irgendein Vorfall zwischen Indianern und Brasilianern bereits Schlagzeilen gemacht hat und nichts mehr zu vertuschen ist. Ansonsten werfen sie mir nur Knüppel in den Weg. Im Moment hat FUNAI-Chef Raimundo Nonato eine Klage gegen mich angestrengt wegen Hausfriedensbruchs. Ich habe einigen Indianern, die in der Casa dos Indios, dem ‚Haus der Indianer' der FUNAI, untergebracht sind, etwas zu essen gegeben!"

„Bist du gewaltsam dort eingedrungen, um ihnen Nahrung zu bringen?"

„Quatsch. Ich habe einige Journalisten der *Veja* ganz offiziell dorthin geführt. Wir waren sogar angemeldet. Aber Raimundo Nonato mag es nicht, wenn man mit den Indianern spricht und er es nicht versteht. Weil aber die Presseleute als Zeugen dabei waren und sie zu meinen Gunsten aussagen, fehlt seiner Klage jede Grundlage. Das steigert

seinen Zorn noch. Überall wittert er Gefahr. Denn er hat viel zu verbergen."

„Was zum Beispiel?"

„Oje – wo soll ich da anfangen? Nehmt nur mal die Sache mit dem
Goldsucher, der einen Yanomamijungen angeschossen hatte. Aus reiner Jagd- und Mordlust. Da versuchte Nonato, das Tatprotokoll zu
fälschen. Ich erfuhr durch Zufall davon. Und das auch nur, weil ich die
Yanomamisprache beherrsche."

Folgendes war passiert: Ein Goldsucher hatte einen Indianerjungen
im Baum gesehen. „Guckt mal, ein Affe!" hatte er seinen Begleitern
zugerufen. „Den hol ich runter." Die hatten das für einen Scherz gehalten, weil jeder sah, daß es ein Indianerkind war. Aber da schoß er
schon. Sie konnten es nicht verhindern. Mit Schrot zielt man bekanntlich nicht lange. Man hält drauf und drückt ab. Der Junge wurde von
mehreren Schrotkörnern getroffen und fiel vom Baum. Aber er lebte
noch. Die anderen Goldsucher schleppten ihn augenblicklich zur Piste
und veranlaßten seinen sofortigen Transport ins Krankenhaus von Boa
Vista. Das klappte tatsächlich. Dort an der Piste, vor so vielen Zeugen,
mußte man menschlich handeln.

Der etwa zwölfjährige Yanomami wurde ärztlich versorgt. Als er
vernehmungsfähig war, gab er seine Geschichte der FUNAI zu Protokoll. Carlo machte den Dolmetscher. Den Aussagen zufolge hatte der
Junge einen Vogel geschossen. Der Pfeil war zusammen mit dem Vogel
im Geäst hängengeblieben. Der Junge wollte seine Jagdbeute gerade
herunterholen, als ihn der Garimpeiro abknallte.

„Daß es sich bei dem Jungen nicht um einen Affen handelte, war dem
Mann völlig klar gewesen. Denn unten hatten noch zwei andere India-
nerkinder gestanden und zugeschaut."

Der Bericht ging zur FUNAI-Zentrale nach Brasília. Dort war man
sich sofort einig: Das darf nicht rauskommen. Wenn die Öffentlichkeit
davon erfährt, gibt es einen Skandal, der Stimmung macht gegen die
Goldsucher. Die Zweigstelle in Boa Vista erhielt Order, den Bericht zu
ändern und den Vorfall als „Streit unter Indianern" darzustellen.

„Für diesen Akt verzichtete man wohlweislich auf meine Hilfe",
berichtete Carlo. „Aber als ich den Indianerjungen im Krankenhaus
besuchte, erfuhr ich davon, und so kam der Betrug heraus. Der Gold-

sucher ist nie bestraft worden. Er blieb bei seiner Darstellung, er habe den Jungen mit einem Affen verwechselt, und außerdem sei es dunkel gewesen. Daß es aber hellichter Tag war, als es geschah, hatten sowohl die Indianer als auch die übrigen Goldsucher bestätigt."

Carlo erzählte weiter: „Wochen vergingen, die Goldsucher waren längst weitergezogen. Ihre Namen kannte sowieso niemand, und auch der kleine Indianer existierte nur unter einem Decknamen, weil die Yanomami ihre wahren Namen nie verraten. Ihr kennt das ja. Sie glauben, daß sie durch böse Geister leichter zu verletzen und zu töten sind, wenn ihr Name laut ausgesprochen wird und so den Geistern zu Ohren kommt. Solange sie jedoch anonym bleiben, das heißt, wenn du sie ‚He, du da' oder ‚Kleiner' oder ‚Großer Jäger' rufst, sind die Geister machtlos."

Carlo hatte ein beeindruckendes Repertoire solcher bewiesenen Geschichten. Am liebsten hätten wir ihn als Dolmetscher mitgenommen. Nicht auszudenken, wieviel mehr wir dann erfahren würden, vor allem von seiten der betroffenen Indianer.

Aber er war davon überzeugt, daß er nie lebend zurückkäme. „Auf diese Gelegenheit warten die Goldbosse schon lange", meinte er. „Ich kann die Stadt nur mit einer VARIG-Maschine in Richtung Manaus verlassen. Bus, Schiff und Privatmaschinen scheiden für mich aus."

Wir trafen Carlo häufiger. Gleichzeitig setzten wir uns mit Bischof Dom Aldo Mongiano in Verbindung, unserem zweiten wichtigen Informanten. „Wir haben einen Brief von Francisco Günther von der CIMI in Manaus. Wann können wir Ihnen den geben?" fragten wir am Telefon.

Einen kurzen Moment blieb es still am anderen Ende der Leitung. Wahrscheinlich überlegte der Geistliche, was wir mit der Frage bezweckten. „Können Sie nicht sofort vorbeikommen?"

„Nein." Wir umgingen die direkte Antwort. „Wir haben noch zu tun. Wäre Ihnen der Abend recht?"

„Durchaus. Sagen wir, neunzehn Uhr dreißig? Würden Sie hierherkommen?"

Wieder mußten wir drum herum reden. Vielleicht hörte jemand das Telefon ab. „Wir sind hier fremd und ohne Wagen. Macht es Ihnen etwas aus, uns um halb acht vor der ‚Teleraima' abzuholen?"

Unter normalen Umständen wäre es sicher unhöflich gewesen, einen solch hochrangigen, dazu noch älteren Würdenträger irgendwohin zu beordern. Und dann auch noch zu einem Treffpunkt in einer menschenleeren Straße während der Dunkelheit. Aber Dom Aldo kannte solche Verstöße gegen die Etikette sehr wohl. Sie gehörten zu seinem Alltag. „In Ordnung", erklärte er, ohne noch einmal nachzufragen. „Ich bin pünktlich da."

Und das war er. Auch er hatte einen Pritschenwagen. Wir sprangen hinein und stellten uns vor: Name, Kurzbiographie, Grund des Besuchs.

„Ah, dann kenne ich Sie ja bereits", meinte er und wandte sich an mich, „und zwar von Ihrer Tretbootaktion. Das war eine Leistung, die mir sehr imponiert hat."

Dieser Umstand erleichterte uns natürlich vieles. Günthers Brief tat ein übriges. Wir hatten inzwischen die Residenz des Bischofs erreicht, waren im Schutz der Dunkelheit ins Haus gehuscht, saßen nun in seinem stilvoll und gemütlich eingerichteten Wohnzimmer und hatten das Schreiben überreicht. Es berichtete von meinen bisherigen Aktionen. Dom Aldo las den zweiseitigen Brief sehr gewissenhaft. Dann faltete er ihn zusammen und steckte ihn ein.

„Da haben Sie sich ja wirklich etwas vorgenommen. Streng betrachtet müßte ich Ihnen abraten. Aber Sie werden wissen, auf was Sie sich einlassen. Wenn es Ihnen gelingt, unmittelbar vor Ort einen Blick hinter die Kulissen zu werfen, könnte das von großer Bedeutung sein. Unsereins käme nicht einmal in die Nähe dieser Todeszone."

Dom Aldo machte auf uns einen außerordentlich sympathischen Eindruck. Sein silberweißes Haar, seine Ruhe und sein Lächeln ließen ihn wie einen guten, weisen Vater erscheinen, dem man vertrauen konnte. Was den Bischof vor allem auszeichnete – eine Eigenschaft, die man keinem Menschen vom Gesicht ablesen kann –, war sein Mut. Seit dreizehn Jahren war er in der Indianerbetreuung engagiert.

„Anfangs gab es vergleichsweise wenig Arbeit; ich hatte hauptsächlich mit Grundbesitzern zu tun, Großbauern, deren Landhunger auch vor indianischem Land nicht haltmachte. Heute stehe ich gegen die Interessen von fünfundsechzigtausend goldgierigen Menschen. Da empfindet man nur noch Ohnmacht. Aber Resignation war nie meine

Sache. Jede Woche werden auf irgendeine Weise mehr oder weniger starke Geschütze gegen mich aufgefahren. Der Haupttenor ist: Schmeißt den Bischof raus. Er hetzt die Indianer gegen die Goldsucher auf, obwohl alle doch so friedlich miteinander leben."

„Sind Sie darüber verärgert?"

„Nein. Ganz im Gegenteil. Die Artikel in den Zeitungen zeigen mir, daß ich meinen Gegnern ein Dorn im Auge bin und daß meine Arbeit nicht resonanzlos und vergeblich ist ..." Und nach einer nachdenklichen Pause: „... obwohl ich gern greifbare Erfolge erzielen möchte." Schließlich fügte er noch hinzu: „Vielleicht ist das ja Ihnen vergönnt."

Dann schmiedeten wir Pläne bis in die späte Nacht. Die ausführlichen Gespräche vertieften unsere gegenseitige Sympathie und festigten das Vertrauen. „Nehmen Sie alles aus Ihrem Gepäck, was Sie verraten könnte", empfahl uns der Bischof. „Sie können es bei mir deponieren. Und lassen Sie mir auch die Anschriften Ihrer Angehörigen hier. Wir sollten dann einen äußersten Termin vereinbaren, an dem Sie zurück sein wollen, damit ich weiß, wann ich Alarm schlagen muß."

Das war zügiges Handeln. Wir einigten uns auf genau drei Wochen nach unserem Abflug. Wann der stattfinden würde, wußten wir jetzt noch nicht. Aber wir würden es ihm telefonisch mitteilen.

Auch der Bischof wußte von Übergriffen der Goldsucher und der FUNAI zu berichten. „Das Drama mit den Goldsuchern und Indianern begann im August 1987. Unter der Verantwortung des damaligen FUNAI-Präsidenten und heutigen Gouverneurs von Roraima, Romero Jucá, landeten die ersten Goldsucher auf der Piste von Paa-piú. Die Indianer setzten sich zur Wehr. Aber mit ihren Pfeilen hatten sie keine Chance gegen die Gewehre der Weißen. Es gab vier tote Indianer. Um die Schockwirkung auf die übrigen Indianer zu erhöhen, wurden die Leichen anschließend noch vor deren Augen mißhandelt und in Stücke geschnitten."

Wir hörten auch von den Schwierigkeiten, die wahre Anzahl der Ermordeten zu erfahren.

„Die Goldsucher vergraben ihre Opfer sofort und behaupten meist, es habe Streit unter ihresgleichen gegeben. Und die Yanomami, das wissen Sie ja, verbrennen ihre Toten. Dazu kommt, daß die Indianer unsere Sprache nicht sprechen, daß sie nicht zählen können und daß sie

Angst haben. Die Angst wird auch
gezielt geschürt. Wo Indianer auf-
mucken, fesselt man sie an Bäume
und foltert sie. Bis jeglicher Widerstand gebrochen ist –"

„Man kann also sagen", unterbrach ihn Wolfgang, „wer in Brasilien Indianer tötet, geht straffrei
aus?"

„Ja, das ist leider so. Endlich haben
wir in diesem Land eine neue, ideale
Verfassung. Aber sie wird mißachtet,
als ob es sie nicht gäbe. Nehmen Sie
das Beispiel der Morde an den Ticu-
na-Indianern. Diese Leute sprechen
gut Portugiesisch. Sie können sich
also ausdrücken, und Mißverständ-
nisse sind ausgeschlossen. Ihr Widerstand war dem Holzgroßhändler

Bischof Dom Aldo

Carlos Castelo Branco ein Dorn im Auge. Er wollte ihr Holz, und die
Ticuna waren dagegen. Da ließ er aus dem Hinterhalt auf sie schießen.
Vierzehn fanden den Tod. Niemand wurde je zur Rechenschaft ge-
zogen."

Wir glaubten, nordamerikanische Geschichte des letzten Jahrhunderts zu hören. Aber das ist Gegenwart, 1989 nach Christus und knapp
500 Jahre nach der Entdeckung Amerikas durch Kolumbus. Alles, was
jetzt passiert – letztes Jahr, dieses Jahr, gestern und heute –, wird morgen weiter geschehen. Trotz Fernsehen, trotz Aufklärung, trotz UNO,
trotz Amnesty International, trotz Genfer Konvention, trotz brasiliani-
scher Verfassung ...

„Das alles sollten Sie wissen", schloß Dom Aldo, „wenn Sie sich
unter die Mörderbrut begeben. Die kennt keine Gnade, wenn herauskommt, was Sie vorhaben. Aber wenn Sie es tatsächlich schaffen sollten, unbehelligt dorthin zu gelangen, möchte ich Sie bei Ihrer Rückkehr
unbedingt mit einem Goldsucher bekannt machen. Er hat ein Tagebuch
über seine Arbeit geschrieben."

Wir sagten, das würde uns interessieren, ohne allerdings zu ahnen, welchen Zündstoff dieses Tagebuch enthielt. Das Dokument erwies sich später als das reinste journalistische Dynamit.

WIR legten weitere Köder aus. Wir dinierten im Renommierhotel Tropical, gaben üppige Trinkgelder, so ärgerlich das war, weil die Bedienung meist unter aller Würde war, protzten mit angeblichen Bekanntschaften zu hohen Politikern, stimmten den Leuten zu, die die Indianer für „dumm und faul" hielten, waren gleich ihnen der Auffassung, daß man für 9000 Yanomami unmöglich Brasiliens Fortschritt aufhalten dürfe, und schimpften auf das Gesocks der Umweltschützer, Journalisten und Ausländer, die sich das Recht anmaßten, über Amazoniens Wälder mitzubestimmen.

In Boa Vista füllten Mord, Korruption, Entlassungen, Neuernennungen, Dementis, Scheinversprechen, Verdächtigungen, Drohungen die Spalten der Zeitungen. Aber auch die typischen Gags des Goldgeschäfts.

Da war der Goldaufkäufer, der im Tropical seine drei Kilo Gold vorsichtshalber im Hotelsafe deponierte. Am anderen Tag war das Gold weg, der Tresor scheinbar unangetastet. Nur der Geschäftsführer besaß einen Schlüssel. „Bestimmt hat noch jemand anders einen", behauptete er. „Ich war es jedenfalls nicht."

Weder wurde der Fall ernsthaft untersucht, noch tauchte das Gold wieder auf. Dafür tauchte der Geschäftsführer aber bald unter.

Doch das ist nur eine Anekdote am Rande. Sie kann nicht die harte Realität verbergen, die von der Geld- und Machtgier bestimmt wird. Von der Rücksichtslosigkeit gegenüber den Schwachen, der Skrupellosigkeit gegenüber den Yanomami. Von der Mißachtung der brasilianichen Verfassung.

Da verkündete der örtliche Militärchef in der *A Notícia* vor Ostern, er ziehe sich mit seinen Leuten aus Roraima zurück. „Wir sind völlig unterbesetzt und können kein Gebiet verteidigen, in dem der Colt und das Gesetz ‚Auge um Auge, Zahn um Zahn' regieren."

„Was nutzt es auch", lamentierten andere, wie der Chef der Militärpolizei, Santos Rosa, „wenn wir zwanzigtausend Goldsucher rausholen? Dann strömen dreißigtausend andere ein."

Er hielt das wohl für ein sehr logisches Argument. Mir wollte es nicht einleuchten. Gerade Santos Rosas Leute waren es nämlich, die sich den Vorwurf gefallen lassen mußten, sich am Gold zu bereichern. Ein Untersuchungsausschuß des Justizministeriums: „Statt für Ordnung zu sorgen, ließen sie sich bestechen, besserten ihren Sold durch Beschlagnahme aller greifbaren Waffen auf, die sie dann meistbietend wieder unter die Leute brachten, und suchten selbst Gold."

Santos Rosa sah darin nichts Ehrenrühriges. „Darf etwa ein Staatsangestellter kein Gold suchen? Haben wir etwa weniger Rechte als die übrigen Bürger, nur weil wir eine Uniform tragen?"

Auch Jucá, der „ehrbare" Gouverneur, gab täglich neue Bonmots zum besten. „Die Schließung der Garimpos würde ein Chaos verursachen. Es geht nicht nur um die fünfundsechzigtausend Garimpeiros, sondern auch um deren Familien. Es geht um Sein oder Nichtsein von einer Viertelmillion Menschen." Er hatte auch keine Skrupel, noch zynischer zu werden, als wieder einige Morde an Indianern bekannt wurden. „Die Indianer werden gut betreut. Sie sterben nicht durch Mord. Das ist eine Lüge. Sie sterben an Altersschwäche."

Und im Chor versichern Jucá und Komplizen: „Fünfundsechzigtausend Goldsucher kann man nicht so einfach aus dem Wald holen. Das ist militärisch überhaupt nicht durchführbar."

Dieses Argument ist entweder Schwachsinn, Leuteverdummung oder das Eingeständnis bodenloser Unzulänglichkeit.

„Es ist alles zusammen", versicherte Carlo Zacchini bei unserem nächsten Treffen ein paar Tage danach. „Man braucht nur den Flughafen von Boa Vista zu sperren und die beiden Flüsse Uraricoera und Mucajaí. Sobald den Garimpeiros der Nachschub fehlt, kommen sie von selbst raus. Und dann sprengt man die Landepisten. In ordentlich regierten Ländern schafft das eine Eliteeinheit von fünfzig Soldaten. Hier soll das eine ganze Armee nicht in den Griff kriegen?"

Carlo hatte recht. „Bist du nicht schon soweit, daß du resignierst bei all der Ungerechtigkeit?" fragten wir ihn.

„Ja, vielleicht. Aber es gibt durchaus auch Lichtblicke. Kürzlich tauchte hier unangemeldet eine Delegation des Justizministeriums auf. Und zwar der ‚Rat der Verteidigung der Menschenrechte'. Die Herren besichtigten das Yanomamiland und verfaßten am zwölften Januar

1989 einen beeindruckend objektiven Bericht. Dieses Dokument wurde dem Staatspräsidenten José Sarney und seinen Ministern zugestellt."
   In der Schrift stand klipp und klar, daß

   – mindestens 45000 Garimpeiros heimlich und illegal in einem Land Gold schürfen, das einzig den Yanomami gehört,
   – die Landepiste von Paa-piú (aus Staatsmitteln erbaut, um der FUNAI den Indianerschutz zu erleichtern) völlig zweckentfremdet in den Händen der Goldmafia ist,
   – sogar eine Filiale der Firma GOLDMAZON dort illegal ansässig ist, die in Roraima gar nichts zu suchen hat,
   – es nicht stimmt, daß die an der Piste ansässigen Yanomami pro Flugzeuglandung 30 bis 50 Cruzados erhalten. Weder können sie rechnen, noch vermögen sie sich gegen die Goldbosse durchzusetzen. Die Wirklichkeit sieht anders aus: Die Indianer werden mit Brotkrumen abgespeist.

Der Menschenrechterat kritisierte ferner

   – die völlig fehlende Kontrolle des Luftverkehrs über Roraima,
   – die Steuerverluste für Land und Staat, weil viel mehr Gold gefunden als deklariert wird,
   – die unkontrollierbare, steigende Kriminalität,
   – die Abgabe von Alkohol an Indianer.

Und das Fazit:

   – In Boa Vista sieht es heute so aus, als käme jemand mit ehrlicher Arbeit nicht mehr weiter.
   – Der Luftfahrtminister muß einschreiten.
   – Die FUNAI und die Bundespolizei müssen aktiv werden.

„Solche aufrichtigen, mutigen Zwischenbilanzen bewahren mich vor der Resignation", meinte Carlo. „Ich weiß, es gibt auch in Brasilien ehrbare Menschen, die sich von den Vorgängen hier oben in Roraima scharf distanzieren. Entscheidend ist jetzt, welche Konsequenzen der

Bericht haben wird, vor allem im Hinblick auf die Militärpolizei. Die kommt nur noch zum Zahltag nach Boa Vista. Die übrige Zeit arbeitet sie in der Goldgewinnung."

Aber nicht nur der Chef der Militärpolizei hat seine Ehre an der Garderobe abgegeben. Auch die FUNAI-Verantwortlichen versuchen abzusahnen. Die Goldbosse tun dies ohnehin.

Carlo: „Jeder Unternehmer gibt gerade so viel an, daß seine Schürferei noch glaubhaft bleibt. Denn das ist ja klar – je mehr er angibt, desto mehr Steuern muß er zahlen."

„Hast du eine Ahnung, auf wieviel die offizielle Fördermenge beziffert wird?" fragte ich.

Carlo blätterte seine Akten durch. „Im Januar 1989 sollen es im gesamten Bundesstaat Roraima lächerliche siebenhundertneunundachtzig Kilogramm gewesen sein. Ich sage ‚lächerliche', weil sich allein die offizielle Schätzung schon auf drei Tonnen beläuft."

Die wirkliche Menge liegt garantiert noch höher. Man könnte sie errechnen, indem man die Barrancos zählt oder die fünfundsechzigtausend Goldsucher durch vier dividiert, wodurch man die Anzahl der Barrancos erfährt und einen Durchschnitt von fünfhundert Gramm pro drei Wochen annimmt. Das ist nicht einmal viel. Es gibt Gruben, aus denen über ein Kilo herausgeholt wurde. Und das in drei Wochen.

„Das ist unmöglich", tönen Leute wie Jucá. „Man weiß ja gar nicht, wie viele Barrancos es gibt."

Natürlich weiß man das. Dasselbe wird auch von der Anzahl der Landepisten behauptet. Achtzig werden zugegeben, Eingeweihte schätzen ihre Zahl jedoch auf einhundertvierzig.

„Sogar in Venezuela gibt es Pisten. Du brauchst nur die Piloten zu fragen. Sie alle kennen fast jede Landebahn. Und im Tower des Flughafens von Boa Vista gibt es eine Landkarte, in die jeder Pilot seine Pisten selbst eingezeichnet hat. Aus Sicherheitsgründen. Falls er mal abstürzt und gesucht werden müßte."

Dieser Punkt interessierte uns besonders. Wir fuhren zum Flughafen, schlenderten durchs Gebäude und bummelten aufs Flugfeld. Als die Gelegenheit günstig erschien, sprintete Wolfgang ins Büro unterm Tower und fragte nach der Toilette. Da sah er die Karte mit eigenen Augen. Groß und deutlich prangte sie an der Wand – die „Aeronautical

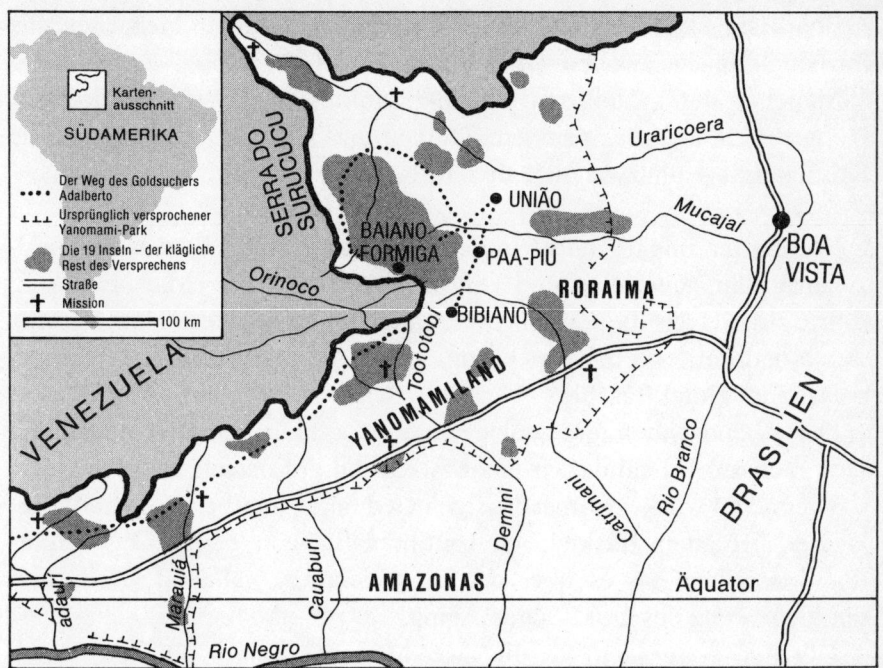

Chart", Maßstab 1:1 000 000, mit all den Handeintragungen. Und tatsächlich waren sogar die Pisten am Oberlauf des Orinoco in Venezuela eingezeichnet.

Der junge Mann im Towerbüro hatte Langeweile und freute sich über die kleine Unterbrechung. Wolfgang deutete auf die Markierungen in Venezuela. „Sagen die Venezolaner eigentlich nichts dazu, daß die Brasilianer einfach die Grenze überschreiten, Pisten anlegen und Gold abbauen?" fragte er.

„Ach was!" Der Towerbedienstete lächelte. „Die sind froh, daß es nicht schlimmer wird. Denn immerhin ist die brasilianische Grenze noch die, die ihnen am wenigsten Ärger bereitet. Mit Guayana und Kolumbien gibt es viel mehr Streitigkeiten."

Und immer mehr Leute strömen nach Boa Vista. Sie schlafen in Parks, am Flußufer oder am Flughafen. Die Hotels sind hoffnungslos überfüllt. Ob es die einfachen Schuppen sind, wo man nur eine Hängematte spannen kann, oder das preiswerte Hotel Roraima oder der Luxuskasten Tropical.

Boa Vista ist gerammelt voll. Und jeden Tag kommen Menschen, die ihr Glück machen wollen. Goldsucher.

Mancher der mittellosen Neuankömmlinge wird zum Verbrecher. Hunger, Not, aber auch einfach Faulheit und Habgier treiben ihn in die Kriminalität – alle zwei Tage drei Tote.

WIR hatten uns irgendwo in der Stadt festgeklönt. Es war zweiundzwanzig Uhr geworden, und wir wollten zurück ins Hotel. Der Weg führte uns durch die müllübersäte, aber menschenleere Hauptstraße, durch den Park, vorbei am Garimpeirodenkmal und am Gouverneurspalast zum Hotel Eusébio.

Der Abend war interessant gewesen. Deshalb hatten wir reichlich Gesprächsstoff. Und da wir ja zu zweit und gut bewaffnet waren, verschwendeten wir keine überflüssigen Gedanken an irgendwelche Wegelagerer. Trotzdem blickten wir routinemäßig von Zeit zu Zeit hinter uns. Vor allem, als es über den ausgedehnten, gähnend leeren und dunklen „Platz des Goldsuchers" ging.

Plötzlich bemerkten wir die zwei Männer, die wir auf den Fersen hatten. Sie waren aber noch satte zwanzig Meter entfernt. Eigentlich kein Grund zur Unruhe. Was uns stutzig machte, war ihr plötzlicher Richtungswechsel. Sie folgten uns nun ohne Zweifel. Einen von ihnen erkannten wir wieder, trotz der Dunkelheit. Er war klein und sehr gedrungen, hinkte ein wenig – und er trug einen Rucksack, was wir hier noch bei keinem gesehen hatten. Genau dieser Mann hatte uns eben im Park unter einer Laterne um Feuer gebeten.

Mit beiden Händen griffen wir in die geräumigen Westentaschen. Rechts der Revolver, links der Elektroschocker. Unser Vorteil: Wir mußten die Waffen nicht erst hervorholen oder aus einem Holster ziehen. In den Beuteltaschen lagen sie schußbereit in unseren Händen. Wir konnten durch den Stoff feuern und hatten damit vielleicht die entscheidende Sekunde Vorsprung vor unseren Gegnern.

Ständig schauten wir uns um. Mal Wolfgang, mal ich. Es sollte nicht nach Angst aussehen, was den Verfolgern Mut gemacht hätte. Vielmehr wollten wir signalisieren, daß wir auf der Hut waren und die beiden lieber umkehren sollten. Das taten sie aber nicht. Sie schienen sogar langsam aufzuholen. Wir beschleunigten deshalb unmerklich.

Unsere nächtlichen Fährtenleser hatten einen Vorteil auf ihrer Seite: den des ersten Schusses. Zwar müßten sie ihre Waffen erst ziehen, aber bestimmt würden wir uns nicht gerade in dem Moment umblicken und ihnen dann auch noch zuvorkommen. Wir waren in der schlechteren Lage. Also öffneten wir die Westen. Damit waren die Taschen beweglicher, und wir erhöhten den Bewegungswinkel von fünfundvierzig auf fast hundertachtzig Grad.

„Laß uns jetzt scharf nach links abbiegen", schlug ich Wolfgang vor. „Wenn sie uns dann folgen, ist alles klar."

Wir schwenkten ab. Die finsteren Gestalten hinter uns verharrten einen Moment lang. Dann waren sie wieder auf Kurs. Nun wußten wir zwar, daß ihr Nachtmarsch uns galt – aber was sollten wir tun? Kein Auto, kein Mensch weit und breit.

„Hast du dein Signalgerät dabei?"

Wolfgang trug in den Städten mitunter den einschüssigen Kugelschreiber bei sich, mit dem man auch Leuchtraketen abfeuern konnte. Auch diese Munition ist nicht zu unterschätzen. Mit ihr kann man einen Angreifer zumindest erschrecken, irritieren und blenden und andere alarmieren. Bei einem Treffer wird der Gegner allerdings „gebraten". Denn die erzeugte Hitze ist immens.

Wolfgang hatte den fabelhaften Kugelschreiber dabei! „Ich drücke jetzt ab", meinte er, „und im nächsten Moment ziehen wir sofort unsere Colts und werfen uns zu Boden. Wenn sie nicht fliehen, schießen wir scharf."

Er hatte das Gerät aus seiner Brusttasche genommen, ertastete nun den runden, geriffelten Abzugsknopf, drehte sich um und drückte ab. Wie eine weiße Kugel zischte die Leuchtrakete auf die wackeren Wanderer zu, berührte vor ihnen den Boden, hüpfte zwei-, dreimal wie ein Frosch, verfing sich gleißend an der Gehwegkante und blendete die beiden „Amigos".

Sie sprangen zur Seite und starrten wie hypnotisiert auf den weißen Kugelblitz, der sich durch den Straßenstaub fräste wie ein verrücktgewordener Laserstrahl – und dann rasten sie davon. Die ganze Zeit hatten wir deutlich ihre Silhouetten vor uns gehabt, während sie geblendet waren und uns nicht mehr hatten ausmachen können, zumal wir flach auf dem Asphalt lagen.

Eleganter hätten wir uns nicht aus der Affäre ziehen können. Wolfgang schraubte die leergeschossene Hülse ab und ersetzte sie durch eine neue Patrone.

Drei Tage später zierte wie alltäglich die *A Crítica Roraima* das Foto eines Toten. Wir erkannten sein Gesicht wieder. Neben der Leiche lag ein Rucksack. Bildunterschrift: RÄUBER IN NOTWEHR ERSCHOSSEN.

Bei den Goldmafiosi, Teil 1

IHR seid doch nicht etwa Journalisten?" Aller Augen richteten sich auf uns. Jeder versuchte, gleichgültig zu erscheinen, und dennoch wurden wir mit Röntgenblicken gemustert. Wolfgang und ich taten so, als hätten sich unsere Gegenüber lediglich erkundigt, ob Hamburg im Norden oder im Süden von Deutschland läge. Ich spielte ohnehin den, der nur wenig verstand, denn Wolfgang machte den Dolmetscher. Das gab mir Gelegenheit, „gelangweilt" umherzublicken und das Terrain im Auge zu behalten.

„Wie kommt ihr denn darauf, daß wir Reporter sein könnten? Sehen wir etwa so aus? Ich bin Ingenieur, und Rüdiger ist Banker." Dann fügte Wolfgang hinzu: „Das heißt, er *war* Banker. Irgendwann gab es Probleme bei seiner Bank, und jetzt arbeitet er freiberuflich."

Der Schnack von den „Problemen bei der Bank", begleitet von einem vertraulichen Augenzwinkern, löste allgemeine Heiterkeit aus und lockerte die kühle Anfangsstimmung.

„Nein", meinten unsere Gesprächspartner, „eigentlich sehen Journalisten anders aus. Lange Hose, tausend Kameras, Notizblöcke."

Das war sicherlich richtig, was die Äußerlichkeiten betraf. Aber Journalisten wären auch anders aufgetreten: frecher, dynamischer, neugieriger, selbstbewußter. Wir hingegen hockten hier eher desinteressiert und müde.

Dabei waren wir hellwach. Denn unsere Gesprächspartner waren vier Bosse der Goldmafia und zwei ihrer loyalen Büroangestellten. Also sechs gegen zwei. Ganz unerwartet hatte uns einer der Goldaufkäufer wissen lassen, Baixinho, der Boß der Goldgräbergewerkschaft, und seine Freunde würden uns gern mal kennenlernen. Ob wir Zeit hätten?

Dann möchten wir pünktlich um siebzehn Uhr in der Avenida Benjamin Constant sein. Dort, im Haus neben dem venezolanischen Konsu-
lat, liege die Agência Chapona. Man könne sie nicht verfehlen.

Eine sofortige Rückfrage bei Carlo gab uns Gewißheit: Wir waren
fündig geworden. „Das ist eine der vielen Scheinfirmen", erklärte unser
Freund. „Sie hat ausschließlich mit Gold zu tun, und wenn ich richtig
informiert bin, gehört sie vier Inhabern, die zu den Großen von Boa
Vista zählen. Ihr gemeinsamer Garimpo liegt unmittelbar vor der venezolanischen Grenze."

Unsere Gefühle schwankten zwischen Freude und Beklemmung.
Pünktlich sollten wir sein. Und ob wir pünktlich waren! Ein Taxi
hatte uns auf den Glockenschlag genau vor dem Haus abgesetzt. Es
war eine Lagerhalle, eingeschossig, neu und gepflegt. Die mit eiser-
nen Rolläden gesicherten Fenster und das Einfahrtstor waren mit
blauer Ölfarbe umrahmt und stachen sauber vom cremefarbenen
Gebäude ab. Wir gingen hinein und schwatzten unbekümmert miteinander. Dabei versuchten wir, möglichst viel mit unseren Sinnen
aufzunehmen.

Die Längswände des Lagers waren mit großen Ziffern in sechs
Abschnitte eingeteilt. Von „01" bis „06", an jeder Seite drei. Jede Nummer stand für eine Landepiste. Davor türmten sich Lebensmittel und
Gerät. Mitten im Raum eine Dezimalwaage. Mehr als 500 Kilo durften
nicht in die Maschinen geladen werden. Da war man korrekt.

Quer durchs letzte Viertel der Halle war eine Mauer gezogen, die
links kurz vor einem kleinen gläsernen Büro endete. Zwischen Mauer
und Glaskäfig war ein schmaler Durchgang, hinter dem Kontor wieder
eine Mauer mit einer Eisentür.

Das Büro war klein und eng, etwa drei mal vier Meter. Ein Schreibtisch, ein Tresor und acht Stühle füllten es voll aus. Vor allem an
diesem Tag, als die sechs Goldjungen und wir darin saßen. Einen von
ihnen hatten wir auf Anhieb erkannt. Es war José Teixeira Peixoto,
vierzig Jahre, besser bekannt unter dem Spitznamen Baixinho, „Kleiner". Das lag an seiner Statur; er maß nur einsfünfundsechzig. Dennoch galt für ihn: Klein, aber oho! Baixinho war ein abgebrühter
Mafioso, zwar nicht überragenden Geistes, aber raffiniert, durchtrie-
ben, korrupt, reich und machthungrig. So jedenfalls hatten ihn seine

Gegner Dom Aldo Mongiano und Carlo Zacchini beschrieben. Baixinho haßte nicht nur den Bischof und ersann täglich neue Verleumdungen, er haßte die Kirche generell.

Neben dem Chef des „Sindicato", der Gewerkschaft, waren da noch Louro, ein ebenfalls kleinwüchsiger, kräftiger Mann, der seinen Spitznamen „Blonder" seinem hellen Kraushaar zu verdanken hatte. Auch ihn kannten wir bereits von einem Foto, das in der *Manchete* auf einer Doppelseite abgebildet gewesen war: Louro, mit einer gutgefüllten Goldpfanne in der Hand und zwei Nuggets am Hals, neben einem strahlenden, pfeilschießenden Yanomamikind. Und auf einer anderen Doppelseite lag er in der Hängematte eines Indianerdorfes. Bildunterschrift: „Louro, ein Entdecker unserer Zeit – der neue Herr der Maloca. Die Indianer freuen sich, sie nennen ihn ihren Häuptling. Er bringt ihnen Neuigkeiten, Maschinen, Essen und Geld." Mit keinem Wort wurde in dem unkritischen Bericht, der die Bilder begleitete, erwähnt

– daß die Indianer auf diese Art von Neuigkeiten gern verzichten können;
– daß es unwahr ist, daß sie sich über Maschinen freuen, die ihre Welt zerstören;
– daß sie sich jahrhundertelang auch ohne die Goldsucher ernähren konnten;
– daß sie erst jetzt auf Unterstützung und Bettelei angewiesen sind, seit ihre Lebensgrundlage restlos zerstört ist;
– und daß sie Geld weder kennen noch bekommen.

Den Bericht hatten die vier Bosse der Redakteurin Míriam Malina in die Schreibmaschine diktiert. Trotzdem haßten sie seitdem Journalisten. Denn der Artikel hatte Proteste von Menschenrechtlern zur Folge gehabt. Nie wieder würde man sich mit Journalisten einlassen.

Der dritte Mann dieses „Freundeskreises Gold" hieß Baiano. Er hatte europäische Gesichtszüge, eine feingeschnittene Nase, ein glattes Gesicht und einen Mund, der sich beim Lächeln schief verzog. Nach ihm war die Piste benannt, zu der wir fliegen sollten: „Pista Baiano Formiga" (Ameise). Sie liegt im Quellgebiet des Rio Mucajaí an der venezolanischen Grenze, im Herzen des Yanomamilandes.

Der letzte Angehörige dieses ehrenwerten vierblättrigen Kleeblattes nannte sich Mineiro. Er war schlank, drahtig und wirkte als einziger einigermaßen sympathisch – ein guter Schauspieler also. Er wurde als der Vorkämpfer des Quartetts beschrieben, als Mann, der hervorragende Führungseigenschaften besaß.

Und dann waren da noch diese beiden servilen Angestellten. Der Gutaussehende nannte sich António, der andere Herbert.

Wir hatten beim Betreten des Raumes „boa tarde – guten Tag" gesagt und uns auf die beiden freien Stühle gequetscht, nachdem Baixinho und Herbert uns angeboten hatten, Platz zu nehmen. Man servierte uns Bierflaschen, an denen wir anstandshalber nippten.

„Ihr interessiert euch also für Gold", begann Baixinho.

„Klar, was könnte einen Ausländer anderes nach Boa Vista führen als Gold?" antwortete Wolfgang lächelnd.

„Hm – journalistische Neugier zum Beispiel ..." Das war schon wieder dieser Herbert. „Ich hoffe, ihr wißt, was euch erwartet, wenn ihr doch Reporter seid?"

Wir ignorierten den Einwurf und hielten uns an den Gewerkschaftsboß. „Ja, natürlich das Gold. Wir suchen Partner für ein größeres Geschäft. Vorzugsweise Unternehmer mit eigenem Garimpo. Denn im Auftrag einer größeren deutschen Interessentengruppe sollen wir hier drei Dinge sondieren. Erstens, ob für Ausländer die Möglichkeit besteht, als Teilhaber im Garimpo mitzumachen. Zweitens, ob man – Teilhaber oder nicht – hier Gold kaufen kann. Und drittens suchen wir eine seriöse Bankverbindung."

Einige Augenblicke herrschte Schweigen. Die vier Partner sahen sich kurz an. Dann hatten sie sich darauf geeinigt, daß Baixinho weiterreden sollte.

„Nun", sagte er, „da seid ihr im Prinzip hier schon richtig. Uns gehört ein größeres Gebiet in der südlichen Serra do Surucucú. Aber vielleicht erzählt ihr erst einmal, um welche Summen es sich handelt."

Das taten wir. Wir erklärten ihnen, wie wir auf diese Idee verfallen seien, nachdem wir unerwartet zu viel Geld gekommen waren, das in Deutschland nicht wieder auftauchen dürfe.

„Und genauso geht es diversen Freunden – Ärzten, Architekten, Industriellen –, die ihr Schwarzgeld sichern möchten. Entweder als

Subunternehmer im Garimpo oder durch Kauf von Gold, das hier in Brasilien dann in einer Bank bleiben soll."

Nur einmal mischte sich Mineiro ein. „Kommt das Geld in Dollar oder Cruzados?"

„Selbstverständlich in Dollar", behaupteten wir. „Aber auch die Deutsche Mark ist eine solide Währung. In Manaus wird ein guter Kurs dafür gezahlt."

Das Gespräch hatte keine halbe Stunde gedauert. Dann gaben Mineiro und Baixinho grünes Licht. „Also von uns aus könnte das klargehen. Wollt ihr schon jetzt kaufen?"

„Nein. Zunächst wollen wir einfach nur Grundsätzliches klären. Das einzige, was wir im Moment an Gold mitnehmen möchten, sind vielleicht ein paar hübsche Pepitas für vier-, fünftausend Dollar. Mitbringsel für die Damen unserer Kunden."

Alle schmunzelten, und Louro meinte: „Mit den Pepitas ist das immer so eine Glückssache. Mal hat man welche, und dann sind sie wieder rar."

„Verkaufst du mir deine?" warf ich ein. Denn erstens waren sie wirklich schön, und zweitens wollte ich ihm damit ein Kompliment machen.

Louro lachte schallend. „Nein, die haben für mich einen bestimmten Erinnerungswert. Aber in eurem Fall, wenn ihr so viele auf einmal braucht, würde ich vorschlagen, ihr laßt sie euch einfach vom Juwelier machen. Herbert kann euch einen guten nennen."

Während er das sagte, stand er auf. Mineiro und Baiano auch. Nur Baixinho blieb sitzen. Die drei anderen verabschiedeten sich mit Handschlag und hochgerecktem Daumen.

„Baixinho wird alles Weitere mit euch bereden", meinte Baiano. „Wir sehen uns dann. *Até logo.*"

Während sich das Büro leerte, hatte Herbert schon eine Adresse zu Papier gebracht und ein paar Worte dazugeschrieben. „Das ist für den Goldschmied. Er macht ganz tolle Pepitas. Grüßt ihn schön von mir."

Verwundert nahmen wir den Zettel entgegen. „Pepitas machen", das wollten wir uns zumindest mal ansehen.

Als Ruhe eingetreten war, wandten wir uns an Baixinho. „Bist du hier aus Boa Vista, Baixinho?"

„Nein, aber seit sechs Jahren wohne ich hier."

„Wie bist du denn zum Gold gekommen?"

„Oh, mit Gold hatte ich fast schon mein ganzes Leben zu tun. Es gibt kaum ein Goldabbaugebiet, in dem ich nicht schon war. Und dort habe ich mein Geld gemacht."

Wir nickten beflissen und forschten weiter. António schleppte derweilen noch ein paar Flaschen Bier herein. Wir nippten auch weiterhin an unserer ersten Flasche, um einen klaren Kopf zu behalten. „Wenn wir viel trinken, müssen wir so sehr schwitzen", entschuldigten wir uns bei unseren Gastgebern.

Baixinho trank auf „ex" – seine siebte Flasche. „Während meiner Arbeit als Garimpeiro habe ich erfahren, daß der kleine Mann überall nur ausgebeutet wird", meinte er. „Da habe ich mir vorgenommen, das *sindicato*, die Gewerkschaft, zu gründen, um den *amigos garimpeiros* zu helfen. Wir haben erst fünftausend Mitglieder. Aber es ist ein Anfang. Mein Traum ist es, alle fünfundsechzigtausend Männer vereinigen zu können. Dann läßt sich was machen. Nur – die meisten wissen gar nicht, daß es jemanden gibt, der ihre Rechte verteidigt."

„Was würdest du denn gern machen? Was sind deine Ziele?"

Mit wahrem Enthusiasmus erzählte er, daß er zum Beispiel das größte Hotel zu bauen beabsichtigte, „damit kein Goldsucher mehr auf der Straße nächtigen muß". Oder: „Ich strebe an, alle ehrbaren Goldsucher zu registrieren. Jeder muß einen Ausweis erhalten, dann können wir die Kriminalitätsrate senken. Ich finde es beängstigend, daß sich hier Elemente einschleichen, die zu faul zum Schürfen sind und sich auf Kosten fleißiger Garimpeiros bereichern, indem sie ihnen auflauern und sie totschlagen und berauben. Das muß ein Ende haben, und in diesem Punkt weiß ich mich mit dem Gouverneur auch völlig einig."

Den Gouverneur erwähnte er gern. Angeblich ging Baixinho in dessen Palast ein und aus, beriet ihn sogar und sagte ihm klipp und klar seine Meinung, wenn es ihm nötig erschien. Solche Äußerungen waren für uns sehr aufschlußreich. Sie offenbarten Zusammenhänge.

„Erst gestern habe ich wieder mit Romero[1] gesprochen. Ich habe ihm vorgeschlagen, Sanitätsposten im Wald anzulegen, um schneller und

---

[1] Romero Jucá Filho

wirksamer Erste Hilfe leisten zu können. Er fand das gut und hatte ebenfalls eine lobenswerte Idee."

„Und was war das für eine Idee?"

„Romero will dringend die Situation unserer indianischen Brüder verbessern. Die Goldsucher sollen drei Prozent ihrer Funde abgeben. Dieses Geld soll der FUNAI zufließen, die dafür wiederum Kleidung, Medikamente und Nahrung für die Indianer beschafft."

Päuschen. Bierchen. Brüderlichkeit. Die FUNAI sollte also einen offiziellen Anteil erhalten. Das war Teamarbeit!

„Ende des Jahres", fuhr er fort, „erwarten wir hier den hunderttausendsten Goldsucher. Wenn ich die alle für drei Cruzados im Monat in meiner Gewerkschaft vereinigen könnte, würde ich das ganze Land reformieren. Zum Wohle aller. Im Moment lege ich finanziell nur drauf. Alles, was ich verdient habe und noch verdiene, gebe ich wieder aus für meine indianischen Brüder und die Genossen Garimpeiros. Hier – seht nur diesen Hubschrauber!" Stolz präsentierte er uns das große Farbfoto, das er von der Wand genommen hatte. „Das ist meine neueste Errungenschaft. Es ist der größte Hubschrauber von ganz Roraima, und bald kaufe ich einen zweiten."

„Finanzierst du das alles mit Geldern der Gewerkschaft?"

„Nein, was meint ihr, was der kostet? Der ist von meinem Gewinn aus früherer Arbeit bezahlt. Und ich habe natürlich auch hier im Wald einige Anteile. Auf jeden Fall gibt mir dieser Hubschrauber die Möglichkeit, den Garimpeiros schon jetzt zu helfen. Jedes Gewerkschaftsmitglied erhält dreißig Prozent Rabatt auf den Flugpreis. Ist das ein Angebot?"

„Ja – das ist wirklich ein gutes Angebot. Dann holt ein Mitglied ja seinen Monatsbeitrag locker wieder raus, oder?" Wolfgang konnte es nicht lassen.

„Das sag ich doch. Und das ist nur eine von vielen Vergünstigungen. Mein neuester Plan ist die Eröffnung einer Bank mitten im Yanomamiland. Damit will ich erreichen, daß der Genosse Goldsucher nicht erst immer für teures Geld hierher nach Boa Vista fliegen muß, um sein verbliebenes Gold in Sicherheit zu bringen."

„Wird Jucá die Bank bauen?" erkundigte sich Wolfgang nun. „Hat er zugestimmt?"

„Jucá? Der war gleich einverstanden. Aber bauen werde ich sie. Da werden sich die Banken hier in Boa Vista ganz schön ärgern."

„Und wenn sie dann auch eine Filiale dort eröffnen?"

Der „Kleine" lachte. „Ihr seid lustig! Wie denn? Das Land gehört uns. Da landet nicht eine einzige Maschine ohne unsere Erlaubnis."

Die Stimmung war gut. So gut, daß wir Baixinho wegen eines Mitfluges ansprachen. „Wir würden uns das alles schon sehr gern auch aus der Nähe anschauen. Können wir mal mit in die Wälder fliegen?"

„Warum nicht?" antwortete der Gewerkschaftsboß ohne Zögern. „Habt ihr morgen Zeit?"

Vor Freude wären wir fast vom Stuhl gerutscht. Wir nutzten die gute Stimmung für einen weiteren Vorstoß. „Stimmt es, daß es da draußen im Garimpo noch Indianer gibt?"

„Aber klar. Sie kommen jeden Tag zur Piste, um zu betteln. Wir sind gerade im richtigen Moment aufgetaucht, um sie zu retten und ihr Aussterben zu verhindern."

Obwohl uns beinahe die Spucke wegblieb, fragten wir weiter. „Mögen die denn überhaupt unsere Art von Nahrung? Also Bohnen, Reis und Maniok?"

„Na sicher!" Baixinho lachte. „Die essen alles – wie die Pekaris, die Nabelschweine. Es bleibt ihnen ja auch keine andere Wahl."

„Wie sehen diese Indianer eigentlich aus? Habt ihr ein Foto von ihnen?"

„Nein. Also jedenfalls nicht hier. Wenn ihr da seid, werdet ihr sie ja selbst sehen."

„Wäre es denn möglich, sie zu fotografieren? Oder erlauben die Indianer das nicht?"

Baixinho lachte erneut aus tiefster Seele. „Hast du gesagt ,erlauben'? Die wissen doch gar nicht, was das ist. Natürlich könnt ihr sie fotografieren."

Damit hatten wir die „offizielle" Fotografier- und Filmerlaubnis.

Doch jetzt mischte sich Herbert wieder ein. „Was wollt ihr denn mit den Fotos? Wollt ihr sie veröffentlichen?"

Wolfgang setzte sein blödestes Gesicht auf. „Hast du gesagt, ,veröffentlichen'? Hältst du uns für verrückt? Soll die deutsche Polizei denn erfahren, wo wir uns aufhalten? Dann können die sich auch schnell

ausrechnen, was wir hier wollen. Nein. Die Bilder sind für uns privat.
Wo gibt es auf der Welt denn noch Indianer? Unsere Freunde in
Deutschland werden staunen, wenn sie das sehen."

Baixinho beendete die Diskussion. „Das ist schon in Ordnung, Herbert. Laß sie doch ihre Bilder machen. Es sind ja immer Leute von uns
dabei."

„Bist du selbst auch an der Piste, Baixinho, oder bei wem müssen wir
uns melden?"

„Nein. Ich habe hier zu tun. Wir haben Gewerkschaftssitzung. Aber
Mineiro wird in zwei Tagen dort sein. Herbert wird euch ein Schreiben
mitgeben und eure Ankunft außerdem über Funk ankündigen. Wenn
ihr ankommt, meldet ihr euch bei Leonel. Er ist unser Verwalter."

Um achtzehn Uhr dreißig standen wir wieder auf der Straße. Der
Himmel war violett, und es wurde allmählich dunkel. Die Zikaden
stimmten ihr Abendlied an. Alles wirkte friedlich. Wir atmeten tief
durch und genossen die frische Luft und unseren Erfolg. Morgen früh
um sieben Uhr sollte es losgehen. Am liebsten wären wir schnurstracks
zu Dom Aldo und Carlo gelaufen. Aber wir beherrschten uns; wir
würden ihnen später telefonisch Bericht erstatten.

Noch am selben Abend suchten wir den Juwelier auf, den Herbert
uns genannt hatte und der sein Geschäft erst spät zumachte.

Ja – das Herstellen von Pepitas sei für ihn eine der leichtesten Übungen, erklärte er. „Das Nugget, das ich umhängen habe, ist ebenfalls
selbst gemacht."

Er reichte es uns rüber. Wir waren sprachlos. Wenn er nicht beteuert
hätte, daß es sein Werk sei, hätten wir es für echt gehalten.

„Was heißt hier echt und nicht echt?" meinte er. „Goldstaub war
irgendwann ja auch mal ein Nugget oder gar Teil einer Ader. Und durch
Erosion hat er sich davon gelöst. Was ich hier tue, ist weiter nichts, als
den alten Zustand wiederherzustellen. Ich schmelze Staub zusammen."

Wir gaben sofort für eintausend Dollar Pepitas in Auftrag.

Morgens um sieben standen wir in der Lagerhalle auf der Matte,
beziehungsweise auf der Waage. Wolfgang hatte darauf bestanden, daß
wir unsere Flüge bezahlten; er erklärte den Goldherren, daß wir in
geschäftlichen Angelegenheiten und Entscheidungen absolut unabhängig bleiben wollten.

„Das kostet pro Flug zweihundert Cruzados. Macht vierhundert für euch beide. Plus zweihundert für einen Begleiter, der euch führt und betreut."

Das war neu und überraschend. Ein Aufpasser sollte uns beschatten! Aber die Chance, an die hart umkämpfte Front zu kommen, ließ uns das schlucken. Kommt Zeit, kommt Rat, dachten wir und blätterten sechzig Zehncruzadoscheine auf Herberts Tisch.

António wog uns gewissenhaft, notierte die Gewichte, auch die des Gepäcks und diverser Kartons und einer Maschine, und entschied dann: „Das ist die erste Fuhre. Mehr paßt nicht rein. Euer Begleiter folgt mit der nächsten Maschine." Dann wandte er sich an einige der durcheinanderlaufenden Helfer: „Packt das auf den Pritschenwagen!" Die Jungs spurten. Wir brauchten nicht zu helfen.

Schließlich gingen wir ins Büro, um Herbert Lebewohl zu wünschen. Wir mußten uns beherrschen, ihn unser Glücksgefühl nicht merken zu lassen. Am Mittag des Vortags waren wir immer noch nichtsahnend durch die Stadt gelaufen – und jetzt würden wir gleich ins Garimpo fliegen!

Von der Lagerhalle sprangen wir sportlich-salopp auf die Ladefläche des Fahrzeugs. Mitten in zwanzig Kilo ekelhaften, weißen und glitschigen Bauchspeck vom Schwein. Endlich ruckte der Wagen an. Es ging los. „Zum Flughafen!" hatte António noch gerufen, und dann spürten wir den kühlenden Fahrtwind.

Bei den Goldmafiosi, Teil 2

„REPORTER?" Das war das erste Wort, das wir auf der Pista Baiano Formiga zu hören bekamen. Der dicke Verwalter, ein Mann namens Leonel, donnerte es uns mißtrauisch entgegen, als die einmotorige Maschine vor der Baracke zum Stehen gekommen war und wir die Tür geöffnet hatten. Anderthalb Stunden hatte der Flug gedauert.

Im ersten Moment wußten wir nicht, ob Leonels Eröffnung eine Frage, eine Feststellung oder der Aufschrei eines weiteren Reporterallergikers war.

„Bist du Leonel?" fragten wir ihn, und als er bejahte, händigten wir ihm Herberts Schreiben aus. Der Dicke legte es auf seinen Bauch wie auf ein Pult und las den Brief gewissenhaft durch. Dann war er beruhigt. Und wir waren es auch.

„Hier – der Junge da zeigt euch eure Unterkunft. Sie ist noch im Rohbau, aber dort sind eure Sachen sicher. Paßt trotzdem gut auf. Es treibt sich viel Gesindel herum."

Wen er damit meinte, wußten wir nicht. Leonel wandte sich der Fracht zu. Jedes ausgeladene Teil wurde sorgfältig kontrolliert und auf einer langen Liste abgehakt. Dann verlud man ein paar defekte Pumpen, und fünfzehn Minuten später startete die Maschine schon wieder.

Wir rutschten über lehmigen Boden in unseren Barackenraum. Er roch nach ganz frischem Holz. Wir waren die ersten Gäste. Eigentlich wollten wir uns zu all den anderen Goldsuchern in den Wald begeben, aber nun war uns die Geborgenheit dieses Raumes doch lieber. Man konnte schnell ein paar Notizen machen und sie verstecken, ohne ständig beobachtet zu werden.

Während der ersten zwei Tage ließen wir unsere Kameras im Gepäck. Wir bummelten über die Piste und durch die Umgebung und machten eine erste Bestandsaufnahme. Erst nachdem sich die allgemeine Neugier ein wenig gelegt hatte, erkundeten wir Preise und mimten Investoren.

Das Camp Baiano Formiga war erst vier Monate alt. Die zweihundert Meter lange Piste war in gutem Zustand. „Diese Piste habe ich gebaut", berichtete uns Leonel stolz. „Mit zweihundert Männern habe ich dafür zwei Monate benötigt."

Und João Fereiro, der soeben einen Ausrüstungsladen eröffnet hatte, erklärte: „Für das Roden der Fläche von meinem Laden bis zur Piste kriegen sie zwanzig Gramm."

Sein Grundstück war acht Meter breit, und bis zur Piste mochten es fünfzehn Meter sein. Für das Bearbeiten dieser Fläche also erhielten die Arbeiter zwanzig Gramm. Das Gramm zu zwanzig Mark.

Da hier alles erheblich teurer war als in Cachorro ladrando, vermuteten wir sofort, daß die Funde hier größer sein mußten. Wir erkundigten uns bei vielen Garimpeiros und erfuhren, daß ein Barranco vierhundert bis eintausenddreihundert Gramm erbrachte.

Weil die Piste neu war, lagen auch die bearbeiteten Goldlöcher noch in Sichtweite. Es knatterte und dröhnte und stank nach Diesel. Das Getöse wurde nur überboten von den beiden Helikoptern, die ständig Material an die vorderste Front flogen: Rohre für Pipelines, Motoren, Lebensmittel, Ersatzteile. Sobald sich morgens die Wolken aufgelöst hatten, packten die Piloten Martin und Enrique ihre Schrotflinten ins Cockpit – und ab ging's.

„Wofür braucht ihr denn die Knarren?" wollten wir erfahren.

„Man kann nie wissen", erwiderte Martin. „Vielleicht gibt's ein paar tollwütige Affen zu schießen." Dabei lachten sie, als sei das der Witz der Woche gewesen.

Wir verstanden ihn erst, als einer der Goldsucher auf drei Indianer zeigte, die soeben aus dem Wald auf die Piste getreten waren. „Da kommen ja welche." Alle schauten hin und bogen sich erneut vor Lachen. „Aber es ist ja Schonzeit – zumindest hier auf der Piste."

Wir schlenderten weiter. Alle dreißig Minuten landete und startete eine Maschine. Dazu die Helikopter, die mitunter im Zehnminutenrhythmus an- und abflogen, und das Gedonnere der Dieselmotoren.

Was müssen nur die Indianer denken, wenn dieser Wahnsinn über sie hereinbricht? ging es uns durch den Kopf. Vor gut vier Monaten war hier noch unberührter Urwald gewesen – und jetzt herrschten Lärm, Chaos, Zerstörung und Gewalt.

Müde kehrten wir in unsere Baracke zurück. Wolfgang mixte sich Müslipampe mit Flußwasser. „Wenn man die Garimpeiros so kennenlernt, sind sie eigentlich alle Menschen wie du und ich", resümierte er.

„Trotzdem dürfen wir uns nicht täuschen lassen", erwiderte ich. „Wir sind letztlich ihre Gegner. Wenn aus irgendeinem Grunde herauskommt, was wir wirklich wollen, wird es mit ihrer Kumpelhaftigkeit vorbei sein. Jedenfalls sollten wir immer die Waffen am Körper tragen. Tag und Nacht, selbst beim Schlafen. Außerdem müssen wir jederzeit in der Lage sein, quasi aus dem Stand zu fliehen."

Wir hatten festgelegt, im Falle einer plötzlichen Gefahr nach Südwesten zu türmen. In dieser Richtung würden wir bereits nach wenigen Kilometern über ein Gebirge steigen müssen, auf dessen Kamm die Grenze zu Venezuela verlief. Das wußten wir von unseren Karten. Selbst ohne Kompaß und bei bedecktem Himmel würden wir Venezuela finden, weil die Grenze sich im Halbkreis um das Camp von

Baiano Formiga zog. Der Bundesstaat Roraima ragte dort wie eine Nase in das Nachbarland Venezuela.

Normalerweise wären wir dann in Sicherheit. Für die Goldsucher existierte die Grenze jedoch nicht. Von unseren „Kameraden" wußten wir längst, daß sie diese Linie nicht respektierten.

„Da wohnen nur Yanomami", lautete ihr bezeichnender Kommentar, „also gehört das Land niemandem."

Brasilianische Goldsucher arbeiteten hüben wie drüben. Die vielen kleinen Maschinen und die DC-3, die täglich zweimal über uns hinwegflogen, in ebendiese Richtung, waren ausreichende Beweise. Wir wären in Venezuela keinesfalls in Sicherheit, sondern kämen vom Regen in die Traufe. Aber allein der Umstand, daß wir uns über diese Tatsache im klaren waren, bedeutete schon ein grundsätzliches Plus für uns. Wir würden alle Pisten meiden.

Auch daß die Goldbosse uns niemals die Fähigkeit zutrauten, ohne ihre Flugzeuge, ohne Nahrung und Gepäck nach Hause zu kommen, war ein Vorteil. Sie würden annehmen – so wenigstens unsere Illusion –, irgendwann müßten wir zwangsläufig an einer Piste in ihre Fallen tappen. Sie würden uns dort auflauern.

Sobald wir den Gebirgskamm und damit die Grenze überschritten hätten, würde uns jeder noch so kleine Bach den rettenden Weg in die Freiheit weisen. Denn jenseits des Kamms flossen alle Wasser in den Orinoco. Und der gehörte zu Venezuela. Man mußte den Bächen nur folgen, dann kam man spätestens nach zwei Monaten unter zivilisierte Menschen.

Wolfgang und ich hatten wiederholt auf diese Situation hin trainiert. Wir wußten, daß wir wochenlang in diesem warmen Klima notfalls ohne Nahrung auskämen. Auch ohne Gewehr würde es uns gelingen, unseren Eiweißbedarf zu sichern. Schließlich gab es ja Wasserflöhe, Mückenlarven, Termiten, Ameisen, Fliegen, Wespen und – Würmer.

Uns war klar, daß wir am besten tagsüber vorankommen würden. Nachts sieht man im Wald keine Sterne. Außerdem verirrt man sich leichter, stolpert eher in ein Goldcamp. Und nachts findet man keine Nahrung. Also erwogen wir die Flucht bei Tage und als Fluchtweg die Flüsse. Selbst wenn sie endlos mäandern, sind sie immer noch die schnellste und sicherste Lösung. Die Autobahnen des Urwalds.

Aber viele dieser Flüsse waren durch Goldsucher blockiert. Deshalb hatten wir uns das „Fluchtgerät" erdacht. Es besteht aus drei Teilen: einem Schnorchel, einem Schwimmer und einem Stein. Das wichtigste Teil ist der Schnorchel. In unserem Fall ein Stück Schlauch, fünfundzwanzig Zentimeter lang, fünfundzwanzig Millimeter Durchmesser. Einen echten Schnorchel wagten wir nicht zu nehmen, weil der unsere Absichten verraten hätte.

Wenn man nur mit einem Schnorchel schwimmt, oder besser gesagt, sich treiben läßt, besteht die Gefahr, daß der Hintern aus dem Wasser auftaucht und den Fliehenden verrät. Also muß ein Stein her. Den schleppt man natürlich nicht mit sich herum, sondern sucht ihn erst bei Bedarf. Mittels eines Bindfadens oder einer Liane wird er mit einem Griff versehen und in die Hand genommen. Er hat dafür zu sorgen, daß man senkrecht im Wasser treibt und der Allerwerteste nicht an die Oberfläche kommt ...

Das dritte Teil ist ein kleiner Schwimmer. In unserem Gepäck lagen zwei Einlitergummiflaschen, die wir mit Luft füllen konnten. Im Notfall eignet sich auch ein Stück Styropor oder Holz. Der Schwimmer wird um das herausragende Schlauchende drapiert, mit Wasserpflanzen zu einem Gesteck arrangiert, und ab geht die Post!

Diese Prozedur rekapitulierten wir zum wiederholten Male. Sie mußte eins werden mit uns, eine Vollautomatik wie der Herzschlag und das Atmen.

Vor dem Einschlafen beschlossen wir, am nächsten Tag zu den Indianern zu gehen.

Die Nacht wurde kalt. Das gesamte Garimpo war in Wolken gehüllt. Mit kleinen Feuern versuchten die Goldsucher, der Kälte Herr zu werden. Hier und da hockten durchgefrorene Männer um die Glut und streckten Hände, Arme und Beine darüber.

Erst um zehn Uhr morgens hob sich allmählich der Wolkenschleier, zerriß kurz darauf und ließ die ersten Sonnenstrahlen durch. Sofort begann der Alltag. Die Dieselmotoren wurden angeworfen, die Netze mit der Fracht wurden an den Hubschrauber gehängt, die Funkgeräte übermittelten Befehle und Nachrichten, und das erste Flugzeug landete mit einer halben Tonne Menschen und Material. Der Kriegsschauplatz vibrierte. Die Mordmaschinerie lief.

Wir hatten unser Tragegestell geschultert, Müsli inklusive, und marschierten los. Flußaufwärts, Richtung Indianerdörfer. Vier ihrer Rundbauten hatten wir bereits vom Flugzeug aus gesehen. Sie lagen alle westlich der Piste, aber in deren unmittelbarer Nähe. Eine Maloca war immerhin zwei Kilometer entfernt. Aber das bescherte den Eingeborenen keinesfalls Ruhe und mehr Sicherheit. Denn der am weitesten vorgeschobene Barranco war bereits auf zweihundert Meter herangerückt.

In unmittelbarer Nähe der Piste war der Boden nach starken Regenfällen aufgeweicht. Wir mußten durch knöcheltiefen Schlamm waten, Schuhe und Beine waren sofort mit Matsch verschmiert. Es wäre sinnvoller gewesen, die Schuhe auszuziehen. Aber das wagten wir nicht, weil überall Müll herumlag: scharfkantige Dosen, Holzsplitter und zerschlagene Flaschen. Eine Verletzung konnten wir gerade jetzt nicht brauchen.

Wir verließen den schlammigen Pfad und wählten einen Umweg über den Hügel am Westende der Piste. „Von da oben können wir das Camp in der Totalen filmen", meinte Wolfgang, „und vielleicht kriegen wir sogar einen Schwenk zustande, der die Nähe der Dörfer zur Piste zeigt."

Ein solches Motiv brauchte ich auch für die Fotos. Also arbeiteten wir uns den Berg hinauf. Es war sehr mühsam, denn wir mußten ständig kriechen oder klettern. Die Bäume am Hang waren gefällt worden und lagen kreuz und quer durcheinander. Der Berg war seines Schmuckes beraubt worden, um den Anflug leichter und die Einflugschneise sicherer zu machen.

Niemand störte sich daran, daß wir dort herumkraxelten. Wir hatten uns ausdrücklich beim Dono Mineiro, der den dicken Leonel abgelöst hatte, die Erlaubnis geholt. „Kann man es wagen, auch die Indianer zu besuchen?" hatten wir ihn mit Unschuldsmiene gefragt.

„Aber klar doch", hatte er lächelnd geantwortet, „die sind kein Problem mehr."

„Und könnte man da auch ein paar Fotos machen? Ich weiß nicht, ob du das weißt – aber in Deutschland gibt es schon seit Tausenden von Jahren keinen einzigen Indianer mehr. Meine Freunde dort können sich so was gar nicht vorstellen: Indianer!"

Mineiro erlaubte es uns. So hatten wir unsere ramponierten, auf

Laiengerät getrimmten Kameras erstmals hervorgeholt und auch ein typisches „Familienfoto" mit dem Dono arrangiert. Einmal Wolfgang mit Mineiro, einmal Rüdiger mit Mineiro. Bei dieser Gelegenheit hatten die Kameras auf ganz natürliche Weise Einzug ins Garimpo gehalten. Die Garimpeiros hatten sie gesehen und als normal akzeptiert. Und nun sollten die Kameras erstmals ihre wahre Aufgabe erfüllen. Sie sollten dokumentieren.

Immer wieder hatten wir im Camp auch Makroaufnahmen vom Sand gemacht oder Gebirgsformationen fotografiert. „Unsere Freunde in Deutschland, die Geologen, wissen dann mit Sicherheit, wie rentabel ein solches Gebiet ist", hatten wir erklärt.

Der Berg war wirklich ideal. Er bot Wolfgang die Möglichkeit des Schwenks. Aber er bot uns noch etwas. Er zeigte uns den ersten Toten.

Auf dem Berg wehte der Wind nicht konstant aus einer Richtung. Es entstanden Luftwirbel, und ein paarmal war schon beim Aufstieg ein Hauch von Leichengeruch an uns vorbeigeweht.

„Hier liegt irgendwo ein totes Tier", meinte ich schließlich, als wir gegen den Wind gingen. Plötzlich standen wir am Waldrand vor einer Leiche. Es war ein Mann, völlig nackt. Sein Hinterkopf wies ein Loch von der Kugel auf, sein Mund war blutig, und ihm fehlten einige Zähne.

„Vielleicht hat er auch einen Schlag auf die Zähne gekriegt", überlegte ich laut. Wolfgang bückte sich. Fliegen stoben aus dem offenen Mund des Toten.

„Das war kein Schlag auf die Zähne. Dem hat man die Goldzähne ausgebrochen. Denn nur die Backenzähne fehlen."

Jetzt guckte auch ich näher hin. „Genau, denn sonst sind keine Anzeichen von Schlägen zu erkennen."

Als wir später an der Piste davon berichteten, versetzte das niemanden in Erstaunen. Die Goldsucher hatten die Leiche längst entdeckt. „Das muß ein Fremder gewesen sein", lautete ihre Antwort. „Hier kannte den Toten niemand."

„Beerdigt ihr eure Toten denn nicht?"

„Wenn er hier in der Nähe läge, würden wir ihn selbstverständlich beerdigen. Ist doch klar. Sonst kann man ja nicht in Ruhe arbeiten."

Wir erfuhren bei dieser Gelegenheit auch, warum der Tote nackt war. „Weil der Räuber nie weiß, wo sein Opfer das Gold verborgen hat. Oft hat der Täter nicht die Zeit, in den Nähten oder sonstigen Verstekken danach zu suchen; deshalb nimmt er kurzerhand die ganze Kleidung mit und überprüft sie später in Ruhe." Und nach kurzem Nachdenken: „Im übrigen ist ja auch die Kleidung selbst von großem Wert. Besonders hier im Garimpo."

Immer noch standen wir vor dem Toten, den ich von mehreren Seiten fotografierte. „Ich denke gerade darüber nach", sagte ich zu Wolfgang, „daß dieser Mann wie wir an genau dieser Stelle vorbeigekommen ist, als ihn die Kugel aus dem Hinterhalt traf. Im Blickfeld der Barracas hatte er sich in Sicherheit gewähnt, und trotzdem ist es passiert."

Unwillkürlich schauten wir noch einmal in die Runde. Aber wir waren allein. Von unten aus dem Tal drang der monotone Lärm einer Unzahl von Dieselpumpen zu uns herauf, und alle zehn Minuten donnerten Hubschrauber oder Flugzeuge in greifbarer Nähe am Berg vorbei.

Von hier oben konnten wir am besten sehen, wie die Zerstörung um sich griff. Zur Linken noch der auf den ersten Blick intakte Wald, die vereinzelten Malocas, die dazugehörigen Plantagen und dann, bei langsamem Rechtsschwenk, die ersten, am weitesten vorgeschobenen Garimpos, deren Anzahl sich alle einhundert Meter in Richtung Piste verdoppelte. An der Piste selbst lagen sie dicht bei dicht, ohne schattenspendende Bäume und auf völlig entblößter Erde.

„Wenn man das sieht", erklärte Wolfgang, „empfindet man mit den Goldsuchern kein Mitleid mehr. Auch nicht mit den toten."

Durch das Teleobjektiv erkannten wir, wie sich unter uns die Teams mehrerer Barracas zusammengetan hatten und Dämme bauten, um den Fluß umzuleiten. An anderer Stelle stürzte gerade ein ganzes Walddreieck von einhundertfünfzig Meter Seitenlänge in sich zusammen. Den Lärm hörte man bis zu uns herauf.

Die Bäume dieses Rodungsteils waren alle an der gleichen Seite angesägt worden. Aber nur so weit, daß sie gerade noch stehen blieben und nicht umstürzten. Schließlich hatte man den letzten Urwaldriesen im spitzen Winkel des Dreiecks zum Fallen gebracht. Er riß alles, was seine Äste erreichten, mit sich. Auf diese Weise drückte er die zwei nächststehenden Bäume in seiner Fallrichtung zu Boden, die rissen vier um, und so fiel der Wald in wenigen Augenblicken wie ein Kartenhaus in sich zusammen, und keine noch so starke Liane konnte den Sturz stoppen. Geübte Holzfäller wissen solchen Kahlschlag genau zu berechnen. Er erspart ihnen viel Arbeit.

Bei diesem Anblick kam mir wieder zu Bewußtsein, daß nach Angaben der Umweltorganisationen allein in Brasilien in jeder Sekunde (!) ein solches fußballfeldgroßes Stück Wald der Rodung zum Opfer fällt. Hier sahen wir es mit eigenen Augen: Kaum hatten wir die Szene registriert, würde in Blitzesschnelle irgendwo anders im Land bereits der nächste „Sportplatz" gerodet sein und der nächste, der nächste, der nächste ... Jede Sekunde einer.

Und drei Wochen später würde man das Holz anzünden und verbrennen. So wie auch in unserem Blickfeld eine gewaltige Rauchfahne im Norden signalisierte, daß man fleißig und gründlich bei der Arbeit war.

Später, in Hamburg, erfuhr ich aus einer Mitteilung der Umweltschutzorganisation Robin Wood, daß dieses Feuer nicht das einzige in Brasilien gewesen war: „Welches Ausmaß die Zerstörung des Regenwaldes angenommen hat, wurde im März 1989 deutlich, als Wissenschaftler bei der Auswertung von Satellitenfotos eine 2,6 Quadratmeter große Rauchwolke über dem westlichen Amazonasgebiet orteten. 1987 wurden an nur einem Tag 6800 Waldbrände in dieser Region gezählt. Was durch die Brandrodungen gewonnen wird, ist letztlich verstepptes Land, auf dem Rinder gehalten werden, die pro Tier zwei bis drei Hektar benötigen, um satt zu werden."

Hier, aus der Vogelperspektive, erahnte man auch, wo überall ein Nebenflüßchen aus den Seitentälern kommen mußte. Man brauchte nur der Spur der gefällten Bäume zu folgen. Wo sie umgelegt waren, floß ein Bach.

Die Bachtäler waren verpachtet, und überall fraß sich die Spur der Gier bergan. Jeder Dono eines solchen Garimpos hoffte, daß gerade sein Wasserlauf es wäre, der zu einer Goldader führte. Bevor ein Pachtvertrag abgeschlossen wurde, machte man mit der Goldwäscherpfanne Probewaschungen.

„Je weiter du von der Goldader entfernt bist, desto feiner ist der Goldstaub", hatte uns Mineiro erklärt. „Und je näher du an den Ursprung des Goldes kommst, desto größer werden die Körner.

Schließlich findest du die ersten Nuggets oder endlich gar eine richtige Ader."

Beim Anblick der zerstörten Täler drängten sich uns weitere Gedanken auf: Wie lange würde es wohl dauern, bis auch der restliche Urwald zerstört wäre? Der Teil des Regenwaldes also, der auf den Bergkuppen wuchs. Dort, wo es kein Gold gab und den man deshalb verschonte. Wann würde er eingehen infolge des Quecksilberniederschlags? Denn eines war ja klar: Sobald hier Gold gewonnen wurde, verdampfte man auch das gleiche Quantum an Quecksilber. Ein gewaltiges Risiko und ein völlig unkalkulierbares zugleich.

Wir stapften den Berg hinunter und bahnten uns den Weg in Richtung Indianerdorf. Zunächst ging es noch an einigen Barracas vorbei. Wohin wir schauten – überall wurde fleißig gekocht. Gleich war Mittag. Und was gab es wohl zu essen? Bohnen.

Alle grüßten uns freundlich; wir waren verschwitzt und schlammbespritzt und sahen aus wie gewöhnliche Goldsucher. Der Weg hörte nun auf. Jetzt mußten wir uns von den Köchinnen sagen und zeigen lassen, wo man am besten durch das Gestrüpp gelangte. Die gefällten Bäume waren noch nicht zersägt, und man hätte schon ein Affe sein müssen, um darüber hinwegturnen zu können.

Schließlich kamen wir an den Arbeitern vorbei, die sich zusammengetan hatten und den Fluß umleiteten, fort aus seinem Bett und am Ufer entlang.

Wir bahnten uns einen Weg durchs Dickicht. Manches Stück gingen wir parallel zum Fluß. Nach hundert Metern stieg das Gelände dann wieder an. Wir näherten uns den Malocas. Obwohl die letzten Barrancos längst hinter uns lagen, vernahmen wir vor uns bald wieder Maschinenlärm, diesmal von Kettensägen. Wir trafen auf vier Männer. Sie rissen eine Schneise in den Wald und hatten die Pflanzung der Indianer erreicht. Mitten auf den Resten der Zuckerrohrstauden zerlegten sie Baumstämme in handliche Bretter. Die Männer grüßten freundlich herüber und ließen sich bei ihrer Arbeit nicht stören. Jaja – die Maloca läge da vorne hinter der Bananenplantage. Wir könnten sie nicht verfehlen.

Der Bananenhain gewährte uns die Gnade seines Schattens. Das tat gut, denn im kahlgeschlagenen Gelände hatte die Sonne uns arg eingeheizt. An den Pflanzen hingen büschelweise unreife Bananen. Diese

Plantage war noch nicht zerstört, und die taifunartige Spur der Verwüstung schien ihre Richtung am Feld vorbei zu nehmen – dafür allerdings über das Zuckerrohrfeld hinweg. Vielleicht hatten die Früchte auch nur noch eine Gnadenfrist bis zu ihrer Reife. Denn dann konnten sie den Goldsuchern von Nutzen sein. Die Zerstörung von Plantagen war keine Seltenheit, sie galt als beliebtes Rache- oder Druckmittel.

Gleich hinter der Plantage trafen wir auf die erste Maloca. Es handelte sich, wie in dieser Gegend üblich, um einen einzigen großen Rundbau; doch dieser war alt, verfallen und unbewohnt. Auf jeden Fall schien er nicht willkürlich zerstört worden zu sein. Ein solcher Verfall war normal. Wenn Reparaturen nicht mehr lohnen, bauen die Indianer ein neues Dorf. Das alte wird vom Urwald gefressen. Rankenpflanzen krochen bereits aus dem Schatten der Umgebung auf die Ruine zu, ihre Polypenarme griffen nach dem morschen Gebälk und kletterten daran hoch. Dazwischen verfingen sich Samen von Büschen und Bäumen, schlugen im Schutz der Schlinggewächse Wurzeln und wuchsen ebenfalls in die Höhe.

Ein schmaler Pfad führte um die Ruinen herum und in Schlangenlinien weiter über den Kamm eines kleinen Hügels. Und plötzlich standen wir unvermittelt vor einer Barraca. Der Wald zwischen dieser Behausung und dem Tal war gerodet, und unten am Bach gähnte das Loch des ersten, fast fertigen Barrancos.

Aber es wurde nicht gearbeitet. Die vier Männer und ihre Köchin hatten einen Feiertag eingelegt. Ihre Pumpe war kaputt, und sie warteten auf das Ersatzteil. Unser Auftauchen bedeutete für sie eine angenehme Unterbrechung.

„Ja, wir sind der vorgeschobene Posten in dieser Richtung. Der Hügel da drüben ist noch Indianerland", verkündete uns der Vorarbeiter stolz.

Aber richtiges Indianerland war auch das nicht mehr. Längst hatte man die Bäume gefällt.

Ein fünfter Mann tauchte auf. „Hallo – wie geht's?" rief er laut, bevor wir ihn richtig wahrgenommen hatten. Er war ziemlich außer Puste. Uns wunderte das ein wenig, weil er durchtrainiert und kräftig wirkte und kein Gepäck bei sich hatte.

„Der gehört nicht zum Barranco", argwöhnte Wolfgang gleich.

Unter Goldsuchern
herrschen rauhe Sitten:
Jeder besitzt eine Waffe,
Mord und Totschlag
sind an der Tagesord-
nung.

Rechts: **Begreifen sie das Ausmaß der Zerstörung? Yanomami beim Besuch im Camp**

Unten: **Ängstlich geht eine Indianerin beim Start eines Flugzeugs in Deckung.**

Denn wir kannten keine Grube mit fünf Arbeitern. Der Neue und der Vorarbeiter sprachen abseits miteinander.

„Kennt ihr den?" fragte Wolfgang die drei Goldsucher, die bei uns geblieben waren.

„Nein. Jedenfalls nicht näher. Er arbeitet im Büro bei Leonel." Da schrillte bei uns die Alarmsirene.

Nach einer Weile gesellten sich auch die beiden anderen zu uns. Der Neue begrüßte jeden mit Handschlag. Unseren Blicken wich er aus. „Ich wollte mal schauen, ob eure Pumpe schon repariert ist", quälte er sich schließlich eine Erklärung ab.

Uns war aber gleich klar, daß das nicht der Grund seines Besuchs war. Wir hielten es für denkbar, daß der dicke Leonel ihn als Spion geschickt hatte. Jedenfalls konnte es nichts schaden, ihn als solchen einzustufen und vorsichtig zu sein.

„Was habt ihr denn hier vor?" fragte uns nun einer der Goldsucher.

„Wir würden gern zu den Malocas gehen. Sind sie noch weit entfernt?"

„Nein. Fast könnt ihr sie da durch die Bäume hindurch sehen. Sollen wir mitkommen?"

Noch bevor wir antworten konnten, nahmen sie uns in ihre Mitte. Allen voran Leonels Spürhund. Er wollte uns keinesfalls allein lassen. Wir kamen uns ein wenig vor wie Gefangene.

„Was macht ihr denn, wenn euer Loch fertig ist?" fragten wir die Goldsucher.

Der Vorarbeiter – er war schon älter – rückte seine Brille zurecht und wies zum nächsten Hügel. „Da rauf."

„Sagen die Indianer nichts dazu?"

„Weiß ich nicht. Dort verläuft ihr Pfad, und sie haben uns bedeutet: ‚Bis hierher und nicht weiter', aber da haben wir ja noch ein Wörtchen mitzureden."

Es ging etwa siebzig Meter einen Abhang hinunter und einhundert wieder bergan. Immer in Schlangenlinien. Aber es war ein deutlicher, nicht zu verfehlender Pfad.

„Da ist die Siedlung", sagte unser Anführer und deutete vor uns in den Wald. Wolfgang und ich schauten uns verständnislos an. Weder er noch ich sahen ein Dorf.

Normalerweise stehen die Malocas auf einer Lichtung. Das Terrain
um sie herum ist völlig gerodet und der Erdboden barfußgerecht und
besenrein. Normalerweise hätte man auch schon Stimmen hören müssen und Hundegebell. Wir hörten gar nichts.

Unser Anführer blieb stehen und klatschte mehrfach in die Hände.
Dann formte er sie vor dem Mund zu einem Trichter und rief: „Amigo!
Amigo! Amigo!" Die Worte verloren sich in den Ästen und Blättern des
Waldes, und dann war es still. Selbst die Vögel unterbrachen ihren
Gesang. Kein Indianer war zu sehen und schon gar keine Maloca. Wohl
aber knackte es hier und da im Dickicht.

Wir marschierten weiter. Inzwischen riefen alle fünf Garimpeiros:
„Amigo, Amigo!" Und plötzlich standen wir mitten in der angeblichen
Maloca.

Es waren sechs Tapirís, Blätterdachhütten, wie die Eingeborenen sie
auf ihren Wanderungen errichten. Sie wirkten trostlos, denn sie waren
aus natürlichen Baumaterialien und Plastikresten von der Piste erbaut.
Es handelte sich unverkennbar um die Anfänge einer *favela*, eines
Elendsviertels. Eine Miniaturausgabe der Slums, wie sie sich weltweit
im Umkreis der Großstädte ansiedeln.

Der Boden war matschig und übersät mit Abfällen – unverrottbaren
Plastikflaschen und Turnschuhresten. Im Schlamm unübersehbar ganz
frische Spuren.

„Vor einer Minute waren die Indianer noch hier", meinte Leonels
Schnüffler. Er bückte sich und wies auf einen tiefen Fußabdruck, der
sich im Schlamm deutlich abzeichnete. Er lief gerade ganz langsam voll
mit Wasser.

„Da – hinter den Bäumen!"

Einer unserer Leute hatte sie gesehen. Es waren aber nur Frauen mit
Babys. Ihre Kinder hatten sie mit einem Bastgurt auf den Rücken
geschnallt. Ängstlich lugten sie zu uns herüber.

Nachdem wir Blickkontakt mit ihnen aufgenommen hatten, wett-
eiferten die Goldsucher darin, sich als „Amigos" zu bezeichnen, die in
guter Absicht kämen. Die Frauen ließen sich davon nicht beeindrucken.
Sie blieben in ihrem Versteck. Wir hockten uns auf einen Baumstamm
und ließen ihnen Zeit, sich mit unserer Anwesenheit abzufinden. Wenn
einer der Goldsucher ein paar Schritte auf sie zuging, flohen sie zum

nächsten Baum. Dabei stießen sie Signallaute aus, die wir nicht als Wörter empfanden. Diese Rufe drangen hinter mehreren Bäumen hervor. So schätzten wir die Anzahl der Frauen auf sechs.

Dann aber knackte es im Gehölz, und vier junge Männer tauchten auf. Zwei waren Halbwüchsige, vielleicht dreizehn Jahre alt. Aber auch die beiden etwa Zwanzigjährigen wirkten jünger wegen ihrer kleinen Gestalt. Die Yanomami werden nur wenig größer als anderthalb Meter. Im Vergleich mit den Indianern waren die Goldsucher Hünen.

Auch die Indianer beteuerten nun im Einwortdialog mit den Goldsuchern, Amigos zu sein. Das durfte man ihnen glauben, denn sie hatten keinerlei Waffen dabei. Unsere Leute hingegen trugen alle einen Revolver. Bevor wir die Wohngemeinschaft erreicht hatten, hatten sie die Waffen unterm Hemd versteckt. Daraufhin hatten Wolfgang und ich uns sofort verständigt, um notfalls zur Verteidigung der Indianer anzutreten, wenn irgendein Garimpeiro auf dumme Gedanken kommen sollte. Wir hatten die Reißverschlüsse unserer Westentaschen geöffnet und hielten die Griffe unserer Revolver umklammert. Außerdem postierten wir uns so – einer mehr links, der andere rechts –, daß wir die fünf Garimpeiros stets im Blickfeld hatten.

Die Lage entspannte sich. Die Indianer redeten weiter auf uns ein, doch beschränkten sie sich darauf, dem Wort Amigo andere Nuancen zu entlocken. Die Goldsucher nutzten die Gunst des Moments, den lernfreudigen Indianern drei neue Vokabeln zu vermitteln.

„Garimpeiro."

Die Indianer ahmten das Wort nach: „Garimpeiro."

So ging das bestimmt zwanzigmal hin und her. Dann kam das nächste Wort an die Reihe: „Mineiro"; das heißt soviel wie Bergmann. Aber in diesem Falle war es der Name des Pistenbosses – Dono Mineiro.

Die Indianer sprachen auch dieses Wort aus. Zum Abschluß lehrten die Goldsucher sie etwas Leichteres: *„Bom* – gut." Kaum hatten die „Schüler" alles gelernt, ging's an die Wiederholung. Und diesmal im Satz: *„Garimpeiro Mineiro bom* – Goldsucher Mineiro (ist) gut."

Zynischer ging's wirklich nicht. Wir gerieten in Wut über diese Unverschämtheit. Die Goldsucher dagegen waren begeistert von ihrer Lektion und brüllten den Satz mit den Yanomami im Chor.

Irgendwann hatte es dann ein Ende. Die jungen Indianer faßten sich ein Herz und forderten uns zum Weitergehen auf: *„Pista, pista, embora* – vorwärts, zur Piste."

Damit wir auch verstünden, was sie meinten, unterstrichen sie ihre Aufforderung mit einer Handbewegung. Ständig hielten sie sich sprungbereit zwischen uns und den Frauen auf, die weiterhin hinter den Bäumen in Deckung blieben. Aber ihre Worte „vorwärts, zur Piste" waren klar und deutlich. Wolfgang und ich bewunderten ihren Mut.

Schließlich zogen wir weiter. „Wo sind die richtigen Malocas?" fragten wir unsere Begleiter. „Wir haben sie doch vom Flugzeug aus gesehen."

„Da müssen wir nur einen kleinen Schlenker machen. Sie sind dreihundert Meter entfernt."

Wir gingen dorthin. Wieder die Ankündigung durch lautes Händeklatschen und Rufen. „Amigo, Amigo." Aber die Garimpeiros meldeten ihren Besuch nicht aus Höflichkeit an, sondern aus Furcht vor einem Angriff.

Die vier jungen Indianer hatten gemerkt, daß wir nicht zur Piste zurückkehrten, sondern im Bogen zum nächsten Dorf wollten, und hatten uns den Weg abgeschnitten. Sie hatten die Maloca noch vor uns erreicht.

Diesmal handelte es sich tatsächlich um eine richtige Maloca. Es war ein großer Rundbau, etwa dreißig Meter im Durchmesser, in der Mitte ein offener Platz. Die zwei Eingänge waren mit Holzbalken verrammelt. Bevor wir beim Vordereingang ankamen, hatten die vier Indianer ihre Stammesgenossen bereits durch Zurufe gewarnt. Der hintere Ausgang war geöffnet worden, und etwa sechs Frauen stürzten mit ihren Kindern auf dem Rücken hinaus in die angrenzende Plantage. Dort blieben sie und spähten nur hie und da vorsichtig zwischen den dichten Blättern hervor.

Inzwischen waren noch zwei Indianer hinzugekommen, Männer. Wir baten mit Gesten, eintreten zu dürfen. In der Erwartung von Geschenken oder Nahrung gestatteten sie es.

Es war ein trostloser Anblick. Genau wie das Tapirí-Camp war das Dorf unsauber und voller Unrat. Es wirkte wie zur Aufgabe bestimmt. Nur noch drei alte, gebrechliche Frauen konnten wir hinter Vorhängen aus getrockneten Bananenblättern mehr vermuten als sehen.

Als Gastgeschenk deponierten wir etwa drei Kilo Müsli in einer Kürbisschale. Auch den Leuten aus dem Tapirí-Camp gaben wir davon. Aber die Indianer blieben unsicher und aufgeregt. Als sie merkten, daß wir ihnen nicht noch mehr von der Nahrung überlassen wollten, wiesen sie uns energisch zum Eingang.

„Ich erkenne die Yanomami nicht wieder", sagte ich zu Wolfgang. „Gastfreundschaft war immer eine ihrer großen Tugenden."

Er blieb eine Weile schweigsam. „Sie müßten ja verrückt sein, wenn sie sich uns gegenüber auch nur durch Gesten freundlich zeigen würden", antwortete er schließlich. „Wir sind ihre Todfeinde. Auch wir beide. Wie sollen sie wissen, daß wir auf ihrer Seite stehen? Nur weil wir ihnen Müsli geben? Auf Geschenke sind sie ja bei den ersten Goldsuchern reihenweise reingefallen. Und nun haben sie erkannt, daß solche Präsente nichts als Köder sind, Würmer am Angelhaken."

Daß wir hier einen Tanz auf einer angehackten Liane vollführten, wurde uns sofort wieder bewußt, als wir die scheelen Seitenblicke des Schnüfflers bemerkten. Sie und die Angst der Indianer vor den Kameras zwangen uns zu äußerster Vorsicht. Es wimmelte von lohnenden Motiven, aber wir konnten sie kaum auf Zelluloid bannen, immer nur heimlich und aus der Hüfte.

Wolfgang war da ein wenig im Vorteil. Seine Kamera lief lautlos, und auch „Schnüffi" konnte nichts erkennen, weil die Funktionslampen mit Lassoband überklebt waren. Ich hingegen konnte nicht so geräuschlos arbeiten. Also hängte ich mir den Fotoapparat über die Schulter und schaute jeweils ganz woanders hin. Mehrere Male donnerten Flugzeuge und Hubschrauber über das Dorf. Dann konnte ich abdrücken, und niemand hörte es.

Natürlich würden die Fotos keine Prachtstücke werden. Alles mit Weitwinkelobjektiv und schief. Aber für mich blieben es wertvolle Dokumente.

„Mich wundert noch eins", sagte ich zu Wolfgang. „Wenn die Indianer einander besuchen, ist es doch Tradition, die Gäste auf jeden Fall ins Haus, in ihre Maloca zu bitten. Warum also lassen diese Leute hier die anderen Familien draußen in den Plastikhütten hausen, statt sie hereinzubitten? Sie haben doch Platz genug."

Wolfgang fragte sofort einen der Goldsucher, als Schnüffelnase außer Hörweite war. „Sag mal, die Leute da vorhin, haben die kein richtiges Dorf mehr?"

Der Mann wußte nichts, sondern rief seinen älteren Kumpel herbei. „Du, sind das die, denen die Maloca abgebrannt ist?"

„Ich glaube, ja", antwortete der Ältere.

„Ist die von selbst abgebrannt, oder haben die Goldsucher nachgeholfen?" hakte Wolfgang gleich nach. Und um der Frage die Schärfe zu nehmen, fuhr er fort: „Sind die Indios vielleicht aufmüpfig gewesen oder so?"

Das Gespräch hatte „Schnüffi" alarmiert. Er gesellte sich sofort zu uns und mischte sich ein. „So was würden die Goldsucher nie tun!"

Er hätte alles sagen können, nur nicht solchen Schwachsinn. Denn wir wußten längst, daß sehr wohl gebrandschatzt wurde und wird, und später sollten wir noch die Bestätigung dafür erhalten.

Um Zeit für weitere Beobachtungen zu haben, rührten wir in einem Gefäß für alle Müsli an und baten die Indianer zum Essen. Inzwischen waren es acht Männer und sechs Kinder; sie ließen sich das nicht zweimal sagen. Aber auch die Goldsucher langten kräftig zu. Damit sie den Vorrat nicht im Handumdrehen aufzehrten, schüttete ich Wasser nach, um die Menge zu vergrößern.

Durch den Imbiß hatten wir Gelegenheit zum Beobachten und zum Nachdenken bekommen. Wie trostlos war dieses Dorf! Und wie vorbildlich hatten sich dagegen die von Menschenrechtlern und Kirchen erarbeiteten Konzepte für den Yanomami-Nationalpark angehört! Haben sie überhaupt noch eine Chance, verwirklicht zu werden?

Da war zunächst die Rede von einem großen zusammenhängenden Yanomamireservat gewesen. In ihm sollten alle Yanomami Brasiliens und Venezuelas eine gesicherte, unantastbare Heimat finden. Nur solche Personen sollten zu ihnen hineindürfen, die ein Gesundheitszeugnis vorweisen konnten und eine Einladung der Indianer. Im Gegensatz dazu aber sollte es den Indianern unbenommen sein, jederzeit herauszukommen, wenn ihnen danach zumute war. Auf diese Weise könnten sie die Welt der Weißen kennenlernen und sich ein Urteil bilden.

Dann hatte es geheißen, man wolle die Eingeborenen behutsam und auf freiwilliger Basis Hygiene lehren, damit sich ihre Krankheitsrate reduzierte. Mit Portugiesischunterricht wollte man sie in die Lage versetzen, sich ausdrücken und verteidigen zu können, ohne auf die Hilfe eines Dolmetschers angewiesen zu sein.

Das Erlernen einer Sprache scheint den Yanomami keine großen Schwierigkeiten zu bereiten. Denn Laute nachzuahmen sind sie aus ihrer Welt gewöhnt. Diese Fähigkeit brauchen sie, um Tierstimmen zu imitieren und auf der Jagd erfolgreich zu sein.

Wie wichtig für sie das Portugiesisch als Zweitsprache ist, wurde mir klar, als der Indianerhäuptling Davi Yanomami den UNO-Umweltpreis erhielt. Anläßlich seiner Ehrung in São Paulo redete er drei Minuten in Yanomami auf sein Publikum ein. Dann erst sprach er Portugiesisch. „Das war Yanomami", erklärte er. „Habt ihr verstanden, was ich gesagt habe? Nein. Wer spricht denn schon Yanomami?

Häuptling Davi Kopenawa Yanomami

Genauso geht es uns, wenn ihr zu meinen Leuten kommt und auf uns einredet."

Neben dem Portugiesischen sollte aber auch ihre eigene Sprache anerkannt, erforscht und in Buchstaben gefaßt werden. So selbstverständlich sich das anhört, ist es leider nicht. Indianersprachen ordnet man in Brasilien eher Tierlauten zu, die einer Erforschung nicht wert sind. Nicht ein einziger leitender FUNAI-Bediensteter spricht folglich Yanomami. Sollen die Indianer doch Portugiesisch lernen!

Ein weiteres wichtiges Unterrichtsfach wäre das Rechnen. Mathematische Logik haben die Yanomami nie entwickelt. Sie kennen nur die Zahlworte eins, zwei und drei. Was darüber hinausgeht, heißt „viel". Und was noch mehr ist als viel – zum Beispiel die Blätter an den Bäumen oder die Regentropfen eines Gewitters –, heißt „viel-viel". In ihrer Welt hatte das bisher gereicht. Im Kontakt mit uns wird das nicht genügen, denn sie würden bodenlos betrogen werden.

Außer Rechnen müßten sie Ackerbau und Viehzucht lernen. Denn in einem von Weißen leergeschossenen und immer weiter beschnittenen Wald- und Wandergebiet würden sie nicht mehr satt werden. Für diesen Fall sollten sie rechtzeitig wissen, wie man Fleisch erzeugt, wenn es nichts mehr zu jagen gibt. Und wie man eine Pflanzung mit Naturhumus und Wechselanbau ergiebiger gestalten kann.

Ein weiteres Ziel müßte sein, die vielen und sehr verschiedenen Yanomami um ein Feuer zu versammeln, um ihnen ihre gefährliche Situation klarzumachen, sie zu einigen, ihr Selbstbewußtsein zu stärken und sie politisch zu aktivieren.

Wolfgang und ich waren inzwischen vom Ältesten der Indianer energisch aus dem Dorf gewiesen worden. Aber er hatte uns, auf gestenreiches Fragen hin, gestattet, auf einem Baumstamm außerhalb Platz zu nehmen. Da hockten wir nun, hingen unseren Gedanken nach und wollten die Welt verbessern, obwohl wir mitten in einer ihrer ausweglosen Höllen waren.

„Wenn ich das alles hier erlebe, diese totale Zerstörung, Verachtung und Entwürdigung ..." Ich stockte.

„Dabei könnten wir so viel von ihnen lernen", sagte Wolfgang. „Zum Beispiel, ihre Art zu leben. Mir imponiert ihre Anspruchslosigkeit, ihre Genügsamkeit. Mich beeindruckt diese Lebensform, mit der sie garantiert noch in tausend Jahren klarkämen."

„Davon bin ich ebenfalls überzeugt. Deshalb hat ja auch einer ihrer Häuptlinge, Davi Yanomami, den UNO-Umweltpreis erhalten. Genau dafür, daß die Yanomami so harmonisch mit ihrem Wald umgegangen sind. Und dann sieh dir uns an! Uns zu Hause, mich eingeschlossen, und die Goldsucher da unten im Tal: Reichtum anhäufen auf Teufel komm raus, Fortschritt, Vermehrung – und das, obwohl uns klar ist, daß wir mit dieser Lebensstrategie am Ende angelangt sind. Der Weltsauerstoff geht zur Neige, die Erde heizt sich auf, die Wüsten wachsen mit der Abholzung, die Bodenschätze sind verbraucht – und trotzdem leben wir weiter und propagieren den Fortschritt, als hätten wir noch ein paar Erden in Reserve."

„Und ein weiteres Problem ist, daß wir, die Hauptverursacher der Umweltzerstörung, Ländern wie Brasilien nun etwas vorschreiben wollen", fügte Wolfgang hinzu. „Ich meine, daß wir akzeptable Lösungen nur gemeinsam mit den positiven Kräften in Brasilien erarbeiten können."

Die Goldsucher, die uns begleitet hatten, rutschten schon unruhig auf ihren Sitzgelegenheiten hin und her. „Kommt, laßt uns zurückgehen. Es wird bald Abend."

Tatsächlich – die Sonne stand bereits sehr tief, und der Rückweg würde über eine Stunde dauern.

„Ja, wir kommen gleich, ihr könnt ja schon vorgehen."

Die vier waren einverstanden, aber unser vermeintlicher Aufpasser fand den Vorschlag nicht besonders gut. „Auf keinen Fall. Nachher passiert euch was, und dann krieg ich Ärger mit Leonel."

Wolfgang sah mich an, ich blickte Wolfgang an. „Dann ist ja wohl so ziemlich klar, daß wir richtig vermutet haben, als wir ihn für einen Schnüffler hielten", erklärte ich auf deutsch.

„Unter den Umständen würde ich sagen: Laß uns zurückgehen. Und morgen ziehen wir erneut los, aber ohne ihn, und ohne uns zu verabschieden."

„Um das Thema von eben noch zu Ende zu bringen: Es nutzt unsere bestgemeinte Anstrengung nichts, wenn Brasilien nicht endlich eine Landreform durchführt, damit die Goldsucher und andere Verarmte anderweitig eine solide Lebensgrundlage finden."

Die Landreform. Immer wieder war sie dem Volk versprochen, nie war sie durchgeführt worden. Ganz im Gegenteil. Immer mehr Land gelangte in den Besitz der wenigen Reichen. Und würde man nicht gleichzeitig auch die mit Projekten der Weltbank und der EG verbundenen Probleme unter Kontrolle bringen, wäre auch die Landreform nur ein vorübergehendes und nicht ausreichendes Wogenglätten.

Wir verließen das Dorf. Fünfzehn Meter vom Ausgang entfernt, am ersten Baum des Waldes, ein frisches Holzschild. Groß und unübersehbar. Darauf ein dickes „T".

„Guck dir das an", meinte ich und stieß Wolfgang an, „das heißt doch bestimmt nicht Toilette oder Teestube. Das kann nur eine Markierung sein, die für die Holzfäller bestimmt ist. Sie werden ihre Schneise genau auf die Maloca zu schlagen." Das Unheil, der Tornado der Garimpeiros, würde seine Bahn auch durch dieses Dorf ziehen.

Am anderen Morgen um neun Uhr stapften wir erneut los. In unse-

rem Tragegestell hatten wir nur Müsli, die Kamera und den Überlebensgürtel. In der Hand den *teçado,* das Haumesser. Das sah nicht nach
weiter Wanderung aus. Außerdem war es neblig an diesem frühen Morgen. So fielen wir nicht auf. Die Piste schlief. Start und Landung waren
erst bei guter Sicht möglich. Nur in den Barrancos arbeitete man bereits
auf vollen Touren.

Wir gingen den direkten Weg zur Maloca. Als wir ankamen, war es
bereits nach zehn Uhr. Mit Klatschen und Rufen hatten wir uns angemeldet. Das Indianerdorf schien so leer und verlassen wie tags zuvor.
Der Eingang war verbarrikadiert. Wir blieben davor stehen und riefen:
„Hallo!"

Da traten zwei Jungen hinter uns aus dem Gebüsch. Sie hielten sich
scheu auf zehn Meter Abstand, beobachteten uns still und warteten ab,
was wir vorhatten.

Wie am Vortag begannen wir die Unterhaltung mit „Amigo". Dabei
deuteten wir auf uns. Sie erwiderten sowohl das Wort als auch die
Geste. Aber sie blieben auf Distanz.

„Was machen wir jetzt?" fragte ich Wolfgang.

„Wir setzen uns wieder auf den Baumstamm von gestern nachmittag
und essen ein Müsli."

Während wir unseren Beutel öffneten, baten wir die Jungen durch
Gesten, näher heranzutreten, und machten die Geste für „essen". Sie
aber setzten sich lediglich hin. Näher kamen sie nicht.

Daraufhin pflückte Wolfgang ein kleines Bananenblatt, schüttete
etwas von dem Hafermix darauf und brachte es ihnen.

Sie sagten nur „Amigo" und ließen es liegen. Erst als wir es uns
schmecken ließen, griffen auch sie zu.

Nach einigen Löffeln dieses trockenen Kraftfrühstücks verspürten
wir Durst. „Habt ihr Wasser?" fragten wir auf Portugiesisch und machten die Trinkbewegung. Daraufhin standen sie auf und eilten vor uns
her, den Hügel hinab zu einem Bach.

Er war kaum fünfzig Meter entfernt und führte das erste klare Wasser, das wir in dieser Gegend sahen. In diesem Seitental hielt sich also
noch kein Goldsuchertrupp auf, während die Vorhut unten am Fluß
nur vierhundert Meter entfernt sein mochte.

Wir nahmen einen großen Schluck und nutzten die Gelegenheit zu einem Bad. Dabei sahen wir, daß der Weg am anderen Ufer ausgetreten war. „Maloca?" fragten wir und wiesen bergan.

„Maloca", antworteten sie.

Wir zogen uns an und folgten dem Weg auf gut Glück. Die Jungen hefteten sich an unsere Fersen. Auf einmal sagten sie von selbst „Maloca" und machten eine Handbewegung nach vorn. Als sie dann anfingen zu klatschen, war uns klar, daß wir die nächste Siedlung erreicht hatten. So nahe beieinander hatte ich noch nie Yanomamidörfer gesehen. Das gab es nur hier im Gebiet des Grenzgebirges Surucucú, dem Ursprungs- und Herzland der Yanomami, das auch Hauptsitz ihrer Götter ist.

Kurz vor der Maloca überholten sie uns, schritten voran und geleiteten uns bis vor einen großen Rundbau. Sie riefen den Leuten drinnen etwas zu, aber niemand antwortete oder kam heraus. Schließlich entfernten sie die Sicherungsbalken am Eingang und bedeuteten uns einzutreten. Es war ein geschlossenes Haus, hatte also keinen Innenhof. Infolgedessen war es sehr dunkel. Nur wenige Sonnenstrahlen fielen durch das schadhafte Dach. Auf dem festgestampften ebenen Boden hatten sich große Pfützen gebildet. Mücken schwirrten herum.

Die Maloca war ein Sterbeheim. Zwei völlig abgezehrte Frauen vegetierten in einer Hängematte apathisch dahin. Sie waren bis zum Skelett abgemagert und reagierten nicht mehr.

Als die beiden Jungen uns von den Frauen fernhielten, respektierten wir das. Aber dann entdeckten wir zwei Männer. Ihr Alter war schwer zu schätzen, weil auch sie vom Tod gezeichnet waren. Der eine hustete. Dabei zitterte er am ganzen Körper, und er mußte sich festhalten, um nicht aus der Hängematte herauszufallen. Er streckte seine Hand aus und flehte sprachlos um Medizin.

„Der hat Grippe", flüsterte Wolfgang. „Da werden wir nicht helfen können. Grippe ist für Indianer tödlich."

Daß das den Tatsachen entsprach, wußten wir aus der Literatur. Schnupfen, Husten, Grippe, Tuberkulose, Masern, Malaria und Geschlechtskrankheiten sind Krankheiten unserer Welt, der Welt der Weißen. Es sind Leiden, die den Indianern bisher unbekannt waren und denen sie keine Abwehrstoffe entgegenzusetzen haben. Sie sterben daran.

Die FUNAI hat sich diesen Umstand zunutze gemacht. Sie hat solche Krankheiten absichtlich unter die Yanomami gebracht, mit dem Ziel, die Eingeborenen auszurotten, die Wälder indianerfrei und sie Spekulanten zugänglich zu machen. Sie läßt Scharen kranker Goldsucher absichtlich zu den Yanomami einströmen. Es gibt nicht die geringste Kontrolle, und genausowenig besteht eine medizinische Versorgung, obwohl der FUNAI gerade dafür Geld zur Verfügung gestellt wurde.

Jahrelang hatte sich deshalb die CCPY um eine medizinische Versorgung der Yanomami gekümmert. Sie hatte zwei Boote mit Ärzten und Labors im Einsatz; über die großen Flüsse versuchte man, an die Indianer heranzukommen und ihnen gegen die Krankheiten der Weißen zu helfen. Es hatte viel Geduld erfordert, das Vertrauen der Indianer zu gewinnen, aber die CCPY hatte es geschafft und die FUNAI dadurch disqualifiziert. Und gerade deshalb war der CCPY Ende 1988 die weitere Tätigkeit untersagt worden. Offizieller Grund: aus Rücksicht auf die „Sicherheit". Wahrer Grund: Man hatte Angst, daß Greueltaten bekanntwurden.

Wir rührten dem grippekranken Mann ein flüssiges Müsli an und sagten uns, daß es ihm vielleicht eine winzige Prise Widerstandskraft gäbe. Und wenn der Effekt auch nur ein psychologischer wäre.

In einer anderen Hängematte lag ein weiterer Sterbender. Auch er bestand nur noch aus Haut und Knochen. Dennoch hatte er einen Rest Lebenswillen. Wir hockten uns neben ihn und streichelten seine Wangen. Da glimmte ein Fünkchen Hoffnung in seinen Augen auf. Nicht genug damit, er stand sogar auf und klammerte sich an einem Stützpfeiler fest. Zu allem Übel hatte er am Gesäß eine gewaltige Entzündung. Ein Arzt, der das Foto später sah, diagnostizierte ein Hungerödem. Wir säuberten es und rührten auch ihm Müsli an. Müsli als Allheilmittel. Es war ein unzureichender Trost in einer hoffnungslosen Lage.

Daß wir diesen Mann fotografierten und filmten, erschien uns besonders wichtig. Die Aufnahmen würden den Verrat der FUNAI an ihren Schutzbefohlenen deutlich machen.

Der Anblick des zum Skelett abgemagerten Mannes erschütterte uns tief. Wir gaben ihm auf gut Glück eine Dosis Antibiotikum, dann legte ihn Wolfgang behutsam zurück in die Hängematte. „Es ist eine armselige Unterkunft", sagte er. „Wenn der niemanden hat, der ihm das Feuer unterhält, wird er sich bald zu Tode frieren in der nächtlichen Kälte."

Wir konnten uns das gut ausmalen, denn ohne unseren Schlafsack hätten auch wir es hier in den Bergen sehr schwer gehabt. Aber diese Gedanken brachten Wolfgang auf eine Idee. „Der kriegt meine Faserpelzjacke."

Wegen der Morgenkälte hatte Wolfgang sie getragen, bis er sich warmgelaufen hatte. Jetzt zog er sie dem Mann an. Ich schleppte derweil Holzscheite herbei.

Genauso hatte sich vor vier Jahren ein Indianer um meinen Freund Ulli gekümmert, als er völlig vereiterte Beine hatte. Geschwür reihte sich an Geschwür. Die Antibiotika, die wir mithatten, zeigten kaum Wirkung. Der Indianer besah sich die geschwollenen Beine und machte sich dann an die Arbeit. Geschwür um Geschwür saugte er mit dem Mund leer und spie den Eiter aus. Auch wenn er Ulli nicht von seinem Leiden befreite, so verschaffte er ihm mit dieser Prozedur doch einige Linderung und half ihm vor allem seelisch.

Die Ausflüge zu den Malocas hatten nur zwei Tage in Anspruch genommen. Aber sie haben unser Leben verändert. Das nach außen hin freundliche Verhalten der Goldbosse würde uns nicht mehr an ihrer tatsächlichen Einstellung zu den Indianern zweifeln lassen. Mineiro zeigte sich zum Beispiel gern Hand in Hand mit einem Indianerkind, und Leonel verlangte lauthals nach einem Stück Kuchen „für unsere indianischen Brüder".

Die einfachen Goldsucher allerdings verstellten sich erst gar nicht. „Die Affen kommen", grölten sie jedesmal, wenn einige Yanomami aus dem Wald auf die Piste traten. „Guck dir das an, wie bescheuert die sind! Der bringt die Taschenlampe wieder, die er hier gestern gekriegt hat. Weil sie nicht mehr brennt, will er 'ne neue. Der Vollidiot weiß nicht mal, daß das nur an der Batterie liegt."

Einige Indianer zogen von Barraca zu Barraca und erbettelten Abfälle. Mitunter erhielten sie sogar ein Paar ausgediente Schuhe, ein Stück Stoff, eine Batterie. Was sollten ihnen die Garimpeiros auch geben? Sie waren selbst arm.

Dem Indianer, der das getrocknete Fell einer winzigen Maracajá-Katze anbot, erging es „besser". Er erhielt eine Flasche Bier. Die Umstehenden lachten dabei aus vollem Hals. Sie wußten, was passiert, wenn ein Indianer Alkohol trinkt. Dieses Gift wirkt auf ihn in der Weise, daß er schon beim Trinken die Kontrolle über sich verliert. Er trinkt, bis er umfällt oder nichts mehr hat. Aus diesem Grund ist die Abgabe von Alkohol an Indianer in Brasilien untersagt. Selbst den Goldsuchern ist der Konsum verboten. Ein unübersehbares Schild in Mineiros Büro droht jedem, der Alkohol trinkt, mit einer Strafe von zwanzig Gramm. Doch das schreckt nur wenige ab. Man tut's trotzdem, und niemand wurde bisher bestraft.

In einem Fall lösten wir das Problem, indem wir dem Indianer für viel Müsli das Bier „abkauften". Wir nahmen ihn mit in unsere Baracke. Dort bedeuteten wir ihm, daß dieses Getränk nicht gut für ihn sei. Daß er davon Bauch- und Kopfschmerzen bekommen und irgendwann sterben würde. Vor seinen Augen öffneten wir die Flasche, schütteten den Inhalt auf die Erde und gaben ihm die leere Flasche als Gefäß zurück. Er blickte ein wenig irritiert drein, war aber mit dem Handel einverstanden. Trinken konnte er auch Wasser. Und nun hatte er etwas zu essen und ein Gefäß.

Immer wieder mußten wir uns zusammenreißen, um nicht dazwischenzufunken und als indianerfreundlich aufzufallen. Besonders, als eines Tages ein Indianer mit zehn kleinen grünen Bananen auftauchte. Er wollte ein Messer dafür eintauschen. Das machte er mit geschickten Gesten klar. Die Yanomami sind gute Pantomimen.

Da löste sich ein Goldsucher aus einer Gruppe von Herumstehenden und ging auf den Indianer zu. Er nahm ihm den Bastriemen mit der kleinen Bananenstaude vom Rücken. Der Yanomami gestattete das, weil er glaubte, der Tausch sei perfekt. Zumal der Weiße ein Messer trug. Aber der nahm die Bananen und wollte seelenruhig zu seinen Kumpanen zurückkehren.

Als der Indianer merkte, daß er betrogen werden sollte, lief er hinterher und forderte seine Bananen zurück. Zum Vergnügen der Menge entspann sich nun ein Gerangel. Der Goldsucher bedeutete dem Indianer, er habe Hunger und damit basta. Schließlich drohte er ihm sogar mit erhobener Hand.

Da hielt es mich nicht länger. Ich eilte hinzu, nahm dem Goldsucher die Bananen weg und gab sie dem Indianer. Der zeigte gar keine Reaktion, sondern verließ die Piste und verschwand im Wald. Auf deutsch

Oben: Hier wächst jahrzehntelang kein Gras mehr. Die Ausschwemmung der wenigen Nährstoffe aus dem Urwaldboden macht jeden Versuch der Wiederaufforstung zunichte.
Links: Stets die ersten Opfer des Raubbaus – Alte und Kranke

sagte ich zu dem Goldsucher: „Du mieses Arschloch!" Ich mußte das loswerden.

Dieser kleine Vorfall war von Mineiro beobachtet worden. Er ging plötzlich auf Wolfgang zu und forderte ihn auf mitzukommen. Wolfgang gab mir noch schnell ein Zeichen, wachsam zu sein. So trottete ich in einigem Abstand hinterher. Sie gingen aber nicht ins Büro, sondern schritten zu unserer Baracke.

„Ich möchte den Inhalt deiner Aluminiumkiste sehen!" forderte Mineiro Wolfgang auf. „Nimm sie, und komm mit ins Büro!"

Ich war natürlich völlig perplex, als die beiden mit dem Filmkoffer an mir vorbeigingen und im Büro verschwanden. Wolfgang hatte mich ganz kurz mit starrem Blick angesehen. Trotzdem versuchte ich Ruhe zu bewahren. Ich stopfte meine sechs belichteten Filme in die Brusttasche der Weste und prüfte, ob die Waffen in den dafür vorgesehenen Seitentaschen griffbereit waren. Wolfgang hatte nur ein bespieltes Videoband. Es war in unserem Müslikanister versteckt, in einer schützenden Plastiktüte.

Rasch stopfte ich das Band in einen Brustbeutel und hängte ihn mir um den Hals. Ich war fluchtbereit. Und durchgeschwitzt. Meine Weste, obwohl ärmellos und auf Durchzug geschneidert, klebte am Körper.

Ich überlegte, was ich noch unbedingt an mich nehmen mußte. Die Kameras schieden aus. Auch meine Notizzettel, die in einer Ecke vergraben lagen, ließ ich in ihrem Versteck. Was darauf stand, wußte ich ohnehin auswendig.

Den Überlebensgürtel wollte ich nicht umschnallen. In dieser Aufmachung würde ich sofort Mißtrauen erregen. Aber den Kompaß konnte ich einstecken, eine Angel, zehn Reservehaken und ein Feuerzeug. Das genügte, wenn wir uns vier Wochen lang durch den Urwald kämpfen mußten, ehe wir uns in Venezuela in Sicherheit gebracht hätten.

Ich schlenderte zum Büro. Die Tür war zu, und ich hörte Wolfgang und Mineiro sprechen. Als Wolfgang nach einer halben Stunde immer noch nicht draußen war, klopfte ich an.

„Herein!" erklang es von drinnen. Ich trat ein und bat Wolfgang ganz beiläufig um sein Feuerzeug. Die Frage wirkte offenbar so unbekümmert, daß Mineiro keinen Verdacht schöpfte.

Dann sah ich Wolfgang an. Unsere Blicke begegneten sich, und ich fing ein kurzes Blinzeln und die Andeutung eines Lächelns auf. Augenblicklich fiel die Anspannung ein wenig von mir ab. Gleichzeitig bemerkte ich aber, daß auch meinem Begleiter Schweiß auf der Stirn stand.

Wolfgang erriet meine Gedanken. „Na, Rüdiger", meinte er lächelnd, „bevor man sich als Deutscher an dieses Klima gewöhnt hat, wird wohl noch einige Zeit vergehen."

Mineiro schmunzelte. Das sieht ja wirklich nach gutem Einvernehmen aus, dachte ich.

„Ist es in Deutschland viel kälter?" fragte der Brasilianer.

Wir nickten. „Na, du wirst es ja erleben", antwortete Wolfgang. „Vielleicht klappt unser Geschäft. Dann werde ich sicher mal die Freude haben, dich als Gast bei mir in München begrüßen zu dürfen."

He, fragte ich mich, was sind denn das für Töne? In München besuchen? Endlich war die Sitzung beendet. Sie hatte eine Dreiviertelstunde gedauert. Wir waren noch nicht ganz zur Tür hinaus, da raunte mir Wolfgang zu: „Mensch, das war haarscharf!"

Als wir unter uns waren, erfuhr ich den Rest.

„Mach deinen Koffer auf!" befahl Mineiro. „Ich möchte die Kameras sehen!"

Wolfgang blieb ruhig, obwohl ihm der Schweiß ausbrach.

„Ist das eine Reporterkamera?" wollte der Boß dann wissen.

Wolfgang lächelte. Betont gleichgültig reichte er sie ihm hinüber.

Mineiro betrachtete sie von allen Seiten. Prüfend tastete er über die Kratzer und das beschmierte Lassoband, das so aussah, als halte es die schrottreife Kamera mit letzter Kraft zusammen; argwöhnisch betrachtete er die Dichtungsmasse, die aus manchen Ritzen quoll. Dann war er beruhigt. „Ich habe auch eine Videokamera", lautete sein Kommentar. „Aber eine ganz moderne."

Damit war klar, daß sich Wolfgangs Umsicht, die Kamera bis zur Schmerzgrenze zu verunstalten, ausgezahlt hatte. Mineiro hielt sie für „antik" und war zufrieden.

„Habt ihr Waffen?" erkundigte er sich plötzlich. Die Frage kam wie ein Schuß aus der Hüfte.

Wolfgang stellte sich breitbeinig vor dem Herrscher der Piste auf, die

Arme etwas vorgestreckt, so daß seine Weste locker herunterhing. Wie beim Abtasten im Flughafen. Natürlich ließ er sich nicht abtasten, sondern tat das sofort selbst. „Was sollen wir mit Waffen? Braucht man denn hier Waffen?"

„Natürlich nicht. Ich brauche hier keine." Hätte Mineiro Wolfgang abgetastet, wäre er zu einem anderen Ergebnis gekommen.

„Dann gab es noch zwei interessante Beobachtungen", fuhr Wolfgang fort. „Als ich das Büro betrat, lief gerade eine Radiosendung. Es sprach General Leônidas Pires, der Heeresminister. Nicht aus irgendeinem Grund, sondern aus Anlaß des ‚Tages des Indianers'."

„Konntest du verstehen, was er von sich gab?"

„Ja, die üblichen Sprüche. Nur diesmal eben vom Heeresminister persönlich. Und dann zum Ehrentag des Indianers. Der reinste Zynismus. Er meinte, man könne vierzigtausend Goldsucher – in Wirklichkeit sind es ja fünfundsechzigtausend – nicht rausholen. Das sei militärisch nicht machbar. ‚Wer will sie denn überhaupt raushaben?' tönte er. ‚Niemand. Nicht mal die Yanomami selbst wollen das. Denn schließlich kommen die Goldsucher für die Ernährung der Indianer auf. Und außerdem gelangen nach Boa Vista täglich zwanzig Kilo Gold.'"

„Was müssen diese Politiker doch Rückhalt beim Staatspräsidenten haben, wenn sie ihre Menschenverachtung und -verdummung so öffentlich und ohne persönliche Konsequenzen hinausposaunen können? Was ist das bloß für eine Armee? Und was ist das für ein Heeresminister, der mit solch einem Problem nicht fertig wird? Aber du hast von *zwei* Beobachtungen gesprochen."

Wolfgang bejahte. „Die andere ist ein echter Hammer. Der Schnüffler, den man uns neulich nachgeschickt hat, wurde von Leonel ans Funkgerät gerufen. Er mußte reinschreien, weil man ihn in Boa Vista offenbar nicht gut verstand: Man solle seiner Frau bitte bestellen, mit der morgigen Maschine würde er ihr mal wieder ein Kilo Gold schikken. Mehr habe er im Moment nicht, aber bestimmt käme bald eine größere Menge nach. Und einen schönen Gruß an die Kinder."

„Was ist daran das Besondere?"

„Das Besondere? Daß er gar kein Gold besitzt. Jedenfalls nicht ein Kilo, und schon gar nicht als Wochenlohn. Sie machen das, weil der

Funk von Hinz und Kunz mitgehört wird. Die Meldung spricht sich natürlich wie ein Lauffeuer rum, und die Bosse hier kriegen stets genügend Arbeitskräfte. Eine irre Werbeidee."

„Woher weißt du denn, daß Schnüffi in Wirklichkeit nichts hat?"

„Ich habe ihn gefragt. Ich sagte, ich würde ihm einen höheren Preis zahlen, falls er es mir verkaufe, weil wir noch Pepitas machen lassen wollten."

Und über die Pepitas waren Mineiro und Wolfgang dann schließlich wieder beim Thema Goldgeschäft gelandet. Wolfgang ließ ihn wissen, daß wir mit den gesammelten Informationen eigentlich sehr zufrieden seien. Die Goldfunde seien rentabel, und aus unserer Sicht würden wir den Klienten die Investitionen empfehlen. Dieses Gespräch nahm dann auch den größten Teil ihrer „Sitzung" in Anspruch. Der Zwischenfall des Mißtrauens, die Gepäckkontrolle, schien ausgestanden.

Wolfgang erfuhr, daß in unmittelbarer Nähe der Piste natürlich alles längst verpachtet war. Aber man wolle auch weiterhin Neuland erschließen, und da bestünden noch Möglichkeiten, sich einzukaufen.

Mineiro hatte das weitere Vorgehen festgelegt: „Sobald ich hier an der Piste abkömmlich bin, in zwei Wochen etwa, sollten wir uns erneut mit allen Partnern in Boa Vista zusammensetzen und das besprechen."

Wolfgang hatte sich einverstanden erklärt und bei der Gelegenheit auch gleich den Rückflug angesprochen: „Eigentlich haben wir genug gesehen. Wenn du nichts dagegen hast, würden wir morgen gern zurückfliegen."

Mineiro hatte keine Einwände. Beim Abflug zeigte er sich sogar großzügig. Sein Geschenk: die Miete für die Unterkunft und die Startgebühr, umgerechnet je 60 DM. „Die erlasse ich euch. Guten Flug, und du, Wolfgang, melde dich bei mir."

Wir schieden wie Freunde. Seltsame Freunde.

Vorher verschenkten wir alles, was uns überflüssig erschien, an eine Gruppe Indianer, die bettelnd über die Piste zog. Vor allem diverse Messer, Macheten und das viele Müsli. Schon am nächsten Tag wären wir in Manaus, da würde es für uns wieder frische Salate geben. Vorbei wäre die Zeit von Bohnen mit Reis.

Dem skelettdürren Indianer brachten wir den Schlafsack zur Maloca. Er konnte ihn am besten brauchen.

Bei der Rückkehr zur Piste faßte mich einer der Indianer am Arm. Er stellte sich auf die Zehenspitzen, um mir etwas ins Ohr zu flüstern. Ich beugte mich zu ihm hinab, während er mir ein Wort ins Ohr hauchte, fragend, flehend und mit letzter Hoffnung: „FUNAI?"

Das traf mich hart. Ich mußte dreimal schlucken. Wie sollte man den Indianern klarmachen, daß sie gerade von dieser Behörde aufs schmählichste verraten und verkauft worden waren?

Ich verneinte und umarmte ihn.

Tags darauf erhob sich unsere Maschine von der Pista Baiano Formiga. Wir flogen über ein paar verängstigte Indianerinnen hinweg, die sich beim Aufdonnern der Motoren hinter die gefällten Bäume geduckt hatten.

Hoffnungsschimmer

ERST als das Filmmaterial im Tresor des US-Konsuls James Fish in Manaus lagerte, atmeten wir auf. Bis dahin wurden wir das Gefühl nicht los, wir könnten durch irgendein „unerwartetes Ereignis" unserer Beweise beraubt werden. Gleich nach der Ankunft in Boa Vista hatten wir den Anschlußflug mit der VARIG nach Manaus gebucht.

Jetzt hieß es, Persönlichkeiten des öffentlichen Lebens um Lösungsvorschläge anzugehen. Als letzter – vor unserer endgültigen Abreise nach Deutschland – sollte dann Romero Jucá Filho befragt werden, Gouverneur von Roraima und Hauptdrahtzieher in diesen dunklen Mordgeschäften.

Da wir gerade in Manaus waren, machten wir den Anfang mit Artur Neto, dem Bürgermeister der Stadt. Er war uns bekannt als engagierter Reformer und Gegner der Korruption, als ein Mann, dem die Bedeutung einer intakten Natur bewußt ist und der infolgedessen auf seiten der Indianer steht. Noch immer freuten sich die einfachen Bürger über seinen Entschluß, kurzerhand die Gehälter von vierhundert Staatsdienern zu streichen, von Leuten, die sich das Geld jahrelang nach São Paulo oder sonstwohin hatten überweisen lassen, ohne je einen Finger dafür krumm zu machen. Mit dieser Entscheidung hatte sich Neto aber auch schlagartig vierhundert Feinde geschaffen. Wieviel Mut dazu gerade in Brasilien gehört, kann man sich leicht ausrechnen. Einen Killer gibt es für fünfzig Cruzados.

Artur Netos Residenz lag am Ende der „Avenida 7 de Septembre", gleich hinterm Palmenpark oberhalb des Überseehafens. Netos Dynamik spürte man bereits am Telefon.

„Selbstverständlich. Von mir aus gleich heute, allerdings nicht vor einundzwanzig Uhr. Und im übrigen danke ich Ihnen dafür, daß Sie bei Ihrer Arbeit auch an mich gedacht haben."

Das war ein Gesprächspartner nach unserem Geschmack. „Das Goldsucherproblem", erklärte Neto bei unserem Interview, „ist ein Krieg der Armen, des Volkes gegen das Volk, der Goldsucher gegen die Indianer. Es ist ein Krieg ums nackte Überleben."

Wir erfuhren, daß es in Brasilien schon immer Goldsucher gegeben habe, genau wie die einfachen Siedler.

„Doch sobald ein Stück Land für reiche Brasilianer oder reiche ausländische Firmen interessant wird, kaufen die es auf und vertreiben die Ansässigen. Dazu zählt auch das deutsche Volkswagenwerk, das im Süden von Pará Feuer legen und Hunderttausende von Hektar Wald abbrennen ließ. Die Flüchtlinge solcher Regionen strömen dann in Gebiete, die sie für herrenloses Niemandsland halten. Sie ergreifen Besitz vom Indianerland. Laut Verfassung gehört dieses aber unveräußerlich den Indianern. Doch dort schreitet die Polizei nicht ein. Wenn dieselben Leute dagegen über den Besitz der Firma Volkswagen herfallen würden, würde die Regierung Sarney gewiß auf der Stelle die Armee zu Hilfe rufen."

Neto beklagte, daß sich immer mehr Land im Besitz von immer weniger Leuten befinde.

„Was wir dringend brauchen, ist eine Landreform. Die jetzige Politik – Bevorzugung des Großkapitals – schafft Armut, Elendsviertel und Gewalt! Sie hält das Land auf einer Stufe der Unterentwicklung, die Brasilien gar nicht nötig hätte. Statt jedes Jahr Milliardensummen für Zinsen zu vergeuden, müßten viel dringender soziale, technische, umweltbewahrende Maßnahmen finanziert werden."

Einen Gesprächspartner mit ähnlicher Denkweise fanden wir auch in Senator Severo Gomes. Sein Arbeitssitz befindet sich im Regierungsviertel Brasílias. Gomes, ein weiser Herr über sechzig, gehört dem

Parlament an. Er war mir schon seit vielen Jahren ein fester Begriff als engagierter Yanomamifreund und Unterstützer der CCPY.

Wir sprachen über dasselbe Thema. „Was kann man tun?" fragten wir ihn.

„Eigentlich braucht die Regierung nur die Verfassung zu erfüllen. Da sie es aber nicht tut, muß man versuchen, mit den verschiedensten Aktionen die Bürger Brasiliens zu mobilisieren, und ihnen klarmachen, was hier geschieht." Gomes nannte ein Beispiel. „Nächste Woche wird der brasilianische Kongreß den Häuptling Davi Yanomami ehren. Er hat ja bekanntlich den UNO-Umweltpreis erhalten. Der Kongreß nimmt sich dieser Sache an. Wir werden eine Reise in das Gebiet der Yanomami machen, und zwar am dreizehnten Mai. Diese Aktion nennen wir Bürgeraktion, denn wir stehen nicht allein. Beteiligt sind die Vereinigung der Bischöfe Brasiliens und die Kirche, der Verband der Rechtsanwälte Brasiliens, eine repräsentative Gruppe von Parlamentariern, Gewerkschaftlern, Unternehmern, die Vereinigung für den wissenschaftlichen Fortschritt und Universitätsrektoren."

Sie alle, so Gomes weiter, seien sich darüber im klaren, daß mit den Indianern auch die Natur unterginge.

„Wir müssen hier gegen ungeheuer mächtige Kräfte kämpfen. Unsere westliche Zivilisation ist sehr effizient und hat zugleich eine große Zerstörungskraft. Sie verachtet die Kultur der Indianer. Dabei haben die Yanomami eine soziale Struktur, ein Familienleben, eine Kindererziehung, bei der wir nicht dieses große Desaster unserer eigenen Gesellschaft vorfinden, wo es ständig zu Streit und Gewalt kommt."

Natürlich interessierte uns auch ganz besonders Gomes' Meinung über den Gouverneur von Roraima, Romero Jucá Filho, der wenige Monate zuvor noch Präsident der FUNAI gewesen war.

„Das ist ein arges Übel. Dieser Mann hat heute auf Grund seiner Tätigkeit als FUNAI-Präsident – ich weiß nicht wie viele – Prozesse gegen sich laufen. Wegen Veruntreuung von Geldmitteln, Verkaufs von Lizenzen für Holzgewinnung aus Indianergebieten und ähnlicher Vorkommnisse. Und nun regiert er auch noch in Roraima, wo die lokalen politischen Kräfte untrennbar verbunden sind mit den Goldsuchern und Farmern, die sich heute um das Indianerland streiten. Und von diesen wird er gefeiert. Er muß also bereits als FUNAI-Präsident den

Indianern derart geschadet haben, daß er von diesen Kreisen unterstützt und Gouverneur ihres Staates wurde."

„Ist eine Lösung in Sicht?"

„Wir versuchen vieles, beispielsweise die schon angesprochene Sensi-
bilisierung der Bevölkerung, die Verbreitung von Informationen über
den Völkermord und die Zerstörung unserer Natur. Dann müssen wir
die Auslandsschulden abbauen. Wir müssen sicherstellen, daß das brasilianische Gold nicht irgendwo im Ausland verschwindet, sondern Brasilien erhalten bleibt. Darüber hinaus unterstütze ich die Aktion des
Verbandes der Anwälte Brasiliens, der eine Klage vor dem Obersten
Gerichtshof gegen die Regierung wegen Verfassungsbruchs anstrengt."

In der Lagerhalle

BEIM Stichwort Völkermord hatten Wolfgang und ich sogleich an
eine Person gedacht – an den Gouverneur von Roraima. Oft hatten
wir überlegt, ob wir ihn selbst um ein Interview bitten sollten oder ob
ein anderer Weg ratsam wäre. Wir befürchteten, daß er uns einen Korb
gäbe, wie damals nach der Tretbootfahrt, als er noch FUNAI-Präsident
gewesen war. Womöglich erinnerte er sich sogar an meinen Namen, der
bestimmt in seiner Kartei gespeichert war. Dann wäre der Ofen völlig
aus. Bei der regionalen FUNAI „Amazonas" zum Beispiel galt und
gelte (?) ich als „unerwünschte Person".

Wir hatten uns mehrere Varianten ausgedacht, um einen Gesprächstermin zu bekommen, entschieden uns dann für den Versuch, der am
ehesten Erfolg versprach. Wir nutzten das Angebot unseres Außen-
ministers Hans-Dietrich Genscher, der uns seine Hilfe zugesichert
hatte.

Die deutsche Botschaft in Brasília war informiert worden und steuerte vom ersten Anruf an voll auf Hilfskurs. Wilhelm Zettel, der Erste
Sekretär, betreute uns bestens. Mit Hilfe seiner Kolleginnen und Kollegen in Brasília und dem zuständigen Generalkonsulat in Recife erhielten wir innerhalb von drei Tagen einen Termin bei Jucá.

„Es ging leider nicht eher", verriet uns eine freundliche weibliche
Stimme am Apparat des Generalkonsuls, „weil der Gouverneur und

sein Sekretär Marcelo sich im Landesinnern befinden. Aber Freitag um halb drei erwartet er Sie in Boa Vista."

Kaum hatte ich den Telefonhörer aufgelegt, da dämmerte mir etwas. Hatte sie Marcelo gesagt? War das womöglich jener Marcelo, der schon damals bei der FUNAI Jucás Spezi war? Jener Marcelo, der uns vor laufender Kamera die netten Lügen von der unmittelbar bevorstehenden definitiven Gründung des Yanomami-Nationalparks erzählt hatte? Allein um das herauszufinden, lohnte sich ein erneuter Besuch in Boa Vista. Wir würden die Cliquenwirtschaft schon ans Licht bringen.

Wilhelm Zettel knüpfte auch einen anderen Kontakt. „Wenn Sie Jucá interviewen wollen, sollten Sie unbedingt auch José Lutzenberger zu Wort kommen lassen. Sie wissen doch, das ist der Mann, der den Alternativen Nobelpreis für sein ökologisches Engagement erhalten hat. Der Mann, den man auch ‚das grüne Gewissen Brasiliens' nennt."

Also notierten wir José Lutzenbergers Anschrift.

Leider war er zum Zeitpunkt unseres Aufenthaltes nicht anzutreffen, da er sich in Deutschland aufhielt. Aber das Glück war uns hold. Es gewährte uns für dieses Pech einen akzeptablen Ausgleich.

Am 9. Mai 1989 – wir waren bereits zu Hause – war Lutzenberger zu Gast im *Abendstudio* des Saarländischen Rundfunks. Es entspann sich ein beeindruckendes Gespräch. Am Ende habe ich stehend applaudiert. (Den Originaltext kann man übrigens beim Saarländischen Rundfunk anfordern.)

In dem Interview richtete Lutzenberger einen leidenschaftlichen Appell an uns alle, Luxus und Verschwendungssucht zu drosseln und uns mehr zu bescheiden. Er prangerte unser Unverständnis an zu glauben, man könne alle Nutzpflanzen überall anbauen und die fehlende Substanz des Bodens mit Kunstdünger und Spritzmitteln bedenkenlos ausgleichen.

Auch seine Version von den Folgen einer abgeholzten Amazonaslandschaft hat mich sehr beeindruckt: „Der Regenwald ist nicht nur ein gigantischer Sauerstoffproduzent. Er ist vor allem eine kolossale, gewaltige Wärmepumpe für die Atmosphäre des Planeten. Die Regenmassen, die von den Passatwinden nach Ostbrasilien getragen werden und dort niedergehen, verdunsten, steigen wieder auf und regnen erneut ab. Auf ihrem Weg vom Atlantik zu den Anden wiederholt sich

dieser Vorgang fünf- bis siebenmal. Diese phantastische Energieum-
setzmaschine entspricht der Energie von Zehntausenden von Atom-
bomben pro Tag!"

Von Satellitenbildern wisse man, so Lutzenberger, daß beim Aufprall
der Luftmassen an die Anden zwei Windströmungen entstehen, die das
Klima im Norden bis Neufundland und Nordeuropa und im Süden bis
Argentinien prägen.

„Die Mächtigen dieser Welt bestreiten das natürlich. Aber das sind
Zwecklügen, weil sie sich am Wald bereichern wollen. Regenwald und
Klima bestimmen sich gegenseitig."

UNSER Interviewtermin mit Jucá rückte näher. „Weißt du was", sagte
Wolfgang, „wir fahren schon einen Tag früher nach Boa Vista. Der
Bischof wollte uns doch noch den Goldsucher mit dem Tagebuch vorstellen, und außerdem haben wir bei Herbert, dem Mafioso, zweihundert Cruzados gut. Ich sehe nicht ein, daß wir sie ihm schenken."

Da mußte ich Wolfgang beipflichten. Diese Summe schuldete er uns,
weil der Begleiter, den er als unseren „Führer" auserkoren und für den
er kassiert hatte, nie nachgekommen war.

Deshalb galt unser erster Besuch Herbert.

Wolfgang war vor der Lagerhalle, die die Agência Chapona beher-
bergte, schnell aus dem Taxi gesprungen. Ich wartete im Wagen –
Wolfgang brauchte ja bestimmt nicht länger als eine Minute.

Nach einer Viertelstunde wurde mir die Warterei zu bunt, ich stieg
aus und schickte das Taxi weg. Ich wollte gerade in die Lagerhalle
stürmen – da kam Wolfgang heraus.

„Hast du das Geld?" fragte ich sofort.

„Nein. Wir sollen um sieben Uhr wiederkommen."

„Und warum? Sag bloß, Herbert hatte kein Geld im Tresor."

„Genau. Behauptet hat er das jedenfalls. Aber da steckt etwas anderes dahinter. Als ich das Büro betrat, war seine Begrüßung: ‚Hallo, ihr
seid also doch Reporter!'"

„Wie kam er denn darauf? Haben die einen heißen Draht zum Gouverneur?"

„Wie er darauf käme, habe ich ihn auch gefragt. Und weißt du, was er
erwidert hat?"

„Mach's nicht so spannend!"

„Leonel hat bezeugt, wir hätten heimlich fotografiert. Und zwar –
nun halt dich fest! – mit einer Kamera, die wir uns ans Bein gebunden
hätten."

Eine Kamera am Bein! Wenn es nur wahr gewesen wäre!

„Ich habe gefragt", fuhr Wolfgang fort, „warum er uns dann nicht
gleich kassiert oder unschädlich gemacht habe. Darauf wußte er keine
Antwort. Jedenfalls habe er das Geld erst heute abend um sieben Uhr,
und du sollst mitkommen."

„Sollen wir überhaupt hingehen?" fragten wir uns gegenseitig.

Das Interview mit dem Gouverneur fand erst am nächsten Tag statt.
Wenn wir uns also am Abend nicht bei Herbert blicken ließen, konnte
er das als Bestätigung seines Verdachts werten. Gingen wir jedoch hin,
und dann noch um sieben Uhr, wenn es dunkel wäre, mußten wir
höllisch aufpassen, daß wir nicht in eine Falle gerieten.

In diesem Moment stieß mich Wolfgang an. „Da vorne! Leonel! Er
geht in die Lagerhalle."

Ohne weitere Überlegung stürzten wir sofort hinterher. Anklopfen
und rein. Gerade noch mit einem Rest Höflichkeit.

Der kleine Leonel saß bereits mit seinem Zweizentnerleib auf zwei
Stühlen. Er war völlig verdattert, uns plötzlich vor sich zu sehen, denn
Herbert hatte noch keine Zeit gefunden, ihm von unserem Besuch zu
berichten.

„Wie kommst du dazu zu behaupten, wir hätten heimlich fotografiert?" bestürmte ihn Wolfgang. „Mit einer Kamera am Bein! Erstens
hatte Herbert uns ausdrücklich das Fotografieren von Indianern
erlaubt, zweitens konnten wir gar keine Kamera verstecken, weil wir
immer in kurzen Hosen herumliefen!"

Leonel war überrascht von der Heftigkeit in Wolfgangs Worten, vielleicht fiel ihm wegen des Arguments mit den kurzen Hosen auch kein
stichhaltiges Gegenargument ein. Er blickte erst uns an und dann Herbert und dann wieder uns. Schließlich hatte er sich gefangen. Er wandte
sich an Herbert: „Nein, die beiden haben recht, die waren es nicht. Das
müssen andere Reporter gewesen sein."

Wir genossen den Triumph. Nun war das Thema Reporter ja wohl
endgültig vom Tisch. Und uns war nach diesem Psychosieg klar, daß

wir abends um sieben Uhr mit germanischer Pünktlichkeit bei „Hörbi"
auf der Matte stehen und unser Geld abholen würden.

Um sieben war es dunkel. Das Licht der Straßenlaternen reichte
gerade aus, um die Lagerhalle ein wenig zu erhellen. Das große Rolltor
war einladend geöffnet. Wir gaben uns unbekümmert, waren aber auf
der Hut. Herbert war falsch und hinterlistig. Niemals konnte es
stimmen, daß er nicht mal lumpige zweihundert Cruzados im Tresor
hatte.

Herbert und sein gutaussehender Kumpan António erwarteten uns.
„Nehmt Platz!" befahl Herbert mit seiner heiseren Stimme. „Wollt ihr
ein Bier?"

Wir lehnten ab. „Nein danke, dann müssen wir so schwitzen." Auf
keinen Fall wollten wir uns jetzt auch nur im geringsten einnebeln
lassen.

„Aber ein Wasser?"

„Ja, gerne." Wasser war in Ordnung – wenn nichts drin war. Wir
würden also nur so tun, als ob wir tränken.

Ein Helfer wurde hereingewunken und beauftragt, die Getränke zu
holen.

„Hör zu", sagte Wolfgang zu mir ganz ungezwungen auf deutsch,
„ich setze mich an die Außenwand, du genau gegenüber. Ich über-
nehme das Quatschen, damit wir bald unser Geld kriegen, und du paßt
auf."

Wir redeten über dies und das. Nach einer Weile wurde ich ungeduldig. „Los, Wolfgang, laß dir die zweihundert Mäuse geben, und dann
hauen wir ab."

„Ja, sobald ich die Sprache darauf bringen kann."

Aber Wolfgang kam nicht dazu. Herbert hängte den Gastgeber raus:
Sein Helfer António mußte ein Fleischgericht auftragen.

„Eßt doch bitte etwas."

Es war nicht viel, aber dafür zäh. Wir waren davon überzeugt, daß
Herbert Zeit gewinnen wollte.

„Ich werde das Gefühl nicht los, daß er noch auf jemanden wartet",
warnte ich Wolfgang wieder auf deutsch.

Endlich hatte Wolfgang Gelegenheit, das Geld einzufordern.

Herbert druckste herum, goß sich Bier nach und gestand: „Der Bote, der das Geld bringen sollte, ist nicht gekommen. Aber morgen früh bestimmt."

So ging es hin und her. Herbert zog das Gespräch in die Länge, bis er uns erneut in Alarmzustand versetzte. „Nun könnt ihr es doch zugeben", meinte er unvermittelt. „Ihr seid Reporter!"

Und in genau diesem Moment fuhr mir ein zweiter Schreck durch die Glieder. In der Halle schlossen sich die Rolläden an Tür und Fenstern. Das Licht der Straßenlaternen fiel nicht mehr zu uns herein, und es wurde stockdunkel.

„Wolfgang", murmelte ich und lächelte dabei, „wir müssen sofort hier weg. Gerade haben sich alle Rollos gesenkt. Die Ausgänge sind dicht. Sag, daß wir's eilig haben."

Aber da lag noch der Vorwurf in der Luft, wir seien doch Reporter. „Ich will dieses Schimpfwort jetzt zum letztenmal gehört haben, Herbert", erklärte Wolfgang mit Nachdruck. „Wenn ich Mineiro erzähle, was wir uns von dir gefallen lassen müssen, auch die Sache mit dem Geld, wäre er wohl sehr sauer. In Deutschland behandelt man Gäste anders. Und wenn Mineiro mich einmal in Deutschland besuchen wird, werde ich mich bemühen, ihn nicht so zu behandeln wie du uns."

Jetzt schluckte Herbert doch. Ich stand auf, Hände in den Taschen, und blickte auf die Uhr. „Menschenskind, Wolfgang, es ist ja schon zwanzig Uhr – da werden Jorge und Joáo sicher längst draußen auf uns warten! Wir haben uns ja total verquatscht."

Wolfgang reagierte sofort. „Ach du liebe Güte, das habe ich ja völlig vergessen!"

Und während er sich beeilte, Herbert und António die neue Situation klarzumachen, bat ich schon mal höflich, „unseren Freunden draußen vor der Tür" Bescheid geben zu dürfen. Zu Wolfgang sagte ich: „Behalt die beiden im Auge, und gib mir Rückendeckung!"

Ich verließ das Büro und ging gemächlich zum Eingangstor. Dort bückte ich mich, griff unter die Lamellen des Metallrollos und stemmte es hoch.

Und tatsächlich – es gab nach. Ich konnte es einen Meter anheben und festhalten. Ein paar Strahlen tröstlichen Laternenlichts fielen in die Halle. Man konnte mich vom Büro aus als Silhouette sehen. Ich tat so, als spräche ich draußen mit meinen Leuten, und winkte sie von drüben herbei. „Sie haben noch ein paar Freunde mitgebracht!" rief ich dann Wolfgang zu. „Komm jetzt. Sie sind schon sauer, weil wir so gebummelt haben. Ich passe auf, daß hinter deinem Rücken nichts passiert."

Wolfgang übersetzte alles außer der letzten Bemerkung und wandte sich zum Gehen. Ich hatte das Rollo auf meinem Knie abgesetzt und hatte so beide Hände frei, um notfalls einzugreifen. Aber im Büro blieb es ruhig. Wolfgang kroch neben mir ins Freie, und ich folgte ihm. Hinter uns fiel das Metallrollo krachend herunter. Wir waren frei.

Daß Herbert uns um das Geld hatte betrügen wollen, wurde uns am anderen Morgen klar, als wir um Punkt neun Uhr zum Abkassieren kamen. Herbert wirkte ziemlich verändert. Höflich und bescheiden. Ja, selbstverständlich habe er das Geld nun. Und es tue ihm leid wegen gestern. Er griff in die Gesäßtasche und holte ein dickes Bündel Scheine hervor.

„Bedaure sehr, aber der Bote der Bank hat mir die ganzen zweihundert Cruzados in Einerscheinen gebracht. Aber Einer sind ja auch Geld, oder?"

Daß Herbert plötzlich so zahm war, kam nicht von ungefähr. Seine Bosse Lourinho und Baixinho waren nämlich ebenfalls anwesend. Sie würdigten uns zwar nur eines kurzen Nickens, aber ihre Gegenwart bewirkte doch, daß Herbert sich seiner Kinderstube entsann.

Wir steckten das Geld ein, ohne es nachzuzählen. Unter Ehrenmännern ist das nicht nötig. Wir hätten es lieber tun sollen. Es fehlten nämlich zweiundzwanzig Cruzados.

Beim Drahtzieher des Völkermordes

UNSERE Vermutung bestätigte sich. Der Gouverneurssekretär Marcelo war identisch mit dem FUNAI-Sprecher Marcelo. Wir stießen am Eingang des Gouverneurspalastes mit ihm zusammen. Gott sei Dank erkannte er mich nicht wieder. Damals, nach der Tretbootfahrt, hatte ich einen roten Overall angehabt, heute sah ich vornehmer aus.

Das eingespielte Duo, Jucá/Marcelo, hatte die Seiten gewechselt. Von der FUNAI zur Goldmafia. Von einer kriminellen Institution zur anderen. Zum Schaden der Indianer und zum Nachteil Brasiliens.

Wir waren pünktlich zur Stelle. Zunächst ging es an zwei maschinen-
pistolenbewehrten Wachen vorbei, dann wurden wir in die erste Etage
links geleitet und zum Büro des Gouverneurs geführt. Ein großer
schlichter, aber gemütlicher Raum, mit Sitzecken und Arbeitsplatz. Das
brasilianische Banner und ein Bild seines Staatspräsidenten und Pro-
tektors José Sarney hinter sich, einen schweren Edelholzschreibtisch
und ein paar läutende Telefone vor sich – so erwartete er uns, Romero
Jucá Filho. Fünfunddrei-
ßig Jahre jung, drahtig,
dynamisch,   Karriere-
mann. Zwischen zwei Te-
lefonaten bedeutete er
uns mit kurzem Handzei-
chen, wo wir Platz neh-
men könnten.

Wir grüßten, Jucá nick-
te kurz, und wir richteten
die Kameras ein. Wolf-
gang erklärte mir noch
mal, welche Einstellun-
gen ich zu drehen hätte,

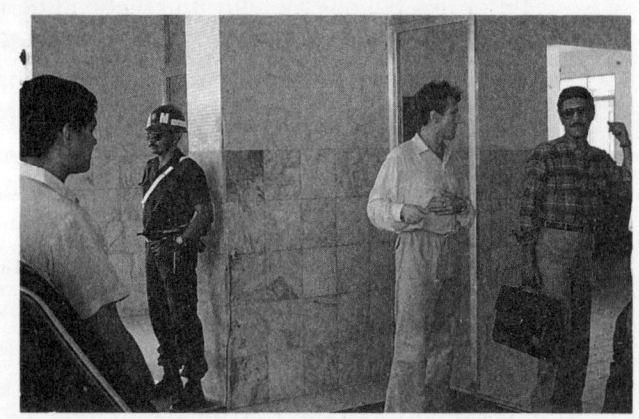

Marcelo Chagas und Wolfgang Brög

während er, wie immer, die Fragen stellte. Gerade an diesen Fragen
hatten wir lange herumgedoktert.

„Auf keinen Fall dürfen wir ihm verraten, daß wir vor Ort waren und
Bescheid wissen", hatte ich vor dem Interview gewarnt.

Wolfgang hatte zugestimmt. „Dann äußert er sich zu vorsichtig, und
wir geraten in endloses Diskutieren. Mir wäre es am liebsten, wenn er
seine üblichen Parolen abspult und ich ihm mit meinem Film das
Gegenteil beweisen kann."

Endlich war es soweit. Zwei Bewacher in Zivil hielten sich diskret im
Hintergrund. Wolfgang legte los. Die erste Frage war völlig unverfäng-
lich. Sie sollte Jucás Ehrgeiz schmeicheln.

„Herr Gouverneur, Sie waren Präsident der FUNAI, und jetzt sind
Sie sogar der Gouverneur des Bundesstaates Roraima. Wie sehen Sie
den Goldrausch in Ihrem Staat?"

Jucá schien durch Wolfgang hindurchzublicken; sein Hirn schaltete bereits auf Verteidigung. „Der Goldrausch bringt Schwierigkeiten nicht nur für die Gemeinschaften der Indianer, sondern auch für die Bevölkerung als Ganzes. Wohl hat Roraima einen großen Reichtum an Bodenschätzen, aber die Form der Ausbeutung, dieser plötzliche Ansturm auf das Gold, bringt mehr Belastung, mehr negative Aspekte als positive. Viel Gold geht durch den Schmuggel verloren, Indianergebiete werden heimgesucht, die Umwelt wird geschädigt. Dies alles hat sich in einem solchen Maße entwickelt, daß die Gefahr besteht, daß sich das Ganze nicht mehr rückgängig machen läßt. Wir, die Regierung, arbeiten daran, dies zu ändern."

Wolfgangs Erwiderung sollte ihn dann ganz in die Defensive drängen, weil sie den Vorwurf der Amtsverletzung enthielt. „Die Jagd nach dem Gold durch Tausende von Goldsuchern in Gebieten, die seit jeher von Yanomamis bewohnt werden, begann, als Sie in Ihrer Eigenschaft als Präsident der Indianerbehörde FUNAI alle gesetzliche Macht hatten, diese Invasion, die das Ende des Yanomami-Volkes bedeutet, aufzuhalten."

Natürlich sah der Gouverneur das alles ganz anders. „Nein, das Eintreffen der Goldsucher geht zurück auf das Jahr 1975[1], als eine der ersten Pisten im Indianergebiet gebaut wurde. Obwohl die FUNAI die Autorität im Indianergebiet besitzt, verfügt sie über keinen Polizeiapparat, der die Mittel hat, Eindringlinge aus dem Indianergebiet zu holen. Die FUNAI arbeitet lediglich mit der Bundespolizei oder der Militärpolizei des jeweiligen Staates zusammen. Als ich Präsident der FUNAI war, begann sich der Ansturm der Goldsucher auszuweiten, und zwar in der Form, daß in einigen Gebieten die Indianer von sich aus begannen, den Goldsuchern zu helfen[2], beziehungsweise wollten, daß diese im Indianergebiet blieben. Warum – weil die Indianer begonnen hatten, daran zu verdienen, sie bekamen Geld von den Garimpeiros, wenn sie mithalfen, Gold zu suchen. Unser Modell soll dies ändern. Wir lehnen individuelle Beziehungen Goldsucher – Indianer ab. Dieses Verhältnis hat negative Auswirkungen auf die Indianer. Unserer Ansicht nach ist

---

[1] Alle Kenner der Situation geben das Jahr 1987 als Invasionsjahr an.
[2] Dagegen steht die Aussage Davi Yanomamis: „Ich kenne keinen goldwaschenden Indianer." Auch wir sahen keine.

es möglich, im Indianergebiet Gold zu gewinnen, wenn es eine Übereinkunft mit den Indianergemeinschaften gibt. Jede Indianergruppe kann bestimmen, ob sie es will oder nicht[1]. Wenn dann noch die Ausbeutung der Bodenschätze von speziellen Firmen vorgenommen wird, werden diese angemessene Entschädigungen an die Indianer zahlen. Dies muß natürlich alles in Übereinstimmung mit den Gesetzen geschehen. Die Gesetze, die so etwas vorsehen, wurden erst am 5. Oktober 1988 wiederbestätigt, als ich bereits Gouverneur von Roraima war. Wir erbitten von der brasilianischen Bundesregierung die Vollmacht, den Bereich der Bodenschätze organisieren zu dürfen. Die Länder können diesen Bereich nur organisieren, wenn sie von der Regierung dazu autorisiert werden."

Ich dachte: Aha, er will Präsident Sarney den Schwarzen Peter zuschieben! Wolfgang dachte: Er lenkt von den Indianern ab. Also hakte er nach: „Im Zusammenhang mit den bereits vermessenen Indianergebieten ist zu hören, daß es auch dort schon Goldausbeutung gibt."

„Wir haben heute Goldsucher in Indianergebieten. Folgendes ist passiert: Die Vermessung dieser Gebiete kam Anfang 1989 zum Abschluß. Zuvor handelte es sich nicht um vermessene Gebiete, sondern um dafür vorgesehene oder umstrittene. Man war sich bewußt, daß es dort Indianer gab, aber das Gebiet war noch nicht abgegrenzt; dies ist inzwischen gemacht worden. Jetzt stellen wir die Zahl der Goldsucher fest und ersuchen die Regierung um eine Gesetzgebung, die es dem Staat ermöglicht, auch in den Indianergebieten Bodenschätze auszubeuten. Damit beginnen wir, sobald wir die Schürfrechte erhalten. Wir werden in die Indianergebiete gehen, Kontakt mit den Führern der Indianer und der Goldsucher aufnehmen und klären, was machbar ist und in welcher Form. Nun muß dazu gesagt werden, daß dies eine komplexe Angelegenheit ist, die das Einverständnis der Goldsucher und deren Anführer

---

[1] Laut Verfassung wäre Jucá längst dazu verpflichtet gewesen, die Indianer zu fragen. Die Indianer werden aber nicht gefragt. Sie werden übertölpelt und mit Mord und Folter eingeschüchtert. Man wird sie frühestens fragen, wenn sie ihrer Identität beraubt sind.

voraussetzt, damit hier nicht ein Kriegsschauplatz entsteht. Wir müssen eine friedliche Lösung herbeiführen."

Und dann endlich kam unsere wichtigste Frage. „Was sagen Sie zum Vorwurf verschiedener Organisationen, daß es sich hier um einen geplanten Völkermord handelt?"

„Ich möchte diese Gelegenheit nutzen, dazu zu sagen, daß in Brasilien – obwohl wir noch Indianerprobleme haben und die Situation der Eingeborenen nicht ideal ist – die allgemeine Lage für die Indianer recht annehmbar ist. Zweihundertzwanzigtausend Indianer leben in einem Gebiet, das fast zehn Prozent des nationalen Territoriums umfaßt. Natürlich gibt es Probleme. Aber bisher haben wir alle Arten von Aktionen vermieden, die Indianer irgendwo anders hinzu-

Jucá Filho

bringen, wie es auf der ganzen Welt mit Ureinwohnern geschehen ist, in Australien und in den USA. Ich möchte darauf hinweisen, daß sich die Lage der Indianer in Brasilien während der Regierung Sarney sehr verbessert hat."

„Würde die brasilianische Regierung Hilfe akzeptieren? In einer Form, die sich nicht in die inneren Angelegenheiten einmischt? Aktionen zur Frage der Yanomami zum Beispiel?"

„Die brasilianische Regierung nimmt hier eine Haltung ein wie die meisten Länder der Welt, nämlich ihre Souveränität, ihre Verantwortung und Verpflichtung zu wahren. Wir sind jedoch offen für einen internationalen Gedankenaustausch."

Damit gaben wir uns zufrieden. Schönen Dank. Einpacken. Auf Wiedersehen.

Vor der Tür schauten wir uns an, dachten nach über Romero Jucá Filho, den „jüngsten Gouverneur", wie ihn seine Medien gern nannten, den Mann, der „Brasiliens Fortschritt neue Impulse" verleiht, der das Land „aufwärts führen" will. Um jeden Preis.

Nachdem wir den Gouverneur nun persönlich kennengelernt hatten, wurden wir das Gefühl nicht los, daß dieser ehrgeizige, skrupellose Politiker noch nicht das Ende der Karriereleiter erreicht hatte. Und tatsächlich – am nächsten Tag verkündete die *A Crítica Roraima* in großen Lettern: „DER CHEF DER GOLDGRÄBERGEWERKSCHAFT, BAIXINHO, SCHLÄGT VOR: JUCÁ MUSS STAATSPRÄSIDENT WERDEN."

Bewahre das Schicksal Brasilien vor diesem Tiefpunkt!

Kaum waren wir ins Hotel zurückgekehrt, meldete sich Carlo von der CCPY am Telefon. Wir hatten ihn und Bischof Dom Aldo – nach wie vor unsere einzigen Vertrauten hier in Boa Vista – von unserer Anwesenheit in Kenntnis gesetzt. „Nehmt ein Taxi, und kommt zu mir. Ich habe hohen Besuch, den ich euch vorstellen möchte. Und bringt die Kamera mit."

Der Mann, den Carlo uns vorstellte, war kein Geringerer als der Preisträger des UNO-Umweltpreises, der Indianerhäuptling Davi Kopenawa Yanomami, der überraschend nach Boa Vista gekommen war. Der Grund: Davi hatte starke Zahnschmerzen und wollte sich einer kleinen Kieferoperation unterziehen. Er hatte seine Frau und seine beiden Kinder mitgebracht.

„Meine Familie sollte mal die Stadt kennenlernen", meinte er. Und nach einer Weile fügte er hinzu: „Außerdem mache ich mir weniger Sorgen, wenn sie bei mir sind."

„Fühlt ihr euch nicht sicher? Werdet ihr bedroht?" fragte Wolfgang.

Davi schaute still vor sich hin. Seine Frau und die Kinder schaukelten derweil in einer aufgespannten Hängematte; sie verstanden kein Portugiesisch. Der Häuptling ist einer der wenigen Yanomami, die die Landessprache beherrschen und sich ausdrücken können. Und er hat den Mut, das auch zu tun.

„Seit ich diesen Preis erhalten habe", erklärte er, „muß ich sehr aufpassen. Weder ich noch meine Familie gehen allein vor die Tür. Wir können nicht einmal ein Taxi benutzen. Man würde uns aus der Stadt bringen und töten. Seit ich diesen Preis bekommen habe, mit dem der weiße Mann sein Gewissen beruhigen will, habe ich alle Donos und deren Pistoleiros auf meiner Fährte. Ich kann nicht mal der FUNAI

trauen, obwohl ich Mitarbeiter der FUNAI bin. Ich würde nie in ihrem
‚Haus des Indianers‘ übernachten.“

„Hat die FUNAI dich schon mal schlecht behandelt?“

„Die FUNAI verachtet mich. Sie verachtet alle Indianer. Sie ist vom
Gold gekauft und hält nur zu den Garimpeiros. Als ich diesen Preis
bekam, hat sie alles versucht, damit er mir nicht überreicht werden
konnte.“

Erst als Claudia, Carlo, Severa Gomes und die CCPY nicht lockerlie-
ßen, wurde er ihm Ende 1989 verliehen.

„Und weil an diesem Tag ganz Brasilien von Davi Yanomami und den
Indianern und den Goldsuchern erfuhr, hat sich auch die FUNAI flugs
positiv dargestellt.“

„Wie hat sie das denn zustande gebracht?“

„Sie hat demonstrativ dreißig Goldsucher aus meinem Gebiet entfernt. Damit das groß herauskam, hat sie die Aktion fotografiert und
gefilmt. Und alle Welt lobte die FUNAI. Aber eins wurde nicht in den
Meldungen erwähnt: Am anderen Tag waren die dreißig Goldsucher
wieder an ihrem Arbeitsplatz und lachten uns aus.“

„Was machst du mit dem Preis? Ist dir seine Bedeutung klar?“

„Ja. Ich habe ihn symbolisch erhalten für die Yanomami. Ich werde
den Preis nicht an die Wand hängen und mich ausruhen. Er spornt mich
an weiterzumachen. Ich weiß, daß es Weiße gibt, die wirklich auf seiten
der Indianer stehen. Aber es sind zu wenige.“

Davi ist der Führungsschicht ein Dorn im Auge. Immer wieder gab es
Versuche, ihn zu bestechen.

„Die Goldbosse José Catiabo und Altino Machado boten mir Land,
Haus, Möbel, Kleidung und Waffen. Sogar ein Auto. Dafür sollte ich
aus dem Wald kommen und meine Leute im Stich lassen. Aber die
Stadt gefällt mir nicht. Sie ist ungesund. Schlimmer kann man Natur
nicht schänden als mit einer Stadt. Und am schlimmsten mit einer
Favela[1]. Im Wald habe ich alles, was ein Indianer zum Leben braucht.
Ich brauche kein Auto.“

„Hast du schon mal mit Jucá gesprochen?“

„Mit Romero Jucá Filho spreche ich nicht mehr. Auch nicht mit dem

---

[1] Slum

Staatspräsidenten José Sarney. Sie lügen, wenn sie nur den Mund auf-
machen. Als Jucá noch Präsident der FUNAI war, habe ich mit ihm
gesprochen. Aber es war sinnlos. Er haßt die Indianer, weil sie seinen
Verdienst gefährden."

Wir wollten wissen, was es auf sich habe mit der immer wieder
gehörten Behauptung der Goldmafia, die Indianer freuten sich über die
Goldsucher und arbeiteten mit ihnen Hand in Hand.

Davi war empört. „Das stimmt nur bedingt. Die Indianer werden
zunächst mit Geschenken geblendet. Die Goldsucher reden von schönen Dingen, versprechen Kleidung, versprechen Messer, versprechen
Gewehre, Feuerwaffen, Munition – der Häuptling des Dorfes glaubt
ihnen, läßt sie arbeiten. Wenn sie sich dann festgesetzt haben, ist es zu
spät. Die Goldsucher bringen Krankheiten, die wir nie hatten und die
uns ausrotten. Und wenn die Indianer sich gegen die Goldsucher wehren, werden sie getötet. Wie in Paa-piú. Da haben sie vier Yanomami
getötet. Und einen kleinen Jungen, der drei Jahre alt war. Einem anderen ist in den Arm geschossen worden."

Was uns an Davi auffiel, war sein Intellekt. Er plapperte nicht etwa
Texte nach, die andere ihm vorgebetet hatten. Davi dachte selbst.
Wegen seiner guten Sprachkenntnisse war er auf „Regierungsanord-
nung" selbst FUNAI-Funktionär geworden und konnte sehr wohl beurteilen, was er sagte.

„Was müßten wir, Rüdiger und ich und die Gutwilligen unter uns
Weißen, tun, um euch zu helfen?"

„Ihr müßtet die Goldsucher entfernen. Ihr müßtet alle eure Freunde
aktivieren, um das zu erreichen. Auch müßte das neue Gesetz zurückgenommen werden, das Sarney und Jucá sich ausgedacht haben."

„Welches Gesetz meinst du, Davi?"

„Das Gesetz, mit dem sie mein Land zerstückeln wollen. Uns gehört
ein großes zusammenhängendes Land. Vom Pico da Neblina bis fast
nach Boa Vista. Jetzt haben sie für uns in diesem Gebiet nur noch
neunzehn kleine Gebiete als Reservate vorgesehen. Neunzehn kleine
Inseln. Der übrige Wald gehört nun den Goldsuchern, den Holzfällern,
den Siedlern. Die töten alle Tiere. Was uns bleibt, sind neunzehn Hüh-
nerställe, neunzehn Gefängnisse, in denen wir verhungern, weil wir
keinen Wald mehr haben mit Tieren und Pflanzen zum Leben."

Killerkommandos

DER Tag hatte noch einen Höhepunkt für uns parat. Ein Ereignis, das uns veranlaßte, eine weitere Nacht in Boa Vista zu bleiben. Der Bischof Dom Aldo hatte uns per Kurier ausrichten lassen, er würde uns gern den Goldsucher mit dem Tagebuch vorstellen.

Wir riefen den Bischof von einer Telefonzelle aus an. „Die Sache ist sehr dringend", meinte Dom Aldo. „Es handelt sich nämlich nicht um irgendein Tagebuch, sondern um ein ganz besonderes."

Nun waren wir neugierig geworden. Wir vereinbarten einen Treffpunkt zu nächtlicher Zeit. Irgendwo am Stadtrand.

Der Bischof war pünktlich zur Stelle. Als wir uns seinem Pritschenwagen näherten, stieg er aus, ging um das Fahrzeug herum und rief zur Ladefläche hinauf: „Schau runter, Adalberto!"

Da hob sich eine Plane, und ein Mann kam zum Vorschein.

„Lassen Sie uns erst zu einem sicheren Ort fahren", schlug der Bischof vor. „Dann erkläre ich Ihnen alles."

Wir stiegen ein, und der Bischof chauffierte uns. In einem kleinen Vorort hielt er an.

„Sie müssen wissen", erläuterte er, „Adalberto gilt hier in Boa Vista als ‚unerwünschte Person'. Die Pistoleiros sind hinter ihm her."

„Nur weil er ein Tagebuch geschrieben hat?"

„Ja, weil er *dieses* Tagebuch geschrieben hat. Weil er Dinge gesehen und heimlich notiert hat, die nicht bekanntwerden sollen. Adalberto hat sich mir anvertraut, und wir sind uns einig, daß diese Vorkommnisse veröffentlicht werden müssen. Die einzige brasilianische Zeitschrift, die den Mut hatte, Auszüge abzudrucken, war die *Isto é*. Seitdem sucht ihn sogar die FUNAI, zusammen mit der Militärpolizei, und bestimmt nicht der Gerechtigkeit wegen."

Adalberto, einunddreißig Jahre alt, wirkte ruhig, besonnen, offen und sympathisch. Seit er das Buch ins Gespräch gebracht hatte, hielt der Bischof ihn versteckt. Nur er allein wußte, wo Adalberto sich befand.

„Aber so kann es doch nicht ewig weitergehen", meinte Wolfgang. „Was hast du für die Zukunft geplant, Adalberto?"

„Ich werde wohl in den Süden gehen."

„Ja", warf Dom Aldo ein, „er träumt von einer kleinen Farm. Hier oben hat er überhaupt keine Überlebenschancen mehr. Er kriegt keine Arbeit, und er darf sich nirgends blicken lassen."

Wir hatten inzwischen ein Straßencafé aufgesucht und an einem abseits gelegenen Tisch Platz genommen. Wolfgang und ich waren gespannt auf das Tagebuch. Das Original war handgeschrieben, aber Dom Aldo hatte auch eine maschinengeschriebene Kopie.

Adalberto las daraus vor, und augenblicklich war uns klar: Das Tagebuch mußte er uns überlassen. Ich konnte mir gut vorstellen, daß ich es auszugsweise in mein Buch integrieren würde. Der Gesamttext mußte an die „Gesellschaft für bedrohte Völker" weitergeleitet werden. Und Wolfgang – das stand auch gleich fest – würde Adalberto im Film herausstellen.

Adalberto konnte in herkömmlichen Berufen nichts mehr verdienen. Er hätte es können, wenn er den Mund gehalten hätte. Dann hätte er noch weiterhin im Goldabbau schuften können wie fünfundsechzigtausend andere auch, wie all die Männer, die zu einem solchen Schritt zu feige sind, denen eine Prise Goldstaub mehr bedeutet als das Leben eines Indianervolkes und die sogar mitmachen beim Töten, wenn sie den Befehl dazu kriegen oder Lust dazu verspüren.

Daß Adalberto nicht so gedacht und gehandelt hatte, kostete ihn nun seine Existenz. Und wenn er nicht aufpaßte, das Leben. Obwohl er eigentlich einen Orden verdient hätte. „Wir wollen das Tagebuch nicht umsonst", erklärte ich auch im Namen von Wolfgang. „Wir können dir eintausenddreihundert Dollar geben. Soviel haben wir bei uns."

Adalberto hatte in seiner Bescheidenheit gar nichts erwartet. Aber er zierte sich nicht, sondern nahm das Geld an.

Der Bischof meinte: „Was er zur Zeit zum Leben braucht, bekommt er von mir. Aber mit diesem Geld kann er mit dem Bus in den Süden Brasiliens fahren und sich ein Stück Land kaufen und eine Farm gründen."

So ging das brisante Dokument in unseren Besitz über. Adalberto quittierte mir den Empfang des Geldes und gab sein Tagebuch zur Veröffentlichung frei. Er legte auch ausdrücklich Wert darauf, nicht unter einem Pseudonym genannt zu werden.

Für diesen Mut, lieber Adalberto, danken wir dir. Du wirst den Indianern und dem ehrbaren Teil des brasilianischen Volkes damit hoffentlich sehr helfen.

Wir lasen noch eine ganze Zeit in dem Text. Uns fiel auf, daß viele
Passagen seiner Aufzeichnungen einer zusätzlichen Erklärung bedurften. Für ihn als Goldsucher war alles klar, uns als Fremden blieb jedoch
vieles unklar. Deshalb fragten wir ihn: „Wärst du bereit, uns noch
Fragen vor der Kamera zu beantworten?"

Natürlich war er einverstanden. Der Bericht nahm fast eineinhalb
Stunden in Anspruch. Als Wolfgang die Kamera einpackte, sagte er:
„Dieses Material werde ich der Menschenrechtskommission der UNO
vorführen. Das muß an die Öffentlichkeit."

Aus dem Tagebuch des Goldsuchers Adalberto Santos

*Übersetzung aus dem Portugiesischen von Wolfgang Brög, Filmproduk-
tion, Häberlstraße 8, 8000 München 2. Ausschnitte davon erschienen
im ZDF-Film „Goldrausch in Amazonien – Rüdiger Nehberg auf den
Spuren eines Völkermordes".*

ADALBERTO: „Dieses Tagebuch wurde von mir, Adalberto Santos,
geschrieben. Ich wurde 1958 in Coimbra, Portugal, geboren und lebe
seit 1962 in Brasilien. Seit 1986 wohne ich in Boa Vista, Roraima."

WOLFGANG BRÖG: „Adalberto, was wolltest du mit dem Tagebuch
erreichen?"

A: „Ich wollte vor allem die Situation der Goldsucher und Indianer
darstellen, da diese Realität keinem bekannt ist. Es wird viel veröffentlicht, viel gesagt darüber, aber wenige waren wirklich vor Ort. Der
Gedanke kam mir ganz plötzlich, dort hinzugehen und dieses Tagebuch
über die wahren Ereignisse zu schreiben. Denn was dort passiert, ist die
Ausrottung der Indianer und die Zerstörung der Amazonaslandschaft,
der Natur und der Tierwelt – man kann sagen, daß hier die Beerdigung
der Welt, der ganzen Menschheit stattfindet."

WB: „Dein Tagebuch ist in der brasilianischen Zeitschrift *Isto é* auszugsweise erschienen. Hatte das Konsequenzen für dich?"

A: „Ja, das hatte unerwartete Folgen. Nach der Veröffentlichung suchten mich Leute der FUNAI und der Militärpolizei von Roraima auf. Da sie mich nicht antrafen, forschte am nächsten Tag eine andere Person nach mir, die mich aber auch nicht vorfand. Zwei Tage später wurde ich von einem Freund gewarnt, ich solle so schnell wie möglich verschwinden, da derjenige, der mich suchte, mich umbringen wolle. Ich zog in ein anderes Haus. Bis heute halte ich mich versteckt, den ganzen Tag, und öffne die Tür nur den wenigen Leuten, die ich kenne."

WB: „Hast du einen Verdacht, von welcher Seite diese Bedrohung kommt?"

A: „Mein Hauptverdacht richtet sich gegen die Indianerbehörde, die FUNAI."

WB: „Wie hast du das Tagebuch geschrieben? Hat dich jemand dabei gesehen, mußtest du es heimlich schreiben?"

A: „Ja, ich habe immer nachts geschrieben."

WB: „Hattest du Angst, es könnte dich jemand dabei erwischen?"

A: „Ich hatte ziemlich viel Angst, weil ich wußte, daß sie mich umgebracht hätten, wenn sie es entdeckt hätten. Ich war deshalb damit äußerst vorsichtig. Manchmal, wenn jemand zu mir kam und fragte, was das Geschriebene da sei, weil er es in meiner Tasche sah, erfand ich irgendwas. Die meisten Goldsucher können nicht lesen und haben auch sonst wenig Bildung, und so ist es mir gelungen, das Tagebuch geheimzuhalten."

WB: „Was sind deine Pläne für die nächste Zukunft, nachdem deine Aufzeichnungen veröffentlicht sind? Was wirst du machen?"

A: „Durch die Verbreitung meiner Arbeit aus dieser Zeit mit den Goldsuchern wird es für mich unmöglich hierzubleiben. Darum muß ich raus aus Roraima. Ich werde wohl in den Süden gehen, versuchen, dort zu arbeiten."

WB: „Hast du Familie?"

A: „Nein."

WB: „Fang einfach mal an zu lesen."

Dienstag, 6. 9. 88: Um zehn Uhr morgens verließen wir Boa Vista, um uns zur Piste von Paa-piú zu begeben. Um 11.45 Uhr trafen wir dort ein und nahmen gleich darauf eine andere Maschine zur Piste Oliveira am

Rio Vatatas, an der Serra Parima, wo wir arbeiten wollten. Um 14.43 Uhr erreichten wir unser Ziel; den Rest des Tages blieben wir in der Hütte von Piau da Selva, wo wir auch übernachteten. Am Abend nutzten wir die Gelegenheit, um etwas zu essen, und anschließend zogen wir uns, erschöpft von der Reise, zurück zum Schlafen.

Adalberto Santos

Mittwoch, 7. 9. 88: Es war unser erster Tag im Wald, der schon mit Regen anfing. Trotzdem mußten wir unsere Reise fortsetzen. Wir marschierten durch den Wald, ohne Pause, ohne zu essen, und so kamen wir um 17 Uhr in der Hütte des Kameraden Mineirinho an. Danach warfen wir unser Tragegestell zu Boden und machten uns, obwohl wir müde waren, an die Arbeit. Später, als wir zu Abend aßen, kam ein weiterer Kamerad, Baiano, an und warnte uns vor den Indianern, die uns angreifen wollten. Wir erschraken sehr und luden alle unsere Waffen. Dann warteten wir. Es wurde dunkler, aber sie kamen nicht. Wir machten Feuer, um unser Lager aufzuhellen, dann schliefen wir ein. Nur der Gefährte Manso hielt Wache. Gott sei Dank hatten wir aber eine friedliche Nacht ...

WB: „Welche Waffen hattet ihr?"
A: „Gewehre, Schrotflinten, Revolver und Messer."
WB: „Hast du auch Handgranaten gesehen?"
A: „Ja, schon – die kenne ich."
WB: „Und Maschinenpistolen?"
A: „Kenne ich auch."

Donnerstag, 8. 9. 88: Wir standen früh auf. Gegen 7 Uhr nahm jeder von uns sein Werkzeug (Schaufel, Hacke, Pickel und Haumesser), und wir verschwanden im Urwald. Wir wurden nicht angegriffen von den

Indianern, dennoch legten die Kameraden Baiano, Patachoca, Ceará
und Maranhao gegen den Willen der Mehrheit ihre Patronengurte an
und gingen in Richtung der nächsten Maloca, um die Indianer zu töten,
die bereit waren, Widerstand zu leisten.

WB: „Wie viele Leute waren denn dagegen?"

A: „Wir waren ungefähr zwanzig Goldsucher im Lager. Vier davon
ergriffen die Initiative, zum Indianerdorf zu marschieren, alle anderen
waren dagegen."

WB: „Machten diejenigen, die zur Maloca zogen, das aus eigenem
Antrieb, oder wurden sie vielleicht von jemandem dorthin geschickt?"

A: „Das machten sie von sich allein aus. Dieser Baiano war selbst
Besitzer einer Grube, der Boß dort. Die anderen machten einfach mit.
Er hatte die Idee dazu."

Dort vergnügten sie sich mit den Indianerfrauen, die Männer waren
festgebunden worden. Später, als wir in unserem Lager eintrafen, waren
sie schon wieder zurück ...

WB: „Was du da erzählst – daß sie sich mit den Indianerinnen vergnügten und die Männer fesselten –, ging das denn ohne Kampf ab?
Haben die Indianer sich nicht gewehrt?"

A: „Ja, das gelang ihnen ohne Kampf, denn als sie in dem Dorf anka-
men, waren nur vier Indianerinnen und einige Männer anwesend.
Bewaffnet überwältigten sie die Eingeborenen ohne Probleme; die
Indianer ergaben sich."

WB: „Die gefesselten Männer mußten also dann alles mit ansehen?"

A: „Sie konnten alles sehen, sie waren an einem Baum angebunden."

WB: „Hast du das selbst gesehen?"

A: „Ja, schon."

WB: „Warum wird so was gemacht?"

A: „Die meisten Goldsucher sind sehr primitiv, sehr unmenschlich.
Sie sehen die Indianer als Tiere. Außerdem glaube ich, daß die Goldsu-
cher die Indianer vor allem deshalb hassen, weil diese sich gegen das
Eindringen in ihr Land wehren."

WB: „Gab es während dieser ganzen Vorfälle, die du uns erzählt hast und die du noch schildern wirst, einen Goldsucher, der gesagt hätte, daß Vergewaltigung und Mord strafbar sind oder daß es für sie Konsequenzen haben könnte, gesetzliche Konsequenzen?"

A: „Ja, das gab es. Ich selbst und ein anderer Kamerad, der dort arbeitete, wir meldeten uns zu Wort und versuchten die anderen zu überzeugen, daß das, was sie da machten, gegen das Gesetz sei. Aber das kümmerte sie überhaupt nicht."

WB: „Wahrscheinlich, weil sie schon wußten, daß es keine Konsequenzen haben würde, selbst wenn sie jemand töteten. Oder sprachen sie nicht darüber?"

A: „Nein, sie sagten lediglich, Indianer töten sei wie Affen töten, und Indianer würden nur die wirtschaftliche Entwicklung der ganzen Nation aufhalten."

WB: „Du hast also noch von niemandem gehört, der verurteilt wurde, weil er einen Indianer getötet hat?"

A: „Nein. Während all meiner Jahre in Brasilien habe ich noch nie davon gehört."

Montag, 12. 9. 88: Am ersten Arbeitstag der Woche standen wir früh auf und nahmen unsere Arbeit mit Schwung auf. Gegen 12 Uhr, als sich die Gruppe zum Mittagessen versammelte, hörten wir Schüsse. Wir spürten, daß die Indianer da waren und daß es sich um einen Angriff handelte.

Die Kameraden Patachoca, Antonio, Yaberti, Cara, Genio und ich liefen schnell in Richtung der Grube Claudia-raia und warfen uns hinein. Nach einer Weile flüchteten wir durch den Fluß, bis wir eine Brücke erreichten. Als wir dann nicht mehr in Reichweite der Indianer waren, begaben wir uns in den Wald, wo wir die Nacht verbrachten.

Dienstag, 23. 9. 88: Zirka 4 Uhr früh marschierten wir zurück zu unseren Hütten und kamen erst um 13 Uhr an. Wir fanden das Lager verlassen und unsere ganze Ausrüstung verstreut auf dem Boden. Danach merkten wir, daß der Rest unserer Leute geflüchtet war. Wir nahmen die Sachen, die uns die Indianer nicht weggenommen hatten, und schlugen uns mit einigen Konserven – Ölsardinenbüchsen, die auf dem Boden verstreut waren – und etwas Mehl, das wir am Boden aufsammelten, ohne bestimmtes Ziel ins Gebüsch.

WB: „Welche Art von Waffen hatten die Indianer?"

A: „Sie benützten Schrotgewehre, Kaliber 20, und Pfeile."

WB: „Waren die Pfeile vergiftet?"

A: „Ja."

WB: „Diese Indianer – lebten die noch mehr oder weniger natürlich, oder hatten sie schon Kontakt mit der Zivilisation?"

A: „Ihr Kontakt mit der Zivilisation war, wie bei den meisten Yanomami, sehr gering."

WB: „Hat dieser Baiano auch von früheren Taten erzählt?"

A: „Ja, ich weiß von einigen seiner Aktionen in den Abbaugebieten von Pará, im Mato Grosso und auch in der Serra Pelada."

WB: „Rühmen sich die Goldsucher offen dieser Taten?"

A: „Ja, sie sind stolz darauf, fühlen sich als Supermänner, als Helden, je mehr sie getötet haben."

Freitag, 30. 9. 88: Wir kamen auf der Piste des Kameraden Mineracāo um 9.15 Uhr an und wurden vom Chef des Lagers empfangen. Wir erzählten ihm unsere Geschichte und bekamen eine gute Mahlzeit. Als er erfuhr, daß wir seit dem Nachmittag des 13. September fast nichts zu essen gekriegt und auch kaum geschlafen hatten, war er sehr beeindruckt von unserem Durchhaltevermögen. Wir ruhten uns den Rest des Tages aus und vertrieben uns die Zeit damit, Wanzen, Zecken und allerlei anderes Getier, das uns plagte, zu entfernen. Es wurde Nacht, und wir wurden schnell vom Schlaf übermannt, da wir müde und erschöpft waren.

Sonntag, 1. 10. 88: Wir standen am frühen Morgen auf, aber es fiel uns sehr schwer. Da wir jetzt etwas ausgeruhter waren, gingen wir zum Fluß, um unsere Kleidung zu waschen und unsere Wunden an den Füßen und am ganzen Körper zu versorgen. Um 11.30 Uhr gab es Mittagessen, und in dieser Zeit nutzte der Kamerad Parazinho die Gelegenheit, uns über die Folgen des Angriffs der Indianer auf die Grube Claudia-raia zu berichten, von der wir geflohen waren. Vier Indianer hatten den Tod gefunden, während die Goldsucher hatten flüchten können. Wir hörten uns die Geschichte an, und ich sagte am Schluß, daß wir zum Zeitpunkt des eigentlichen Angriffs nicht mehr anwesend waren. Wir erzählten auch, welchen Grund die Indianer hatten, dies zu tun.

WB: „Die Goldsucher flohen, kehrten aber doch sicher irgendwann wieder dorthin zurück?"

A: „Sie flüchteten, blieben ein paar Tage weg und gingen dann zurück."

WB: „Gab es später noch Kämpfe?"

A: „Ich habe nichts von einem weiteren Kampf gehört."

Den 2. und 3. Oktober verbrachten wir an der Piste des Kameraden Mineracão am oberen Rio Mucajaí.

Dienstag, 4. 10. 88: Wir gingen um 5 Uhr los Richtung Piste União und marschierten bis zum Samstag, 8. 10. durch den Wald.

Sonntag, 9. 10. 88: Wir erreichten die Piste União um 15 Uhr und übernachteten dort. Die Tage vom 10. 10. bis 13. 10. verbrachten wir an der Piste União, alles verlief normal, es gibt keinen Vorfall zu berichten.

Am 13. verließen wir die Piste mit dem Helikopter in Richtung Paapiú und kamen am selben Tag, einem Donnerstag, dort an.

WB: „Habt ihr in Paa-piú von den Vorfällen erzählt?"

A: „Nein, wir haben in Paa-piú mit kaum jemandem gesprochen."

WB: „Warum?"

A: „Weil ich erstens sowieso mit niemandem darüber sprechen wollte und zweitens in Paa-piú fast alle Leute Goldsucher sind."

WB: „Gab es damals dort keine Station der FUNAI?"

A: „In Paa-piú gab es nur einen Posten der Militärpolizei. Aber die ließ ja alle Beweise verschwinden, alle Vorfälle wurden verschwiegen. Selbst die FUNAI, die zuvor auch dort war, wußte nicht nur von diesem Vorfall, sondern von vielen anderen und hat nie etwas unternommen. Darum sprachen wir auch nicht davon und meldeten nichts. Alle diese Fälle von Willkür der Goldsucher gegenüber den Indianern, diese dauernden Konflikte, kommen nie an die Öffentlichkeit. Denn die Presse veröffentlicht nie die Wahrheit, sondern das, was die FUNAI und die Regierung wünschen. Ich kann also nur annehmen, daß die FUNAI, die Regierung und kapitalkräftige Gruppen bei dieser unkontrollierten Goldausbeute zusammen eine Mafia bilden, die den Hauptzweck hat, das Gold außer Landes zu bringen und das Volk

der Yanomami zu vernichten. Diese Ausbeute an Bodenschätzen zieht
auch die Zerstörung der Amazonaslandschaft, dieser riesigen grünen
Region unseres Planeten, nach sich."

*Wir trafen einen Bekannten, den Kameraden Polegar, mit dem wir
am folgenden Tag, dem 14. 10., zur Piste Bibiano zurückkehrten – von
Paa-piú acht Minuten Flug mit dem Hubschrauber.*

*Auch am 15. 10. hielten wir uns dort auf. Am 16. 10. gingen wir los
zum Oberlauf des Catrimani, wir marschierten an diesem Tag und am
folgenden durch den Urwald und kamen am 18. zur Piste Bibiano
zurück.*

*Donnerstag, 20. 10. 88: Wir verbrachten den ganzen Tag im Lager.
Einer unserer Gefährten meinte, es wäre gut für uns, nach Boa Vista zu
gehen und dort einmal zu sehen, was wir machen könnten. Und so
geschah es dann. Der Kamerad Antonio ging in die Stadt, und ich und
Raimundo warteten im Camp auf ihn. Später kam der Kamerad Barba-
azul mit sechs Männern, die auf ihrem Weg durch den Urwald in einer
Maloca einige Indianerfrauen entführt und vergewaltigt hatten. Als sie
merkten, daß sie von Yanomamikriegern verfolgt wurden, ließen sie die
Frauen am Weg liegen. Nur einer nahm eine Frau mit zur Piste.*

WB: „Wie wurden sie am Weg liegengelassen?"

A: „Die Männer banden sie los und verschwanden im Wald."

WB: „Diese eine Indianerin – wie wurde sie zur Piste gebracht?"

A: „Gefesselt. Unter Drohungen wurde sie am Arm gepackt und mit-
geschleift."

WB: „Als die Männer an der Piste ankamen, was geschah dann mit
der Indianerin?"

A: „Die Frau des Chefs der Piste nahm sie gleich mit in die Hütte. Die
Indianerin war wie eine Wilde, biß jeden, aber man sah auch, daß sie
völlig verwirrt und durcheinander war, sie zitterte und blutete überall.
Sie blieb dann in der Hütte, bis die Männer fort waren."

WB: „Wenn die Goldsucher die Frauen vergewaltigen, macht das nur
einer, oder beteiligen sich mehrere?"

A: „Das kommt auf die Zahl der Frauen an, denn wenn es nur eine
oder zwei Frauen gibt und zwanzig, dreißig Goldsucher, machen alle

mit. Eine brutale Sache, und es handelt sich nicht nur um eine Vergewaltigung, die Frauen werden gleichzeitig auch noch geprügelt."

WB: „Kommt es vor, daß sie danach auch getötet werden?"

A: „Ja, das ist geschehen. Wenn die Frauen sich wehren, werden sie ermordet."

Die Tage vom 21. 10. bis zum 4. 11. 88 verbrachten wir an der Piste Bibiano und in der Grube des Kameraden Capichaba, die nahe an der Piste lag.

Samstag, 5. 11. 88: Heute begann der Tag mit ziemlich viel Regen. Ich mußte zwei Gefährten wecken, um zwei Motoren ins Trockene zu bringen, da die Grube voll Wasser lief. Nachdem wir diese Arbeit getan hatten, gingen wir zurück und legten uns wieder hin, da es weiterhin regnete. Nachmittags waren wir alle in einer Hütte zusammen, als einige von der Gruppe des Kameraden Mineiro kamen, und man begann, über die Indianer der Umgegend zu reden. Goiano fing plötzlich an zu erzählen, daß er bei einigen Aktionen von Goldsuchern gegen Indianer mitgemacht habe: bei den Gruben von Fogo-brabo und Tarzam am Oberlauf des Parima, bei den Barrancos von Jeremias am Rio Auraris am 17. und 23. September und am 3. Oktober, bei den Gruben von Manoel Luis am 5. und 12. August. Insgesamt wurden mehr als hundertsiebzig Indianer umgebracht.

WB: „Du sprichst hier von mehr als hundertsiebzig Indianern. Hast du die Vorfälle gezählt, oder wie bist du auf diese Zahl gekommen?"

A: „Ich habe sie den Erzählungen über die ermordeten Indianer entnommen."

WB: „Kann man diese Orte auf der Landkarte lokalisieren?"

A: „Die kann man genau bestimmen."

WB: „Hast du von niedergebrannten Dörfern gehört?"

A: „Ja."

WB: „Wir könnten also mit einem Hubschrauber zu diesen Dörfern fliegen und Indianer ausfindig machen, die uns von diesen Vorfällen erzählen?"

A: „Bestimmt kann man Überlebende der Massaker finden. Daß es hundertsiebzig Opfer waren, haben wir zusammengerechnet. Wir sind

nicht sicher, ob es genau soviel waren. Aber zumindest bei Tarzams
Barranco sind fünfzehn getötet worden, da bin ich ganz sicher."

WB: „Nur Krieger oder auch Frauen?"

A: „Nur Krieger. Bei der Grube von Jeremias hat man auch Frauen
und Kinder umgebracht."

WB: „Haben die Goldsucher ein Dorf überfallen?"

A: „Ja, ich glaube, sie haben dort drei oder vier Familien ermordet.
Und bei Fogo-brabos Barranco wurde praktisch ein ganzes Dorf ausgelöscht. Frauen, Alte, Männer, Kinder. Zuvor war Fogo-brabo mit vier
Männern dort und wollte Gold waschen, aber die Indianer haben ihnen
das Gold abgenommen und sie davongejagt."

WB: „Sind die vier alle Eigentümer von Pisten, und ist es möglich, sie
zu finden?"

A: „Ja, sie haben alle Land, und man kann sie finden."

WB: „Halten sie sich alle bis heute an ihren Pisten auf?"

A: „Tarzam und Manoel Luis, ja. Fogo-brabo ging zwar nach Boa
Vista, nachdem er vom Indianerland vertrieben wurde, aber dort versammelte er eine Truppe von dreißig, vierzig Goldsuchern um sich und
bewaffnete sie, um in den Wald zurückzukehren. Sie griffen ein Dorf
an, überfielen es und töteten alle."

WB: „Fehlt noch Jeremias."

A: „Bei der Grube von Jeremias passierte, soviel ich weiß, folgendes:
Die Goldsucher zündeten eine Maloca an, einige Indianer flüchteten,
andere kamen um, Kinder und auch Alte starben dort. Es müssen ungefähr dreißig Menschen umgekommen sein."

*Samstag, 5. 11. 88: Nach den Aussagen des Kameraden Goiano wurde
das alles verschwiegen.*

*Es soll aber eine Patrouille von Soldaten gegeben haben, befehligt
von einem Leutnant, dessen Namen der Gefährte allerdings nicht
herausfinden konnte. Alles lief weiter wie bisher, denn dieser gewisse
Leutnant erhielt nach der Erzählung des Kameraden von den Anführern
des Massakers (den Goldsuchern Manoel Luis, Fogo-brabo, Tarzam
und Jeremias) eine bestimmte Menge Gold, die Goiano auf zwei Kilo
schätzte.*

WB: „Kannst du das erklären? Es erschien also ein Leutnant?"

A: „Ja, der war dort in der Gegend, wo die Massaker passierten, mit einer Patrouille."

WB: „Wie viele Soldaten?"

A: „Ungefähr acht. Und der Leutnant erhielt Gold, damit er nichts erzählte."

Der Kamerad Piauí bestätigte die Menge von zwei Kilo und fügte hinzu, daß der Offizier, der diese Patrouille befehligte und das Gold von den Schlächtern erhielt, ein Leutnant oder Sergeant mit Namen Mota oder so ähnlich war.

WB: „Ist dies ein häufiger Name?"

A: „Ja, es kann auch ein Spitzname sein. Von einigen Goldsuchern, die bei diesen Massakern dabei waren, erfuhren wir, daß die FUNAI und auch die Militärpolizei für diese Morde Waffen und Munition geliefert hatten. Sie stellten eine Anzahl von Patronen für Revolver sowie Blei und Pulver für die Schrotgewehre bereit."

WB: „Woher kommen diese Informationen?"

A: „Von den Goldsuchern selbst. Von Goiano und Piauí. Der Gefährte Goiano war beim Massaker dabei, und dieser Piauí arbeitete auch in dem Gebiet des Jeremias und wurde dazu eingeladen. Er hat aber nicht mitgemacht."

WB: „Es fällt auf, daß keiner der Goldsucher, die dabeigewesen sind, einen Grund sah, dies geheimzuhalten."

A: „Man weiß, daß von denen, die mitgemacht haben, noch keiner zu einer Zeitung gegangen ist, und wenn doch, die Presse es verschwiegen hätte. Es wurde nie etwas darüber veröffentlicht, keine Notiz, kein Bericht, nichts."

WB: „Heißt das, daß niemand Angst haben muß, wenn er so etwas getan hat?"

A: „Das kann man sagen."

Der 6. 11. war für uns ein normaler Tag. Ich überlegte, an einem anderen Ort Arbeit zu suchen, da es hier in der Grube, wo wir waren, keine mehr gab.

Oben: Immer weiter dringen die Goldsucher in die Indianergebiete vor: links hinten ein neues Camp, im Vordergrund ein typisches Yanomami-Runddorf. *Links:* Mit Keulen und Speeren haben die Yanomami gegen anrückende Bulldozer keine Chance.

Am 7. 11. 88, um 6 Uhr morgens, entschloß ich mich zu gehen. Im Lager fanden sich noch weitere elf Personen, die mich begleiteten – fünf aus unserer Gruppe und sechs von der Hütte des Kameraden Capachaba. Unser Ziel war es, den Pico da Neblina zu erreichen. Der Grund für diese Entscheidung war ein Gerücht, man habe dort sehr viel Gold gefunden. Wir brachen um 6.30 Uhr morgens auf und folgten dem Weg zur Piste Bibiano, wo wir schlafen wollten. Dort hofften wir, auch einen Hubschrauber zu bekommen. Nach einem Tag vergeblichen Wartens beschlossen wir, am kommenden Tag zu Fuß weiter durch den Wald zu gehen.

Dienstag, 8. 11. 88: Wir verlassen die Piste um 9 Uhr, um unseren Marsch durch den Wald fortzusetzen. Vor uns liegen Bergketten, die wir überqueren müssen. Wir sind zwölf, und wir sind alle entschlossen, dort anzukommen, wenn Gott will.

Mittwoch, 16. 11. 88: Nach acht Tagen Marsch durch den Wald machen wir heute um 16.30 Uhr halt. Wir befinden uns an den Quellflüssen des Rio Toototobi, und der heutige Tag war für uns sehr ermüdend, da wir den ganzen Marsch über den Gefährten Boquinha tragen mußten, der am Morgen von einer Schlange gebissen worden war und am Nachmittag starb. Wir begruben den Freund in derselben Erde, die für ihn während seines Lebens ständigen Kampf auf der Suche nach Gold bedeutete. Nach seinem Tod vermischten sich die Reste seines Körpers mit dem kostbaren Metall der goldhaltigen Erde.

An den Tagen vom 17. 11. bis zum 20. 11. 88 marschierten wir normal weiter, alles verlief ohne Zwischenfälle.

Montag, 21. 11. 88: Es ist jetzt 13.15 Uhr, und wir müssen, übermannt von Müdigkeit, haltmachen. Wir sind seit 6.30 Uhr gestern früh gelaufen, denn unser gestriger Tag war sehr aufregend. Kurz nachdem wir am Morgen den Rio Demini auf der Höhe der Tamanduá-Wasserfälle überquert hatten, stießen wir auf Leichen von Indianern. Es waren drei Frauen, zwei Jungen und ein Mädchen von höchstens fünfzehn Jahren. Die drei Frauen und das Mädchen waren offensichtlich vergewaltigt worden, bevor man sie umgebracht hatte. Es wurde uns dann bewußt, daß wir nicht weit von einem Indianerdorf und einer großen Gruppe Goldsucher entfernt sein konnten.

WB: „Wie waren sie getötet worden?"

A: „Mit Messern. Es muß kurz vor unserer Ankunft geschehen sein, ungefähr zwei, drei Stunden vorher. Sie konnten nicht lange tot sein, denn das Blut war noch nicht ganz eingetrocknet. Sie waren gefesselt, an Füßen, Händen und am Hals an Bäume gebunden, und man hatte ihnen die Kehle durchgeschnitten."

Wir entfernten uns schnell von dem Ort der Tragödie und wurden dann nach zwei Stunden Marsch von zahlreichen Indianern in Kriegstracht überrascht.

WB: „Wie viele waren es ungefähr?"

A: „Etwa hundert Indianer. Mit Pfeil und Bogen, Prügeln und Schrotgewehren."

Vier Kameraden wurden sofort getötet, einer bekam einen Schuß in den Rücken. Wir flüchteten und warfen uns ins Gebüsch. Es gelang uns, den verletzten Gefährten mitzuschleppen, aber trotz aller Anstrengungen starb er später. Noch einen unserer Freunde mußten wir begraben, und es wurde uns traurig bewußt, daß wir die anderen vier, die durch die Hände der Indianer gestorben sind, nicht beerdigen konnten. Wir haben für eine Schuld bezahlt, an der wir keinen Anteil zu haben glaubten.

Unsere Gruppe bestand aus zwölf Mann, und es sind noch sechs übrig. Wir wissen, daß die Brutalität von Goldsuchern, die uns nicht bekannt sind, die Wut unserer indianischen Brüder hervorgerufen hat. So Gott will, werden wir morgen weitergehen.

WB: „Als die Indianer euch überraschten – war es ein Hinterhalt?"

A: „Ja. Wir sind ganz ruhig dahinmarschiert. Plötzlich hörten wir Imitationen von einheimischen Vogelstimmen, dann bemerkten wir, daß wir eingekreist waren."

WB: „Fingen sie an mit Pfeilen zu schießen?"

A: „Das erste, was wir hörten, war ein Gewehrschuß."

WB: „Warum haben sie euch nicht gleich alle richtig getroffen?"

A: „Der erste Schuß tötete den Kameraden, der an der Spitze ging, da wir immer hintereinander marschierten. Als wir diesen Schuß hörten, waren alle wie betäubt und rannten kopflos weg."

WB: „Waren die Yanomami bemalt?"

A: „Ja, sie bemalen sich schwarz."

WB: „Haben sie geschrien, oder waren sie stumm?"

A: „Nachdem sie den ersten unserer Gruppe niedergeschossen hatten, schrien sie auch ab und zu, aber sonst waren sie eher still."

WB: „Habt ihr euch verteidigt, oder seid ihr gleich geflohen?"

A: „Wir hatten keine Zeit, uns zu verteidigen. Außerdem hatten wir nur ein einziges Gewehr für die Jagd zur Hand. Gerade der Kamerad, der das Gewehr trug, war an erster Stelle marschiert. Wir hatten schon Waffen, aber die waren in unseren Tragegestellen verstaut."

WB: „Nachdem ihr geflüchtet seid, haben sie euch dann verfolgt?"

A: „Ja, wir wurden noch ziemlich lange verfolgt, bis wir uns auf die andere Seite des Flusses schlagen konnten. Wir rannten über eine Stunde lang durch den Wald und spürten sie immer noch in der Nähe. Danach sahen wir sie nicht mehr."

Die Tage vom 22. 11. 88 bis zum 5. 12. 88 waren für uns ohne Veränderung. Endlich erreichten wir eine Piste in der Serra Tapirapecó, wo wir von Goldaufkäufern gerettet wurden, die gerade dort im Lager waren. Wir sind nur noch zu dritt, der Rest der Gruppe von zwölf Männern, die von Catrimani mit dem Ziel Pico da Neblina losgegangen waren. Drei weitere Kameraden waren inzwischen umgekommen, von den Wassern der „Wasserfälle der Hoffnung" am Rio Castanho zerschmettert worden. Ausgehungert und erschöpft waren wir, als wir die Piste fanden, ungefähr um 10 Uhr morgens. Wir wurden herzlich aufgenommen, und nach einem Bad wurde uns ein gutes Essen vorgesetzt. Danach legten wir uns zur Ruhe, und nach dem Abendessen schliefen wir ein.

Vom 6. 12. bis zum 9. 12. arbeiteten wir am Pico da Neblina, und es gelang uns, genügend Gold für unsere Rückkehr nach Paa-piú zu waschen, da wir sahen, daß es auch hier am Pico da Neblina anderweitig keine Arbeit für uns gab. Wir erkannten, daß die Realität anders war, als wir sie uns erträumt hatten. Der ganze beschwerliche Weg war vergeblich gewesen.

WB: „Hielten sich viele Goldsucher dort auf?"

A: „Ja."

WB: „Und gab es viele Pisten?"

A: „Nein, nur eine. Die Lichtung, wo wir waren, gehörte einem Portugiesen, Careca. Er besaß auch einen Helikopter, der eineinhalb Tonnen transportieren konnte. Wir arbeiteten für Careca, denn er hatte sehr viele Maschinen laufen. Nebenbei wuschen wir Gold mit der Hand, für unsere Rückkehr nach Paa-piú. Wir brachten es auf hundertsiebzehn Gramm, alle zusammen, bezahlten siebzehn Gramm Schulden zurück und legten für die Rückkehr nach Paa-piú siebzig Gramm beiseite. Den Rest teilten wir unter uns dreien, den Überlebenden des Marsches. Unsere Arbeit dort verlief ohne Zwischenfälle, ebenso der Flug nach Paa-piú. Nach unserer Ankunft trafen wir bald einen Bekannten, Polegar, der ein Barranco in der Nähe von Catrimani hatte. Er bot uns Arbeit an, und wir gingen zu ihm. Ich, weil ich genügend Gold waschen wollte, um nach Boa Vista zurückkehren zu können.

Freitag, 2. 1. 89: Heute standen wir schon um 4 Uhr früh auf. Wir waren zur Jagd im Wald unterwegs gewesen und begannen unseren Rückmarsch zum Lager fortzusetzen. Um 9.45 Uhr kamen wir bei unserer Hütte an und brachten ein gerade erlegtes Pekari und acht Mutumvögel mit, die wir am Tag zuvor erlegt und gegrillt hatten.

In der Zeit vom 27. 12. 88 bis zum 1. 1. 89 konnte ich nichts niederschreiben, da ich ohne mein Tagebuch unterwegs war. Ich möchte jedoch von allen wichtigen Ereignissen unserer Reise vom Freitag, dem 30. 12. 88, an, nachträglich berichten. Als wir zur Grube Buraco Fundo (Tiefes Loch) zurückkehrten, wurde uns von Indianern der Weg versperrt. Anfangs waren die Gefährten, die mich begleiteten, nervös und hatten ziemliche Angst, genau wie ich. Aber da wir alle mit Revolvern bewaffnet waren und die Indianer außerdem Bibiano kannten, unternahmen sie gar nichts. Sie fragten nur: „Goldsucher Freund?" Ich antwortete: „Ja, Goldsucher Freund, Goldsucher geschickt von Häuptling Bibi (Bibiano)." Der Anführer sagte dann: „Auch Indianer Freund, aber Indianer böse, weil Goldsucher bei Maloca Zuckerrohr und Maniok stehlen; Indianer sehr wütend, aber Häuptling Bibi Freund, deshalb könnt ihr weitergehen." So marschierten wir an ihnen vorbei.

*Als wir an der Piste Bibiano ankamen, wurden wir vom Kameraden
Paraná informiert, daß eine Gruppe von zwanzig Goldsuchern, an-
geführt von einem Mann namens Catarino, zu der Maloca gezogen sei,
das Dorf angegriffen und die Pflanzungen der Indianer niedergerissen
habe. Wir blieben daraufhin im Lager an der Piste.*

*Am Abend erzählte uns Paraná, daß ihn einige Goldsucher überfallen
und ihm seine Ausrüstung weggenommen hätten. Wir boten ihm an,
ihm einen Teil von unseren Sachen abzutreten.*

*Die Tage vom 3. 1. bis zum 5. 1. waren ohne Vorkommnisse, die
Arbeit verlief normal. Dann kam für mich endlich der letzte Tag im
Gebiet der Goldsucher.*

*Freitag, 6. 1. 89: Heute ist ein besonderer Tag. Wir geben die Grube
auf und nehmen die Geröllrutsche auseinander. Wir reinigen die Motoren, wechseln das Öl. Als die anderen schon mit der Arbeit an einem
neuen Barranco beginnen, machen der Gefährte Didi und ich uns fertig,
das Flugzeug Richtung Boa Vista zu besteigen. Darum, mein Freund
Tagebuch, sind dies die letzten Aufzeichnungen, die ich in dich
schreibe. Über diese abenteuerliche Reise in die Gebiete der Goldsucher, in diese überreiche, herrliche grüne Welt, die sich darauf
beschränkte, mir etwas von dem kostbaren Metall zu geben. Ich denke
an die Bäume, die ich gefällt, die Tiere, die ich getötet, das Quecksilber,
das ich verbraucht, die vielen Kubikmeter Erde, die ich umgewühlt und
in den Fluß gekippt habe, das schmutzige Wasser, das ich getrunken,
die Zerstörung, die ich auf meiner Reise durch das Innere der Wälder
hinterlassen habe. Nennt mich einen Zerstörer, sagt, daß ich dazu beigetragen habe, die Natur kaputtzumachen. Ich habe getötet, um nicht
zu sterben, aber ich weiß, daß ich mit meinen Eroberungen mein eigenes Grab schaufle und das der Welt und der menschlichen Rasse.*

Was kann man tun?

BETROFFEN verließen Wolfgang und ich Brasilien. Unsere Zeit als
Goldsucher war zu unserer deprimierendsten Unternehmung
geworden. Wir spürten beide, daß sie unser Leben verändern würde.
Mitunter mußten wir zwar ankämpfen gegen ein aufkeimendes Gefühl

der Resignation, doch war es nie unser Stil gewesen, Geschehnisse dieser Art widerspruchslos hinzunehmen.

„Es war so und wird so bleiben", sagten wir uns schließlich, „die Menschheit wird nur durch Schaden klug, und sie hat jede Strafe verdient. Uns selbst eingeschlossen." Irgendwann wird die Natur so gewaltig zurückschlagen, daß die Menschheit zugrunde geht. Vielleicht wird die vom Amazonasgebiet ausgehende und abzusehende Klimakatastrophe zum entscheidenden K.-o.-Schlag. Dann endlich hätte die geschundene Erde die erforderlichen Jahrtausende der Ruhe, sich zu erholen und wieder so schön zu werden, wie sie einst war und wie sie es im unberührten Teil des Landes der Yanomami noch ist. Aber Resignation würde den Gegnern die Machenschaften noch mehr erleichtern.

So ergibt sich die Frage: Was kann man tun? Ich möchte hier kurz schildern, was wir zunächst selbst versucht haben: Wir flogen zur Weltbank nach Washington. Sie liegt in der H Street, Ecke 19. Straße. Der damalige Bundesfinanzminister Dr. Gerhard Stoltenberg hatte für uns einen Gesprächstermin bei einem ihrer Direktoren arrangiert, dem Deutschen Dr. Gerhard Boehmer. Vermittelt hatte mir den Kontakt der Bundestagsabgeordnete Klaus Francke, Hamburg.

Da es mir sehr wichtig ist, Menschenrechts- und Naturschutzarbeit politisch neutral abzuwickeln, will ich hier kurz einfügen, daß es bei dieser Reise CDU- und FDP-Politiker waren, die mir halfen. Bei anderen Gelegenheiten hatten mir SPD-Politiker entscheidende Hilfen gewährt.

Die Weltbank schien uns die geeignete Institution, auf Brasilien Druck auszuüben. Wir glaubten zu wissen, daß Brasilien das dritthöchst verschuldete Land der Welt war, daß es seinen Verpflichtungen aus diesen Schulden nicht nachkam und dennoch neue Darlehen aufnehmen wollte.

„Besteht nicht die Möglichkeit für die Weltbank, in einem solchen Extremfall besondere Bedingungen zu stellen? Könnte die Weltbank zum Beispiel sagen: Neuer Kredit, ja, aber nur gegen Sicherheit? Diese Sicherheit könnte das Gold Roraimas sein, das von da an nicht mehr abgebaut werden dürfte. Und *wenn* Abbau – dann diszipliniert und unter Respektierung der Verfassung. Das heißt: strikte Einhaltung der Menschenrechte, Beachtung des Naturschutzes und behördliche

Kontrolle des Abbaus, um dem Staat die Einnahmen in Form von Steuern zu sichern. Wäre das denkbar?"

Die Frage war an Dr. Boehmer gerichtet. Er hatte sich Verstärkung geholt: die Brasilienexpertin Maritta Koch-Weser, von Haus aus Anthropologin.

„Da muß ich Sie zunächst korrigieren", begann Dr. Boehmer. „Brasilien kommt seinen Verpflichtungen im Moment sehr wohl nach. Insofern gibt es kein Druckmittel unsererseits."

Ich war perplex und konnte es gar nicht glauben. Aber Maritta Koch-Weser bestätigte Dr. Boehmers Worte. Mir war der Wind aus den Segeln genommen. Ich nahm mir vor, die Behauptung auf jeden Fall zu prüfen. Das habe ich später getan. Resultat: Die beiden hatten recht.

„Warum dann also weltweit das Geschrei über den Schuldner Brasilien?" fragten wir.

„Daß ein Land, das fünfunddreißigmal so groß ist wie die Bundesrepublik Deutschland, mehr Geld braucht als Dänemark, ist ja logisch", meinte Dr. Boehmer. „Bleibt der berechtigte Vorwurf, daß dieses große Land sich so verschuldet, daß es seinen landesweit erwirtschafteten Gewinn voll für Zinsen wieder rausrücken muß. Es wird also nie ein neues Großprojekt durchziehen können mit eigenen Ersparnissen, sondern nur mit neuen Krediten und so in immer unüberwindlichere Abhängigkeit geraten. Druck können wir aber nur bei neuen Krediten ausüben, und nur solange die Darlehen nicht vollends ausgezahlt sind."

Wir schilderten dem Bankdirektor unsere Erlebnisse vor Ort und fragten, ob er nicht andere Lösungen anzubieten hätte. Natürlich betonte Dr. Boehmer mit ziemlicher Untertreibung: „Die Macht der Weltbank wird im allgemeinen völlig überschätzt."

Im Laufe des Gesprächs wurde uns klar, daß die große „Mutter" aller Banken genausogern Kredite vergibt wie eine kleine Dorfsparkasse und ängstlich bestrebt ist, jedes ihrer Mitglieder, solange es geht, zu bedienen, um den eigenen Wohlstand und Einfluß bestmöglich zu pflegen.

Wolfgang hatte noch vor unserem Termin bei Dr. Boehmer gesagt: „Das einzige, was die Weltbank vermutlich jucken wird, ist eine weltweite, gewaltige Reaktion in der Öffentlichkeit gegen ihre Entschlüsse. Dagegen kann sich auch diese Institution nicht verschließen."

Jede Institution – von der Familie bis zur Weltbank – wird letztlich von Einzelmenschen getragen. Auch „Ellenbogenfirmen" müßten sich im klaren sein, daß man mit bisherigen Denk- und Verfahrensweisen nicht endlos weiteroperieren kann, daß die Zeit auf diesem Planeten gekommen ist, wo wir umdenken müssen, bevor Katastrophen uns die Mühe des Denkens abnehmen. Wie sagte es der Schriftsteller Peter Rühmkorf? „Entweder das Schicksal handelt oder du selber."

Maritta Koch-Weser hatte plötzlich gleich mehrere konstruktive Vorschläge. „Bei Kreditvergaben spielt die Verfassung eines Landes eine bedeutende Rolle. Wenn sie gut ist, kann das seine Kreditwürdigkeit erhöhen. Und gerade Brasilien verweist gern auf seine vorbildliche Verfassung. Wenn Ihr Film darlegt, daß Brasilien in Roraima seine Verfassung in grober Weise mißachtet, würden Sie ein wichtiges Dokument schaffen, dem bei zukünftigen Verhandlungen eine besondere Bedeutung zukäme."

„Das wird uns gelingen", sagten wir mit Überzeugung.

„Dann achten Sie darauf, daß jedes Wort, mit dem Sie den Film kommentieren, wahr ist. Wenn Ihnen nur eine Ungenauigkeit unterläuft, besteht die Gefahr, daß Ihre Gegner den Fehler verallgemeinern und fragen: ‚Wer weiß, was dann noch alles nicht stimmt?'" Sie machte eine kleine Pause. „Ich fände es ferner wichtig", fuhr sie dann fort, „wenn Sie sich eigener Kritik enthielten und nur Brasilianer Lösungsvorschläge machen ließen. Denn in allererster Linie ist die Yanomamifrage ein nationales Problem. Und es gibt ja durchaus nicht nur rücksichtslose Brasilianer, sondern genügend verantwortungsbewußte Leute im Land, denen ein sachlicher Film den Rücken stärkt. Wenn Sie einen solchen Film zustande bringen, hätte ich eine weitere Idee, wie Sie damit etwas bewirken könnten." Sie hielt wieder kurz inne. „Lassen Sie den Film portugiesisch, aber fertigen Sie, wenn möglich, auch eine Version mit englischer Synchronisation an. Machen Sie dann tausend Videokopien davon, und verteilen Sie sie in Brasilien und in aller Welt. Ich kann Ihnen eine Adressenliste mit fünfhundert Umweltschutzorganisationen geben. Sie ist ganz neu und beweist, daß Sie gar nicht so allein dastehen. Bestücken Sie ferner alle brasilianischen Medien und die Menschenrechtspolitiker mit einer Filmkopie. So werden Sie im Land selbst eine gewaltige Diskussion auslösen und Entwicklungen in

Gang setzen. Das Ganze muß schnell gehen. Im September sind Wahlen."

Das war ein guter Vorschlag. Und Frau Koch-Weser hatte für uns sogar noch einen „Nachtisch". „Ich würde Sie gern dazu einladen, hier vor der Weltbank einen Vortrag vor einem internationalen Publikum zu halten. Dasselbe sollten Sie vor der UNO-Menschenrechtskommission tun. Wenn die Zahl der illegalen Landepisten im Yanomamiland von der brasilianischen Regierung bagatellisiert wird, besorgen Sie sich von der NASA Luftaufnahmen, die die Wirklichkeit zeigen." Und zuletzt hatte sie noch einen Tip für uns: „Blenden Sie den Artikel zweihundertvierunddreißig der brasilianischen Verfassung in den Film ein, damit jeder Brasilianer sieht, wie weit der hohe ethische Anspruch und die Realität auseinanderklaffen. Ich kann Ihnen ein Exemplar der Verfassung mitgeben."

Wir hatten plötzlich das Gefühl, die Reise könnte sich doch gelohnt haben. Selbst wenn das ZDF den Film nicht annahm oder uns eine schlechte Sendezeit gab – wir waren auf nichts mehr angewiesen. Die Aktionen, die uns Frau Koch-Weser vorgeschlagen hatte, würden schon genügend Eigendynamik entwickeln.

Aber das ZDF kaufte den Film. Dieter Zimmer schaute sich nur zwanzig Minuten lang Ausschnitte aus Wolfgangs Videos an. Dann stand sein Entschluß fest. „Das Material ist so brisant – ich nehme den Film nicht nur, sondern gebe Ihnen, wenn irgend möglich, die beste Sendezeit: zwanzig Uhr fünfzehn."

Wir waren glücklich. Wie wichtig sind doch solche Partner! Das ZDF sicherte Wolfgang später sogar zu, daß der Film kostenlos an Brasilien abgegeben werde, damit er dort im Fernsehen ausgestrahlt werden könne. Meine Verleger Joachim Jessen und Detlef Lerch nahmen sofort das Buch „Die letzte Jagd" in Angriff, das *Hamburger Abendblatt*, die *Schweizer Sonntagszeitung* und die *Neue Züricher Zeitung* widmeten dem Film beeindruckende Farbseiten, und die *dpa* schickte die Vorankündigung bis in die hintersten Winkel der Provinz.

Nachdem der Film dann gesendet worden war, ging's gleich weiter: Greenpeace und die Gesellschaft für bedrohte Völker erklärten sich bereit, die Kosten für je eintausend portugiesische und englische Videokopien zu übernehmen. Auch der World Wildlife Fund und Robin

Wood stellten sich hinter diese Aktion und unterstrichen damit den Ernst der Situation.

Beim Publikum löste der Film Betroffenheit aus. Viele Zuschauer riefen an. Andere schrieben. Einige offerierten praktische Hilfe.

Wolfgang hatte sein Ziel erreicht.

NICHT jeder kann als Köchin oder Goldsucher ins Garimpo von Roraima einmarschieren und weitere Beweise erbringen. Dafür wäre es auch bald zu spät. Es muß sofort gehandelt werden. Hier und heute. Was könnten Sie also tun?

Da wäre vor allem die Möglichkeit, Geld zu spenden. Einmalig oder am liebsten regelmäßig, weil das eine solide, kontinuierliche Arbeit ermöglicht. Schicken Sie es an die *Gesellschaft für bedrohte Völker*, Postscheckkonto 7400-201, Postgiroamt Hamburg, Stichwort „Yano-mami".

Ferner können Sie Mitglied oder Förderer bei der Gesellschaft für bedrohte Völker werden. Die Anschrift lautet: *Gesellschaft für bedrohte Völker*, Postfach 2024, 3400 Göttingen.

Jugendliche können in Schülerzeitungen über die Vorgänge im Amazonasgebiet berichten, Basare veranstalten und den Erlös über die Gesellschaft für bedrohte Völker den Yanomami zuführen. Dazu noch ein Wort: „Den Yanomami zuführen" heißt nicht etwa, daß das Geld den Indianern gegeben würde für Angelhaken oder Turnhosen oder einen Zaun um ihr Territorium. Es wird dringend benötigt für Gerichtskosten, Briefaktionen, Ausstellungen oder auch für Reisen, etwa für Flüge zu hilfreichen Politikern.

Jugendliche könnten ferner ihre Eltern beeinflussen, aktiv zu werden, Frauen sollten ihre Männer bestärken und Männer ihre Chefs oder ihre eigenen Firmen zum Einsatz bringen.

Sie können in sachlichen Briefen an die Brasilianische Botschaft Ihrer Bestürzung Ausdruck verleihen. Auch hier die Adresse: Kennedyallee 74, 5300 Bonn 2, Telefon (02 28) 37 69 76.

UNTERSCHÄTZEN Sie die Wirkung solcher Briefe nicht. Vor allem, wenn Sie Ihre Meinungsäußerung zusätzlich als Leserbrief in Zeitungen plazieren können. Denn negative öffentliche Kritik im Ausland ist die stärkste Waffe gegen alle Diktaturen der Welt, zu denen man auch Brasilien zählen muß.

Dies sind nur Anregungen. Mit etwas Phantasie wird Ihnen sicher noch mehr einfallen. Schicken Sie bei besonderen Anlässen Kopien an die Gesellschaft für bedrohte Völker und an mich: Rüdiger Nehberg, Stephanstraße 62a, 2000 Hamburg 70.

WÄHREND wir in Washington bei der Weltbank waren, fand eine Demonstration amerikanischer Menschenrechtler vor der Botschaft Brasiliens statt. Man protestierte gegen den Völkermord an den Yanomami.

Sofort gab es ein großes Dementi. Tenor: Den Yanomami geht es gut, der Protest ist nicht gerechtfertigt. Gleichzeitig erging an die brasilianischen diplomatischen Vertretungen in aller Welt eine Art „Diskussionspapier". Es sollte den Staatsdienern Argumente an die Hand geben, um in Sachen Yanomami und Naturschutz bestehen zu können. Kaum eines dieser „Argumente" entsprach der Wirklichkeit.

Absender des Dementis und des Diskussionspapiers: der neue Präsident der FUNAI, Iris Pedro de Oliveira. Ein würdiger Nachfolger des Herrn Jucá.

Auch andere Herren in Brasília waren inzwischen nicht untätig. Der Kulturbereich soll einen neuen Akzent erhalten: Das Indianermuseum steht kurz vor der Eröffnung. Wenn bei den Yanomami kein Wunder geschieht, werden wir in diesem Museum 1992 zum 500. Geburtstag Amerikas etwas ganz Besonderes geboten bekommen. *Das* Ereignis für Touristen und alle Schulklassen: Sehen Sie den letzten freien Indianer des Kontinents, den letzten Yanomami! Als Kartenabreißer.

Oder ausgestopft. Das spart Lohnkosten.

YANOMAMI BRASIL

Rüdiger Nehberg · Stephanstraße 62a · 2000 Hamburg 70 ,Beirat der Gesellschaft für
bedrohte Völker, Göttingen, Pf. 2o24

Was geschah seit dieser Reise?

Im März 1990 trat in Brasilien ein neuer Präsident sein Amt an:
Fernando Collor de Mello.

Menschenrechtler und Naturschützer horchten auf. Der Mann
versprach eine radikale Wende.Er ernannte JoséLutzenberger,
Brasiliens mutigsten Umweltschützer, zum Sekretär für Umwelt-
fragen,im Range eines Ministers.Ihm wollte er auch die kriminelle
FUNAI unterstellen. "Naturschutz hat bei uns absoluten Vorrang",
verkündete Collor werbewirksam und bat um neues Vertrauen für
Brasilien."Ich werde die verlorene Würde meines Landes wieder-
herstellen".

Seine erste Amtshandlung gab weiterer Grund zur Hoffnung.
Mit allen Ministern besuchte er das Yanomami-Land. Resultat:
"Wir werden die meisten Pisten sprengen.Der Goldspuk wird
beendet."

Die Praxis sah dann aber anders aus.Ganze 13 (von 120) Pisten ließ er
letztlich zerstören. Sie sind längst repariert und 2o neue sind
dazuentstanden. Um zu zeigen, wer die wahren Herren des Landes
sind, warf eine milizähnliche Truppe von Goldsuchern die als
Alibi figurierenden Bediensteten der FUNAI aus dem Yanomami-
Land und verpaßten dem brasilianischen Militär, der Polizei
und der FUNAI eine gebührende Lektion,und sie enttarnten die
Versprechen des Präsidenten als reinen Bluff.

Inzwischen hat Collor die FUNAI nicht Lutzenberger, sondern
einem Militär unterstellt, dessen Zugehörigkeit zur Gold-
und Holzmafia bekannt ist. Brasilianische Menschenrechtler:
"Von allen denkbaren Lösungen die schlechteste".

Derweil hält der Völkermord an den Yanomami an.Wer nicht ermordet wurde, ist krank. Eine medizinische Versorgung findet nicht
statt.Dahinter steckt System: Wenn der letzte Indianer
verschwunden ist, steht der Wald nicht mehr unter dem (wenn
auch nur formalen) Schutz der Verfassung. Er ist dann frei ver-
käuflich und frei zur Vernichtung.
Fachleute befürchten , daß es in zwei Jahren keine Yanomami
auf brasilianischem Boden mehr geben wird.

Am 17.August 1990 übergaben wir von der die Gesellschaft für bedrohte
Völker in der Brasilianischen Botschaft zu Bonn einen Offenen
Brief an Collor.Unser Angebot: Wir organisieren den gesamten
medizinischen Hilfsdienst. Zu den Unterzeichnern dieses
Hilfsangebotes gehörten außerdem:
Artists United for Nature · Brasilien-Initiative Freiburg
Greenpeace · Incomindios (Schweiz) · Pro Regenwald · Robin Wood
World Wide Fund for Nature

Der Brief wurde bisher nicht beantwortet.

Unser Angebot,sehr geehrter Herr Präsident, steht weiter.

Ein Traum von HOTEL

von Sonny Kleinfield

*Dieses Hotel ist kein Gebäude – es ist
ein Kunstwerk. Es ist wie die Mona Lisa.*

Donald Trump, Unternehmer

*Es gibt keinen treueren Gast als den,
der ein Problem hat, das gelöst wird.*

Hud Hinton, Hoteldirektor

*Einige Leute treiben mich zum Wahn-
sinn. Sie kommen her und erwarten vier
Zimmer zum Park raus, Whirlpool,
Discobeleuchtung, Tischtennisplatte,
einen Flügel im Zimmer und ein paar
Tanzbären.*

Roy Chaney, Empfangsassistent

Einleitung

SCHON im Morgengrauen begannen die Leute herbeizuströmen. Stunden bevor man mit irgend jemandem gerechnet hatte. Das Wetter war gut an diesem milden Oktobermorgen des Jahres 1907, ein wenig windig, aber nicht mehr als üblich für die Jahreszeit.

Das erste aufgeregte Gemurmel durchlief gegen sieben Uhr die Menge. Mit lautem Gerassel erschienen von Pferden gezogene Feuerspritzen vor dem stattlichen Eingang an der Fifth Avenue, und zugweise rannten die Feuerwehrmänner in das Hotel. Aber es brannte nicht. Es war nur eine letzte Übung, bevor das Hotel endgültig seine Pforten öffnete.

Eine Stunde später war die Menge auf mehrere hundert Menschen angewachsen. Überall sah man Polizei, doch es war ein fröhliches, manierliches Gedränge. Die Menschen waren nicht gekommen, um sich zu ereifern, sondern nur, um zu schauen, damit sie nachher sagen konnten: „Stellt euch vor, wen ich heute gesehen habe!" Man hatte gemunkelt, es würde eine Art Wettlauf geben, wer sich als erster Gast einträge, und man war gespannt, wer es wohl sein würde. Die Antwort kam um neun, als ein bulliger, schwarzer Wagen vorfuhr und Alfred Gwynne Vanderbilt ausstieg, einen Zylinder auf dem Kopf. Das schien der Menge zu gefallen. Schließlich galt sein Vater, Cornelius Vanderbilt, als der reichste Mann im Land. Mit einem zufriedenen Ausdruck trat der sportliche Millionär an den Empfang und kritzelte schwungvoll in das Gästebuch: „Mr. und Mrs. Vanderbilt mit Diener." Diese Eintragung, im Hotelalltag eine simple Routineangelegenheit, war der einzige feierliche Akt bei der Eröffnung. Das neue Hotel Plaza war ein extravaganter Ort, doch es hielt auf gediegene und ruhige Eleganz.

Nach Vanderbilt wurden in rascher Folge weitere bekannte Namen notiert. Da war George Jay Gould, der „Eisenbahnkönig", mit seiner Frau und einer gesitteten Kinderschar. Dann Börsenmakler Oliver Harriman. Dann John Wanamaker aus Philadelphia, der sein Geld mit Herrenbekleidung gemacht hatte. Sie alle traten entschlossen und energisch auf. Die Hoteldiener ließen es verständlicherweise etwas langsamer angehen, und einige Gesichter glänzten vor Schweiß, als die Männer die scheinbar endlose Reihe von Übersee- und Handkoffern die Stufen hinauf ins Hotel schleppten. Die Zuschauer reckten die Hälse und musterten die Gäste voller Neid. Es entwickelte sich ein erkennbarer Rhythmus, der mit dem Eintreffen bekannter Größen bewegter und bei ihrem Verschwinden wieder ruhiger wurde. Die Leute grinsten anerkennend, als der für seine Juwelensammlung bekannte Finanzier „Diamond Jim" Brady mit der Schauspielerin Lillian Russell am Arm die Treppe hinaufstolzierte. Filmstar Billie Burke zeigte sich. Und kurz darauf kam Oscar Hammerstein vorbei. Desgleichen Mark Twain, damals Anfang Siebzig. Er wollte kein Zimmer haben, nur ein bißchen herumlaufen und sich umsehen.

Als der Abend hereinbrach, zerstreute sich die Menge vor dem Eingang allmählich, nachdem sie alles herausgeholt hatte, was das Ereignis hergab. Der Tag hatte gebracht, was er versprochen hatte. „Sieht wirklich nach einem noblen Haus aus", meinte ein leicht erschöpfter Zuschauer, als er aufbrach. „Muß schon was Besonderes sein, da eine Nacht zu verbringen."

AUCH nach mehr als einem Dreivierteljahrhundert bietet das Plaza noch immer Betten und Essen an genau demselben Platz, an dem es sich seit jeher befunden hat – eine recht beachtliche Leistung für New York, wo viele selbst der großartigsten Gebäude ein äußerst kurzes Leben im Rampenlicht geführt haben.

Die Gegend um das Plaza hat sich im Laufe der Jahre dagegen ganz erheblich verändert. Als es gebaut wurde, stand das Hotel unübersehbar an der Millionärsmeile, jenem berühmten Streifen der Fifth Avenue, wo sich die riesigen Prunkvillen der reichsten Familien in New York drängten, eben der Klientel, die das Plaza anzuziehen hoffte.

Die herrschaftlichen Villen sind längst abgerissen oder dienen anderen Zwecken. Nur das Plaza hat überlebt, erdrückt und eingeengt von Mauern aus Stahl und Glas. Die Pferdekutschen am Straßenrand, die Touristen für eine Fahrt durch den Central Park mieten können, sind eine wehmütige Erinnerung an die kluge Art, mit der man sich früher fortbewegte. Das Plaza ist inzwischen so etwas wie ein Anachronismus geworden, eine stolze, würdevolle alte Dame, die anscheinend vergessen hat, daß die Zeiten sich geändert haben.

Ein großes Luxushotel ist immer von einem gewissen Flair umgeben, das im Fall des Plaza untrennbar mit seiner langen Geschichte verbunden ist. Der ständige Strom reicher und berühmter Gäste hat zur Anziehungskraft des Hauses beigetragen. Vom Tag seiner Eröffnung an hat das Hotel die Phantasie beflügelt und selbst bei Menschen, die nie dort gewohnt haben, Vorstellungen von eleganten Zimmerfluchten und diskreten Bediensteten mit weißen Handschuhen geweckt.

Seit langem habe ich mir über das Leben und die Menschen in einem Hotel Gedanken gemacht. Um meine Neugier zu befriedigen, habe ich während einiger Jahre das Plaza immer wieder aufgesucht, mich mit dem Heer von Managern, Hoteldienern, Barmixern, Kellnern und Portiers unterhalten – all denen, die die Gäste begrüßen und bedienen. Aber ich war auch bei den Köchen, den Zimmermädchen, den Klempnern und Elektrikern und hundert anderen, die ein Gast kaum je zu Gesicht bekommt. Im Frühjahr 1988 verbrachte ich dann eine ganze Woche dort, sprach mit allen, die mir etwas zu sagen hatten, und sah ihnen bei der Arbeit zu. Ich folgte ihnen vom Keller bis unters Dach. Es gelang mir, das Innenleben des Plaza zu beobachten und aus erster Hand viele der kleinen Finessen beim Betreiben eines Luxushotels kennenzulernen.

So vieles an einem Hotel täuscht und ist ganz und gar nicht das, was es scheint. Das Plaza verbreitet eine Atmosphäre von Behaglichkeit und Gepflegtheit, aber hinter den Kulissen herrscht oft ein rechtes Chaos. Das gilt für jedes Hotel. Doch das Plaza hat, wie ich festgestellt habe, seine ganz eigenen Gesetze und Geheimnisse.

1. Kapitel

MONTAG. Bei Tagesanbruch bezog Joe Szorentini, ein untersetzter Mann mit wachsbleichem Gesicht, seinen üblichen Platz vor dem Haupteingang des Hotels Plaza. Noch tat sich nicht sehr viel. Die ersten vermummten Jogger waren unterwegs in Richtung Central Park, und irgendwo heulte eine Polizeisirene, aber das war es auch schon. Szorentini federte auf den Fußballen auf und ab. Sein Blick ging hin und her. Er hielt Ausschau nach ankommenden Taxis oder Privatwagen. Das Bild, das er sah, änderte sich nie sonderlich: Taxis und Privatwagen.

„Scheint, als ob sich's heute lohnen würde, hier zu stehen", sagte der Portier zu mir. „Das heißt, es werden eine ganze Menge Gäste ankommen."

Tag für Tag eilte Szorentini wie eine geschäftige Taube vor den mächtigen Türflügeln des Hotels hin und her und begrüßte den nicht abreißenden Strom der Gäste. Die Arbeit erforderte Kraft, gute Laune und die Bereitschaft, sich von rücksichtslosen Autos anspritzen und von Leuten mit Koffern und Tennisschlägern anrempeln zu lassen, die es eilig hatten, sich anzumelden.

Während er noch auf den ersten Einsatz wartete, überschlug er im Kopf die Zahl der ankommenden und abreisenden Gäste, die er am Empfang erfahren hatte. Er ließ sich immer zuerst die Zahlen geben, damit er wußte, was er zu erwarten hatte. Heute würde es ziemlich lebhaft werden – 281 Anmeldungen, 304 Abreisen. „Ganz gut", sagte er. In der Nähe paarten sich zwei Vögel in einem Blumenbeet. Mit Mißfallen betrachtete Szorentini einen sabbernden Penner, der, in Kartons und Zeitungspapier eingewickelt, vor den Beeten schlief. Alles, was den Rahmen des Plaza störte, brachte ihn auf.

Der Portier war in den Sechzigern, schlank, hatte graues Haar, dichte Augenbrauen, markante Backenknochen und strahlte Ruhe aus. Er trug eine Uniform aus goldgelbem und rehbraunem Tuch mit goldbestreßtem Kragen und Ärmelaufschlägen – ein förmlicher Aufzug, der signalisierte, daß das Hotel nicht für jedermann war. Um den Hals hing eine silberne Pfeife, der er einen schrillen Ton entlockte, wenn jemand ein Taxi brauchte.

Soeben glitt ein langer schwarzer Straßenkreuzer um die Ecke und hielt vor dem Eingang. Szorentini trat in Aktion. Energisch zog er den Mantel zurecht. Er richtete die Mütze und eilte zum Wagen, um den Fahrgästen die Tür zu öffnen. Ein stämmiger Mann mit lichtem Haar und einem sportlichen blauen Anzug stieg aus. Am Arm hatte er eine hoch aufgeschossene, stark geschminkte Schönheit mit kupferrot gefärbtem Haar. „Guten Morgen", begrüßte sie Szorentini. „Willkommen im Plaza."

Der Mann brummte einen kurzen Gruß, drehte sich um, holte eine Dollarnote aus der Tasche und drückte Szorentini den Schein in die Hand.

Szorentini war zufrieden mit dem Trinkgeld und klopfte lächelnd auf seine Tasche.

Das Hotel Plaza stand am Anfang seines Tagesablaufs. Ein Keil aus Sonnenstrahlen drang durch die Wolkenfetzen. Die Luft war frisch, und die Fußgänger hatten die Mantelkragen gegen den schneidenden Wind hochgeschlagen. Im Packraum sortierten zwei Angestellte bereits Post und Päckchen in die Fächer. Die Zimmermädchen legten frische Bettwäsche zurecht. In der in Gold und Marmor gehaltenen Eingangshalle putzten zwei Männer auf einer Leiter vorsichtig den riesigen Kronleuchter, der dort hing. Das Hotel besaß die ungewöhnliche Anzahl von 1650 Kronleuchtern, mit denen die beiden Männer voll beschäftigt waren.

Ein Hallenportier lief von einem sandgefüllten Aschenbecher zum anderen. Er hatte einen kleinen Besen und eine goldfarbene Schaufel an einem Holzstiel. Bei jedem Aschenbecher hob er die Schaufel bis zum Rand und fegte die ausgedrückten Kippen darauf. Dann glättete er den Sand mit dem Besen, holte einen rechteckigen Stempel hervor und drückte damit die Plaza-Insignien in den Sand – zwei Rücken an Rücken stehende, umkränzte P.

Hin und wieder hob Szorentini den Kopf, um einen Blick zum Himmel zu werfen. Unfreundliches Wetter bedeutete zu wenige Taxis und zu viele Gäste, die eines wollten. Wenn er sich anstrengte, konnte er ganz schön verdienen. Aber schlechtes Wetter konnte einem auch körperlich sehr zusetzen. Im Sommer war es oft zu heiß, im Winter zu kalt. Das Hotel hatte in weiser Voraussicht eine ganze Reihe Heizstrahler unter dem Vordach anbringen lassen, aber ein Portier mußte doch viel Zeit außerhalb der wärmenden Strahlen verbringen. „Wissen Sie, ich bin es gewohnt", sagte Szorentini. „Wenn man lange genug unter solchen Bedingungen draußen ist, kriegt man einen Körper aus Stahl." Szorentini war seit 1947 beim Plaza. Er hatte als Müllmann gearbeitet, als Fahrstuhlführer und als Hoteldiener; 1952 war er Portier geworden.

Zuerst hatte er am Eingang an der 59. Straße gestanden, der „Anfängertür", wie sie intern heißt. Nach drei Jahren hatte er sich zum Eingang an der Fifth Avenue vorgearbeitet, wo die meisten Gäste ankommen; die Portiers nennen ihn „die große Tür". „An der großen Tür ist doppelt soviel los", erklärte Szorentini. „Da fahren die dicken Wagen vor. Alle Privatwagen kommen hierher. Auch die Taxis vom Flughafen. An dieser Tür kann man in der Stunde fünfzig bis hundert Leute empfangen. Natürlich will man letztlich hier arbeiten."

Eine schneeweiße Limousine rollte langsam aus, und drei Japaner kletterten aus dem Fond. Szorentini nahm ihr Gepäck und geleitete sie zum Eingang. Er war so besorgt um die ankommenden Gäste wie eine Mutter um ihr krankes Kind. Zwei Dollar.

Er half einem Gast mit hochstehenden Haaren beim Beladen seines BMW und bekam zehn Dollar. Er blickte verstohlen auf den Schein und sagte: „Vielen Dank. Ich wünsche eine sehr gute Fahrt."

Szorentinis Tage waren angefüllt mit dem Austausch von Liebenswürdigkeiten. Die Unterhaltungen der Portiers untereinander kreisten fast immer um das Hotel und die Gäste. „Sie wissen doch, was Cary Grant für Schwierigkeiten mit der Frühstücksspezialität, den englischen Muffins, hatte, oder?" fragte er mich. „Na ja. Mr. Grant hat mit mir darüber gesprochen." Er tat so, als wäre es gestern passiert, nicht schon vor zig Jahren, denn die guten Geschichten wurden immer wieder mit der Andacht erzählt, die einer Legende gebührt. Offenbar hatte Grant englische Muffins zum Frühstück bestellt und drei Hälften bekommen. Er wollte wissen, wo die vierte geblieben war. Da er keine befriedigende Antwort erhielt, rief er Conrad Hilton an, den damaligen Plaza-Eigentümer, ohne sich dadurch beirren zu lassen, daß Hilton gerade in der Türkei herumreiste. Hilton erklärte ihm höflich, ein Rationalisierungsfachmann habe festgestellt, daß die meisten Menschen eineinhalb Muffins äßen. Grant äußerte sich wenig schmeichelhaft über Rationalisierungsfachleute. Seine Verstimmung hatte zum Ergebnis, daß das Plaza fortan zwei ganze Muffins servierte. „Mir gefällt diese Geschichte", schloß Szorentini. „Sie zeigt, daß das zählt, was der Gast wünscht."

**Das 1907 eröffnete Plaza: ein Luxushotel mit Flair
und ungebrochener Anziehungskraft**

Szorentini liebte berühmte Persönlichkeiten, und er betrachtete die, denen er viele Male die Tür geöffnet hatte, als Freunde. In einem Ordner hatte er vergilbte Zeitungsausschnitte gesammelt, die mit seinen „Freunden" zu tun hatten. Da war zum Beispiel eine ganze Doppelseite aus der New Yorker *Post* über Kardinal Terence Cooke. „O ja", begann Szorentini. „Kardinal Cooke war ein guter Freund. Immer wenn er in einer Mission hierherkam, habe ich mich um ihn gekümmert." Der Schauspieler Walter Brennan war ein anderer guter Freund. Er trank morgens oft Kaffee mit Szorentini. Die anderen Portiers behaupteten, das sei deshalb so gewesen, weil Szorentini immer für beide bezahlt habe. Er hatte sechs amerikanischen Präsidenten die Hand geschüttelt, wie er erzählte, und ebenso fast allen Großen der Filmbranche („Sinatra, Gleason, Jimmy Stewart, Clara Bow – der ganzen Truppe"). Sich selbst hielt er für einen echten kleinen Star, denn im Film *Der unsichtbare Dritte,* der zum Teil im Plaza gedreht worden war, hatte er Cary Grant eine Tür aufgehalten. „Leider", so bemerkte er, „haben sie nicht meine gute Seite erwischt."

Szorentini schrieb den Erfolg an der Tür dem richtigen Grüßen zu. „Das ist der Schlüssel", sagte er. „Eine nette, herzliche Begrüßung. Die Leute sind heute allerdings nicht mehr so anspruchsvoll wie früher. Rose Kennedy kam oft hierher, und sie hat einen wirklich hart rangenommen. Man mußte einen Schirm bereithalten, wenn es regnete. Man mußte sie korrekt grüßen: ‚Guten Morgen, Mrs. Kennedy' oder ‚Guten Abend, Mrs. Kennedy'. Wenn man sie nicht grüßte, beschwerte sie sich bei der Hotelleitung. Und jetzt gibt es diese Leute, die knurren bloß, wenn man ihnen guten Morgen wünscht. Sie wollen nicht belästigt werden. Bitte schön! Ich werde sie nicht belästigen."

Er lächelte verständnisvoll, blickte hinaus auf den Verkehr und nickte. „An einem guten Tag gehen um die achtzehnhundert Menschen durch diese Türen. Genau sagen kann man's nie. Alle Arten von Leuten marschieren hier durch. Da ist einem nichts mehr fremd. Nichts."

Er wollte weiterreden, mußte aber innehalten. Ein Taxi fuhr vor.

Das Hotel Plaza wurde als Denkmal für das neue Zeitalter des industriellen Wohlstands gebaut, als ein magischer Ort für Leute, die nach Luxus strebten und sich danach sehnten, zu den oberen Zehntausend zu gehören. Als es am 1. Oktober 1907 seine Pforten öffnete, wurde es als „das luxuriöseste Hotel der Welt" angepriesen. Die Eigentümer befürchteten sogar, es sei derart extravagant, daß einige der angehenden Gäste eingeschüchtert werden könnten. Am Tag nach der Eröffnung ordnete der verunsicherte Hoteldirektor an, das Blattgold, das die Halle schmückte, mit Schellack zu überziehen, um die Gäste nicht übermäßig zu blenden.

Auch wenn das Plaza etwas von seiner früheren Pracht eingebüßt hat, kann es doch in vieler Hinsicht immer noch als Inbegriff eines Luxushotels gelten. Es steht an einer der schönsten – und belebtesten – Ecken New Yorks, der Kreuzung von Fifth Avenue und 59. Straße. Es ist ein U-förmiges, 18stöckiges Gebäude aus weißglasierten Backsteinen – ein mächtiger, großartiger Bau mit einer von Fenstern gespickten Fassade, einem mit Kupfer und Schiefer gedeckten Mansardendach und einer Vielzahl vorspringender Balkone, Loggien und Giebel. In seinen mehr als achtzig Jahren hatte das Plaza sieben Eigentümer. Die United States Realty and Improvement Company brachte das Finanzierungskapital auf und war bis 1943 Eigentümerin; dann betrieb Conrad Hilton das

Haus bis 1953; der Bostoner Industrielle A. M. Sonnabend besaß es bis
1958; nach ihm hatte es kurze Zeit Lawrence Wien, ein New Yorker
Anwalt und Immobilienhändler, bis Sonnabend es zurückkaufte. Die
Westin Hotelkette, das älteste Hotelunternehmen des Landes, übernahm das Haus 1975. Im Januar 1988 kaufte eine Gesellschaft, an der
die Robert-M.-Bass-Gruppe aus Fort Worth in Texas und die Aoki
Corporation aus Tokio beteiligt waren, das Hotel für 300 Millionen
Dollar. Die neuen Eigentümer hatten kaum Zeit zu einer Besichtigungs-
runde, als sie sich schon wieder entschlossen, es mit einem schnellen
und satten Gewinn an den Kasinobetreiber und Immobilienspekulanten
Donald Trump zu verkaufen, der die irrwitzige Summe von 390 Millionen Dollar zahlte. Trumps erste Amtshandlung bestand darin, seine
stattliche Frau Ivana, ehemalige Ersatzfahrerin im tschechoslowaki-
schen Olympiaskiteam und auch Fotomodell, zur Präsidentin des
Hotels zu ernennen, wofür sie als Gehalt „einen Dollar und alle Kleider,
die sie kaufen kann", erhielt.

Früher hatte es ein kleineres, siebenstöckiges Hotel Plaza gegeben,
das seit 1890 an derselben Stelle gestanden hatte und abgerissen
wurde, um dem jetzigen Plaza Platz zu machen. So wie es heute dasteht,
entspricht das Hotel dem Wunschbild Ben Beinickes, einem untersetzten ehemaligen Verkaufsfahrer für einen New Yorker Metzger, der es
zum wohlhabenden Fleischgroßhändler und Finanzmann brachte. Der
Bau dauerte 27 Monate, was als Rekord für einen Hotelneubau galt,
und kostete 12,5 Millionen Dollar. Der Architekt Henry Janeway Har-
denbergh hatte eine gewisse Berühmtheit erlangt durch seine Entwürfe
für das alte Waldorf-Astoria-Hotel an der Stelle des heutigen Empire
State Building und das Dakota-Wohnhaus, das noch immer an der Ecke
Central Park West und 72. Straße steht und ebenso großartig und
berühmt wie das Plaza ist. Er baute das Plaza im Stil der französischen
Renaissance. Paul Goldberger, der Architekturkritiker der *New York
Times,* beschrieb es später als „ein französisches Schloß, das auf die
Größe eines kleinen Wolkenkratzers aufgebläht und mit einer Unzahl
klassizistischer Details verschönert wurde".

Für die Ausstattung des Hotels wurden Leinen aus Irland, Kristall
aus Frankreich und Spitzenvorhänge aus der Schweiz angeschafft.
Handgewebte Teppiche schmückten die Hallen. Der Auftrag für die

Tischwäsche, die mehr als 100 000 Dollar kostete, mußte über ein Jahr im voraus erteilt werden. Es gab zehn Aufzüge, mehr als in jedem anderen Hotel der Welt, und fünf Marmortreppen. Jedes Zimmer besaß eine Uhr, die von einem Hauptwerk unten in der Telefonzentrale aus gesteuert wurde. (Viele Jahre später ging das Summen der Uhr Enrico Caruso beim Üben derart auf die Nerven, daß er ihr mit einem Messer zu Leibe rückte und so die Zeit in sämtlichen Hotelzimmern zum Stillstand brachte.) Das Wasser, das in das Gebäude kam, lief durch zehn getrennte Filter, und wenn es zum Trinken oder Kochen verwendet werden sollte, durchlief es noch einen weiteren Filter. Das Hotel verfügte über ein eingebautes dampfgetriebenes Staubsaugsystem, und die 17 000 elektrischen Glühlampen wurden vom hoteleigenen Generator gespeist. Eine Terrasse vor dem Eingang an der Fifth Avenue, die als „Champagnerveranda" berühmt wurde, war mit Perserteppichen und kostbaren Kronleuchtern ausgestattet; sie wurde 1921 abgerissen.

Von Anfang an entwickelte das Hotel den Rahmen, in dem sich Ausgefallenes entfalten konnte und den es nie verloren hat. Nur einen Monat nach der Eröffnung, am 15. November 1907, besaß die berühmte Schauspielerin Mrs. Patrick Campbell die Unverfrorenheit, sich im Palmengarten, einem der Restaurants des Plaza, eine Zigarette anzuzünden. Offenbar war sie die erste Frau, die in Amerika in der Öffentlichkeit eine Zigarette rauchte. Als der Oberkellner das Vergehen bemerkte, stürzte er zum Geschäftsführer und rief: „Monsieur, es ist ein Skandal. Da raucht eine Dame im Tea Room!" Er bekam die Order, sich zu beruhigen und sie dazu zu bringen, das Rauchen einzustellen. Als er sie ansprach, blies Mrs. Campbell ihm ungerührt einen Rauchring ins Gesicht und sagte: „Guter Mann, man hat mir beigebracht, daß dies ein freies Land ist."

Das Hotel erlebte im Verlauf der Jahre viele Höhen und Tiefen. Während der Weltwirtschaftskrise, als die Angestellten wochenlang auf ihren Lohn warteten, wäre es fast untergegangen. Zu Beginn der sechziger Jahre ging es erschreckend abwärts, und das Plaza hatte den Ruf eines Heims für alte Damen. Einige der Dauergäste standen meistens in der Halle herum und hielten Ankommende offen davon ab, ein Zimmer zu buchen. Eine unangenehme Atmosphäre machte sich breit. Unschlüssig, ob sie den Besitz abstoßen oder versuchen sollten, ihn mit neuem Leben zu erfüllen, entschieden sich die Eigentümer schließlich für eine durchgreifende Renovierung. Auch ein einfallsreiches Marketing half dem Hotel über die stürmischen Zeiten hinweg. Einer der erfolgreichsten Einfälle, eine lustige Anzeigenkampagne, die auf Geschäftsleute abzielte, waren unterhaltsame Briefe eines fiktiven Zimmermädchens namens Mary O'Sullivan. Zahlreiche Geschäftsleute antworteten Mary. Und was noch wichtiger war, viele von ihnen kamen ins Hotel.

Anfang der siebziger Jahre aber brachte ein dürftiger Instandhaltungsetat das Hotel erneut in einen baulich bedenklichen Zustand. An den Decken zeigten sich Risse, Tapeten lösten sich von den Wänden, Wasserhähne tropften, und heißes Wasser war knapp. Ein Zimmer im Holiday Inn sah dagegen plötzlich gut aus. Im gleichen Maß wie das Haus verfiel auch die Arbeitsmoral der Angestellten. Die Gäste sahen sich mürrischen, frechen Bediensteten gegenüber, die nicht mehr stolz auf ihr Hotel sein konnten. Seltsamerweise verlor das Plaza nicht so viele Gäste, wie es eigentlich der Fall hätte sein müssen. Wegen des klangvollen Namens und der glanzvollen Geschichte kamen nach wie vor viele Gäste. Es genügte eben, im Plaza zu wohnen.

Als die Westin-Hotelkette das Hotel kaufte, begann eine weitere umfangreiche Renovierung, in Etappen, etagen- und abschnittweise. Von 1975 bis Anfang 1988 gelang es Westin, für 100 Millionen Dollar sämtliche Zimmer neu herzurichten. Bis in die letzte Kleinigkeit waltete Sorgfalt. Sechzehn Lackschichten wurden von den Fensterrahmen entfernt, um das alte Kupfer wieder hervorzuholen. So überraschte es nicht, daß auch die Stimmung unter den Angestellten wieder stieg.

Als Trump das Haus übernahm, startete er augenblicklich einen Feldzug zur Hebung des Standards. Auf seiner Liste geplanter Verbesserungen standen Marmor statt Fliesen in den Bädern, neue Möbel für die Gästezimmer und Silbertabletts, auf denen die Pagen den Gästen Nachrichten zu bringen hatten. Selbst wenn es nur die Mitteilung war, daß Mami angerufen hatte, um sich nach dem Wetter zu erkundigen. Trump konnte von seinem Büro im nahen Trump Tower direkt auf das Plaza blicken und sagte einmal: „Dieses Hotel ist kein Gebäude, es ist ein Meisterwerk. Es ist wie die Mona Lisa." Man mag über Trumps Geschmack geteilter Meinung sein – manche halten ihn für einen

Stutzer und Protz –, aber offenbar versteht er die Marotten und Erwar-
tungen derjenigen, die in Luxushotels absteigen. Die Faustregel im
Plaza lautet, den Gästen das zu geben, was sie haben wollen, und sich
nicht lange zu fragen, wofür sie es haben wollen. Die Leute kommen
mit einem ganzen Koffer voller Erwartungen und Träume. Selbst der
Geschäftsreisende, der nur ein bequemes Bett und ein pünktliches
Frühstück braucht, kommt bei dem Gedanken ins Schwärmen, daß im
Zimmer nebenan vielleicht Clint Eastwood schnarcht.

Die Kundschaft war in den letzten Jahren bunt gemischt. Es waren
Könige darunter, Präsidenten, Filmstars, Industrielle, Autorennfahrer,
Planer von Einkaufszentren, Vertreter, verwöhnte, unbeschäftigte Kinder reicher Eltern, Ölscheichs, Großindustrielle und Unbekannte,
denen zufällig ein ganzer Zipfel eines Bundesstaats gehört. Aber der
berühmteste Plaza-Gast war frei erfunden. „Eloise" übernachtete 1955
dort, als sie sechs war. Sie entsprang der Phantasie Kay Thompsons, der
Sängerin und Komikerin, die die Figur bei ihren Auftritten verwendete
und dann ein Buch über sie schrieb. Eloise war ein verwöhntes Balg,
das Wasser in den Postschacht schüttete, beim Zimmerservice eine
Rosine und sieben Löffel bestellte und einen Großteil ihrer Zeit damit
verbrachte, die Schildkröte Skipperdee und den Hund Weenie zu jagen,
der wie eine Katze aussah und sich mit Vorliebe den Rücken mit einem
Drahtkleiderbügel kratzen ließ. Eloise war eine Zeitlang so berühmt,
daß das Plaza ein eigenes Zimmer für sie reservierte, in dem sie angeblich wohnte. Es hatte eine rosa karierte Tapete, eine gelbe Decke, einen
Spieltisch, eine Bettcouch, ein winziges weißes Klavier, eine rosa Leiter, um oben an Schränke zu kommen, und eine fürs Personal gedachte
„Sauber-oder-Schmutzig"-Tabelle. Es gab sogar einen Lieblingssessel
für Eloises Kinderfrau, in dem sie sitzen und fernsehen konnte. 1988
war von alledem nur noch ein Ölbild in der Halle übrig, das eine schel-
misch lachende Eloise zeigt.

Als ich dort wohnte, hatte das Hotel 808 Zimmer. 1907 kostete ein
Zimmer ohne Bad 2,50 Dollar pro Tag, mit Bad 4 Dollar. Die teuerste
Suite kostete 25 Dollar. 1988 war als billigstes Zimmer ein Einzelzim-
mer der Economyklasse für 175 Dollar pro Tag zu haben; ein luxuriöses
Einzelzimmer mit Blick auf den Central Park kostete 390 Dollar und
eine Suite mit einem Schlafzimmer 1100 Dollar.

Ein großes Luxushotel hat immer ein paar besonders luxuriöse
Suiten für Staatsoberhäupter, Prominente oder Topmanager, die auf
höchstem Wohnkomfort bestehen. Weil das Plaza ursprünglich für
Dauergäste gedacht war, hatte es sehr viele Suiten, etwa neunzig Stück.
Welches die besten Zimmer waren, darüber gingen die Meinungen aus-
einander. Die Nummer 23 auf jedem Stockwerk ging auf die Fifth
Avenue und den Central Park hinaus, und viele Gäste hielten diese
Zimmer für die attraktivsten.

Über die schlechtesten Zimmer im Plaza gab es keine Debatten. Das
waren die Einbettzimmer. Als das Hotel eröffnete, wohnten die reichen
Carnegies und Mellons mit ihren Bediensteten Monate oder Jahre im
Hotel, und man zweigte ein paar kleine Zimmer, die zum Teil nur 2,50
Meter mal 3 Meter groß waren, für die Bediensteten ab. Bei der Renovierung waren die meisten dieser Zimmer den Nebenräumen zugeschla-
gen worden. Zwanzig dieser Kammern konnten aus bautechnischen
Gründen jedoch nicht aufgegeben werden und blieben deshalb bestehen. Angestellte und Gäste nannten diese Zimmerchen abschätzig
Wandschränke. Manchmal vermietete das Plaza diese Zimmer blockweise an Mitglieder einer Balletttruppe, eines Orchesters oder an Regie-
rungsangestellte. Bei dem Rabatt, den das Plaza einräumte, waren die
kleinen Zimmer für 99 Dollar zu haben.

Viele Jahre war es der Hotelleitung ein Dorn im Auge, daß keine
Suite als die eindeutig beste im Haus galt, denn immer gab es besonders
geschätzte Kunden, die Sonderwünsche hatten und auch bereit waren,
einen kräftigen Aufschlag dafür zu zahlen. Deshalb baute man 1987
nach einigem Überlegen schließlich eine Präsidentensuite im zweiten
Stock ein. Vor dem Bau besprach sich das Hotel mit Mitarbeitern des
Weißen Hauses, um sich zu vergewissern, daß sie den Anforderungen
des Präsidenten genügte. So wurde beispielsweise eine direkte Telefon-
leitung gelegt, die die Suite mit der Außenwelt verband und nicht über
die Telefonzentrale lief. Die Suite war variabel und konnte zu verschie-
den großen Räumen zusammengestellt werden; komplett bestand sie
aus einem geräumigen Schlafzimmer, zwei Bädern, einem Aufenthaltsraum, einem Besprechungszimmer, einem Eßzimmer und einem Wohnzimmer. Der Preis betrug 3000 Dollar pro Tag.

Im Lauf der Jahre kamen einige legendäre Gegenstände hinzu. 1913 vermachte Joseph Pulitzer dem Plaza in seinem Testament 50 000 Dollar für den Bau eines Springbrunnens auf der bei den Tauben so beliebten Grand Army Plaza vor dem Hotel; er wurde gekrönt von einer Statue der Göttin des Überflusses. Der Brunnen steht noch und ist wahrscheinlich am bekanntesten durch das Bad geworden, das der angeheiterte Schriftsteller F. Scott Fitzgerald mit seiner Frau darin nahm. Fitzgerald verbrachte viele Abende im Plaza und konsumierte erhebliche Mengen Alkohol; es gefiel ihm dort so gut, daß Ernest Hemingway ihm einmal vorschlug, der Universität Princeton testamentarisch seine Leber und dem Plaza sein Herz zu vermachen.

Das Zentrum des Hauptgeschosses, wie ich es erlebt habe, war der grün wuchernde Palmenhof, den die Erbauer die „Lounge" (Halle) und die Gäste den „Tea-Room" nannten. Er war dem Wintergarten im Londoner Carlton-Hotel nachempfunden, hatte aber seine eigene Note: eine Kuppeldecke mit pastellgelber und -grüner Bleiverglasung, eine im französischen Stil verspiegelte Rückwand und Bögen, die von vier Marmorkaryatiden getragen wurden, welche die vier Jahreszeiten verkörpern. Der Tea-Room wurde zu einem beliebten Ort für Liebespaare; nicht wenige Männer haben dort einen Heiratsantrag gemacht. In der Woche, als das Hotel eröffnete, machte Graf László Széchényi Gladys Vanderbilt dort einen Antrag, und seitdem heißt es, wenn man seine Verlobung mit einem Cocktail im Palmenhof feiert, wird die Ehe glücklich.

Gleich rechts war der Edwardian Room, ursprünglich „Café Fifth Avenue" genannt und in den siebziger Jahren eine Zeitlang die „Grüne Tulpe", als der unglückliche Versuch unternommen wurde, das Restaurant „in" zu machen. Es war etwas steif, galt aber als eines der romantischsten Restaurants in New York. Dann gab es den düsteren, zweigeschossigen Oak Room (Eichenzimmer), der wie ein deutscher Gewölbekeller anmutete, und daneben die Oak Bar, die als ein privater Herrenclub begonnen hatte. 1988 bauten die Eigentümer das „Cinema 3" ein, ein kleines Kino im Keller, wo einmal der Grillroom gewesen war, und die Oyster Bar (Austernbar), einen beliebten Treff für Politiker und Leute aus dem Showgeschäft. Das Trader Vic's, ein polynesisches Plastikrestaurant, das eigentlich im Plaza fehl am Platz war, lief trotzdem mehrere Jahre gut, bis es Anfang 1988 ausgemustert wurde. Im Erdgeschoß befanden sich verschiedene Luxusläden, 1988 unter anderem Shaperos Geschenkshop, der Plaza-Blumenladen, Neuchâtel Chocolates, der Haarstylist Glemby Salon, die Modeboutique Maison Mendessolle, die Plaza-Kunstgalerie, der Herrenfriseur James und das Juweliergeschäft Black, Starr & Frost. Einige von ihnen waren schon länger da, obwohl es immer wieder zu Wechseln kam, je nach Laune der jeweiligen Hotelleitung, die unter Umständen zu dem Schluß kam, dieser oder jener Laden sei etwas zu dürftig für ihre Ansprüche, und den Mietvertrag nicht verlängerte.

Wie kommt es, daß das Hotel vielen vertraut geworden ist, die nicht nur nie dort abgestiegen sind, sondern auch noch nie in New York waren? Das liegt daran, daß es zweifellos schon in mehr Filmen vorgekommen ist als irgendein anderes Hotel der Welt. Zu den bekannten Filmen, die teilweise im Plaza gedreht wurden, gehören *Plaza Suite, Der große Gatsby, Der unsichtbare Dritte, Funny Girl, Arthur* und *Barfuß im Park*. Für Filmaufnahmen im Plaza, so wurde mir gesagt, verlange das Hotel 1000 Dollar pro Stunde (500 Dollar pro Stunde für Standaufnahmen), Einnahmen, die im Jahr auf etwa 50 000 Dollar kommen. Das Geld ist natürlich weit weniger wichtig als der Werbewert. In den letzten Jahren hat das Hotel deutlich mehr Gäste aus Australien gehabt. Von den ausländischen Gästen kommen die meisten aus Australien (dicht gefolgt von Japan). Die Marketingleute erfuhren von australischen Reisebüros den Grund: Der Film *Crocodile Dundee* war dort sehr beliebt. Das Plaza kommt in dem Streifen mehrmals vor, und viele Australier sind der Ansicht, daß man da absteigen kann.

2. Kapitel

HUD HINTON aß hastig sein aus einem Kaffee und einem Brötchen bestehendes Frühstück im Café Eloise, der Kantine im Keller des Hotels. Er unterhielt sich mit einigen Abteilungsleitern über die letzten Boxkämpfe und begann dann seinen Tag wie immer damit, daß er das Logbuch im Empfangssekretariat durchsah. Als Direktor des Plaza hoffte Hinton, sich zumindest ein ungefähres Bild von dem zu machen, was sich im Hotel tat. Das war nie ganz einfach. Die Schwierigkeiten,

Krisen, Pannen und Ausfälle sind in einem großen Hotel nicht kalku-
lierbar. Das Logbuch gab Hinton jedoch einige brauchbare Hinweise.
Die Chefs am Hauptempfang trugen Beschwerden oder ungewöhnliche
Vorkommnisse in das Logbuch ein und auch, was sie an Maßnahmen
unternommen hatten. Schwierigkeiten waren nicht unbedingt ein
Grund zur Aufregung. In der Welt eines Hotels bietet jedes Unglück
eine Gelegenheit zum Verbessern. Eine der Erkenntnisse Hintons lautete: „Es gibt keinen treueren Gast als den, der ein Problem hat, das
gelöst wird."

Hinton überflog die Eintragungen, ohne ein Anzeichen von Besorgnis
oder Belustigung erkennen zu lassen.

Ein Gast war mit einem Taxi vom „Club 21" zum Hotel gefahren und
hatte dem Fahrer gesagt, er wolle nur etwas im Geschenkshop kaufen
und komme sofort zurück. Nach anderthalb Stunden war der Mann
immer noch nicht da. Der Empfangschef hatte das Taxi bezahlt, aber
noch nicht ausfindig machen können, wo der Mann geblieben war, der
wahrscheinlich überhaupt kein Gast war.

Dann hatte sich jemand beim Hauptempfang beschwert, sein Zim-
mer sei nicht sauber und das Essen im Palmenhof eine Zumutung. Der
Empfangschef hatte sich, wie es sich gehörte, entschuldigt und dem
Gast etwas Wein und Käse aufs Zimmer bringen lassen.

Ein Gast aus Chicago, der vor ein paar Wochen im Hotel übernachtet
hatte, hatte angerufen, um sich zu erkundigen, ob man etwas über den
Diebstahl in Erfahrung gebracht habe, den er gemeldet habe. Nach
seinen Aussagen war ihm Geld aus der Brieftasche gestohlen worden,
die er in seinem Zimmer gelassen hatte. Der Sicherheitschef wurde
beauftragt, dem Vorfall nachzugehen.

Ein anderer Gast war nicht davon abzubringen, daß in seinem Brötchen ein Stein gewesen sei. Da es natürlich nicht anging, den Gästen
Steine zu servieren, war der für Nahrungsmittel und Getränke zuständige Chef gebeten worden, den Fall zu prüfen.

Die Frau des Mannes, der sich über das schmutzige Zimmer beschwert hatte, hatte bei der Zentrale angerufen, das Zimmermädchen
habe nachmittags nicht das Zimmer kontrolliert, so daß sie selbst
gebrauchte Handtücher vom Boden hatte aufheben müssen. Sie hatte
eine Entschuldigung und eine kleine Aufmerksamkeit erhalten. (Eine

Aufmerksamkeit bedeutet in der Branche ein kleines Präsent – etwas Obst, ein paar Pralinen, ein Toilettenartikel –, das dem Gast überreicht wird.)

Ein weiterer Gast hatte sich beschwert, seine Dusche sei ohne heißes Wasser gewesen. Der Mann schwor, Donald Trump persönlich zu schreiben. Klagen über eiskalte Duschen sind meistens die heftigsten, die ein Hotel zu hören bekommt. Gäste, die eine durchgelegene Matratze oder Spaghettisauce auf dem Teppich hinnehmen, halten bei kaltem Wasser nicht still.

Ein Mann hatte berichtet, einige persönliche Dinge seien beim Putzen fortgeworfen worden. Besonders schlimm sei der Verlust zweier Ohrstöpsel. Das Hotel besorgte Ersatz.

Ein anderer hatte sich beschwert, der Schrankspiegel sei aus der Tür und ihm auf den Kopf gefallen; er habe links an der Stirn eine Schnittwunde davongetragen. Ärztliche Hilfe sei allerdings nicht erforderlich gewesen. Das Hotel berechnete für eine Nacht nichts und bot ihm gratis ein Essen für zwei Personen in einem der Restaurants des Hauses an.

Zwei dieser Vorfälle gaben Hinton so weit zu denken, daß er ihnen nachging. Bei dem Ehepaar, das sich zweimal beschwert hatte, war wohl ein Anruf bei der Ersten Hausdame angebracht, und die Werkstätten würden eine Anfrage wegen des Schrankspiegels bekommen. Diese Schränke waren brandneu, aber es hatte mehrmals Probleme gegeben, zum Beispiel Türen, die klemmten. Der herausgefallene Spiegel war ein weiterer Beweis dafür, daß etwas mit den Möbeln nicht in Ordnung war.

„Das sind alles typische Beschwerden", erklärte Hinton mir achselzuckend. „Kein heißes Wasser. Der Zimmerdienst wirft etwas weg. Bei jemandem wird der Nachmittagsdienst vergessen. Vielleicht hat der Gast das BITTE-NICHT-STÖREN-Schild an die Tür gehängt und dann vergessen. Es gibt immer Gäste, die sich über etwas beschweren, das nie vorgekommen ist, denn sie wissen, daß sie auf diese Weise eine Aufmerksamkeit oder ein Essen herausholen. Man kann diese Leute auf den ersten Blick erkennen. Sie haben so einen gierigen Ausdruck in den Augen."

Hinton fuhr mit dem Aufzug in die erste Etage, wo sich die Büros der Hotelleitung befinden. Auf den Gängen war es ruhig und leer; die

Gäste waren entweder schon fort oder lagen noch im Bett. Hinton, ein kleiner, äußerst akkurater Mann mit einem dünnen Schnurrbart und dichtem, braunem Haar, betrat sein Büro und setzte sich an den Schreibtisch. Er war nüchtern, pragmatisch.

Bei seiner Arbeit hatte Hinton vor allem mit der Vielfalt der Alltagsereignisse zu tun. Er berichtete dem Generaldirektor Jeffrey Flowers, der das Büro nebenan hatte. Flowers war mit der strategischen Planung und der Gesamtleitung des Hotels betraut.

1988 hatte das Plaza insgesamt über dreizehnhundert Mitarbeiter – Hoteldiener und Pagen, Zimmermädchen, Portiers, Köche, Kellner, Elektriker, Schreiner, Maler, Sicherheitskräfte, Klempner, Hallenchefs, Barmixer, Möbelputzer, Buchhalter, Telefonistinnen, Türsteher, Hilfskellner, Minibarkellner, Gepäckträger, Lohnbuchhalter, Bedienstete im Weinkeller und eine Näherin. Über achtzig Prozent der Angestellten konnten mindestens eine Fremdsprache sprechen, insgesamt sprachen die Mitarbeiter im Hotel 35 Sprachen. Von allen wurde erwartet, daß sie sich an strenge Verhaltensregeln hielten, deren wichtigste die war, immer höflich zu sein und einem Gast nie zu widersprechen.

Im Grunde sind Hotels ziemlich unkomplizierte Betriebe, die Unterkunft verkaufen. Hinton war vor allem mit der Auslastungsquote beschäftigt – also damit, wie viele der vorhandenen Zimmer belegt waren. Er lebte mit der Vorstellung, daß die Ware, die er verkaufte – ein Bett für die Nacht –, verderblich war. Wurde sie für eine bestimmte Nacht nicht verkauft, war sie so gut wie nicht vorhanden. Sie brachte kein Geld. „Das Beherbergen gibt es seit ein paar tausend Jahren, und eigentlich ist es sehr einfach", erklärte Hinton mir. „Wir bieten den Leuten einen Platz zum Schlafen und etwas zu essen, damit ihr Magen sich wohl fühlt. Manchmal verlieren Hotelmanager diesen einfachen Zusammenhang aus dem Auge und lassen das Geschäft zu kompliziert werden. Sie kaprizieren sich zu sehr auf Einzelheiten und vergessen den Hauptzweck. Selbstverständlich darf man in einem Luxushotel wie diesem niemals die Einzelheiten vergessen. Schließlich sind sie es, die ein hervorragendes Hotel von den anderen unterscheiden."

Einen großen Teil seines Arbeitstags befand Hinton sich außerhalb seines Büros, schlenderte durch das Hotel und schaute, ob alles richtig lief, hob da und dort zerknüllte Papierabfälle auf, die den Hoteldienern entgangen waren, hielt Ausschau nach Problemen. Direktoren, die nur am Schreibtisch saßen, mußten scheitern. In einem bekannten guten Hotel hatte es zum Beispiel in der Bar drei Kassen gegeben. Zwei hatte das Hotel aufgestellt, die dritte die Barkeeper selbst, um das Geld einzutippen, das sie unterschlugen. Der Direktor hatte keine Ahnung von der dritten Kasse, weil er es nie für nötig gehalten hatte, durch das Hotel zu gehen.

In seiner Jackentasche hatte Hinton ein Notizbuch für seine Rundgänge; er nannte es seinen „Kleinen Eddie". Er erzählte mir von einem Mann namens Eddie Carlson, der die Westin Hotels leitete und immer ein ledernes Notizbuch bei sich hatte, in das er Verstöße eintrug. Es war bald als der „Kleine Eddie" bekannt. An diesem Morgen hatte Hinton beim Frühstück einen Minibarkellner entdeckt, dessen Haare über den Kragen fielen. Er hatte sich eine Notiz im „Kleinen Eddie" gemacht, daß der Abteilungschef den Kellner veranlassen sollte, sich die Haare zu schneiden. Nach dem Mittagessen im Palmenhof notierte er: „Es sah verheerend aus. Die Servietten waren schlecht gefaltet. Ein paar Glühbirnen brannten nicht. Der Spiegel war streifig."

Hinton bemühte sich um ausreichenden Kontakt mit den Gästen. „Jeden Tag unterhalte ich mich mit einigen Gästen", erzählte er. „Heute rief mich eine Frau von zu Hause aus an, die sagte, sie sei auf der Hochzeitsreise hiergewesen und enttäuscht, daß sie keine Flasche Champagner bekommen habe. Wenn wir nämlich wissen, daß ein Paar in den Flitterwochen ist, erhalten sie von mir ein paar Glückwunschzeilen und eine Flasche Champagner. Sie wohnt auf Long Island, und ich habe ihr gesagt, sie solle vorbeikommen, dann gäbe ich ihr die Flasche. Sie hätte sie bekommen sollen, aber es war einer der Fälle, wo etwas versiebt worden ist. Und dann hat eine Frau aus dem Hotel angerufen und sich über die lauten Müllautos auf der 58. Straße beklagt. Ich habe ihr erklärt, daß wir den Lärm nur in Grenzen beeinflussen können. Eine Kundin schrieb, ihre Shampooflasche sei nicht sofort nachgefüllt worden. Ich habe ihr geantwortet, so etwas sollte im Plaza eigentlich nicht passieren, und sie solle mich wissen lassen, wenn es noch einmal vorkäme. Man muß sich schon wundern, über was für Kleinigkeiten sich die Leute aufregen."

Man braucht gar nicht sehr lange mit Hinton zusammenzusein, um zu erkennen, daß es eine Menge falscher Vorstellungen über den Alltag eines Hoteldirektors gibt. „Haben Sie schon mal eine dieser Fernsehserien über ein Hotel gesehen?" fragte er mich. „Sie stimmen nicht. Es ist überhaupt nicht so wie im Film. Ich lerne die Leute nicht näher kennen und erfahre keine persönlichen Dinge aus ihrem Leben oder über ihre Berufe. Ich weiß noch, ich habe mir einmal einen Teil von *Hotel* angesehen – da sah der Direktor ein Mädchen an der Bar, und sie war, wie sich herausstellte, eine Prostituierte. Er empfand wahnsinnig viel Mitgefühl für sie und versuchte tagelang, sie auf den richtigen Weg zurückzubringen. Am Ende holte er sie tatsächlich aus diesem Milieu heraus. Ich habe bei mir gedacht, wie unrealistisch das ist. Ich hätte einfach überhaupt nicht die Zeit, so etwas zu versuchen."

Hinton griff nach ein paar Briefen. Darunter war einer von einem Gast, der einen Geschenkgutschein für das Hotel erhalten hatte, inklusive Essen, wie man ihm gesagt hatte. Als er kam, wurde ihm am Hauptempfang erklärt, ein Essen sei nicht dabei. Als er abreiste, mußte er die übliche Steuer für sein Zimmer zahlen. Das hatte ihm nicht sonderlich gefallen. Hinton leitete den Brief an den Hauptempfang weiter.

Die Tür ging auf, und Jeff Flowers kam herein. Er war ein großgewachsener, gewandter Mann mit dunklem Haar und hatte, wie Hinton, einen Schnurrbart. Es gab nichts Dringendes; er wollte nur plaudern. Der König und die Königin von Schweden sollten Freitag eintreffen. Sie blieben zwei Nächte, und am Samstag abend würde ihnen zu Ehren ein Festbankett im großen Ballsaal gegeben. „Ist alles klar für den Besuch?" fragte Flowers.

„Ich denke schon", meinte Hinton. „Die Abteilungschefs sind ganz aus dem Häuschen. Aber für dieses Hotel sind ein König und eine Königin keine so große Sache."

„Nun ja", antwortete Flowers nur. „Wie sieht's übrigens mit den Blumen für den Palmenhof aus?"

„Ich habe ein Angebot für zweitausend Dollar pro Monat."

„Meinst du, wir können sie noch etwas drücken? Daß sie es für tausend machen?"

„Möglich", sagte Hinton. „Ich habe noch Unterlagen über Palmen bekommen."

„Oh, gut", erklärte Flowers. „Wir müssen diese Krüppel loswerden und was Tolles da hinstellen."

Das Hotel hatte wenig Glück gehabt, Palmen zu bekommen, die hoch genug für den Palmenhof wurden. Hinton hatte sich umgesehen und war auf eine Firma gestoßen, die eine Konservierungsflüssigkeit benutzte, um die großen Palmen in einem Zustand gebremster Lebendigkeit zu halten. Die Palmen kosteten tausend Dollar das Stück, mußten aber nie mehr ausgewechselt werden.

„Ich möchte sicher sein, daß sie hoch genug sind", fügte Hinton hinzu. „Wenn sie nicht deutlich größer sind, ist es witzlos."

Robert Bachofen, der für Lebensmittel und Getränke zuständige Direktor, kam herein, um Hinton einen mit weißem Stoff neu gepolsterten Stuhl zu zeigen. Die Stühle des Bankettsaals bedurften dringend einer grundlegenden Erneuerung, und Bachofen wollte sie mit diesem Stoff beziehen. Die Kosten, erklärte er, würden sich auf 100 Dollar pro Stuhl belaufen.

Hinton befühlte den Stoff, setzte sich auf den Stuhl, wand sich ein bißchen hin und her, erhob sich wieder. „In Ordnung", befand er. „Sieht gut aus. Aber bekleckern Sie ihn vorher mal, und achten Sie drauf, ob er sich gut reinigen läßt. Wir wollen nichts, das nur so lange schön ist, bis die erste Sauce drauftropft."

HINTER dem Hauptempfangstresen, L-förmig und mit einer hellen Marmorplatte versehen, schien es zu eng zu sein. Die Angestellten entschuldigten sich unentwegt, wenn sie sich von einer Seite zur anderen durcharbeiteten und sich dabei anrempelten. Es gab jede Menge blaue Flecken. „Der Empfang war für etwa hundert An- und Abreisen pro Woche angelegt", erklärte David Zueske, der Chef des Hauptempfangs. „Heute liegt die durchschnittliche Aufenthaltsdauer bei zwei Tagen, und wir haben an einem normalgeschäftigen Tag 375 Anreisen und ebenso viele Abreisen."

Allmählich bildete sich eine Schlange – einige Gäste, die früh angekommen waren, aber meistens Abreisende. Ein Herr im Nadelstreifenanzug beendete seinen dreitägigen Aufenthalt. Eine junge Frau war nur eine Nacht dagewesen. Eine vierköpfige Familie hatte ihr Wochenende hier verbracht. Ein Ehepaar mittleren Alters kam an, gestand, daß sie sich beide das Gesicht liften lassen und einige Tage im Hotel erholen wollten. „Wir werden uns nicht oft blicken lassen", sagte der Mann. „Aber das macht uns nichts. Die Zimmer hier sind ja recht komfortabel."

Die Mitarbeiter am Empfang wußten, daß sie nur einen Teil der abreisenden Gäste zu Gesicht bekommen würden. Eine der Besonderheiten des Plaza war, daß jeden Tag sechzig oder siebzig Gäste das Hotel verließen, ohne sich um die Abmeldeformalitäten zu kümmern. Sie hatten diese keineswegs vergessen. Sie hielten sie einfach für unnötig. „Die Leute denken, sie sind in New York und im Plaza, und deshalb brauchten sie sich keine Gedanken wegen des Abmeldens zu machen", erklärte Zueske. Das Plaza hatte dadurch keine Einbußen; es war im Besitz der Kreditkartenabdrucke, konnte deshalb abrechnen und die Rechnung verschicken. Die Schwierigkeit war, daß man am Hauptempfang erst um 13 Uhr bei Ablauf der Räumungsfrist, nachdem jemand herumgegangen war und nachgesehen hatte, wußte, ob die Zimmer gereinigt und dann von anderen Gästen belegt werden konnten. „Wenn das Haus voll ist, schafft uns das immer ganz schön", gab Zueske zu. „Aber wir können nichts machen. Das muß man bei Plaza-Gästen eben in Kauf nehmen."

„MEIN Name ist Howell", sagte die Frau, „es ist ein Zimmer für mich reserviert."

„Gut, wir sehen gleich nach", erwiderte Roy Chaney. Er war rundlich und fröhlich und hatte die Angewohnheit, das, was er sagte, mit einem abgehackten Lachen zu unterstreichen. Seit zweieinhalb Jahren arbeitete er jetzt im Plaza am Empfang. Er blickte auf den Bildschirm vor sich. „Da haben wir's. Sie bleiben eine Nacht, gnädige Frau?"

„Ja", antwortete sie. „Falls es keine Verzögerungen gibt."

„Gut, dann sagen Sie mir Bescheid", meinte Chaney, reichte ihr eine Karte zum Ausfüllen und bat darum, einen Abdruck von ihrer Kreditkarte machen zu dürfen.

Als das erledigt war, gab er ihr zwei Schlüssel und erklärte: „Das ist

In der Rezeption werden täglich 375 Anreisen registriert.
Kleines Bild: Eloise, der Stargast des Plaza, ist nur eine Phantasiegestalt.

Ihr Zimmerschlüssel und das der Schlüssel für den Kühlschrank, falls Sie etwas Erfrischendes wünschen."

„Danke", sagte die Frau. „Ich könnte gleich einen kleinen Schluck gebrauchen."

Ein gnomenhafter Mann trat an den Empfang und bat Chaney, ihm für vier Reiseschecks je 100 Dollar Bargeld zu geben. Geschwind zählte Chaney zwanzig druckfrische Zwanzigdollarnoten ab. Der Mann nahm sie und steckte sie in eine hufeisenförmige Geldklammer.

Wie die anderen Angestellten am Empfang war auch Chaney für eine Bank verantwortlich, eine Bargeldkasse, in der zu Beginn jedes Tages 9000 Dollar waren. „So viel Geld braucht man mindestens", erklärte Chaney mir. „Nehmen wir an, ein Gast möchte seine Rechnung bezahlen, die neunhundert Dollar beträgt. Er gibt mir tausend Dollar in Reiseschecks. Dann muß ich ihm hundert Dollar bar rausgeben können. An manchen Tagen geht man am Abend mit fünftausend Dollar Bargeld raus, an anderen mit fünfzehntausend. Manchmal scheinen alle bar bezahlen zu wollen. Das weiß man vorher nie. Ich hatte einmal einen Gast, dessen Einzelrechnungen ich vor mir ausgebreitet hatte. Es war ein Haufen Papier. Bei Diners Club hatte er einen 9000-Dollar-Dispositionsrahmen. Die Rechnung machte siebentausendvierhundert. Er sah drauf und sagte: ‚Was, mehr nicht? Dann zahl ich bar.' Und er blätterte mir vierundsiebzig nagelneue Hundertdollarscheine hin."

Chaney schüttelte den Kopf. „Ich habe schon interessante Leute hier gehabt", fuhr er fort. „Zum Beispiel James Brown, den Komiker Milton Berle, Aretha Franklin, die Schauspielerin Margot Kidder. Als Margot Kidder abreiste, wollte sie ihre Telefonnummer nicht hinten auf den Scheck schreiben, wie das sonst üblich ist; sie sagte, sie würde ständig von irgendwelchen Kerlen angerufen. Ich bin auch schon mit Bo Derek aneinandergeraten. Ich wollte ihr für ihre Reiseschecks kein Bargeld geben, weil sie nicht als Gast registriert war. Sie wurde wütend und ließ den Chef kommen, der sich entschuldigte und die Schecks einlöste. Dabei hab ich mich bloß an die Regeln gehalten."

Ich sah zu, wie Kreditkarten und Durchschläge über den Empfangstresen hin- und herwanderten, als Chaney einige weitere Gäste ein- und auscheckte. Von ihm und den anderen Empfangsangestellten wurde erwartet, daß sie eine freundliche Atmosphäre verbreiten, damit der

Aufenthalt eines Gastes angenehm begann und auch so endete. Sie mußten Blickkontakt mit dem Gast aufnehmen und sich bei der Abreise nach dem Aufenthalt erkundigen. „Die Hotelleitung will, daß man hier steht und pausenlos das gleiche sagt", erklärte Chaney. „Aber wissen Sie was? Man wird zum Roboter. Wenn ich ein paar Stunden Gäste abgefertigt habe, könnte Raquel Welch in der Schlange stehen, und ich würde sie ansehen und überhaupt nichts sagen. Ich bin programmiert. Es soll so laufen: ‚Wie geht es, Sir? Wie war Ihr Aufenthalt? Wie geht es, Sir? Wie war Ihr Aufenthalt?' Wie echt klingt das wohl noch beim zehnten Mal? Ich meine, wir sollten improvisieren. Nicht alle Gäste sind gleich. Warum soll ich also immer das gleiche sagen? Also improvisiere ich manchmal. Es kommt vor, daß ich einen Gast nicht einmal frage, wie sein Aufenthalt war. Man sieht ihn an und weiß Bescheid. Ich glaube, ich habe im Lauf der Jahre schon viele Leute zufriedengestellt hier unten, aber auch schon viele Leute verärgert. Man kann es ja nicht jedem recht machen. Einige Leute treiben mich zum Wahnsinn. Sie kommen her und erwarten vier Zimmer zum Park raus, Whirlpool, Discobeleuchtung, Tischtennisplatte, einen Flügel im Zimmer und ein paar Tanzbären!"

3. Kapitel

DIE Tür zum großen Ballsaal öffnete sich und gab den Blick frei auf eine Gruppe dunkelgekleideter Damen und Herren. Ich ging hinein und setzte mich auf einen Stuhl. Es war Nachmittag, und das zweitägige Seminar „Marketing-Kriegsführung" wurde nach einer kurzen Kaffeepause wiederaufgenommen. Die Teilnehmer kehrten mit einigem Hüsteln und Stühlerücken auf ihre Plätze zurück. Am Morgen hatte man über das „strategische Quadrat" gesprochen, „die Grundsätze der defensiven Kriegsführung" und „die Grundsätze der offensiven Kriegsführung". Jetzt stand ein dürrer Mann am Rednerpult, musterte die Versammlung und setzte schwungvoll zu einem Vortrag an. „Und nun kommen wir zur ‚flankierenden Kriegsführung'", erklärte er.

Wann immer ich einen der Bankett- oder Tagungsräume des Hotels im ersten Stock betrat, war es völlig offen, was mich erwartete. Es konnte ein Jahrestreffen sein, eine Cocktailparty zur Vorstellung eines neuen Büstenhalters, die Verkaufstagung eines Herstellers von Kartoffelchips. Marie Osmond präsentierte in einem Tagungsraum des Plaza ihre Kosmetikreihen „Complexion" und „Marie Cologne" für Teenager. Als Rubin „Hurricane" Carter nach zwanzigjähriger Haft von der Anklage des dreifachen Mordes freigesprochen wurde, beschloß der ehemalige Boxer, das Ereignis im rosa Barocksaal zu feiern, eine hübsche Abwechslung nach dem Todestrakt im Trenton-State-Gefängnis.

Jetzt begann eine Diavorführung im Ballsaal. Auf der Leinwand erschien der Flankierungsgrundsatz Nummer eins: „Eine flankierende Bewegung ist eine Bewegung in ein nichtkonzentriertes Gebiet." Die Marketingkrieger saßen an langen Tischen und schrieben eifrig in weiß gebundene Bücher und auf Notizblocks. Alle hörten angespannt zu.

Flüsternd kam ich in ein Gespräch mit einem kleinen, dunkeläugigen Mann mittleren Alters. „Die Leute nehmen die Sache ja unwahrscheinlich ernst", bemerkte ich.

Er nickte mit unbewegter Miene. „Unternehmensführung ist heute eine äußerst ernste, äußerst differenzierte Angelegenheit", klärte er mich auf. „In jeder Minute an jedem Tag befinden wir uns im Wirtschaftskrieg. Unsere Armeen müssen bereit sein."

„Sind Sie der Meinung, daß Ihnen das hier viel bringt?" fragte ich ihn.

„Selbstverständlich", verkündete er im Brustton der Überzeugung. „Sie nicht?"

Ich erklärte ihm, daß ich dieser Art von Marketingreglement immer skeptisch gegenüberstehe.

„Oh, es geht hier nicht um Schemata", erwiderte er. „Hier handelt es sich um einen Lebensstil. Hier lehrt man Sie sozusagen, anders zu atmen."

Dann flüsterte der Mann mir zu, daß er am Abend zuvor einen phantastischen Film über Riesenspinnen gesehen habe, die die Erde in ihre Gewalt brachten und Menschen auffraßen. Er gestand, er habe eine richtige Gänsehaut bekommen, und es sei ein irrsinnig tolles Gefühl gewesen. „Das gleiche Gefühl, wie wenn ich mir mit einem meiner Konkurrenten eine Marketingschlacht liefere", sagte er. „Wahnsinnig spannend!"

ICH sah Mike Skira zu, dem Chef der Pagen, wie er den Gepäckabstellraum nach einem violetten Koffer durchsuchte. Ein französischer Stammgast hatte ihn dort gelassen, während er zum Essen gegangen war. Jetzt wollte er ihn wiederhaben. Die Regale des schlechtgelüfteten Raums waren mit Gepäckstücken vollgestopft; eine größere Auswahl, als ich je in einem Geschäft gesehen hatte. Skira ging systematisch vor. Er arbeitete sich durch einige Krokolederstücke hindurch, einen Reisesack voller Plüschtiere, mehrere Einkaufstüten des eleganten Kaufhauses Saks in der Fifth Avenue. Schließlich fand er, was er suchte. Lächelnd klopfte er auf den Koffer, als wäre es ein Hund. Der Franzose nahm ihn an sich, murmelte einige anerkennende Worte und drückte Skira eine zusammengefaltete Dollarnote in die Hand.

Mike Skira war klein von Statur, aber groß, was die Stimme anging. Er hatte ein Organ wie ein kreischendes Scharnier und ein kantiges, pockennarbiges Gesicht. Breitbeinig und kerzengerade stand er da. Er hatte die Elastizität einer Sprungfeder und die Wachheit eines Athleten. Koffer trug er mit der gleichen Leichtigkeit, mit der er atmete.

Eine wortkarge Dame mit traurig blickenden Augen und einer Metallbrille wollte ihren Koffer und ein Taxi haben. „Sofort, gnädige Frau", sagte Skira. Er verschwand im Abstellraum, brachte ihren Koffer, trug ihn nach draußen zum Randstein und winkte ein Taxi heran. Mit unbewegtem Gesicht gab sie ihm zwei Dollar.

Skira trug seit fast zwanzig Jahren Koffer. Er war aus England, wo er in Fabriken gearbeitet hatte, nach Amerika gekommen. Seine erste Stelle hatte er hier im Plaza bekommen. Er war Fahrstuhlführer gewesen, hatte dann im Packraum gearbeitet und war anschließend Hoteldiener – oder, wie es hier heißt, „Bellboy" – geworden. Seit fünfzehn Jahren war er der Chef der Hoteldiener im Plaza.

Die Tätigkeit des Hoteldieners erklärte Skira ganz knapp. „Man nimmt das Gepäck und bringt es auf das Zimmer."

In Wirklichkeit steckte doch mehr dahinter. Er zeigte mir, wie man professionell einen Koffer aufnimmt. „Man muß die Knie etwas beugen und den Koffer leicht und locker hochheben", erklärte er, bückte sich und nahm einen Koffer. „Nicht zu schnell gehen. Man muß geschmeidig gehen, so wie man einen Golfschwung macht. Dann tut einem der Koffer auch nicht weh. Ihn nicht einfach hochziehen. Da hebt man sich bald einen Bruch. Manche Koffer sind leicht, aber die meisten sind ziemlich schwer. Vor allem die der Ausländer. Ich weiß nicht, ob sie Steine da drin haben oder so was."

An einem normalen Tag wurde ein Hoteldiener nach Skiras Schätzung mit etwa fünfzig ankommenden Gästen konfrontiert, schleppte hundertfünfzig Koffer oder mehr und gab zahllose Ratschläge. Wenn ein Gast etwas besorgt haben wollte, erwartete man, daß der Bellboy das machte. Die Arbeit verlangte dem Körper einen hohen Preis ab, wenn man nicht vorsorgte. Da die Hoteldiener ständig auf den Beinen sein mußten, wechselten einige zweimal täglich die Strümpfe und trugen gepolsterte Schuhe, um Hühneraugen und Schwielen zu vermeiden, der Alptraum jedes Hoteldieners. „Es kommt bei unserer Arbeit sehr auf die Schuhe an", sagte Skira. „Man braucht gute Schuhe. Man braucht festen Halt. Werfen Sie einen Blick auf die Füße eines Hoteldieners, und Sie werden gute Schuhe sehen. Kräftige Schuhe. Dann kommt man nicht mit schmerzenden Füßen nach Hause."

Das Trinkgeld war am allerwichtigsten für einen Hoteldiener, da der Wochenlohn nur etwa 210 Dollar betrug. „Das übliche Trinkgeld ist ein Dollar oder mehr", erklärte Skira. Einige Hoteldiener, die in der Nähe standen, murmelten zustimmend. „Es gibt aber auch Leute, vor allem die Ausländer, die nur einen Vierteldollar geben. Sie tun so, als wüßten sie nicht Bescheid. Aber sie wissen Bescheid. Die Japaner sind besonders knauserig. Die sind absolute Spitze. Keine Ahnung, warum. Sie geben einem einen Vierteldollar und meinen, sie erwiesen einem eine Gnade.

Man kann zwei Dollar bekommen, auch drei oder fünf. Fünf Dollar sind für mich ein gutes Trinkgeld. Manchmal kriegt man auch einen Zehner, wenn ein Gast mit sehr viel Gepäck ankommt und sieht, daß man schwitzt. Aber nicht allzuoft. Der Amerikaner der Mittelschicht ist beim Trinkgeldgeben am großzügigsten. Die Reichen – die kriegt man nie zu sehen. Da gibt es all die Sicherheitsleute und Manager, und mit dem Trinkgeld ist es nicht weit her. Ein Filmstar kommt an – ihn selber sieht man nicht. Seine Leute checken ihn ein und geben ein mieses Trinkgeld."

Ein Hoteldiener, der es allein dem Schicksal überläßt, wieviel er an Trinkgeld bekommt, ist kein Profi. Während ich mich als Beobachter herumtrieb, bekam ich einige altbewährte Methoden mit, wie man aus einer Situation das Beste machen kann. Man sollte zum Beispiel immer mindestens so viel Kleingeld bei sich haben, daß man hundert Dollar wechseln kann. Gäste meinen manchmal, sie können sich um ein Trinkgeld drücken, indem sie große Scheine aus der Tasche holen und sagen, sie hätten es nicht kleiner. Wenn man Trinkgeld von einem Mann bekommt, der mit seiner Frau reist, sollte man immer versuchen, ihr die Sicht zu versperren. Egal was der Mann gibt, die Frau denkt immer, es wäre zuviel. Nicht abwartend dastehen, wenn es kein Trinkgeld gibt. Finde dich damit ab, daß du eine Niete gezogen hast, und geh zurück in die Halle, wo die Aussichten vielleicht besser sind.

Rechts von Skira stand Nabil Haddad, kaute ein paar Erdnüsse und wartete, daß die Reihe an ihn käme. Die Hoteldiener standen immer in einer festen Ordnung, wenn sie darauf warteten, einen Gast zu seinem Zimmer zu bringen. Der erste Mann stand direkt gegenüber dem Hauptempfang. Nummer zwei stand ihm gegenüber rechts. Nummer drei stand rechts an der Drehtür am Eingang. Nummer vier stand auf der anderen Seite der Eingangshalle am Tisch des Chefs. Wenn die Nummer eins den Ruf „Haupt" hörte, was bedeutete, daß ein Gast einen Hoteldiener brauchte, ging er zum Hauptempfang, und die anderen rückten auf ihre neuen Plätze vor, so als spielten sie ein Gesellschaftsspiel. Selbstverständlich konnten die Gäste einen Hoteldiener anfordern, den sie von früheren Aufenthalten kannten, aber wenn das zu oft vorkam, wurde der Betreffende von den anderen schief angesehen.

Der in Ägypten geborene Haddad, den alle Joe nannten, weil niemand seinen Vornamen aussprechen konnte, war 1968 nach Amerika gekommen. „Man kann mit diesem Job sechshundert Dollar in der Woche machen, wenn man was tut", räumte er ein. „Aber dann muß man sich um viele Leute bemühen. Man muß klug sein. Nehmen wir an, ein Gast sagt, er möchte Zigaretten. Dann sage ich nicht: ‚Zweimal links um die Ecke und dann rechts, da ist ein Laden. Die führen diese Sorte', sondern ich gehe und hole sie. Die Zigaretten kosten einen Dollar fünfzig. Vielleicht gibt er mir zwei Dollar. Vielleicht gibt er mir auch fünf. Und in Zukunft fragt er vielleicht nach mir. Man muß sich Stammkunden aufbauen. Wissen Sie, ich sehe das langfristig."

Haddad war klein, hatte ein Mondgesicht und eine Hornbrille mit starken Gläsern. Er sprach fünf Sprachen: Italienisch, Französisch, Arabisch, Spanisch und Englisch. Beim Trinkgeldgeben hatte er Unterschiede zwischen den einzelnen Nationalitäten herausgefunden. „Manchmal geht man mit sechs Koffern hoch und bekommt einen Dollar", sagte er. „Die Italiener sind am schlimmsten. Sie geben oft überhaupt nichts. Sie sagen, sie hätten kein Kleingeld. Oder sie sagen, sie müßten erst wechseln und würden einem später etwas geben. Dann vergessen sie's. Ich nehme an, sie vergessen es. Aber vielleicht sind sie auch geizig. Die Amerikaner geben das beste Trinkgeld, mit Ausnahme der Ärzte und Anwälte. Die sind mies, ganz, ganz mies. Amerikaner haben leichtere Koffer, aber dafür mehr. Die Japaner kommen mit sehr schweren Koffern. Die bringen immer lauter Akten und Bücher und Kameras mit. Die Australier haben nur einen Koffer, aber um den zu heben, muß man ein Herkules sein. Er ist so groß wie ein Schrank, und sie packen ihren ganzen Hausrat rein.

Aber wissen Sie, was am schlimmsten ist?" fragte er. „Wenn man für jemand einen Zimmerwechsel machen muß. Das kostet einen ein oder zwei Einchecker. Und Zimmerwechsel hat man jeden Tag ein paar. Meistens gefällt ihnen das Zimmer nicht, oder sie wollen ein großes Bett."

Jetzt sprudelten die Geschichten. Eine handelte von einem kürzlich ausgeschiedenen Angestellten, der den Fehler begangen hatte, seine Zuständigkeit ganz erheblich zu überschreiten. Wie er nachträglich zu erklären versuchte, hatte er vor der Ankunft eines Gastes dessen Gepäck aufs Zimmer gebracht und dann im Bad die Toilette benutzt. Er hörte einen Schlüssel in der Zimmertür und war aus Angst, der Gast könnte verärgert sein, ihn dort vorzufinden, aus dem Fenster auf einen Sims geklettert. Er kroch vorsichtig die ganze Front entlang, bis er schließlich ein offenes Fenster fand. Er stieg hinein. Es war ebenfalls ein Bad, und ein Gast war darin – einer der Topmanager der Westin Hotels, der nicht viel Verständnis zeigte. Natürlich glaubte kaum einer der Angestellten, die die Geschichte kannten, die Version des Hoteldieners. Sie waren überzeugt, daß er mit irgendeiner Frau im Bett gewesen war, als er den Schlüssel in der Tür hörte.

Hoteldiener haben (wie sie einem erzählen) einen harten Job. Sie stehen ständig unter Zeitdruck. Wie schnell ein Gast von der Straße in sein Zimmer kommt, ist ein Schlüsselwert für Service in einem Luxushotel, und die Hoteldiener haben großen Einfluß auf diese Zeitspanne. Hotelexperten rechnen damit, daß es nicht länger als etwa sieben bis neun Minuten dauert. Das Plaza war im Schnitt auf fünfeinhalb bis sechs Minuten gekommen, eine eindrucksvolle Leistung für ein Hotel dieser Größe.

„Geschwindigkeit ist alles", betonte Dominic Szorentini, der Bruder des Portiers Joe Szorentini. Er war kurz angebunden, und niemand nahm ihm das übel. Seit dreiunddreißig Jahren war er im Plaza. „Es kann etwas absolut Verrücktes passieren, das einem den ganzen Tag oder die ganze Woche vermasselt", erklärte er. Er erzählte, wie einmal ein König mit großem Gefolge angekommen war. Die Hoteldiener hatten gerade die zweihundertfünfzig Koffer der Begleitung nach oben gebracht, als einer der Begleiter des Königs sich nach dem Gepäck Seiner Hoheit erkundigte. „Kommt als nächstes dran", antwortete einer der Hoteldiener. „Das ist ganz ausgeschlossen", stöhnte der Mann. „Das Gepäck des Königs muß als erstes nach oben." Die Bellboys hatten alle zweihundertfünfzig Koffer zurück in die Halle tragen, die wenigen Gepäckstücke des Königs nach oben bringen und dann erneut das andere Gepäck hinaufschleppen müssen.

Eine kurvenreiche Blondine in einem Minirock trat aus dem Aufzug. „Los, Mike", sagte Szorentini. „Da kommt dein Mittagessen."

„In Ordnung, ich nehme sie", meinte Skira.

Dann klingelte Skiras Telefon. Nachdem er den Hörer wieder aufgelegt hatte, rief er einen Pagen zu sich. „Ich habe eine Live-Nummer", erklärte er. Das hieß im Hausjargon, daß jemandem sein Zimmer nicht gefiel und er umziehen wollte, und zwar vom siebten in das zwölfte Stockwerk. „Da oben dürfte er die gewünschte gute Sicht haben", bemerkte Skira.

Ein Gast mit einer karierten Fliegermütze und einer leichten Alkoholfahne baute sich vor Skira auf. Er wollte wissen, wo die Koffer waren, die in seinen Wagen gebracht werden sollten. „Ich habe die Koffer verlangt, und ich möchte die Koffer haben", betonte er. „Ich möchte sie nicht morgen und auch nicht erst nächsten Monat, sondern jetzt. Was ist mit den Koffern? Sie haben sich wohl nicht selbständig gemacht."

„Vielleicht hat der Page sie schon in den Wagen gepackt", erwiderte Skira sofort. Er ging nach draußen und sah nach. Nichts. Keine Koffer. „Hier kann man wahnsinnig werden", schimpfte er, als er im Gepäckraum verschwand, wo die Koffer natürlich noch standen. „Die treiben einen hier wirklich zum Wahnsinn!"

DIE Halle war ziemlich belebt an diesem Spätnachmittag. Die meisten Gäste hatten etwas vor und mußten irgendwohin, so daß sie keine Zeit für ein Gespräch hatten. Doch einer, der es nicht sonderlich eilig zu haben schien, blieb stehen, um sich mit mir zu unterhalten.

„Das Besondere an diesem Hotel ist, daß es die Phantasie beflügelt", sagte der Mann. „Das ist mit ein Grund dafür, daß ich hierherkomme. Ich hab es zu Hause recht schön, allerdings ist es nicht so, wie man es in Zeitschriften sehen kann. Wenn ich dann hier bin, komme ich mir auf einmal vor wie ein Fürst. Ich muß gestehen, was den Service angeht, bin ich ziemlich unersättlich. Den Zimmerservice nutze ich jeden Tag. Ich lasse mich immer wecken, denn ich habe es gern, wenn mich jemand anruft und ich morgens als erstes ein freundliches ‚Guten Morgen' höre. Besser als das greuliche Weckersummen. Auch die Portiers nehme ich reichlich in Anspruch. Sie sind Zauberer, wenn man Karten fürs Theater oder einen Tisch in einem Nobelrestaurant braucht. Und all die dienstbaren Geister nennen einen immer beim Namen. Das geht mir wie Öl runter. Das einzig Dumme ist, egal wie lange ich bleibe, irgendwann muß ich wieder zurück in die wirkliche Welt. Und das ist bitter."

Der Mann war Anfang Vierzig, wohnte in Oregon und sagte von sich, er habe schon ein gutes Stück auf der Schnellstraße des Lebens hinter sich. In der Taille war er schmal, sein Brustkorb war jedoch derart mächtig, daß er wie aufgeblasen wirkte. Er war an diesem Tag angekommen, hatte sein Zimmer bezogen und wollte jetzt ein wenig umherschlendern. Er war Taxidermist. „Wenn ich den Leuten sage, was ich mache, gucken sie entweder verständnislos oder fangen an zu lachen", erzählte er. „Viele glauben, ich fahre ein Taxi. Aber dafür habe ich Verständnis."

Er erzählte weiter, daß man ganz gut vom Ausstopfen von Tieren leben könne, wenn man sich einmal einen Namen gemacht habe. Wie sich herausstellte, war ihm eine ansehnliche Erbschaft zugefallen, die ihm ein Leben jenseits der Nöte der meisten seiner Kollegen erlaubte.

„Ich glaube", schloß er, „es bringt nicht viel, wenn ich weiter hier herumstehe. Ich werde mich mal draußen etwas umsehen und die Stadt wissen lassen, daß ich da bin."

DER interessanteste Ort am Abend war, wie ich feststellte, die Oak Bar – die Eichenbar. Die Drinks dort waren stark, erfrischend und teuer. Ich genehmigte mir einen und betrachtete die hereinkommenden Stammgäste, die sich um einen freien Barhocker oder einen Tisch bemühten. Der Barkeeper, der heute Dienst hatte, ein ruhiger, unprätentiöser Mann mit einer Knollennase, war imstande, vier verschiedenen Gästen innerhalb einer Viertelstunde im selben Tonfall denselben Wetterbericht zu vermitteln. Meistens schien er jedoch nicht an Gesprächen interessiert zu sein. Er hörte nur zu und füllte Gläser ebenso schnell nach, wie sie geleert wurden. „Ich fange keine Unterhaltung an", sagte er. „Meiner Meinung nach sollte es in einer Bar ruhig sein. Die meisten Gäste möchten ihre Ruhe haben und einfach dasitzen und sich entspannen."

Mose Peracchio war neunundsiebzig, und es gab keinen Drink, den er nicht hätte mixen können. „Sollte es doch einen geben", sagte er mir, „hat ihn noch niemand bei mir bestellt." Seit siebenundzwanzig Jahren servierte er in der Oak Bar Drinks; davor war er dreizehn Jahre Barkeeper in der Bankettabteilung des Plaza gewesen. Kurz vor fünf kam er ins Hotel, aß in der Kantine zu Abend, löste ein Kreuzworträtsel, holte an der Kasse eine Kassette mit zweihundert Dollar Kleingeld und kroch um halb sechs hinter die Bartheke. Dort blieb er bis zur Schließung um halb zwei früh.

Wenn Peracchio gerade einmal keinen Drink zubereitete, stand er breitbeinig da und blickte mürrisch drein. Er setzte sich nie. Das konnte einen Krampf im Bein geben. Er betrachtete die Kunden, prüfte, ob ihnen der Kopf schwer wurde, wie sie gingen, wenn sie sich zur Toilette begaben. Wenn Peracchio zu dem Schluß kam, daß ein Kunde zuviel getrunken hatte, bekam er nichts mehr. War jemand uneinsichtig, schenkte Peracchio ihm Mineralwasser oder sonst etwas Alkoholfreies ein in der Hoffnung, der Gast merke nichts. Das ging oft gut, manchmal war der Betreffende aber auch eingeschnappt. Begann jemand, wirklich

Schwierigkeiten zu machen, fuhr Peracchio sich mit dem Finger über die Gurgel – das Zeichen für den Kellner, den Störenfried an die frische Luft zu setzen.

Er goß zwei Gläser Wein ein, öffnete eine Flasche Bier, schüttete Erdnüsse in eine Schale. „Sehr viele Stammgäste haben wir nicht", erzählte er mir. „Man muß die Preise berücksichtigen. Da liegen wir nicht sehr günstig. Wir hören so manche Klage, wir wären am teuersten. Aber das ist nicht mein Bier, denn ich setze die Preise ja nicht fest."

Die Preise waren happig – doch die Atmosphäre der Oak Bar war das Geld wert. In der Geschichte des Hotels nahm sie einen besonderen Platz ein. Ursprünglich war sie eine ausschließlich männliche Bastion. Ab Mitte der dreißiger Jahre lockerten sich die Regeln ein wenig, und Frauen hatten an den Wochenenden zum Mittagessen Zutritt und an Werktagen nach Börsenschluß. Aber erst 1969 wurden sie den Männern gleichgestellt und konnten kommen, wann sie wollten.

Vor vielen Jahren befand sich in der Mitte des Barraums ein elektrischer Springbrunnen, einer der ersten überhaupt. Als Anreiz für

Abends ist der beliebteste Treffpunkt im Hotel die Eichenbar, die mit Wandgemälden des amerikanischen Künstlers Everett Skinn dekoriert ist.

Geschäftsleute gab es in den Gängen zwischen der Bar und der Haupthalle sechs Zweigstellen von Börsenmaklern. In der Zeit der Prohibition verschwand die Bar, und man machte aus dem Raum ein Maklerbüro. Aber getrunken wurde weiter. Die Chauffeure fuhren vor und lieferten Flaschen bei den Portiers ab, die sie dem Oberkellner zur endgültigen Verteilung übergaben. Anfang der vierziger Jahre zog die Maklerfirma nach oben, und die Oak Bar hielt nach dem Umbau hier Einzug.

Beim Umbau kamen auch drei Wandgemälde des amerikanischen Malers Everett Shinn hinzu. Eines zeigt das Herrenhaus der Vanderbilts, das auf der anderen Straßenseite stand, bis es abgerissen wurde, um dem Kaufhaus Bergdorf Goodman Platz zu machen. Das zweite zeigt den Central Park, wie er sich dem Betrachter vom Hotel aus an einem kalten Winterabend des Jahres 1907 dargeboten hätte, und das dritte – über der Theke – den Pulitzer-Brunnen. Die Bilder existieren noch und laden den Betrachter zum Sinnieren ein. Bis in die jüngste Zeit wurden die Shinn-Bilder beim Verkauf des Hotels stets ausgenommen und mußten getrennt erworben werden. Westin Hotels verhandelte vierzehn Monate, bevor man sich auf einen annehmbaren Preis von einer halben Million Dollar einigte. Nach neuester Schätzung liegt der Wert der Wandbilder bei 1,2 Millionen Dollar.

Die Nordwestecke des Speisesaals neben der Oak Bar hieß offiziell Cohan-Ecke, weil George M. Cohan, der Dramatiker, dort bis zu seinem Tod 1942 fast täglich ab halb vier oder vier in einer Nische saß, um sich ein paar Drinks zu genehmigen. Bevor er eintrat, vollzog er ein kleines Ritual. Er spazierte mit ein paar Rollen 25-Cent-Münzen um den Teich im Central Park und verteilte sie im Vorbeigehen an Bedürftige. Unmittelbar bevor er dann ins Hotel ging, kaufte er sich die Nachmittagszeitung, denn er war sportbegeistert und begierig auf die Footballergebnisse. Seine Lieblingsmannschaft waren die Yankees, und er unterhielt sich oft mit dem Kellner über ihr Spiel. Sein Drink war ein Gibson – ein Martini mit einer Perlzwiebel. Oft kamen George Jessel, Ethel Merman oder andere Theaterleute vorbei und setzten sich zu ihm. Cohan blieb meistens bis etwa acht Uhr, und dann hatte er ganz schön getankt. Wenn die Hotelleitung heute jemanden in der Bar bewirtet und Eindruck machen will, wird oft die Cohan-Ecke gewählt.

Die am häufigsten verlangten Getränke an der Bar sind Bier, Wein und Wodka. „Mehr wollen die Leute gar nicht", sagte Peracchio. „Früher waren es Scotch, Martini, Manhattan, Whiskey Sour. Vor etwa fünfzehn Jahren begann sich das zu ändern. Heute kann es passieren, daß ich einen ganzen Tag keinen Martini mixe. Scotch ist derart zurückgegangen, daß man es kaum glaubt. Früher haben wir zwei Kisten Scotch am Tag gebraucht, heute vielleicht noch ein paar Flaschen. Eine Flasche Wodka reichte einst ein ganzes Jahr. Das ist vorbei. Der Geschmack hat sich geändert. Nur noch Bier, Wein und Wodka.

Peracchio selbst war ein Ausbund an Genügsamkeit. Bevor er seinen Dienst antrat, holte er sich ein Mineralwasser, von dem er dann von Zeit zu Zeit einen Schluck nahm, bis Feierabend war. „Ich trinke kaum. Ich mach mir nichts draus. Mir reicht Wasser oder Eistee. Wenn ich zu Hause Besuch habe, nehme ich vielleicht mal ein Glas Wein. Wenn man hinter einer Theke arbeitet, kann man sehr leicht mit dem Trinken anfangen und dann das Maß verlieren. Und ehe man sich's versieht, hängt man an der Flasche. Es geht so schnell."

Ich kam mit einem Herrn mit graumeliertem Haar ins Gespräch, der auf einem Barhocker saß, geräuschvoll einige Erdnüsse kaute und sie mit Bier hinunterspülte. Er hatte ein Kreuzworträtsel der *New York Post* vor sich. „Zu einfach, das blöde Ding", brummte er und schob die Zeitung zur Seite.

Einen Augenblick saß er still da und blickte auf das Wandgemälde hinter der Theke. „Wissen Sie", begann er, „ich könnte ein regelrechter Säufer werden. Das Problem ist nur, ich habe keine Zeit. Richtiges Trinken braucht nämlich viel Zeit."

Er bestellte sich noch einen Drink und fing an, auf einer Salzstange herumzukauen. Mir fiel auf, daß er sich die Schuhe aufgebunden hatte. „Bin heute schon eine Menge gelaufen", erklärte er. „Diese Stadt verlangt den Füßen alles ab."

Ich hörte dem Mann weiter zu, wie er sich über das Auf und Ab seiner Ehe ausließ („Wir pendeln im Moment zwischen Höhen und Tiefen, das heißt, wir sprechen miteinander, das aber meistens ziemlich laut."), über die Begattungsgewohnheiten der Tintenfische („Sie machen es nicht so, wie Sie vielleicht denken."), daß er auf dem College ein richtiger Frauenheld gewesen war („Traumboot war mein Spitzname."), was man gegen Küchenschaben macht („Wenn man die mal hat, kann man die ganze Bude gleich anstecken."), daß er einmal so pleite war, daß er einen ganzen Monat kein Licht zu Hause anmachte, um Geld zu sparen („Hat mir unwahrscheinlich geholfen, meine Sinne zu schärfen."), und daß der beste Schüler seiner Abschlußklasse nun Fernfahrer war („Das Leben ist voller Geheimnisse, was soll's.").

Ich fragte ihn, was ihn ins Plaza geführt habe.

„So allerlei", sagte er geheimnisvoll. „Das heißt, ich bin dabei, eine ganz große Sache aufzuziehen, eine wirklich ganz große Sache. Ich mach es, und es klappt auch. Abends muß ich was trinken, um meine Nerven zu beruhigen, das ist eine absolut wahnsinnige Sache."

„Was ist das denn für eine große Sache?" fragte ich ihn.

„Maulwürfe" war seine Antwort.

„Maulwürfe?" fragte ich entgeistert.

„Genau. Maulwürfe." Er beugte sich auf seinem Barhocker vor und sprach jetzt mit Verve. „Sie wissen ja, wie Maulwürfe den Rasen durchwühlen. Ich habe ein Gerät, das stecken Sie in den Boden, das gibt Töne von sich, die nur ein Maulwurf hören kann. Das macht die Viecher verrückt. Es sind noch andere Geräte auf dem Markt, aber ich habe etwas, das alles übertrifft. Die Maulwürfe halten es bei meinem Gerät nicht aus. Sie verschwinden nicht nur aus dem Rasen, sie wandern gleich in den Nachbarstaat aus."

„Wie funktioniert das denn?" wollte ich wissen.

Er blickte mich argwöhnisch an. „Kann ich Ihnen nicht verraten." Energisch schüttelte er den Kopf, dann grinste er und zeigte dabei unregelmäßige Zähne. „Betriebsgeheimnis. Es ist ein unglaubliches Produkt, aber ich erzähle keiner Menschenseele was davon. Nicht einmal meiner Mutter. Verstehen Sie? So ist das nun mal im Geschäftsleben. Irgend jemand, der von nichts was ahnt, erfährt was von Ihrem Produkt, und am nächsten Tag ist das verdammte Ding auf dem Markt. Von mir kein Sterbenswörtchen. Aber ich habe Leute, mit denen ich im Gespräch bin, und wenn die das Zauberwort aussprechen – nämlich Geld –, dann reißen mir die Leute von hier bis nach Timbuktu diese Dinger aus den Händen."

4. Kapitel

DIENSTAGMORGEN. Arthur Hoyt, im dunkelblauen Anzug, stand im Schatten einer ausladenden Palme. Er tupfte sich den Schweiß von der Stirn und zerknüllte dann das Taschentuch in der Hand. Hoyt bewegte sich steif und ungelenk, und während er langsam außen um den Palmenhof schritt, aus dem ihm das Stimmengewirr der Frühstücksgäste entgegenbrandete, überflog sein Blick die Halle.

Der Sicherheitsdirektor dachte an zwei Fälle, die ihn nachdenklich stimmten – bei einer American-Express-Geschäftsstelle waren Reiseschecks gestohlen worden, die jetzt in New Yorker Hotels auftauchten, und ein fünfköpfiges Team ließ seit kurzem mit großem Erfolg Koffer aus Hotelhallen mitgehen. Er konnte allerdings nicht sehr konzentriert nachdenken, denn immer wieder hielten Gäste ihn irrtümlich für einen Angestellten und fragten ihn nach dem Weg zu einem der Ballsäle oder Restaurants. „Der größte Teil unserer Zeit geht für Auskünfte drauf", erklärte er mir etwas mürrisch. „In einem Hotel wie diesem besteht unsere Arbeit zu fünfundsiebzig Prozent aus Auskünften, und nur fünfundzwanzig Prozent ist Sicherung. Wir zeigen Leuten den Weg zu den Banketträumen, helfen Gästen auf diese und jene Weise. Wir haben auch viele Gäste aus Kleinstädten hier, die New York für eine höchst unsichere Stadt halten. Sie fragen nach Sicherheitstips. Die kann ich ihnen geben: nicht zeigen, daß man Geld hat, ist der erste. Wir empfehlen den Damen, die Ringe so zu drehen, daß die Steine nicht zu sehen sind. Sie sollten den Schmuck außerdem unter der Kleidung tragen. Sie sollten nur so viel Bargeld bei sich haben, wie sie unbedingt brauchen, und Kreditkarten benutzen. Die Brieftasche in der Innentasche tragen. In belebten Gegenden bleiben. Menschenmengen bieten tatsächlich Sicherheit. Das ist alles nichts Neues, aber die Leute wissen es anscheinend nicht."

Hoyt, ein stämmiger Mann mit einer Zahnlücke und glattem grauem Haar, war ein pensionierter New Yorker Polizist. Als ich ihn auf seiner Tour durch das Hotel begleitete, schilderte er mir die Typen, die ihm und seinen Mitarbeitern Sorgen machten. „Wir haben ziemlich viele verschiedene unangenehme Typen hier", begann er. „Sie bereiten uns ständig Kopfschmerzen. Wir versuchen, sie abzuschrecken, aber sie kommen immer wieder. Sie geben sich große Mühe, wie Touristen auszusehen. Sie hängen sich eine Kamera um, tragen Einkaufstüten, fragen, wo man Postkarten bekommt. Alles bekannte Tricks."

Am häufigsten war der Kofferdieb, der sich in der Nähe des Empfangs herumtrieb und Koffer oder Taschen stahl. Kofferdiebe gingen sehr unterschiedlich vor. Einer, der das Plaza heimgesucht hatte, trug eine schwarze Aktentasche mit sich herum und hielt Ausschau nach Leuten mit einer ähnlichen Tasche. Dann folgte er dem ahnungslosen Gast in der Hoffnung, dieser werde irgendwann die Tasche abstellen, um zu telefonieren oder eine Zeitung zu kaufen. In dem Moment vertauschte er geschickt die Taschen.

Die Diebesbanden bauten auf Ablenkung, um das zu bekommen, was sie wollten. Ein häufig angewendeter Trick bestand darin, dem Opfer Senf oder Ketchup hinten auf den Mantel zu schmieren und dem Gast dann auf die Schulter zu tippen, um ihn darauf hinzuweisen, daß er einen Fleck auf dem Rücken habe. Sobald der Betreffende sich umwandte, schnappte sich einer aus der Bande den Koffer. „Ketchup und Senf nehmen sie am häufigsten", erklärte Hoyt. „Sie besorgen sich diese kleinen Tüten an Imbißbuden."

„Einen klassischen Fall gab es neulich in einem Hotel in der Nähe", erzählte Hoyt weiter. „Eine Frau holte ihren Schmuck im Wert von dreißigtausend Dollar aus dem Hotelsafe, ehe sie zum Empfang ging, um auszuchecken. Den Beutel mit dem Schmuck legte sie auf den Tresen. Jemand trat zu ihr und sagte: ‚Entschuldigung, Sie haben etwas verloren.' Sie blickte auf den Boden, wo ein Hundertdollarschein lag. Sie bückte sich und hob ihn auf. Als sie sich wieder aufrichtete, war der Beutel weg. Da trat noch jemand hinzu und sagte, er sei Gast und ihm sei ein Hundertdollarschein runtergefallen. Die Frau erklärte, o ja, sie habe den Schein gefunden, und gab ihn ihm. Er gehörte natürlich auch zu dem Team. Auf diese Weise bekamen sie sogar ihre hundert Dollar wieder."

Trotz all der Geschichten von großen Coups war das Kofferklauen Glückssache. Oft stand der Dieb mit einem Koffer da, der nur mit Kleidung vollgestopft war, die nicht einmal seine Größe hatte.

Die andere häufige Plage, mit der Hoyt sich herumschlagen mußte, war Taschendiebstahl. Die wahrscheinlich verbreitetste Methode der Taschendiebe war das Blockieren der Drehtür durch zwei Personen. Ein lohnendes Opfer wurde ausgespäht, und einer der Diebe ging vor ihm her durch die Tür. Sobald das Opfer in die rotierende Tür treten wollte, hielt der Gauner diese an und tat so, als würde sie klemmen. Der zweite Dieb rannte in das Opfer, das in diesem Moment kaum auf der Hut war, denn es war nichts Außergewöhnliches, angerempelt zu werden, wenn unvermutet eine Drehtür stockte. Während das Opfer derart abgelenkt wurde, zog der Kompagnon ihm die Brieftasche heraus. Ein gutes Erkennungszeichen der Taschendiebe seien, wie Hoyt sagte, die Fingernägel. Taschendiebe feilen sich die Fingernägel immer messerscharf. Sie berühren eigentlich gar nicht die Brieftasche, wenn sie sie ziehen. Sie packen vielmehr den Stoff an der Tasche und stupsen die Brieftasche durch den Stoff mit den Fingernägeln nach oben.

Neben den Koffer- und Taschendieben traten gelegentlich auch Streuner auf, die als Gäste abstiegen und dann in den Korridoren umherstrichen und nach unverschlossenen Türen Ausschau hielten, die sie aufbrechen konnten. Gauner, die in Hotelzimmer einbrechen, um zu plündern, sind jedoch selten geworden, einfach darum, weil die Schlösser besser geworden sind. Gewitzte Diebe, die ein Zimmer nicht lautstark aufbrechen wollen, warten auf den krassen Umschwung von sehr warmem zu kaltem Wetter, der einen Spalt zwischen Holztür und Rahmen verursachen kann, so daß sich das Schloß mit einem schmalen Gegenstand öffnen läßt. Man kann eine Kreditkarte oder einen Zelluloidstreifen in den Spalt schieben und so den Schloßbolzen lösen. Bei solchen Wetterumschwüngen kontrolliert der Sicherheitsdienst möglichst viele Türen; werden Spalten entdeckt, muß ein Schreiner sie unverzüglich ausfüllen.

Eine andere Hotelplage waren Trickbetrüger, die sowohl Angestellte wie Gäste begaunerten. Einer von ihnen, der sich mit einigem Erfolg im Hotelgewerbe umgetan hatte, wurde Ende 1986 im Plaza geschnappt. Man identifizierte ihn als den vierzigjährigen Jugoslawen Aldo Zenzerovia. Sein Trick war, sich an mexikanische Einwanderer heranzumachen, wenn sie in Hotels nach Hilfsarbeiterjobs fragten. Er sagte, er könne ihnen für eine Gebühr zwischen ein- und zweihundert Dollar eine Stelle besorgen. Sobald Zenzerovia das Geld hatte, verschwand er. Die Stelle gab es nicht. Nachdem er schon einige Einwanderer ausgenommen hatte, die sich in verschiedenen großen New Yorker Hotels nach Arbeit erkundigt hatten, bekamen die Sicherheitsdienste einen Steckbrief von ihm, und einer der Männer im Plaza schnappte ihn.

Schmuckdiebstähle bereiten allen Hoteldirektoren ständig Sorgen. Der größte und undurchsichtigste Schmuckdiebstahl im Plaza ereignete sich im September 1925, als Jessie Woolworth Donahue, einer Woolworth-Erbin, Schmuck im Wert von 683 000 Dollar aus ihrer Suite gestohlen wurde. Ihr Mann James Donahue und der Diener hielten sich zur Tatzeit in anderen Zimmern der Suite auf, sahen und hörten aber nichts. Unter den Schmuckstücken war auch ein Halsband aus rosa Perlen im Wert von 450 000 Dollar. Die Versicherung setzte eine Belohnung von 65 000 Dollar aus. Ein paar Tage später brachte ein Privatdetektiv den geraubten Schmuck unter der Bedingung zurück, daß keine Fragen gestellt würden. Bis heute weiß niemand, wer der Dieb war.

Es hat auch andere beachtliche Beutezüge gegeben. Im Februar 1964 zum Beispiel, als zwanzig Polizisten sich zum Schutz der dort wohnenden Beatles im Hotel aufhielten, entwendete ein Dieb aus dem Zimmer eines Ehepaars aus Florida Schmuck im Wert von 23 000 Dollar. Im November 1971 wurde einem im Ruhestand lebenden Geschäftsmann aus Minnesota und seiner Frau Schmuck für 59 000 Dollar aus ihrem Zimmer im 13. Stock gestohlen. Die Sachen hatten in einem Leinenbeutel auf der Schlafzimmerkommode gelegen.

Hoyt wunderte sich immer wieder, wie leichtsinnig die Menschen sein können – und welches Glück manche von ihnen haben. Einmal brachte ein Zimmermädchen einen Diamanten, der so groß war, daß Hoyt ihn für unecht hielt. Wie sich herausstellte, hatte er dreißig Karat und war etwa 80 000 Dollar wert. Hoyt rief die Dame an, die das Zimmer zuletzt bewohnt hatte. O ja, der Schmuck gehörte ihr. „Ich lasse das Ding immer wieder liegen", erzählte sie Hoyt.

Schmuckstücke tauchen überall auf. Eine kostbare Perlenkette wurde in einem Staubsauger des Plaza gefunden. Ein Brillantarmband wurde in einem Aufzug des Plaza entdeckt. Zu den Fertigkeiten der Leute vom Sicherheitsdienst gehört auch, Schmucksachen, die von ihren

Besitzern versteckt wurden, wiederzufinden, weil diese das Versteck vergessen haben. Eine Dame versteckte einmal einen Diamantring in einem Töpfchen Gesichtscreme und konnte sich dann nicht mehr erinnern, wo sie ihn gelassen hatte. Der Sicherheitsdienst, dem Cremetöpfe als Versteck vertraut waren, fand ihn wieder.

Ein älterer Herr in einem karierten Jackett trat auf Hoyt zu und räusperte sich. „Entschuldigen Sie", sagte er, „im Hotel gab es einmal ein Fischrestaurant."

„Ja, Sir", erwiderte Hoyt. „Das gibt es immer noch. Die Oyster Bar. Gleich rechts um die Ecke."

Hoyt musterte seine Männer und streifte durch die Halle, wobei er besonders darauf achtete, wo sie standen. „Ich versuche, eine Angstbarriere vor denen zu errichten, die etwas im Schilde führen", erklärte er. „Wer sich etwas zweimal überlegen muß, begeht die Tat nicht. Wir wollen den Gaunern klarmachen, daß ein Versuch hier nicht lohnt und sie woandershin gehen sollen. Es kommt also darauf an, die Detektive sichtbar an allen wichtigen Stellen zu postieren. Ein Verbrecher erkennt einen Detektiv schnell. Ein Kennzeichen ist meistens das Walkie-talkie. Oder wie er dasteht und das Gepäck und die Tür beobachtet. Ist der Dieb sich nicht sicher, stellt er unseren Mann eventuell auf die Probe. Vielleicht nähert er sich bewußt einem Koffer und prüft, ob der Detektiv seinen Standort verändert, um besser sehen zu können. Wir werden keinen Wassergraben um das Hotel ziehen und Alligatoren hineinsetzen. Aber wir wollen, daß das Hotel einer uneinnehmbaren Festung gleicht."

Hoyt bleute seinen Männern immer wieder ein, sich mit dem Rücken zur Wand zu stellen. Dann konnte niemand ihnen von hinten auf die Schulter tippen und sie veranlassen, sich umzudrehen, wobei sie eventuell einen Dieb verpaßten. Hin und wieder schlich Hoyt sich hinter einen Detektiv, der zu weit von der Wand entfernt stand, und sagte: „Guten Morgen." Wenn der Betreffende herumwirbelte, hielt Hoyt ihm eine Standpauke.

Eine gute Quelle, um zu erfahren, ob sich ein potentieller Dieb im Haus aufhielt, waren die Angestellten. Erst kürzlich hatte ein Zimmermädchen den Sicherheitsdienst angerufen und mitgeteilt, daß sich auf ihrem Stockwerk eine verdächtig aussehende Person herumtreibe. Ein

Hausdetektiv hielt den Verdächtigen an und konnte kaum glauben, daß er keinen Geringeren als Champagner-Johnson vor sich hatte, einen der eifrigsten Zimmerdiebe New Yorks. In seiner zwanzigjährigen Laufbahn hatte er beträchtliche Mengen Bargeld und Schmuck aus Hotelzimmern entwendet. Seinen Spitznamen hatte er bekommen, weil er stets elegant gekleidet und höflich war. Hoyt drückte es so aus: „Würden Sie ihn kennenlernen, dann würden Sie ihn wahrscheinlich zum Essen einladen." Niemand wußte, wie es ihm gelang, scheinbar absolut sichere Schlösser zu knacken. „Was machen wir, um sicherzugehen, daß Sie nicht wieder in diesem Hotel auftauchen?" fragte Hoyt Johnson beim Verhör.

Der Gauner lächelte gequält. „Mr. Hoyt", antwortete er, „ich glaube kaum, daß es zu meinem Besten wäre, wenn ich diese Frage wahrheitsgemäß beantworten würde."

Das Hotel ließ ihn wegen Hausfriedensbruchs festnehmen. Binnen kurzem war er jedoch wieder unterwegs und schlich durch die Gänge eines anderen Hotels, weil er das Stehlen nicht lassen konnte. Bald darauf aber kam sein Ende. Er wurde beim Diebstahl im Roosevelt-Hotel gefaßt und für ein paar Jahre hinter Gitter festgesetzt. Unter vierzehn verschiedenen Decknamen war er schon festgenommen worden, aber zum erstenmal verschwand er für längere Zeit hinter Schloß und Riegel.

Bei den Hoteldetektiven der ganzen Stadt galt Champagner-Johnson als der fähigste Gauner, mit dem man es zu tun bekommen konnte. Er war ein Meister darin, sein Äußeres durch kleine Tricks zu verändern. Im einen Augenblick sank ihm das Kinn auf die Brust, im nächsten reckte er es vor und wirkte wie ein anderer Mensch. Er konnte die Schultern hochziehen, so daß jeder, der ihn sah, ihn als klein beschrieb; er konnte sich hochrecken und jeden überzeugen, daß er großgewachsen war. Er war auch ein heller Kopf. Einmal wurde er von einem zurückkehrenden Gast in einem Zimmer überrascht, in das er eingebrochen war. Ruhig und überzeugend erklärte er, daß er von der Betriebsabteilung des Hotels sei und die Rauchdetektoren in allen Zimmern prüfe. Und das sei gut gewesen, fuhr er fort, denn er habe dabei festgestellt, daß die Batterie des Rauchmelders im Zimmer des Gastes leer gewesen sei. Damit entschuldigte er sich und sagte, es werde gleich jemand vom Wartungspersonal vorbeikommen und den Fehler beheben. Das Mißtrauen des Gastes legte sich rasch, denn eine halbe Stunde später erschien tatsächlich ein Wartungstechniker und wechselte die Batterie im Rauchmelder aus. Nach Verlassen des Zimmers hatte Champagner-Johnson über ein Haustelefon die Betriebsabteilung angerufen und einen defekten Melder angezeigt. Erst am nächsten Morgen merkte der Gast, daß ihm das gesamte Bargeld gestohlen worden war.

Nach der Inspektion der Hallen schlenderte Hoyt nach unten, um zu sehen, was sich im Meldezentrum tat. Das Nervenzentrum der Sicherheitsabteilung war eine menschenleere, verglaste Kabine im Kellergeschoß des Hotels. Sie hatte einen Betonboden und einen Tisch, der die ganze Längsseite des Raums einnahm. Über dem Tisch waren zweiundzwanzig Bildschirme angebracht, die mit je einer strategisch günstig postierten Videokamera im Hotel verbunden waren. Kameras gab es in allen Aufzügen, in den Ankunftsbereichen, an den Eingängen der Restaurants, bei den Safes und den Hoteleingängen. Eine Kamera nahm darüber hinaus das Geschehen im Weinkeller auf. Jedes Videoband lief drei Tage und wurde drei Monate aufbewahrt, bevor man es erneut verwendete. Im Augenblick war auf keinem der Bildschirme etwas Verdächtiges zu erkennen.

Ein unentbehrliches Hilfsmittel, das im Meldezentrum lag, war das *Hotel Alert Book* (Hotelwachbuch), ein Buch, das Steckbriefe einschließlich Fotos von Verbrechern enthielt, von denen man wußte, daß sie in Hotels auftraten. Alle Hausdetektive hatten sich mit den Gesichtern vertraut zu machen und sie sich einzuprägen. Das Buch gab Auskunft über etwa fünfzig bis sechzig eifrig tätige Verbrecher sowie weitere hundertfünfzig „alte Hasen", die länger nicht mehr in Erscheinung getreten waren. Aber sehr oft tauchte einer von ihnen wieder auf; wie sich meistens herausstellte, hatte er nur eine Weile gesessen. „Wir haben hier in unserem Gebiet etwa zehn Hotels, die sich gegenseitig informieren", erklärte Hoyt. „Wenn wir jemanden entdecken und er türmt, rufen wir eins der Hotels an, und es gibt eine Informationskette, bis alle zehn Häuser gewarnt sind. Wenn man jemanden verscheucht, geht der nicht etwa nach Hause und legt sich ins Bett. Er will sein Vorhaben durchziehen und sucht einfach das nächste Hotel heim. Das ist seine Arbeit, er muß also irgendwo zuschlagen.

Manchmal bekommen wir auch Hilfe von den Gästen. Im letzten
Monat hatten wir eine Taschendiebin, die die Straße vor dem Hotel
abgraste. Ein Ehepaar, das hier wohnte, befand sich auf dem Gehweg
beim Eingang, als eine Frau auf den Mann zutrat. Sie war wie ein
Strichmädchen angezogen und machte sich an den Mann ran, obwohl
die Frau dabei war. Die Frau fand die Situation unglaublich komisch –
ein leichtes Mädchen, das ihren Mann ansprach. Sie hatte einen Fotoapparat bei sich und machte eine Aufnahme. Als das Mädchen weg war,
stellte der Mann fest, daß seine Brieftasche verschwunden und der Ring
ihm halb vom Finger gezogen war. Die Frau kam also mit dem Film zu
uns. Als sie mir erzählte, sie habe einen Schnappschuß von ihrem Mann
und dem Mädchen geknipst, wollte ich sie nicht enttäuschen, denn ich
war ziemlich sicher, daß dabei nichts herauskommen würde. Wahrscheinlich hatte sie einen Finger vor das Objektiv gehalten, oder das
Bild war unscharf. Aber ich hatte mich gründlich geirrt. Die Aufnahme
war einwandfrei. Mit Hilfe des Fotos wurde die Taschendiebin überführt."

In der Halle stieß Hoyt auf John McHugh, seinen Stellvertreter, der
mir erzählte, daß er dabei sei, Augen zu beobachten. Eine seiner Augenbrauen war ständig prüfend hochgezogen, und er stand kerzengerade
da. „Ich versuche zu erkennen, wohin jemand blickt", sagte er. „Blickt
er nach unten auf die Koffer? Schaut er einer Frau nach, oder hat er nur
Augen für ihre Handtasche? Manchmal laufen hier diese Superfrauen
vorbei, und jemand stiert nur auf ihre Handtasche – kein Blick auf das
Gesicht oder die Beine. Da heißt es aufpassen. Im Winter hat man ein
Auge auf Leute, die mit einem Mantel über dem Arm herumlaufen. So
jemand zieht ein Portemonnaie mit der Hand unter dem Mantel. Wenn
wir einen Verdächtigen entdeckt haben, gehen wir zu ihm und fragen:
‚Kann ich Ihnen behilflich sein?' Er antwortet: ‚Ich sehe mich nur um.'
Er weiß dann, daß er beobachtet wird und in ein anderes Hotel gehen
muß. Unsere Arbeit bedeutet stehen und beobachten. Es können zwanzig Koffer da aufgetürmt sein, die zehn Personen gehören. Und der
Detektiv weiß, welcher Koffer wem gehört. Konzentration – das ist das
ganze Geheimnis."

„Ja, man muß bei diesen Burschen immer voll dasein", stimmte Hoyt
zu. „Sie sind erstklassig." Er erzählte, wie er einmal einen Dieb im

Palmenhof beobachtet hatte. Als der sich bückte, um ein Stück Papier aufzuheben, das er hatte fallen lassen, streckte er den rechten Fuß nach hinten und angelte damit eine Handtasche, die unter dem Tisch hinter ihm stand; dann stieß er sie mit dem Fuß seinem Kompagnon zu, der mit ihm zusammenarbeitete. Hoyt nahm sie beide fest.

Keiner der Hausdetektive im Plaza durfte nach Hoyts Vorschrift eine Waffe tragen, auch er selbst tat es nicht. „In einem Hotel kann nichts passieren, das es wert wäre, ein Menschenleben zu opfern", erklärte er. Solange Hoyt im Plaza arbeitete, war kein einziger Schuß abgefeuert worden, obgleich es einige heikle Situationen gegeben hatte. Vor kurzem hatte sich ein Mann in einem der Läden umgesehen; seine Jacke war offen, und ein Verkäufer bemerkte, daß er eine Pistole trug. Als der Mann sich in die Oak Bar begab, informierte der Verkäufer unverzüglich einen der Hoteldetektive, der ihm in die Bar folgte. Der Detektiv wartete, bis der Mann beide Hände auf der Bartheke hatte, setzte sich dann schnell neben ihn, wies sich aus und fragte, ob der Gast die Erlaubnis habe, eine Waffe zu tragen. Dieser bejahte und sagte, der Waffenschein befinde sich in seiner linken Jackentasche. Der Detektiv holte ihn behutsam heraus. Der Mann war ein Zahnarzt aus Scarsdale, der die Waffe zu seinem eigenen Schutz trug.

Morde waren, soweit Hoyt wußte, im Plaza nicht vorgekommen. Wenn jedoch in einem der Hotels von Manhattan ein Mord passierte, wirkte sich das auf die anderen Häuser aus. Im September 1982, als bei einem Raubüberfall im 18. Stock des Waldorf-Astoria eine Bankangestellte im Treppenhaus erstochen wurde, verschärfte das Plaza sofort seine Sicherheitsmaßnahmen. Der Waldorf-Fall wurde im April des Jahres darauf gelöst, als ein Detektiv aufgrund eines einzigen blutverschmierten Fingerabdrucks, den man auf der Geschäftskarte in der durchwühlten Brieftasche der Angestellten gefunden hatte, den Mörder aufspürte.

Erneut in erhöhte Alarmbereitschaft wurde der Sicherheitsdienst im Juni 1986 versetzt, nachdem ein Manager einer Hotelgesellschaft aus Houston in seinem Zimmer erschossen wurde – ebenfalls im Waldorf. Dieser Fall blieb ungelöst.

„Mord in einem Hotel, das kommt selten vor", sagte Hoyt. „Da gibt es viel bessere Plätze, jemanden umzubringen."

„Entschuldigen Sie", unterbrach uns eine weißhaarige Dame. „Können Sie mir sagen, wo die Toiletten sind?"

„Gehen Sie zweimal rechts, dann sehen Sie sie auf der rechten Seite", erklärte Hoyt. „Sie können sie nicht verfehlen."

5. Kapitel

SCHWIERIGKEITEN mit einer Badewanne im zehnten Stock. Ein Anruf kam zur Betriebsabteilung unten in den Katakomben im Kellergeschoß. Der Einsatzleiter nahm den Anruf entgegen. „Aha, Verschluß funktioniert nicht … gut … zehn Uhr neunundvierzig … Wir schicken jemand hoch."

Tony Villafane wurde beauftragt. Er war einer von vier diensthabenden Klempnern. Und die wurden auch gebraucht. Jeden Tag gab es drei bis fünf verstopfte Toiletten, mehrere nicht richtig ablaufende Waschbecken, einige Rohrbrüche. „Bei den meisten Anrufen geht es um verstopfte Abläufe", erzählte Villafane mir auf dem Weg zu dem Zimmer. „Undichte Verbindungen gibt es kaum noch, weil alles neu ist. Ehe sie ausgewechselt wurden, haben wir viele tropfende Hähne gehabt. Die meisten Verstopfungen kommen von zuviel Haaren. Die kommen in den Abfluß und verstopfen ihn dann. Ganz einfach. Dann schmeißen die Leute auch Sachen rein. Fläschchen. Kleine Handtücher. Haarklammern. Sie würden auch Koffer reinschmeißen, wenn die reingingen. Mich wundert nur, daß sie sich nicht selbst reinschmeißen."

Aus Zimmer 1049 kam keine Antwort auf Villafanes Klopfen, so daß er aufschloß und direkt ins Bad ging. Der ganze Schaden war, wie er mit einem verzweifelten Seufzer feststellte, daß der Badewannenstöpsel sich von der Kette gelöst hatte. Er brauchte also nur einen neuen Ring zu finden und mußte noch einmal in den Keller. Dort angekommen, marschierten wir zu einem Tresen, hinter dem ein kleiner Mann saß. Es war das Ersatzteilzentrum, ein richtiggehendes Eisenwarenlager, zu dem nur der Wartungsdienst Zutritt hatte. In den Regalen hinter dem Tresen sah ich eine Unmenge Hähne, Rohre, Scheuerlappen, Isolierband, Dichtungsmaterial. Villafane verlangte einen Ring. „Weiß nicht, ob ich noch einen Ring habe, Tony", meinte der kleine Mann, erhob sich und ging an den Regalen entlang. Er machte vor einer Kiste halt, in der er herumwühlte. „Na, hab mich doch getäuscht", sagte er und schüttelte ungläubig den Kopf. „Da ist noch ein Ring."

Villafane nahm ihn an sich, murmelte „Danke", und dann standen wir wieder am Dienstaufzug und warteten. „Die Aufzüge hier sind furchtbar", schimpfte er. „Die meiste Zeit verbringe ich mit Warten. Die besten Jahre meines Lebens habe ich diesen Aufzügen geopfert." Wieder im Zimmer, hantierte er ein paar Minuten mit einer Flachzange an dem Ring herum, bis er ihn befestigt hatte, und erklärte den Stöpsel dann für repariert. Ich fand, es sei doch recht viel Aufwand, nur um einen Stöpsel wieder an der Kette zu befestigen.

Villafane zuckte mit den Schultern, als hätte er das schon zu oft gehört. „Die Leute wollen alles perfekt haben", bemerkte er. „Manche Gäste wüßten wahrscheinlich nicht einmal, wie man diesen Stöpsel rauskriegt, wenn keine Kette dran wäre. Ich werfe ihnen das nicht vor, aber irgendwie sind sie hilflos, wenn Sie verstehen, was ich meine."

Auf dem Weg zurück nach unten sagte er: „Das Suchen macht mir mehr Spaß. Es ist interessanter. Manchmal rufen Gäste an und sagen, ihnen ist ein Ohrring oder ein Fingerring ins Waschbecken gefallen. Dann müssen wir den Abfluß öffnen. Meistens finden wir die Sachen. Vor etwa vier Wochen habe ich einen Ohrring wiedergefunden. Und vor nicht allzu langer Zeit habe ich eine Kontaktlinse aus dem Abfluß geholt. Der Mann war ganz happy. Und ich war ziemlich stolz auf mich. Was diese Leute alles hineinfallen lassen, ist nicht zu glauben. Haben Sie Kinder? So ist das nämlich, als ob man Kindern zusieht."

JOHN PETROLINO, der Betriebsdirektor des Plaza, sagte gerne, daß seine Betriebsabteilung das Herz des Hotels sei. Ihm unterstanden die verschiedensten Spezialabteilungen. Seine Leute reparierten Kronleuchter. Sie versorgten die Heizung. Sie achteten darauf, daß die Temperatur gehalten wurde. Sie setzten zerbrochene Stühle wieder instand. Sie brachten zischende Toiletten zum Schweigen. „Letztlich", so erzählte er mir, „läuft alles, was in einem Hotel vor sich geht, von tropfenden Wasserhähnen bis zu den größten Banketts, in der einen oder anderen Form über die Betriebsabteilung. Ich will damit nicht sagen, ich wäre glücklich, daß alles hier durchläuft. Ich sagen Ihnen nur, wie es ist."

Petrolino war Anfang Vierzig und kräftig gebaut. Sein eiförmiger Kopf war mit lockigen weißen Haaren bedeckt. Er war ungemein liebenswürdig. Seit sieben Jahren war er Betriebsdirektor des Plaza. Siebzig Leute arbeiteten für ihn – Elektriker, Techniker, Klempner, ein Waschmaschinenmechaniker, ein Schweißer und drei Heizungstechniker. „Ich habe einen Mann, der morgens als erstes in alle Küchen geht und prüft, ob die Eiswürfelmaschinen laufen", sagte er. „Wir haben etwa fünfunddreißig Maschinen für Eiswürfel, das ist also keine Kleinigkeit." Er räusperte sich. „Jeden Tag nehmen wir uns drei oder vier Zimmer vor, in denen dann niemand wohnen kann. Wir betreiben vorbeugende Wartung. Wir nennen das Produkterhaltung. Wir streichen die Zimmer, reinigen die Teppichböden, richten Schubladen, kleben die Tapete fest – und so weiter. So hält man ein Hotel intakt."

Petrolino machte einen Gang durch die Elektrowerkstatt, wo ein paar Toaster, die nicht mehr richtig funktionierten, auf einer der Werkbänke auseinandergenommen wurden. Von der Decke hingen dreizehn außergewöhnliche Kronleuchter. Petrolino musterte sie fachmännisch. „Die verlangen etwas mehr Arbeit", meinte er. „Hat keinen Zweck, diese Schätzchen so wieder unters Volk zu bringen. Da müssen wir noch was dran tun, und zwar eine ganze Menge."

Einer der Elektriker bastelte an einem Staubsauger herum. Der Schweiß stand ihm auf der Stirn. „Wir kriegen jeden Tag wenigstens zwanzig Staubsauger rein", bemerkte er. „Meistens liegt es am unsachgemäßen Gebrauch. Die Mädchen wissen nicht, wie man einen Staubbeutel einsetzt, oder sie gehen zu wüst damit um. Wir kriegen auch Lampen rein. Manchmal, wenn ein Gast Schwierigkeiten mit einem Bügeleisen oder einem Tonband hat, reparieren wir ihm das kostenlos. Kennen Sie Led Zeppelin, die Rockband? Die waren mal hier und haben einen Fernseher geschafft; sie haben Kerzenwachs reinlaufen lassen. Aber meistens kommen immer wieder die gleichen Sachen hier runter."

Petrolino ging in die Schreinerei, die etwas weiter unten am Gang lag. „Hier reparieren wir Stühle", erklärte er. „Wir bauen neue Schränke. Wir installieren Einbauteile. Wir machen sämtliche Schilder hier." Gerade wurde an einem AUSGANG-Schild gearbeitet. An der Wand lehnte ein riesiges Holzei; zu Ostern wurde es mit Schokolade überzogen und in die Halle gestellt. Die Schreiner knieten auf dem Boden. Aus einem Radio kam Musik. An der Wand hingen mehrere wenig schmeichelhafte Zeichnungen von einigen Abteilungsleitern. Einer der Schreiner gestand, daß sie die ruhige Zeit mit Zeichnen zubrachten. Er erzählte mir etwas über die Art der Arbeit. „Wir bekommen viele zerbrochene Stühle. Vor kurzem war jemand betrunken und kriegte den Zimmerschlüssel nicht ins Schloß. Da hat er die Tür eingetreten. Hat die ganze Türzarge ruiniert. Wir mußten sie reparieren. Jeden Tag geht was kaputt. Gäste versuchen, das Kopfteil von den Betten zu entfernen. Die Kopfteile sind aber an der Wand befestigt und sollten nicht entfernt werden. Aber aus irgendeinem Grund wollen die Gäste das Bett verrücken und brechen das Kopfende ab. Es gibt Gäste, die wollen das Zimmer umdekorieren, und dabei bleiben sie bloß eine Nacht. Es ist unfaßbar."

Petrolino führte noch etwas weiter aus. „Einmal bekamen wir ein Kopfteil, das an drei Stellen gebrochen war. Ich nehme an, in dem Bett hat eine Sexorgie stattgefunden. Dann hatten wir mal einen Lehnstuhl, der in drei Teile zerbrochen war. Wer hat dadrin gesessen? Ein Gorilla? Es ist unglaublich, was wir zu sehen kriegen. Wie die Leute die Sachen demolieren, weiß ich nicht."

Auf der anderen Gangseite lag die Gerätewerkstatt. Meistens hatte sie Küchengeräte zu reparieren. Tony Roje, der die Werkstatt leitete, trug einen Schutzhelm und arbeitete mit einer Lötlampe an einem Herdteil. „Eben hatte ich einen Koffer hier", erzählte er. „Der Gast hatte den Schlüssel verloren, und ich habe die Nieten herausgebohrt und ihn geöffnet. In solchen Fällen liegt der Schlüssel meistens im Koffer. Bekloppt. Wir bekommen auch Fahrräder. Die Leute bringen sie her, weil irgendwas nicht geht, und ich soll das dann reparieren. Ich habe auch hin und wieder Rollstühle hier. Aber meistens habe ich mit Geräten zu tun – mit Herden, Geschirrspülern, Waschmaschinen. Das Hotel hat siebzig Kühlschränke und fünfunddreißig Kühlräume. Es ist also immer was kaputt."

Petrolino ging in sein Büro zurück und überflog die neueste Auflistung der Mängel. Wasserhähne. Abflüsse. Kein heißes Wasser. „Wir haben hier eine ganze Kleinstadt", sagte er. „In einer Kleinstadt gibt es jeden Tag Installationsprobleme." Seine größte Sorge war Feuer. „Das muß ein Alptraum sein", sagte er. „Einige kleinere haben wir schon gehabt – brennendes Fett in der Küche –, aber das war alles. Einen Großbrand haben wir noch nie gehabt. Ich danke meinem Schutzengel dafür."

Einige Anrufe brachten ihn verständlicherweise auf die Palme. Sehr viele Gästezimmer hatten einen offenen Kamin. Vor vielen Jahren waren die Kamine noch in Betrieb; inzwischen hatte man die Abzüge zugemauert. Eines Tages rief ein Gast die Betriebsabteilung an und wollte wissen, wo er etwas Kleinholz bekommen könne. Er habe Mühe, sein Feuer in Gang zu halten. Sofort rasten ein paar Männer hinauf. Das Zimmer war voller Rauch. Der Gast hatte gerade das Telefonbuch ins Feuer geworfen.

Auch Überschwemmungen waren nichts Unbekanntes. „Ein Gast kommt spät von einer Party zurück und hat vielleicht etwas zuviel getrunken: Er dreht das Wasser im Bad an, legt sich aufs Bett und schläft ein", berichtete Petrolino. „Das kommt immer wieder vor. Alle paar Wochen. Wir müssen das Zimmer trockenwischen und die Decke im Stockwerk darunter erneuern. Da kann man nicht viel machen. Wir können Feiern und Trinken nicht überwachen, obwohl ich manchmal wünschte, wir könnten es."

Er schwieg. „So ist das", sagte er nach einer Weile und schob einen Stapel Notizen beiseite. „Die Anrufe nehmen nie ein Ende. Das Hotel ist alt. Es ist wie eine alte Dame. Äußerlich sieht sie gut aus, weil sie eine Menge Make-up auflegt. Aber innerlich ist einiges im argen."

EIN halbes Dutzend Personen saß um den Tisch in Jeffrey Flowers Büro und wartete auf den Beginn der VIP-Sitzung. Jeden Nachmittag um vier kamen die Abteilungsleiter im Büro des Direktors zusammen, um festzulegen, wie die am nächsten Tag ankommenden *very important persons* empfangen werden sollten. Die Sitzung leitete Harvey Robbins, ein junger Mann, der bemüht war, es allen recht zu machen, und der den Titel Direktionsassistent hatte, dessen eigentliche Aufgabe es aber war, die Anforderungen der bedeutenden Gäste zu erfüllen.

Ein VIP war jemand, den das Team als wichtig einstufte. Personen, die dem Hotel weiteren Umsatz bringen konnten, etwa Tagungsplaner, kamen automatisch auf die VIP-Liste, ebenso die Vorstandsvorsitzenden und Generaldirektoren von Unternehmen. Politiker waren automatisch VIPs und auch die Gäste, die ihre Flitterwochen oder einen Hochzeitstag feierten. (Zufriedene Flitterwöchner kommen oft zum Hochzeitstag wieder.) Filmstars und andere Berühmtheiten wurden ebenfalls in die Liste aufgenommen, aber die Mehrzahl der VIPs stellten die „regelmäßigen Kunden", die nicht einmal bekannte Namen trugen. Es gab Gäste, die jeden Monat kamen oder alle zwei Wochen, aber auch Gäste, die jede Woche im Plaza wohnten. „Da ist ein Herr mittleren Alters", erzählte mir ein Mitarbeiter, „von dem ich nicht weiß, wie er seine Familie durchbringt, aber er ist jede Woche hier. Und nicht nur einen Tag, nein, drei, vier Nächte."

Eigenartigerweise galten im Plaza auch jene Gäste als VIPs, die den vollen Preis zahlten. Bei all den Firmentarifen, Gruppenpauschalen und Sonderrabatten kam es relativ selten vor, daß ein Gast den offiziell angegebenen Zimmerpreis zahlte, den „Mondpreis", wie er intern hieß. Das Plaza war derart überwältigt, wenn sich jemand bereit erklärte, den vollen Preis zu zahlen, daß es ihm automatisch den Status eines VIPs verlieh.

Zum VIP-Service gehörten routinemäßig eine besondere Zimmerinspektion durch eine Hausdame oder einen Direktionsassistenten und eine zusätzliche Aufmerksamkeit wie eine Geschenkschachtel mit teuren Seifen und ein weißer Frotteebademantel.

Ein Gast, der zum Beispiel zum fünften Mal im Hotel wohnte, bekam immer eine Schale mit Süßigkeiten oder eine kleine Schreibtischuhr. Beim zehnten Besuch gab es ein Buch über das Plaza sowie einen schriftlichen Willkommensgruß vom Direktor. Der zwanzigste Aufenthalt wurde mit einem Gratis-Wochenende im Hotel belohnt.

All das war Routine. Die Hotelleitung kam den aberwitzigsten Wünschen nach, wenn es darum ging, einen großzügig zahlenden Gast zufriedenzustellen. König Hassan II. von Marokko war bei den Plaza-Angestellten als ein ganz besonderer VIP geschätzt. Bei seiner letzten Reise bewohnte er den sechsten Stock und wünschte eine durchgehende Verbindung von Zimmer 629 bis 641. Bis auf zwei Zimmer waren alle anderen bereits miteinander verbunden. Die Betriebsabteilung schlug eine Öffnung in die Wand und baute eine Tür ein. Die Kosten von etwa 10 000 Dollar zahlte der König. Er brachte seine

eigenen Leibwächter mit, die Gewehre und Pistolen trugen. Er brachte
auch eine eigene Sammlung Matratzen mit – er hatte die Gewohnheit,
täglich die Matratze zu wechseln. Man stellte ihm einen Teil der Hauptküche zur Verfügung, wo sein Chefkoch die Speisen zubereitete. Da
den Mohammedanern alkoholische Getränke verboten sind, wurden
eimerweise Orangensaft, alkoholfreie Getränke und Kaffee konsumiert.
Unmengen von Weihrauch wurden verbrannt. Mehrmals wurde Rauch-
alarm ausgelöst, woraufhin die Begleitung des Königs anfragte, ob das
Hotel die Alarmanlage nicht abschalten könne. Das Hotel äußerte höflich Bedenken. Noch Monate nachdem der König wieder abgereist war,
schworen Angestellte, sie könnten den Weihrauch noch riechen. Ein
weibliches Mitglied des Hotelstabs wurde dem König während seines
gesamten Aufenthalts zur Verfügung gestellt. „Sie war eine vertrag-
lich verpflichtete Dienerin", sagte ein Hoteldirektor über ihre Zuteilung.

Warum nimmt man all das auf sich? Geld spricht im Hotelgewerbe
eine deutliche Sprache, und die Schatulle des Königs sprach nicht nur,
sie schrie. Er gab fast eine Million Dollar für Übernachtung, Essen und
Getränke aus. Er war der bestzahlende Gast, den das Hotel je beher-
bergt hatte. Die Angestellten hatten einen besonderen Grund, den
König zu mögen: Er gab ihnen Rolex-Uhren als Trinkgeld.

Am nächsten Tag würden dreiundzwanzig VIPs ankommen. Einige
hatten spezielle Zimmerwünsche angemeldet. Zwei wollten besonders
breite Betten. Ein Gast, der vermutlich eine Abneigung gegen große
Höhen hatte, wünschte ein Zimmer in einem der unteren Stockwerke.
Ein anderer Gast wollte ein innenliegendes Zimmer wegen des Ver-
kehrslärms. Beim Vorlesen der Namen wurde Robbins ab und zu von
Flowers oder einem der anderen Anwesenden unterbrochen, die eine
Aufmerksamkeit vorschlugen. Als ein Paar in den Flitterwochen
genannt wurde, merkte Robbins eine Flasche Champagner zur Begrüßung vor. „Selbstverständlich", pflichtete ihm Flowers bei.

Nach der VIP-Besprechung begleitete ich Harvey Robbins in sein
Büro beim Hauptempfang. Er mußte sich um einige Details kümmern.
„Es ist abenteuerlich, was den Leuten alles wichtig ist", sagte er. „Zum
Beispiel die Zimmernummern. Einige Gäste bestehen auf einer
bestimmten Zimmernummer, und ich muß herumjonglieren, damit alle

zufrieden sind." Ein Gast aus der Papierindustrie hielt die 33 für seine Glückszahl. Er hatte geschäftlich oft in New York zu tun und war überzeugt, daß der Aufenthalt in einem Zimmer mit seiner Glückszahl ihm bei seinen Verhandlungen enorm geholfen hatte. Wenn er ein Zimmer reservierte, mußte die 33 in der Zimmernummer vorkommen. Und Robbins deichselte das; das war seine Aufgabe. „Ich sorge dafür, daß man sich um jeden VIP kümmert, der eine Klage, ein Problem oder einen Wunsch hat, damit er das Hotel zufrieden verläßt. Das ist mein Ziel."

Vivian Fiol, Robbins' Vorgängerin, die jetzt am Empfang saß, organisierte einmal eine Hochzeit für zwei VIP-Gäste. „Da war dieses Paar aus Kalifornien", erinnerte sie sich, „das in einer unendlich langen weißen Limousine ankam. Die beiden waren noch nie in New York gewesen, und ihnen gefiel das Hotel, so daß sie beschlossen, gleich hier zu heiraten. Ich mußte von A bis Z alles organisieren. Es sollte in zwei Tagen über die Bühne gehen. Ich mußte die Ringe besorgen. Ich mußte einen Geistlichen ins Hotel bestellen, was nicht einfach ist, aber schließlich fand ich einen. Ich mußte mit dem Bräutigam herumlaufen, bis er einen Anzug fand, der ihm zusagte. Ich mußte die Blumen besorgen. Ich habe die Ausschmückung besorgt. Ich habe den Zimmerservice angerufen und ihnen gesagt, wann sie mit dem Champagner kommen sollen. Das einzige, was ich nicht gemacht habe – das hat er gemacht –, war, das Brautkleid zu bestellen. Dann mußte ich sie ankleiden. Ich habe ihr die Haare frisiert. In diesem Beruf muß man manchmal auch den Friseur spielen. Ich habe den Altar aufbauen lassen. Dann war ich plötzlich Trauzeugin. Einer der Chauffeure war der zweite Zeuge. Ich erfuhr, daß der Bräutigam Restaurantbesitzer war. Er hatte in Kalifornien sieben Restaurants, war also finanziell gut gestellt. Am Abend sagten sie, sie wollten mit mir irgendwohin gehen. Ich sagte, es ist doch ihr Hochzeitstag, aber sie sagten, nein, nein, wir möchten mit Ihnen feiern. Sie fuhren also mit mir durch die Stadt, und ich zeigte ihnen einige interessante Dinge. Dann erklärten sie, sie hätten Appetit auf Hamburger. Und natürlich bekamen sie ihre Hamburger."

Das Telefon in Robbins' Büro klingelte. Ein kleiner Zwischenfall. Eine Frau war mit dem Aufzug zwischen zwei Stockwerken steckengeblieben. Robbins schnappte sich das Walkie-talkie und eilte zu den

Aufzügen. Er wollte sicherstellen, daß jemand über die Sprechanlage im Aufzug mit der Frau Verbindung aufgenommen hatte, damit sie nicht Platzangst bekam. Nach zehn Minuten hatte man sie befreit. „Das ging schnell", bemerkte Robbins. „Aber sie und ihr Mann werden trotzdem wie üblich bedacht. Damit sie sich vom Schreck erholen, bekommen sie ein üppiges Frühstück im Edwardian Room spendiert, und später schicken wir etwas Obst oder Käse aufs Zimmer. So machen wir's immer, wenn jemand im Aufzug steckenbleibt. Das hilft ihnen über das schlimme Erlebnis hinweg."

INZWISCHEN war die Schar der regelmäßigen Besucher, die sogenannten „Salon-Salamander", erschienen und hatte es sich in den Sesseln bequem gemacht, in denen sie die nächsten Stunden ausharren würde. Einige hatten sich etwas als Zeitvertreib mitgebracht – ein Kreuzworträtselheft, eine Häkelarbeit, ein Unterhaltungsspiel. Andere hielten es für überflüssig, etwas zu tun. Die „Salamander" waren ältere Personen, die sich gegen vier Uhr nachmittags einstellten, wenn im Palmenhof das Klavier- und Geigenduo zu spielen begann. Jules und Paul zogen sie magisch an – Jules am Klavier und Paul mit der Geige. Keiner der acht Sessel der Halle an der Fifth Avenue blieb um diese Zeit lange leer, so daß die Salamander das Anrecht auf ihren Platz früh kundtun mußten, wenn sie die Darbietungen in voller Länge verfolgen wollten. Es kam öfter vor, daß jemand auf einen bestimmten Sessel zusteuerte, wie ein Bomberpilot auf ein Ziel, und ihn dann so lange umkreiste, bis sein Benutzer ihn freigab. Der Betreffende hatte den Sessel noch nicht ganz verlassen, da hatte der „Salamander" schon Platz genommen. Den Sessel konnte man dann für die nächsten zwei Stunden abschreiben. Die „Salon-Salamander" setzten sich nie an einen Tisch im Restaurant. Sie aßen nichts und tranken nichts. Sie gaben keinen Cent aus. Einige stopften ihre Zigarrenstummel in die glänzenden Hotelaschenbecher oder streuten Asche auf die feinen Teppiche. Da kannten sie nichts.

Alle Hotels im Zentrum der Stadt zogen „Salon-Salamander" an, aber das Plaza war wegen der Musik doch wohl am attraktivsten. Die Hausdetektive hatten ein Auge auf sie, aber solange sie in ihrer Kleidung nicht zu sehr aus dem Rahmen fielen und keinen Krach anfingen, wurden sie in Ruhe gelassen. Es wäre ohnehin unnötig hartherzig ge-

Links: Wenn es dunkel wird, kommt der historische Prachtbau besonders wirkungsvoll zur Geltung.

Rechts: Gibt es einen eleganteren Ort als den Palmenhof, wo der Gast bei klassischer Musik seinen Tee trinken kann?

Unten: Stilvoll und behaglich: die Eingangshalle des Plaza

wesen, jemanden vor die Tür zu setzen, der einigermaßen anständig aussah. „Solange sie sich benehmen, lassen wir sie gewähren", sagte John McHugh mir, der stellvertretende Sicherheitsdirektor. „Viele Leute da draußen sind doch recht einsam. Warum sollen wir ihnen nicht ein bißchen Musik gönnen?"

Ich kauerte mich neben einen der festverschanzten „Salamander", einen schmächtigen Mann mit gebeugten Schultern und roten Wangen. Er lauschte der Musik und bohrte währenddessen mit einem kleinen Messer einen Nagel aus seinem Schuh. Er sagte, es habe keinen Sinn, mit ihm unfreundlich umzuspringen, weil er es an der Pumpe habe, und die könne jeden Augenblick aussetzen. „Ich erlebe vielleicht noch ein, zwei Gratiskonzerte, und dann bin ich sowieso hinüber", erklärte er mit einer gewissen mürrischen Resignation. „Warum sollte ich also nicht mit ein bißchen schöner Musik in den Ohren abtreten dürfen? So sehe ich das. Wissen Sie, ich habe dreiundvierzig Jahre bei der Post malocht. Sie haben 'ne Menge aus mir rausgeholt, eigentlich alles, was da war, und jetzt lass' ich's langsam angehen. Briefe kann ich keine mehr sehen. Das können Sie mir glauben." Nach diesen mißmutigen Zwischenbemerkungen gab er sich wieder ganz der Musik hin. „Das hier ist schon verdammt schöne Musik. Die einzig gute Musik, die ich kenne, die nichts kostet. Es ist empörend, wie wenig auf dieser Welt nichts kostet." Lächelnd machte er mit dem Schuh eine Bewegung zu den Musikern, als wollte er ihnen zuprosten.

Seine Augen blitzten auf. „Wissen Sie, ich bin mal von einer Gans gebissen worden. Auf einem Golfplatz. Bin mit dem Abschlag zu dicht an ein paar von den Biestern gekommen, und als ich rüberging, um den nächsten Schlag zu spielen, hat das Aas zugeschnappt. War aber nichts Schlimmes. Hat mein Leben nicht verändert. Bin aber jetzt doch sehr vorsichtig bei Gänsen. Absolut niederträchtige Geschöpfe, wenn Sie mich fragen. Aber jetzt wollen wir still sein, sonst kriegen wir überhaupt nichts mit."

Ein „Salamander" mit olivfarbenem Teint und Haaren wie ein silbergraues Käppchen erzählte mir, daß er im Lauf der Jahre eine Menge Geld verdient habe, ihm aber nichts geblieben sei. Im Moment, gestand er, sei er völlig blank. Er lachte verächtlich bei dem Gedanken und sagte: „Mann, hätte ich jetzt gern die Mäuse, um mir eine Suite in diesem Laden zu leisten. Nur für ein Wochenende. Eine Suite für ein Wochenende im Plaza, so stell ich mir das Paradies vor." Er starrte vor sich hin und sagte dann: „Ach, was soll's? Geld ist auch nicht alles. Ich hab immer noch meine Freunde hier. Außerdem bin ich Mitglied in einem Videoclub, wo das Ausleihen nur einsfünfzig kostet. Verdammt guter Tarif."

Er rieb sich das Kinn und erzählte, daß er tagsüber besonders gern in Reisebüros gehe und so tue, als plane er einen vierwöchigen Urlaub. Er sage dem Angestellten dann, daß er sich noch nicht ganz schlüssig sei, wohin er fahren wolle, und dann sitze er da und schaue sich die Prospektstapel an, die man ihm vorlege. „Ich sag Ihnen, auf diese Weise lernt man eine Menge Geographie", versicherte er. „Ich habe Bilder von Orten gesehen, von denen ich überhaupt nichts wußte. Haben Sie schon mal von der Insel Pantelleria gehört?" Der „Salamander" war ein amüsanter Erzähler. Sein Anzug war gut gebügelt, und die breiten Schultern wurden noch durch die Wattierung betont, die der Schneider reichlich verwendet hatte. Er hatte eine lange, gebogene Nase und wirkte überaus seriös. Gebannt blickte er zu den Musikern und sagte: „Das macht keiner besser. Wunderbar, diese Musik. Einfach wunderbar." Er fing an, mit den Zähnen zu knirschen. Es knackte leise, als der Kiefer sich bewegte. Dann kaute er heftig. Nach ein paar Minuten hörte der Kiefer auf, sich zu bewegen. Das Gesicht des Mannes wurde ausdruckslos, als er wieder ganz in der Musik versank.

Ihm gegenüber saß eine alte Frau mit wuscheligen weißen Haaren, deren Gesicht mit einem grellen Make-up bedeckt war. Sie war wortkarg und sagte nur, sie komme an verschiedenen Tagen, um die Musik zu hören. Sie komme nicht täglich, weil sie sich nicht überfüttern wolle. „Das kann schnell passieren", schloß sie nachdenklich. „Zuviel von etwas Gutem – und man kann's vergessen. Man muß mit seinen Vergnügungen haushalten."

Etwas weiter saß noch ein „Salamander", ein grauhaariger Mann mit säuerlichem Gesicht und einer Trompetenstimme. Auf dem Kopf thronte ein Panamahut. Er trug einen kräftigen rötlichbraunen Bart, den er nach eigener Darstellung jeden Morgen fünfundvierzig Minuten lang kämmte. Es sei zwar ermüdend, räumte er ein, aber es lohne sich. „Dann sieht der Bart schick aus", sagte er. „Man muß schick aussehen, wenn man ins Plaza geht. Stimmt's?" Er lachte dröhnend, ein Lachen, das ganz tief aus dem Bauch kam.

Dagegen war nichts einzuwenden, und so lachte ich mit.

Der Mann runzelte die Stirn und erklärte, er könne die Zukunft eines Menschen voraussagen, wenn er die Kopfhaut befühle. „Kommen Sie", schlug er vor. „Beugen Sie sich runter, und lassen Sie mich fühlen." Ich antwortete, daß ich gar nicht so wild darauf sei, etwas über meine Zukunft zu erfahren, und er zuckte nur die Schultern und sagte: „Wie Sie wollen."

„Sie nehmen das doch nicht wirklich ernst, oder?" fragte ich ihn.

„Nein", meinte er. „Überhaupt nicht. Aber manche Leute geraten ganz aus dem Häuschen, und darum mach ich's. Warum auch nicht?" Wieder lachte er laut. „Ich imitiere auch", sagte er. „Wollen Sie mal was hören?"

Noch bevor ich antworten konnte, verfiel er in einen Monolog. Als er fertig war, erklärte er, das hätte John Wayne sein sollen, wenngleich es mir eher wie Doris Day vorkam. Als ich mich erhob, um zu gehen, sah er mich mit einem seltsamen, entrückten Blick an und lachte wieder herzlich.

6. Kapitel

MITTWOCH. Für Thelma Jordan, die ein sperriges Plastiktablett trug und sich schon etwas mitgenommen fühlte, begann ein neuer Putztag. Sie warf einen Blick auf die Uhr – halb neun –, und sie kam zu dem Schluß, am besten nicht daran zu denken, wie müde sie war, sondern einfach anzufangen.

Sie war eine aufgeweckte, stämmige Frau in den Vierzigern, hatte dichtes dunkles Haar und leicht vorstehende Augen. Wie die anderen Zimmermädchen trug auch sie eine hellgraue Uniform mit weißem Besatz und eine blütenweiße Schürze. Flink packte sie Seife, Mundwasser, Shampoo, Aschenbecher, Bleistifte und BITTE-NICHT-STÖREN-Schilder auf ihr Tablett und fuhr dann mit dem Dienstaufzug in den zwölften Stock, wo ihr Wäschewagen in der Wäschekammer stand. Ständig stiegen Männer in ölverschmierten Hosen – Wartungsarbeiter – ein und aus; einige nickten Thelma zu. In der Kammer mußte

sie den Wagen mit Laken, Handtüchern und Waschlappen beladen.
Dann holte sie sich einen Eimer und einige Putzmittel und nahm
einen Stapel Lappen. „Ich habe immer gern ein paar Lappen extra",
sagte sie. „Ich weiß nicht, wieso. Wahrscheinlich fühle ich mich dann
sicherer."

Ihre Routinearbeit erforderte wenig Nachdenken. Sie tat sie seit fast
zehn Jahren. Zum immer gleichen Einerlei gehörten das Machen von
3 500 Betten im Jahr, das Leeren von 7 000 Abfalleimern, das Auswechseln von 14 000 Handtüchern. Trotzdem klagte sie kaum. Ihr gefiel das
Vorhersehbare, die Vertrautheit der immer gleichen Handgriffe. Hin
und wieder bekam sie eine Berühmtheit zu sehen – vor kurzem den
Boxweltmeister Michael Spinks –, wenngleich das einige Planung verlangte. Sie hatte den Teil des zwölften Stockwerks, der auf die Fifth
Avenue ging, aber die meisten berühmten Gäste nahmen die Zimmer
mit Blick auf den Park. Deshalb hatte sie die Mädchen, die diese Zimmer hatten, gebeten, ihr zu sagen, wenn berühmte Leute auf dem
Stockwerk waren, damit sie versuchen konnte, einen Blick auf sie zu
werfen.

Sie klopfte zweimal an die Tür von Zimmer 1270. „Zimmerdienst!"
rief sie. „Jemand da?"

Niemand antwortete. Sie schloß mit ihrem Generalschlüssel auf,
hängte das Schild ZIMMERDIENST BEI DER ARBEIT außen an die Tür
und trug das Tablett mit der Seife und dem Mundwasser ins Zimmer.

„Man muß das Tablett immer mit reinnehmen", erklärte sie. „Wenn
man es draußen auf dem Wagen läßt, holen einem ein paar Gäste, die
vorbeilaufen, alles runter. Die Gäste nehmen immer Sachen mit. Sie
nehmen Handtücher, Zahnputzgläser, Aschenbecher. Telefonbücher
nicht, aber sie versuchen manchmal, den Plaza-Umschlag abzu-
machen. Gestern hat mir jemand mein Schild ‚Zimmerdienst bei der
Arbeit' weggenommen. Jetzt sagen Sie mir, was will der damit anfangen?"

Im Zimmer sah es schlimm aus. Auf dem Bett lag eine leere Strumpf-
hosenverpackung. Der Boden war mit Kleenextüchern übersät, und
überall lagen Kleidungsstücke herum. Im Bad häuften sich feuchte
Handtücher auf dem Boden; der Abfalleimer war umgefallen und der

Inhalt verstreut. Thelma Jordans Blick ging zur Wand über dem Waschbecken. Dort klebte Zahnpasta, als hätte man sie mit einer Schleuder verschossen. Als sie das weiße Heizkissen auf dem ungemachten Bett sah, wußte sie, wessen Zimmer es war. „Sie ist jedes Jahr hier und wohnt immer in diesem Zimmer", erklärte Thelma. „Sie ist in der Modebranche, glaube ich. Und sie hinterläßt immer so einen Saustall. Sie bringt ihre eigenen Kissen und ihr Heizkissen mit. Wenn ich das Heizkissen sehe, weiß ich, daß sie wieder da ist."

Als erstes öffnete Thelma Jordan das Fenster. Kühle Luft kam herein. „Ich hab gerne frische Luft", sagte sie. „Es kann draußen frieren, ich mache trotzdem die Fenster auf. Zu Hause ist mein Schlafzimmerfenster nie zu."

Sie begann mit der Bettwäsche. Sie zog die weißen Baumwollaken und Kissenbezüge ab und rollte sie zu einem großen Ballen, den sie dann hinaustrug und in einen Wäschesack vorn an ihrem Wagen steckte. Dann griff sie sich einen Stapel frischer Bettücher.

Bettwäsche wurde dreihundertmal gewaschen und dann ausgemustert. Waschlappen überdauerten 75 Wäschen, Handtücher 300, Badematten und -vorleger 120. Die ausrangierten Laken und Handtücher wurden zerschnitten und als Staubtücher verwendet. Alle drei Monate wurden die Matratzen von einem männlichen Mitarbeiter der Abteilung, dem Hausdiener, umgedreht. Die Gäste sitzen oft auf dem Bettrand, so daß die Matratze einsinkt, wenn sie nicht regelmäßig gewendet wird.

„Also. Als erstes machen wir jetzt das Bett", sagte Thelma. „Wenn das Bett in Ordnung ist, wird geputzt."

Thelma Jordan war eine von fünfundsechzig Raumpflegerinnen – wie sie gern genannt wurden, auch wenn die Gäste sie meistens Zimmermädchen nannten. Es gab außerdem zwanzig Hausdiener, die Möbel rückten und Fenster putzten. „Packer" stellten Kinderbetten und Laufställe in die Zimmer und erledigten allerlei Besorgungen für die Gäste. Das Plaza hatte in allen Zimmern Federkissen, aber es gab Gäste, die allergisch gegen Federn waren und Schaumstoffkissen verlangten. Ein Packer brachte die Schaumstoffkissen aus dem Keller. Er brachte auch Ventilatoren, Elektrorasierer, Heizkissen, Bügelbretter und -eisen. Die Gäste wollten immer irgend etwas vom Zimmerdienst.

Jede Raumpflegerin hatte in einer Siebenstundenschicht vierzehn Zimmer in Ordnung zu bringen; morgens gab es eine zehnminütige Kaffeepause und mittags eine halbe Stunde für das Essen. Zwanzig Minuten waren für das Reinigen eines bewohnten Zimmers vorgesehen, achtundzwanzig Minuten für ein Zimmer, das frei geworden war. Für die frei gewordenen Zimmer brauchte man deshalb länger, weil das Mädchen auch in die Schubladen und unter das Bett sehen mußte, um festzustellen, ob die Gäste nichts vergessen hatten. Die Zimmermädchen bekamen eine Zulage, wenn sie mehr Zimmer schafften. Das Zimmerreinigen ist überwiegend eine Arbeit, für die es kein Trinkgeld gibt. Hin und wieder hinterließ ein Gast etwas Geld für das Zimmermädchen, aber das taten nicht viele, und deshalb wurde jede über das Normale hinausgehende Arbeit besonders entlohnt. Zwei- oder dreimal in der Woche versuchte Thelma Jordan, ein Zimmer zusätzlich zu reinigen, um etwas dazuzuverdienen.

Neben den Mädchen, die tagsüber Dienst taten, gab es noch eine besondere Abendgruppe, die um vier Uhr nachmittags die Tagesdecken abnahm und die Betten aufdeckte, die Nachttischlampen einschaltete und jedem Gast ein Täfelchen eingepackte Pfefferminzschokolade hinlegte.

Jedes Mädchen der Abendgruppe mußte in jeweils sechzig Zimmern die Betten aufdecken und Pfefferminztäfelchen verteilen. Zu den etwas eigenartigen Regeln gehörte es, daß das Zimmermädchen, auch wenn ein Zimmer nur von einer Person bewohnt wurde, sowohl die rechte wie die linke Ecke der Bettdecke zurückzuschlagen hatte. Denn man konnte nicht wissen, welche Seite des Bettes der Gast bevorzugte. Die Regeln verlangten auch, daß die Pfefferminzschokolade gut sichtbar auf den Nachttisch gelegt wurde. Die Zimmermädchen im Plaza hatten sie früher immer direkt auf das Kissen gelegt, bis ein wichtiger Gast einmal zu Bett ging, ohne sie zu bemerken, und dann mit schokoladeverschmiertem Gesicht aufwachte. Er fand das nicht komisch.

Gedankenverloren stellte sich Thelma Jordan rechts neben das Bett, breitete das saubere weiße Laken aus und stopfte es unter die Matratze. Man hatte den Plaza-Mädchen beigebracht, das Bett erst auf einer Seite fertigzumachen, bevor sie auf die andere Seite gingen. Auf diese Weise liefen sie etwas weniger hin und her, was sie unter Umständen in den

Beinen merkten, wenn sie das elfte oder zwölfte Zimmer am Tag machten. „Manchmal hält man sich an die Methoden und manchmal nicht", sagte Thelma. „Manchmal renne ich einfach lieber herum und sage dann, rutscht mir doch den Buckel runter."

Den Zimmermädchen war es nicht erlaubt, fernzusehen oder Radio zu hören, außer um zu prüfen, ob die Geräte funktionierten, so daß Thelma Jordan in der Stille arbeitete. Gelegentlich summte sie vor sich hin.

Mit ihren kräftigen Armen legte sie eine senffarbene Decke über die beiden Bettlaken. Sie zog frische Bezüge über die vier Kopfkissen, schüttelte sie auf und legte sie akkurat in eine Reihe. Dann deckte sie die Tagesdecke über das Bett und machte mit der Hand sorgfältig einen Knick in jedes Kissen.

„Das Bettenmachen ist das schlimmste", erzählte sie mir. „Es geht in den Rücken und in die Beine. Eine ganze Menge Mädchen bei uns hat einen schlimmen Rücken und schlimme Beine. Bei mir sind es die Fersen. Der Arzt sagt, das käme daher, daß ich den ganzen Tag auf Teppich laufe. Ich muß also Einlagen in den Schuhen tragen. Die Arbeit macht müde, vor allem wenn man älter wird. Einige der Mädchen überspringen die Kaffee- und Mittagspause, um mit der Zeit hinzukommen. Ein Mädchen macht überhaupt keine Pause und wird trotzdem immer zu spät fertig. Sie kommt nicht mehr nach."

Das Bad kam als nächstes an die Reihe. Thelma nahm die schmutzigen Handtücher heraus und schüttelte den Duschvorhang einige Male kräftig. „Da sind sie sehr eigen", erklärte sie. „Sie wollen, daß man die Haare vom Vorhang schüttelt. Sonst benutzen die Gäste die Dusche nachher, und die Haare fallen in die Wanne. Das mögen die Gäste nicht." Sie zog rote Gummihandschuhe an, tauchte einen Lappen in heißes Wasser und wischte die Armaturen und die Klobrille ab. Mit einer langen weißen Bürste reinigte sie die Toilettenschüssel. Dann wandte sie sich dem Waschbecken und dem Schränkchen zu. Mit einer kürzeren Bürste putzte sie das Becken und wischte dann um die sechs Tablettenfläschchen auf der Ablage herum. („Das sind nicht viele Tabletten. Da hab ich schon sehr viel mehr gesehen.") Sie kniete hin und bearbeitete die Wanne, die einen häßlichen Schmutzrand hatte. Nach vier Minuten glänzte sie wieder. Dann putzte sie den Boden mit einem feuchten Lappen. Mops oder Wischer mit Stiel waren verboten, obgleich sie den Knien sehr viel besser getan hätten. Das Hotel behauptete, man komme damit nicht in die Ecken. „Inzwischen habe ich mich so daran gewöhnt", sagte Thelma, „daß ich nicht einmal mehr zu Hause einen Mop nehme. Ich glaube, auch beim Aufräumen zu Hause meine ich immer noch, ich wäre im Plaza."

Sie sprühte ein Reinigungsmittel auf den Boden und wischte mit schnellen Bewegungen nach. Die weißen Fliesen glänzten wieder. Jetzt fehlten nur noch frische Handtücher. Sie ging zum Wagen und nahm drei Badetücher, drei Handtücher, drei Waschlappen und eine Badematte.

Sie blickte hinter die Badezimmertür, um sich zu vergewissern, daß an einem der Haken ein Schuhlöffel hing, und überprüfte dann den Korb mit den Toiletten- und Bedarfsartikeln. Normalerweise gab es in jedem Zimmer Nähzeug, Mundwasser, Shampoo, Körperlotion, eine kleine weiße Seife, eine große weiße Seife, ein Schuhputztuch und eine Wäschekarte. Eine Suite hatte außerdem einen Haarfestiger, Duschgel, eine Körperbürste und eine Papiernagelfeile.

Mit einem gelben Tuch staubte Thelma Jordan die Marmorplatten der Nachttischchen und des Schreibtisches ab. Sie achtete darauf, daß die erforderlichen vier Aschenbecher da waren und daß am Telefon Schreibblock und Bleistift lagen (kein x-beliebiger Bleistift, sondern ein 15 Zentimeter langer, sechseckiger Bleistift ohne Radiergummi). Sie prüfte die Zimmerservicespeisekarte. War sie schmutzig, mußte sie sie auswechseln. „Die sieht schon etwas mitgenommen aus", sagte sie und zerriß sie. Sie holte eine neue vom Wagen und stellte sie hin. Sie zog die Schreibtischschublade auf und prüfte, ob drei Bogen Briefpapier und drei Umschläge darin lagen. Sie vergewisserte sich, daß Wäschebeutel und Schuhputzzeug im Schrank lagen. Sie schaltete den Farbfernseher an. Ein Werbespruch für einen Fitneßklub plärrte los – verführerische Frauen in Bikinis. „Mein Gott, sehen Sie sich das an!" rief sie. Sie wechselte den Kanal. Es war ähnlich interessant. Sie schaltete das Gerät aus.

Als nächstes wickelte sie die lange Schnur ihres Handstaubsaugers ab und steckte den Stecker in eine Dose. Das Zimmer wurde erfüllt von lärmendem Heulen. Sie fuhr mit dem Gerät unter das Bett, um den Schreibtisch und die Sessel und auf dem dicken Teppich hin und her. Der wenige Schmutz und die Fusseln waren schnell aufgesaugt, und sie zog die Schnur heraus. Im Zimmer kehrte wieder Ruhe ein.

Nachdem Thelma Jordan das Fenster geschlossen hatte, tippte sie am Telefon einen Code ein, der dem Zimmerdienst und dem Hauptempfang mitteilte, daß 1270 gereinigt war.

Thelma Jordan erzählte mir, daß sie auf Barbados geboren sei und seit ihrem fünfzehnten Lebensjahr als Zimmermädchen arbeite. Sie kam 1971 in die USA und war Zimmermädchen im Sheraton in Boston, bevor sie eine Stelle im Plaza bekam. „Ich kam am letzten Samstagabend des Jahres 1973 nach New York. Irgendwelche Typen klauten mir an dem Abend das Portemonnaie. Schöner Empfang. Ich glaube, sie wußten, daß ich fremd war. Ich bin verheiratet und habe sechs Kinder. Ich wohne in Brooklyn. Mein Mann ist Uhrmacher bei Seiko. Das hier habe ich immer gemacht, habe es nie anders gekannt – hinter anderen herräumen."

Sie schloß die Tür zu Zimmer 1261 auf, warf einen Blick hinein und sagte: „Sehen Sie – hier wohnt ein Japaner." Auf dem zerwühlten Bett lag ein Dollarschein. „Man weiß sofort, daß es ein Japaner ist, denn sie legen jeden Tag einen Dollar aufs Bett. Eine sehr nette Gewohnheit. Einige legen fünfzig Cent hin, wenn sie nicht so viel haben, andere, denen es sehr gut geht, zwei Dollar. Die Japaner sind die einzigen, die mir immer etwas hinlegen. Aber was will man machen?"

Als sie das Bett abzog, kam der Minibarkellner ins Zimmer, um den Bestand aufzufüllen. Es fehlte nur eine Coca-Cola. Die Angestellten wußten, daß viele Gäste sich an der Zimmerbar bedienten und dann behaupteten, nie etwas angerührt zu haben. „Sie sagen, irgendwer habe etwas herausgenommen, auch wenn die leeren Flaschen noch im Abfallkorb liegen", erzählte Thelma. „Oder sie beschuldigen die Mädchen. Die Mädchen müssen für alles herhalten. Einmal hat mir ein Gast einen Zettel hingelegt, er habe eine Flasche Gin aufgemacht, in der aber nur Wasser gewesen sei, man solle sie ihm also nicht berechnen. Ich habe wirklich lachen müssen. Die Masche war neu."

Nachdem Thelma das Bett bezogen hatte, machte sie sich an das Bad und die grobe Scheuerarbeit. „Die Gäste sind nicht mehr wie früher", sagte sie. „Es sind Geschäftsleute und die Jungen. Die Jungen sind am schlimmsten. Sehr unordentlich. So waren die Plaza-Gäste früher nicht.

Da war es einfacher, die Zimmer zu putzen. Die Gäste gingen früh weg, so daß man ins Zimmer konnte. Die Jungen schlafen bis in die Puppen. Man kriegt sie nicht aus dem Bett. Ich versteh das nicht. Sie kommen nach New York und tun nichts als schlafen."

AM SPÄTEREN Vormittag saß ich bei Irene Correa im Büro des Zimmerdienstes im Untergeschoß. Sie war mit der Arbeitszuteilung beschäftigt. Das Büro war ein kleiner, quadratischer, ausgesprochen sauberer Raum. Als Erste Hausdame war Irene Correa eine überaus beschäftigte Frau. Sie führte einen ständigen Kampf gegen Handtücher von schlechter Qualität, verschmutzte Bettwäsche, fleckige Teppiche und durchgelegene Matratzen. Gerade hatte sie eine Nachricht von Hud Hinton erhalten, daß auf dem Teppichboden des Aufzugs 5 ein Kaugummi klebe. Sie seufzte. Irene Correa stammte aus Brasilien und war eine offene, liebenswürdige Frau mit freundlichen Augen, einem nachdenklichen Blick und einem ansteckenden Lächeln. Während sie die Wäscheberichte durchblätterte, liefen Zimmermädchen ein und aus, und kleine Geschichten flogen hin und her. Zu erzählen gab es genug. Es war eine Arbeit, die ein resolutes Wesen verlangte, nichts für empfindliche Gemüter. „Man macht alles sauber", sagte Irene Correa. „Es reicht von ganz angenehmer bis zur dreckigsten Arbeit. In einem Hotel gibt es alles."

Margaret Callender, seit acht Jahren dabei, berichtete: „In der Ferienzeit kriegt man die Chaotenzimmer. Ich hatte einmal ein Zimmer am Hals, wo der Gast allen Abfall in die Wanne packte. Bierdosen, Wodkaflaschen, leere Erdnußdosen – was man sich nur vorstellen kann. Ich nehme an, er hielt das für ordentlich. Für mich war es nur noch mehr Arbeit. Ich habe noch nie eine Wanne so bearbeiten müssen wie an jenem Morgen."

Wenn die Mädchen über das Verhalten der Gäste sprachen, wurden sie sehr lebhaft und gestikulierten heftig. Irona Lewis, eine schwergewichtige Frau, die ebenfalls acht Jahre Zimmer geputzt hatte, schaltete sich mit rudernden Armen ein: „Manche Gäste schmieren Ketchup an die Wände, sie machen Spiegel kaputt, sie machen Lampen kaputt, sie machen die Betten kaputt. Die Zimmer sind hin. Manchmal wäre es am besten, man würde alles rausschmeißen und dann neu einrichten.

Sie würden wirklich staunen über den Dreck, den manche Leute hinterlassen. Die sagen sich, sie bezahlen, und dann meinen sie, sie können tun, was sie wollen. Und das tun sie auch."

„Wissen Sie, was das Schlimmste war, das ich je gesehen habe?" fragte Margaret Callender. „Ein Zimmer, das voll war mit Kondomen. Richtig voll mit Kondomen. Das ganze Zimmer. Das hat mir wirklich den Rest gegeben. Ich wollte nicht einmal wissen, wer in dem Zimmer wohnte. Der muß am Ende seiner Kräfte gewesen sein. Da bin ich sicher."

„Manchmal ist der Gast noch im Zimmer, und man klopft, und sie melden sich nicht", erzählte Irona Lewis. „Man schließt also auf, und der Gast steht nackt vor einem. Man sagt: ‚O mein Gott, entschuldigen Sie' und geht wieder. Manchmal sind sie im Zimmer und lieben sich und bemerken einen nicht mal. Und man kommt rein und sieht alles."

Irene Correa und ihr Stab wußten, daß sehr viele Plaza-Gäste übermäßig tranken. Auch wenn die Zimmermädchen nicht unbedingt etwas gegen das Trinken oder gegen Betrunkene hatten, waren sie doch gegen die Rücksichtslosigkeit, in der sich der alkoholisierte Übermut in den Zimmern niederschlug. „Es gibt Leute, denen wird schlecht", sagte eines der Mädchen. „Einige machen mitten ins Zimmer statt ins Klo. Die sind einfach beschränkt. Da muß man sofort diese Stellen reinigen. Dann hat man Zimmer, wo wild gefeiert wurde, und der Kronleuchter ist hin, und Möbel sind kaputt, und der Teppich und die Vorhänge sind verschmiert. Ich glaube, der Alptraum jedes Zimmerdienstes ist ein Zimmer, in dem eine wirklich wüste Party gefeiert worden ist. Da ist das Putzen knochenhart. Das ist absolut frustrierend. Ich betrachte das Hotel als mein Heim, und ich mag nicht, wenn Leute mein Heim versauen."

Ein geschätzter Gast, ein bekannter Schauspieler, der fast jedes Jahr zu einem längeren Aufenthalt ins Hotel kam, war bei den Angestellten berühmt wegen seiner Sauftouren. Er war immer so sternhagelvoll, daß einer der Restaurantchefs, der ihm ein guter Freund geworden war, jeden Abend zu ihm aufs Zimmer gehen und ihm die Kontaktlinsen herausnehmen mußte. Eine andere Marotte dieses Schauspielers war, daß er während seines Aufenthalts keinerlei Zimmerdienst wünschte.

Es konnte sein, daß er einen ganzen Monat oder sechs Wochen blieb, aber kein Zimmermädchen durfte das Zimmer vor seiner Abreise betreten. Da glich das Zimmer dann einem Schweinestall. Nach etwa einer Woche konnte jeder, der draußen an dem Zimmer vorbeiging, den Dreck riechen. Der Gestank drang unter der geschlossenen Tür durch. Verdorbenes Essen, leere Schnapsflaschen, verdreckte Handtücher überall. Wenn er abgereist war, arbeiteten sich mehrere Mädchen einen ganzen Tag die Finger wund, um das Zimmer wieder in einen bewohnbaren Zustand zu bringen.

Der Schmutz, den die Gäste im Zimmer ließen, war aber nur eine der Sorgen Irene Correas. Eine andere war das, was sie nicht dort ließen. „Schwund" war für den Zimmerdienst ein ständiges Problem. Auch wenn die Gäste des Plaza normalerweise einer Schicht angehörten, die es sich leisten konnte, ihre Sachen selbst zu kaufen, konnte man doch sicher sein, daß sie Handtücher und Aschenbecher als Erinnerung an das Plaza mitgehen ließen.

Selbst Elizabeth Taylor gestand einmal, mit Habseligkeiten des Hotels abgereist zu sein. Nach einem längeren Aufenthalt aus Anlaß einer Filmpremiere hatte sie mit Hilfe ihres Freundes Montgomery Clift ihre Koffer gepackt. Als sie sie später auspackte, entdeckte sie, daß Clift ein paar Handtücher, einen Duschkopf und eine der Weinkaraffen des Hotels in die Koffer geworfen hatte. Im Gegensatz zu den meisten anderen Gästen rief sie die Hausdame an, um sich zu entschuldigen, und schickte Blumen und Süßigkeiten.

In einer einzigen Woche büßte das Hotel etwa 150 Badetücher, 280 Handtücher, 450 Waschlappen und 40 Bademäntel ein. Außerdem klauten die Gäste wöchentlich etwa 80 Aschenbecher, 10 Wecker und ein paar Dutzend Kleiderbügel. Es war eine eherne Regel des Hotels, nie den Versuch zu machen, etwas zurückzubekommen oder Gästen die Dinge auf die Rechnung zu setzen, die sie mitgenommen hatten. „Wie könnten wir das?" fragte Irene Correa. „Was würde das alles nach sich ziehen? Wir würden wie Kleinkrämer dastehen. Aber kein Gast macht sich klar, wie viele andere Gäste ebenfalls etwas mitnehmen. Sie wissen nicht, welche aberwitzigen Größenordnungen das erreicht."

Aber der Zimmerdienst vermißte nicht nur viele Dinge, er fand auch unzählige vergessene Sachen: Gebisse, Pelze, Brillen, sogar fertig gepackte Koffer. Mit beunruhigender Häufigkeit kamen erotische Gerätschaften zum Vorschein. An persönlichen Sachen wurde Unterwäsche am häufigsten vergessen, jeden Tag ein paar Garnituren. Dann kamen Schuhe, etwa ein Paar pro Woche. All diese Sachen kamen ins „Fundbüro", eine Kammer mit Vorhängeschloß in Irene Correas Büro. Bei meinem Besuch schloß sie sie für mich auf, und ich warf einen Blick auf die Sammlung aus jüngster Zeit. Sie häufte sich in mehreren orangefarbenen Metallregalen. Darunter waren eine Aktentasche, ein Schirm, ein Wecker, ein Zerstäuber, ein blauer Regenmantel, ein dicker Silbergürtel, japanische Pantoffeln, ein weißer hochhackiger Schuh, eine billige Elvis-Presley-Büste, ein Spielzeugschwert, ein Perlenohrring, eine Puppe, ein Bilderrahmen, ein Spielzeug-Lkw und eine rotgestreifte Krawatte. Die Sachen blieben drei Monate im Fundbüro, dann wurden sie an die Angestellten verteilt, die sie gefunden hatten. Wenn niemand sie haben wollte, kamen sie in den Müll. Bei eindeutigen Wertsachen wie Schmuck oder Bargeld bemühte sich das Hotel, den Gast zu benachrichtigen und ihm sein Eigentum zurückzugeben. Bei allem anderen wartete der Zimmerdienst, daß der Gast sich meldete. „Es ist gegen die Regeln, einen Gast wegen solcher Dinge anzurufen", erklärte Irene Correa. „Das ist heikel. Vielleicht war der Gast mit jemand anderem hier, und der Ehepartner weiß nichts davon. Sie wissen ja, wie das in Hotels ist. Wir müssen also diskret sein. Man ruft vielleicht wegen eines Negligés oder ähnlichem zu Hause bei einem Mann an, und die Frau ist am Telefon, und es stellt sich heraus, daß die Sachen gar nicht der Frau gehören. Das wäre eine Katastrophe. Manchmal finde ich einen Ausweis oder einen Paß und möchte den Gast gern anrufen. Aber ich darf nicht. Also warten wir."

Thelma Jordan entdeckte in einem Zimmer einmal 495 Dollar in bar auf dem Boden neben dem Bett. Sie lieferte das Geld ab, und es wurde sechs Wochen aufbewahrt. Die Tage verstrichen, und Thelmas Hoffnungen stiegen. Niemand meldete sich, und sie bekam das Geld schließlich. Sie schenkte den anderen Mädchen auf ihrem Stock je fünfundzwanzig Dollar und gab den Rest für sich aus. Sie konnte sich nicht einmal mehr erinnern, wofür. „Irgendwas Verrücktes", sagte sie. „Ich hab auch schon andere Sachen gefunden. Männerhemden und Schuhe. Das bringt mir nicht viel. Wenn sie noch ordentlich aussehen, nehme ich sie mit und gebe sie der Heilsarmee. Einmal habe ich einen schönen Hut bekommen. Den hab ich behalten und getragen. Und dann diese irre Geschichte. Es war in Zimmer 1256. Ich schloß die Tür auf und sah, daß sich das Laken bewegte, und hörte auch, daß da irgendwas los war. Ich fragte mich: ‚Was, zum Teufel, ist das denn?‘ und ging zum Bett. Ich zog die Decke zurück, da lag ein Vibrator. Ich habe ihn abgegeben, aber niemand hat ihn zurückverlangt, und ich wollte ihn auch nicht.“

7. Kapitel

IM OAK ROOM stellten sich die Abteilungsleiter nach Kaffee an, und einige holten sich auch etwas Gebäck aus einem Korb neben der Kaffeemaschine. Dann setzten sie sich an einen Tisch. Jeden Mittwoch leitete der Plaza-Direktor Hud Hinton eine Sitzung der Abteilungsleiter, auf der sie über ihre Sorgen sprechen und Probleme diskutieren konnten. Seit Wochen sprach man in diesem Kreis über den bevorstehenden königlichen Besuch aus Schweden. Würde alles gutgehen? Würden der König und die Königin sich wohl fühlen?

König Karl XVI. Gustaf und Königin Silvia wollten die Vereinigten Staaten besuchen, um den 350. Jahrestag der Ankunft der *Kalmar Nyckel* und der *Fogel Grip* im heutigen Delaware zu feiern, zweier Schiffe, die von Schweden entsandt worden waren, um die erste dauerhafte Besiedlung Nordamerikas durch Schweden zu begründen. Der letzte Besuch des Königspaars in Amerika lag sieben Jahre zurück.

Damals waren sie im Hotel Pierre abgestiegen, aber die unermüdliche Arbeit der Verkaufs- und Werbeabteilung des Plaza und der Ruf des Hotels, gut geführt zu sein, zahlten sich aus. Diesmal würde das Paar zu den VIPs des Plaza gehören.

Obwohl die Buchung bereits am 16. Dezember 1986 eingegangen war, hatte man mit der Feinarbeit der Vorbereitungen bis zu den letzten Wochen gewartet. Fast täglich kamen Anfragen vom königlichen Stab. Der Zimmerdienst wurde gebeten, eine Kleiderpresse für die Anzüge des Königs bereitzuhalten. Da es im Haus keine gab, mußte Irene Correa sie kaufen. Er wünschte außerdem Bügeleisen und Bügelbrett. Eine tragbare Bar sollte in der Präsidentensuite aufgestellt werden, wo der König und die Königin wohnen würden, und in zwei Vorräumen sowie im königlichen Schlafzimmer sollten frische Blumen stehen. Wie es hieß, liebte weder der König noch die Königin stark duftende Blumen. Das Hotel würde der Königin ein Exemplar von Kay Thompsons Buch *Eloise* für ihre Kinder schenken, und der König sollte ein Exemplar der illustrierten Geschichte des Plaza erhalten. Er war ein Geschichtskenner und -liebhaber, sagte man. Die meisten Mittag- und Abendessen würden bei offiziellen Anlässen außerhalb des Hotels eingenommen, aber das königliche Paar wollte zumindest in seiner Suite frühstücken. Der König trank gern Milchkaffee. Die Königin aß gern gekochte Eier, nicht zu hart.

Die Sitzung wurde von Hinton eröffnet, der sich an Joe Schneider wandte, den Leiter der Reservierungsabteilung, und um einen Bericht über die Zimmerauslastung bat. Schneider erklärte, in diesem Monat sei es bisher ruhig gewesen, aber einige bevorstehende Ereignisse, darunter der königliche Besuch und einige japanische Reisegruppen, würden das Bild wesentlich verbessern. Es folgten Berichte vom Tagungsservice, dem Einkauf und dem Verwaltungsbüro, die überwiegend optimistisch waren.

Dann gab Malin Hammer eine gewundene, detaillierte Schilderung des königlichen Besuchs. Sie war im Stab der Verkaufsleitung, noch relativ neu im Haus, aber da sie aus Schweden kam, hatte man ihr die Aufgabe übertragen, sich zur Verfügung des Besuchs zu halten. Der König und die Königin würden Freitag mittag zehn vor zwölf ankommen und Sonntag morgen um zehn vor elf abreisen. Die Begleitung würde aus einem Adjutanten, einer Hofdame, einem Friseur und einem Kammermädchen bestehen. Es hatte eine kurzfristige Absage gegeben. Die erste Hofdame, die beim Königspaar in der Präsidentensuite wohnen sollte, hatte sich den Arm gebrochen und würde nicht kommen. Als jemand fragte, was die erste Hofdame denn zu tun habe, antwortete Malin Hammer: „Sie wäscht die schmutzigen Strümpfe der Königin und so was."

Sie erklärte, daß es vier Gruppen geben werde: Ihre Majestäten, also der König und die Königin; die königliche Gesellschaft, also die ihnen am nächsten stehenden Personen; das Gefolge, überwiegend Geschäftsleute, die das Paar auf dieser Zwölfstädtetour begleiteten; und die Presse. Alles in allem wurden 110 Zimmer belegt.

Gefolge und Presse kamen und gingen durch den Eingang an der 59. Straße und fuhren mit zwei Bussen, während Ihre Majestäten den Eingang an der Fifth Avenue benutzten und über einen Wagenkorso von zwölf Saabs verfügten. Sobald das Paar das Hotel betrat oder verließ, war ein Aufzug zu seiner ausschließlichen Benutzung zu reservieren. Das Gefolge reiste mit etwa vierhundert Gepäckstücken an; der König und die Königin mit etwa fünfzehn. Die Suiten A und B, die Weiße und die Goldene Suite wurden zum Aufbewahren des Gepäcks benutzt und mußten rund um die Uhr bewacht werden.

Für den Transport des Gepäcks bekamen die Hoteldiener einen Dollar vierzig pro Stück. Es war gute Arbeit, kam aber doch nicht an das Gepäck des Königs von Marokko heran, der mit 1269 Koffern angereist war, darunter einige Schrankkoffer, für die jeweils drei Mann notwendig gewesen waren.

Malin Hammer berichtete weiter, daß jedes Mitglied der königlichen Gesellschaft eine Flasche schwedisches Mineralwasser bekomme. Das Hotel hatte darüber hinaus organisiert, daß ein schwedischer Journalist jeden Morgen eine faksimilierte Zusammenfassung der neuesten Ereignisse in Schweden erstellte. Jedes Zimmer sollte Kopien erhalten. Als weitere Aufmerksamkeit würden der König und die Königin ein Exemplar des *Svenska Dagbladet* bekommen, das sie beim Frühstück lesen konnten. Malin Hammer meinte dazu: „So erfährt der König sofort, wenn das Schloß brennt."

Die energische Janet Wright, die für die Öffentlichkeitsarbeit zuständig war, erwähnte, daß die BBC die Fassade des Plaza für einen Dokumentarfilm über Hotels aufnehmen werde, die in Filmen vorgekommen seien. „Es sollen ein paar Einzelaufnahmen für ausländische Zeitschriften in einigen Suiten gemacht werden", sagte sie. „Wir stehen also im Ausland im Rampenlicht."

Als abschließendes Vergnügen hatte sie für ihre Kollegen die Vorankündigung für den Film *Big Business* parat. Die Hauptrollen in der Komödie spielten Bette Midler und Lily Tomlin – und das Plaza, denn die beiden wohnten mehrere Tage im Hotel, und Szenen aus dem Plaza waren über den ganzen Film verteilt. Das Licht wurde ausgeschaltet, und alle blickten gespannt auf ein Fernsehgerät in der Ecke. Die Vorschau begann mit einer Großaufnahme der Hotelfassade. „Oh, tolle Einstellung!" rief jemand. „Sieht großartig aus", meinte jemand anders. Im weiteren Verlauf sorgten die Schauspieler für ein gewisses Maß an Chaos in ihrem Zimmer und demolierten einige Möbel und Teppiche, und es gab einiges Aufjaulen und Gelächter. Als der kurze Streifen zu Ende war, wurde lebhaft applaudiert.

„Sehr schön", sagte Hinton. „Das ist eine gute Werbung. Und jetzt wollen wir wieder an die Arbeit gehen."

EINE Französin mit langen Beinen wollte wissen, ob der weiße Spitzenpyjama, den sie gekauft hatte, schon gebracht worden sei. Manuel Mulero schüttelte den Kopf. Am Portiersempfang wußte man von keinem Pyjama.

„Können Sie uns für heute abend im La Grenouille einen Tisch bestellen? Halb zehn. Vier Personen", fragte ein Mann, der beim Lächeln ein blendendes Gebiß zeigte.

„Selbstverständlich", erwiderte Mulero.

Ein kleiner, runzliger Mann, der stark stotterte, trat näher. „Wo kann ich hier in der Nähe Fotokopien machen lassen?"

Mulero wies ihm den Weg zu einem Geschäft ein paar Straßen weiter.

„Wie kommt man am besten um diese Tageszeit zur Wall Street?"

„Am besten?" fragte Mulero. „Mit dem Taxi."

„Ist das schneller als mit der U-Bahn?"

„Ja, ja. Taxi."

Als der Mann gegangen war, sagte Mulero zu mir: „Ich sehe jedesmal rot, wenn jemand ‚am besten' sagt. Am besten ist eine schöne große Luxuslimousine."

Manuel Mulero, ein hochgewachsener, breitschultriger Mann mit Glatze, einem faltigen Gesicht und vertrauensvollen Augen, war eine Berühmtheit im Plaza. Als Chefportier war er für die Nebendienste verantwortlich, die das Hotel bot. Er war wie ein Lieblingsonkel. Von ihm erwartete man, daß er die Sonderwünsche jedes Gastes erfüllte und ihm alle Hindernisse aus dem Weg räumte. Er trug einen Cut, die Uniform seines Berufsstandes. Am Revers steckten zwei gekreuzte goldene Schlüssel, was bedeutete, daß Mulero einer der 850 bei *Les Clefs d'Or* eingeschriebenen Portiers war, der internationalen Bruderschaft der Portiers. Jahrelange Erfahrung hatte ihm die Grenze zum Lächerlichen gezeigt – und die Gebiete jenseits davon. „O Gott, was die Leute alles wollen", sagte er. „Ich hatte einen Gast, der wollte einen Hubschrauber mieten, um seiner Freundin die Stadt zu zeigen. Ich rief also einen Hubschrauberdienst an und bat um eine Maschine. Der gute Mann mietete sie für eine Stunde; es hat ihn, glaube ich, achthundert Dollar gekostet. Dann war mal einer da, dessen Schwiegermutter sich auf der Straße die Hüfte brach, und ich sollte ihm ein Ambulanzflugzeug besorgen, das sie zurück nach Mexiko bringen sollte. Ging nicht. Dann wollte er einen normalen Jet mieten und die Sitze ausbauen lassen. Auch das ging nicht. Schließlich konnte ich ein Privatflugzeug für ihn auftreiben. Das hat, glaube ich, so um die dreitausend Dollar gekostet. Wir werden oft gebeten, etwas zu besorgen: Süßigkeiten oder Kleidung. Einmal wollte ein Mann aus dem Mittelwesten eine Pizza zu seinem Geburtstag haben, auf der mit Peperoni HAPPY BIRTHDAY JOHN stand. Ich rief eine Pizzeria in der Nähe an und ließ sie für ihn anfertigen. Ein anderer Gast wollte, daß ich ihm zu einem Pelzmantel verhelfe. Ich habe ihn zu einem Kürschner im Pelzviertel geschickt. Ein Mann aus Saudi-Arabien kam zu mir und wollte, daß ich ein Miniaturauto für ihn ausfindig machte, das genau wie ein echtes Auto funktionierte, damit er es seinem Sohn mitbringen konnte. Das war eine harte Nuß. Ich fand schließlich eins für etwa zweitausend Dollar in einem Spielwarengeschäft. Einer meiner Kollegen mußte einmal zwölf frischgeschlachtete Hühner beibringen, die ein Gast mit zurück nach Deutschland nehmen wollte. Die meisten Sachen bekommen wir – aber nicht alles. Karten für einen Theaterhit sind manchmal nicht zu kriegen. Die Leute meinen, wir hätten die Karten blockweise und brauchten nur abzureißen. Aber das ist nicht der Fall. Wir müssen unser Glück wie jeder andere auch bei den Verkaufsstellen versuchen. Und noch etwas – wir bekommen viele Anfragen nach Begleitern oder Begleiterinnen, vor allem von Ausländern. Wir sagen ihnen klipp und klar, daß wir diese Vermittlung nicht bieten. Die Europäer sind immer ganz erstaunt. Sie sagen, in europäischen Hotels sei dies absolut üblich. Am Ende laufen sie allein los und finden auch so, was sie wollen."

Mulero empfand eine echte Zuneigung zu den Menschen, die im Hotel abstiegen, und kannte ohne Frage mehr von ihnen als jeder andere, der im Plaza arbeitete. Gewohnheiten, Gesichter, Namen waren in sein Gehirn eingebrannt.

„Wir registrieren die Wünsche der Gäste und bewahren die Karteikarten ein Jahr auf", erklärte er mir. „Wenn dann ein Gast wiederkommt, kann ich ihm sagen, welche Show er beim letzten Mal gesehen und wo er gegessen hat. Das hilft, aber unentbehrliche Voraussetzung für einen Portier ist ein gutes Gedächtnis."

Die Portiersloge, ein kleiner, schmaler Tresen, öffnete morgens um sieben und schloß um ein Uhr nachts. Es war eine ziemlich hektische Ecke, denn der diensthabende Portier beantwortete eine Unmenge verschiedenster Fragen, gab telefonische Nachrichten weiter, nahm Reservierungen vor und erteilte Ratschläge.

Manchmal arbeitete Mulero mit einem Telefon in jeder Hand. „Bleiben Sie einen Augenblick dran", bat er etwa einen Gast. Dann widmete er sich dem Gast an der anderen Leitung. Wenn er danach das andere Telefon aufnahm, sagte er: „So. Entschuldigen Sie, bitte. Aber jetzt bin ich ganz für Sie da." Insgesamt arbeiten sechs Personen in der Portiersloge. Mulero bevorzugte die Spätschicht von drei Uhr nachmittags bis elf Uhr abends.

Unentbehrlich für die Arbeit waren drei Computerterminals. Im Computer war eine Liste aller Hotelgäste gespeichert. Auf dem Tresen war das tägliche Arbeitsblatt festgeklebt, auf dem stand, was an dem Tag im Hotel alles los war. Ebenfalls angeklebt waren der Wetterbericht und die Vorhersage für den nächsten Tag. Hinter der Theke lagen in Fächern und Schubladen verstreut Informationsblätter, unter anderem über Stadtrundfahrten, Busfahrpläne, Mietwagenpreise, U-Bahn-Pläne, Informationen über Bootsfahrten, fremdsprachige Stadtpläne und -führer, ein Verzeichnis der Spezialgeschäfte, Museen und Theater.

„Entschuldigen Sie, können Sie dafür sorgen, daß wir noch einige Handtücher und Laken aufs Zimmer bekommen? Es kommt eine Masseuse."

„Selbstverständlich", sagte Mulero.

Ein Gast rief aus seinem Zimmer an. Er war blind und fragte an, ob man ihm jemand aufs Zimmer schicken könne, der ihm aus der Bibel vorlesen könne.

An seinen arbeitsfreien Tagen schaute Mulero kurz in Restaurants vorbei und erwies den Vorverkaufs- und Reisebüros seine Reverenz. „Ein Portier, der meint, daß seine freien Tage ihm allein gehören, ist kein richtiger Portier", meinte Mulero. „Für einen Portier sind Kontakte das A und O. Ohne Kontakte ist man nichts als eine Stimme unter vielen am Telefon. Die meisten Gäste, die wegen einer Tischreservierung oder einer Theaterkarte zu mir kommen, haben es schon auf eigene Faust versucht und nichts erreicht. Aber sie haben diese Beziehungen nicht. Beziehungen sind für einen Portier alles. An meinen freien Tagen nehme ich mir vor, diese Leute zu besuchen. Ich lade sie zum Essen hierher ein. Und ich arbeite bewußt deswegen nachts, weil meine Kontaktleute abends da sind. Deshalb rede ich mit Ihnen, wann immer ich kann."

Aber selbst gute Beziehungen können nicht alles ermöglichen. Muleros größte Enttäuschung – alle New Yorker Portiers waren davon betroffen – war, daß er keine chemische Reinigung fand, die an den Wochenenden die Kleidung der Gäste reinigte, wenn die Wäscherei des Plaza geschlossen war.

„Die chemischen Reinigungen schließen Samstag nachmittags um vier Uhr, und den Sonntag kann man vergessen", sagte Mulero. „Ich habe mir einmal die gelben Telefonbuchseiten vorgenommen und bin sämtliche chemischen Reinigungen durchgegangen. Keine einzige war dienstbereit. Unsere Gäste können es kaum glauben, daß sie ihre Sachen in einer Stadt wie New York am Wochenende nicht reinigen lassen können. Das ist ein Thema bei all meinen Kollegen. Deshalb sehen wir uns nach einem Geschäft um, das diese Sache in die Hand nimmt. Eines schönen Tages finden wir eine Lösung, aber ich weiß noch nicht, wann und wie."

Muleros erste Stelle war die eines Fahrstuhlführers im New Yorker Hilton gewesen. Danach arbeitete er in mehreren Hotels, bis er 1980 im Plaza ein festes Zuhause als Portier fand. „In der Hotelbranche ist es üblich, oft zu wechseln", erklärte Mulero. „Wenn man aber Portier wird, ist das was anderes. Ein guter Portier sollte eine Hauptstütze sein. Sonst wird die Absicht des Hotels zunichte gemacht, Gäste immer aufs neue willkommen zu heißen. In Europa ist ein Portier oft vierzig oder fünfzig Jahre in einem Hotel. Die Gäste wollen dasselbe Gesicht sehen, ob sie nach einem oder nach zehn Jahren wiederkommen."

Und Mulero hat im Laufe der Jahre sehr viele Gäste gesehen, darunter einige höchst eigenartige Exemplare. Einer der verschrobensten Gäste, die das Hotel je bewohnt hatten, war ein Mann aus Philadelphia, der eine panische Angst vor Bazillen hatte. Als er kam, mietete er nicht nur ein einziges Zimmer, sondern auch die Zimmer links und rechts davon, auf dem Flur gegenüber sowie darunter und darüber. Dann schlief er nacheinander in jedem Zimmer. Er glaubte, die Bazillen seien abgestorben, wenn er nach einer Runde wieder beim ersten Zimmer angelangt war. Das Essen war beim Auftragen mit einem weißen Tuch zugedeckt. Man sah ihn nie ohne weiße Handschuhe. Das Zimmermädchen mußte jeden Morgen fünfzig frische Handtücher bringen. Briefe wurden ihm per Telefon vorgelesen.

Die Angestellten des Plaza schätzten den Mann allerdings, trotz der vielen Sonderwünsche. Denn er erfüllte das Hauptkriterium – er gab fürstliche Trinkgelder.

„Es gibt diese Sonderfälle, aber alles in allem sind die Europäer am anspruchsvollsten", meinte Mulero. „Sie sind die Portiers in Europa gewohnt, die alles machen, außer die Gäste anziehen. Sie verstehen nicht, daß es hier anders ist. Sie kommen her und erwarten von mir, daß ich für sie zu Tiffany gehe, etwas kaufe und es ihnen bringe. Oder wenn sie mit dem Taxi vorfahren, erwarten sie, daß ich das Taxi zahle. In Europa hat der Portier Boten, die für die Gäste einkaufen. Wir müssen ihnen klarmachen, daß es die hier nicht gibt."

Ein schmuddeliger junger Mann tauchte auf und fragte Mulero, wie er zu einer Lizenz als Reiseveranstalter in New York kommen könne. Mulero sah ihn prüfend an. „Ich meine, Sie sollten sich mit dem New Yorker Tagungsbüro in Verbindung setzen."

Die nächste Frage kam von einem Ausländer, der mit einem Zahnstocher im Mund herumbohrte. „Gibt es in der Nähe eine gute Kegelbahn?" erkundigte er sich.

„Kegeln?" überlegte Mulero. „Einen Moment, bitte. Lassen Sie mich nachsehen."

8. Kapitel

ROBERT BACHOFEN, der für Lebensmittel und Getränke zuständige Direktor, betrat das Büro Hud Hintons, um ihm mitzuteilen, daß er einen der Kellner in der Oyster Bar entlassen werde. Dessen Vergehen war einfach und unverzeihlich: Diebstahl. Daß sich Unannehmlichkeiten anbahnten, war vor ein paar Monaten erkennbar geworden, als festgestellt wurde, daß er eine Flasche Perrier auf einer Rechnung weggelassen hatte. Es war ein alter Kellnertrick. Der Kellner vergißt absichtlich, einen Nachtisch oder ein paar Getränke auf der Rechnung aufzuführen, und erklärt dann dem Gast scherzend sein Versehen. Da es sein eigener Fehler war, beruhigt er den Gast, dieser solle sich keine Gedanken machen; er werde den Rechnungsbetrag nicht nachträglich ändern. Erfreut darüber, fünf oder zehn Dollar gespart zu haben, wird der Gast dem Kellner normalerweise ein paar Dollar extra zukommen lassen. Das Hotel erleidet dadurch eine Ertragseinbuße.

Jeder Neue wäre nach einer Übertretung sofort entlassen worden. Dieser Kellner war aber schon achtzehn Jahre im Haus, so daß das Hotel den Perrier-Fall überging und ihm zugute hielt, daß es ein echtes Versehen war. Jetzt hatte man jedoch erfahren, daß der Kellner es versäumt hatte, auf einer Rechnung eine Suppe und zwei Portionen Erdbeeren aufzuführen. Hinton war betroffen, daß ein Angestellter, der schon so lange im Haus war, sich zu einem Betrug am Hotel hinreißen ließ. Aber die Fakten sprachen für sich. „Es ist wohl ziemlich klar, wie die Sache liegt", sagte er zu Bachofen. „Ein Irrtum ist ausgeschlossen. Er fliegt."

„In Ordnung", meinte Bachofen. „Ich werde es ihm beibringen."

Betrug durch Kellner war in allen Hotels ein Dauerproblem. Nach den Geschichten von Kofferdieben und Gästen, die sich mit Hotelbademänteln aus dem Staub machten, und jetzt Kellnern, die Rechnungen frisierten, setzte sich bei mir die Überzeugung fest, daß die Hauptbetätigung in einem Hotel neben Schlafen das Klauen ist. Die traurige Wahrheit ist, sagte Hinton mir, daß ein Hotel durch fortgesetzten Diebstahl schnell in den Bankrott getrieben werden kann.

Der unvergleichlich schöne Blick auf den Central Park

Die Angestellten, die mit Essen und Trinken zu tun haben, können am leichtesten Geld unterschlagen, da durch ihre Hände sehr viel Bargeld geht. Im Lauf der Jahre waren den Kellnern eine ganze Menge Methoden eingefallen, ein Hotel auszunehmen, die alle schwer zu enttarnen waren. Häufig arbeitete ein Kellner, der betrügen wollte, mit einem Koch zusammen. Wenn ein Kellner das Essen für einen bestimmten Tisch aus der Küche bekommen konnte, ohne dem Koch einen Kassenzettel zu präsentieren – der einzige Nachweis, daß das Essen auch tatsächlich serviert worden war –, konnte der Kellner den Gästen eine Scheinrechnung vorlegen. Zahlten die Gäste mit Kreditkarte, mußte er die Rechnung einlösen. Wurde jedoch bar bezahlt, konnte er die Summe einstreichen und die Rechnung vernichten. In einigen Hotels hatten Kellner sogar gedruckte Kopien der Originalrechnungen, damit der Schwindel möglichst echt wirkte. Es lohnte sich durchaus. Vier Personen, die im Edwardian Room aßen, gaben ohne weiteres dreihundert Dollar aus, was mehr war, als ein Kellner an Wochenlohn bekam.

Eine andere Methode, schnell zu Geld zu kommen, funktionierte ganz ohne falsche Rechnung. Wenn ein Kunde bar bezahlte – sagen wir wieder für vier Personen –, behielt der Kellner sowohl das Geld als auch den Beleg ein. Die Schwierigkeit bestand nun darin, den Beleg loszuwerden, denn alle Belege, die durch die Küche gingen, mußten vom Kellner unterschrieben werden. Er wartete also auf eine zweite Vierergruppe. Dann versuchte er möglichst geschickt, die Gruppe so zu bereden, daß sie die gleichen vier Hauptgerichte bestellte wie die vorige. Tat sie es, verwendete er die alte Rechnung für sie. Das war gar nicht so schwer, wie es sich anhört. Kellner, die diesen Trick zum ersten Mal probierten, waren oft erstaunt, wie leicht sie das Ding schaukelten. „Oh, das Filet Mignon ist heute ganz besonders gut. Die Dame mag vielleicht die Shrimps. Wenn sich jemand etwas aus Steaks macht, das Lendensteak ist ausgezeichnet. Wenn Sie kein rotes Fleisch mögen, das Huhn ist sehr zu empfehlen."

Auch Barmixer beteiligten sich an diesem Spiel. „Wenn Sie jemals in eine Bar kommen und sehen Strohhalme nebeneinanderliegen, können Sie sicher sein, daß da was läuft", erzählte mir einer der Plaza-Angestellten. „Jede Runde wird vom Barkeeper mit einem Strohhalm angezeigt. Bei Stammkunden hat er vielleicht zehn Halme daliegen, aber er sagt dem Gast, daß er ihm nur acht Runden berechne. Der glückliche Kunde gibt dann mehr Trinkgeld. Im Plaza verlangen wir, daß der Barkeeper jedes Getränk sofort eintippt."

Als die Kette Westin Hotels das Plaza übernahm, stieß man im Edwardian Room auf Betrügereien in großem Stil. Die Kellner tippten zwanzig Frühstücke ein, obwohl in Wirklichkeit sechzig oder achtzig rausgegangen waren. Die Geschäftsleitung entließ viele Kellner und paßte bei den neu eingestellten besser auf. Dennoch kam es auch weiterhin zu einigen Fällen von Betrug. Es war unmöglich, das Hotel ganz davon zu säubern.

Das Plaza versuchte, Betrug zu vereiteln, indem es gezielt verdeckte Kontrollen seiner Angestellten durchführen ließ. Wie die meisten Luxushotels beauftragte es ein fremdes Nachforschungsunternehmen, die Qualität und Zuverlässigkeit des Hotels zu prüfen. Diese Arbeit wurde – und wird noch – für gewöhnlich von grobschlächtigen Expolizisten oder Privatdetektiven erledigt, die sich an der Bar an einem Glas Whisky festhielten und darauf warteten, daß jemand in die Kasse griff.

In jüngster Zeit haben jedoch Spezialfirmen einen Teil des Geschäfts an sich gezogen. Das Plaza hatte mit verschiedenen Firmen zusammengearbeitet, aber der umfassendste Bericht, den es bekam, stammte von dem Unternehmen „D. Richey Management", einer vor zehn Jahren von den zwei ehemaligen Küchenchefs Dave Richey und Todd Lapidus gegründeten Firma. Sie steckten zweitausend Dollar in eine Idee und hatten jetzt einen Betrieb, der vier Millionen Dollar umsetzte.

Die Nachforscher waren äußerst gerissen. Zweimal im Jahr kamen zwei Mann ins Plaza, die niemand vom Stab oder der Leitung kannte. Sie blieben vier Tage und durchstöberten das Hotel, schnüffelten überall herum, prüften jede nur denkbare Dienstleistung. Das Aufdecken von Betrügereien war nicht ihr Hauptziel, wenn es auch zwangsläufig mit anfiel. Ihre eigentliche Aufgabe war es, die Qualität des Hotels insgesamt zu beurteilen. Sie schauten nach Rissen in der Wand und Fusseln auf dem Teppich. Sie stellten fest, ob das Zimmermädchen die Tagesdecke jeden Tag an denselben Platz legte. „In einem Luxushotel ist Beständigkeit sehr wichtig", erklärte Richey mir. „Der Gast erwartet das." Sie notierten sich, ob das Mädchen, das nachmittags die Betten aufdeckte, drei anstatt zwei Pfefferminztäfelchen auf den Nachttisch legte. „Das hört sich vielleicht nach Erbsenzählerei an", meinte Richey, „aber ein Pfefferminztäfelchen extra kostet das Hotel tausend Dollar im Jahr." Die Prüfer riefen die Zentrale an und hinterließen eine Nachricht für sich selbst. Kurz darauf riefen sie erneut an und änderten die Nachricht. Dann warteten sie, ob die Zentrale ihnen die abgeänderte Nachricht übermittelte. Sie klingelten nach einem Hoteldiener und baten ihn, eine Schachtel Zigaretten zu besorgen, um zu sehen, wie lange das dauerte und wie höflich die Besorgung erledigt wurde. Sie schoben Bonbonpapier unters Bett und kontrollierten, ob das Zimmermädchen richtig saubermachte. Sie bestellten Essen aufs Zimmer und registrierten die Zeit, bis es kam. Sie achteten auf Kleinigkeiten, etwa ob der Kellner die Plastikfolien von den Gläsern nahm, und sie fotografierten das Tablett und das Essen. Am nächsten Tag bestellten sie das gleiche Essen und machten erneut eine Aufnahme. Sie verglichen die Fotos. In einem Luxushotel sollte es keine erkennbaren Unterschiede geben. Sie gingen so weit, sich hinzuknien und nachzusehen, ob der Wagen des Zimmerservice saubere Räder hatte. Schmutzige Räder waren ein häufiger Makel in einem nicht perfekten Betrieb. Wenn sie mit ihrer Arbeit fertig waren, reichten die Richey-Inspektoren einen 200 Seiten langen Bericht und etwa ein Dutzend Fotos ein, die die Hotelleitung tagelang beschäftigten.

Richey Management kontrollierte das Plaza verdeckt seit 1982, und der Eindruck, den die Kontrolleure bekamen, hatte sich seither merklich geändert. „Bei unserem ersten Besuch im Plaza", erzählte Richey mir, „war ich angewidert. Ich konnte nicht begreifen, warum jemand dort absteigt. Die Angestellten waren mürrisch, die Zimmer in einem schlechten Zustand. Der gastronomische Bereich war mies. Aber gerade kürzlich habe ich Hud Hinton getroffen und ihm gesagt, daß sie phantastische Arbeit geleistet und den Laden wieder auf Vordermann gebracht haben. Ich weiß nicht einmal genau, wie sie es gemacht haben, aber sie haben es geschafft. Heute, meine ich, steht das Plaza auf einer Stufe mit anderen erstklassigen Hotels in New York."

Beim Erarbeiten ihrer Berichte war die größte Sorge der Richey-Inspektoren, entdeckt zu werden. Todd Lapidus erzählte mir, daß er zu Brille und Perücke griff, wenn er befürchtete, daß sein Gesicht in einem Hotel zu bekannt wurde, aber selbst verkleidet erwies es sich als schwierig, unerkannt zu bleiben. Bei ihrem kurzen Aufenthalt mußten die beiden Prüfer so viel zu essen und zu trinken bestellen, daß die meisten Leute geplatzt wären. Natürlich mußten sie einiges davon loswerden. „Wie im Film müssen wir Getränke in Blumentöpfe schütten und Hühnerkeulen aus dem Fenster werfen", sagte Richey. „Ich habe einmal in einem Chicagoer Hotel recherchiert und wäre fast erwischt worden. Ich hatte beim Zimmerservice ein Dinner bei Kerzenlicht für zwei Personen bestellt. Dummerweise war mir entgangen, daß das Essen in vier Gängen serviert wurde. Der Haken war, daß nur ich mich im Zimmer befand. Als der Kellner klopfte, um den ersten Gang zu bringen, hatte ich deshalb die Dusche aufgedreht und ihm gesagt, meine Frau sei noch nicht fertig, er solle das Tablett abstellen. Ich rief sogar in Richtung Bad: ‚Liebling, das Essen ist da!' Als er das zweitemal kam, mußte ich ihm erzählen: ‚Oh, sie macht sich gerade etwas zurecht. Ich weiß auch nicht, was heute mit ihr los ist.' Ich war schon vom ersten Gang so voll, daß mir allein beim Anblick des Essens übel wurde. Ich spülte die Sachen die Toilette hinunter, und der Kellner brachte den nächsten Gang. Als wir eigentlich mit dem Hauptgang hätten fertig sein sollen, quoll die Toilette von all dem Zeug über, das ich hineingeworfen hatte, meine Frau war noch immer nicht zu sehen, und der Kellner rauschte mit einem Baisersoufflé ins Zimmer. Wenn er mir überhaupt abgenommen hat, was ich ihm erzählt habe, muß er uns für ein total übergeschnapptes Paar gehalten haben."

EINE hölzerne Trittleiter auf der Schulter, lief Tony Bonsanti mit großen Schritten den Gang im 14. Stock entlang. Einen offenen Karton mit einem Sammelsurium von Glühbirnen hatte er unter einen Arm geklemmt. Sein Blick war nach oben gerichtet. Er sah, wonach er suchte, blieb stehen und holte eine Birne aus dem Karton. Seine Aufgabe – die einzige Aufgabe – war, kaputte Glühbirnen auszuwechseln. „Den ganzen Tag Birnen", sagte er, als er flink die durchgebrannte Glühbirne herausschraubte. „Das ist meine Arbeit. Nichts als Birnen. Ich bin ausgebildeter Elektriker, und wenn bei den Birnen nichts zu tun ist, mache ich andere Sachen. Aber bei den Birnen ist meistens was zu tun. Die werden hier ordentlich strapaziert." Er legte die kaputte Birne in den Karton, um sie später wegzuwerfen, und schraubte eine neue ein. „Da", sagte er, „sie brennt wieder."

Er nahm seine Sachen und ging weiter zum nächsten Defekt. „Wenn ich ins Haus komme", erzählte er, „gehe ich ins Birnenlager im Keller und fülle meinen Karton. Dann gehe ich in die Haupthalle und den ersten Stock und sehe dort nach. Die Haupthalle ist am wichtigsten. Da kommen alle Gäste rein, da darf nie eine Birne kaputt sein. Ich krieg sofort was aufs Dach, wenn in der Haupthalle nicht alle Birnen brennen. Dann gehe ich nach einer Liste mit kaputten Birnen vor, die die Mädchen und Sicherheitsleute gemeldet haben. Ich fange in den oberen Stockwerken an und arbeite mich dann runter. Weil ich der einzige hier bin, muß ich planen. Wenn ich all meine Arbeitseinsätze bekommen habe, fasse ich die zusammen, bei denen ich keine Leiter brauche, und mache zuerst die. Dann kommen die, bei denen ich die Leiter brauche. Es ist mühsam, die Leiter zu schleppen, und ich will sie nicht länger auf der Schulter haben als unbedingt notwendig."

„Wie viele Birnen wechseln Sie am Tag aus?" fragte ich ihn.

„Huh!" rief er. „Fünfunddreißig oder vierzig ist normal. Wenn viel los ist, fünfzig. Das heißt, wenn das Haus hundertprozentig belegt ist und die Lampen an allen möglichen Stellen ausgehen."

Bonsanti war Anfang Dreißig, schmächtig, hatte dunkles Haar, aufmerksame Augen und einen sorgfältig geschnittenen Bart. Das Ausmaß seiner Arbeit wurde verständlicher, wenn man sich klarmachte, daß es im Plaza etwa 30000 Glühbirnen gab. Insgesamt brauchte das Hotel etwa 150 verschiedene Typen, von der 3-Watt-Kerze in den Kronleuchtern der Haupthalle bis zum 3000-Watt-Scheinwerfer im Großen Ballsaal. Wenn Bonsanti durch das Hotel ging, blickte er unentwegt nach oben und suchte nach dunklen Glühbirnen.

Als er ins Plaza kam, waren drei Mann für die Glühbirnen zuständig. „Einer wurde Elektriker", erklärte er, „und ich hab dann mit dem anderen zusammengearbeitet. Der ist vor ein paar Jahren gegangen, da war ich dann allein. Alles wurde auf meine Schultern abgeladen. Zum Teil ist es ja mein Fehler. Ich bin wie ein Besessener herumgerannt und hab die Arbeit allein gemacht, und die denken jetzt natürlich, sie brauchen nicht noch einen einzustellen."

Zimmer 1256. Nachtbeleuchtung. „Ist kaputt, haben wir gleich", sagte Bonsanti mit Überzeugung. Ein paar Sekunden später brannte sie wieder.

„Gibt es eine Technik?" wollte ich wissen.

„Sie schrauben die alte raus und die neue rein. Das ist alles. Das ist keine Hexerei." Er ging durch das Zimmer und schaltete alle Lichter an und aus. „Wenn ich in einem Zimmer bin, prüfe ich immer auch alle anderen Lampen", sagte er. „Warum nicht? Dann muß ich nicht noch einmal hin. Es sind meistens Birnen kaputt, die die Leute gar nicht wahrgenommen haben. Ich finde sie. Ich bin eine Art Birnendetektiv."

Zimmer 805. Eine Schreibtischlampe. Bonsanti knipste sie an. Nichts. Er entdeckte, daß der Stecker herausgezogen war. „Sehen Sie?" fragte er. „Der Zimmerdienst hat ihn rausgezogen, um den Staubsauger einzustecken. Kommt regelmäßig vor." Er schüttelte den Kopf und spitzte die Lippen. Er prüfte die anderen Lichter, die alle in Ordnung waren. „Gut", sagte er. „Hier funktioniert alles."

Er ging den Korridor hinunter. „Ein Problem", sagte er, „ist, daß jede neue Geschäftsführung eine andere Theorie über Glühbirnen hat. Heute haben wir Vierzig-Watt-Langzeitbirnen. Als ich hier anfing, hatte man in den Gängen Siebzehn-Watt-Birnen. Man konnte kaum sehen, was man tat. Siebzehn Watt! Das reicht für einen Bergmann. Meiner Meinung nach sollte man nur die Langlebigen nehmen. Sie machen mir die Arbeit leichter, und sie sparen Geld."

Er huschte ins Zimmer 617. „Sehen Sie sich das an", wandte er sich an mich. „Drei Stück kaputt." Blitzschnell wanderten die Birnen aus seinem Karton in die Fassungen. Er murrte weiter. „Die Gäste gehen aus dem Zimmer und lassen das Licht brennen, einfach lächerlich. Sie sollten es ausmachen. Es ist eine Beleidigung für die Birnen. Wissen Sie, an manchen Tagen wechsle ich eine dieser Birnen und zwei Tage später ist sie wieder kaputt. Ich glaube, inzwischen habe ich schon jede Birne in diesem Hotel ausgewechselt. Ich bin in jedem Zimmer gewesen, in jedem Gang, jeder Kammer, jedem Bad. Manchmal muß ich auf eine Leiter und zehn Meter hochklettern. Aber daran bin ich gewöhnt. Das einzige, was ich unangenehm finde, ist der Palmenhof. Da sind die schlimmsten Birnen. In der Decke sind vier Strahler, die von oben die Statue dort beleuchten. Um eine dieser Birnen zu wechseln, muß man sich in diesen engen Durchgang zwängen. Man sieht nichts. Man muß mit jemandem unten auf dem Boden in Verbindung stehen, um herauszufinden, ob man mit dem Lichtstrahl richtig zielt. Wenn man die Statue verfehlt, sieht das gräßlich aus. Diese Birnen im Palmenhof sind am schlimmsten. Lassen Sie sich von niemand was anderes erzählen."

Es war Zeit für Bonsantis Kaffeepause. Er fuhr mit dem Dienstaufzug in den Keller und ging ins Café Eloise. Dort goß er sich einen Kaffee ein und setzte sich an einen Tisch an der Rückwand.

Ich fragte ihn, was er durch den langen Umgang mit Glühbirnen über sie gelernt habe, und er antwortete: „Ich habe gelernt, daß, wenn Sie eine Birne den ganzen Tag brennen lassen und dann aus- und wieder anschalten, der Glühfaden durchbrennt. Das faßt meine Erfahrungen in etwa zusammen. Es gibt nicht viel über Glühbirnen zu lernen."

DIE Prostituierten waren sofort zu erkennen, aber sie scheuten sich nicht, mitten in die Haupthalle zu marschieren. Mindestens ein Dutzend war an der Avenue of the Americas in der Nähe des Plaza tätig. Für Straßenmädchen hatten sie ziemlich viel Klasse, trugen Cocktailkleider und hochhackige Pumps. Die Hausdetektive kannten die meisten Mädchen der Stammbesetzung, waren aber nicht gegen sie eingenommen. Leichte Mädchen gehörten zu Hotels wie der Zimmerdienst und telefonisches Wecken. „Es sind oft recht nette Mädchen", sagte John McHugh, der stellvertretende Sicherheitsdirektor. „Ich unterhalte mich mit ihnen, und wir albern rum. Sie sind wie Sie und ich. Nur daß sie ihr Geld auf diese Weise verdienen."

Die Detektive sprachen nie von Prostituierten oder Strichmädchen. Bei ihnen hießen sie nur die Vierundfünfziger, die interne Bezeichnung für eine verdächtige Person. Die Hausdetektive hatten zwar nichts gegen ihre Anwesenheit im Hotel einzuwenden, duldeten aber keinerlei „berufliche" Aktivitäten in der Haupthalle oder an den Bars. Die einzige Ausnahme, daß ein Hausdetektiv eines der Mädchen passieren ließ, war, wenn sie am Arm eines Gastes kam. Prostituierte, die sich allein in der Halle oder an den Bars herumtrieben, forderten zu Reaktionen heraus. Sie wurden nach oben ins Sicherheitsbüro geleitet, wo man sie fotografierte und ihnen nahelegte, nicht mehr im Hotel aufzutauchen. „Ich habe einmal ein Mädchen mit hinaufgenommen", erzählte McHugh, „und als ich die Polaroidkamera nahm und sagte: ‚So, dann wollen wir mal ein paar Aufnahmen machen!', zog sie ihre Bluse aus und erwiderte: ‚Gut, fangen wir an.' Ich habe ihr dann klargemacht, daß ich nicht solche Aufnahmen meinte."

Das Hotel sah es auch nicht gern, wenn Vierundfünfziger zu oft im Haus auftauchten, selbst wenn sie mit einem Gast kamen. Sie fielen zu sehr auf. Eine Anfängerin auf diesem Gebiet mit verräterisch kurzem Rock und Netzstrümpfen wurde eines Abends gesichtet, wie sie am Arm eines Gastes dem Aufzug zustrebte. Die Sicherheitsleute ließen sie durch. Eine Dreiviertelstunde später kam sie wieder – diesmal mit einem anderen Gast. Wieder wurde sie bemerkt, aber durchgelassen. Eine weitere Dreiviertelstunde danach erschien sie mit einem dritten Kunden. Als sie zurück in die Halle kam, folgte ihr einer der Hoteldetektive auf die Straße. Er schloß zu ihr auf und sagte: „Du bist neu in New York, nicht wahr?"

„Ja", erwiderte sie. „Und du bist ein Polyp, nicht wahr?"

„Stimmt. Also, was ist los? Du bist in nicht einmal drei Stunden dreimal im Hotel gewesen. Weißt du nicht Bescheid?"

„Wo ist da das Problem?" fragte sie. „Das waren meine Freunde."

„Hör mal", sagte der Detektiv, „ich will dir einen Tip geben. Wenn dein nächster Kunde sagt, er wohne im Plaza, dann laß ihn sausen. Such dir jemand vom Park Lane Hotel. Dann kannst du rüber zum Hotel Sherry-Netherland gehen. Misch das ein bißchen, und keiner tut dir was. Andernfalls bist du nicht lange hier in der Stadt."

Das Mädchen dankte dem Hoteldetektiv und dosierte von da an ihre Auftritte im Plaza.

Zum Leidwesen der Hotelleitung und der Gäste weiteten die Prostituierten ihre Tätigkeit über ihr ureigenstes Gebiet hinaus aus. Sie bestahlen Kunden.

Eine beliebte Methode, die von Prostituierten angewandt wurde, war, dem Gast K.-o.-Tropfen ins Getränk zu schütten und ihn dann auszunehmen. Ein häufig verwendetes Mittel war Scopolamin, das in der Medizin als Augentropfen verschrieben wird. Ein einziger Tropfen im Getränk reicht, jemanden für gut sechs Stunden außer Gefecht zu setzen. Wer ein schlechtes Herz hat, wacht unter Umständen nicht mehr auf.

Vor noch nicht allzu langer Zeit stürmte eines Morgens ein wohlhabender Gast in Hud Hintons Büro und meldete wutschnaubend, daß ihm Schmuck im Wert von mehreren tausend Dollar einschließlich einer Rolex gestohlen worden sei. „Das war einer von den Angestellten, und ich werde Sie haftbar machen, darauf können Sie sich verlassen!" brüllte der Mann. Hinton, der solche Geschichten schon zur Genüge erlebt hatte, fragte den Mann geduldig, ob er von jemandem wisse, der in seinem Zimmer gewesen sei. Niemand, behauptete der Mann. Gut, sagte Hinton. Er wolle den Sicherheitsdienst befragen und werde sich sofort wieder bei ihm melden. Der Sicherheitsdienst spielte die Videobänder vom vorigen Abend ab. Eines der Bänder aus den Aufzügen zeigte den Gast auf der Fahrt nach oben mit einer Frau, die eindeutig eine Prostituierte war. Schon im Aufzug hatte sie die Hand in seiner Hose. Hinton bat den Gast in sein Büro und spielte ihm das Band vor. Der Mann wurde puterrot und wand sich. Als das Band abgelaufen war, sagte er: „Vielen Dank." Er stand auf und ging, und man hörte nie mehr etwas von ihm.

9. Kapitel

DONNERSTAG. Es roch nach dampfender Suppe und Pommes frites. Die Küche glich einem vor Hitze und Geschäftigkeit flirrenden Bienenstock, in dem mit Töpfen und Pfannen ein ohrenbetäubender Lärm gemacht wurde. Köche mit schweißnassem Gesicht sprangen hin und her. Scharenweise schrien die Kellner an den Ausgabeschaltern. Jeder schien es unheimlich eilig zu haben. Etwa zweitausend Essen gingen täglich heraus. Das Plaza hatte alles in allem sechs Küchen, in denen annähernd hundert Personen beschäftigt waren. Der Küchenchef Reiner Greubal kümmerte sich wahrscheinlich um so viele Essen, wie kaum ein anderer Mensch auf der Welt. Er war ein wachsamer Mann mit unbewegtem Gesicht und trug eine jener hohen weißen Kochmützen, die wie ein riesengroßer Pilz aussehen.

Ein Assistent schlenderte in Greubals Kellerbüro, das neben der Hauptküche lag, und erkundigte sich, ob das Menü für ein bevorstehendes Bankett schon da sei. Der Küchenchef zog vielsagend die Schultern hoch. „Hab's noch nicht gesehen", erklärte er.

Greubal kam normalerweise morgens um sieben ins Hotel. In dem kleinen Eßzimmer neben seinem Büro aß er ein normales oder ein Laugenbrötchen und trank eine Tasse Tee. Um zwei Uhr nahm er ein Mittagessen zu sich, das meistens aus Schmorfleisch oder gedünstetem Kalbfleisch („mit etwas Sauce drauf") bestand. Das Abendessen übersprang er, oder er aß lediglich etwas kalten Braten. „Wenn ich essen würde, was ich mag", sagte er, „könnte man mich die Treppe runterrollen. Weil wir zuviel probieren. Das müssen wir." Er war ein aktiver Küchenchef in dem Sinn, daß seine Schürze auch schmutzig wurde. „Hin und wieder koche ich oder versuche etwas Neues oder mache mich an die heiklen Sachen. Es gibt kein Gericht oder Rezept, das ich nicht vorher ausprobiere. Ich koste alle Speisen für Bankette. Das ist wichtig. Bei Anlässen mit VIPs ebenfalls, auch wenn man da mehr auf Details achtet – das Anrichten der Speisen und ähnliches. Vielleicht nimmt man bei solchen Gelegenheiten etwas mehr Butter oder Sahne, aber das ist alles. Das Besondere ist, bei einem VIP kocht man das

Essen immer vorher als Test und macht sogar ein Foto, um festzustellen, wie es aussieht. Man kocht nicht einfach drauflos. Wir sind schließlich keine Glücksspieler."

Die Hauptküche war ein Labyrinth aus weißgekachelten Wänden, an denen grauschwarze Herde, Geschirrspülmaschinen und Apparate zum Putzen des Silbers aufgereiht waren. Der Raum war so riesig, daß Hinweisschilder an den Wänden den Kellnern die Richtung zu den Treppen und Aufzügen zeigten, die nach oben zu den Bankett- und Speisesälen führten. An den großen Backöfen klebten gelbe Zettel, auf denen stand, was in ihnen zubereitet wurde. In einem waren Kartoffeln. In einem anderen Kalbfleisch. Im Eiltempo schob ein Mann einen Wagen mit Blumenkohl in die Küche, den er in einen Behälter schüttete. Ein anderer schleppte einen Sack Brötchen herein. Jemand streute Salz auf den nassen Boden, damit niemand ausrutschte.

„Die Hauptküche ist im wesentlichen die Vorbereitungsküche", erklärte Greubal. „Alle Lebensmittel, die ins Hotel kommen, laufen in irgendeiner Form hier durch. Nehmen Sie das Gemüse. Es kommt hier an, wird geputzt und zum Teil vorbereitet und geht dann in eine der Produktions- und Ausgabeküchen, um dort verwendet zu werden. Da wird es fertig zubereitet. Das gleiche geschieht beim Fleisch. Wir haben auch eine kalte Küche, wo wir Salate, kalte Saucen, Obst und kaltes Fleisch für die anderen Küchen vorbereiten."

Charakteristisch für die Hauptküche war eine starke Spezialisierung. Einige Köche bereiteten nur Saucen. Andere nur Suppen. Es gab zwei Küchenmetzger für Fleisch und Fisch. In einer Ecke stieß ich auf Eric Bedoucha, den Chefpatissier. Er überprüfte gerade das Tagesangebot. Tabletts über Tabletts mit Gebäck. „Das Kleingebäck machen wir zur Hälfte selbst, die andere Hälfte kaufen wir bei La Côte Basque", sagte er. „Manchmal brauchen wir hundertfünfzig Pfund Gebäck in der Woche. Wir haben nicht die Zeit, das alles selbst herzustellen." Er betrachtete einige Kuchen. „Das hier ist die berühmte Operntorte. Die mag ich am liebsten, aber sie ist flach, und die Leute machen sich nicht allzuviel daraus. Sie wollen ansehnliche Sachen."

Jedesmal wenn er die frischen Backwaren betrachtete, zögerte der Patissier – mochten sie noch so gut aussehen. Er meinte, die kleineren Kuchen sähen doch schöner aus. Aber sobald er versuchte, den Stil zu

ändern, gab es wütende Proteste von den Gästen, die über die Größe
der Kuchenstücke ihre ganz bestimmten Vorstellungen hatten. Sie
mußten groß sein. „Deshalb machen wir jetzt mittelgroße Stücke",
sagte Bedoucha. „In ein paar Monaten gedenke ich, ganz kleine zu
machen und die Leute soviel essen zu lassen, wie sie wollen. Das funktioniert vielleicht. Klein ist eindeutig feiner."

Steve Seha, der Küchenmetzger, arbeitete weiter hinten in einem
langen, schmalen Raum an einigen Roastbeefs. „Ich zerlege hier seit
1971 Fleisch", sagte er. „Ich kenne mich aus mit Fleisch."

Ich fragte ihn, ob es beim Schneiden eine besondere Technik gebe,
und er sagte: „Wenn man schneidet, darf man nicht drücken. Man führt
das Messer mit einer sägeartigen Bewegung. So läßt sich das Fleisch
besser schneiden. Heute müssen wir fast immer entbeinen. Mit Knochen würde das Fleisch besser schmecken, weil der Knochen mehr
Geschmack hat als das Fleisch. Aber die Leute wollen nicht um den
Knochen herumschneiden."

Ein Stück weiter zerlegte Frank Madera, der für Fisch zuständige
Küchenmetzger, mit einem großen Messer einen riesigen Schwertfisch.
„Sie möchten wissen, wie wir die Stücke schneiden?" fragte er. „Früher
hat jeder die gleiche Portion bekommen. Vor zwei Jahren haben wir das
geändert, weil wir es im Oak Room anders machen wollten. Dort
bekommen sie jetzt pro Portion sechzig Gramm mehr Fisch. Beim
Fleisch ist es dasselbe. Die normalen Portionen haben etwa 225
Gramm, nur bei Muscheln sind es etwa 175 Gramm. Der Oak Room
bekommt rund 280 Gramm. Die beliebtesten Fische im Plaza sind
Lachs, Seezunge und Red Snapper. Wir bereiten pro Woche etwa tausend Lachssteaks zu. Die gehen weg wie verrückt. Wir verwenden keine
tiefgekühlte Ware außer Shrimps. Davon bestellen wir täglich zwei- bis
dreihundert Pfund. Das müssen wir tiefgekühlt nehmen."

Eric Riley, der Suppen- und Saucenkoch, war in ausgelassener Stimmung. Er stand vor einem 350-Liter-Topf mit Hühnerbrühe. „Wichtig
ist, daß es nur köchelt", sagte er. „Wenn es zu stark kocht, verändert
sich die Farbe."

Es gab acht Kessel unterschiedlicher Größe. In allen wurde Suppe
zubereitet. „Wir haben vier Restaurants", kommentierte er. „Deshalb
machen wir täglich ein halbes Dutzend verschiedene Suppen."

Riley führte mich in einen Kühlraum, in dem große Töpfe mit Suppen und Saucen standen. Da gab es Zwiebelsuppe, Hühnerbrühe, Rinderbrühe, Muschelsuppe New England, Muschelsuppe Manhattan, Hummercremesuppe, Currycremesuppe mit Muscheln. Außerdem standen noch zwei große Behälter mit Tomatensauce und etwas Mintsauce da. „Ein kleines Restaurant oder Hotel würde das nicht machen", sagte er gedämpft. „Dort würde man jeden Tag alles frisch zubereiten. Aber da kämen wir nicht nach."

Ich ging ins Büro des Küchenchefs zurück, wo Greubal, eine Hand an der Schläfe, die Speisekarte studierte. „Ich entwerfe die Speisekarten für sämtliche Restaurants", erklärte er. „Alle drei Monate ändere ich sie etwas ab. Grundsätzlich lasse ich die gutgehenden Gerichte drauf und ersetze die weniger gutgehenden. Ich bin gerade beim Edwardian Room und ändere einiges. Geräucherte Muscheln werden gestrichen. Sie gehen nicht besonders gut. Eine Speisekarte ist eine äußerst heikle Angelegenheit, weil der Gast tatsächlich bestimmt, was man verkaufen muß. Ich bin 1985 hergekommen und habe mir die Mittagskarte des Oak Room angesehen. Da war Corned-beef-Haschee drauf. Ich fragte mich: Was soll das denn? Das gehört zum Frühstück, und ich dachte, das hat doch auf einer Mittagskarte nichts zu suchen. Ich nahm es also runter. Es hat fast einen Aufstand gegeben. Die Gäste liefen Sturm und beschwerten sich bei der Hotelleitung. Ich mußte es also wieder auf die Karte setzen. Ich kann es nicht verstehen, aber dieses Haschee ist eines unserer beliebtesten Mittagsgerichte. Im Palmenhof war ein Hühnergericht mit Mayonnaise auf der Karte. Ich wollte es absetzen, und es gab das gleiche Theater. In diesem Hotel habe ich gelernt, daß es ein paar Gerichte gibt, an die man nicht rühren sollte."

Greubal schätzte die Zahl der täglichen Essen anhand der Zahl der belegten Zimmer. Obwohl über achtzig Prozent der in den Restaurants servierten Essen an Leute gingen, die nicht im Hotel wohnten, hatte die Leitung festgestellt, daß sie die Zahl der zu servierenden Essen verläßlich mittels der Zahl der Gäste vorausberechnen konnte. „Wir haben ganz gute Voraussagen", erklärte Greubal. „Man hat die Belegungsziffer, und es gibt eine Formel. In der Regel bekommen sechzig Prozent der Zimmer Frühstück. Mindestens dreißig Prozent der belegten Zimmer sollte man für das Mittag- oder Abendessen einkalkulieren. Ich weiß nicht, warum, aber das ist eine Formel, die sich tagein, tagaus bewährt. Es ist erstaunlich."

Als ich Greubal fragte, was in der Küche schieflaufen könnte, nannte er Suppen, die sauer werden, und Gerichte, die anbrennen, aber, so sagte er, das beunruhige ihn nicht wirklich. „Die größte Sorge", gestand er, „ist ein Stromausfall. Das ist schlimm. Wir haben auch schon eine Überschwemmung in der Küche gehabt, als einige Rohre brachen. Und wenn es stark regnet, tropft es oft in die Küche. Daran gewöhnt man sich."

„Ist ein Essen für ein Fest jemals total ruiniert worden?" wollte ich wissen.

„Wenn das passiert, kann der Verantwortliche seinen Koffer pakken", sagte er. „Das sollte nie vorkommen. Man lernt, das Essen rechtzeitig vorzubereiten und genug Vorlaufzeit einzuplanen, damit man wieder ausbügeln kann, falls etwas schiefgeht. Wenn eine Suppe sauer wird oder etwas verwürzt ist, macht man es noch mal. Ist es schon etwas spät, serviert man noch einen Drink. Meine Auffassung ist, man bekommt dann zwar Beschwerden, aber es ist besser, Qualität zu bieten, als etwas nicht Erstklassiges auf den Tisch zu bringen."

ICH legte eine Pause ein und machte einen Spaziergang ums Hotel. Auf der Straße blieb ich stehen und bewunderte die Flaggen. An den fünf Fahnenmasten vor dem Haupteingang flatterten die Flaggen Australiens, Japans, der Tschechoslowakei, der USA und des Plaza. Auf dem Dach des Hotels wehten wie immer zwei Fahnen, die des Plaza und eine der USA.

Der Flaggenraum befand sich auf der Ebene des Bankettsaals, eine kleine Kammer in der Nähe der Blauen und Weißen Suite. Das Hotel besaß 137 Flaggen. Hin und wieder war eine verschlissen und wurde ausrangiert, oder jemand schenkte dem Hotel eine neue, die er gern vor dem Plaza flattern gesehen hätte. In dem Raum lagerten die Flaggen vieler Länder – von Bolivien, Chile, China, Kuba, Irak, Mali, Frankreich, Haiti, Island, Libyen, Äthiopien, Peru, Trinidad, Norwegen und der Türkei – und eine größere Zahl Flaggen der USA. Auf Lager hatten sie außerdem die Flaggen des Präsidenten, des Papstes, des Roten Kreuzes und der Vereinten Nationen.

Auch die Flagge der Sowjetunion hatte an einem der Masten geweht, als Nikita Chruschtschow 1960 zu einem Empfang erschienen war, den die Delegation von Togo bei den Vereinten Nationen gegeben hatte. Das Verhalten der übrigen Gäste gegenüber Chruschtschow war einfach und direkt: Sie mochten ihn nicht. Auch der sowjetische Ministerpräsident war nicht allzu geübt, sich im Zaum zu halten. Als er aufgebracht reagierte, weil er auf einen Aufzug warten mußte, wurde er von der Menge in der Halle ausgelacht. Chruschtschow streckte einfach die Zunge raus.

Die Flaggen waren 3,60 mal 5,40 Meter groß und aus Nylon. Sie wurden täglich von einem der Hallenportiers ausgetauscht. Ein Vertreter des Hallenchefs führte ein Flaggenbuch, in dem festgehalten wurde, welche Flaggen an welchem Tag und warum aufgezogen wurden. Der Hauptgrund war die Begrüßung eines prominenten Gastes aus dem betreffenden Bundesland oder Staat. Fand eine Versammlung von Dudelsackpfeifern statt, sorgte das Hotel dafür, daß die schottische Fahne aufgezogen wurde. Weilte eine französische Reisegruppe im Hotel, wehte die französische Flagge vor der Tür. „Wir bemühen uns, Werbung zu machen und Achtung zu erweisen", sagte einer der stellvertretenden Direktoren. „Wenn es kein besonderes Ereignis gibt, ist die Flaggenauswahl willkürlich. Manchmal lasse ich die österreichische oder polnische Flagge nur so zum Spaß hissen. Dann und wann bekommen wir Klagen. Gelegentlich haben wir auch schon eine Flagge verkehrt herum aufgezogen. Im Flaggenraum hängt eine Tafel, auf der die richtige Position zu sehen ist. Wir bekommen auch Klagen, wenn wir die Fahnen draußen haben und es zu regnen anfängt. Manchmal haben wir sie vergessen. Man soll Flaggen nicht bei Regen gehißt lassen. Wir ziehen auch keine Flaggen bei Windgeschwindigkeiten von mehr als achtundzwanzig Stundenkilometer auf. Das zerfetzt sie. Es ist natürlich wichtig, daß die Flaggen da draußen wehen, aber wie alles andere kann auch das zur Last werden."

DIE Dauergäste des Plaza sah man kaum. Auch wenn viele Angestellte offenbar das eine oder andere über sie wußten, kannte sie doch niemand näher. Ihre Vergangenheit schien geheimnisvoll verhüllt. „Oh, die sind ziemlich eigen", erzählte mir einer der Hoteldiener. „Ich halte

mich im allgemeinen von ihnen fern." Und ein Zimmermädchen sagte:
„Das Problem ist, daß sie sich nicht wie Gäste fühlen. Sie meinen, das
Hotel gehöre ihnen."

Die Gäste des Plaza kamen und gingen, blieben normalerweise einen
Tag, eine Woche und verschwanden dann wieder. Aber die Dauergäste
gingen in aller Regel nie – bis sie starben. Sie hatten natürlich einen
Grund zu bleiben. Sie wohnten in einem Luxushotel und zahlten
lächerlich wenig. Sie waren vor vielen Jahren eingezogen, nachdem in
New York im Zweiten Weltkrieg die Mietpreisbindung eingeführt worden war, die Grundstückseigentümern verbot, die Mieten von Mietern
mit Langzeitverträgen zu erhöhen. Jeder Dauergast zahlte monatlich
weniger als fünfhundert Dollar für eine Suite, die mindestens täglich
soviel gekostet hätte. Von allen Langzeitgästen nahm man an, daß sie
finanziell gut gestellt waren. Einer von ihnen, so wurde mir erzählt,
bekam Courtageabrechnungen von sechzehn verschiedenen Firmen.
Aber das Hotel hatte keine andere Wahl und mußte zähneknirschend
die kümmerlichen Zahlungen hinnehmen.

Vor einigen Jahrzehnten waren unter den Dauergästen noch Ehe-
paare, doch mit den Jahren und dem Tod vieler Ehemänner schrumpfte
die Gruppe auf eine Ansammlung von Witwen zusammen. Vor Jahren
sprach man von ihnen als den „neununddreißig Witwen des Plaza".
Jetzt waren es noch vier.

Trauer ist ein bei Witwen häufig vorherrschendes Gefühl, doch die
Damen aus dem Plaza zehrten offenbar von einem unergründlichen
Quell der Lebensfreude. Noch immer konnte man Geschichten über
Mrs. Frank Stanley Freeman hören, deren Vater einer der ersten Heiz-
körperfabrikanten im Lande war. Ihr Mann, ein Bankier, starb 1887 in
den Flitterwochen, und sie machte nie Anstalten, wieder zu heiraten.
Mehr als dreißig Jahre wohnte sie im Hotel, bis der Tod sie im Alter
von 103 Jahren holte. Sie war unternehmungslustig und liebte das
Gespräch mit Männern, hielt es aber für eine Zeitverschwendung, sich
mit Frauen zu unterhalten. Zu ihrem hundertsten Geburtstag bekam sie
ein Telegramm von Präsident Eisenhower. Anscheinend wählte sie mit
99 zum erstenmal in ihrem Leben – Eisenhower.

Eine der bekanntesten Witwen war die energische Clara Bell Walsh,
die aus einer wohlhabenden Familie von Pferdebesitzern aus Kentucky

stammte. Sie zog an dem Tag in das Hotel, als es eröffnete, zwei Jahre nach ihrer Hochzeit mit Julius Walsh jr., der eine Straßenbahngesellschaft in St. Louis besaß. Sie war eine leidenschaftliche Pferdeliebhaberin, zog jahrelang mit einem Hänger voller Pferde von Rennen zu Rennen und brachte es zu einer beeindruckenden Sammlung von Preisen. Ihr Mann starb 1922, aber sie wohnte weiter in ihrer Vierzimmersuite, die mit rosa Vorhängen und alten englischen Jagd- und Rennstichen ausgestattet war. 1957 erlag sie einer Gehirnblutung.

Suppe war ein Teil des Zaubers, den das Hotel auf Clara ausübte. Für sie war die Hühnerbrühe des Plaza die wohlschmeckendste der Welt. Clara, bekannt für ihre scharfe Zunge und ihren grenzenlosen Charme, gab gern und oft Partys. Sie trank nur Kentucky Bourbon pur. Mit den Leuten vom Theater und Showgeschäft war sie gut bekannt. Ihre Hoteltür stand jeden Nachmittag ab fünf Uhr offen, und Leute wie die Schauspielerin Mae West und der Komiker Ed Wynn schauten bei ihr vorbei. Im März 1957, drei Monate vor ihrem Tod, gab das Hotel ein rauschendes Fest für sie und lud mehrere hundert Personen ein. Unter den Gästen waren Musicalstar Mary Martin, Theaterproduzent Richard Halliday, Bühnenschauspielerin Dame Sybil Thorndike und Musicalsängerin Ethel Merman. Eines der Privilegien, die sie genoß, bestand darin, daß sie eine der beiden Frauen war, die sich die Haare beim Hotelfriseur schneiden lassen durfte. Die andere war Mary Martin.

10. Kapitel

„DIE Leute ins richtige Bett bringen, darum geht es bei uns", sagte der Mann. „Dazu müssen wir das Telefon bedienen und versuchen, Wünsche zu erfüllen. Es geht um Kinderbetten und fahrbare Klappbetten und vor allem um französische Betten." Der Mann war Joe Schneider, der die Abteilung Reservierungen leitete. Er war hager und blaß, hatte eine Glatze und einen etwas gereizten Gesichtsausdruck. Er hockte vor einem Computerterminal in seinem ziemlich tristen Büro in einer Ecke des ersten Stockwerks. Durch ein großes Glasfenster konnte er seine Mitarbeiter sehen. Sieben kalt dreinblickende Angestellte saßen wie Telefonisten mit Kopfhörern da und hackten auf der Tastatur herum, tippten Namen, Daten und besondere Wünsche ein. Es war unmöglich, jeden Anrufer zufriedenzustellen, denn die Vorlieben der Gäste waren immer die gleichen.

Jeder, so Schneider, wollte ein Zimmer mit Blick auf den Central Park, allerdings machten einige dann einen Rückzieher, wenn sie den Preis erfuhren. Ein Zimmer, das dem Gast einen Blick auf den Central Park erlaubte, kostete zwischen 50 und 75 Dollar mehr als eines, das auf die Fifth Avenue ging, das seinerseits 50 bis 75 Dollar teurer als ein Zimmer war, das überhaupt keine Aussicht bot. Die meisten Gäste sahen jedoch über die Preisunterschiede hinweg und blieben bei ihren Wünschen.

„Furchtbar viele Leute wollen Aussicht auf den Park haben", erzählte Schneider mir, während er an einem Fingernagel kaute und mit einem Auge das hektische Treiben seiner Leute verfolgte. „Aber wir haben alle Arten von Wünschen. Manche Leute wollen Ruhe und ein Zimmer zum Innenhof. Einige wollen nicht in der Nähe eines Aufzugs wohnen. Andere haben Angst vor der Höhe und bestehen auf einem unteren Stockwerk, wenngleich die meisten Gäste möglichst weit nach oben wollen wegen der besseren Aussicht. Es gibt immer Sonderwünsche. Einige Leute sind allergisch gegen Federkissen. Einige wollen einen Kühlschrank, wegen ihrer empfindlichen Medikamente. Etwa achtzig Prozent unserer Gäste wollen französische Betten haben. Nur selten wird ein Doppelbett verlangt. Die Leute fragen wegen Haustieren an. Einige möchten ein Klavier in ihrem Zimmer haben. Das lehnen wir ab, weil es zu laut ist. Kinderbetten werden ziemlich häufig verlangt. Wir haben etwa ein Dutzend und außerdem vielleicht achtzig fahrbare Klappbetten. Wenn das Haus besonders voll ist, wie etwa zu Thanksgiving oder zu Weihnachten, stellen wir ein paar Betten mehr auf, um die Nachfrage zu befriedigen."

Das Geschäft schwanke je nach Wochentag ganz erheblich, sagte Schneider. Dienstag, Mittwoch und Samstag herrsche Hochbetrieb, Donnerstag und Sonntag seien dagegen Tiefs, an denen das Hotel die Leute am liebsten von der Straße geholt und gezwungen hätte, ein Zimmer zu nehmen. Jeden Mittwoch verteilte die Reservierungsabteilung eine Belegungsvoraussage an den Hotelstab. Das war die Bibel der Mitarbeiter, die ihnen die erwartete Auslastung für die nächsten zehn

Tage nannte und eine Schätzung für drei Monate gab. Diese Zahlen waren maßgebend für die personelle und warenmäßige Ausstattung. Der größte Kostenfaktor in einem Hotel war das Personal, und deshalb war es entscheidend für die Rentabilität, gerade genug Personal zu haben.

Die meisten Buchungen an den Werktagen erfolgten achtundvierzig bis zweiundsiebzig Stunden im voraus; die Wochenendtouristen buchten im allgemeinen ein oder zwei Wochen vorher. Schneider berichtete, daß täglich auch bis zu zehn Personen einfach so hereinkämen und am Empfang nach einem Zimmer fragten. In den meisten Fällen könnten sie untergebracht werden. Ein- oder zweimal pro Jahr kam jemand, der reserviert hatte, aber das Haus war voll. (Es ist im übrigen eine Legende, daß Hotels routinemäßig ein paar Zimmer für den Fall freihalten, daß der Präsident der Vereinigten Staaten oder der Popsänger Sting ohne Vorwarnung hereinmarschiert.) Würde das passieren, dann besorgte das Plaza dem Gast schnellstens ein Zimmer in einem gleichwertigen Hotel, zahlte die Fahrt dorthin und eine Übernachtung und übernahm auch die Kosten für ein Telefonat. Manchmal, wenn New York bis an den Rand ausgebucht war, mußte das Hotel fieberhaft suchen, um noch ein Zimmer aufzutreiben, und brachte es am Ende oft nur zu einem Ersatz, der nicht ganz ebenbürtig war. So konnte es geschehen, daß sich ein Gast, der im Plaza gebucht hatte, in Howard Johnsons Motel wiederfand.

„HIER unten sehen Sie wirklich einen Haufen schmutzige Wäsche", sagte der Waschküchenleiter Leonard Labonia. Dann bemerkte er einen halbmondförmigen Saucenfleck auf seinem Hemd. Er lächelte gequält. „Und mich habe ich da noch gar nicht mitgerechnet."

In der ganz hinten in das weitläufige Untergeschoß eingezwängten Wäscherei war es immer heiß und laut. Um dorthin zu kommen, mußte man durch, wie es schien, kilometerlange dunkle, verwinkelte Gänge laufen, die an die Unterdecks eines Öltankers erinnerten. Mit umgebundenen Schürzen eilten Kellner und Träger aus den Küchen durch die Gänge und schleppten Fleisch oder Brot oder Eis. Ein Mann hatte ein riesiges Stück Rindfleisch auf dem Buckel; der Schweiß lief ihm die Stirn hinunter.

In der Abteilung wurde so viel gewaschen, daß Labonia manchmal das Gefühl hatte, als wäre er mit einer der Waschmaschinen verwachsen und werde selbst in ihr herumgewirbelt. Er hatte einen massigen Kopf und trug stolz einen buschigen Schnauzbart. Er war ein äußerst freundlicher Mann, der selbst einmal eine Wäscherei gehabt hatte und dann Vertreter bei einer Firma für Wäschereibedarf auf Long Island geworden war. Zu seinen vielen Kunden hatte auch das Plaza gehört. Als das Unternehmen, für das er arbeitete, selbst ins Schleudern kam und 1987 Bankrott machte, war im Plaza gerade die Stelle des Wäschereileiters offen. Labonia bewarb sich und bekam sie.

Außerhalb seines kleinen Büros reihten sich große dröhnende Maschinen. Wäschereiarbeiter liefen hin und her; von ihren Gesichtern lief der Schweiß, und ihre Kleidung war durchnäßt. Jeder hatte es eilig. Arbeitsgruppen warteten ungeduldig, daß die Wäsche fertig gewaschen und getrocknet war, und nahmen sie dann wieder in Empfang. Flinke Finger glätteten Handtücher und schoben sie in Heißmangeln. Die Maschinen, die hier standen, hatten einen Wert von über einer Million Dollar, sagte Labonia und wischte sich das Gesicht, während er die rotierende Wäsche in einer der großen Maschinen betrachtete.

Die Wäscherei ist lebenswichtig für ein Hotel. Wenn die Bettwäsche nicht richtig gewaschen werden kann, können die Zimmer nicht gerichtet und keine Gäste aufgenommen werden. „Die Wäscherei ist in einem Hotel von enormer Bedeutung", betonte Labonia und strich sich ein paar Haare aus der Stirn. „Ohne Wäscherei können Sie alles andere vergessen. Keine Wäscherei, kein Hotel. Ich scherze nicht."

Die Wäscherei erledigt drei Arten von Arbeit. Es gab die eigentliche Hotelwäscherei, die in der Woche 70000 Pfund Bett- und Tischwäsche schaffte; den Hausdienst, der sich um die Kleidung der Gäste kümmerte; und die Reinigung der Mitarbeiteruniformen, wozu auch die Anzüge und Kleider aller leitenden Angestellten gehörten. „Ich will Ihnen zeigen, wo alles anfängt", sagte Labonia und führte mich aus dem Bereich der brummenden Waschmaschinen ein paar Stufen hinauf in einen quadratischen Raum. Ein Metallschacht mündete dort in eine Ecke; darunter lag ein gewaltiger Haufen schmutzige Bettwäsche. An zwei Wänden des Raums befanden sich numerierte Schächte. Ein Arbeiter stand über einen anderen riesigen Wäschehaufen gebeugt;

ganz systematisch griff er in den Berg und warf ein Stück nach dem anderen in verschiedene numerierte Schächte.

„Wir haben im Hotel einen Zentralschacht, der bis zum obersten Stock geht", erklärte Labonia. „Die Zimmermädchen sammeln die Kissen- und Bettbezüge, und der Hausdiener auf der Etage wirft sie in den Schacht. Mein Kollege hier unten sortiert sie nach Gruppen und wirft sie in die entsprechenden Schächte hier. Es gibt sechs Gruppen: Laken, Kopfkissen, Waschlappen, Handtücher und Badematten, Badetücher und Vorleger. Ich habe drei Schächte für Laken, und, Junge, die brauch ich auch. Bettlaken sind meine größte Gruppe."

Gelegentlich, so erzählte er, kamen Sachen in der Wäscherei an, mit denen er nicht rechnete und über die er auch nicht sonderlich glücklich war. Hin und wieder schmiß ein Zimmermädchen aus irgendeinem Grund einen Staubsauger in den Schacht. An manchen Tagen kamen Zeitungen heruntergeflattert. Einmal war ein Stoffsnoopy dabei, den ein weiblicher Gast gehütet hatte, seit sie fünf war. Er hatte sich im Laken verfangen. Die Frau machte einen Freudensprung, als sie ihn wiederbekam. Bei einer anderen Gelegenheit kam ein Kanister mit Reinigungsflüssigkeit heruntergedonnert. „Als er aufschlug, hörte es sich wie eine Bombenexplosion an", sagte einer der Arbeiter. „Kabumm! Ich bin wahnsinnig erschrocken."

Wenn die Wäsche sortiert war, fiel sie in Wäschekörbe auf Rädern. War ein Wäschekorb voll, wurde er auf einer großen Bodenwaage gewogen. Dreihundert Pfund sollten es schon sein. Die Waschmaschinen hatten ein Fassungsvermögen von sechshundert Pfund, so daß also zwei Wäschekörbe hineingingen. Es gab drei von diesen großen Waschmaschinen und zwei kleinere für die Uniformen der Angestellten und die Gästekleidung.

Wir gingen wieder hinunter, wobei ich einem Mann ausweichen mußte, der einen Wäschekorb schob. „Durchlassen, durchlassen!" rief er. „Die Wäsche muß durch!"

„Alle Tischtücher, Laken und Kissenbezüge kommen von der Waschmaschine direkt in die Heißmangel", erklärte Labonia. „Die kleineren Sachen kommen in die Trockner. Ich habe vier Fünfzigkilotrockner. Uniformen laufen auf einem Kleiderbügel durch einen Dampftunnel, dann muß ich sie nicht mehr bügeln. Dann haben wir automatische

Falter. Wenn die Wäsche da rauskommt, packen meine Leute sie auf Gestelle. Jede Etage hat zwei Gestelle. Wenn ein leeres runterkommt, schicke ich ein volles hoch. Ab elf Uhr morgens gehen sie hoch. Jeden Tag um die gleiche Zeit. Dann müssen mich die Mädchen nicht immer anrufen – wir brauchen noch ein paar Laken, noch ein paar Vorleger. Es ist alles auf die Belegung abgestellt – wir nennen das Gleichzuteilung für jeden Stock. Wenn wir zu dreiundfünfzig Prozent belegt sind, gebe ich ihnen ein Gestell, das zu dreiundfünfzig Prozent voll ist. Das ist die reine Wissenschaft hier unten."

Labonia segelte in einen anderen Raum, in dem ein chemischer Reinigungsautomat stand. Er warf einen Blick auf eine Reihe mit Uniformen und Anzügen. „Das ist von einem Hoteldetektiv", sagte er. „Hier ein leitender Angestellter. Hier einer aus dem Edwardian Room und hier einer aus der Werbeabteilung. Wir reinigen sie alle. Wir reinigen die Uniform eines Angestellten jeden Tag, wenn er will. Aber er muß sie uns bringen. Wenn einer dreckig rumlaufen will, kann er das tun. Wenn er sie bringt, reinigen wir sie. Ich mag saubere Angestellte. Aber was soll ich machen? Ich kann niemand die Sachen vom Leib reißen, damit ich sie reinigen kann."

Mit der Zeit hatte Labonia gelernt, sich so ziemlich auf alles gefaßt zu machen. Ein paar pedantische weibliche Gäste wollten ihre gesamte Unterwäsche auf Bügeln wiederhaben. Gelegentlich bekam er verlotterte Unterwäsche mit Löchern, und hinterher beschwerten sich die Gäste, das sei in der Wäscherei passiert. Selbst wenn Labonia wußte, wie es sich wirklich verhielt, er nahm immer die Haltung ein, daß der Gast recht hatte. Wenn dieser behauptete, die Wäscherei habe seine Unterhose ruiniert, erklärte sich das Hotel bereit, sie zu ersetzen. Labonia würde nie die Frau vergessen, die einen Rock mit Sonnenplissee zum Bügeln nach unten schickte. „Der hatte bestimmt fünfzig Falten", sagte er. „Wir sagten ihr, das ginge nicht, weil man jede Falte einzeln legen und bügeln muß. Aber sie bestand darauf. Zweieinhalb Stunden hat ein Mann daran gesessen. Es war der absolute Wahnsinn."

IN EINEM der kleinen Räume hinter dem Hauptempfang ging John Walker, der Kreditmanager des Hauptbüros, die Neuzugänge des Tages durch. Er hatte die Aufgabe, die Gästekonten zu überprüfen, um sich zu vergewissern, daß die Bezahlung jedes Zimmers gesichert war. „Wir haben ständig kleinere Kreditprobleme", sagte er. „Größere sind sehr selten. Jeden Abend, wenn ich die Konten durchgehe, gibt es irgendwelche Kleinigkeiten. Der Abdruck einer Kreditkarte ist vielleicht undeutlich, so daß wir die Nummer nicht lesen können; wir müssen den Gast dann bitten herunterzukommen, damit wir einen neuen Abdruck machen können. Oder die Karte ist nicht ausreichend gedeckt. Ist das der Fall, muß eine weitere Karte oder Bargeld in Höhe der Differenz gegeben werden."

Tauchten ernste Schwierigkeiten auf, war es Walkers Bestreben, die Ausgaben zu begrenzen. Wenn der geschuldete Betrag unter fünfhundert Dollar lag, forderte Walker den Gast einfach auf, das Hotel zu verlassen, und das Haus trug die Kosten. War die Schuld größer, wurde die Polizei geholt.

In den zwei Jahren, in denen Walker diese Arbeit jetzt machte, hatte er die Polizei nur einmal rufen müssen.

Es waren allerdings Fälle vorgekommen, da hatten die Schulden die 500-Dollar-Grenze überschritten, ohne daß die Polizei eingeschaltet worden wäre. Es wäre zwecklos gewesen, denn der Gast war bereits über alle Berge. Einmal kam ein Gast mit Gefolge, der erklärte, ein saudiarabischer Prinz zu sein. Walker bemühte sich bei mehreren Botschaften, seinen Rang zu klären, konnte die Behauptung des Mannes aber nie erhärten. Dennoch ließ man den angeblichen Prinzen etwa zwei Monate im Hotel wohnen; fast fünfzehntausend Dollar liefen auf Kreditkarten auf. Als der Kreditrahmen der Karten erschöpft war, rief Walker die Attachés des Prinzen an. Sie reagierten schleppend, so daß man den Sicherheitsdienst anwies, das Zimmer abzuschließen. Der Prinz und sein Sekretär stürzten in Walkers Büro und zogen eine wütende Schau gegen diese Behandlung ab. Einige Bekannte kamen vorbei und zahlten den offenen Betrag, und man ließ den Prinzen weiter im Hotel wohnen. Aber das war ein Fehler. Ein paar Tage später reiste der königliche Gast ab, ohne sich abzumelden, und prellte das Hotel um fünfzehnhundert Dollar. „Ich habe mich immer gefragt, warum solche Leute so viel für so lange zahlen", meinte Walker. „Er hat uns sehr viel mehr gezahlt, als er uns abgeschwindelt hat. Der Rechnungsprüfer hier hatte mir schon gesagt, daß ich die meisten Schwierigkeiten mit Leuten haben würde, die am längsten bleiben und am meisten zahlen. Und da hatte er tatsächlich recht."

Die Kreditmanager lernen rasch die verräterischen Zeichen erkennen, die sie auf potentielle Preller aufmerksam machen. Ich ging beim Büro von Anna Chatzithomas vorbei, die das gesamte Kreditmanagement des Hotels leitete, und sie weihte mich geduldig in einige der Tricks ein. Preller, sagte sie, ließen immer alles auf die Zimmerrechnung schreiben und aßen praktisch nur im Hotel. „Der normale Gast ißt im Hotel einmal zu Mittag oder zu Abend, und jedenfalls frühstückt er hier", erklärte sie. „Wer sich um das Bezahlen drücken will, ißt immer hier. Und sie nehmen den Zimmerservice ungewöhnlich stark in Anspruch. Und das alles von dem Augenblick an, wo sie ins Hotel kommen. Sie wollen alles haben, was nur möglich ist, und so treiben sie es auf die Spitze. Wenn man sieht, daß ein Essen nach dem andern auf Zimmerrechnung geht, weiß man, daß etwas faul ist."

Ein ungewöhnlicher Fall ereignete sich vor ein paar Jahren. Ein Gast, der nicht im voraus gebucht hatte, belegte ein Zimmer unter dem Namen James Levin. Binnen zwei Wochen liefen über zweitausend Dollar Forderungen auf. Die Kreditabteilung versuchte, sich mit ihm in Verbindung zu setzen, aber er reagierte nicht auf die für ihn hinterlegten Nachrichten. Der Sicherheitsdienst wurde angewiesen, das Zimmer zu sperren. An diesem Abend fragte Levin den diensttuenden stellvertretenden Empfangschef Richard Lebowitz, warum er nicht in sein Zimmer könne. Lebowitz fragte ihn, wie er zu zahlen gedenke. Levin erklärte, mit American Express. Als Lebowitz bei American Express rückfragte, hieß es „kassieren" – was bedeutete, die Kreditkarte sollte eingezogen werden. Lebowitz erklärte Levin, daß er erst in sein Zimmer könne, wenn er Geld beibringe.

Etwa eine Stunde später ging einer der Hausdetektive, der Levins Zimmer untersucht hatte, die Treppe hinauf, als ihm jemand mit einem Metallkoffer entgegenkam, der dem in Levins Zimmer glich. Der Detektiv hielt den Mann an und fragte ihn, warum er die Treppe benutze. Der Mann sagte, die Aufzüge seien kaputt. Der Detektiv wußte, daß das nicht stimmte. Er forderte über Funk Verstärkung an. Als Levin in die Halle kam, warteten dort vier weitere Detektive. Levin nahm eine Karatehaltung ein. Er machte einen Satz, um durch die

Drehtür zu kommen, und zertrümmerte eine Scheibe. Den fünf Männern gelang es schließlich, ihn festzuhalten, und die Polizei wurde gerufen. Levin hatte offenbar die Zimmertür eingetreten und war so an seinen Koffer gekommen. Er hatte den schwarzen Gürtel und war erster Dan. Monate später bekam Lebowitz einen Anruf vom Polizeipräsidium in Los Angeles. Wie sich herausgestellt hatte, wurde Levin, der richtig James Pittman hieß, wegen Mordes gesucht. Er war Mitglied im sogenannten Club der Milliardärssöhne, einer üblen Gruppe reicher Söhne, die sich dem Verbrechen verschrieben hatten. Lebowitz wurde als Zeuge geladen, als der Fall vor Gericht kam.

Die meisten Kreditprobleme waren einfacherer Natur und manchmal nur das unbeabsichtigte Ergebnis einer längeren Pechsträhne des Gastes. Vor ein paar Jahren stieg eine junge Frau, die gerade ihr Studium beendet hatte, im Hotel ab. Ihr sehnlichster Wunsch war, Schriftstellerin zu werden. Innerhalb weniger Tage kaufte sie ein Fernsehgerät, eine Schreibmaschine, einen Zeichentisch und einen Computer. Sie blieb mehrere Monate und hämmerte ihre Texte in die Schreibmaschine, während ihre Rechnung wuchs und wuchs, bis sie fünftausend Dollar überschritt. Der Sicherheitsdienst sperrte ihr Zimmer und stellte den Computer und andere Habseligkeiten sicher, um wenigstens einen Teil des Geldes wieder hereinzubekommen. „Wir haben sogar ihre Zeitschriftenartikel, die sie nicht verkaufen konnte", erzählte mir ein Hausdetektiv. „Das ganze Zeug liegt immer noch im Lager. Das letzte, was ich gehört habe, ist, daß die Frau in Massachusetts lebt. Als sie das Hotel verließ, schwor sie, ihre Schulden zu zahlen. Ich schätze, wir werden abwarten müssen."

AN DER zur 58. Straße gelegenen Seite des Hotels, ehe man zum Eingang der Oyster Bar kam, lag Shapero's, der belebteste der Plaza-Läden. Im Hotel gab es keine Apotheke, sondern Shapero's mit seinem umfassenden Angebot an rezeptfreien Medikamenten. Als ich den Laden zum erstenmal betrat, wurde meine Aufmerksamkeit vom breiten Sortiment an Geschenken gefesselt: Parfum, Stofftiere, Rennautos aus Blech, Koffer, Souvenirbecher, Postkarten, sogar einige russische Sammlerkästchen, die bis zu fünfhundert Dollar das Stück kosteten. Ich war auch beeindruckt von der großen Auswahl an ausländischen

Zeitungen. Der Laden verkaufte, wie mir erzählt wurde, jede Woche
vier bis fünf Exemplare der *Prawda*.

„Zigaretten und Zeitungen sind die Renner, dann kommen Süßigkeiten und Zeitschriften", erzählte mir Jeff Harbison, der Geschäftsführer
von Shapero's, und fuhr fort: „Etwa zwanzig Prozent unseres Umsatzes
machen wir mit Gesundheits- und Schönheitspflege. Die Leute vergessen ihre Zahnpasta, und wir verkaufen davon eine Menge."

Harbison zeigte auf mehrere gefüllte Regale vorne im Laden. „Wir
haben hier eine ganze Kollektion von Plaza-Artikeln, die den Namenszug des Hotels tragen, etwa ein Dutzend", sagte er. „Sie sind sehr
beliebt. Der absolute Bestseller ist das Schlafhemd mit der Aufschrift
ICH HABE IM PLAZA GESCHLAFEN. Es kostet fünfzehn Dollar. Am zweit-
besten geht das goldene Schlüsselkettchen für sechsfünfundneunzig."
Er zeigte mir einen Dreiminutenzeitmesser mit Öl und Kügelchen,
ebenfalls mit dem Namenszug des Plaza. Wenn man ihn umdrehte,
sanken die Kügelchen zu Boden, wobei die letzte nach etwa drei Minuten dort ankam. Der Preis betrug 11,85 Dollar.

„Wann würden sie die benutzen?" fragte ich Harbison.

„Überhaupt nicht", antwortete er.

Harbison erzählte, das beste an seinem Job sei die Gelegenheit,
berühmte Leute zu sehen. „Ich bin starbesessen", gestand er. „Deshalb
sammle ich Autogramme, angeblich für meinen Sohn." In letzter Zeit
hatte er, wie er sagte, Autogramme von Anthony Perkins und Michael
Spinks bekommen. Perkins, wahrscheinlich am berühmtesten durch
seine Rolle als Norman Bates in *Psycho*, war einer der auffallenderen
Stammkunden von Shapero's. Er war ein höchst berechenbarer Käufer.
Er kam im Jogginganzug in den Laden geschlendert und stand dann am
Kartenständer an der Tür, wo er systematisch alle Grußkarten durchlas.
Dann ging er gemächlich hinüber zur Theke und kaufte zwei Polaroid-
filme. „Ich war meistens an der Kasse, wenn er hereinkam", sagte Har-
bison und sah mich verschmitzt an, „und es lief bei ihm immer gleich
ab. Fragen Sie mich nicht, warum. Wenn er zur Theke kam, sagte ich
immer, ‚Jawohl, Mr. Perkins', ‚Selbstverständlich, Mr. Perkins',
‚Danke, Mr. Perkins'. Eines Tages dann lächelte er mir verstohlen zu
und sagte: ‚Wissen Sie, Sie brauchen mich nicht Mr. Perkins zu nennen.
Nennen Sie mich einfach Norman.'"

11. Kapitel

FREITAG. Nachtportier Dan Sharp war nicht sehr angetan davon, wie die zweite Nachtschicht begann. Es war kurz nach Mitternacht, und es war schon zu einer jener Unannehmlichkeiten gekommen, die immer dann aufzutauchen schienen, wenn er seinen Dienst antrat. Diesmal hatte man entdeckt, daß ein Gast seine Freundin verprügelte. Und um die Sache noch komplizierter zu machen, stellte sich heraus, daß der Betreffende ein nicht ganz unbekannter Filmschauspieler war.

Glenn Goerke, einer der Assistenten des Empfangschefs, machte gerade Feierabend und erzählte Sharp die Einzelheiten. Der Vorfall war ruchbar geworden, als einer der Pagen an dem Zimmer vorbeiging und die verzweifelten Schreie einer Frau hörte. Er benachrichtigte einen Hoteldetektiv, der zu dem Zimmer rannte und klopfte. Drinnen ging das Schreien und Zetern weiter. Der Detektiv öffnete die Tür und fand ein Pärchen, das aufeinander einschlug. Er trennte die beiden und erklärte dem Mann, daß er die Frau in Sicherheit bringen werde. Die Frau wurde in ein Zimmer auf einem anderen Stockwerk gebracht. Die Telefonistinnen bekamen Anweisung, keine Anrufe zu ihr durchzustellen und niemandem ihre Zimmernummer zu geben. Nachdem die Frau sich beruhigt hatte, führte sie ein tränenreiches Telefongespräch mit ihrer Mutter in Kalifornien und berichtete ihr, daß der Mann ihr Flugzeugticket und ihre Brieftasche habe, sie also nicht nach Hause kommen könne. Ihre Mutter ließ für sie ein bezahltes Ticket für einen Flug am nächsten Morgen am Flughafen hinterlegen. Unterdessen wurde mit dem Direktionsassistenten eine Regelung getroffen, damit die Frau genügend Bargeld für ein Taxi zum Flughafen hatte. Für das andere Zimmer berechnete das Hotel nichts. Wie es zu dem Streit gekommen war, wußte Sharp nicht, aber das war jetzt auch nicht wichtig. Er hatte dafür zu sorgen, daß die beiden Streithähne auseinanderblieben.

„Hat sie Verletzungen?" fragte Sharp Goerke.

„Sie sagt, der Arm tue ihr weh", antwortete er. „Ihre Mutter wollte, daß ein Arzt kommt, aber sie weigerte sich. Wir müssen abwarten."

„Also gut", sagte Sharp und murmelte etwas vor sich hin.

„Ich bin sicher, Sie hören von ihm", setzte Goerke hinzu. „Er hat mir gesagt, er werde ihre Sachen nicht herausgeben, bevor er mit ihr sprechen könne."

„Großartig", brummte Sharp.

„Viel Spaß", verabschiedete sich Goerke mit einem mitleidigen Blick und machte sich auf den Heimweg.

Kaum hörbar stöhnte Sharp: „Warum muß es ausgerechnet mich erwischen? Wo ich soviel Papierkram aufarbeiten muß! Hätte er sie nicht am Tag verdreschen können?" Er hatte es kaum ausgesprochen, als das Telefon klingelte. Es war der Filmstar. Sharp rutschte auf seinem Stuhl herum. „Ich verstehe", sagte er. „Nein, ich habe noch keine Gelegenheit gehabt, mit ihr zu sprechen… Ich verstehe… Ja, ich gebe Ihnen Bescheid, sobald ich kann… Ja, das stimmt. Ich gebe Ihnen Bescheid… In Ordnung, gut. Ich rufe Sie zurück."

Er legte auf und murmelte: „Wirklich ein Fiesling. Das ist ja wieder ein gelungener Abend!"

Ganz bestimmt stand ihm ein Kampf mit einem entschlossenen Gegner bevor, aber er konnte jetzt nicht darüber nachdenken; er mußte ein Ersatztelefon auftreiben. „Wir sind schon fast voll", erklärte er. „Ich muß noch mit vierzehn Ankünften rechnen und habe nur vier Zimmer. Die werden zwar nicht alle kommen, aber mehr als vier wahrscheinlich schon. Ich habe eine Suite, die fertig wäre, es fehlt nur ein Telefon. Wenn ich in einem der Zimmer außer Betrieb ein funktionierendes Telefon finde und es dort anschließe, kann ich ein Bett mehr vergeben."

Sharp nahm eine Mappe und ein paar Zimmerschlüssel und ging zu den Aufzügen. Ich folgte ihm. Er war nicht in Gesprächslaune. In der Halle herrschte noch reges Treiben. Sharp bahnte sich einen Weg durch die Menschen und fuhr mit einem Aufzug in den fünften Stock. Er schloß die Tür von Zimmer 572 auf und trat vorsichtig ein. „Wenn ich ein Zimmer außer Betrieb prüfe, finde ich öfter einen Angestellten dort", erklärte er. „Wenn ein Angestellter länger bleibt, erlauben wir manchmal, daß er in einem Zimmer außer Betrieb übernachtet. Deshalb platze ich nicht einfach rein."

Das Zimmer war leer. Auf dem ungemachten Bett lagen Sessel mit den Beinen nach oben. Ein Vorhang fehlte. Aber ein Telefon auch. Sharp stemmte die Hände in die Hüften und unterdrückte mühsam seinen Ärger. „Hier können wir gleich wieder gehen", fauchte er. „Versuchen wir's nebenan in 570."

Das Zimmer war zwar nicht besser aufgeräumt, aber es gab ein Telefon. Sharp nahm den Hörer ab und wählte die Zentrale, um festzustellen, ob es funktionierte. Es war in Ordnung. Er zog den Stecker raus. Der Apparat war ziemlich verstaubt, deshalb ging Sharp damit ins Bad und wusch ihn ab. Dann brachte er ihn in die noch freie Suite und schloß ihn an. „Ich könnte das durch jemand von der Betriebsabteilung machen lassen", meinte Sharp, „aber ich mache diese Dinge lieber selbst, dann weiß ich, daß sie richtig erledigt sind. Also geh'n wir wieder runter, mal seh'n, was es inzwischen Verrücktes gibt."

Die zweite Nachtschicht konnte einen ganz schön schlauchen. Niemand mochte sie besonders, Sharp war da keine Ausnahme, aber jeder mußte mindestens ein Jahr in den sauren Apfel beißen, bevor er in den Genuß angenehmerer Arbeitszeiten kam. Sharp war Anfang Zwanzig, und seine Hotelerfahrung beschränkte sich auf ein Praktikum in einem Holiday Inn in Niagara im Bundesstaat New York. Das Leben im Hotel spätnachts und frühmorgens war immer wieder sonderbar. Es hätte kaum einen krasseren Gegensatz zur Tagesschicht geben können. Tagsüber hatte man es mit gesitteten Geschäftsleuten und gelegentlich mit Königen und Königinnen zu tun. Man hatte den kompletten Mitarbeiterstab, um mit den kleinen Widrigkeiten fertig zu werden, die nun mal vorkamen. Nachts hatte man einen Rumpfstab, und man mußte sich mit ausgerasteten Typen abgeben. Es waren einsame Stunden, in denen psychische Wunden aufbrachen. Sharp war froh, daß er seine Zeit auf diesem Posten bald überstanden hatte.

Als er ins Büro zurückkam, berichtete ihm Josie Peterson, eine junge Blondine vom Empfang: „Ich habe diesem Gast eben ein Zimmer zugewiesen, das als frei angegeben ist, aber die Tür ist gesperrt. Ich mußte den Gast auf ein anderes Zimmer legen." Sharp griff zum Telefon. Er rief in dem versperrten Zimmer an, um festzustellen, ob es belegt war. Niemand meldete sich. Darauf rief er den Sicherheitsdienst an und schilderte den Fall. „Wahrscheinlich klemmt das Schloß!" rief er in den Hörer. „Mann, ich brauche das Zimmer! Könnt ihr das heute abend noch hinkriegen?"

Er legte auf, da klingelte es erneut. Es war der Filmstar. Er war auf hundertachtzig und wollte zu seiner Freundin durchgestellt werden. Als Sharp ihm erklärte, daß er das nicht könne, sagte der Filmstar, er wolle mit ihrer Mutter sprechen. Sharp erbot sich, ihm diese Mühe abzunehmen und sie selbst anzurufen. Während Sharp wählte, sagte er: „Er scheint wirklich betrunken zu sein. Er sagt, er sei ganz ruhig und werde ihr nichts tun, aber ich glaube, der will mich auf den Arm nehmen. Der hat einen zuviel gehoben, das ist sicher. Der Mann ist voll."

Als die Mutter der Frau sich meldete, sagte Sharp: „Hier ist Dan Sharp vom Hotel Plaza. Ich habe mich eben mit Mr. ... unterhalten, er wollte Ihre Tochter sprechen. Ich wollte ihn aber ohne Ihre Erlaubnis nicht mit ihr verbinden. Ich glaube, sie hat genug mitgemacht, und es ist schon spät. Er sagte, er wolle wissen, was er mit ihrem Ticket und dem Führerschein machen soll."

Die Mutter bat Sharp, ihre Tochter anzurufen und sie zu fragen.

Sharp verwählte sich und weckte einen Gast auf. Er entschuldigte sich überschwenglich. Er wählte erneut und bekam die Freundin an den Apparat. Sie erklärte, sie wolle nicht mit dem Filmstar reden, und wünschte, daß der Sicherheitsdienst ihre Sachen aus dem Zimmer hole.

„Gut, ich gebe es weiter", erklärte Sharp. Er schüttelte den Kopf. „Das ist wirklich zum Wahnsinnigwerden", schimpfte er. „Wenn der Typ meint, ich würde mir jemals wieder einen seiner Filme ansehen, dann hat er sich aber geschnitten."

Brian Andrews, der stellvertretende Restaurantdirektor vom Oak Room, der vor Sharp die zweite Spätschicht gehabt hatte, schaute jetzt, da die Bar geschlossen war, bei Sharp vorbei, um noch etwas zu plaudern. „Wir hatten heute abend einen, der ganz schön voll war", berichtete er. „Er hat es bei allen Kellnern versucht, aber wir haben ihn abblitzen lassen. Ich habe ihm gratis eine Flasche Perrier hingestellt, aber er hat sie nicht angerührt. Dann kam eine Frau zu mir und sagte, auf der Damentoilette treibe sich ein Mann rum. So war's auch. Nur war er weder betrunken noch sonstwas. Er sagte, er suche seine Freundin. Wir haben ihn ganz schnell da rausgeholt."

„Ich hab einen Typ auf dem Hals, der seine Freundin verprügelt hat", erzählte Sharp.

„Interessant", meinte Andrews.

Andrews hatte selbst schon einige Krawallnächte erlebt. Er hatte an dem Abend Dienst gehabt, als der Playboy Club dichtmachte und die Bunnys und ein paar ihrer männlichen Kollegen mehrere Suiten nahmen, um eine Abschiedsparty zu feiern. Als die Stimmung den Höhepunkt erreichte, beschlossen die Männer, eine Höschenjagd mit den Bunnys zu veranstalten. Die sowieso schon ziemlich leichtbekleideten Bunnys versuchten, ihren Verfolgern zu entkommen, und tobten durch die Halle. Andrews rief die Polizei, und die ganze Mannschaft wurde rausgesetzt. Ein andermal bekam er einen Anruf wegen einer verwirrten Frau. Er rief einen Hausdetektiv, und die beiden gingen zu ihrem Zimmer. Die Frau war etwa fünfunddreißig, sah absolut nicht schlecht aus, war aber eindeutig seltsam. In ihrem Zimmer standen fünf Tabletts mit Bestellungen vom Zimmerservice, alle unberührt. Sie trug einen Bademantel und erklärte Andrews und dem Detektiv, sie habe etwas, das sie ihnen unbedingt zeigen wolle. Daraufhin schlug sie den Bademantel zurück und enthüllte ihre durchaus ansehnlichen Brüste. Andrews, dem die Augen beinahe aus dem Kopf fielen und der das baldige Ende seiner Karriere vor sich sah, beschloß, schnellstens das Weite zu suchen. Bevor die Männer jedoch die Tür erreicht hatten, schoß die Frau wie ein Pfeil ins Badezimmer, schloß sich ein und erklärte, sie werde sich umbringen. Sie versuchten, sie zu beruhigen, und sorgten dafür, daß die Polizei gerufen wurde. Als sie eintraf, wurde die Frau aus dem Bad geholt und in ein Krankenhaus gebracht, damit sie dort auf ihren Geisteszustand untersucht würde.

Zwangsläufig gelingt es Gästen, die die Absicht haben, sich umzubringen, hin und wieder, ihren Vorsatz auszuführen. Hotels sind als Rahmen für einen Selbstmord anscheinend ebenso beliebt wie Brücken, vielleicht weil sich die Menschen dort anonym vorkommen. In manchen Hotels kommt es im Jahr zu durchschnittlich zwei bis drei Selbstmorden. Nach einer groben Faustregel liegt die Selbstmordrate jedoch um so niedriger, je luxuriöser das Hotel ist. Im Plaza ereignete sich nur alle paar Jahre ein solcher Fall. Den letzten gab es 1986.

Harvey Robbins, damals Assistent und in der Spätschicht, war der Unglückliche, der die Leiche entdeckte. Ihm war aufgefallen, daß die Zimmerbuchung ausgelaufen und die Rechnung einen Tag überfällig war. Er ging wie üblich vor und rief den Gast an. Das war gegen zehn Uhr abends. Keine Antwort. Er dachte, daß der Gast der Hotelleitung vielleicht ausweichen wollte, begab sich zum Zimmer und klopfte. Nichts rührte sich. Mit dem Hauptschlüssel öffnete er die Tür. Das innere Riegelschloß war jedoch vorgeschoben, so daß er nicht ins Zimmer gelangen konnte. Robbins rief den Sicherheitsdienst. Ein Hoteldetektiv kam und hebelte das Schloß auf. Er stieß die Tür auf, und, wie Robbins später ausführte, „ein Blick genügte. Der Gestank war unerträglich. Mir wurde fast übel. Der Detektiv spähte ins Zimmer, sah die Leiche und übergab sich. Das war wirklich die Stadt von ihrer abstoßendsten Seite. Wir riefen die Polizei, die alles Weitere übernahm.“

Die Frau – sie sah wie Anfang Zwanzig aus – hatte sich mit Hilfe eines Lakens an der Schranktür erhängt. Sie war bereits etwa zwölf Stunden tot, als sie entdeckt wurde, und ihr Körper hatte sich von den Zehen bis zum Scheitel schwarz verfärbt. Auf einem Zettel stand, daß ihre Mutter sich um ihren fünf Monate alten Sohn kümmern solle. Sie klagte, sie finde keine Arbeit und könne nicht für das Kind sorgen. Ein paar Tage später kam ein Mann ins Hotel und fragte nach ihr. Anscheinend war es ein Freund, vielleicht der Vater des Kindes. Das Hotel informierte ihn über das Geschehen, erhielt aber keine weitere Einsicht in das Dunkel, das das Leben der Frau umgab.

Der Selbstmord hatte sich zufällig in einer der winzigen Einbettkammern im sechzehnten Stockwerk ereignet. In den darauffolgenden Monaten entwickelten einige der Hotelangestellten ihre eigene Theorie über diese Tragödie. Sie mutmaßten, die Frau habe sich bestimmt deshalb umgebracht, weil das Zimmer so beklemmend klein war, und sie begannen, es das Selbstmordzimmer zu nennen.

„Ich brauch was zu essen, sonst kipp ich um“, sagte Dan Sharp zu den Frauen hinter dem Empfangstresen. „Geh'n wir nach unten.“

„Keine Gegenstimme von mir“, erwiderte eine von ihnen. „Ich bin sofort dabei.“

Drei freundliche, extrovertierte weibliche Angestellte waren während der Nachtschicht am Empfang und halfen Sharp bei der umfangreichen Büroarbeit: Maria Furboch, Josie Peterson und Atsede Elegba. Alle hatten sie einen Bärenhunger. Es war zwanzig vor drei, schon etwas über die Zeit, zu der die Mitarbeiter des Hauptbüros normalerweise ihre Essenspause einlegten. Sharp nahm selten etwas zu sich, das man als vollwertige Mahlzeit hätte bezeichnen können, außer zu dieser unchristlichen Zeit, so daß ein paar Minuten Verspätung bei der Essenspause ihm sofort auf den Magen schlugen. Ein starrer Ausdruck war auf sein Gesicht getreten. Er legte einige Computerausdrucke beiseite, die er überflogen hatte. Sie gaben die Belastung für alle im Hotel weilenden Gäste an, und er mußte prüfen, ob sie Fehler enthielten. „Ein paar Fehler findet man immer", sagte er. „Ich habe gerade einen Tagessatz von zweitausendeinhundert Dollar entdeckt, richtig muß es natürlich zweihundertzehn heißen. Ich denke, das hätte den Gast wohl doch verärgert. Ich korrigiere den Irrtum also im Computer, bevor die Summe abgebucht wird."

Während Josie Peterson die Stellung am Empfang hielt, gingen Sharp und die beiden anderen hinunter in den Keller und steuerten auf die Küche zu. Ein Nachtkoch war bis drei Uhr da und bereitete speziell für die Nachtarbeiter etwas zu. Heute gab es heiße Würstchen, Kalbsfrikadellen und Aubergineneintopf. Sharp beschloß, es mit den Frikadellen zu versuchen.

Die Tabletts in der Hand – eines zusätzlich für Josie –, zog die Truppe zurück zum Büro, stellte Teller auf, wo gerade Platz war, und schlug zu. In der zweiten Spätschicht gab es nichts, was einem gesitteten Essen nahegekommen wäre.

Die vier kamen gut miteinander aus, und ihre Nächte waren von einer ungetrübten Fröhlichkeit geprägt. Ein Kofferradio wurde eingeschaltet, und leise Rockmusik belebte das Mahl.

Sie sprachen über die Typen, die versuchen, frühmorgens ein Zimmer zu bekommen. Einmal war eine ältere Frau erschienen, die nicht vorbestellt hatte. Sie trug hochhackige Sandalen und einen bienenkorbartigen Hut, aus dem lange Federn wie Antennen ragten. Während sie sprach, fuhren die Federn dem Angestellten am Empfang immer wieder ins Gesicht. Sie wurde von einem Mann begleitet, der weniger exzentrisch wirkte, aber auch nicht ganz normal schien. Sie bekamen ein Zimmer, blieben mehrere Nächte und zahlten anstandslos ihre Rechnung.

Alle Mitarbeiter haßten diese Schicht mehr oder weniger, denn sie zwangen sie, ein zurückgezogenes Leben zu führen. Josie Peterson sah die zweite Spätschicht jedoch mit anderen Augen. Sie wollte Schauspielerin werden und konnte nur dann zum Vorsprechen erscheinen, wenn sie nachts arbeitete. Die schlaksige blonde Frau mit dem glockenhellen Lachen war mit großen Hoffnungen von Montana nach New York gekommen, doch ihre Erwartungen stießen auf hartnäckigen Widerstand. „Als ich Juni 1986 zum erstenmal in New York war, habe ich ziemlich oft vorgesprochen", erzählte sie mir. „Es wird inzwischen weniger. Ich glaube, ich habe einen mittelmäßigen Agenten, deshalb sehe ich mich nach einem neuen um. Ich liebe das klassische Theater, aber vorsprechen konnte ich nur für lauter Kitsch. Noch warte ich auf ein Engagement. Mir war nicht klar, wo ich hineingeraten würde, als ich hier anfing. Wissen Sie, seit ich die zweite Nachtschicht mache, habe ich schon drei Assistenten kommen und gehen sehen. Niemand macht sie gern. Aber ich möchte nicht aussteigen."

Es war längere Zeit ruhig gewesen am Empfang – keine Ankünfte, keine Abreisen –, aber um Viertel nach vier tauchten zwei junge Männer auf, und Josie Peterson ging nach vorne, um sich um sie zu kümmern.

„Haben Sie noch ein Zimmer?" fragte der eine Mann erwartungsvoll. Sein Gesicht war schweißbedeckt.

Josie musterte das Paar bedächtig. Sie schienen beide nicht älter als achtzehn zu sein, trugen stark zerknitterte Sachen und hatten offensichtlich getrunken. Gepäck hatten sie keins. Josie Peterson vermutete, daß sie den letzten Bus zurück nach New Jersey verpaßt hatten. „Es tut mir leid", sagte sie und seufzte, „aber wir sind total belegt. Vielleicht versuchen Sie es mal im Sheraton Center." Die beiden jungen Männer sahen sie mit verschleiertem Blick an, bedankten sich für den Hinweis und verließen hintereinander das Hotel.

Als Sharp und die anderen zu Ende gegessen hatten, rissen sie die eiligen Abreiserechnungen, die gerade aus dem Hochgeschwindigkeitsdrucker in der Buchhaltung gekommen waren, an den perforierten Stellen ab. Sie steckten die Rechnungen in Umschläge. Zwei Pagen warteten bereits. Sie hatten die Aufgabe, die Umschläge unter der Zimmertür durchzuschieben.

„Das ist der geistig anspruchsvollste Teil der Arbeit", sagte Josie Peterson. „Wir können es alle kaum erwarten."

Beim Einkuvertieren sprachen sie über Kinder.

„Ich kann Kinder nicht ausstehen", erklärte Maria Furboch.

Und Sharp meinte: „Ich finde, es ist schön, wenn es die Kinder anderer Leute sind, dann kann man ihnen auf Wiedersehen sagen."

„In einem Alptraum hatte ich mal Kinder", erzählte Josie Peterson. „Es waren zwölf. Ich wußte nicht, von wem sie waren. Aber ich wußte, daß es meine waren, denn sie sahen alle aus wie ich. Und sie schrien und stiegen in den Kühlschrank."

„Igitt!" rief Maria Furboch. „Wie gruselig."

Es war inzwischen kurz nach fünf, und ein Fensterputzer begann, die Drehtüren in der Halle zu putzen, indem er sorgfältig einen Gummi-schaber von oben nach unten über die Scheiben zog. Dann ging er zu den Ladenfenstern und rückte dem Schmutz dort zu Leibe. Ein Portier hängte eine Übersicht der Freitagsereignisse an die Wand gegenüber dem Hauptempfang. Ein Anruf erreichte Sharp. Eine sehr aufgebrachte Frau, die um sechs Uhr früh abreisen mußte, um einen Flug zu errei-chen, hatte ihre Schuhe nicht vom Reinigen zurückbekommen. Es waren schwarze Pumps, eine kleine Größe. Sie wollte sie unverzüglich haben.

Sharp legte auf und stöhnte vernehmlich. Die Wäscherei, in der auch die Schuhputzabteilung lag, begann erst in einer Stunde mit der Arbeit, er mußte also selbst nach unten gehen und nach den Schuhen suchen. Ich ging mit. „Das sind die ärgerlichen Sachen, die passieren", sagte er auf dem Weg dorthin. „Die Wäscherei gibt etwas nicht zurück, und es ist spät, und der Gast reist früh ab, und ich habe es am Hals."

Als er in die Wäscherei kam, die dunkel und still dalag, sah Sharp in der Schuhputzabteilung nach. Es waren überhaupt keine Schuhe zu sehen. Er öffnete die Tür zum Büro des Wäschereichefs und suchte dort. „Wohin würde ich gehen, wenn ich ein Paar Schuhe wäre?" fragte Sharp sich selbst.

Im Büro des Chefs kamen auch keine Schuhe zum Vorschein, und so verschloß Sharp die Tür wieder und suchte draußen weiter.

„Ich weiß, wo Hemden und Hosen sind", sagte er. „Nach denen muß ich normalerweise suchen. Dummerweise ist dies das erste Mal, daß ich

Schuhe auftreiben muß." Er forschte in der Hausdienerecke. Nichts. „Wo würde man Schuhe aufbewahren?" murmelte er vor sich hin. „Ich bin ratlos."

Verzweifelt gab Sharp auf und eilte wieder nach oben. Er würde die Frau anrufen und ihr sagen müssen, daß man ihr die Schuhe nachschikken werde. „Mit solchen Sachen vergeudet man nachts seine Zeit", schimpfte er. „Es ist nicht ganz so glorreich wie am Tage. Nachts ist viel Schrott dabei."

12. Kapitel

DIE Telefonzentrale war fast quadratisch; rundum an den Wänden standen Tische mit Computerterminals und Telefonapparaten. Um in die Zentrale zu kommen, mußte ich mit dem Aufzug in den ersten Stock fahren, die richtige Zwischentür finden und auf eine Klingel neben einem unbezeichneten Zugang drücken. Maddy Vutrano, die Telefonchefin, und Mary Sullivan, die Telefonistin von der Spätschicht, hielten Kaffeebecher in der Hand und schüttelten den Kopf über einen Anruf, den Maddy Vutrano gerade entgegengenommen hatte. Eine kehlige Stimme hatte gesagt: „Du bist ein Verschwörer. Du bist ein Dieb. Du sollst tot umfallen."

„Das sind die Spinner, die um diese Zeit anrufen", sagte Maddy Vutrano verdrießlich. „Warum muß jemand so etwas sagen? Es ist unsinnig."

Sie war eine herzliche, gutmütige Frau mit schulterlangem rötlichem Haar. Bevor sie zum Plaza gekommen war, hatte sie als Telefonistin bei der New Yorker Telefongesellschaft gearbeitet. Ihr erhebendstes Erlebnis war, als ein mexikanischer Gast anrief und sagte, er fühle sich krank. Maddy sagte, sie werde einen Arzt rufen, aber er beteuerte, es sei nicht so schlimm. Seine Stimme hörte sich gar nicht gut an, und so verständigte sie doch einen Arzt. Als er eintraf, war der Zustand des Gastes bereits lebensbedrohlich, doch die schnelle medizinische Hilfe rettete ihn. Zum Dank schickte er Maddy Vutrano eine Goldmünze, die sie immer in Ehren gehalten hat.

Ein trillernder Laut, bei dem Maddy energisch auf einen Knopf drückte und sagte: „Guten Morgen, Hotel Plaza, kann ich Ihnen helfen?... In Ordnung, ich stelle in das Zimmer durch." Sie wandte sich mir zu. „Wir haben keine Einschränkungen beim Durchstellen", erklärte sie. „Wenn jemand um drei oder vier Uhr nachts anruft, verbinden wir mit dem Zimmer, sofern wir nicht die Anweisung haben, keine Telefongespräche weiterzuleiten. Wenn wir ein Zimmer anrufen, klingelt es sechsmal und kommt dann als nicht abgenommen hierher zurück. Ich führe Buch über die Anrufe. Manchmal bekommen wir sieben- bis achthundert Anrufe in der Stunde. Bis zu tausend können wir verkraften. Außerdem nehmen wir pro Tag drei- bis fünfhundert Nachrichten für Gäste entgegen."

Ein weiterer Anruf kam. Mary Sullivan nahm ihn entgegen und stellte ihn durch, aber es meldete sich niemand, und es wurde auch keine Nachricht hinterlassen. „Ich weiß, was da los ist", sagte sie. „Sie hat schon mal angerufen. Es ist diese Frau, die ihren Mann sucht. Sie hat angerufen, und er war um zwei Uhr nachts nicht da. Dann rief sie noch einmal an und wollte wissen, ob hier eine bestimmte Veranstaltung stattfinde – ich habe die Bezeichnung vergessen, die sie genannt hat –, aber es stand nichts auf der Liste. Der gute Mann sitzt ganz schön in der Tinte. Er war nicht so schlau, uns einen Anrufstopp zu geben. Dann hätte sie nämlich angenommen, er schläft – und zwar allein. Ich glaube, sie macht ihm Feuer unterm Hintern, wenn sie ihn zu fassen kriegt!"

„Viele erlauben sich auch einen Jux", fiel Maddy Vutrano ein. „Wir haben schon Anrufe von irgendwem bekommen, der sagte, er sei im Nebengebäude, und bei uns hänge jemand aus dem Fenster. Wir müssen dem natürlich nachgehen, aber es stimmt nie. Wir bekommen auch Bombendrohungen. Die müssen wir ernst nehmen. Im allgemeinen ist es falscher Alarm, allerdings hat der Sicherheitsdienst einmal eine Bombe in einer der Mädchenkammern gefunden."

Es war Viertel nach sechs. Mary Sullivan überprüfte einige abgegriffene Blätter und begann mit dem telefonischen Wecken. Zum Weckdienst des Plaza gehörten die Angabe der Uhrzeit und der Außentemperatur. Jemand rief vorher das Wetteramt an und schrieb die neuesten Wetterdaten auf eine Tafel. Mary warf einen kurzen Blick darauf. TEMPERATUR 5 GRAD CELSIUS. FEUCHTIGKEIT 76,1 PROZENT. TEILWEISE WOLKIG. Sie wählte eine Zimmernummer. „Guten Morgen, Mr. Grant.

Es ist sechs Uhr fünfzehn, die Temperatur beträgt fünf Grad. Einen schönen Tag."

Maddy Vutrano erhob sich und goß sich eine Tasse Kaffee ein. „An einem normalen Tag haben wir zweihundertfünfzig bis dreihundert Weckrufe, davon etwa die Hälfte für sieben Uhr", sagte sie. „Wir haben einen Wecker im Raum, den wir so einstellen können, daß er alle fünfzehn Minuten losgeht und uns an die Weckaufträge erinnert. Wir bekommen den ganzen Tag über Weckaufträge. Mittags. Fünf Uhr nachmittags – davon jeden Tag etwa zehn. Sie kommen von Leuten, die einen Nachmittagsschlaf halten und zum Abendessen geweckt werden wollen."

Die Telefonistinnen wußten aus Erfahrung, daß einige Gäste nur sehr schwer wach zu bekommen waren. Sie schliefen entweder mit Ohrenstöpseln oder waren schwerhörig oder schliefen einfach so fest wie ein Toter. Hatte ein Gast schon einmal im Plaza gewohnt und war als „Tiefschläfer" bekannt, machten die Telefonistinnen einen roten Punkt hinter den Namen, als Erinnerung, daß der Gast einen oder zwei Weckrufe zusätzlich erhielt.

Normalerweise rief die Telefonistin, wenn der erste Weckruf nicht abgenommen worden war, nach fünf Minuten noch einmal an. Antwortete auch dann niemand, wurde die Zimmernummer dem Sicherheitsdienst gemeldet, der jemanden losschickte, um zu prüfen, ob alles in Ordnung war. Im Film liegt dann oft ein Toter in einer Blutlache auf dem Teppich. Im Plaza war das Zimmer in solchen Fällen meistens leer, und der Hausdetektiv teilte der Telefonzentrale mit, daß der betreffende Gast schon aufgestanden und ausgegangen war. Gelegentlich öffnete der Sicherheitsdienst die Tür, und der Gast kam nackt unter der Dusche hervor, wo er wegen des Wasserrauschens das Telefon nicht gehört hatte.

„Guten Morgen, Sir", sagte Mary Sullivan gerade. „Es ist halb sieben. Die Temperatur beträgt fünf Grad. Einen schönen Tag."

INS Kommen und Gehen am Hauptempfang fielen auch sporadisch ruhige Minuten. Zeitweise ein Ansturm von Abreisenden und dann eine Flaute.

Es war fast zehn, und der Sicherheitsdienst bereitete sich darauf vor, die in der letzten Nacht verprügelte Frau aus dem Hotel zu schmuggeln und in ein Taxi zum Flughafen zu setzen. Arthur Hoyt, der Sicherheitsdirektor, leitete die Aktion. Er rief im Zimmer des Filmstars an und erzählte ihm, seine Freundin sei noch in New York, entweder in einem anderen Hotel oder bei einer Freundin – wo, wisse er nicht genau –, und sie habe angerufen und wolle ihre Brieftasche wiederhaben. Der Filmstar erklärte, er werde nichts herausgeben, bevor er nicht mit ihr gesprochen habe. In Ordnung, sagte Hoyt, er solle am Telefon warten; er werde sie anrufen und dazu veranlassen, sich mit ihm in Verbindung zu setzen. Damit war sichergestellt, daß der Mann in seinem Zimmer blieb, während Hoyt die Frau hinausbegleitete.

Hoyt begab sich zum Zimmer der Frau, die sofort öffnete, nachdem er sich zu erkennen gegeben hatte. Sie war blond, noch ziemlich jung, mit einer saloppen Hose und gestreifter Bluse bekleidet. Hoyt hatte vor, den Ausgang an der Fifth Avenue zu benutzen. Er hatte einige Detektive in die Halle und direkt vor den Haupteingang beordert und Anweisung gegeben, nach dem Filmstar Ausschau zu halten.

Während Hoyt und die Frau durch die Halle eilten, blickte der Sicherheitsdirektor unauffällig umher. Es gab keine beunruhigenden Anzeichen, bis er seinen Schützling durch die Drehtür schob. Genau in dem Augenblick winkte ein Detektiv ihn aufgeregt zurück. Draußen, am Fuß der Stufen, stand der Filmstar. Entweder hatte er Hoyts Geschichte nicht geglaubt oder war mißtrauisch geworden, als zu lange kein Anruf der Frau gekommen war.

„Gehen Sie wieder rein! Gehen Sie wieder rein!" zischte Hoyt. „Er steht da draußen." Aber es war schon zu spät. Sie war entdeckt worden. Also ging Hoyt hastig weiter und schob sie in ein Taxi. Doch ehe er die Tür zuschlagen konnte, hatte sich der Filmstar dazwischengedrängt und versuchte, das Mädchen zum Bleiben zu überreden. Ein gequälter Ausdruck erschien auf ihrem Gesicht. Sie wurde schnippisch. „Laß mich in Ruhe!" fuhr sie ihn an. „Laß mich in Ruhe. Ich fahre fort." Hoyt sagte dem Mann, daß sie nicht mit ihm reden wolle und es am besten sei, wenn er sie gehen ließe. Der Mann brach seine Überredungsversuche ab. Hoyt schlug die Tür zu, und das Taxi fuhr los. Der Filmstar stieg in seinen Wagen, der vor der Tür gestanden hatte, und fuhr ebenfalls los.

„Ich weiß, wo er hinfährt", meinte Hoyt. „Er folgt ihr bis zum Flughafen. Aber das ist nicht mehr unsere Sache. Wir können uns nur so lange um die beiden kümmern, bis sie das Haus verlassen haben. Aber soll ich Ihnen etwas sagen? Ich wette, die versöhnen sich wieder. Das sieht mir ganz wie ein klassischer Streit zwischen Verliebten aus."

DER König und die Königin von Schweden würden bald eintreffen, und Harvey Robbins vom Public-Relations-Büro wollte die Zimmer rechtzeitig gerichtet haben. Wie jeden Morgen überflog Robbins die den ankommenden VIPs zugeteilten Zimmer auf dem Bildschirm in seinem Büro. Bei einem Namen hielt er inne. „Hier haben wir ein Hochzeitspaar", bemerkte er. „Wir wollen nett zu ihnen sein – falls es wirklich ihre Hochzeitsnacht ist. Manchmal behaupten Gäste, es wäre ihre Hochzeitsnacht, und es stimmt gar nicht. Das merkt man an der Art, wie sie ankommen und miteinander umgehen. Ich habe da schon viel Schwindel erlebt. Sie lügen, um etwas besser behandelt zu werden und Champagner umsonst zu bekommen." Robbins wandte sich wieder dem Bildschirm zu. „Also, wo sind wir? Ah ja, schauen wir mal weiter. Ross kommt in 921... So, du bist da. Weiter. 934 geben wir Roman... Du bist also da drin... Jetzt 935. Das bekommt Guido... Gut, du kommst dahin."

Nachdem Robbins die Zimmer zugeteilt hatte, mußte er schauen, ob er genug Blumen für den Zimmerschmuck des heutigen VIP-Kontingents bestellt hatte. „Das wird ein richtiger Blumentag", murmelte er vor sich hin. Die Blumen kamen von „Rialto Florist" an der Ecke Lexington Avenue und 58. Straße. „Das ist der einzige Blumenladen in New York, der rund um die Uhr und sieben Tage die Woche aufhat", erklärte Robbins. „Und sie machen sehr schöne Arrangements. Die verdienen ein Vermögen an uns."

Ein junges Paar in Jeans kam zu Robbins und fragte ihn, ob sie sich eine Suite und ein Doppelzimmer ansehen könnten. Robbins erklärte, daß er gerade zu beschäftigt sei, sie ihnen selbst zu zeigen, händigte ihnen aber die Schlüssel für zwei nicht belegte Zimmer aus, die sie sich ansehen könnten. Sie verschwanden sofort und kamen nach etwa einer halben Stunde wieder. Der Mann gab die Schlüssel zurück und fragte: „Und was kosten die Zimmer?"

„Die Luxussuite kostet neunhundert Dollar und das Doppelzimmer zweihundertachtzig Dollar", erklärte Robbins.

„Gibt es verschiedene Suiten?" platzte die Frau heraus. „Sie haben gesagt, das sei eine Luxussuite."

„Ja", erwiderte Robbins. „Es gibt eine kleine, eine mittlere und die Luxussuite. Die mittlere kostet siebenhundert, die kleine fünfhundert."

„Haben die Suiten immer zwei Schlafzimmer?" wollte sie wissen.

„Nein", antwortete Robbins. „Nur die Luxussuite und einige der mittleren. Genaugenommen nur zwei der mittleren."

Etwas aus der Fassung gebracht, sagte der Mann: „Gut, ich werde mir das überlegen."

Als sie durch die Drehtür verschwanden, sagte Robbins: „Die kommen bestimmt nicht wieder. Das sehe ich ihnen an. Viele Leute trauen sich nicht zu sagen, daß es ihnen zu teuer ist. Sie fangen dann an, einen Haufen Fragen zu stellen. Etwa die Hälfte der Leute, die sich ein Zimmer ansehen, nimmt keins. Im allgemeinen kann ich vorhersagen, wer bleibt und wer nicht. Alle Welt will sich Zimmer im Plaza ansehen. Sie kommen mit den ausgefallensten Vorwänden. Meine Großmutter kommt zum Nationalfeiertag. Kann ich mir eine Luxussuite ansehen? Mein reicher Vetter ist auf dem Flug von Bulgarien hierher. Kann ich mir ein schönes Zimmer für ihn ansehen? Keiner sagt einfach: ‚Kann ich mir mal ein Zimmer ansehen, es interessiert mich.' Ich würde es ihm zeigen. Aber alle kommen mit diesen Geschichten."

Robbins blickte wieder auf den Bildschirm und verteilte Zimmer für eine vierköpfige japanische Besuchergruppe einer Umweltbehörde. Er überlegte ganz genau, wen er in welches Zimmer legte, und er erklärte mir, warum. „Die Japaner haben ein ganz besonderes Protokoll. Der höchste Beamte muß auf einem höheren Stockwerk wohnen als die anderen, und der zweithöchste muß über denen sein, die unter ihm stehen. Das kann ganz schön knifflig werden, aber diesmal geht es sehr gut. Ich lege den Boß in 1501, den zweiten in 808, den nächsten in 703 und einen in 605. Wunderbar! Japan ist das einzige Land, bei dem das so ist, nur noch ein paar Deutsche gibt es, die so etwas sehr wichtig nehmen. Daimler-Benz hat in Protokollfragen eiserne Grundsätze. Der höchste Mann in der Firma muß auch das höchste Stockwerk und das größte Zimmer haben. Ein unter ihm Stehender kann nicht in einem größeren Zimmer auf einem tieferen Stockwerk wohnen. Die würden durchdrehen, wenn der Boß in das Zimmer einer seiner Leute käme, und es wäre fünf Zentimeter größer. Ich muß also auch die Maße der Zimmer kennen, alles. Die Leute von Daimler-Benz haben bestimmt einen Zollstock im Koffer!"

Lou Corrozola, ein Assistent, streckte den Kopf durch die Tür und fragte, ob er eines der Blumengestecke nehmen könne. „Was ist denn los?" wollte Robbins wissen.

„Ein Gast in 911 ist nicht zufrieden", erklärte Corrozola. „Er sagt, wenn das eine renovierte Suite sein soll, könne er sich nicht vorstellen, wie die Zimmer vorher ausgesehen haben. Er ist restlos enttäuscht. Wir haben den Preis schon von elfhundertvierzig auf neunhundertvierzig gesenkt."

„Und Sie meinen, mit Blumen fühlt er sich wohler?" fragte Robbins.

„Sie könnten helfen", erwiderte Corrozola.

„Also, nehmen Sie sich einen Strauß."

„Kann ich auch noch einen für den Kaminsims nehmen? Es sind zwei Zimmer."

„Nehmen Sie sie", seufzte Robbins.

Ich war überrascht, daß der Preis wegen Enttäuschtseins zurückgenommen worden war, und fragte Robbins, ob das üblich sei.

„Wenn einem Gast das Zimmer nicht gefällt, gehen wir mit dem Preis automatisch bis zu fünfundzwanzig Prozent herunter", sagte er.

„Aber was ist, wenn jemand nur blufft, um etwas zu sparen?" fragte ich.

„Darauf lassen wir es ankommen", meinte Robbins.

Und nun begann Robbins durchs Telefon mit dem Zimmerservice zu schimpfen. Eine Käseplatte, die auf ein Zimmer hätte gebracht werden sollen, war nicht abgeliefert worden, und die Küche, die Käseplatten machte, war geschlossen. „Ich möchte die Käseplatte!" rief Robbins. „Ich möchte keine Ausflüchte. Von denen hab ich genug."

Die Ankunft des Königs und der Königin rückte näher. Der Geheimdienst – im Hotel tummelten sich sowohl amerikanische wie schwedische Beamte – hatte seine Vorbereitungen getroffen. Er hatte die Präsidentensuite inspiziert, und heute früh hatte ein Hund des Bombenräumkommandos die Örtlichkeiten eingehend beschnüffelt, jedoch

Oben: Luxus im Überfluß: die prächtig ausge-
stattete Vanderbilt-Suite
Links: Eine Aufnahme aus glücklichen Tagen –
Donald und Ivana Trump

nichts von Interesse gefunden. Die Suite war außerdem auf Abhöran-
lagen durchsucht worden. Als zusätzliche Vorsichtsmaßnahme hatten
Geheimdienstleute die Zimmer direkt über und unter der Suite belegt,
um Eindringlinge abzuhalten, die durch den Boden oder die Decke
hätten kommen können. Frische Blumen standen für das Königspaar
bereit, außerdem eine Flasche Dom Pérignon, die Donald Trump
zusammen mit einem persönlichen Gruß hatte in die Suite bringen
lassen.

Das Telefon in Robbins' Büro klingelte. Der König und die Königin
hatten den South Street Seaport zeitig verlassen und würden in fünf bis
sieben Minuten im Hotel eintreffen. Robbins knallte den Hörer auf die
Gabel und rief: „Fünf bis sieben Minuten! Gehen wir nach draußen!"

Robbins und einige Hallenbedienstete drängten sich wie Lemminge
zu den Türen an der Fifth Avenue. „Hoffentlich sind sie mit dem Reini-

gen des roten Teppichs fertig", sagte einer von ihnen. „Vor fünf Minuten waren sie noch dabei."

Als Robbins nach draußen trat, saugte ein Portier mit vor Anstrengung gerötetem Gesicht eifrig den Teppich, der normalerweise erst ausgerollt wurde, wenn der hohe Besuch eintraf, für den er bestimmt war; diesmal hatte man ihn im voraus ausgelegt und befestigt. Robbins betrachtete den Teppich mit kritischem Blick. Ein beunruhigender Gedanke ging ihm plötzlich durch den Kopf. Der Teppich lief zwar von der Drehtür bis an den Fuß der Stufen, aber nicht bis zum Bordstein, wo der König und die Königin aus dem Wagen steigen würden. „He, wo ist denn das andere Stück Teppich?" fragte er. „Der Teppich muß doch bis zum Bordstein gehen." Niemand schien Bescheid zu wissen. Aufseufzend blickte Robbins zum Himmel. Er machte auf dem Absatz kehrt und rannte zum Zimmerdienst. Nach wenigen Minuten kam er mit einer roten Teppichrolle auf der Schulter zurück. Er kniete hin, rollte sie auf dem Gehweg aus und klopfte mit der Hand darauf, um sie zu glätten. „Man muß hier alles selber machen, wenn man etwas gemacht haben will", bemerkte er.

Das zweite Teppichstück war mit Fusseln bedeckt, und Robbins ließ den Portier in aller Eile mit dem Staubsauger darüberfahren. Bald sah es makellos und festlich aus, würdig, von königlichen Füßen betreten zu werden. Jeffrey Flowers und Hud Hinton betraten die Halle und stellten sich feierlich vor die Drehtür. Es war nicht ihr Lieblingsplatz, und sie wirkten beide ein wenig besorgt. Flowers prüfte noch einmal seinen Anzug und rückte die Rose am Revers zurecht. Sie würden das Königspaar hier in der Halle begrüßen. Ein Fotograf, der vom Hotel angestellt worden war, um ein paar werbewirksame Aufnahmen von der Begrüßung zu machen, schlenderte zu Flowers hinüber und fragte ihn, was er fotografieren solle. „Konzentrieren Sie sich auf die Begrüßung des Königs und der Königin", sagte Flowers. „Sie können sich nicht zu lange hier aufhalten."

Eine Gruppe von etwa dreißig Personen hatte sich in der Halle versammelt und erwartete die Ankunft. Die meisten waren festlich gekleidet, allerdings waren auch ein paar kichernde junge Frauen in Shorts und ein mürrisch blickender Mann in Jeans darunter. Eine zweite, größere Gruppe drängte sich draußen um die Vordertreppe des Hotels –

eine wogende, dichte, plappernde Menge. Jedesmal, wenn ein Wagen vorfuhr, reckten sich die Hälse.

Endlich glitt eine lange schwarze Limousine heran und hielt. Alle Augen richteten sich auf das Paar, dem man nun aus dem Wagen half. Der König und die Königin lächelten und nickten der Menge zu. Es war ein ausgesprochen schönes Paar. Der König hatte ein breites sympathisches Gesicht und blondes, kurzgeschnittenes Haar. Die Königin hatte schulterlanges dunkles Haar, gütige Augen und ein hübsches Gesicht. Sie lächelte freundlich.

Als erste begrüßte die Schwedin Malin Hammer das Paar. Sie machte einen tiefen Knicks und überreichte der Königin ein Dutzend langstielige Rosen. Dann ging das Königspaar die Stufen hinauf und durch die Drehtür, wo Flowers und Hinton warteten. „Wir freuen uns, Sie bei uns zu haben", sagte Flowers mit ausgestreckter Hand.

„Wir freuen uns, Sie bei uns zu haben, Königliche Hoheit", wiederholte Hinton mit großer Feierlichkeit.

„Danke", erwiderte der König mit kräftiger, wohltönender Stimme.

„Danke", sagte die Königin. Ein Blitzlichtgewitter des Fotografen entlud sich über ihnen, und dann klatschten alle Umstehenden höflich Beifall. Die Begrüßung war vorüber. Von Geheimdienstleuten flankiert, schritten der König und die Königin würdevoll zu den Aufzügen und wurden zur Präsidentensuite geleitet.

Als sie im Gewimmel dunkler Anzüge verschwanden, machte Hinton ein etwas verlegenes Gesicht. An Flowers gewandt, sagte er: „Ich habe seine Hand zu lange gehalten. Ich habe auf den Fotografen gewartet, aber der hat nicht geknipst. Haben Sie gemerkt, daß der König mich angesehen hat, als ob er sich fragte: Was ist denn mit dem Jungen los?"

„Ach, das war doch ein Kinderspiel", meinte Flowers. „Einfach ein weiterer König."

13. Kapitel

SAMSTAG. Trotz all der hochgeschraubten Erwartungen wegen der Ankunft des Königs und der Königin, rechneten die Mitarbeiter jetzt, da sie da waren, nicht mit zuviel Arbeit im Zusammenhang mit ihrem Aufenthalt. Die Hauptsorgen waren, daß Aufzüge für sie reserviert waren, wenn sie kamen und gingen, und daß jeder Servicewunsch absolut vorrangig erledigt wurde. Ansonsten hoffte man vor allem, daß im Haus nichts Unangenehmes passierte, das dem König und der Königin zu Ohren kommen konnte. Von seiten der schwedischen Begleitung tauchte jedoch laufend dieser oder jener Wunsch nach einer Änderung auf. Als die Buchungen erfolgten, war dem Hotel nicht bekannt gewesen, daß der König und die Königin es vorzogen, in getrennten Zimmern zu schlafen. Das hatte für Aufregung gesorgt. Das Schlafzimmer der Königin lag neben dem Zimmer, in dem ihr Kammermädchen schlafen sollte. Die beiden Räume gingen jedoch ineinander über, und es gab keine Tür. Die Betriebsabteilung mußte also ein paar Männer nach oben schicken, die in Rekordzeit eine Zwischenwand errichteten, damit die Königin sich so ungestört fühlen konnte, wie sie es gewohnt war. Malin Hammer war schon beim Juwelier gewesen und hatte eine neue Batterie für die Uhr des Kammermädchens Ihrer Majestät besorgt. Ein Geheimdienstmann hatte Harvey Robbins informiert, die Blumen in der Präsidentensuite ließen die Köpfe hängen und sollten ersetzt werden. Robbins brachte frische Blumen nach oben.

Das jüngste Anliegen hielt Elizabeth Allen aus der Verkaufsabteilung gerade in Händen und raufte sich unten am Hauptempfang die Haare. Der Adjutant des Königs wollte einige Geschenke für Freunde mit nach Hause nehmen, war aber von seinen Pflichten so in Anspruch genommen, daß er keine Zeit zum Einkaufen hatte. Er wünschte daher, daß jemand vom Hotel diese Besorgungen erledigte. Elizabeth Allen starrte auf die Einkaufsliste: *Leichte Sweater zum Joggen, zehn gelbe Frotteebadetücher, eine automatische Canon-Kamera mit 35-mm-Objektiv und Blitz, Straßenschuhe (die gleichen wie die in seinem Zimmer) und ein Spalding Executive Trimmgerät für Rechtshänder.*

„Das darf doch nicht wahr sein!" rief Elizabeth Allen. „Ich sitze hier auf Abruf für eine japanische Gruppe, die jeden Moment kommt, und kriege diesen Auftrag. Das ist doch Wahnsinn. Ich kann das nicht. Wer ist dieser Mann? Was sind das für Geschenke? Was heißt das, Schuhe wie die in seinem Zimmer? Weiß der Kuckuck, was für Schuhe der hat. Soll ich vielleicht allen Leuten auf die Füße sehen?"

„Beruhige dich, Elizabeth", sagte eine der Kolleginnen am Empfang.

„So läuft das immer bei diesen Leuten. Sie lassen alles von anderen machen. Die putzen sich nicht mal selbst die Nase."

„Woher sollen wir wissen, was er ausgeben will?" fragte Bill Dougherty, der diensttuende Assistent. „Der Kram kann ohne weiteres tausend Dollar kosten. Weiß der, was ein solches Trimmgerät kostet?"

„Keine Ahnung, was er ausgeben will", antwortete Elizabeth Allen.

Die Mitarbeiter sprachen darüber, einen Stellvertreter des Hallenchefs zum Einkaufen zu schicken, aber die Meinungen gingen auseinander.

„Das ist Irrsinn", sagte Elizabeth Allen. „Der Betreffende müßte in ein halbes Dutzend verschiedene Geschäfte. Das dauert ewig."

„Ich weiß, was wir machen", mischte sich Dougherty ein. „Ich lasse einen der Hallenstellvertreter anrufen und herausfinden, wieviel Geld zur Verfügung steht. Dann schauen wir, ob wir die Läden anrufen und die Sachen telefonisch bestellen und hierherliefern lassen können. Und jemand muß in sein Zimmer gehen und sich seine Straßenschuhe ansehen, damit wir wissen, was er meint."

„Gut", antwortete Elizabeth Allen. „Versuchen wir's. Aber das ist ganz schön viel verlangt."

JEFFREY FLOWERS und Hud Hinton wohnten im Hotel. Das war in New York so üblich, wurde mir gesagt. Hotelmanager müssen, wenn sie ihren Job richtig machen wollen, ganz in der Nähe wohnen, aber sie verdienen nicht so viel, daß sie sich eine Wohnung mitten in Manhattan leisten können. Deshalb wohnten die meisten in ihrem Hotel. Hinton hatte mit seiner Frau und zwei Kindern eine Suite mit drei Schlafzimmern im sechsten Stock. Flowers wohnte mit seiner Familie im herrlichen Penthouse im obersten Stock.

Flowers betrachtete das Wohnen im Hotel mit gemischten Gefühlen. Das Gute daran war, daß er sich nie Sorgen über den Stoßverkehr machen mußte, und er hatte einen unschlagbaren Ausblick. „Die Schattenseite ist, daß man immer im Hotel ist", erzählte er mir, „stets unter Bewachung. Jeder weiß, ob man da ist oder nicht, der private Bereich kommt also zu kurz. Manchmal verlasse ich sieben, acht Tage das Haus überhaupt nicht. Das ist etwas eigenartig."

Die beiden Männer sollten am Wochenende freihaben, obwohl sie erreichbar waren, falls etwas Wichtiges sich ereignete. Ein Rotationsplan legte fest, wer von den dienstälteren Abteilungschefs das Haus am Wochenende leitete. Der Betreffende zog in ein Zimmer im Hotel, durfte in allen Restaurants essen und mußte sich dafür aller anfallenden Probleme annehmen. An diesem Wochenende war Howard Hardiman an der Reihe, der sich normalerweise mit Zahlen in der Abteilung Rechnungswesen abgab. Die Einteilung verlangte jemanden, der flink war. Noch bevor das Wochenende vorbei war, mußte er einen vierzehnseitigen Bericht fertiggestellt haben, der die Arbeit des Hotels kritisch beleuchtete.

Hardiman war ein hagerer Mann. Sein Gesicht war eckig, und er hatte weit auseinanderliegende Augenbrauen und einen akkuraten Schnauzbart. Er war ein ruhiger, umgänglicher Typ. „Man bekommt diese Aufgabe etwa zweimal im Jahr", erzählte er. „Bis jetzt habe ich das vier- oder fünfmal gemacht. Meistens ist es Routine, aber gelegentlich hat man auch mit kritischen Situationen zu tun. Bei einem meiner früheren Einsätze wohnte eine Familie aus London im Hotel, die ihre Tochter als vermißt meldete. Das war vielleicht ein Theater! Sie war mit ihrer Schwester ins Kino gegangen. Die Schwester kam zurück, aber sie nicht. Ich mußte die Polizei benachrichtigen und so weiter und versuchen, die sehr erregten Eltern zu beruhigen. Sie waren mit den Nerven völlig am Ende. Das war nicht gerade das, womit ich mich im Rechnungswesen beschäftige. Am nächsten Tag gegen Mittag kreuzte das Mädchen von allein wieder auf. Sie bekam für den Rest der Reise Ausgehverbot und wahrscheinlich auch noch, als sie wieder in London war."

Da es relativ ruhig war, wollte Hardiman, wie er sagte, einfach umherstreifen und versuchen, einige seiner Wochenendverpflichtungen zu erfüllen. „Ich bete, daß nichts Schlimmes passiert", meinte er. „Ich habe wirklich keinerlei Interesse, mich mit Unannehmlichkeiten herumzuschlagen."

DER Bankettstab hatte am Morgen alle Hände voll zu tun. Ein Heer von Arbeitern werkelte überall in dem höhlenartigen großen Ballsaal, ganz mit den letzten Vorbereitungen für den Empfang und das Dinner zu Ehren des Königs und der Königin an diesem Abend beschäftigt. Ein großes Bankett bedurfte wochenlanger Planung und vieler Stunden Aufbau. Die Mitarbeiter des Plaza hatten um sieben Uhr früh mit dem Umbau des Ballsaals begonnen und rechneten nicht damit, vor fünf fertig zu sein. Socrates Alexander, der weißhaarige Einkaufsdirektor, und Paul Nicaj, der stellvertretende Chef der Bankettkellner, gingen umher und verfolgten den Fortgang der Dinge. „Das Essen ist noch das einfachste", erzählte Alexander mir, „aber der Chef will dem Tisch des Königs und der Königin einen besonderen Schliff geben. So ein Ereignis nimmt man nicht auf die leichte Schulter."

Alexanders Arbeit bestand darin, einige der aufwendigsten Veranstaltungen in New York zu organisieren. Der Samstag war für das Plaza beispielsweise ein beliebter Hochzeitstag. Fünfzig bis sechzig Paare jährlich feierten ihre Hochzeit im Hotel, unter anderem Steve Ross, der Chef von Warner Communications, und Dr. Robert Jarvik, der Erfinder des künstlichen Herzens. Richard Nixon hatte den Hochzeitsempfang für seine Tochter Julie im Plaza gegeben. Das Hotel war jedoch keineswegs kleinlich bei der Annahme von Buchungen, was für eine eigenartige Mischung der Klientel sorgte. Ende der sechziger Jahre war das Plaza der Rahmen für die Hochzeitsempfänge der Söhne berühmter Verbrechergestalten wie Vincent Napoli und Carlo Gambino gewesen. Einige Polizeivertreter erklärten, das Plaza sei von seiner üblichen Vorgehensweise abgewichen, als es von den bekannten Gangstern weder die Unterzeichnung eines Vertrages noch eine Tischordnung verlangt hatte. Das Hotel hielt dagegen, daß bei vielen anderen Gästen ebenso verfahren werde. Zweifellos wußten die Veranstalter damals ganz genau, daß die Unterwelt niemals eine Sitzordnung herausgab.

Der Samstag war auch der Tag für Geburtstags- oder Jubiläumsfeiern in den verschiedenen Veranstaltungsräumen. Der große Ballsaal wurde normalerweise für eine Abendgesellschaft mit Tanz oder einen Ball gebucht. So stellte das Plaza auch die Räumlichkeiten für Truman Capotes stark beachteten „Schwarz-Weiß-Ball".

Nichts in den letzten Jahren reicht an dieses Fest heran. Schon als kleiner Junge hatte Capote sich immer gewünscht, einmal die größte und imposanteste Party zu geben, und das tat er schließlich am Abend des 18. November 1968. Er wählte das Plaza, weil er wie viele andere der Meinung war, es habe den einzigen schönen Ballsaal in ganz New York. Alle Gäste trugen Schwarz oder Weiß, und es herrschte Maskenzwang.

Katharine Graham, deren Familie die *Washington Post* besaß, war der Ehrengast. Fünfhundert Gäste kamen und erlebten denkwürdige Stunden. Das Stadtmuseum von New York maß dem Ereignis so viel Bedeutung bei, daß es einige der Masken in seine Sammlung aufnahm.

Eine junge braunhaarige Frau ging durch den Ballsaal und prüfte die Tischdecken. Mit den ersten war sie offenbar zufrieden, doch dann änderte sich ihre Miene schlagartig. „Oh, die hier ist nicht glatt!" rief sie ärgerlich. „Wir werden die Runde machen und jeden Tisch prüfen müssen. Ich wußte, daß es so kommen würde. Jeder Tisch wird noch einmal überprüft!"

Ich bemerkte ein paar Arbeiter, die mit unsichtbaren Golfschlägern das Schwungholen übten. Einer von ihnen probte auch, was er sagen würde, wenn er zufällig auf den König oder die Königin stoßen sollte. „Eure Majestät", deklamierte er, „es ist mir ein Vergnügen, Sie zu bedienen. Was halten Sie davon, wenn ich Ihnen einen Drink bringe? Soll es ein Glas Wein sein oder lieber ein Bier? Übrigens, wenn Sie mal was in Ihrem alten Schloß gemacht haben müssen – verstopfte Toiletten, tropfende Hähne – Sie brauchen nur zu klingeln."

HINTEN aus dem Palmenhof drangen lebhafte Geräusche: erst leise, dann stetig lauter werdend, erfüllte ein Streit die Luft. Ein Mann mittleren Alters und eine etwas jüngere Frau hatten zuviel getrunken und schafften es nicht ganz, das zu verbergen. Er hatte struppige graue Haare, einen rotbraunen Bart und eine Hakennase und trug ein Sportjackett, dunkle Hose und weiße Turnschuhe. Die Frau war blaß und hatte feine Gesichtszüge. Auf dem Kopf türmte sich ihr mit Spangen zusammengestecktes langes braunes Haar. Sie hatte Jeans und eine weite Bluse an. Die beiden verlangten gerade noch mehr Champagner, aber der Kellner lehnte ab. Seine Vorgesetzte kam an den Tisch und bot an, gratis etwas Gebäck und Milch zu bringen. Der Mann nahm das nicht gnädig auf. Er blaffte sie unfreundlich an.

„Hören Sie, ich bin behindert", erklärte die Frau schroff. „Sie haben ein Vorurteil gegen Behinderte. Ich werde Sie verklagen."

„Ich habe nicht bemerkt, daß Sie behindert sind", erwiderte die Hotelangestellte.

„Wofür, zum Teufel, glauben Sie, ist das hier?" fragte die Frau und holte unter ihrem Stuhl einen Stock hervor. „Um Leute zu verprügeln?"

„Bitte ersparen Sie mir eine Antwort darauf", erklärte die Angestellte, machte auf dem Absatz kehrt und ging an ihren Platz zurück.

Der Mann sprang auf und stampfte hinter ihr her, um erneut zu versuchen, bedient zu werden. Sein Gesicht glühte. In einem Anfall von Wut fing er an zu schreien. „Hören Sie, junge Frau, uns macht das nichts aus, aber dem Hotel. Wir werden bekommen, was wir wollen. Also, zum letzten Mal, noch zwei Glas Champagner an unsern Tisch." Er hob zwei Finger, um die Bestellung zu verdeutlichen, ging zu seinem Platz zurück und beugte sich zu der Frau hinunter. Sie lachte über etwas, das er ihr ins Ohr flüsterte.

Unterdessen waren Hud Hinton, der wegen des königlichen Besuchs an diesem Wochenende Dienst tat, Howard Hardiman und Arthur Hoyt auf der Bildfläche erschienen. Während Hinton und Hardiman am Eingang warteten, ging Hoyt zu dem Tisch, schüttelte dem Mann die Hand und wechselte ein paar freundliche Worte mit ihm. Offenbar konnte er den Mann besänftigen. Jedenfalls wurde der Ton der Unterhaltung plötzlich freundlicher. Der Mann ließ einfließen, daß er ein guter Freund von Donald Trump sei, und Hoyt erklärte, das sei ja großartig. Dann kam er zu Hinton zurück und sagte: „Ich glaube, sie gehen friedlich."

Er hatte diese Vermutung kaum ausgesprochen, da stieg der Mann leicht schwankend auf das kleine Podium in der Mitte des Palmenhofs, setzte sich an den Flügel und spielte ein absolut nicht erkennbares Stück. Dabei summte er zur Begleitung und wiegte sich hin und her. Die Frau fing an, mit den Fingern zu schnippen. Zwei ältere Damen, die in der Nähe des Podiums Tee tranken, sahen den Spieler erstaunt an, offenbar enttäuscht über die Qualität der vormittäglichen Darbietung.

Die Sache wurde allmählich lästig. Hinton und Hoyt waren benachrichtigt worden, daß der König und die Königin das Hotel in Kürze verlassen würden. Sie würden am Palmenhof vorbeikommen, und es wäre unpassend, wenn sie dabei einen betrunkenen Gast am Flügel bemerkten.

„Vielleicht sollten wir den Geheimdienst holen, daß die ihm in den Hintern treten und ihn rausschmeißen", schlug Hinton vor.

„Nein, nein", beharrte Hoyt. „Lassen Sie mich nur machen. Ich kenne mich mit Betrunkenen aus."

„Arthur ist in diesen Dingen immer so diplomatisch", sagte Hinton. „Ich nicht. Ich verliere die Beherrschung. Solche Leute möchte ich am liebsten gleich rausschmeißen."

Einige Gäste verweilten, gespannt darauf, was als nächstes passieren würde.

Hoyt schlenderte zum Flügel hinüber und beugte sich vor. „Oh, Sie spielen wirklich gut", schmeichelte er dem Mann.

„Danke", erwiderte dieser.

„Aber wir haben da ein Problem", fuhr Hoyt fort. „Sie sind ein Freund von Donald Trump."

„Das stimmt", antwortete der Mann und fing an, an seiner Unterlippe zu nagen.

„Dies ist ein Gewerkschaftsbetrieb, und da könnten Sie Schwierigkeiten bekommen wegen des Spielens, und Mr. Trump bekommt auch Schwierigkeiten."

Der Mann fuhr erschrocken zurück und blickte Hoyt unsicher an. „Mein Gott, das wußte ich nicht", sagte er. „Ich möchte nicht, daß so was passiert."

Damit verließ er zerknirscht das Podium und setzte sich wieder an seinen Tisch. Er sagte etwas zu der Frau, die bedächtig nickte.

Hinton ging zu Hoyt hinüber und sagte: „Besorgen Sie denen sofort die Rechnung, und dann nichts wie raus mit ihnen."

In dem Augenblick kamen der König und die Königin am Palmenhof vorbei. Hoyt und Hinton hielten den Atem an. Aber der Mann und die Frau rührten sich nicht. „Wir sind aus dem Schneider", sagte Hinton erleichtert.

Einige Minuten danach erhob sich das Pärchen und beschloß zu gehen. Als sie bei Hoyt und Hinton vorbeikamen, zeigte der Mann auf die Angestellte von vorhin und sagte: „Schmeißen Sie diese Dame da drüben raus."

„In Ordnung", erklärte Hoyt mit höflicher Miene. „Machen wir."
Und die Frau zischte: „Und Sie sollten auch rausgeschmissen werden. Auf der Stelle."

EINE Frau mittleren Alters mit wallendem blondem Haar lief mit
ihrem wie wild kläffenden Hund am Palmenhof vorbei. „Ruhe, Brutus",
tadelte sie das Tier. „Zeig etwas Anstand, sonst nimmt Frauchen dich
nicht mehr mit hierher." Die Ermahnung fruchtete nicht sofort; Brutus
kläffte weiter.

Darüber, wie viele Haustiere sich im Plaza aufhalten, kann man sich
kaum ein genaues Bild machen. An manchen Tagen könnte man allerdings meinen, das Hotel wäre eine riesige Tierhandlung, so viele Vier-
beiner tummeln sich zwischen den Palmenkübeln und Nerzmänteln. In
den meisten Hotels runzelt man bei dem Gedanken an Haustiere auf
den Zimmern die Stirn. Im Plaza gilt seit langem die ungeschriebene
Regel, kleine Tiere freundlich zu empfangen – oder doch wenigstens zu
dulden. Die inoffizielle Definition von „klein" meint Hunde bis zu
zehn Kilo, womit die Grenze etwa bei einem Cockerspaniel liegt. Diese
Definition ist jedoch sehr dehnbar und kann von der Bedeutung des
Gastes – oder des Haustieres – abhängen. Tatsächlich hielt sich unter
der Aufsicht der Frau des Präsidenten von Kenia einmal ein mehr als
zwanzig Kilo schwerer Gepard im Hotel auf.

Tiere sind allerdings in keinem der Speisesäle erlaubt. In solchen
Fällen muß eine andere Regelung getroffen werden. Ein Ehepaar aß
jeden Freitag im Edwardian Room. Es kam mit seinem Pudel, brachte
aber gleichzeitig einen Aufpasser für den Hund mit. Während sie aßen,
saßen der Aufpasser und der Pudel in der Halle und lauschten der
Musik aus dem Palmenhof. Der Hund hörte gern Filmmusik. Viele
Jahre bot das Plaza besondere Hundegerichte an: ein Frühstück aus
Cornflakes, lauwarmer Milch, einem Eigelb und Hüttenkäse; und ein
Hauptgericht aus rohem Rinderhack, Rinderbrühe, Spinat und einem
Roastbeefknochen.

Es hat Zeiten gegeben, da wohnten bis zu fünfunddreißig Hunde im
Plaza. Einer der berühmtesten Hundegäste war ein Boston Terrier, der
Mrs. Benjamin Kirkland aus Philadelphia gehörte. Er war darauf dres-
siert, Schmuck zu apportieren. Jeden Abend ging er mit einem Zimmer-

mädchen zum Büro, um einen Lederbeutel in Empfang zu nehmen, der den Schmuck enthielt, den seine Besitzerin an dem Abend tragen wollte. Er brachte ihn ihr dann gehorsam im Maul zurück.

Zuweilen sorgte die Tierpolitik des Hotels für mehr als nur eine eigenartige Atmosphäre. Bald nach der Eröffnung des Hotels zog Prinzessin Lwoff-Parlaghy ein, eine bekannte Porträtmalerin (sie porträtierte Kaiser Wilhelm sechs Mal). Sie war eine große Tierliebhaberin. Als sie einmal eine Zirkusvorstellung besuchte, schloß sie ein reizendes Löwenjunges ins Herz, das sie schließlich erwarb und mit ins Plaza brachte. Der aufgeregte Hoteldirektor überredete sie, ein eigenes Zimmer für das Tier zu mieten, und machte ihr auch den Gedanken schmackhaft, einen Dompteur zu halten. Doch einmal stahl der Löwe sich nach draußen ins dritte Stockwerk und schaute sich dort um, hat aber niemanden gefressen. Nach drei Jahren ging er ganz plötzlich ein. Im Hotel wurde für ihn eine Beerdigungsfeier gehalten.

Wenn Lassie in New York war, stieg er immer gern im Plaza ab. (Ich sage „er", weil Lassie ein Rüde war, obwohl die Rolle eine Hündin vorsah.) Er fuhr im Auto in der Stadt herum und wohnte in einer 380-Dollar-Suite.

Ein Privatdetektiv wachte bei seinen Ausflügen über ihn, um ihn vor bösen und streunenden Hunden zu schützen (wegen der Menschen machte er sich weniger Gedanken). Zu fressen bekam er vom Zimmerservice Lendensteaks in einer Silberschüssel. Nach Auskunft der Angestellten, die ihn bedienten, war Lassie ein recht angenehmer Gast. Sein Trainer gab gute Trinkgelder.

14. Kapitel

DER Oak Room war bis auf Fred Cristina leer. Er trug einen Smoking, und seine weißen Haare waren makellos frisiert, obwohl es noch einige Stunden dauerte, bis die ersten Gäste zum Abendessen eintreffen würden. Er saß hinten im Raum in einer der ledernen Sitzgruppen. Einige der Kellner waren alte, sarkastische Gestalten, die bitter über die verhätschelten Gäste lachten. Aber Cristina, der im Oak Room wohl schon mehr Essen als jeder andere serviert hatte, war so gut gelaunt wie immer. Man mußte wahrscheinlich so sein wie er, um seinen Dienstrekord zu erreichen – neunundvierzig Jahre im Plaza.

Es war angenehm, im Dunkel des hinteren Raumes zu sitzen. Es war still. Nur hin und wieder lief ein Angestellter vorbei, der seine Arbeit antrat. Cristina fühlte sich entspannt und legte die Beine hoch. Der großgewachsene Mann mit dem kurzen weißen Haar hatte eine piepsende Stimme und ein nervöses Wesen, so als wäre er immer dabei, einem Gast eine Fliege aus der Suppe zu fischen. „Meine erste Stelle hatte ich in einem französischen Restaurant in der Fünfundfünfzigsten Straße", erzählte er mir. „Ich war vier Monate dort, kam dann ins Plaza und bin nach neunundvierzig Jahren noch immer hier. Ich war nur im Oak Room. Es ist, als wäre ich auf die Welt gekommen, um in diesem Raum zu arbeiten. Ich fing als Hilfskellner an und wurde nach anderthalb Jahren Kellner. Das war schnell. Damals dauerte es normalerweise vier Jahre, bis man Kellner wurde, aber ich war ehrgeizig. Ich arbeitete lange und räumte die Tische schnell ab. Als Hilfskellner mußte man die Cocktails servieren und alle Speisen. Ich fing an, die Speisekarte auswendig zu lernen. Sie änderte sich täglich. Heute ist die Karte monatelang die gleiche. Da gibt's nicht viel auswendig zu lernen. Aber es war mörderisch. Die Karte hat manchem Kellner das Genick gebrochen."

Er dachte einen Augenblick nach und fuhr dann fort: „Ich war ziemlich lange Kellner. Dann wurde ich Oberkellner. Als Oberkellner war man für ein Revier und soundso viele Kellner verantwortlich. Der Oberkellner nahm die Bestellung entgegen und tranchierte alles. Der Kellner servierte. 1977 hat man die Oberkellner abgeschafft. Jetzt gibt es nur noch Kellner und Geschäftsführer. Der Geschäftsführer weist die Plätze an, alles Weitere macht der Kellner. Als man die Oberkellner abgeschafft hatte, war ich einige Jahre Weinkellner. Ich hatte die Bar unter mir. Vor ein paar Jahren wurde ich dann Maître d'hôtel. Ich bin im wesentlichen abends für den Raum verantwortlich. Ich weise den Leuten die Plätze zu und serviere auch oft. Ich kenne viele Kunden, sie haben oft Sonderwünsche, und ich sehe zu, daß sie erfüllt werden. Mit anderen Worten, bei meinen Stammkunden weiche ich von der Karte ab. Und ich stehe an der Tür, begrüße die Gäste. Ich kümmere mich um jeden Winkel hier im Raum."

Fred Cristina erklärte, wie sich die Gäste im Laufe der Jahre geändert hatten. „Ich schaue mir einen alten Film an und sehe all die Stars", sagte er. „Ich habe sie alle hier erlebt." Er schüttelte den Kopf. „Wir hatten sämtliche Hollywood-Leute hier, Präsidenten, die Creme. Heute ist es kommerzieller. Geschäftsleute auf Reisen. Und viele Gruppen. In einer Woche nur Italiener. In der nächsten Woche dann nur Australier. Eine Zeitlang hatten wir eine Menge japanische Gruppen. Ich liebe meine Arbeit. Aber die Welt ändert sich. Ich vermisse die Stars." Er beugte sich vor und dämpfte die Stimme. „Zum Beispiel folgende Geschichte. Milton Berle war einmal bei uns, und ich ging zu ihm und sagte: ‚Guten Abend, Mr. Berle. Wonach steht Ihnen der Sinn?' Ich weiß selbst nicht, wie ich darauf gekommen bin. Und er antwortete: ‚Nach Marilyn Monroe.' Ich dachte, er macht einen Jux. Und dann kam sie herein. Sie aßen zusammen zu Abend. Ich hätte mir aufschreiben sollen, was sie gegessen hat, aber ich war so aufgeregt, sie zu sehen, daß ich nicht darauf geachtet habe."

Ich fragte Fred Cristina, was einen guten Kellner ausmache.

„Namen", kam es wie aus der Pistole geschossen. „Man muß die Namen kennen. Ich kenne Hunderte von Namen. Und das Wichtige ist der Service. Man sollte im Gedächtnis behalten, was ein Stammgast mag. Man sollte wissen, welche Cocktails er gern trinkt. Wenn der Gast dann hereinkommt, fragen Sie: ‚Möchten Sie das Übliche?' Als ich noch Kellner war, habe ich mir das immer aufgeschrieben und auswendig gelernt. Und man sollte immer alle Tische im Auge haben. Jeder Kellner hier hat neun Tische. Zu meiner Zeit waren es noch sechs. Aber da war Kellnern auch ein schwerer Job. Ich mußte alles von den Platten servieren. Heute kommt alles schon auf dem Teller. Das ist leicht. Man stellt einfach den Teller hin." Er zog die Augenbrauen hoch. „Grundsätzlich muß ein guter Kellner seine Arbeit lieben. Das macht einen guten Kellner aus. Ich wollte unbedingt Kellner werden, nichts anderes. Wir hatten eine so dicke Cocktailliste." Er hielt Daumen und Zeigefinger weit auseinander. „Man mußte sehr viel wissen. Heute braucht man nicht mehr soviel zu wissen."

Einige Männer ohne Krawatte und Jackett steuerten auf die Oak Bar zu. Cristina hob ruckartig den Kopf und sah sie mit der Verwunderung eines Kindes an. „Ich habe George Cohan hier gesehen", sagte er.

„Ethel Merman kam oft her. Heute ist das anders. Die Stars sind nicht mehr so wie früher. Drüben an der Bar sieht man Leute in Jeans. Früher haben sie sich gut angezogen. Charlie Chaplin war hier. John Wayne. Das waren große Schauspieler. Heute macht einer einen Film mit viel Gewalt und Blut und kassiert dafür fünf Millionen. Das kann man doch vergessen. Das ist doch kein Schauspieler. Die Schauspieler sind die aus den alten Filmen."

JEDER Stuhl und jeder Tisch, der noch in den großen Ballsaal hineinging, war genehmigt worden – insgesamt sechshundert –, und dreihundert weitere Personen würden im nahen Terrassensaal sitzen. Damit sie sich als Teilnehmer am königlichen Bankett fühlen konnten, wurde das Geschehen per Fernsehen dorthin übertragen. Das Foyer vor dem Ballsaal war vollgepfercht mit Menschen. Ein Pianist, eine Harfenistin, eine Flötistin und ein Bassist spielten klassische Musik. Langsam strömten die Gäste vorwärts, starrten teilnahmslos einander oder die hohe Decke an.

Geheimdienstleute streiften in dem Gedränge umher. Wie die Gäste trugen auch sie Smoking. Bei einem so großen Empfang war schwer ausfindig zu machen, wer eventuell eine Bedrohung darstellte und wer nicht. Zur Unterstützung hatte man die Hotelangestellten, die in der Küche ein und aus gingen, mit einer kleinen Anstecknadel gekennzeichnet, die sie an der Brusttasche trugen, was bedeutete, daß sie die Sicherheitskontrolle passiert hatten.

Marty Walsh, ein unerschütterlicher ehemaliger Straßenpolizist aus Brooklyn und ebenfalls im Smoking, war ein hohes Tier im amerikanischen Geheimdienst. Das bedeutete, daß er die Sicherheitsmaßnahmen leitete. Er war ein angenehmer, oft lächelnder Mann, den man für einen Feinkosthändler hätte halten können. Er stand in einer Ecke des Raums und zeichnete mit der Fußspitze einen Kreis auf den Boden.

„Irgendwas vorgefallen bis jetzt?" fragte ich ihn.

„Nein", erwiderte er. „Bisher ist alles ruhig."

Walsh erklärte, er rechne mit einem ziemlich einfachen Abend, aber er wußte, daß man bei diesen Veranstaltungen nie ganz abschalten durfte. 1970 war Tschiangtsingkao, der Sohn Tschiangkaischeks, auf dem Weg zu einem Empfang durch eine Drehtür ins Plaza getreten, als ein Taiwaner mit einer Pistole auf ihn schoß. Glücklicherweise packte ein Hoteldetektiv das Handgelenk des Attentäters einen Augenblick, bevor der Schuß losging, so daß die Kugel nicht traf. Sie hinterließ ein Loch von der Größe einer mittelgroßen Münze in der Glastür. Der Attentäter war Mitglied einer Bewegung, die sich den Sturz des nationalistischen Regimes auf Taiwan zum Ziel gesetzt hatte. „Es lebe Formosa, es lebe Taiwan, nieder mit Tschiangkaischeck!" rief er, als er in Handschellen abgeführt wurde. Der anscheinend ungerührte Tschiang setzte seinen Weg fort und fuhr später zum Essen ins Chinesenviertel.

Im Ballsaal putzte eine Frau das Podium, während ein Mann die Lautsprecheranlage testete, indem er ein ums andere Mal sagte: „Meine Damen und Herren, bitte erheben Sie sich für Ihre Majestäten."

Ich wurde zwischen einigen plappernden Schwedinnen eingekeilt. Eine von ihnen lachte auf. „Ich kann es kaum erwarten zu sehen, wie sie die Haare trägt", sagte sie. „Hoffentlich hat sie sie hochgesteckt."

Die Zeit verging, und eine gewaltige Langeweile machte sich breit. Inseln der Gereiztheit bildeten sich. Wo blieben sie? Wann essen wir? Das Festessen sollte um halb zehn beginnen, aber erst um zehn Uhr kam die Nachricht, der König und die Königin seien unterwegs. Die Gäste wurden gebeten, sich zu ihren Tischen zu begeben; wie ein flinker Schwarm Insekten bewegten sie sich in den großen Ballsaal. Es bedurfte einiger energischer Rempler, um zu dem zugewiesenen Platz zu kommen, obwohl eine ganze Menge Gäste beim Eingang blieb, um das Königspaar zu begrüßen.

Ein erregtes Murmeln erscholl, als der König und die Königin schließlich um zehn Uhr zweiunddreißig erschienen. Er trug einen Smoking, und die Königin hatte ein sehr schönes hellblaues Kleid gewählt. Die Haare hatte sie hochgesteckt. Sie blieben wegen der Fotografen kurz stehen und tauchten dann in die Menge, wo sie immer wieder Hände schüttelten.

In der Küche des großen Ballsaals wurde das Essen zum Auftragen gerichtet. Socrates Alexander, der Einkaufschef, überwachte das Geschehen. Das Menu begann mit einer Schneehuhnmousse auf Frühlingssalat, dann folgte eine Spargelsuppe, danach kam poschierter Heilbutt mit Krevetten und Morcheln, Dillsauce und Fleurons aus schwedischem Kaviar. Als Dessert gab es einen Haselnußkranzkuchen mit

Der festlich geschmückte große Ballsaal, in dem auch König Gustav XVI. Adolf von Schweden und Königin Silvia speisten

Moosbeerenparfait gefüllt und mit Himbeersauce überzogen. Um das Essen hinunterzuspülen, wurde zum ersten Gang ein Mondavi fumé blanc serviert, zum Hauptgericht ein Chardonnay und zum Dessert ein Moscato.

Die Bedeutung des Ereignisses erforderte, daß Küchenchef Reiner Greubal anwesend war. Der König und die Königin hatten ihren eigenen Chefkoch mitgebracht, um sicherzustellen, daß das Essen richtig gewürzt wurde, und auch, um darauf zu achten, daß niemand versuchte, es zu vergiften. Es war Werner Vögeli, ein fröhlicher Mann, der sich immer in der Nähe von Greubal aufhielt.

Die Bankettkellner standen in einer langen Reihe bereit, und als Klaus Steinke, der Chefkellner, das Zeichen gab, nahmen sie die ersten Gänge auf und eilten nach draußen. Sie gingen nicht und rannten auch nicht, sondern trabten. Ich bemerkte, daß zwei Teller für den König und die Königin, die als erste bedient wurden, besonders gekennzeichnet waren. Vögeli hatte gebeten, bei diesen beiden Essen noch eine Spur Essig zuzugeben.

„Nicht mehr als vier auf einmal!" rief Klaus Steinke den Kellnern zu. Und inzwischen bellte auch Küchenchef Greubal seine Anweisungen heraus. „Laßt den Essig nicht runtertropfen. Haltet die Teller gerade!"

Dann war auch der Suppengang beendet. Noch mehr Wein. Teller klirrten. Besteck schepperte, immer wieder wurden die Gläser zu Trinksprüchen erhoben.

Der Fisch wurde aufgelegt. Es war halb zwölf.

„Wir haben Verspätung", stellte Socrates Alexander fest. „Der Fisch wurde erst in letzter Minute poschiert. Oft arbeiten wir im voraus, aber nicht bei so einer Gesellschaft. Beim Fleisch ist es einfacher. Normalerweise servieren wir die Vorspeisen für so viele Leute in einer halben Stunde. Aber der Chef läßt sich Zeit mit der Sauce."

Greubal schöpfte aus einem Riesentopf Sauce über den Fisch, und ein Helfer legte Morcheln auf die Teller. Dann übernahmen die Kellner. Die vorgerückte Stunde ließ eine gereizte Stimmung aufkommen.

„Wo ist die Sauce auf dem hier?" fragte ein stämmiger Kellner Greubal.

„Ist keine drauf", entgegnete Greubal.

„Warum nicht?"

„Halten Sie den Mund, sonst hör ich sofort auf!" schnauzte Greubal.
„Ich wollte nur den Grund wissen", erklärte der Kellner.
Greubal schmiß die Kelle hin. „Raus hier!" schrie er.

Alexander machte eine Runde durch den Ballsaal und kam dann in die Küche zurück, um zu berichten. „Es scheint ihnen zu schmecken. Ich habe die Teller gesehen. Sie putzen sie leer."

Das Dessert ging kurz nach Mitternacht raus, es folgten Kaffee (zum Teil koffeinfrei) und einige Kannen Tee. Als alles abgetragen war, lud der Küchenchef Vögeli zu einem ordentlichen Steak in sein Büro ein.

Der König erhob sich und ging zum Podium. Im Saal wurde es still. Er blickte in die Runde und hielt in stockendem Englisch eine kurze Ansprache.

Die meisten Reden sind zwangsläufig enttäuschend, und bei dieser war es nicht anders. Er fand angemessene Worte, aber ohne Anflug von Bedeutung oder Humor. Er sagte, daß sie einen sehr schönen Aufenthalt gehabt hätten. „Widmen wir diesen Abend besonders den Schweden und schwedenstämmigen Amerikanern im kulturellen Bereich", sagte er nüchtern. „Die Königin und ich möchten Ihnen allen danken. Wir werden uns immer an diesen Abend in New York erinnern. Ich möchte Ihnen Dankeschön sagen und viel Glück für die Zukunft wünschen." Es gab großen Beifall, und dann begannen die Leute aufzustehen und sich zu zerstreuen. Der König und die Königin verweilten noch kurze Zeit, um mit einigen Gästen zu plaudern, und zogen sich dann geordnet unter Bewachung in ihre Suite zurück. Am nächsten Tag ging es weiter nach Detroit.

15. Kapitel

SONNTAG. „Hallo, hat hier irgend jemand Dienst? Ich möchte etwas hinterlegen." Eine platinblonde Schönheit mit ausdrucksvollem Gesicht stand am Schalter des Tresorraums. Sie sagte, sie wolle Schmuck deponieren. Bill Dougherty, der diensthabende stellvertretende Empfangschef, nahm den Beutel mit ihren Klunkern entgegen und überreichte ihr einen Schlüssel. „Da werden sie ja wohl sicher sein", meinte die Frau schnippisch.

Dougherty tat die Bemerkung ungerührt ab, wie jemand, der einen Fussel entfernt. „Oh, das sind sie ganz bestimmt", sagte er nur.

Die Tresorfächer befanden sich in einem Raum hinter dem Büro des Assistenten, das an den Hauptempfang grenzte. Für Sachen, die in einem der Fächer hinterlegt wurden, haftete das Hotel bis zu einem Betrag von fünfhundert Dollar. Die Fächer waren der sicherste Platz im Hotel.

Es war noch nie etwas geraubt worden, einen aufsehenerregenden Fall ausgenommen. Im August 1972 brachen fünf Diebe fünf Tresorfächer auf und entkamen mit Schmuck im Wert von über 45 000 Dollar, der Juwelieren gehörte, die zu einer Tagung in die Stadt gekommen waren. Mit Pistolen fuchtelnd, hatten die fünf Gangster einundzwanzig Hotelangestellte und Umstehende in ein kleines Büro getrieben, die Fächer aufgebrochen, ein Smaragddiadem und andere Stücke zusammengerafft und das Weite gesucht. Es war ein seltsames Einbrecherquintett. Während des Überfalls redeten sie ihre Geiseln stets mit „Sir" und „Gnädigste" an. Der Nachtportier, der einer der Gefangenen war, sagte später: „Für Spitzbuben waren sie die höflichsten Leute, die mir je begegnet sind." (Sie waren außerdem ganz schön wendig, denn sie wurden nie gefaßt.)

Die Gäste waren unberechenbar, was die Sachen anging, die sie hinterlegten. „Wir haben schon alles gehabt, von der Schrotflinte bis zur Handfeuerwaffe", sagte einer der Assistenten. „Eine Frau bewahrt immer ihre Pelzmäntel in einem Schrank auf, den wir hier haben. Die Leute deponieren Theaterkarten, Reiseschecks, selbstverständlich Schmuck, Alkohol, Flugtickets, Bahntickets, Bustickets. Ich wüßte eigentlich nichts, was nicht schon hinterlegt worden wäre, mit Ausnahme von Kindern. Manche Leute haben komische Vorstellungen von dem, was wichtig ist und was nicht. Ein Gast deponierte eine Hasenpfote im Tresor. Wir haben Verstärker und Gitarren von Bandmitgliedern hier gelagert. Ein anderer Gast deponierte einen ganz normalen Holzbleistift. Ich habe keine Ahnung, warum. Ich nehme an, er hatte ihn besonders gern." Egal was die Gäste hinterlegen, es kostet nichts. Wenn sie jedoch den Schlüssel verlieren, berechnet das Hotel fünfundsiebzig Dollar für einen neuen.

ICH stand draußen vor dem Eingang an der Fifth Avenue und sah der Abreise des Königs und der Königin zu. Unablässig waren Mengen von Gepäck aus ihren Zimmern nach unten gebracht worden. Etwa dreihundert Menschen standen dicht gedrängt um den Eingang, um einen letzten Blick zu erhaschen. Als das Paar auftauchte, begann das obligatorische Klatschen. Der König war ohne Mantel, trug nur einen Anzug, die Königin einen langen Nerzmantel. Es war schneidend kalt draußen.

Malin Hammer dankte dem Paar für den Besuch und sagte, sie hoffe, beide hätten einen angenehmen Aufenthalt gehabt. Sie versicherten es ihr. Elizabeth Allen, die ein paar Schritte entfernt stand, knipste einige Bilder als Erinnerung für Malin. Es war jedoch keine Zeit, um herumzutrödeln. Vor der Tür wartete ein Wagen, der die Hoheiten zum Flughafen bringen sollte.

Als der König und die Königin hinten im Wagen Platz genommen hatten, drängte sich eine alte Frau mit lockigen Haaren aus der Menge nach vorn. Der allgegenwärtige Arthur Hoyt hielt sie auf. „Bitte, bleiben Sie zurück."

„Ich bin Schwedin", sagte die Frau. „Ich möchte nur winken."

„In Ordnung", sagte Hoyt. „Aber bleiben Sie ein bißchen zurück."

Der Wagen fuhr los. Die Frau winkte. Die Königin, die die Frau bemerkt hatte, winkte zurück.

Nachdem der Wagen schnell verschwunden war, sperrte der Geheimdienst den zweiten Stock für Fremde und durchsuchte die Präsidentensuite für den Fall, daß das Königspaar, wie so viele andere Reisende, etwas vergessen hatte. Man fand aber nichts.

ALS ich mit Hoyt in die Halle zurückging, erzählte er mir von einem Gaunertrick, auf den er gerade gestoßen war. „Ein ziemlich schlitzohriger", bemerkte er.

Er war, wie er sagte, durch bloßen Zufall dahintergekommen. Während des Essens in der Kantine hatte er gehört, wie einige Angestellte ganz begeistert erzählten, daß Michael Jackson komme. Hoyt war überrascht. Wenn ein populärer Sänger ins Hotel kam, vor allem einer, der fünfzig Millionen Groupies anlockte, war er einer der ersten, der davon erfuhr. Aber er hatte kein Wort gehört. Er brachte sein Tablett weg und ging nach oben, um sich am Hauptempfang zu erkundigen.

„Tatsächlich lag eine Buchung für Michael Jackson vor", sagte er.
„Ich erfuhr auch, daß ein Tourneehelfer namens Wade als Vorhut
gekommen war und im Hotel wohnte. Ich stellte fest, daß Wade einen
Wagen gemietet und ausgiebig den Zimmerservice in Anspruch genommen hatte. Er hatte das alles auf seine Rechnung genommen und dem
Hauptempfang erklärt, man solle die Plattenfirma Motown Records
belasten. Das schmeckte mir gar nicht, und so rief ich Motown Records
an; sie sagten mir, Michael Jackson sei bei der Firma Epic. Das war also
wirklich oberfaul. Ich rief bei Epic an und fragte, ob Michael Jackson
nach New York komme. Gar nicht dran zu denken, sagten sie. Er sei in
Los Angeles und habe nicht vor, an die Ostküste zu fliegen. Ich wartete
also darauf, daß Mr. Wade in sein Zimmer zurückkehrte. Als er schließlich kam, war er in Begleitung von drei Muskelprotzen, angeblich Leibwächter für Michael Jackson. Wie sich herausstellte, war Wade gerade
von der Heilsarmee zurückgekommen, wo er Uniformen für die Männer gekauft hatte. Er wollte das Hotel in ganz großem Stil schröpfen.
Ich ließ ihn wegen betrügerischen Diebstahls festnehmen. Eigentlich
schade. Viele Angestellte hatten sich schon darauf gefreut, Michael
Jackson zu bedienen."

„ICH bin schon dabei zusammenzupacken", sagte Howard Hardiman
fröhlich, bevor er seine letzte Runde durch das Hotel drehte, um zu
sehen, ob irgend etwas los war. Es hatte nur ein paar vereinzelte Klagen
während des Wochenendes gegeben. Die lautstärkste war von einem
Gast aus Zimmer 611 gekommen, der empört war, daß er fast eine
Stunde auf seinen Wagen hatte warten müssen. Die nicht zu vermei-
dende Ursache war eine Parade auf der Fifth Avenue gewesen, aber das
Hotel war dem Gast dennoch entgegengekommen und hatte keine
Parkgebühr berechnet.

Teil der Wochenendarbeit Hardimans war es, möglichst viele Bereiche des Hotels kritisch zu beurteilen. Ich fragte ihn jetzt, was er für
einen Eindruck habe.

Er sagte, er habe den Telefondienst getestet, indem er angerufen und
eine Nachricht für sich hinterlassen habe. „Ich fürchte, sie haben meine
Stimme erkannt", meinte er. „Die Nachricht wurde sofort zugestellt."

Eine kleine Episode hatte es gegeben, als er sich gegen halb zwölf am

Abend zuvor auf die Suche nach Eiswürfeln gemacht hatte. Die nächste Eiswürfelmaschine befand sich auf dem Stockwerk über seinem Zimmer. Er selber wußte, wo sie war, aber aus irgendeinem Grund gab es kein Hinweisschild für die Gäste. Als er aus seinem Zimmer trat, um das Eis zu holen, stieß er auf zwei Frauen, die mit Eisbehältern in der Hand hilflos umherirrten. Sie konnten die Maschine nicht finden. Hardiman zeigte ihnen den Weg und entschuldigte sich für das fehlende Schild. Dieses Manko erschien in seinem Bericht.

Am Samstag hatte Hardiman mittags in der Oyster Bar und abends im Oak Room gegessen und spät noch ein Sandwich und ein Eis beim Zimmerservice bestellt. „Lief alles problemlos", konstatierte er. „Vielleicht hat man mich etwas aufmerksamer behandelt, weil man wußte, daß ich der Chef vom Dienst bin. In der Oyster Bar ist mir aufgefallen, daß die Raucherplätze vorn im Restaurant liegen, so daß die Nichtraucher durch eine verrauchte Zone gehen müssen, um zu ihrem Tisch zu kommen. Ich meine, man sollte entweder ein neues Belüftungssystem oder eine andere Sitzordnung ins Auge fassen. In meinem Zimmer war ein Telefon im Bad, das nicht funktionierte. Ich werde das aufführen. Außerdem habe ich einige Vorschläge zu machen. Ich frage mich, ob Sandelholz der richtige Duft für ein Shampoo ist. Mir scheint es etwas zu männlich. Alles in allem wird das aber ein sehr guter Bericht. Es hat Zeiten gegeben, da konnte ich nicht so positiv resümieren. Ich bin einmal eingezogen, da stand mitten in meinem Zimmer ein Staubsauger, und das Zimmer war auch noch richtig dreckig."

Das Hotel kam zur Ruhe, ging auf in der trägen Behaglichkeit eines Sonntagabends, an dem viele Zimmer frei waren. Gäste strebten heim in die Vororte oder woher immer sie kamen, auf der Zunge schon die Geschichten über das einmalige Erlebnis eines Tages in New York. Ihr Aufbruch war das Fanal, daß eine Woche zu Ende ging. Die Angestellten atmeten auf, froh, daß die Wünsche der Gäste weniger geworden waren. Draußen zauste der Wind an den Flaggen.

Hardiman drückte auf den Aufzugknopf. Er würde in sein Zimmer gehen und packen und dann zurückkehren in den bescheideneren Glanz seiner Wohnung in Brooklyn. „Alles in allem kein schlechtes Wochenende", meinte er. „Ein gutes für mich und ein gutes für das Hotel."

ALS die Dämmerung hereinbrach, wurde es am Hauptempfang wieder etwas lebhafter. Einige Ankömmlinge nahmen die Plätze von abreisenden Gästen ein. Der Wechsel erfolgte schnell. Telefone klingelten. Computerdrucker sirrten. Ein Tourist aus London checkte ein. Ein Gast aus Westdeutschland zahlte 1827,42 Dollar und reiste ab. Ein Mann aus München kam an. Ein Ehepaar aus Brooklyn reiste ab.

„Haupt, bitte!" rief jemand am Empfang und hielt nach einem Pagen Ausschau.

Ein Mann wollte fünfzig Mark in Dollar wechseln. Das waren 27,77 Dollar. Ein Mann aus Philadelphia zahlte 484,56 Dollar und reiste ab. Zwei Frauen aus Quebec checkten ein.

Eine Frau, die auf der Heimreise nach Italien war, kam an den Empfang. Sie trug einen groben grünen Pullover.

„Sie reisen ab?" fragte einer der Angestellten.

„Ja", sagte sie, „gleich. Eigentlich bin ich gestern schon abgereist. Ich habe mein Flugzeug verpaßt. Mein ganzes Gepäck wurde am Flughafen zurückgehalten. Ich hatte schon meine Bordkarte, und dann strichen sie fünfundvierzig Passagiere von der Liste."

„Wie unangenehm", meinte der Angestellte. „Hoffentlich haben Sie heute mehr Glück."

„Danke."

Sie bat, ihr für zwanzig Dollar Kleingeld zu geben.

„Hatten Sie einen angenehmen Aufenthalt bei uns?" fragte der Angestellte.

„Ja", erwiderte sie. „Das hatte ich wirklich."

„Danke für Ihren Besuch im Plaza" war seine Entgegnung.

Die Rudnitskys reisten nach einer Nacht ab. Sie hatten das Plaza von seiner besten und schlechtesten Seite kennengelernt. Sie hatten in einem geräumigen Zimmer mit Parkblick gewohnt und gut im Hotel gegessen, aber auf ihrer Rechnung stand überhaupt kein Betrag. Das Hotel hatte die Kosten übernommen. Als das Ehepaar das letztemal hiergewesen war, hatte das Hotel nämlich gepfuscht.

Am 13. Dezember des letzten Jahres hatte Robin Rudnitsky um Mitternacht in ihrem Hochzeitskleid am Hauptempfang gestanden und sich sagen lassen müssen, daß für sie und ihren Mann Gary keine Reservierung vorliege. Sie waren entsetzt, aufgebracht, enttäuscht. Vor über einem halben Jahr hatten sie mit Harvey Robbins abgesprochen, die Hochzeitsnacht im Plaza zu verbringen und am nächsten Tag nach Hawaii zu fliegen. Die damalige Miß Kelz war mehrere Male vorbeigekommen und hatte sich bei Robbins rückversichert, daß alles nach Plan lief. Das war ihr auch bestätigt worden. Und jetzt war kein Zimmer frei.

Gary Rudnitsky hatte seine Frau mit gerunzelter Stirn angesehen. Dies war das einzige gewesen, worum sie sich hatte kümmern müssen. Er hatte die Hochzeit im Tammybrook Country Club in New Jersey organisiert. Er hatte alles für die dreiwöchige Reise nach Hawaii organisiert. Sie hatte nichts weiter zu tun gehabt, als eine einzige Übernachtung im Plaza zu reservieren.

Das Paar wartete etwa zwanzig Minuten, bis ein Bediensteter doch noch ein Zimmer für sie fand, aber keins mit Parkblick, wie sie erwartet hatten. Sie hatten Glück, daß Sonntag war, wo die Auslastung nicht so hoch war, sonst wären sie noch in ein anderes Hotel geschickt worden, dabei hing Miß Kelz' ganzes Herz doch am Plaza. Im Lauf ihrer Planung hatte sie alle Luxushotels in New York unter die Lupe genommen – das Waldorf, das Regency, das Pierre –, aber das Plaza hatte es ihr angetan.

Mrs. Rudnitsky, eine Immobilienmaklerin, und ihr Mann, ein New Yorker Zahnarzt, hatten sich in einer Diskothek in der Stadt kennengelernt. „Das ist nicht typisch für mich", sagte sie. „Ich habe sonst nie jemand in einer Disko kennengelernt." Eine Zeitlang war sie zum Friseur im Plaza gegangen und durch ihn mit Harvey Robbins bekannt gemacht worden, der ihr versicherte, er werde sich persönlich um ihre Reservierung kümmern. Wie es zu diesem Schnitzer hatte kommen können, war immer noch unklar. Robbins vermutete, der Name sei bei der Eingabe in den Computer falsch geschrieben worden.

Als sie aus den Flitterwochen zurückkamen, stattete Mrs. Rudnitsky Robbins einen Besuch ab. Er sagte ihr, er würde sich freuen, wenn sie an einem Tag ihrer Wahl auf Kosten des Hauses im Hotel übernachten und im Edwardian Room essen würden. Dieser Samstag hatte ihnen gepaßt, und sie hatten zugegriffen. Sie kamen am späten Nachmittag an, machten einen Spaziergang über die Fifth Avenue zum Trump Tower und kehrten dann in ihr Zimmer mit Parkblick im neunten Stock zurück, um sich für das Abendessen umzuziehen. Service und Essen im Edwardian Room fielen zu ihrer vollen Zufriedenheit aus. Durch Zufall spielte das Trio an diesem Abend *I Wish You Love*, ein Lied, das Mrs. Rudnitskys Mutter oft gesungen hatte, was den Besuch noch erinnerungswürdiger machte.

An diesem Morgen hatten sie lange geschlafen. Als sie aufgestanden waren, sahen sie sich in ihrem Zimmer einen Spielfilm an und bestellten dann beim Zimmerservice einen Brunch von wahrhaft cholesterinstrotzenden Dimensionen.

„Das hat das letzte Mal mehr als aufgewogen", sagte Mrs. Rudnitsky, als sie abreisten. „Es war ein herrliches Wochenende für uns. Wirklich herrlich. Jetzt hoffe ich nur, daß mein Mann mich an unserem Hochzeitstag mit einer weiteren Nacht hier überrascht. Ich würde das gerne zu einer richtigen Gewohnheit werden lassen, und einmal im Jahr, so lange wir leben, kommen und eine Nacht im Plaza verbringen."

Nachwort

SEIT Donald Trump das Plaza gekauft hat (im Zuge seiner weiteren gigantischen Aufkäufe und vor seinem finanziellen Desaster), ist viel darüber spekuliert worden, was dieser Besitzwechsel für das Hotel bedeuten würde. In den Monaten nach dem Kauf ist ein gemischtes Bild entstanden. Glücklicherweise ist die ruhige Eleganz des Hotels noch bestens sichtbar. Es wurden keine Spiegel an den Zimmerdecken angebracht. Noch erstaunlicher ist, daß Trump sich zurückgehalten und seinen Namen nicht auf das Gebäude hat schreiben lassen. Das Haus hat sich äußerlich sogar noch verbessert. Englische und französische Stilmöbel und Ausstattung haben die eher biederen modernen Stücke in den Gästezimmern nach und nach verdrängt. Im Rahmen des Umbaus einiger Suiten wurden diese nach berühmten Familien benannt, etwa die Vanderbilt-Suite im fünften Stock, die jedem zur Verfügung steht, dem es nichts ausmacht, viertausend Dollar pro Nacht auf den Tisch zu legen. Das Hotel wird sauberer gehalten, und verschiedene Dienstleistungen wurden neu aufgenommen. Die Gäste können ihre Schuhe kostenlos putzen lassen, die Handtücher sind flauschiger, und die kleinen Aufmerksamkeiten in den Zimmern sind verbessert worden.

Pläne für einige ehrgeizige Änderungen, von denen die meisten in Einklang mit der Tradition des Hauses stehen, machen Fortschritte. Trump beabsichtigt, in den oberen drei Stockwerken des Hotels Edelsuiten einzurichten, die größtenteils über zwei oder drei Etagen gehen. Die Suiten sollen für mindestens drei Jahre an Festmieter vermietet werden. Außerdem ist eine Renovierung der Halle an der Fifth Avenue geplant – die abgehängte Decke soll entfernt werden, damit die ursprüngliche Stuckdecke wieder sichtbar wird –, und die Vordächer über den Eingängen sollen neu verglast werden. Über dem Hauptempfang sollen eine Champagner-Veranda und ein Geschäftszentrum mit Sekretariaten und Telefax gebaut werden, das den Kommunikationsanforderungen der reisenden Geschäftsleute gerecht wird.

Mit gewaltigem Medienrummel wurde die angeblich kühne, neue Ära begrüßt, die das Ehepaar Trump im Plaza einläute, denn Donald und Ivana Trump waren – was das Inszenieren von Rummel angeht – meisterlich. Die Kehrseite war, wie mir scheint, daß das Plaza auch etwas verlor. Bei vielen Mitarbeitern herrschte großes Mißfallen darüber, wie Mrs. Trump das Hotel führte, denn plötzlich bedurfte buchstäblich alles ihrer Zustimmung oder der eines ihrer Vertrauten, und die Abteilungsleiter hatten nicht mehr die Vollmachten wie früher. Mehr und mehr schien das starke Familiengefühl, das unter der Westin-Leitung existierte, zu schwinden.

Letztes Jahr arbeitete eine ganze Reihe der Leute, die ich im Plaza kennengelernt hatte, woanders. Der Angestelltenstab ist praktisch intakt geblieben, doch sind die meisten Abteilungsleiter gegangen. Einige Abgänge waren die Folge der in der Hotelbranche üblichen Fluktuation, doch die meisten hatten ihre Ursache in der Unzufriedenheit mit den Trumps oder weil leitende Mitarbeiter sich unter der Trumpschen Managementphilosophie nicht wohl fühlten. So hantiert in der Küche jetzt ein neuer Küchenchef, es gibt einen neuen Sicherheitsdirektor, einen neuen Empfangschef und einen neuen Betriebsdirektor. Im letzten Spätsommer ging auch Jeffrey Flowers, der Direktor, und wurde Präsident eines japanischen Unternehmens, das sich nach amerikanischem Hotelbesitz umsieht. Hud Hinton, längst überfällig, ein eigenes Hotel zu leiten, wurde auf Flowers' Position gehievt. Ende des Jahres nahm er jedoch die Stelle des Generaldirektors beim Hotel Arizona Biltmore an, einem erstklassigen Urlaubshotel in Phoenix. Seinen Titel bekam Mrs. Trump.

Was steht dem Plaza bevor? Es gibt Spekulationen, daß Donald Trump seines neuen Spielzeugs nach ein paar Jahren überdrüssig sein wird und es wahrscheinlich irgendeinem anderen reichen Investor anbietet oder wegen finanzieller Engpässe anbieten muß. Schließlich hat Trump sehr viel mehr für das Hotel bezahlt, als er je aus den Betriebsgewinnen erwirtschaften kann. Sollte es beim Plaza dereinst nur noch um die Rentabilität pro Quadratmeter gehen, wird es kritisch. Dann könnte ein Teil des Hotels in Eigentumswohnungen umgewandelt werden, oder das ganze Gebäude wird komplett für Wohnzwecke genutzt. Wer weiß?

Eines habe ich während meines Plazaaufenthalts gelernt: Es wäre reine Torheit, voreilige Voraussagen über das Plaza treffen zu wollen, denn es hat eine so unverwüstliche Natur und hat schon so oft das Unwahrscheinliche geschafft. Anstatt den Vorhersagen, die in Umlauf sind, zuviel Beachtung zu schenken, stelle ich mir lieber vor, daß es immer Zimmermädchen geben wird, die die Betten machen und unter ihnen nach vergessenen Schuhen schauen; daß der Portier frisch-geschlachtete Hühner anschleppt und die Pagen überlegen, wie sie einem Gast einen Extradollar abluchsen können. Und daß alle sich weigern, sich unnötig von der sich wandelnden Welt ringsum verrückt machen zu lassen, sondern jede Wette eingehen, daß das Glück dem Plaza immer treu bleibt.

Das Schicksal
der Franklin-
Expedition

Owen Beattie und
John Geiger

DER EISIGE
SCHLAF

*90 Meilen vor der seit Kolumbus
gesuchten Nordwest-Schiffspassage vom
Atlantik zum Pazifik starben 1848 alle
129 Mitglieder einer hervorragend aus-
gestatteten Polarexpedition. Dutzende
Suchexpeditionen fanden später außer
Ausrüstungsgegenständen nur Gräber.
Das Geheimnis des Scheiterns von
Franklin holte erst 1987 der kanadische
Anthropologieprofessor Owen Beattie
buchstäblich aus diesen Gräbern. Der
Journalist John Geiger beschreibt in die-
sem Buch das tragische Scheitern der
Polarforscher und die atemberaubend
spannende Rekonstruktion der Ursachen
140 Jahre danach.*

Flensburger Tageblatt

1. Ein arktisches Geheimnis

IM SOMMER des Jahres 1848 endete mitten in der Arktis, am südlichen Ufer der King-William-Insel, der lange Fußmarsch eines unbekannten britischen Seemanns, der an der dritten Polarexpedition Sir John Franklins teilgenommen hatte. Seitdem haben seine Gebeine dort geruht und darauf gewartet, ihre Geschichte zu erzählen. Aber mit jedem Jahr, das verging, wurde die Chance geringer, daß jemand sie auf jener Polarinsel entdeckte. Die verheerenden Auswirkungen der eisigen Wintermonate und die Folgen der Schnee- und Eisschmelze in den kurzen Sommern drohten die sterblichen Überreste für immer zu vernichten. Doch am 29. Juni 1981, 133 Jahre nach dem Tod jenes Seemanns, fanden kanadische Wissenschaftler der Universität von Alberta auf einer kleinen Landzunge, die in das eisige Wasser der Simpsonstraße hineinragt, Teile eines ausgebleichten menschlichen Schädels.

Franklins vorzüglich ausgerüstete und vorbereitete Expedition endete 1848 in einer unbegreiflichen Tragödie. Kein einziger der 129 Teilnehmer kehrte aus der arktischen Einöde zurück. Die beiden Expeditionsschiffe, die *HMS Erebus* und die *HMS Terror*, verschwanden ebenso wie alle jemals vorhandenen schriftlichen Reiseaufzeichnungen. Britische und amerikanische Forscher, die nach einer Erklärung für dieses Verschwinden suchten, waren betroffen, wie wenig Spuren die Expedition hinterlassen hatte. Vage Erzählungen der eingeborenen Inuit, ein paar Werkzeuge, wenige menschliche Überreste sowie eine einzige, tragische Notiz, die von den Forschungsexpeditionen des 19. Jahrhunderts entdeckt wurde, waren alles, worauf sich Historiker bei ihrer Rekonstruktion der Ereignisse stützen konnten.

Man hoffte, daß der Fund, den die Wissenschaftler der Universität von Alberta gemacht hatten, ein wenig mehr Licht auf die letzten Tage der vom Schicksal geschlagenen Expedition werfen würde, auf den Todeskampf jener Männer, die in dem eisbedeckten, unbekannten Land nach einer Nordwestpassage gesucht und statt dessen Hunger, Skorbut und die Schrecken des Kannibalismus kennengelernt hatten. Daß dieser Fund, ein Knochen, dann sogar noch sehr viel mehr an Erkenntnissen ermöglichte, grenzt an ein Wunder. In den nächsten fünf Jahren gab er den Anstoß zu drei wissenschaftlichen Expeditionen in die kanadische Arktis. Auf jeder dieser Reisen wurden neue Geheimnisse gelüftet. Der Höhepunkt war schließlich die Entdeckung dreier völlig erhaltener Leichen von Mitgliedern der Franklin-Expedition. Ihre Untersuchung ermöglichte es den Wissenschaftlern erstmals, jene Ereignisse exakt zu rekonstruieren, die zum Zusammenbruch des größten Unternehmens in den Annalen der Polarforschung geführt haben.

2. Auf dem Weg ins Eismeer

ES FÄLLT bis heute schwer, sich vorzustellen, daß Sir John Franklins Unternehmen in einer verheerenden Katastrophe enden konnte. Immerhin handelte es sich um eine gewaltige Expedition, die aufs vorzüglichste mit allem ausgerüstet war, was Wissenschaft und Technik damals zu bieten hatten. Die Teilnehmer selbst rekrutierten sich aus der Elite der Royal Navy und der britischen Handelsflotte. Und doch lagen nur drei Jahre zwischen dem Tag, da sich Franklins Mannschaften darauf vorbereiteten, mit der 370 Tonnen großen *Erebus* und der 340 Tonnen großen *Terror* von Greenhithe in der Nähe Londons abzulegen, um „das nördliche Eismeer zu durchdringen und Amerika zu umsegeln", und dem Tag, an dem die letzten der 129 Expeditionsteilnehmer in der Starvation Cove an Amerikas Nordküste in den Tod stolperten.

Franklin kannte die geheimnisvolle Welt der riesigen Inselgruppe, die sich vom nordamerikanischen Festland bis zum Nordpol erstreckt. Dieses Labyrinth aus Land und Meer bildete seit alters ein gefährliches Hindernis für alle, die den Versuch unternahmen, eine Nordwestpassage zu finden. Die Seefahrer mußten mit der ungeheuren Kraft des Eises rechnen, das ihre Schiffe auf Eisberge hochschieben oder die Schiffswand durchbohren und sie auf den Boden des Polarmeeres schicken konnte. Und schließlich kamen noch die bittere Kälte und das Tag und Nacht herrschende Zwielicht des arktischen Winters hinzu.

Schon dreihundert Jahre vor Franklin waren Expeditionen gescheitert, die einen Seeweg nach China und Ostindien gesucht hatten. Angefangen mit den Forschungsreisen Martin Frobishers und John Davis', die an ein offenes Polarmeer und eine Handelsroute entlang der Nordküste Amerikas glaubten und dieser Illusion nachjagten, bis zu den Entdeckungsreisen des 19. Jahrhunderts war keine von ihnen in der Lage gewesen, den Eisriegel zu durchbrechen, der die Passage verschließt.

Franklin wußte auch von den zahlreichen Todesopfern, die diese Polarexpeditionen in den vergangenen Jahrhunderten gefordert hatten. Die ersten Entdecker hatten zwar einen bedeutenden Beitrag zur Geographie und Wissenschaft geliefert, aber für ihre Entdeckungen einen schrecklichen Preis gezahlt. Die Überreste Hunderter europäischer Seeleute sind über die ganze kanadische Arktis verstreut.

Vor dem Auslaufen der *Erebus* und der *Terror* hatte es im 19. Jahrhundert aber auch eine Reihe Polarexpeditionen gegeben, die zwar ebenfalls im Eis steckengeblieben waren, aber außer den „normalen" Todesfällen keine größeren Verluste an Menschenleben zu beklagen gehabt hatten. William Edward Perry konnte einen Teil der Nordwestpassage kartographieren, als 1819 eine Expedition unter seinem Kommando durch den Lancastersund bis zur Melvilleinsel vordrang. Als John Ross 1829–33 versuchte, die Passage zu finden, endete diese Reise damit, daß die Mannschaft ihr winziges Schiff, die *HMS Victory*, nahe der Boothiahalbinsel und der Somersetinsel aufgeben mußte und erst nach einem insgesamt vierjährigen Aufenthalt in der Arktis von einem Walfänger gerettet wurde. Sir John Barrow, Zweiter Sekretär der Admiralität, trat 1844 für einen weiteren Versuch ein, die Nordwestpassage zu erschließen, und meinte:

> Es bestehen keine Bedenken, daß Schiffe oder Mannschaften eventuell verlorengehen könnten. Die beiden Schiffe, die kürzlich im Eis der arktischen See im Einsatz waren, kamen nach drei Reisen in so gutem Zustand nach England zurück, daß sie unverzüglich für die vorgeschlagene Nordwestexpedition bereitgestellt werden können. Was die Mannschaften betrifft, ist zu bemerken, daß auf den meisten Reisen in die nördliche wie südliche Arktis weder Krankheits- noch Todesfälle auftraten.

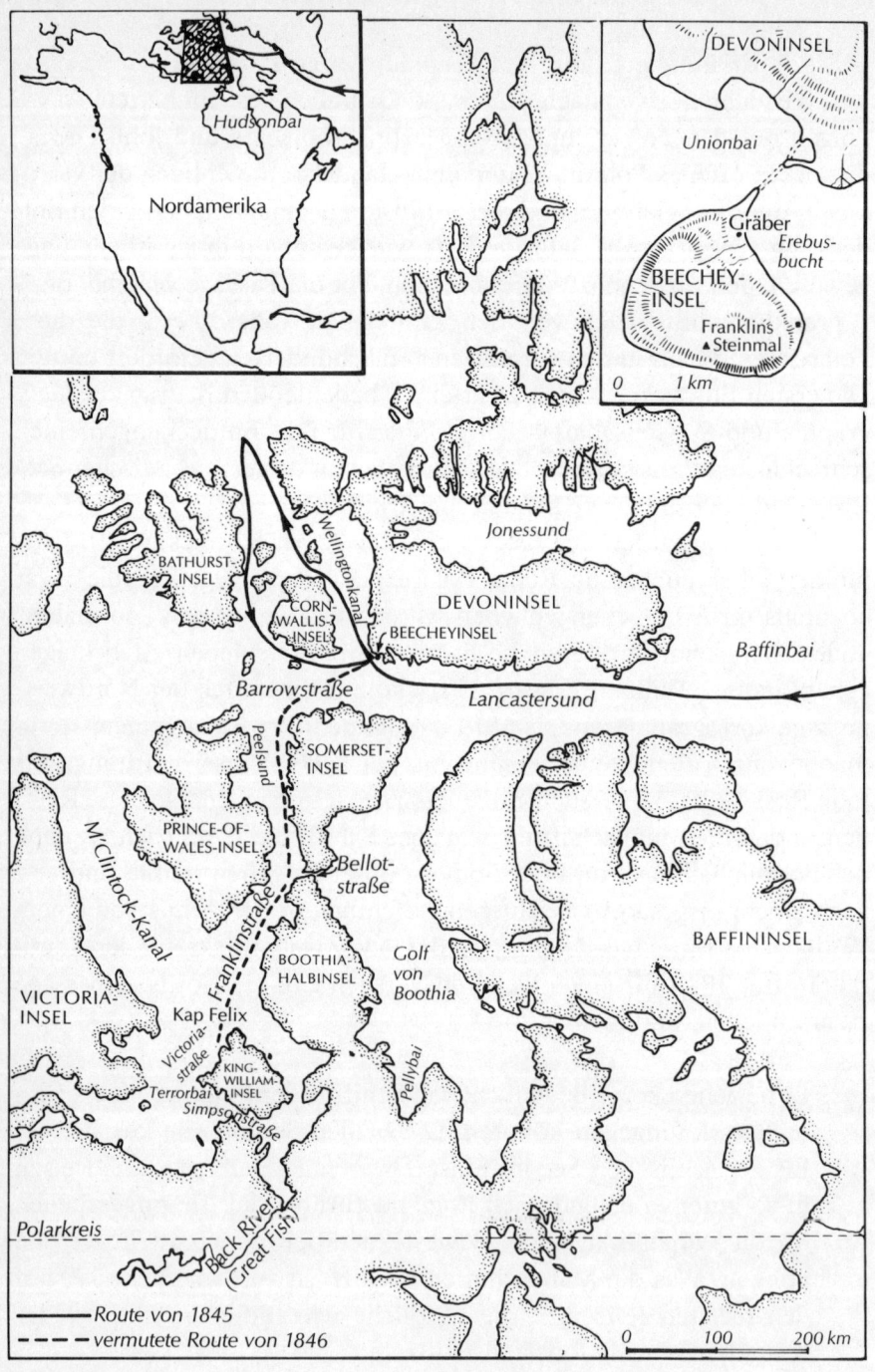

Nordamerika

Hudsonbai

DEVONINSEL

Unionbai

Gräber

*Erebus-
bucht*

BEECHEY-
INSEL

Franklins
▲ Steinmal

0   1 km

BATHURST-
INSEL

Jonessund

CORN-
WALLIS-
INSEL

DEVONINSEL

BEECHEYINSEL

Wellingtonkanal

Baffinbai

Barrowstraße

Lancastersund

SOMERSET-
INSEL

Prelsund

PRINCE-OF-
WALES-INSEL

*Bellot-
straße*

M'Clintock-Kanal

Franklinstraße

BOOTHIA-
HALBINSEL

*Golf
von
Boothia*

BAFFININSEL

VICTORIA-
INSEL

Kap Felix

*Victoria-
straße*

KING-
WILLIAM-
INSEL

Pellybai

Terrorbai

Simpsonstraße

Polarkreis

*Back River
(Great Fish)*

——— Route von 1845

– – – vermutete Route von 1846

0   100   200 km

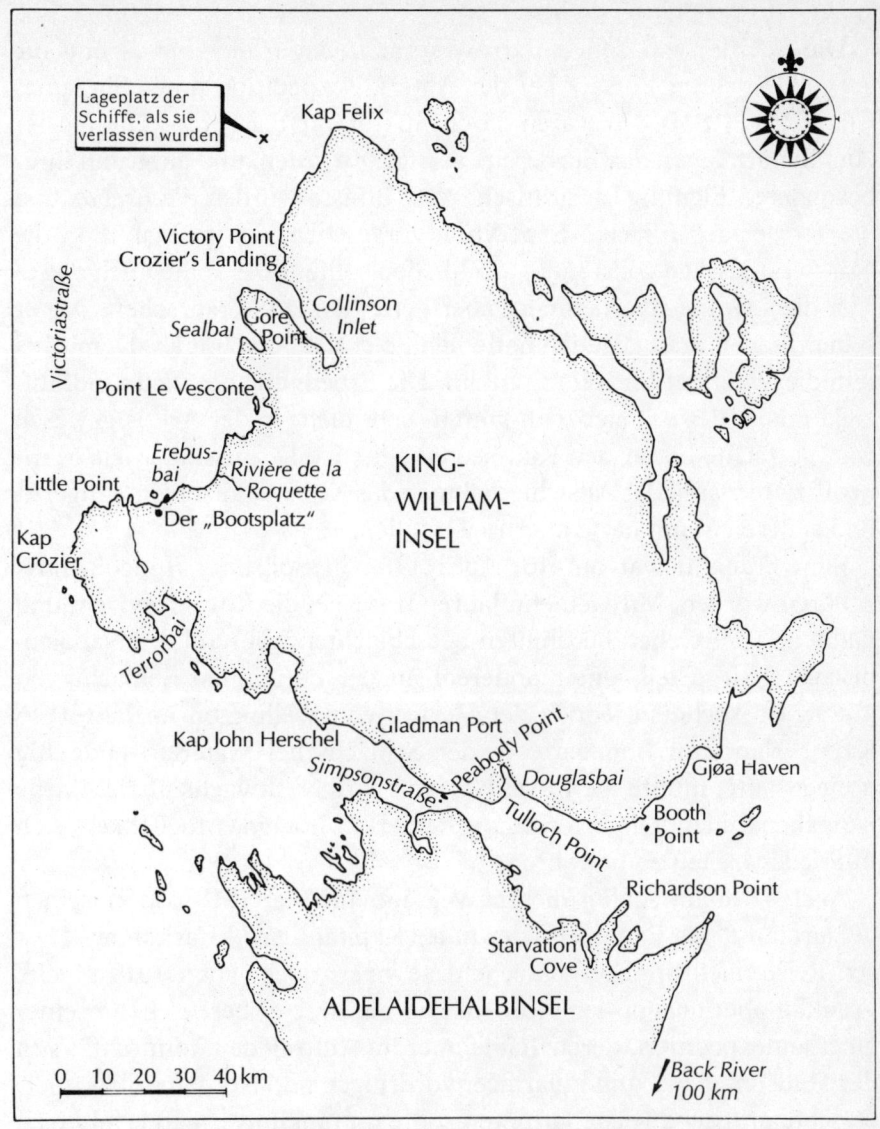

Lageplatz der
Schiffe, als sie
verlassen wurden ✗

Kap Felix

Victory Point
Crozier's Landing

Collinson
Inlet

Sealbai Gore
Point

Victoriastraße

Point Le Vesconte

Erebus-
bai Rivière de la
Roquette

Little Point Der „Bootsplatz"

Kap
Crozier

Terrorbai

KING-
WILLIAM-
INSEL

Gladman Port Peabody Point
Kap John Herschel
Simpsonstraße Douglasbai Gjøa Haven
Tulloch Point Booth
Point

Richardson Point

Starvation
Cove

ADELAIDEHALBINSEL

0 10 20 30 40 km

Back River
100 km

Oben: Karte der King-William-Insel. Hier machten Owen Beattie und sein Team ihre ersten wichtigen Entdeckungen.

Links: Das Gebiet der Arktis, in dem zahlreiche Forscher die Nordwestpassage suchten. Eingezeichnet sind die Route der Franklin-Expedition bis zu ihrer Überwinterung auf der Beecheyinsel 1845/46 sowie der Weg, den sie wahrscheinlich anschließend einschlug.

Die Schiffe, von denen Barrow sprach, waren die *Erebus* und die *Terror*. Für ihren Einsatz bei der Antarktisexpedition unter Sir James Clark Ross (1839–43) waren die Schiffsrümpfe der beiden Dreimaster zum Schutz gegen das Eis bereits verstärkt worden, und aufgrund ihrer besonderen Eignung für arktische Verhältnisse wurden die *Erebus* und die *Terror* auch für eine Expedition vorgesehen, die im Mai 1845 die Nordwestpassage vollständig erschließen sollte. Ross sollte auch dieses Mal die Leitung übernehmen, aber getreu einem Versprechen, das er seiner jungen Frau gegeben hatte, lehnte er das Angebot ab. Damit fiel nun die Wahl auf Sir John Franklin. Die Ernennung des Neunundfünfzigjährigen, der seit siebzehn Jahren nicht mehr in der Arktis gewesen war, entfachte hinter den Kulissen eine heftige Diskussion; viele Marineoffiziere waren der Ansicht, daß man das Kommando einem jüngeren und agileren Mann hätte übertragen sollen.

John Franklin war am 16. April 1786 in Spilsbury, Lincolnshire, geboren worden. Mit vierzehn Jahren trat er in die Royal Navy ein und nahm an zahlreichen berühmten Seeschlachten während der Napoleonischen Kriege teil, unter anderem an der berühmten Schlacht von Trafalgar. Nachdem jedoch der Herzog von Wellington im Jahr 1815 Kaiser Napoleon Bonaparte in der Schlacht bei Waterloo endgültig besiegt hatte, mußte die Royal Navy für ihre Nachwuchsoffiziere neue Aufgaben finden. Die Erforschung der Arktis bot eine Möglichkeit, sich in Friedenszeiten zu bewähren.

Auch Franklin schlug diesen Weg ein: Im Mai 1818 trat er seinen „Polardienst" als Erster Offizier unter Kapitän David Buchan an. Dessen Reise nach Spitzbergen scheiterte zwar, doch schon 1819 segelte Franklin abermals in den Norden. Diesmal war er bereits Leiter einer Überlandexpedition, deren Teilnehmer im Auftrag der Admiralität von der Hudsonbai bis zum Polarmeer vordringen und Nordamerikas unerforschte arktische Küste kartieren sollten. Franklin vermaß erfolgreich 340 Kilometer der eisigen Uferlinie östlich des Coppermine-Flusses.

Der Rückmarsch über die kanadische Tundra endete allerdings tragisch: Zehn seiner Leute starben an Hunger und Kälte, und auch Franklin selbst entging nur um Haaresbreite dem Tod. Allein dem bedingungslosen Einsatz seines Leutnants George Back, der vorausgeeilt war, um Hilfe zu holen, hatte er es zu verdanken, daß im buch-

stäblich letzten Moment ein Rettungstrupp mit Lebensmitteln ihn und
seine Männer aus ihrer verzweifelten Lage erlöste.

Doch Franklins Forscherdrang ließ sich auch von diesem Ereignis
nicht hemmen. Als Kapitän und Leiter einer zweiten, gut vorbereiteten
Überlandexpedition kehrte er 1825–27 noch einmal in dieselbe Gegend

Sir John Franklin

zurück und kartierte weitere 640 Kilometer der arktischen Küste; für diese Leistung wurde er später geadelt. Nach einer kurzen Dienstzeit im Mittelmeer und einer anschließenden Amtszeit als Kolonialgouverneur in Van-Diemen's-Land, dem heutigen Tasmanien (bei Australien), wurde dem alternden Seemann schließlich sein bedeutendstes Kommando übertragen: die Leitung der größten Einzelexpedition, die England je ausgerüstet hatte.

Zwei ausgezeichnete Royal-Navy-Offiziere wurden der Expedition ebenfalls zugeteilt: Kapitän Francis Crozier und Fregattenkapitän James Fitzjames. Der erfahrene Crozier hatte unter dem Kommando von Edward Perry bereits früher an Fahrten teilgenommen, deren Ziel es gewesen war, eine Nordwestpassage zu finden und den Nordpol zu erreichen, und bei der Antarktisexpedition von Sir James Clark Ross hatte er als Erster Offizier die *Terror* befehligt. Fitzjames hatte als Maat an Bord jenes Dampfers gedient, der als erster erfolgreich den Euphrat bezwungen hatte, und war auf Schiffen gefahren, die im Mittleren Osten und in China operiert hatten.

Obwohl weder die *Erebus* noch die *Terror* unter Ross Anlaß zu Beanstandungen gegeben hatten, wurden ihre Rümpfe für die geplante Expedition zusätzlich verstärkt, vor allem, indem man ihren Bug mit Eisenplatten verkleidete. Außerdem rüstete man die Schiffe mit einem Heißwasserkessel aus, der über ein dreißig Zentimeter starkes Rohr die Mannschaftsräume sowie alle übrigen Teile des Schiffes heizen sollte, und installierte in den Kombüsen Entsalzungsanlagen, um aus Meerwasser Trinkwasser zu gewinnen. Doch das meiste Aufsehen erregte eine geradezu revolutionäre Neuerung: In den Laderaum beider Schiffe wurden für den Notfall komplette Dampflokomotiven mit speziell angefertigten Schiffsschrauben eingebaut.

Da die Schiffe zudem mit riesigen Mengen an Proviant und Heizmaterial für drei Jahre beladen waren, wurde es unter Deck nun sehr eng. Auf der *Erebus* verfügte allein Franklin über eine Kabine von erwähnenswertem Ausmaß. Fregattenkapitän James Fitzjames, Erster Offizier auf der *Erebus*, hatte eine Kabine von weniger als zwei Meter Breite, während die Mannschaft überall dort untergebracht wurde, wo noch eine Ecke frei war. Viele hängten ihre Hängematten nebeneinander in der Mannschaftsmesse auf.

Trotz der Enge in den Quartieren verzichtete man jedoch auf beiden Schiffen nicht auf einen gewissen Luxus. So verfügte die *Erebus* über eine mit 1700 Büchern bestückte Bibliothek, während die *Terror* 1200 Bände mitführte.

Jedes der beiden Schiffe besaß außerdem eine Art Drehorgel, die

Kapitän Francis Crozier

fünfzig Melodien spielen konnte, darunter zehn Hymnen. Es gab Schreibtische aus Mahagoni für die Offiziere und sogar Schulbücher, um die Seeleute, die nicht lesen und schreiben konnten, während der Fahrt zu unterrichten. Außerdem wurden Instrumente für geologische, botanische und zoologische Untersuchungen und für wichtige Beobach-

Fregattenkapitän James Fitzjames

tungen zum Erdmagnetismus mitgeführt. Und schließlich war die Franklin-Expedition auch noch das erste Forschungsunternehmen, das eine relativ neue Erfindung an Bord hatte: eine Kamera. Kein Zweifel, nie zuvor war eine Polarexpedition so hervorragend ausgestattet gewesen wie diese.

Dies traf auch für die Verpflegung zu. Zu den Vorräten gehörten: 61987 Kilo Mehl, 16749 Liter Schnaps, 909 Liter „Wein für die Kranken", 4287 Kilo Schokolade, 1069 Kilo Tee, fast 8000 Dosen mit eingekochtem Fleisch, Suppen und Gemüse, 3215 Kilo Tabak, 1673 Kilo Seife, 1225 Kilo Kerzen und Dutzende von Decken aus Wolfspelz. Allein über 4200 Liter Zitronensaft wurden an Bord genommen, um den katastrophalen Folgen des Skorbuts vorzubeugen.

Am 5. Mai hatte Franklin seine offizielle Order erhalten: Er sollte durch die Baffinbai und den Lancastersund zur Beringstraße segeln und auf diese Weise die Nordwestpassage vervollständigen. Gleichzeitig hatte man ihn beauftragt, wertvolle wissenschaftliche und geographische Informationen zu sammeln.

Obwohl das Unternehmen immerhin auf drei Jahre angelegt war, hatte die Admiralität kaum Unterstützung oder Hilfsmaßnahmen eingeplant für den Fall, daß die Expedition in Schwierigkeiten geraten oder bei der Durchführung ihrer Reise scheitern sollte. Lediglich die Fellhandelsgesellschaft „Hudson's Bay Company", die in „Fort Good Hope" und „Fort Resolution" im heutigen Nordwestkanada Außenposten besaß, war verständigt worden, und man hatte dort darum gebeten, die Expedition im Notfall zu unterstützen und die eingeborenen Händler anzuweisen, nach Franklins Leuten Ausschau zu halten und ihnen gegebenenfalls Hilfe zu leisten. Doch als die Expedition am Morgen des 19. Mai mit 134 Offizieren und Mannschaftsmitgliedern aus der Themsemündung segelte, war alle Welt der Überzeugung, daß dieses Unternehmen niemals scheitern konnte. Eine Woche später faßte Sir Roderick Murchison die allgemeine Stimmung in einer Rede mit den Worten zusammen: „Schon allein der Name Franklin ist für unser Land eine Erfolgsgarantie."

Nach kurzem Aufenthalt im Hafen von Stromness auf den Orkneyinseln nahm die Expedition endgültig von England Abschied. Bis zu den Walfischinseln in der Diskobai vor der Westküste Grönlands wurden die Schiffe noch von der *Baretto Junior* begleitet, einem Frachtschiff, das zusätzliche Vorräte – darunter zehn lebende Ochsen – an Bord hatte. Dort wurden die Ochsen geschlachtet und das frische Fleisch sowie die übrigen Waren an Bord der *Erebus* und der *Terror* gebracht. Anschließend segelte die *Baretto Junior* wieder nach England. Fünf Männer aus Franklins Mannschaft, die aus unterschiedlichsten Gründen nicht weiter an der Fahrt teilnehmen wollten, kehrten mit ihr zurück.

Von Grönland schrieb Franklin einen letzten Abschiedsgruß an seine

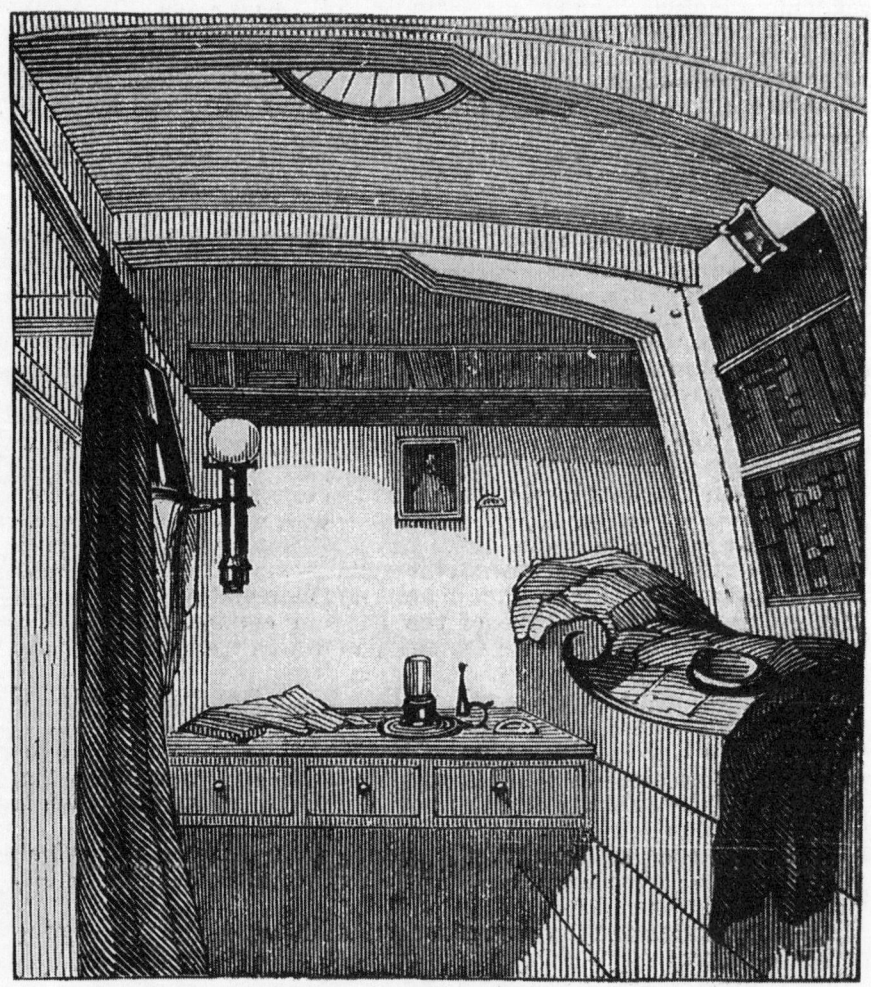

Die Kabine von Fregattenkapitän Fitzjames auf der *HMS Erebus*

Frau, einen Brief voller Hoffnung für die Zukunft. Fitzjames schickte sein Tagebuch nach Hause, in dem er über die Reise von Stromness nach Disko und über viele seiner Gefährten berichtete und seine Gefühle für Franklin schilderte: „Wir sind sehr glücklich und stolz auf Sir John Franklin, der immer mehr gewinnt, je näher wir ihn kennenlernen. Er ist niemals nervös oder unsicher, und sein entschlossenes und energisches Verhalten in plötzlichen Notlagen ist bemerkenswert."

Der Respekt, den Fitzjames seinem Kapitän entgegenbrachte, wurde von den anderen geteilt. „Er besitzt so viel Erfahrung und Urteilsvermögen, daß wir seine Entscheidungen sämtlich mit dem größten Respekt akzeptieren", schrieb Leutnant James Walter Fairholme, ein vierundzwanzigjähriger Offizier auf der *Erebus*, an seine Familie. „Ich hatte noch bei keinem Kapitän, unter dem ich früher gesegelt bin, so sehr das Gefühl, er sei zugleich mein Kamerad."

Am 12. Juli stachen sie erneut in See, um in Richtung Westen in fernere Gewässer vorzustoßen: 129 Seeleute, begleitet von einem Hund namens Neptun und Jacko, einem kleinen Affen. Den letzten Kontakt mit der Außenwelt hatten sie Ende Juli, als sie in der Baffinbai auf zwei Walfänger stießen, die *Prince of Wales* und die *Enterprise*. Franklin wartete dort auf günstiges Wetter, das es ihm erlauben würde, von der Baffinbai in den Lancastersund zu kreuzen. Kapitän Dannett von der *Prince of Wales* lud Franklin und einige seiner Offiziere zu sich an Bord ein. Die Eindrücke dieser Begegnung hielt er in seinem Logbuch fest: „Die Mannschaften beider Schiffe sind gesund, und die Stimmung ist bemerkenswert gut. Alle nehmen an, daß ihre Unternehmung bald abgeschlossen sein wird. Sie haben an einem großen Eisberg festgemacht, auf dem sie ein provisorisches Observatorium errichtet haben."

Kapitän Robert Martin von der *Enterprise* notierte, daß Franklin gesagt habe, er verfüge über Verpflegung für drei Jahre, und falls es notwendig werden sollte, könne er sie noch strecken. Martin fügte hinzu, Franklin habe ihm erzählt, er werde keine Chance auslassen, Vögel und auch alles andere an eßbarem Getier, das ihnen vor die Flinte komme, zu schießen, um so ihre Vorräte zu schonen; über Pulver und Blei verfügten sie in ausreichenden Mengen.

Kapitän Martin war zu einem Essen auf die *Erebus* eingeladen worden, aber dazu kam es nicht mehr, denn ein plötzlich umspringender

Wind trieb die Schiffe auseinander. Damit war Anfang August 1845 der letzte Kontakt zur Alten Welt, den Franklin und seine Mannschaft gehabt hatten, abgebrochen. Aus der Neuen Welt, die vor ihnen lag, einer Welt aus Eis und Schnee, sollten sie niemals zurückkehren.

3. Die Gräber

GEGEN Ende des Jahres 1847 beschlich die maßgeblichen Männer der britischen Admiralität in London zum ersten Mal ein unbehagliches Gefühl, als sie über Franklins Verbleib nachdachten. Man sandte daher drei Expeditionen aus, die nach Sir John Franklin Ausschau halten und ihm gegebenenfalls Hilfe bringen sollten. Kapitän Henry Kellet bekam den Befehl, zur Beringstraße zu segeln, wo Franklin aus dem arktischen Eis auftauchen mußte. Eine zweite Expedition unter dem Kommando von James Clark Ross sollte Franklins Spuren folgen und den Lancastersund ansteuern, und eine dritte Gruppe unter Leitung von Dr. John Rae und Sir John Richardson schlug den Landweg entlang dem Mackenzie-Fluß ein. Keine der drei Hilfsexpeditionen fand jedoch eine Spur von Franklin, und das Scheitern dieser Suchaktion führte endlich zu der Erkenntnis, daß irgend etwas schiefgegangen sein mußte.

Bis zum Herbst 1850 durchkämmte nun eine ganze Flotte von Schiffen die arktischen Wasserwege auf der Suche nach den Vermißten. Die britische Admiralität entsandte weitere drei Expeditionen mit insgesamt acht Schiffen in die Arktis. Nur einer dieser Suchtrupps, bestehend aus der *HMS Enterprise* unter Kapitän Richard Collinson und der *HMS Investigator* unter Fregattenkapitän Robert McClure, wurde in die Beringstraße geschickt. Kapitän Horatio Thomas Austin und sein Erster Offizier, Kapitän Erasmus Ommanney, bekamen den Befehl, mit ihren vier Schiffen in den Lancastersund zu segeln, während die dritte Gruppe, kommandiert von William Penny, dem Kapitän eines arktischen Walfängers, nach Norden in den Jonessund beordert wurde.

Doch auch an privaten Initiativen mangelte es nicht. Allen voran beteiligte sich Lady Franklin an den Aktionen zur Rettung ihres Mannes und seiner Mannschaften, indem sie mit Hilfe von Freunden ein Schiff ausrüsten ließ, das sich an der Suche beteiligen sollte. Der New Yorker Kaufmann Henry Grinnell, der vom „United States Navy Department" finanziell unterstützt wurde, entsandte zwei Schiffe unter dem Kommando von Leutnant Edwin J. De Haven, während der erfahrene Forscher Sir John Ross eine Expedition leitete, die von der „Hudson's Bay Company" und durch öffentliche Spenden ermöglicht wurde.

John Rae, ein Experte für das Überleben in der Arktis, war ebenfalls im Auftrag der „Hudson's Bay Company" aufgebrochen, um bei der Suche mitzuhelfen. Er entdeckte an der Südküste der Victoriainsel zwei Holzstücke, die nur von einem Schiff stammen konnten. Jedoch gab es keine Beweise dafür, daß sie von der *Erebus* oder der *Terror* herrührten, und das Eis, das die Victoriastraße blockierte, hinderte ihn daran, auf die nahe gelegene King-William-Insel hinüberzukommen.

Am 23. August 1850 fanden Kapitän Erasmus Ommanney von der *HMS Assistance* und seine Offiziere auf Kap Riley am Südwestufer der Devoninsel Spuren von Franklins Expedition. Nach zwei Jahren der Enttäuschungen konnte die Royal Navy endlich einen Erfolg bei der Suche nach den vermißten Männern verbuchen. Ommanney erinnerte sich:

> Ich hatte die Genugtuung, auf die ersten Spuren von Sir John Franklins Expedition zu stoßen. Es waren Überreste von Schiffsgegenständen, Kleiderfetzen, Konservendosen mit Fleisch usw. (...) Der Platz vermittelte den Eindruck eines Lagers.

Aber jene Überreste ließen nur auf einen kurzen Aufenthalt schließen und sagten nichts über Franklins Aufenthaltsort aus. Dann erspähten Ommanneys Leute hoch oben auf einer Landzunge der nahe gelegenen kleinen Beecheyinsel einen großen Steinhaufen. Kapitänleutnant Sherard Osborn, Kommandant des Dampfschiffs *HMS Pioneer*, das unter dem Oberbefehl von Kapitän Horatio Thomas Austin ebenfalls zur Suchexpedition der Royal Navy gehörte, beschrieb die Szene:

> Ein Boot mit Offizieren und Mannschaften näherte sich dem Ufer. Bei der Landung fand man ein paar Dinge, die europäische Besucher zurückgelassen hatten. Man kann sich die Aufregung

vorstellen, mit der die Männer den steilen Abhang erklommen und
den Steinhaufen abtrugen. Jeden einzelnen Stein drehten sie um
und gruben sogar den Boden darunter auf, und dennoch – welche
Enttäuschung! – fanden sie dort nichts.

Nach und nach traf eine ganze Flotte von Suchschiffen in diesem
Gebiet ein, darunter auch die *HMS Lady Franklin* unter Kapitän William Penny. Der hartnäckige Schotte schwor, das Gebiet „wie ein Blut-
hund" abzusuchen, bis er die Antwort auf das Geheimnis gefunden
habe. Die Suchtrupps entdeckten weitere Spuren von Franklins Crew
auf der Devoninsel in der Nähe von Kap Spencer. Penny fand die Überbleibsel einer aus Steinen errichteten Hütte und einige Gebrauchs-
gegenstände, darunter Reste einer Zeitung vom September 1844, ein
Stück Papier mit den Worten „... bis gerufen ...", weitere Konservendosen sowie zerfetzte Fäustlinge – das war zunächst alles. Doch dann,
am 27. August, kam einer der Seeleute eilig zu Penny und meldete aufregende Neuigkeiten: „Gräber, Kapitän Penny! Wir haben Gräber
gefunden! Das muß Franklins Winterquartier gewesen sein!"

**Die drei Gräber der Franklin-Expedition auf der Beecheyinsel,
nach einer Zeichnung von Dr. E. K. Kane**

Dr. Elisha Kent Kane, Schiffsarzt unter dem amerikanischen Forscher Edwin De Haven, war dabei, als die Entdeckung bekannt wurde. Er beschrieb, was dann geschah:

> Kapitän De Haven, Kapitän Penny, Fregattenkapitän Phillips und ich ... eilten über das Eis, schlitterten an dem lockeren und steinigen Abhang entlang, der sich von Beechey zum Strand hinzieht, und erreichten nach beschwerlichem Marsch den Kamm der Landenge. Hier, inmitten einer eintönigen Schnee- und Schieferlandschaft standen drei Grabtafeln, angefertigt nach altem Brauch wie die Grabsteine zu Hause.

Die Gräber lagen nebeneinander in einer Reihe, ausgerichtet auf Kap Riley. Zwei der Grabhügel waren sorgfältig mit Kalksteinplatten abgedeckt. In die Grabtafeln waren Inschriften geschnitzt worden. Die erste lautete: GEWEIHT DER ERINNERUNG AN WILLIAM BRAINE, R. M. [= Royal Marine], HMS EREBUS, GESTORBEN AM 3. APRIL 1846 IM ALTER VON 32 JAHREN. „ERWÄHLET EUCH HEUTE, WEM IHR DIENEN WOLLT", JOSUA XXIV, 15.

Auf der zweiten Grabtafel stand: GEWEIHT DER ERINNERUNG AN JOHN HARTNELL, A. B. [Able Seaman = Vollmatrose] DER HMS EREBUS, GESTORBEN AM 4. JANUAR 1846 IM ALTER VON 25 JAHREN. „SO SPRICHT DER HERR ZEBAOTH: SCHAUET, WIE ES EUCH GEHT!" HAGGAI I, 7.

Das dritte Grab war als erstes angelegt worden und nicht so sorgfältig ausgeführt wie die anderen. Die Tafel trug die Inschrift: GEWEIHT DEM ANDENKEN AN JOHN TORRINGTON, DER AM 1. JANUAR A. D. [Anno Domini] 1846 AN BORD DER HMS TERROR AUS DIESEM LEBEN SCHIED, IM ALTER VON 20 JAHREN.

Die Forscher hofften nun, daß die Entdeckung des Winterquartiers und der drei Gräber ihnen irgendeinen Hinweis auf Franklins Aufenthaltsort geben würde. Anhand der Angaben auf den Grabtafeln konnten sie nun immerhin festhalten, daß die Franklin-Expedition den Winter 1845/46 in einer kleinen Bucht an der Ostseite der Beecheyinsel verbracht hatte.

Beim Absuchen der Insel entdeckten die Männer unter anderem die Überreste eines Zeltplatzes, der Schmiede des Waffenmeisters, eines großen Vorratshauses, einer Tischlerei und ein paar kleinerer Häuser.

Bei einem Eisbären, den ein Mitglied eines Suchtrupps erlegte, entdeckte man sogar die Spuren einer alten Schußwunde. Man schälte die Kugel aus dem Fleisch des Tieres heraus und stellte fest, daß sie aus einem Gewehr stammte, wie sie Franklins Expedition mitgeführt hatte. Außerdem stieß man auf ein weiteres großes „Denkmal". Es bestand aus mehr als siebenhundert geöffneten, mit Kies gefüllten Konservendosen. Aber nirgends entdeckte man einen Hinweis darauf, wohin Franklin und seine Leute anschließend gesegelt waren.

Obgleich man auf Forschungsexpeditionen jederzeit mit Todesfällen infolge von Unfällen oder Krankheiten rechnen mußte, waren drei Tote schon im ersten Winter ungewöhnlich. Die Suchtrupps vermuteten daher sofort, daß die Gräber auf der Beecheyinsel möglicherweise darauf hindeuteten, daß die Expedition Probleme mit ihren Nahrungsmittelvorräten gehabt haben könne. Ommanney bestätigte dies bei einer öffentlichen Vernehmung durch die britische Regierung im Jahr 1852: „Wir wissen, daß drei Leute der Besatzung im ersten Jahr umgekommen sind ... Es wird vermutet, daß ihre Fleischkonserven von schlechter Qualität waren."

Ein Verdacht, der nicht von der Hand zu weisen war, hatte doch etwa der Konservenhändler Stephan Goldner nachweislich Probleme bei der Qualitätskontrolle von Nahrungsmitteln, die er an spätere Expeditionen lieferte. Und noch bevor die Franklin-Expedition aufgebrochen war, hatte Fregattenkapitän Fitzjames Bedenken geäußert, daß die Admiralität Fleisch von einem unbekannten Händler gekauft hatte, nur weil dieser einen niedrigen Preis verlangt hatte.

Gemeinsam hatten die Suchexpeditionen somit den ersten Abschnitt von Franklins Reise nachvollzogen, von seinem Eintauchen in die Stille des Lancastersunds im August 1845 bis zum April 1846. Was sie dabei an Erkenntnissen gewonnen hatten, waren bestenfalls bruchstückhafte Informationen über die ersten Monate, die die Expedition abseits jeglicher Zivilisation verbracht hatte. Nun bereiteten sich die Suchtrupps selbst auf einen langen arktischen Winter vor. Niemand hatte zu diesem Zeitpunkt die leiseste Ahnung, in welcher Richtung man die Nachforschungen fortsetzen sollte.

4. Die Insel des Todes

IM FRÜHJAHR 1851 sandten die Suchschiffe 28 Schlittentrupps aus in der Hoffnung, mit ihrer Hilfe Spuren der Expedition zu finden. Die Männer zogen mit ihren Schlitten zur Russellinsel, zur Prince-of-Wales-Insel, zur Bathurstinsel, zur Melvilleinsel, zur Cornwallisinsel, zur Devoninsel und zur Victoriainsel – aber ihre Mühen waren vergebens. Sie mußten sich geschlagen geben und nach Hause segeln.

Ungeachtet aller Fehlschläge wurde die Suche von England und den Vereinigten Staaten aus fortgesetzt. Lady Franklin finanzierte 1851 und 1852 je eine Expedition, die britische Admiralität entsandte fünf Schiffe, und auf Betreiben mehrerer wissenschaftlicher Organisationen in den Vereinigten Staaten startete von New York aus ebenfalls ein Suchschiff. Jede dieser Expeditionen trug zur Erschließung unbekannter Gebiete bei und machte wichtige Beobachtungen hinsichtlich der arktischen Biologie, Geologie und Meteorologie. Fregattenkapitän Robert McClure und seine Mannschaft fanden 1854 schließlich sogar die Nordwestpassage, nachdem sie ihr Schiff hatten aufgeben müssen und zu Fuß von Westen nach Osten über das Eis gegangen waren. Aber das Rätsel, was mit der *Erebus* und der *Terror* geschehen war, blieb ungelöst.

1854 waren inzwischen neun Jahre verstrichen, seit Franklin zu seiner Forschungsreise aufgebrochen war. Er hatte für drei Jahre Proviant mitgenommen, der bei entsprechender Rationierung vielleicht noch ein paar Monate länger gereicht hatte. Damit stand für die Admiralität fest, daß man nichts mehr für die Rettung von Franklin und seinen Leuten tun konnte. Am 20. Januar 1854 veröffentlichte sie daher eine Meldung in der *London Gazette*. Falls, so lautete sie, bis Ende März keine gegenteiligen Nachrichten eingingen, würden die Offiziere und Mannschaften der *Erebus* und der *Terror* als „im Dienst Ihrer Majestät ums Leben gekommen" betrachtet.

Am 23. Oktober 1854 brachte der *Toronto Globe* unter der Schlagzeile BESTÜRZENDE NEUIGKEIT: SIR JOHN FRANKLIN VERHUNGERT! eine traurige Nachricht, die zwei Tage zuvor Montreal erreicht hatte. Nach fehlgeschlagenen früheren Ermittlungen war John Rae nun die erste große Entdeckung im Rahmen der Franklin-Suche geglückt, als er im Auftrag der „Hudson's Bay Company" die Boothiahalbinsel kartiert hatte. Aufgeregt berichtete der *Globe* darüber:

> Von den Eskimos hatte [Rae] sichere Informationen über das Schicksal von Sir John Franklins Leuten erhalten. Nachdem sie ihre Schiffe verloren hätten, die vom Eis zerquetscht worden seien, hätten sie sich auf den Weg nach Süden zum „Great Fish" oder „Back River" genannten Fluß begeben. Dort seien sie in der Nähe der Bucht an Hunger gestorben. Die verstümmelten Leichen einiger Männer, die offensichtlich ihren unglücklichen Gefährten als Nahrung gedient hätten, legten Zeugnis ab von unmenschlichem Leiden.

Zwei Tage später kommentierte der *Globe* abschließend, daß es Rae gelungen sei, „die Welt über das geheimnisvolle Schicksal des tapferen Franklin und seiner unglücklichen Gefährten aufzuklären und die Narretei menschlicher Bemühungen aufzuzeigen, ‚die feste Burg des Winters' stürmen oder ‚das Dunkel der Polarnacht' aufhellen zu wollen".

Um den 28. Oktober 1854 erreichte auch England die Nachricht, daß der Schleier, der über dem Schicksal Sir John Franklins gelegen hatte, nunmehr gelüftet sei. In einem Brief an den Sekretär der Admiralität schilderte Rae seine Entdeckungen:

> [...] während meines Marsches durch Eis und Schnee in diesem Frühjahr mit dem Ziel, die Kartierung der Westküste von Boothia zum Abschluß zu bringen, traf ich in Pellybai auf Eskimos. Einer von ihnen erzählte mir, daß eine Gruppe Weißer (Kablunas) in einiger Entfernung westwärts von hier verhungert sei [...] Später erfuhr ich noch weitere Einzelheiten und konnte ihnen eine Anzahl Dinge abkaufen, die das Geschick eines Teils, wenn nicht aller bis dahin Überlebenden von Sir John Franklins verschollener Mannschaft ohne jeden Zweifel klären – ein Schicksal, so fürchterlich, daß man es sich kaum vorstellen kann.

Rae berichtete weiter, was man ihm erzählt hatte: von einer Gruppe Weißer, die sich mit ihren Schlitten an der Küste der King-William-Insel entlang schleppten, von den Leichenfunden ein Jahr später auf dem nordamerikanischen Festland und den Anzeichen von Kannibalismus. Entgegen der Schlagzeile des *Toronto Globe* gab es jedoch keine Beweise dafür, daß Franklin ebenfalls verhungert war. Zum Beweis für die Berichte der Inuit brachte Rae einige Gegenstände mit, die er den Eingeborenen hatte abkaufen können, darunter mit Monogrammen versehene silberne Gabeln und Löffel – einer trug die Initialen Croziers –

**Lady Franklin
im Alter
von 24 Jahren**

sowie Sir John Franklins hannoverschen Verdienstorden. Da Raes Informationen über den Zusammenbruch der Expedition aus zweiter Hand stammten, erlaubten sie jedoch kein abschließendes Urteil. Die britische Regierung, die damals in den Krimkrieg verwickelt war, bat daher die „Hudson's Bay Company", Raes Informationen nachzugehen. Ihr Niederlassungsleiter James Anderson entdeckte zwar noch weitere Gegenstände, die der Franklin-Expedition gehört hatten, aber keine menschlichen Überreste oder Dokumente. Anderson sollte der letzte sein, der in offiziellem Auftrag den Versuch unternahm, das Schicksal Franklins aufzuklären. Das Interesse der britischen Öffentlichkeit wie der Regierung konzentrierte sich in der Folge allein auf den Krimkrieg.

Es gab aber auch jene, die den Gedanken an eine Polarexpedition nicht aufgegeben hatten. Sie glaubten, daß die Antwort auf die Frage nach Franklins Schicksal auf der King-William-Insel oder auf dem Festland in der Nähe der Mündung des Back River zu finden sei. Allen voran setzte sich erneut Lady Franklin für eine weitere Forschungsreise ein. Es gelang ihr jedoch nicht, die britische Regierung zu veranlassen, einen letzten Suchtrupp auszusenden, und so stellte sie noch einmal eine eigene Expedition zusammen.

Lady Franklins Entschlossenheit und ihre Bereitschaft, einen großen Teil ihres Vermögens zu opfern, um vier Expeditionen auszurüsten, hat schon damals Bewunderung hervorgerufen. Was die Hingabe Lady Franklins besonders bemerkenswert macht, ist die Tatsache, daß sie eine unabhängige, selbständig denkende Frau war, die erst nach ihrem dreißigsten Lebensjahr geheiratet und sehr wahrscheinlich mehr von der Welt gesehen hatte als irgendeine ihrer Zeitgenossinnen.

Mit Hilfe von dreitausend Pfund, die ein öffentlicher Spendenaufruf einbrachte, und Versorgungsgütern, die ihr die Admiralität zur Verfügung stellte, war es Lady Franklin möglich, die *Fox*, eine kleine Jacht mit Hilfsmotor, zu erwerben. Sie unterstellte sie dem Kommando des erfahrenen Polarforschers Kapitän Francis Leopold M'Clintock, einem Offizier der Royal Navy, der bereits an drei früheren Franklin-Suchexpeditionen teilgenommen hatte. Die *Fox* segelte am 1. Juli 1857 vom schottischen Aberdeen aus los.

Von Anfang an hatte die Expedition mit großen Schwierigkeiten zu kämpfen. So war die *Fox* gezwungen, den ersten Winter im Eis der Baffinbai zuzubringen, bevor sie im Frühjahr weiterfahren konnte. Im August 1858 erreichte sie die Beecheyinsel. Dort errichtete M'Clintock an der Stelle, wo Franklin sein erstes Winterquartier aufgeschlagen hatte, in Lady Franklins Namen ein Denkmal. Ende September erreichte die Expedition den östlichen Eingang der Bellotstraße, wo sie ihr zweites Winterquartier errichtete. Von dort aus marschierten M'Clintock und sein Erster Offizier Hobson Anfang April 1859 mit je einer kleinen Gruppe über Land zur King-William-Insel. Dann trennten sich die beiden Trupps. M'Clintock beauftragte Hobson, die Westküste der Insel nach Spuren abzusuchen, während er selbst an der Ostküste entlangziehen und sich von dort zur Flußmündung des Back River wenden wollte. M'Clintock traf schon bald auf eine Gruppe von dreißig bis vierzig Inuit, die in Iglus auf der Insel wohnten. Er fand einige Sachen von Franklin in ihrem Besitz und konnte sie ihnen abkaufen. Auf seine Fragen erzählten sie ihm, daß sie auf der anderen Seite der Insel ein gestrandetes Schiff gefunden und Franklins Leute gesehen hätten, die „niederfielen und starben, während sie dahinmarschierten".

Anschließend zog M'Clintock weiter, erreichte bald die Flußmündung und begab sich von dort aus zur Montrealinsel. Hier stieß man auf ein paar Überbleibsel, darunter den Rest einer Fleischdose, zwei Teile von einem Faßreifen und einige Metallstücke. Weil sie jedoch keine weiteren Fundstücke von Bedeutung entdeckten, trat M'Clintock die Rückfahrt nach Norden zur King-William-Insel an. Nachdem er erneut die Simpsonstraße überquert hatte, setzte er seine Suche an der Südküste der Insel fort. Hier erwartete ihn ein grausiges Geheimnis.

Am 25. Mai 1859, kurz nach Mitternacht, fand der Suchtrupp auf einem Hügelkamm in der Nähe der Mündung des Pfefferflusses ein menschliches Skelett. An der Uniform, deren Überreste noch an den Knochen hingen, erkannten die Männer, daß der Tote ein Steward der verschwundenen Expedition gewesen war. M'Clintock berichtete über diese tragische Szene in seinem Tagebuch:

> Dieser arme Mann scheint sich den kahlen Grat ausgesucht zu haben, weil hier das Gehen am wenigsten anstrengend war. Er muß einfach vornübergefallen sein, so wie wir ihn gefunden haben. Wahrscheinlich hat er, hungrig und erschöpft, seinem Wunsch nach Schlaf nachgegeben und ist in dieser Stellung und ohne länger zu leiden gestorben.

Bei dem ausgebleichten Skelett fanden sie ein Notizbuch, daneben lag „eine kleine Kleiderbürste und ein Taschenkamm aus Horn, in dem noch ein paar hellbraune Haare hingen". Das Notizbuch, das Harry Peglar, einem Maat von der *Terror,* gehört hatte, wurde später auf mögliche Informationen hin durchgesehen. Man fand die Handschriften zweier Personen: die Peglars und die eines unbekannten Seemannes. Keine der Eintragungen war von Bedeutung, und manches war gar nicht zu entziffern.

M'Clintock konnte nicht ahnen, daß Hobson noch weitaus erfolgreicher gewesen war als er. Drei Wochen zuvor, als er die Nordwestküste der Insel abgesucht hatte, hatte er den „Victory Point" erreicht, eine Landzunge, die der Polarforscher James Clark Ross 1830 entdeckt hatte. Dort war Hobson am 5. Mai auf ein Steinmal gestoßen, in dem er das wichtigste Dokument der gesamten Franklinsuche fand: den einzigen schriftlichen Bericht der Franklin-Expedition. Er bestand aus zwei kurzen Mitteilungen, die auf ein Formularblatt der Marine gekritzelt waren. Die erste, unterzeichnet von Leutnant Graham Gore, schilderte das Vorankommen der Expedition bis Mai 1847:

H. M. S.hips *Erebus* and *Terror*
{ Wintered in the Ice in

28 of May 184 7 { Lat. 70° 5' N. Long. 98°.23' W.

Having wintered in 1846—7 at Beechey Island
in Lat 74° 43' 28" N. Long 91° 39' 15" W. After having
ascended Wellington Channel to Lat 77° and returned
by the West side of Cornwallis Island.

Sir John Franklin commanding the Expedition.
Commander.
All well

Left margin (sideways):
the party under the command of the 22nd of April, 5 leagues N.N.W. of this, having been beset since 12th Sept 1846. The officers & crew, consisting of 105 souls, under the command of Captain F.R.M. Crozier landed here — in Lat 69°.37'.42' Long 98°.41' This paper was found by Lt Irving under the cairn supposed to have

Far left margin:
25th April 1848. HMS hips Terror and Erebus were deserted on the 22nd April 5 leagues N.N.W. of this

Lower handwriting:
and start on to-morrow 26th for Back's Fish River

Right margin (sideways):
and the total loss by deaths in the Expedition has been to this date 9 officers & 15 men

Right margin:
... mde to the Magnetic ... Pole on ... in 1831 — These ... had been deposited ... Sir James Ross ... in May 1847 ... but this was not ... the position where ... was first ... Sir James Ross' ... transfixing the position ... which the paper had ... Sir John Franklin died on the 11th June 1847

Bottom handwriting:
Party consisting of 2 Officers and 6 Men
left the Ships on Monday 24th May 47.

Gm Gore Lieut—
Chas. F. Des Vœux Mate

28. Mai 1847. *HMS Erebus* und *Terror* überwinterten im Eis, bei 70° 05' nördlicher Breite, 98° 23' westlicher Länge. Den Winter 1846/47 verbrachten sie auf der Beecheyinsel, bei 74° 43' 28" nördlicher Breite, 90° 39' 15" westlicher Länge. Nach einer Fahrt den Wellingtonkanal hinauf bis zum 77. Breitengrad segelten sie längs der Westküste der Cornwallisinsel zurück. Sir John Franklin hat die Expedition geleitet. Alle wohlauf. Eine Gruppe von 2 Offizieren und 6 Mann verließ das Schiff am 24. Mai 1847. Graham Gore, Lieut. Charles Frederick Des Voeux, Maat.

Ein Fehler in dieser ersten Mitteilung wurde schnell entdeckt: Die Expedition hatte 1845/46 auf der Beecheyinsel überwintert und nicht 1846/47. Auf dem Rand des Formulars befand sich aber noch ein zweiter Vermerk. Es handelte sich um eine Mitteilung, die Kapitän Crozier etwa ein Jahr später Fitzjames diktiert hatte. Nüchtern berichtete sie von dem katastrophalen Ende der 129 Männer:

25. April 1848. *HMS Terror* und *Erebus* wurden am 22. April 1848 5 Meilen nordnordwestlich von diesem Platz entfernt aufgegeben, nachdem wir seit dem 12. September 1846 ringsum vom Eis eingeschlossen waren. Offiziere und Mannschaften, insgesamt 105 Männer unter dem Kommando von Kapitän F. R. M. Crozier, gingen hier bei 69° 37' 42" nördlicher Breite, 98° 41' westlicher Länge, an Land. Leutnant Irving fand dieses Papier sechs Kilometer weiter nördlich unter einem Steinmal, das vermutlich Sir John Ross 1831 errichtet hatte. Dort hatte es der verstorbene Fregattenkapitän Gore im Juni 1847 deponiert. [...] Sir John Franklin starb am 11. Juni 1847. Bis zu diesem Datum waren bereits 9 Offiziere und 15 Seeleute der Expedition verstorben.
James Fitzjames, Kapitän der *HMS Erebus*.
Francis Rawdon Moira Crozier, Kapitän und rangältester Offizier.
Brechen morgen, 26., in Richtung Back Fish River auf.

„Eine solch traurige Geschichte ist niemals in so wenigen Worten erzählt worden", kommentierte M'Clintock, als Hobson ihm später bei ihrem Zusammentreffen von seiner Entdeckung berichtete.

Im April 1848 hatten Fitzjames und Crozier eine erschütternde Bilanz ziehen müssen: Ihre Schiffe waren seit neunzehn Monaten im Eis vor der King-William-Insel eingeschlossen. Sie hatten Verluste an Menschenleben hinnehmen müssen wie keine andere Polarexpedition des 19. Jahrhunderts – und zu den Toten zählte ihr Kapitän Franklin. Nun stand ihnen nur noch der letzte verzweifelte Marsch in den Untergang bevor.

Doch Hobson hatte noch ein weiteres, besonders unter die Haut gehendes Zeugnis der Tragödie gefunden: Er war, so berichtete er M'Clintock, auf ein Rettungsboot der Franklin-Expedition gestoßen, in dem sich zwei Skelette und eine Menge sonstiger Gegenstände befanden. Damit hatte man nun wenigstens einige Teilnehmer der Franklin-Expedition gefunden, wenn auch zehneinhalb Jahre zu spät. M'Clintock besuchte den von Hobson entdeckten „Bootsplatz" und beschrieb danach, wie seine Leute „starr vor Entsetzen" gewesen seien angesichts der beiden menschlichen Skelette, die im Boot lagen. Das eine, das man im Bug des Schiffes fand, war zum Teil von „großen und kräftigen Tieren, wahrscheinlich Wölfen", zerfetzt worden, wie M'Clintock vermutete. Das andere war unberührt, „eingehüllt in Kleider und Pelze". Seine Füße steckten in warmen Stiefeln. Daneben lagen zwei geladene doppelläufige Gewehre. M'Clintock gab diesem Gebiet an der äußersten Westküste der King-William-Insel den Namen „Kap Crozier".

Man legte detaillierte Listen an über das „erstaunliche" Sortiment an Gegenständen, das sich in dem Boot befand. Die einzigen Nahrungsmittel waren Tee und Schokolade; ansonsten gab es nur eine Menge überraschender Dinge, von Stiefeln und seidenen Taschentüchern bis zu parfümierter Seife, Schwämmen, Unterwäsche, Zahnbürsten und Kämmen. Sechs Bücher waren ebenfalls darunter und wurden sogleich auf eine Botschaft hin durchsucht, aber man fand nichts. Doch am verblüffendsten war die Richtung, in die der Bug des Bootes wies. Statt auf den Fluß, der das Ziel der um ihr Überleben Kämpfenden gewesen sein mußte, zeigte er auf das aufgegebene Schiff. M'Clintock schloß daraus, daß sich diese Gruppe vom Hauptfeld unter dem Kommando Croziers getrennt und einen vergeblichen Versuch unternommen hatte, zum Schiff zurückzukehren, um Nahrungsmittel zu holen.

Die *Fox* kehrte im September 1859 nach England zurück und berich-

**Diese Darstellung zeigt den dramatischen Moment, als M'Clintock und seine Leute
in einem Rettungsboot der Franklin-Expedition eines der beiden Skelette entdecken.**

tete von ihren Entdeckungen. Der Erfolg der Reise bescherte M'Clintock und Hobson Ehre und Ruhm und Lady Franklin ein wenig Trost.

Das oberste Ziel, mit dem Franklin und seine Leute in die Arktis aufgebrochen waren, war die vollständige Erschließung der Nordwestpassage gewesen. Geographisch gesehen gibt es diese „einzige" Passage nicht: Auf der Karte ist es möglich, eine Vielzahl von Routen um und durch die Inselgruppen, die den arktischen Archipel bilden, aufzuzeichnen. In der Realität blieben damals allerdings nur sehr wenige Möglichkeiten übrig, denn vor dem Bau von Eisbrechern waren die meisten dieser Wege nicht befahrbar.

1845, als Franklin aufbrach, war die Küste des nordamerikanischen Festlands von Forschern, die von der Landseite her nach einer schiffbaren Passage gesucht hatten, bereits zum großen Teil kartiert. Trägt man auch noch die von den vorangegangenen Expeditionen durchgeführten Forschungen in diese Karte der Arktis ein, so zeigt sich, daß lediglich ein etwa neunzig Kilometer langes Teilstück der Passage im Gebiet der King-William-Insel nicht erfaßt war.

Franklins Schiffe segelten nun im ersten Jahr den Wellingtonkanal bis zum 77. Grad nördlicher Breite hinauf. Dort mußten sie entweder wegen des Eises oder aufgrund der fortgeschrittenen Jahreszeit umdrehen. Als im Frühjahr 1846 mit dem Aufbrechen des Eises in der Barrowstraße und der Erebusbucht (ihrem Winterquartier vor der Beecheyinsel) die Strecke wieder frei wurde, schlugen die beiden Schiffe eine Route südwestlicher Richtung ein. Die Fahrt endete im September 1846 im Eis nahe der Nordwestküste der King-William-Insel. Welchen Weg die Schiffe im einzelnen wählten, um diesen Punkt zu erreichen, läßt sich nur vermuten. Es ist jedoch sehr wahrscheinlich, daß die *Erebus* und die *Terror* durch den Peelsund und die heutige Franklinstraße zwischen der Somersetinsel und der Prince-of-Wales-Insel hindurchsegelten.

Franklin glaubte, daß er auf dieser Route schließlich jene Bereiche der Festlandküste erreichen würde, die er zwei Jahrzehnte zuvor bereits erforscht hatte. Nach den ihm vorliegenden Karten brauchte er nur noch die bereits erwähnte, etwa neunzig Kilometer lange Strecke entlang der Westseite von King-William-Land (der heutigen King-William-Insel) in Richtung Süden zurückzulegen, um die Nordwestpassage in ihrer vollen Länge kartieren zu können. Der Ausgangspunkt für diese Fahrt war „Victory Point", eine Landzunge an der Nordwestküste der King-William-Insel, der Endpunkt war das Kap John Herschel an der Südspitze der Insel.

1839 hatten Peter Warren Dease und Thomas Simpson die Festlandküste erforscht. Sie waren zunächst an der Küste in Richtung Osten bis zur Halbinsel Boothia gewandert, dann zur Südküste der King-William-Insel zurückgekehrt und hatten die Insel bis zum Kap John Herschel erforscht. Von hier aus wechselten sie wieder zum Festland hinüber und marschierten dort auf derselben Route nach Westen zurück, auf der sie gekommen waren. Seltsamerweise, vielleicht tragischerweise, hielten sowohl Ross (1830) wie auch Dease und Simpson (1839) das Gebiet, das sie erforscht hatten, die King-William-Insel, für eine Ausdehnung des Festlands – eine Landzunge, die fest mit dem südwestlichen Teil der Halbinsel Boothia verbunden war. Es ist sehr wahrscheinlich, daß Franklin, gestützt auf die Karten, Beschreibungen und Ansichten dieser früheren Entdecker, glaubte, er habe auf dem von ihm eingeschlagenen Kurs keine Chance, als er sich schließlich dem Kap Felix, der nördlichen Spitze der King-William-Insel, näherte. In der Annahme, daß die Route östlich dieses Punktes in eine Sackgasse führe, wandte er sich daher mit seinen Schiffen nach Südwesten und segelte direkt in das sich ständig erneuernde Packeis der Victoriastraße hinein. Die Kraft und Zähigkeit dieses andrängenden Eisstromes kann nicht gefährlich genug eingeschätzt werden: Die Nordwestküste der King-William-Insel ist seinetwegen regelrecht zerklüftet. Die Eismassen tauen auch während des kurzen Sommers nicht immer auf, und so liefen die beiden Schiffe in eine tödliche Falle – eine Falle, die um so grausamer erscheint, nachdem man heute weiß, daß der Weg an der Ostküste der Insel während des Sommers regelmäßig frei ist.

Erst auf ihrem Todesmarsch haben die Überlebenden der *Erebus* und der *Terror* dann die letzte Lücke in der Nordwestpassage gefunden. Zu der Zeit allerdings, als sie sich an der Küste der Simpsonstraße entlangquälten, können sie kaum noch Triumph darüber verspürt haben; zu ausweglos erschien ihre Lage bereits zu jenem Zeitpunkt. Der Forscher Sir John Richardson sprach die beklemmende Erkenntnis aus: „Sie gaben für das letzte Teilstück der Nordwestpassage ihr Leben."

DER Anstoß, das Franklin-Desaster noch weiter aufzuklären, ging von zwei unternehmungslustigen Amerikanern aus. Charles Francis Hall, ein Geschäftsmann aus Cincinnati/Ohio, dessen Interesse an der Arktis durch das Verschwinden der Franklin-Expedition geweckt worden war, entschloß sich 1859, auf eigene Faust Nachforschungen anzustellen. Vor möglichen Geldgebern argumentierte Hall, daß von den Franklin-Leuten noch einige bei den Inuit leben könnten; außerdem müßten die Strände der King-William-Insel im Sommer nach weiteren Anhaltspunkten für die letzten Tage der Expedition abgesucht werden. Nach einem gescheiterten ersten Versuch, die King-William-Insel zu erreichen, versuchte es Hall einige Jahre später noch einmal und erreichte schließlich im Mai 1869 die Südküste der Insel. Nach seiner Rückkehr berichtete er von Erzählungen der Inuit, daß bei der verhungernden Franklin-Mannschaft Kannibalismus ausgebrochen sei. Aber vor allem empörte er sich darüber, daß er erfahren hatte, mehrere Eingeborenenfamilien hätten, nachdem sie einen Offizier (wahrscheinlich Crozier) und seine Leute mit etwas Robbenfleisch versorgt hatten, diese ihrem Schicksal überlassen und ihre Bitten um weitere Hilfe ignoriert. (In seiner Empörung vergaß er allerdings zu erwähnen, daß die Inuit selbst nur gerade eben genug hatten, um zu überleben.)

Charles Francis Hall

Auch von Leichenfunden hatten die Inuit ihm erzählt, und tatsächlich entdeckte Hall menschliche Überreste an den südlichen Stränden der Insel, nahe der Mündung des Pfefferflusses. Ein Skelett, das später anhand einer Goldplombe als Leutnant Henry Le Vesconte von der *Erebus* identifiziert werden konnte, hatte er zunächst in die Vereinigten Staaten mitgenommen, bevor es dann nach England überführt wurde.

Aber in der Folgezeit sollten andere Amerikaner noch weit wichtigere

Entdeckungen machen. Am 19. Juni 1878 führte der Rechtsanwalt und Arzt Frederick Schwatka eine kleine, von der „American Geographical Society" unterstützte Schlitten-Expedition in die Arktis. Schwatka war zu dieser Fahrt durch Halls frühere Funde und durch amerikanische Walfänger angeregt worden, die aufgrund ihrer Gespräche mit den Inuit behaupteten, daß man möglicherweise doch noch weitere Spuren der verschwundenen Expedition finden könne. Auf seiner Reise, die alles in allem über 5200 Kilometer lang werden sollte, erreichte Schwatka die King-William-Insel und führte dort 1878/79 eine gründliche Untersuchung durch. Er folgte dabei der Route, die die *Erebus-* und *Terror*-Mannschaften auf ihrem Rückmarsch genommen hatten. Abgesehen davon, daß er wichtige Beobachtungen M'Clintocks bestätigte, stieß Schwatka auf zahlreiche Relikte und menschliche Überreste, die an den westlichen und südlichen Küsten der Insel verstreut lagen.

Am 21. Juli 1879 besuchte Schwatka den „Bootsplatz", den M'Clintock neunzehn Jahre zuvor gefunden hatte. Aber statt eines intakten Bootes mit Inhalt entdeckte er, daß die Stelle „offensichtlich gründlich von den Eingeborenen durchsucht" worden war. Neben den Trümmern des Bootes fand Schwatka Kämme, Schwämme, Zahnbürsten, Flaschen und Puderdosen sowie die in weitem Umkreis verstreuten Knochen von vier Skeletten, darunter drei Schädel.

Der „eigentliche Höhepunkt" seiner Reise war, wie Schwatka berichtete, die Entdeckung eines geöffneten Grabes am 24. Juni desselben Sommers auf dem Nordweststrand der Insel, nahe Victory Point. Auch eine Medaille mit dem eingravierten Namen JOHN IRVING fand er noch, obwohl das Grab „bereits einige Jahre zuvor von Eingeborenen zerstört worden war". Schwatka beschrieb die Szene in seinem Tagebuch:

> Im Grab wurden das Objektiv eines Marineteleskopes und ein paar Offiziersgoldknöpfe mit Anker und Krone gefunden. Am Kopfende lag ein noch immer gut erhaltenes, farbiges seidenes Taschentuch. Im übrigen enthielt es zahlreiche Stücke eines grob zusammengenähten Segeltuches, in das man den Körper offensichtlich für die Bestattung eingehüllt hatte.

Eine derartige Grabanlage war überaus ungewöhnlich; wenn man sonst Überreste von Seeleuten aus Franklins Mannschaft auf der Insel gefunden hatte, waren die Toten in der Regel einfach liegengelassen worden. Im Hinblick auf die Sorgfalt, die man bei der Beisetzung dieses Toten aufgewandt habe, meinte Schwatka, der Körper sei vom Schiff aus beerdigt worden, wo man einen ordentlichen Sarg habe anfertigen können. Einen Schädel und einige Knochen – wahrscheinlich Irvings – fand man in weitem Umkreis um das Grab herum. „Sie wurden sorgfältig eingesammelt, ebenso wie einige Kleiderfetzen und andere Dinge, um sie zu Hause beizusetzen, wo sie hernach ungestört ruhen mögen", schrieb Schwatka. Irving wurde später mit seemännischem Zeremoniell auf dem Dean-Friedhof in Edinburgh beerdigt.

Bevor Schwatka die Arktis wieder verließ, traf er eine alte Inuitfrau und ihren Sohn, die ihm eine grausige Geschichte erzählten. Es ging um eine mehrere Jahre zurückliegende Entdeckung. An der Küste des amerikanischen Festlandes hatte der Sohn die Überreste von Mitgliedern der Franklin-Expedition sowie ein Rettungsboot gefunden, das die zurückmarschierenden Seeleute mit sich geführt hatten. Folgendes, so berichtete Schwatka, hatte der Sohn erlebt:

Außerhalb des Bootes hatte er zahlreiche Schädel gefunden. Er meinte, es seien mehr als vier gewesen. Er hatte auch Arm- und Beinknochen entdeckt, die offensichtlich vom Rumpf abgesägt worden waren. Im Inneren des Bootes befand sich eine Kiste mit Knochen; diese Kiste war ungefähr ebenso groß wie ... eine, in der sich Bücher befanden.

Insgesamt waren offensichtlich dreißig bis vierzig von Franklins Leuten der Tragödie entkommen, die sich auf der King-William-Insel in der Nähe der Mündung des Pfefferflusses zugetragen hatte. Es war ihnen noch gelungen, die Simpsonstraße zu überqueren, doch ihre letzten Hoffnungen mußten sie dann in jener kahlen und trostlosen Region begraben, der Schwatka den Namen „Starvation Cove", „Bucht des Hungertods", gab. Man hat vermutet, daß die beiden Kisten, von denen der Inuit berichtete, möglicherweise die Gebeine Sir John Franklins und die Logbücher enthalten haben, aber sie sind niemals aufgetaucht.

Die Untersuchung dieser Gegend erbrachte wenig; man fand lediglich ein paar menschliche Knochen. Im September 1880 kehrten Schwatka und seine Gefährten in die Vereinigten Staaten zurück.

Nach dieser Forschungsreise kam der Präsident der „Royal Geographical Society" zu dem Schluß, daß die Franklin-Suchexpeditionen zum einen mit großem Erfolg weite Teile der arktischen Inselwelt erforscht und zum anderen „den dunklen Fleck getilgt haben, der andernfalls die Geschichte dieses aufgeklärten Zeitalters überschattet und entstellt hätte". Obgleich weder die Logbücher noch eines der Schiffe gefunden worden waren, hatten die Forscher auf der Suche nach Franklin die Arktis gründlich genug durchforscht, um eine Reihe wichtiger Sachverhalte, die das Verschwinden der Expedition betrafen, klären zu können. Die von ihr eingeschlagene Route hatte man rekonstruiert, die Gründe für das Verlassen der *Erebus* und der *Terror* waren bekannt, und die Erzählungen der Inuit sowie die traurige Entdeckung der menschlichen Überreste auf der King-William-Insel gaben Auskunft über die letzten schrecklichen Tage der Schiffsbesatzungen.

Doch immer noch waren nicht alle Rätsel gelöst. Der kanadische Arktisforscher Vilhjalmur Stefansson stellte als erster die Frage, wie die Expeditionsteilnehmer, lauter erfahrene, abgehärtete Seeleute, die über Schrotflinten und Gewehre verfügt hatten, so schnell an Hunger und Unterernährung hatten sterben können – noch dazu in einem Land, in dem die Inuit seit Jahrhunderten lebten, obgleich sie noch immer mit steinzeitlichen Waffen jagten. Stefansson kam zu dem Schluß, daß der Kardinalfehler der Franklin-Expedition wie auch anderer britischer Arktisforscher des 19. Jahrhunderts ihre Weigerung gewesen sei, auf die harten Bedingungen ihrer Umwelt zu reagieren, indem sie die von den Inuit entwickelten Überlebenstechniken anwendeten. Franklins Mannschaften hätten um jeden Preis nur als zivilisierte Männer überleben oder sterben wollen, und diesem Grundsatz seien sie bis zu ihrer letzten verzweifelten Stunde treu geblieben.

Im Jahr 1880 trat England die Herrschaft über die arktischen Inseln an Kanada ab. Der Norweger Amundsen durchfuhr 1903–06 mit der hölzernen Schaluppe *Gjøa* die gesamte Nordwestpassage. Es paßte in gewisser Weise, daß gerade Amundsen diese Fahrt als erstem gelingen sollte, denn es war der Bericht von Franklins Überlandreise im Jahr

1819 gewesen, der in ihm den Wunsch geweckt hatte, Polarforscher zu werden. Sergeant Henry Asbjorn Larsen von der „Royal Canadian Mounted Police" durchsegelte die Passage dann mit der *St. Roch* 1940–42 zunächst von Westen nach Osten, 1944 dann in umgekehrter Richtung.

Zu Beginn dieses Jahrhunderts wurden gelegentlich noch menschliche Knochen entdeckt, von denen man annahm, sie stammten von Teilnehmern der Franklin-Expedition. Doch bald blieben auch diese Funde aus. Als Major L. T. Burwash vom kanadischen Innenministerium und der Pilot W. E. Gilbert 1930 als erste nach Crozier's Landing flogen, fanden sie dort nur noch ein paar Taue und Stoffetzen.

Dennoch glaubte Owen Beattie, Professor für Anthropologie an der Universität von Alberta, daß die King-William-Insel noch immer Geheimnisse der Franklin-Katastrophe bergen könne – Geheimnisse, die mit Hilfe der modernen Technik und den neuesten Methoden der physikalischen Anthropologie gelöst werden könnten. Er war davon überzeugt, daß das Franklin-Unglück zumindest noch eine letzte Reise im Interesse der Wissenschaft rechtfertige. Seine Fahrt, die zwei arktische Sommer umfaßte, folgte noch einmal dem tragischen Weg, auf dem jene völlig entkräfteten englischen Seeleute ihren Weg ins Nichts gegangen waren.

Ein Schatten der Verdammnis hatte über der verlassenen King-William-Insel während der Besuche M'Clintocks, Halls und Schwatkas im 19. Jahrhundert gelegen. Abgesehen von ein paar nur kurze Zeit bestehenden Inuitsiedlungen an der Ostküste war sie buchstäblich eine Insel des Todes. Beattie, der eine akribische und vollständige Erforschung ihrer Süd- und Westküste plante, war gespannt, was ihn erwarten würde. Seit dem Unglück waren inzwischen 133 Jahre vergangen.

5. Verstreute Knochen

ANTHROPOLOGIE, die Wissenschaft vom Menschen, beschäftigt sich mit dem Ursprung und der Entwicklung der Menschheit. Neben Forschungen im biologischen, sprachlichen, sozialen und kulturellen Bereich hat die moderne Wissenschaft noch einen speziellen Zweig innerhalb dieses Faches ausgebildet: die physikalische Anthropologie. Hochentwickelte Instrumente ermöglichen es den Wissenschaftlern, die auf diesem Gebiet arbeiten, Informationen über Tote zu erhalten, indem man ihre Knochen und das erhaltene Körpergewebe untersucht und die so gewonnenen Daten aufschlüsselt.

Owen Beattie begann sich für Anthropologie zu interessieren, als er im Alter von zehn Jahren ein Buch über die Vorfahren des Menschen las. Seither hat ihn die Faszination für dieses Thema nicht mehr losgelassen. Nach einem Archäologiestudium an der Simon-Fraser-Universität in Burnaby, Britisch-Kolumbien, beschäftigte er sich eingehend mit dem Aufbau des menschlichen Skeletts und nahm an Übungen wie etwa Präparierkursen teil, in denen die Anatomie der Primaten und des Menschen genauestens erläutert wurde. Seit 1980 arbeitet er an der Universität von Alberta, und sein Interesse an forensischer Anthropologie, die als Teilgebiet der physikalischen Anthropologie die Identifikation menschlicher Überreste betreibt, hat seitdem noch weiter zugenommen. Aus diesem Interesse heraus kam Beattie schließlich auch auf die Idee, die Techniken der physikalischen Anthropologie auf die wissenschaftlichen Forschungen über die Franklin-Expedition anzuwenden. Bei der Untersuchung von Zugunglücken und Flugzeugabstürzen war das mittlerweile selbstverständlich; warum also sollte man nicht einmal versuchen, dieselben wissenschaftlichen Methoden bei einem weiter zurückliegenden Fall einzusetzen? Um die Todesursachen zu ergründen und die Toten zu identifizieren, hatte Beattie vor, sämtliche Knochenreste auf der King-William-Insel, auf der die meisten der Seeleute gestorben waren, zu sammeln und so zu versuchen, physikalische Belege zu finden, die die konventionelle Meinung über den Untergang der Expedition durch Hunger und Skorbut entweder bestätigten oder widerlegten. Wichtig waren für ihn Informationen über Gesundheit und Ernährung, über Anzeichen von Krankheiten oder Gewalteinwirkung sowie über Alter und Größe eines jeden Individuums.

Am 25. Juni 1981 startete Beattie zu seiner ersten Reise, auf der er dem Schicksal der Franklin-Expedition nachgehen wollte. Zunächst flog er nach Yellowknife, der Hauptstadt der Nordwestterritorien, und dann weiter bis hinter den Polarkreis zum zentralen arktischen Transportzentrum in Resolute, einem kleinen 168-Seelen-Ort an der

Südküste der Cornwallisinsel. Der Forscher und Polararchäologe James Savelle begleitete ihn.

Ein Lastwagen vom „Polar Continental Shelf Project" holte die beiden Forscher am Flugplatz in Resolute ab und brachte sie in eine nahe gelegene Barackensiedlung. Karen Digby, eine wissenschaftliche Assistentin, erwartete sie dort bereits. Das „Unternehmen Polarschelf", betrieben vom kanadischen Ministerium für Energie, Bergbau und Bodenschätze, erfüllt eine lebenswichtige Aufgabe, indem es Wissenschaftler und Forscher in Kanadas hohem Norden mit Nachschub versorgt und ihnen seinen Flugdienst zur Verfügung stellt. Beattie, Savelle und Karen Digby trafen sich kurze Zeit später mit dem Leiter der Polarschelf-Basisstation, Fred Alt, und bekamen von ihm einen Kurzwellensender sowie ein Gewehr und eine Schrotflinte. Anschließend bereiteten sie alles vor, um sich von einer Twin Otter dorthin bringen zu lassen, wo sie die Fährte der vor 133 Jahren umgekommenen Franklin-Mannschaften aufnehmen wollten.

Von Resolute aus flogen sie nach Gjøa Haven, einer Inuitsiedlung an der Südostküste der King-William-Insel, wo sich ihnen die Inuitstudenten Kovic Hiqiniq und Mike Aleekee als Forschungsassistenten anschlossen. Hiqiniq und Aleekee hatten bereits zwei Jäger angeworben, die das gesamte Team und seine Ausrüstung am nächsten Tag mit Schneemobilen nach Süden über die vom Packeis versperrte Simpsonstraße bringen sollten. Dort, wo sich die „Starvation Cove", eine schmale Bucht, ungefähr zehn Kilometer weit in das nordamerikanische Festland hineinzieht, waren die letzten Überlebenden aus Franklins Mannschaft ums Leben gekommen. Am 27. Juni unternahmen die fünf Forscher die zermürbende Zwölfstundenfahrt über die Hindernisse und Risse im Eis, und zwar mit „Komatiks", den traditionellen Schlitten, die von Schneemobilen gezogen wurden. Auf einem Berg von Ausrüstungsgegenständen und Vorräten sitzend, klammerten sie sich an die beiden Seiten des Komatik, während jede Unebenheit auf ihrem Weg sie abzuwerfen drohte. Die Temperatur lag entsprechend der Jahreszeit zwischen null und plus fünf Grad Celsius.

Beattie und Savelle hatten gehofft, die Starvation Cove nach zurückgelassenen Gegenständen ebenso absuchen zu können wie nach den Überresten derjenigen Männer, die als stärkste der untergegangenen

Expedition bis hierhin durchgehalten hatten. Aber das Land dort liegt extrem niedrig und ist daher sumpfig und sandig. Weil es in diesem Sommer fast vollständig vom Schmelzwasser bedeckt war, konnte das Team die geplante Suche nicht durchführen.

Die Männer fuhren daher bald mit ihren Schneemobilen weiter und begaben sich ein kurzes Stück nach Norden, hinauf zu einem zeitweilig von Inuitfischern bewohnten Camp am Richardson Point, wo sie freundlich aufgenommen wurden und die Nacht verbrachten. Am nächsten Tag begann die erste wirkliche Forschungsarbeit dieses Sommers. In den frühen Morgenstunden marschierten die Männer los. Nebelschwaden hingen in der Luft, als sie den Richardson Point überquerten. Aber trotz genauester Untersuchungen fanden sie außer prähistorischen und historischen Inuitlagerplätzen, deren Lage James Savelle in die Karte eintrug, nichts Interessantes. Enttäuscht kehrte das fünfköpfige Forscherteam über die Simpsonstraße zurück zur Südküste der King-William-Insel in die Nähe des Booth Point. Ihren Proviant und die Ausrüstung mußten sie diesmal selbst tragen.

Dort teilten sie das Gebiet auf. Am steinigen Inselstrand durchforschte ein jeder von ihnen sehr sorgfältig ein ihm zugeteiltes Areal nach Spuren der Franklin-Expedition. Am ersten Tag war ihre Suche erfolglos. Am Morgen des zweiten Tages – es war der 29. Juni 1981 – kam Karen Digby zu Beattie und Savelle hinüber. In ihrer rechten Hand hielt sie etwas, das wie ein Stück Porzellanschale aussah.

„Ich glaube, ich habe hier etwas Wichtiges gefunden", meinte sie und reichte Beattie ihren Fund, der sich als weißer Schädelknochen erwies. Es war die erste größere Entdeckung ihrer Feldforschungen und markierte damit zugleich den eigentlichen Beginn von Beatties forensischen Untersuchungen. Nachdem Karen Digby einen entsprechenden Eintrag in ihrer Karte vorgenommen hatte, führte sie rasch die übrigen Mitglieder ihrer Gruppe zu der Fundstelle. In dem sandigen Boden war deutlich die Vertiefung zu erkennen, in der das menschliche Schädelfragment gelegen hatte. Sie legten es vorerst in die Vertiefung zurück und setzten dann die Suche nach weiteren Überresten fort.

Nach sechs Stunden hatten die Forscher buchstäblich jeden Zentimeter des Bodens erfaßt. Dabei hatten sie 31 menschliche Knochenstücke gefunden, von denen die meisten direkt auf der Erdoberfläche gelegen hatten; einige hatten aber auch in Erdlöchern gesteckt oder unter Pflanzen, und wieder andere waren fast völlig vom Sand bedeckt. Die Härte des nördlichen Klimas hatte den Knochen im Laufe der Zeit sichtbar zugesetzt: Freiliegende Teile waren weiß gebleicht, und wenn man sie zu grob anfaßte, lösten sich Knochenplättchen und pulverisierte Bestandteile von ihrer Oberfläche und fielen herab, und häufig hatten sich kleine, bunt leuchtende Kolonien aus Moos und Flechten angesiedelt. Im Gegensatz hierzu befand sich die etwas dunklere, elfenbeinfarbene Unterseite der Knochen, die nie der Sonne oder den Elementen ausgesetzt gewesen war, in bemerkenswert gutem Zustand. Außerdem entdeckten die Forscher an dieser Stelle mehrere zurückgebliebene Gegenstände, wie etwa einen Perlmuttknopf von der Sorte, wie sie im frühen und mittleren 19. Jahrhundert in Gebrauch war, sowie den Stiel einer Tonpfeife, wie sie Mitglieder der Franklin-Expedition mitgeführt hatten. Alle Fundstücke wurden in einem zehn mal fünfzehn Meter großen Feld entdeckt, in dessen Mitte man die Überreste eines ehemals aus Steinen errichteten Lagerplatzes fand.

Beattie konnte bereits bei Knochenuntersuchungen vor Ort erste Ergebnisse erzielen. Er hatte mehrere zusammengehörige Schädelteile gefunden, und da auch die übrigen aufgelesenen Knochenfragmente bis in anatomische Einzelheiten hinein zueinander paßten, handelte es sich zweifelsfrei um das Skelett eines einzigen Menschen. Die Form der Stirnpartie und bestimmte Charakteristika bei den Augenhöhlen ließen den Schluß zu, daß es ein Kaukasier gewesen sein mußte, und kräftige Augenbrauenpartien sowie gut ausgebildete Muskelmarkierungen am Schädel und an den Gliedmaßen wiesen den Toten als Mann aus. Auch das Alter ließ sich annähernd bestimmen: Da die Schädelnähte noch klar zu erkennen waren, mußte der Mann zum Zeitpunkt seines Todes zwischen zwanzig und fünfundzwanzig Jahre alt gewesen sein.

Aber noch eine weitere interessante Aussage ließ sich anhand der Knochenfragmente treffen. Beattie fand bei dem „Booth-Point-Skelett" den ersten physikalischen Beweis dafür, daß die Expeditionsteilnehmer während ihrer letzten Monate unter den Auswirkungen von Skorbut gelitten hatten. Stellen mit leichtem Knochenfraß und Abschuppungen auf der Oberfläche der Knochen entsprachen dem bekannten Krankheitsbild bei Vitamin-C-Mangel, der Ursache für Skorbut.

Die verheerende Wirkung von Skorbut begleitete fast die gesamte
Periode europäischer Expansion und maritimer Entdeckungsfahrten,
die im 16. Jahrhundert ihren Anfang nahm. Anfällig für die verheerenden Wirkungen dieser Krankheit wurden die Seeleute, weil sie auf ihren
langen Reisen ohne frische Früchte und frisches Gemüse auskommen
mußten; ganze Expeditionen wurden von ihr befallen, häufig mit dem
Ergebnis, daß in kürzester Zeit Dutzende von Männern starben. Die
körperlichen Folgen von Skorbut sind ernst. Am Anfang führen sie zu
Müdigkeit, Gewichtsverlust und Reizbarkeit und im weiteren Verlauf
zu geschwollenem und blutendem Zahnfleisch, Zahnausfall und spon-
tanen Blutungen an fast allen Stellen des Körpers. Obwohl der schottische Marinearzt James Lind 1753 mit der Feststellung, Orangen und
Zitronen seien ein Heilmittel gegen Skorbut, den eigentlichen Durch-
bruch im Kampf gegen diese Krankheit geschafft hatte, blieb sie bis
zum Beginn unseres Jahrhunderts ein Problem. Dies lag vor allem darin
begründet, daß die Schwierigkeiten bei der Konservierung frischer
Nahrung und die unzureichende Technik bei der Abfüllung des
Fruchtsaftes in Flaschen und Kanister dazu führten, daß das lebenswichtige Vitamin zerstört wurde.

Nachdem die Arbeit am Booth Point beendet war, setzte das Forscherteam seine Suche an der Südküste der Insel in westlicher Richtung
fort. Am Tulloch Point hatte Frederick Schwatka 1879 ein Grab gefunden, das man der Franklin-Expedition zurechnete. Dort fanden die
Forscher die Reste eines Skeletts, bei dem es sich aber, wie Beattie
und Savelle später anhand von anatomischen Merkmalen entdeckten,
um einen erwachsenen Inuit aus der Mitte des 19. Jahrhunderts handelte. Ein weiteres Grab, das 1931 von dem kanadischen Forscher
William Gibson entdeckt worden war und in dem man ebenfalls einen
Toten der Franklin-Expedition vermutet hatte, entpuppte sich als das
einer erwachsenen Inuit-Frau, ebenfalls wahrscheinlich aus der Mitte
des 19. Jahrhunderts.

Am 5. Juli, als die Forscher den Strand westlich des Tulloch Point
absuchten, erblickten sie in einer Entfernung von etwa fünfundzwanzig
Kilometern die große weiße Kuppel der „Distant Early Warning (DEW)
Line Station" am Gladman Point. In der arktischen Tundra wirkte dieser moderne bemannte Radaraußenposten ein wenig seltsam und fehl

am Platz, aber solche Stationen sind in der kanadischen Arktis nichts Ungewöhnliches: Einundzwanzig von ihnen sind über das Land zwischen Alaska und der Baffinbai verstreut. Die kanadische Regierung errichtete sie in den fünfziger Jahren als Warnsystem gegen Angriffe aus der Sowjetunion und modernisierte sie in jüngster Zeit. Auch jetzt noch sollen sie die Souveränität des kanadischen Luftraums gewährleisten.

Auf diese Station also steuerte die Gruppe nun zu, und nachdem sie nach stundenlangen Wanderungen noch einen ziemlich breiten, träge dahinfließenden Fluß erreicht und mit ihrem Kanu überquert hatte, schlug sie am anderen Ufer, etwa zwei Kilometer von der Station entfernt, ihr Lager auf. Beattie und Savelle gingen zur Station, wo sie herzlich begrüßt wurden. Am nächsten Tag konnte sich dann die ganze abgekämpfte Gruppe dort nach einer Dusche bei heißem Kaffee und frischen Früchten stärken.

Bei ihrem Besuch erfuhren sie von einem erstaunlichen Zufall. Wenige Tage vor ihrer Ankunft hatte ein Mitglied der Station auf einer Wanderung in etwa einem Kilometer Entfernung ein moosbedecktes Skelett gefunden. Man hatte diesen Fund der nächsten Station der Royal Canadian Mounted Police in Spencebai gemeldet. Als Beattie und Savelle mit ihren Mitarbeitern am Gladman Point ankamen, war der Polizist aus Spencebai mit seinem kleinen Flugzeug eben unterwegs, um sich den Fund anzusehen. Nach seiner Ankunft traf er sich mit den Forschern. Beattie, mit seiner Erfahrung in forensischer Anthropologie, und Savelle, ein erfahrener Archäologe der Arktis, begleiteten den Polizisten und den Mitarbeiter der Radarstation, als sie die Knochen besichtigten. Wie sich herausstellte, handelte es sich um das Skelett eines prähistorischen Inuit. Seine Überreste hatten Tausende von Jahren auf der Erde gelegen. Das Gladman-Point-Skelett war der letzte Fund, den sie in diesem Sommer machten. Beattie kehrte Ende Juli nach Edmonton zurück. Er war ein wenig enttäuscht, daß man nicht mehr Skelette von Expeditionsteilnehmern entdeckt hatte, und er fragte sich, ob der physische Nachweis von Skorbut das einzige Ergebnis ihrer Forschungen sein würde.

Als Beattie und Savelle dann Ende September den ersten Bericht über die Forschungsergebnisse des Sommers vorbereiteten, fügte sich plötzlich alles ineinander. Das Ergebnis ihrer Untersuchungen fiel überraschend aus: Sie hatten den Beweis für die Behauptung der Inuit gefunden, unter den sterbenden Mannschaftsmitgliedern sei Kannibalismus ausgebrochen. Bei der Untersuchung eines rechten Oberschenkelknochens hatte Beattie bemerkt, daß dessen rückwärtige Oberfläche drei in etwa parallel verlaufende Kerben von 0,5 bis 1 Millimeter Breite und bis zu 13 Millimeter Länge aufwies. Diese Einkerbungen unterschieden sich sehr von Nagespuren, wie sie Füchse, Wölfe oder Eisbären hinterlassen, und stammten aller Wahrscheinlichkeit nach von einem Messer. Auch die Bruchlinien am Schädel deuteten auf äußere Gewaltanwendung hin, und der gesamte Gesichtsschädel – einschließlich beider Kiefer und aller Zähne – fehlte. Schließlich wurde die Vermutung, daß der Körper absichtlich zerstückelt worden war, noch dadurch gestützt, daß man nur bestimmte Einzelteile des Skeletts gefunden hatte. Schädel, Arme und Beine waren vorhanden, doch außer dem Gesichtsschädel fehlten die 24 Rippen, das Brustbein, alle 24 Rückenwirbel, die drei großen Hüftknochen (Kreuzbein und zwei Beckenknochen), die beiden Schlüsselbeine und die Schulterblätter.

John Rae, der Forscher der „Hudson's Bay Company", hatte als erster von dem grausigen Gerücht gehört, daß Franklins Männer in ihrer Not auch vor dem Kannibalismus nicht zurückgeschreckt seien. Im Frühjahr 1854 hatten ihm Eingeborene, die einige Ausrüstungsgegenstände von Franklin in ihrem Besitz hatten, Einzelheiten über das fürchterliche Ende der Expedition erzählt. Rae berichtete darüber:

> Aus den Verstümmelungen vieler Leichen und den Inhalten der Kessel geht klar hervor, daß unsere unglücklichen Landsleute sich zum Äußersten gezwungen sahen – Kannibalismus als letztes Mittel, das Leben zu verlängern.

Viele Briten weigerten sich schlicht zu glauben, daß es Kannibalismus überhaupt geben könne. Aber auch der Amerikaner Charles Francis Hall, der 1869 auf der King-William-Insel gewesen war, hatte von den Geschichten über Kannibalismus gehört, und sein Bericht enthielt sehr viel mehr Einzelheiten.

Selbst heute noch erscheinen diese Geschichten so scheußlich, daß man sie kaum glauben kann. Die Inuit berichteten, sie hätten mit gekochtem Menschenfleisch gefüllte Stiefel gefunden. „Einige Knochen waren mit einer Säge zerstückelt worden; mehrere Schädel waren geöffnet", schrieb Hall. Von anderen Skeletten, die man in der Nähe fand, war sorgfältig alles Fleisch entfernt worden.

Wer satt ist, kann sich unmöglich vorstellen, daß ein zivilisierter Mensch wissentlich menschliches Gehirn essen, Adern verspeisen oder Knochen aufschlagen könnte, um an das Mark heranzukommen. Das ist heute nicht anders als in den Tagen Königin Viktorias. Aber unter bestimmten entsetzlichen, lebensbedrohenden Umständen wären wohl viele ebenfalls zu der Erkenntnis gelangt, der sich die letzten zerschundenen Überlebenden der Franklin-Expedition gegenübersahen: daß Kannibalismus das letzte war, was sie vielleicht noch vor dem sicheren Tod bewahren konnte.

Beattie glaubt, daß sich eine kleine Gruppe der letzten überlebenden Expeditionsteilnehmer im Juli oder August 1848 an der Südküste der King-William-Insel in östlicher Richtung dahingeschleppt hat. Die erschöpften Männer hofften vermutlich immer noch, die Mündung des Back River zu erreichen. Von dort aus konnten sie versuchen, ungefähr 1500 Kilometer stromaufwärts zu wandern, bis zu einem Fort der „Hudson's Bay Company" am östlichen Rand des Großen Sklavensees. Da sie infolge zunehmender Erschöpfung – verschlimmert durch Skorbut – deutlich langsamer vorankamen als geplant und ihre Nahrungsvorräte bald aufgebraucht waren, müssen die Seeleute verzweifelt nach einer anderen Nahrungsquelle gesucht haben. Aber es gab zu wenig Vogeleier, um die Gruppe zu ernähren, und die Jagd brachte auf dieser kargen Insel auch nichts. Als es schließlich nichts Eßbares mehr gab und die Expeditionsteilnehmer durch Hunger und Krankheit so geschwächt waren, daß sie nicht mehr weiterkonnten, setzten sich die Männer hin und erwarteten den Tod. Aber mit dem ersten Toten erwachte plötzlich eine neue Hoffnung. Die Überlebenden müssen sich gegenseitig bei dem Gedanken an eine ganz nüchterne Tatsache ertappt haben: Es gab noch einen Weg, dem Hungertod zu entgehen ...

Schließlich gelangten sie zu einem Teil der Insel, an dem die Küstenlinie nach Nordosten abbiegt – ihrem Ziel entgegengesetzt. Sie kampierten auf einer schmalen Landzunge nahe Booth Point, derselben Landzunge, die später von den Forschern der Universität von Alberta aufgesucht wurde. Hier nahmen sie ihr letztes Mahl zu sich. Krankheit und physischer Verfall ließen ihre Kräfte immer weiter schwinden. Schließlich wandten sie sich nach Süden, um die eisbedeckte Simpson-straße zu überqueren. Immer wieder mußten sie lange, schmale Spalten im Eis und die türkisfarbenen und blauen Schmelzwasserseen umgehen, während sie sich in Richtung Starvation Cove weiterquälten. Bald sollte für sie diese Qual ein Ende haben.

6. Schatten

ALS Owen Beattie im folgenden Jahr aufbrach, um die Küste der King-William-Insel zu erforschen, wurde er von dem wissenschaftlichen Assistenten Walt Kowal, einem graduierten Anthropologiestudenten der Universität von Alberta, und von Arne Carlson, einem graduierten Archäologie- und Geographiestudenten der Simon-Fraser-Universität in Britisch-Kolumbien, begleitet. Dieses Mal wollte Beattie den Spuren M'Clintocks aus dem Jahr 1859 und denen Schwatkas aus den Jahren 1878/79 folgen. Beide Forscher waren auf Skelettreste von Seeleuten gestoßen, doch das Team stützte sich bei seiner Suche vor allem auf Schwatkas Berichte, denn dessen Funde waren zahlreicher gewesen und seine Berichte infolgedessen umfangreicher. Zudem hatte er die verstreut liegenden Knochen gesammelt und an den Fundstellen in Gemeinschaftsgräbern beigesetzt, die er durch Steinmale gekennzeichnet hatte. Beattie hoffte, diese Gräber lokalisieren zu können.

Am 28. Juni 1982, nach einem dreieinhalbstündigen Flug, schwebte die von dem „Polar Continental Shelf Project" bereitgestellte Twin Otter südlich von Resolute über der Sealbai an der Westküste der King-William-Insel ein. Nachdem der Pilot eine trockene Kiesbank ausgemacht hatte, beschrieb er mit seiner Maschine einen Bogen, wobei er so weit hinunterging wie nur möglich. Dann öffnete der Kopilot die Tür, und zusammen mit Arne Carlson warf er eine Vorratskiste hinaus, deren pinkfarbene Stoffumhüllung kilometerweit zu sehen war. Das Flugzeug flog anschließend nach Süden weiter, an der Küste der Erebusbucht entlang, und dort wiederholten sie das Ganze noch einmal. Zu dieser Jahreszeit machte das Schmelzwasser auf der King-William-

Insel nämlich eine Landung unmöglich, und die Leute von der Polar-schelf-Station in Resolute hatten ihnen deshalb geraten, die Sachen, die die Männer unterwegs brauchen würden, auf der Insel entlang der geplanten Route abzuwerfen.

Das wissenschaftliche Team flog danach zunächst weiter nach Gjøa Haven, wo der Inuitstudent Arsien Tungilik zustieg, und dann zurück zur Nordwestküste. Als der Pilot dort einen einigermaßen guten Lande-platz entdeckt hatte, gab er Beattie ein Zeichen, und nach einem Blick auf die Karte und aus dem Fenster nickte dieser zustimmend. Die Stelle lag etwa fünf Kilometer nördlich von dem Punkt, den James Clark Ross 1830 erreicht und dem er den Namen „Victory Point" gegeben hatte – ein günstiger Ausgangspunkt für ihre Untersuchungen. Der Pilot landete die Maschine, die Wissenschaftler sprangen heraus, und gemeinsam luden die Männer das Gepäck aus. Innerhalb von fünf Minuten hatten sie alles draußen aufgestapelt, Pilot und Kopilot stiegen ein, und wenig später war das Flugzeug wieder in der Luft und nahm Kurs auf Gjøa Haven, wo vor der Rückkehr nach Resolute noch einmal aufgetankt werden sollte.

Trotz der abgeworfenen Proviantkisten hatte jeder der Expeditions-teilnehmer einen schweren Rucksack zu tragen; Beattie und Tungilik schleppten über dreißig Kilogramm, Carlson sogar noch mehr. Zusätz-liche Kleidung für den Fall, daß die Temperatur auf den Gefrierpunkt sank, und ihre persönlichen Dinge hatten die Männer ganz nach unten gestopft. Als nächstes kamen die Nahrungsmittel, in der Hauptsache abgepackte, gefriergetrocknete Sachen und Schokolade. Zuoberst lagen wichtige Dinge wie Streichhölzer, Werkzeug für Zelt- und Bootsrepara-turen und Munition. Schlafsäcke wurden unter die Rucksäcke gehängt, Zelte und Schlafmatten an den Seiten befestigt, und Gewehr und Schrotflinte waren obenauf festgebunden.

Kowal, ein kräftiger Mann mit schier unerschöpflicher Energie, transportierte noch mehr als seine drei Kollegen. Außer seinem eigenen Gepäck trug er zusätzliche Nahrungsmittel, ein Funkgerät, über das sie zweimal täglich Kontakt mit dem Basislager in Resolute aufnehmen sollten – morgens und abends um sieben Uhr –, ein Gewehr, Munition, einen Schlafsack und eine Schlafmatte, ein Zelt, ein aufblasbares Floß, zwei Ruder, zwei Spirituskocher, seine Kamera und, hinten auf den

Rucksack aufgeschnallt, noch einen vollen Zwanzigliterkanister mit Brennspiritus – insgesamt ein Gewicht von über sechzig Kilogramm.

Beladen, wie sie waren, kamen sie nur langsam voran. Um mit ihren Kräften hauszuhalten, legten sie häufig kürzere Pausen ein und stärkten sich mit Tee, Kaffee oder heißer Schokolade. Auf diese Weise waren sie in der Lage, jeden Tag eine Strecke von zehn bis zwanzig Kilometern abzusuchen.

Während ihrer Forschungsarbeiten mußten sie stets auf ihre Sicherheit bedacht sein. Die Sanitäter der Universität hatten sie daher mit einer gut sortierten Erste-Hilfe-Ausrüstung versehen, die Dinge wie Sonnenschutz (fürs Gesicht, besonders die Nase), aufblasbare Schienen, Bandagen aller Art, Mittel gegen die Kälte, Antibiotika und Schmerzmittel enthielt. Ihr größtes Risiko bestand darin, daß einer von ihnen sich ein Bein oder den Rücken bei einem Sturz verletzte oder sich das Fußgelenk verstauchte. Daneben bestand die Gefahr, daß einer von ihnen während einer Flußüberquerung ausglitt oder draußen auf dem Eis in eine Spalte fiel und sich dabei eine Unterkühlung zuzog.

Bereits an ihrem ersten Tag auf der Insel mußten die vier Forscher die Erfahrung machen, daß die Insel noch weitere – wenn auch weniger gefährliche – Tücken für sie bereithielt. Nachdem sie am Abend die beiden Zelte für ihr erstes Lager aufgeschlagen hatten, bereiteten sie sich eine Mahlzeit und gingen danach ins Zelt zum Schlafen. Im Laufe der Nacht merkten sie zu ihrer Überraschung, daß ihre Schlafsäcke langsam über den Boden rutschten bis zum niedrigsten Punkt des Zeltes. Bei näherer Betrachtung stellten sie fest, daß die Insel sie „genarrt" hatte. Auch wenn der Untergrund absolut flach erschien, konnte dieser Eindruck täuschen: An einer Küste mit leicht fließendem Sandstrand ist es fast unmöglich, auch nur einen schmalen Streifen absolut ebenen Bodens zu finden. Diese erste Nacht auf der Insel war denn auch nicht die letzte, in der Beattie mehrmals davon aufwachte, daß er gegen die Zeltwand gerutscht war und wie ein Seehund in die Mitte des Zeltes zurückrobben mußte.

Am nächsten Morgen, als die vier Männer ihre Suche entlang der Küste in Richtung Norden fortsetzten, erwärmte sich die Temperatur allmählich auf fünf Grad: Die Sonne brach durch. Sie legten eine kurze Pause ein, um ihre Parkas auszuziehen, und setzten ihren Marsch für den Rest des Tages in Hemdsärmeln fort. Die Wärme um diese Jahreszeit hatte zur Folge, daß große Mengen Schmelzwasser von den Inlandseen in Richtung Küste abflossen, was ihr Vorankommen sehr erschwerte, teilweise sogar nahezu unmöglich machte. Jeder Küstenstreifen, der vom Wasser bedeckt war, bedeutete für gewöhnlich zwei oder mehr Kilometer Umweg. Ursprünglich hatten sie geplant, die gesamte Küste bis zum Kap Felix an der Nordwestspitze der Insel abzusuchen, doch nun stellten sie fest, daß dies zu Fuß völlig unmöglich war. Deshalb entschlossen sie sich, als sie zwanzig Kilometer südlich vom Kap auf einen schnell fließenden Strom stießen, dort umzukehren und ihre Suche in entgegengesetzter Richtung fortzusetzen. Nachdem ihre Suche nach einem Lagerplatz Franklins, den M'Clintock und Hobson hier 1859 entdeckt hatten, erfolglos verlaufen war, schlugen sie ihr Nachtlager auf.

Am Morgen des 30. Juni setzten die vier Männer ihren Marsch nach Süden fort, standen aber bald wieder am Ufer eines vom Schmelzwasser angeschwollenen Flusses. Seine Tiefe und die rasche Strömung zwangen die Männer, einen Umweg über das Eis der Victoriastraße zu machen, um die Flußmündung zu umgehen. Einen Teil ihres Gepäcks wickelten sie in eine große orangefarbene Persenning und banden die Ecken zusammen. Mit diesem großen Bündel im Schlepp marschierten sie zwei Stunden lang über das Eis, wateten durch Wasserlachen und sprangen über Risse und Spalten, die durch die Strömung entstanden waren. Dann erst konnten sie abbiegen und auf den festen Boden des Flußufers zurückkehren. Nach kurzer Rast setzte die Gruppe ihren Weg fort und zog an der Küste entlang weiter bis zum Victory Point.

Drei Kilometer weiter südlich gelangten Beattie und seine Gruppe dann zu „Crozier's Landing", einer sehr viel kleineren Landzunge. Dies war der Ort, an dem sich am 25. April 1848 die Mannschaften der *Erebus* und der *Terror* versammelt hatten, nachdem sie drei Tage zuvor ihre Schiffe fünfundzwanzig Kilometer weiter nordnordwestlich verlassen hatten, und hier hatte auch ihr „Todesmarsch" begonnen. Neben der Beecheyinsel war dies der Ausgangspunkt für weitere Forschungen, die das Schicksal der Expedition endgültig klären sollten. Hier hatte auch Hobson die Nachricht entdeckt, die die wenigen bekannten Details über die Verfassung und die Aktivitäten der Mannschaften

enthält, von der Überwinterung auf der Beecheyinsel 1845/46 bis zum
Verlassen der Schiffe am 22. April 1848.

Das Forscherteam schlug also an dieser Stelle sein Lager auf. Die
beiden Zelte wurden so aufgestellt, daß sich ihre Eingänge gegenüber-
lagen. Auf diese Weise konnte das Team in einem behelfsmäßigen
„Hof" zusammensitzen, sich unterhalten und gemeinsam die Mahlzeiten zubereiten.

Beattie hatte sich darauf eingerichtet, ein, zwei Tage dafür zu verwenden, den Platz gründlich zu durchsuchen und zu kartieren. Doch
die Ergebnisse fielen dürftiger aus als erhofft. Wo einst Berge von weg-
geworfenen Sachen herumgelegen hatten, fanden die Wissenschaftler
jetzt zwischen Steinen und Kies nur verstreut Stiefel- und Kleiderreste,
Holzstücke, Leinwandfetzen, Tonscherben und ähnliche Dinge. Beattie
entdeckte noch eine verrostete eiserne Gürtelschnalle, eine Herdabdek-
kung, eine zerbrochene, aber vollständige bernsteinfarbene Medizinfla-
sche sowie eine farblose Glasscherbe mit dem Pfeilzeichen der Marine.
Doch diese vereinzelten Funde konnten nicht darüber hinwegtäuschen,
daß es sich insgesamt zwar um traurige, aber eigentlich nichtssagende
Erinnerungsstücke an eine gescheiterte Expedition handelte. Das
gesamte Gebiet war inzwischen dermaßen verändert, daß selbst die
Suche nach dem von Schwatka entdeckten Grab, in dem man Leutnant
John Irving bestattet hatte, ergebnislos verlief. Neben einer Serie von
dreizehn Steinkreisen, die anzeigten, wo Franklins Leute ihre Zelte
errichtet hatten, waren lediglich die Zeugnisse späterer Besucher erhalten: weitere „Zeltkreise", vermutlich angelegt von M'Clintocks und
Hobsons Mannschaften im Jahr 1859 und von Schwatkas Expedition
1879, eine Grube, die Major L. T. Burwash 1930 ausgehoben hatte,
kleine Berge korrodierter Metallteile (möglicherweise die Reste von
Blechdosen), eine Notiz, die eine 1954 per Flugzeug angereiste Gruppe
hinterlassen hatte, sowie zahlreiche Anzeichen für die Anwesenheit von
Menschen während der letzten zehn Jahre. Auf dem höchsten Punkt
von Crozier's Landing, sieben Meter über dem Meeresspiegel, steht ein
modernes Steinmal, das die ungefähre Position der Steinpyramide mar-
kiert, in der Hobson 1859 die letzte Nachricht der Franklin-Expedition
fand. Daneben liegen überall verstreut Abfälle – die Hinterlassenschaft
unserer eigenen Generation.

Nachdem das Forscherteam zu seiner Enttäuschung hatte feststellen müssen, daß kaum mehr Spuren dieser berühmtesten aller Polarexpeditionen vorhanden waren, begann Beattie sich zu fragen, ob die Zeit, die er auf der King-William-Insel mit der Suche nach neuen Hinweisen verbrachte, nicht möglicherweise vertan war. Außerdem schwand sein Interesse an den 105 Männern, die bei dem Versuch umgekommen waren, zu Fuß aus der Arktis herauszukommen. Nach dem Verlassen der Schiffe war ihr Tod an den unwirtlichen Küsten der King-William-Insel im Grunde vorprogrammiert gewesen. Immer deutlicher zeichnete sich jedoch ab, daß die Lösung des Rätsels um den Untergang der Franklin-Expedition nicht erst bei ihrem tragischen Ende, sondern zeitlich weit früher zu suchen war. Beattie beschäftigte daher vor allem die Zeit von August 1845, als die Expedition die arktische Inselwelt erreicht hatte, bis zum 22. April 1848, als sie die im Eis vor der King-William-Insel eingeschlossenen Schiffe aufgab. Über diese 32 Monate wußte man bis auf die Tatsache, daß die Mannschaften noch an Bord gewesen waren und genug zu essen gehabt hatten, so gut wie nichts. Aber innerhalb dieses Zeitraums waren aus unerklärlichen Gründen 24 Besatzungsmitglieder gestorben, neun Offiziere – unter ihnen Franklin – und fünfzehn Seeleute. Drei der Toten waren auf der Beecheyinsel beigesetzt worden, die Gräber der anderen hatte man nie gefunden. Schon bevor die Mannschaften die Schiffe verlassen hatten, war damit die Franklin-Expedition zu einem beispiellosen Desaster geworden.

Auch John Ross und seine Mannschaft waren zu Beginn des Jahres 1830 gezwungen gewesen, ihr Forschungsschiff *Victory* an der Südostküste der Boothiahalbinsel aufzugeben. Erst vier Jahre später waren sie schließlich von einem Walfänger entdeckt worden. Aber trotz dieses langen Aufenthaltes in der Arktis, den die Expeditionsmitglieder ohne den Schutz eines Schiffes und im ständigen Kampf gegen den Skorbut hatten durchstehen müssen, hatten sie es geschafft: Ross war mit 19 seiner ursprünglich 21 Leute nach England zurückgekehrt. Warum war dies Franklin und seinen Leuten nicht gelungen? Zur Klärung dieser Frage, so vermutete Beattie, könnte das Schicksal jener 24 Seeleute, die bereits an Bord gestorben waren, erheblich beitragen und damit völlig neue Hinweise für den Zusammenbruch der Franklin-Expedition liefern.

Während Beattie und Arne Carlson die wenigen Gegenstände, die auf

Crozier's Landing gefunden worden waren, in eine Karte eintrugen und anschließend einsammelten, bauten Kowal und Tungilik aus Holz, das sie am Ufer gefunden hatten, einen behelfsmäßigen Schlitten. Mit ihm wollten sie die Lagerausrüstung südwärts über das eisbedeckte Collinson Inlet zum nahen Gore Point ziehen.

Nach einer Stunde war der Schlitten beladen, und Kowal und Tungilik trafen die erforderlichen Vorbereitungen, um den Treck nach Süden anzutreten. Sie zogen los. Beattie und Carlson, die vorerst noch zurückblieben, um die letzten Gegenstände einzusammeln, und später folgen wollten, beobachteten, wie ihre beiden Gefährten sich entfernten. Es war kalt, und ein silbriger Nebel schwebte über dem Eis. Statt des eisigen Windes, für gewöhnlich ihr ständiger Begleiter, wehte nur noch ein schwaches Lüftchen.

Der Weg war schwierig und gefährlich, denn durch das einsetzende Tauwetter war das Eis oft bereits so weich, daß man bis zu den Knien einsank. Große Schmelzwasserseen bedeckten die Oberfläche, und an zahlreichen Stellen hatten sich bereits Spalten gebildet. Mühsam kämpften sich Kowal und Tungilik schwankend und rutschend vorwärts. Während Kowal den hundertfünfzig Kilogramm schweren Schlitten an einem Seil, das er sich um den Oberkörper geschlungen hatte, hinter sich herzog, ging Tungilik, der sich mit dem Eis besser auskannte, voraus und kundschaftete die sicherste Route aus. Für die vier Kilometer lange Strecke brauchten die beiden Männer vier Stunden. Sobald sie wieder Land erreicht hatten, schleppten sie ihr Gepäck zum Strand hinauf, und obwohl beide völlig erschöpft waren, machten sie sich sofort auf den mühsamen Rückweg, um ihren beiden Kollegen entgegenzugehen.

Beattie und Carlson quälten sich mit ihrem Gepäck bereits seit einer Stunde über das Eis. Der Nebel hatte sich inzwischen gelichtet, und erleichtert sahen sie in etwa einem Kilometer Entfernung Kowal und Tungilik auf sich zukommen. Nach einer weiteren Stunde waren sie alle sicher auf der anderen Seite des Collinson Inlet.

Ihr nächstes Ziel war das Grab eines von Franklins Leuten, von dem Schwatka berichtet hatte. Doch auch hier blieb ihre Suche ergebnislos. So blieb ihnen nur, nach dem Steinmal auf Gore Point Ausschau zu halten, in dem Hobson 1859 eine zweite Notiz der Franklin-Expedition entdeckt hatte. Inhaltlich war diese Notiz mit der bei Crozier's Landing gefundenen Nachricht identisch, doch sie beschränkte sich auf die Informationen über die 1847 von Gore und Des Voeux geführte Forschungsgruppe. Die Randbemerkungen fehlten auf diesem Dokument. Endlich konnten sie einen kleinen Erfolg verbuchen: An der äußersten Spitze des Gore Point fanden sie einen kleinen Steinhaufen. Da er ohne Zweifel von Menschenhand zusammengetragen und nicht Teil eines alten Zeltplatzes war, schien es wahrscheinlich, daß diese Steine zu dem abgetragenen Steinmal gehörten, in dem einst die Notiz gelegen hatte.

Auf dem Weitermarsch entlang der Küste nach Süden fand das Team keinerlei Anzeichen dafür, daß diese Region in letzter Zeit besucht worden war; nur die Lagerplätze, die Schwatka und seine Leute angelegt hatten, waren noch vorhanden.

Als nächstes stießen sie auf die Vorratskiste, die das Flugzeug auf dem Südstrand der Sealbai abgeworfen hatte. Dort blieben sie zwei Tage, aßen sich endlich wieder einmal richtig satt und beobachteten die Dutzende von Robben, die sich auf den Eisschollen draußen auf dem Wasser tummelten.

Nach dieser Erholungspause suchten sie die Küste weiter ab bis zu einer Stelle nahe Point Le Vesconte, einer langen, schmalen Landzunge, die in Wirklichkeit aus einer Reihe kleiner Inseln besteht. Interessant erschien dieser Küstenstreifen deshalb, weil Schwatka hier zwei Skelette entdeckt und deren Fundstellen ausführlich beschrieben hatte; sie waren auf den Karten des Suchteams genau verzeichnet. Am Point Le Vesconte selbst befand sich der eine von beiden Fundorten. Schwatka war hier auf menschliche Knochen, darunter einen Schädel, gestoßen. Sie hatten um ein flaches Grab herum gelegen, das außerdem blauen Marinestoff von guter Qualität und Goldknöpfe enthalten hatte. Die Knochen, bei denen es sich nach Schwatkas Meinung um das unvollständige Skelett eines Offiziers gehandelt hatte, waren sorgfältig eingesammelt und wieder in dem Grab beigesetzt worden. Anschließend, so Schwatka, hatte man ein Steinmal errichtet, um den Platz zu kennzeichnen. Aber wiederum gelang es dem Suchteam nicht, dieses Grab zu finden, und auch das zweite, ein Stück weiter an der Küste gelegene, war nicht zu entdecken. Beattie war unzufrieden. Nachdem sie das Gebiet schließlich einen ganzen Tag lang intensiv durchstreift hatten, wanderten die Mitglieder der Expedition enttäuscht weiter.

Am Morgen des 9. Juli stellte Beattie sein Kurzwellengerät für den täglichen Siebenuhrfunkkontakt mit Resolute an. Aber anstelle der beruhigenden und bekannten Stimme vom Polarschelf-Basiscamp war nur ein Pfeifen zu vernehmen. Eine Verbindung mit Resolute kam an diesem Morgen nicht zustande.

Das Abreißen des Funkkontaktes ist in den Weiten der Arktis eine ernste Angelegenheit. Das Polarschelf-Camp entsendet in einem solchen Fall sicherheitshalber innerhalb von 48 Stunden ein Flugzeug mit einem Ersatzfunkgerät und neuen Batterien zum letzten bekannten Aufenthaltsort.

Mit dem Ausfall des Funkgerätes war das Team völlig von der Außenwelt abgeschnitten. Während die Gruppe zusammensaß und die Angelegenheit besprach, tauchte die Vermutung auf, daß wahrscheinlich die Sonnenaktivität für den Ausfall des Gerätes verantwortlich war – ein relativ häufiger Vorfall, besonders während Perioden erhöhter Sonnenfleckenaktivität. Beattie beunruhigte besonders, daß er beim letzten Funkkontakt Resolute mitgeteilt hatte, sie seien auf dem Weg zu einem vorher festgelegten Camp, vierzig Kilometer südlich der Erebusbucht. Die unterbrochene Verbindung zu Resolute bedeutete, daß möglicherweise in den nächsten zwei Tagen ein Flugzeug zur Erebusbucht geschickt werden würde. Sie mußten daher alles daransetzen, noch vor Ankunft des Flugzeuges dorthin zu gelangen. Es folgten drei äußerst ermüdende, lange Tage, in denen Suche und Gepäckmärsche einander abwechselten. Schließlich konnte der Funkkontakt wiederhergestellt werden, doch während dieser Zeit erlebten sie zum erstenmal die Situation früherer Expeditionen am eigenen Leibe: Sie hatten das Gefühl, die einzigen Menschen auf Erden zu sein.

Inzwischen näherten sie sich dem Rivière de la Rocquette und konnten bereits das andere Ufer erkennen, das ungefähr einen halben Kilometer entfernt im Südwesten lag. Dahinter war das Land zu flach, als daß man Orientierungspunkte hätte ausmachen können. Der Fluß selbst bedeutete ein erhebliches Hindernis, und die Forscher überlegten sich, ob sie versuchen sollten, ihn auf dem Eis der Erebusbucht zu umgehen. Doch da der Strom auf das Eis in der Bucht starken Druck ausübte, waren sich schließlich alle einig, daß dieser Weg doch zu gefährlich sei. So mußten sie wohl oder übel den Fluß durchwaten.

Carlson und Tungilik hatten hüfthohe Gummistiefel bei sich, die sie nun von ihren Rucksäcken losbanden und anzogen. Kowal trug nur normale Stiefel, die ihm bis zur Wade reichten, und er begann als erster, langsam das leicht abfallende Ufer hinabzusteigen. Dabei suchte er sorgfältig nach flachen Stellen, um zu verhindern, daß ihm das Wasser von oben in die Stiefel lief. Tungilik folgte ihm. Carlson und Beattie packten unterdessen das Zweimanngummiboot aus, das Kowal – ebenso wie die beiden dazugehörigen Ruder – die ganze Zeit getragen hatte, und begannen es aufzupumpen. Sie hatten vor, damit ihr Gepäck über den Fluß zu bringen, und Beattie hoffte, daß er ebenfalls mitfahren und auf diese Weise trocken ans andere Ufer kommen könnte. Da er nur Wanderstiefel besaß, schien es auch allen vernünftig, wenn Carlson ihn im Boot hinüberzog. Kowal war bereits weit draußen, zu weit, als daß man hätte erkennen können, ob es ihm glückte, trockenen Fußes auf die andere Seite zu gelangen. Wind und Entfernung machten es unmöglich, sich mit ihm zu verständigen.

Carlson und Beattie hatten Schwierigkeiten, das Boot mit der Fußpumpe aufzublasen. Als sie es zur Hälfte geschafft hatten, gab die Pumpe ihren Geist auf. So stand ihnen nur ein ziemlich schlappes, schwer zu manövrierendes Wasserfahrzeug zur Verfügung, doch ohne lange zu zögern, packte Beattie seinen Rucksack hinein und kletterte hinterher. Er verlor fast im selben Augenblick das Gleichgewicht, „ruderte" einen Moment verzweifelt mit den Armen und plumpste dann auf den Rücken, die Beine in der Luft. Alles lachte aus vollem Hals. Mühsam richtete Beattie sich auf und stieg völlig durchnäßt aus dem Boot. Carlson und er begannen nun, langsam hinter den anderen her zu waten, während das leere und schlaffe Boot, das sie mit einem Seil an Carlsons Rucksack gebunden hatten, in der Strömung hinter ihnen her tänzelte. Zum Glück erwies sich das Wasser fast auf der gesamten Strecke als ziemlich seicht. Nur auf den letzten Metern wurde es knietief.

Als die vier Männer am anderen Ufer angekommen waren und neben einem Felsen Rast machten, um sich trockene Sachen anzuziehen, stellten sie fest, daß sich auf dem vor ihnen liegenden Weg in Richtung Westen eine wenig einladende, zehn Kilometer lange, morastige Ebene erstreckte. Ihr nächstes Ziel war die zweite der beiden Versorgungskisten, die sie am ersten Tag ihrer Reise vom Flugzeug aus abgeworfen hatten. Sie mußten dringend ihre Vorräte auffüllen, denn in den letzten beiden Tagen hatten sie praktisch alle Nahrung und allen Brennstoff aufgebraucht. Also nahmen sie die schmutzigbraune, unberechenbare Morastfläche in Angriff.

Das Vorankommen gestaltete sich äußerst mühsam. Der lehmige Morast war bis zu zehn und mehr Zentimetern aufgetaut und dadurch weich und klebrig, so daß der Matsch bei jedem Schritt zur Seite gedrückt wurde, und es war ein dauernder Kampf, den Fuß aus dem sumpfigen Boden wieder herauszuziehen. Anfangs sanken ihre Stiefel nur bis zum oberen Rand ein, aber als sie ein paar Kilometer gegangen waren, wurde der Matsch feuchter, und jetzt fanden ihre Füße erst auf dem Permafrost Halt. Der Morast wurde nun bisweilen mehr als knietief, und sie mußten darauf achten, daß sie ihre Stiefel nicht verloren.

Auf halbem Weg konnten die Männer schließlich die kleine Anhöhe erkennen, in deren Nähe sie ihre Kiste abgeworfen hatten. Zwei Stunden später, als sie die fast unmerkliche Steigung des Hügels in Angriff nahmen, hatten sie das Schlimmste hinter sich. Sobald sie festen Boden erreicht hatten, nahmen sie ihre Rucksäcke ab und setzten sich, um auszuruhen. Über vier Stunden hatten sie benötigt, um die Ebene zu durchqueren, und nach dieser Anstrengung waren sie froh, eine Pause einlegen zu können. Obgleich ein kalter Wind von der Erebusbucht herüberwehte, war es sonnig und warm, fast zehn Grad, und bald lagen alle erschöpft auf dem Rücken und genossen die Sonne.

Doch allmählich machte sich bei ihnen der Hunger spürbar bemerkbar, und so brachen sie wenig später wieder auf, um ihren Weg zu der Vorratskiste fortzusetzen. Bald gerieten sie erneut in eine Senke, doch diesmal war die Stelle nur einen Kilometer breit, und der Untergrund erwies sich als sicher. Mitten in der Senke blieb Tungilik plötzlich stehen und zeigte auf den Boden. „Was ist denn das für ein Knochen?" fragte er Kowal. Verblüfft stellten die Männer fest, daß es sich um den rechten Schienbeinknochen eines Menschen handelte. Kowal rief Beattie und Carlson, die zweihundert Meter hinter ihnen waren. Jeder Gedanke an die Verpflegungskiste war vergessen, als sie die Fundstelle nach weiteren Überresten absuchten. Sie fanden noch fünf weitere Knochen sowie zwei verwitterte Stücke von Holzbrettern. Auf dem einen sah man noch ein wenig grüne Farbe, und eine Messingschraube und völlig verrostete Eisennägel steckten im Holz. Da die sechs Knochen von verschiedenen Körperteilen stammten, schien es wahrscheinlich, daß es sich um die Überreste eines einzigen Menschen handelte. Der Schädel fehlte jedoch, deshalb war nicht festzustellen, ob das Skelett das eines Europäers oder das eines Inuit war. Beattie meinte jedoch, die Knochen lägen genau an der Stelle, wo Hobson seinerzeit das Rettungsboot entdeckt hatte, und daher handle es sich wahrscheinlich um einen Toten der Franklin-Expedition. Sie fotografierten und beschrieben die Knochen und sammelten sie dann ein, nachdem sie den Fundort in die Karte eingetragen hatten. Begeistert über ihre Entdeckung und mit dem wieder erwachten Vertrauen, daß der „Bootsplatz" ihnen neue und wichtige Informationen liefern würde, setzten sie ihren Weg schneller fort. Als sie das leuchtend pinkfarbene Bündel mit ihren Vorräten in der Ferne erkannten, fielen sie in einen leichten Trab. Sie erreichten es fast gleichzeitig, schnürten ihre Rucksäcke auf, kramten eifrig ihre Messer hervor, und innerhalb weniger Sekunden war jeder nur noch damit beschäftigt, sein Paket aufzuschlitzen. Kowal stürzte sich auf die Schachtel mit den Makronenriegeln, Tungilik auf die Dosen mit Roastbeef, Beattie auf die Heringskonserven und Carlson auf die Dosen mit Thunfisch. Schweigend widmete sich jeder dem Essen.

Am nächsten Tag, dem 12. Juli, begannen die Forscher mit der Arbeit von ihrem neu errichteten Basislager aus. An der Stelle, wo sie die sechs Knochen entdeckt hatten, fanden sie nichts mehr. Dafür stießen sie drei Kilometer weiter westlich auf eine 30 mal 40 Zentimeter große Fläche, die mit vielen kleinen Holzstücken übersät war, und sobald sie den Platz näher in Augenschein nahmen, entdeckten sie auch größere Stücke. Als sie Schwatkas Beschreibung von 1879 mit der Uferlinie und den kleinen Inseln, die sich ein paar hundert Meter in die Erebusbucht hinaus erstreckten, verglichen, bestand kein Zweifel mehr: Sie hatten den „Bootsplatz" erreicht, wo M'Clintock und Hobson 1859 auf das große Rettungsboot mit den Überresten der Franklin-Expedition gestoßen waren. Aber die Skelette, die einst an ihrem letzten Ruheplatz Wache gehalten hatten, waren nirgends mehr zu sehen. Die Wissenschaftler suchten den Platz sorgfältig ab. In der unmittelbaren Nachbarschaft entdeckten sie schließlich eine Reihe von Gegenständen, darunter eine Faßdaube, den Griff eines hölzernen Paddels, Teile von Stiefeln und eine Pfeife aus Kirschbaumholz, ähnlich derjenigen, die auch M'Clintock an dieser Stelle gefunden hatte.

Am wichtigsten war jedoch die Entdeckung menschlicher Skelettreste. Nördlich vom „Bootsplatz" fanden sie entlang der Küste, auf einer Länge von einem Kilometer verstreut, Schulter- und Beinknochen. Da das Rettungsboot, als man 1859 darauf stieß, genau auf den nächstgelegenen nördlichen Punkt an Land gezeigt hatte, hatte M'Clintock vermutet, man habe offensichtlich versucht, zu den verlassenen Schiffen zurückzukehren, möglicherweise, um weitere Vorräte zu holen. Die Funde von 1982 schienen diese These zu stützen: Die menschlichen Knochenreste lagen verstreut zwischen dem „Bootsplatz" und der Richtung, in der sich die Schiffe befunden hatten – als hätten jene, die das Rettungsboot über Land gezogen hatten, nicht weiter gekonnt, es im Stich gelassen und wären kurz danach gestorben, während sie noch versucht hatten, sich zu den Schiffen zurückzuschleppen. Mehrere Knochen wiesen Narben auf, wie sie durch Skorbut hervorgerufen werden. Einige waren angenagt, was dafür sprach, daß Tiere Knochen von Menschen, die in der Nähe des Bootes gestorben waren, hierher verschleppt hatten.

Das Team arbeitete ausdauernd und intensiv bis in die Nacht hinein. Unter der Mitternachtssonne machte Tungilik dann den wichtigsten Fund der gesamten Reise. Während er systematisch den „Bootsplatz" absuchte, bemerkte er einen kleinen elfenbeinfarbenen Gegenstand, der ein wenig aus einem von Pflanzen überwucherten Fleck herausragte. Als er ihn näher betrachtete und mit dem Finger antippte, entpuppte er sich als menschliches Sprungbein. Der hinzugekommene Carlson kratzte mit seiner Kelle vorsichtig die zarte, dunkelgraue Pflanzendecke weg und legte dabei eine Reihe Knochen frei, die sich als ein praktisch vollständiger menschlicher linker Fuß entpuppten. Nachdem Carlson behutsam sämtliche Knochen freigelegt hatte, stellte er fest, daß die meisten der dreizehn Knochen noch zusammenhingen und somit ganz offensichtlich seit 1848 unberührt dort gelegen haben mußten. Die Skelettreste reichten von einem Fersenbein von acht Zentimeter Länge bis zu einem kleinen Sesamknöchelchen von nicht mehr als drei Millimeter Durchmesser. Daneben fand Carlson auch noch Teile eines rechten Fußes, der von derselben Person stammte.

Insgesamt entdeckte das Team in der Umgebung des „Bootsplatzes" die Überreste von sechs bis vierzehn Menschen. Um die Zahl der Skelette anhand der Funde zu bestimmen, sortierte Beattie zunächst alle mehrfach vorhandenen Knochen aus. Danach untersuchte er ihre Anatomie, zum Beispiel Größe und Ansatzpunkte der Muskulatur, und verglich Knochen der linken und rechten Körperhälften miteinander, um herauszubekommen, ob sie von demselben oder von verschiedenen Menschen stammten. Schädelknochen entdeckten die Wissenschaftler nicht.

Die ergreifendste Entdeckung auf dem „Bootsplatz" war jedoch kein Knochenfund, sondern ein Gegenstand, auf den Kowal stieß. Während er am 13. Juli den Uferrücken weiter landeinwärts absuchte, bemerkte er inmitten einer Ansammlung von Lemminghöhlen etwas Dunkelbraunes, das sich bei näherem Hinsehen als die vollständig erhaltene Sohle eines Stiefels erwies. Als er sie aufhob, bemerkte er, daß drei große Schrauben von innen hindurchgetrieben und ihre Enden unter der Sohle abgesägt worden waren.

Kowal trug seinen Fund zum Camp, wo ihn die anderen, die gerade dabei waren, die Sammlung zu katalogisieren, begutachteten. Ganz offensichtlich hatten die Schrauben als behelfsmäßige Spikes gedient, um ihrem Benutzer festeren Halt in Eis und Schnee zu geben – eine unabdingbare Voraussetzung, wenn man einen Schlitten über das Eis ziehen will. Kowals Entdeckung führte den vier Forschern – deutlicher noch als die ausgeblichenen Knochen der Seeleute – vor Augen, welche Mühsal, Qualen und Verzweiflung Franklins Männer an diesem letzten Ort des Zusammenbruchs hatten ertragen müssen. Das Stück Stiefelsohle symbolisierte für sie den letzten Marsch der Mannschaften der *Erebus* und der *Terror*.

Später setzten Beattie, Carlson, Kowal und Tungilik ihre Suche fünf Kilometer weiter beim nahegelegenen Little Point fort. Westlich davon stießen sie dann jedoch auf einen langen, mit mürbem Eis angefüllten Meeresarm, der jede weitere Forschung für diesen Sommer unmöglich machte. Sie packten daher ihre wertvolle Fracht an Knochen und Gegenständen zusammen und machten sich bereit, die Insel zu verlassen.

7. Eine Tür öffnet sich

ZU BEGINN des Jahres 1982 waren die Knochenproben der vier Skelette, die man 1981 auf der King-William-Insel entdeckt hatte – drei Inuit (zwei Männer und eine Frau) und das Skelett des Franklin-Seemanns vom Booth Point –, zur Spurenelementeanalyse an das „Alberta Soil and Feed Testing Laboratory" gesandt worden. Mit Hilfe dieser Analyse läßt sich der prozentuale Anteil einer Anzahl verschiedener Spurenelemente feststellen, die in den Knochen enthalten sind. Beattie interessierte sich für die Ergebnisse dieser Untersuchungen, da er hoffte, mit ihrer Hilfe Hinweise auf den Gesundheits- und Ernährungszustand der Toten zu erhalten.

Als er 1982 von seinen Feldforschungen zurückkehrte, lagen die Ergebnisse der Spurenelementeanalyse bereits vor. Was Beattie sofort auffiel, war der ungewöhnlich hohe Bleianteil, den man in den Knochen des Franklin-Seemanns gefunden hatte. Bei den drei Inuitskeletten lag der Bleianteil zwischen 22 und 36 ppm („parts pro million" = Teile pro Million). Vergleichbare Werte hatte man auch bei anderen menschlichen Skeletten ermittelt, und damit lagen diese Zahlen im üblichen Rahmen für Menschen, die nicht mit größeren Bleimengen in Berührung gekommen waren als jenen, die es normalerweise ohnehin in ihrem Umfeld gab. Bei dem Skelett des Franklin-Seemanns sah dies jedoch völlig anders aus. Sein Hinterhauptknochen enthielt einen Bleianteil von 228 ppm!

Wenn sich dieser enorm hohe Bleigehalt während der Expedition in seinem Körper angesammelt hatte, so mußte dies zu einer Bleivergiftung geführt haben. Die Folgen einer Bleivergiftung beim Menschen sind bekannt: Magersucht, Abgeschlagenheit und Müdigkeit, Reizbarkeit, Stumpfsinn, Paranoia, Leibschmerzen und Anämie.

Auf welche Weise aber war es zu diesem erhöhten Bleigehalt in den Knochen des Skeletts gekommen? Beatties Verdacht richtete sich auf die um 1840 relativ neue Technik der Nahrungsmittelkonservierung in Weißblechdosen; auch Franklins Mannschaft hatte solche Konserven mitgeführt. Annähernd 8000 bleiverlötete Dosen mit 15100 Kilo eingekochtem Fleisch waren der Expedition geliefert worden, daneben 11 628 Liter Suppe, 546 Kilo in Dosen verpacktes Dörrfleisch und 4037 Kilo eingekochtes Gemüse. Die Nähte und Verschlüsse mancher Weißblechdosen gelten – selbst heute noch – als typische Quelle für Bleivergiftungen. Um so mehr konnte dies damals durchaus ein Problem gewesen sein. Hinzu kam, daß britische Polarexpeditionen im 19. Jahrhundert bleiglasierte Töpfe und Geschirr benutzten. Das Aufbewahren und Servieren von säurehaltigen Nahrungsmitteln und Getränken, die die Bleisalze lösen können, wie Zitronensaft, Wein, Essig oder Mixed Pickles, in solchen Gefäßen konnte ebenfalls eine Ursache für eine übermäßige Bleiaufnahme bei den Expeditionsteilnehmern gewesen sein. Weitere Quellen waren möglicherweise Tee, Schokolade und Nahrungsmittel, die in Dosen mit Bleifolie verpackt waren. Selbst Lebensmittelfarbe, Tabakprodukte, Zinngeschirr und sogar Kerzen mit verbleiten Dochten konnten zu einer Vergiftung beigetragen haben.

Beattie war überzeugt, daß die Auswirkungen der Bleivergiftung und die schweren Folgen von Skorbut bereits in den ersten Monaten des Jahres 1848 für viele Expeditionsteilnehmer zu einer tödlichen Kombination geworden waren. Und wenn sich der Gesundheitszustand der Besatzung allgemein rapide verschlechtert hatte, so konnte das sehr gut der Grund für Croziers und Fitzjames' Entscheidung gewesen sein, die Schiffe zu verlassen, nachdem bis zum 25. April 1848 bereits neun Offiziere und fünfzehn Seeleute gestorben waren.

Beattie war sich darüber im klaren, daß seine völlig neue These unter den Historikern heftige Debatten auslösen würde, denn diese hatten sich bis zu diesem Zeitpunkt bei ihren wissenschaftlichen Arbeiten auf die Theorien der Forscher des 19. Jahrhunderts gestützt, nämlich daß nur Skorbut und Hunger die Seeleute hinweggerafft hätten. Doch obwohl diese Quellen für die Rekonstruktion der Ereignisse von unschätzbarem Wert waren, hatte natürlich keines der Bücher, die über die untergegangene Expedition geschrieben worden waren, den Erkenntnissen Rechnung tragen können, die Beattie aus den spärlichen Knochenfunden auf der King-William-Insel gewonnen hatte.

Seine Theorie ließ sich jedoch nicht allein anhand der Skelettreste beweisen, denn Knochenbefunde zeigen nie die jüngste Entwicklung, sondern eine lebenslange Belastung. Das Blei, das Mitte des 19. Jahrhunderts überall im frühindustriellen England in der Umwelt vorhanden war, konnte daher möglicherweise in weit höherem Maß für den hohen Bleiwert in den Knochen verantwortlich sein als eine relativ kurzfristige Aufnahme von Blei während der Expedition. Eine schleichende Bleivergiftung im Leben des unbekannten Franklin-Seemanns über etwa 25 Jahre hätte bereits zu körperlichen und neurologischen Veränderungen führen können. Allerdings wären die Symptome sehr viel weniger ausgeprägt gewesen als die einer klassischen Bleivergiftung und hätten allenfalls zu leichten Verhaltensstörungen geführt. Um zu beweisen oder zu widerlegen, daß eine überhöhte Bleizufuhr für die Expedition ein ernstes gesundheitliches Problem dargestellt hatte, war daher eine Analyse von konserviertem Zellgewebe erforderlich, die die aufgenommene Bleimenge nach Auslaufen der Schiffe im Mai 1845 exakt aufzeigen würde. Beatties Interesse konzentrierte sich daher auf den einzigen bekannten Ort, an dem verstorbene Expeditionsteilnehmer von ihren Schiffskameraden in der gefrorenen Erde beigesetzt worden waren. Dieser Ort lag auf der Beecheyinsel, einer kleinen Insel vor der Südwestküste der Devoninsel.

Drei Seeleute waren im ersten Winter der Franklin-Expedition gestorben und im Permafrost beerdigt worden: Maat John Torrington, Vollmatrose John Hartnell und der Seemann William Braine von den Royal Marines. Beattie fragte sich, was es für die Forschung bedeuten würde, wenn diese Körper – in Eis eingefroren – bis in die Gegenwart erhalten geblieben wären. Würden sie Aufschluß darüber geben können, ob seine Theorie richtig oder falsch war?

Mumifizierte Leichen haben Forschern und Historikern ungezählte Erkenntnisse über das Leben in Zeiten vermittelt, die sich sehr von der unseren unterscheiden. Die mumifizierten Pharaonen des alten Ägypten haben viel zu unserem Wissen über jene ferne Epoche beigetragen, ebenso wie die Moorleichen Nordeuropas das Leben der Eiszeitmenschen in ein neues Licht gerückt haben. Auch in gefrorenem Zustand sind Körper über einen langen Zeitraum erhalten geblieben, so zum Beispiel Charles Francis Hall, der 1871 in Grönland gestorben war und dessen vollständig erhaltene Leiche 1968 dort im ewigen Eis freigelegt wurde. Prähistorische, im Eis beigesetzte Leichen von Inuit sind in der Nähe von Point Barrow, Alaska, und auf Grönland gefunden worden.

Die arktischen Temperaturen auf der Beecheyinsel boten die Chance für eine ähnliche Konservierung. Zu Beginn des Jahres 1983 unterbreitete Beattie deshalb den kanadischen Behörden zum ersten Mal offiziell den Vorschlag, die drei Leichen zu exhumieren.

1981 und 1982 hatte er zur Durchführung seines Forschungsprojektes auf der King-William-Insel lediglich die Grabungserlaubnis des für archäologische Arbeiten zuständigen Amtes, des „Prince of Wales Northern Heritage Centre of the Northwest Territories", und eine weitere Genehmigung des „Science Advisory Board of the Northwest Territories", der zuständigen Stelle für Wissenschaft und Forschung, benötigt. Der Plan, die Toten auf der Beecheyinsel auszugraben, machte die Sache jedoch sehr viel komplizierter, denn hier handelte es sich um einen Friedhof, und die Identität der drei Seeleute der Franklin-Expedition war bekannt. Beattie mußte sichergehen, daß alle Behörden in Kenntnis gesetzt waren und das geplante Vorhaben von ihnen genehmigt wurde.

Die Ausgrabungserlaubnis und die wissenschaftlichen Genehmigungen wurden ihm von der Landesregierung erteilt, allerdings unter der Auflage, die britische Admiralität zu verständigen, die heute zum Verteidigungsministerium gehört. Darüber hinaus sollte er versuchen, Kontakt mit noch lebenden Nachkommen der drei Seeleute aufzunehmen. Das wissenschaftliche Team beantragte und erhielt schließlich „grünes Licht" von der Gesundheitsbehörde der Nordwestterritorien, die darüber zu befinden hatte, ob die Exhumierung von Leichen aus der Mitte des 19. Jahrhunderts ein Gesundheitsrisiko für die Forscher bergen könnte. Exhumierungs- und Wiederbeerdigungserlaubnis, ausgestellt vom „Department of Vital Statistics of the Northwest Territories", wurden ebenfalls benötigt, und auch eine Genehmigung der „Royal Canadian Mounted Police" war erforderlich. Mit ihrer Hilfe unterrichtete Beattie die britische Admiralität von den geplanten Ausgrabungen. Der „Settlement Council of the Resolute Bay Community", die Kommunalverwaltung, gab die Erlaubnis, die Arbeiten an einem Platz durchzuführen, der seiner örtlichen Jurisdiktion unterlag.

Schließlich setzte Beattie eine Anzeige in die *Times*, in der er möglicherweise noch lebende Nachfahren jener drei toten Männer bat, sich mit ihm in Verbindung zu setzen. Doch er erhielt keine Antwort.

Nachdem Beattie sein Forscherteam noch um einen Archäologen und einen Pathologen erweitert hatte, verließen die Wissenschaftler der Universität von Alberta im August 1984 schließlich Edmonton in Richtung Resolute. Ihr Ziel war die Beecheyinsel. Alle teilten dieselbe Hoffnung: daß die entsetzliche Kälte, die einst zum Scheitern der Franklin-Expedition beigetragen hatte, jetzt helfen würde, die Geheimnisse um ihren Untergang zu enträtseln.

8. Über dem Abgrund

OHNE Zweifel waren die ersten Monate der Expedition für Sir John Franklin äußerst erfolgreich verlaufen. Die *Erebus* und die *Terror* hatten sich 1845 durch das Eis der Baffinbai geschlängelt und sehr schnell den Lancastersund durchsegelt, das östliche Tor zur Nordwestpassage. Da eine Eisbarriere in der Barrowstraße die Weiterfahrt nach Westen versperrte, wandte Franklin sich mit seinen Schiffen statt dessen nach Norden, segelte etwa 240 Kilometer den noch unerforschten Wellingtonkanal hinauf und überquerte dabei den 77. Grad nördlicher Breite. Hier wurde die Expedition wahrscheinlich von einer zweiten Eisbarriere gezwungen, umzudrehen und diesmal entlang der West- und Südküste von der Cornwallisinsel zu ihrem Ausgangspunkt und späteren „Winterhafen", der Beecheyinsel, zurückzukehren. Damit hatten sie die Cornwallisinsel umrundet und als Insel identifiziert.

Ganz sicher richteten sich die Mannschaften mit einem gewissen Optimismus in ihrem Winterlager ein. Sie hatten zwar die Passage noch nicht gefunden, aber der nächste Sommer versprach, den erwarteten Erfolg zu bringen.

Doch zunächst mußten Franklin und seine 128 Männer – von denen die meisten keine Polarerfahrung besaßen – mit der ewigen Dunkelheit des harten arktischen Winters und den zeitweilig bis unter minus vierzig Grad Celsius sinkenden Temperaturen fertig werden. Sie würden völlig von der Außenwelt abgeschnitten sein, und es bestand keinerlei Hoffnung auf Unterstützung, falls irgend etwas schiefgehen sollte.

Dann starben John Torrington, John Hartnell und William Braine.

Spekulationen über die Gründe, die zum Tod jener drei Männer

geführt hatten, beschäftigten Owen Beattie, als er und seine Mitarbei-
ter, der Pathologe Dr. Roger Amy, sein wissenschaftlicher Assistent
Walt Kowal sowie Joelee Nungaq und Geraldine Ruszala am 10. August
1984 mit ihrer Twin Otter von Resolute aufstiegen, um in östlicher
Richtung über das rauhe Wasser des Wellingtonkanals hinweg zur
Beecheyinsel zu fliegen.

Als sich das Flugzeug den fernen Kliffs der Beecheyinsel näherte, fiel
es zunächst schwer, sich ein rechtes Bild zu machen. Beattie hatte
diesen historischen Ort vorher nie besucht, und als er nun aus dem
Fenster sah, während das Flugzeug in etwa dreißig Meter Höhe über die
Gräber hinwegflog, war er von der Schutzlosigkeit dieser Stätte überaus betroffen. Auf dem nach Osten abfallenden Teil der Insel waren die
drei Grabtafeln von John Torrington, John Hartnell und William Braine
die einzigen Orientierungspunkte, eingerahmt von hoch aufragenden
Kliffs im Westen und dem Strand der Erebusbucht im Osten.

Neben den Gräbern gab es einen Landeplatz; parallel verlaufende
Radspuren im Geröll zeigten an, daß schon andere Flugzeuge hier
gelandet waren. Im Anflug prüfte der Pilot die behelfsmäßige Lande-
bahn und die Windrichtung. Als der linke Flügel sich genau in Höhe der
Gräber befand, setzten die Räder auf. Nach sechzig Metern kam das
Flugzeug zum Stehen.

Nachdem das Team eine halbe Stunde lang riesige Gepäckmengen
ausgeladen hatte, startete das Flugzeug wieder und flog dann über die
Unionbai davon. Alle waren betroffen von dem Gefühl völliger Isolation. Abgesehen von der Antarktis und vielleicht einer Handvoll anderer Plätze gibt es auf der ganzen Welt keinen Ort, wo sich der Mensch
einer derartigen Einsamkeit ausgesetzt sieht wie in der kanadischen
Arktis. Selbst die Anwesenheit von ein paar Arbeitskameraden kann
diese Leere und die Verlassenheit des Nordens nicht kompensieren.

Die erste Aufgabe der Expedition bestand darin, sich hier vorübergehend häuslich einzurichten. Zunächst wurden die beiden großen
Gemeinschaftszelte aufgestellt, und sobald dies erledigt war, bauten
die Männer die fünf Schlafzelte auf.

Die beiden großen Zelte waren sogenannte Langhauszelte. Mit ihren
Abmessungen von 3,7 mal 5,5 Metern boten sie dem Team den dringend erforderlichen Aufenthaltsraum, denn die Schlafzelte waren nur

so groß, daß Schlafsack und Rucksack darin Platz fanden. Die Langhauszelte hatten ein starkes Gerüst aus Aluminiumrohr und eine
Außenhaut aus Zeltleinwand. Eine zweite Zeltleinwand wurde von
innen befestigt, und gemeinsam boten die beiden Hüllen einen hervorragenden Schutz gegen Wind, Regen und Schnee. Ein schwerer Lein-
wandboden bedeckte das scharfkantige Geröll. Der Eingang am Kopfende des Zeltes bestand aus einem Doppelvorhang, der fest geschlossen
werden konnte. Als alles andere stand, wurden zum Schluß noch das
Funkgerät und die Wetterstation zusammengebaut und aufgestellt.

Den ersten Tag auf der Beecheyinsel verbrachte Beattie damit, den
winzigen Friedhof der Franklin-Expedition zu studieren. Die drei Gräber lagen nebeneinander, in einer Höhe von etwa acht Metern über dem
Meeresspiegel. Beattie wollte mit der Exhumierung von John Torrington beginnen, der wahrscheinlich der erste gewesen war, der während
der Expedition gestorben war. Torringtons Grab befand sich ganz links,
daneben lagen John Hartnell und William Braine. Torrington hatte nur
eine einfache Grabtafel; auf Hartnells und Braines dagegen waren auf
einer Kupferplatte Texte aus der Bibel eingeprägt.

Zwei Tage nach Ankunft der ersten Mitglieder des wissenschaftlichen Teams traf eine zweite Twin Otter ein und brachte den Archäologen Eric Damkjar und den Forschungsassistenten Arne Carlson mit.
Damkjar richtete Nungaq schlechte Nachrichten von zu Hause aus, und
der junge Assistent flog sofort mit demselben Flugzeug zurück.

Dann begannen die Wissenschaftler mit ihrer Arbeit. Torringtons
Grab wurde sorgfältig abgesteckt, in eine Karte eingetragen, skizziert
und fotografiert, so daß man den ursprünglichen Zustand wieder-
herstellen konnte, sobald die Exhumierung abgeschlossen war. Am
12. August 1984 begannen die Forscher dann, den Boden über dem
Grab aufzugraben, nachdem sie es zuvor durch ein Zelt vor Umwelt-
einflüssen geschützt hatten.

Das Team brauchte noch nicht einmal eine Stunde, um die oberste
Geröllschicht mit Schaufeln und Maurerkellen abzutragen. Aber als die
Männer zehn Zentimeter tief in die Erde eingedrungen waren, stießen
sie auf zementharten Permafrost. Nach einem kurzen erfolglosen Ver-
such, den Boden mit Heißluft aufzutauen, griffen sie zu Spitzhacke und
Schaufel.

Schon bald nachdem sie die alleroberste Schicht des Permafrosts abgeschlagen, herausgebrochen und weggeschaufelt hatten, machte sich in der sonst frischen und klaren Luft ein eigenartiger Modergeruch bemerkbar, und je tiefer man in den Boden eindrang, desto stärker wurde er und legte sich bald über die ganze Arbeitsstelle. Zwei lange Tage mußten sich die Forscher durch fast anderthalb Meter Permafrost hindurchkämpfen, ehe sie einen ersten Blick in die Vergangenheit tun konnten. An der tiefsten Stelle der Ausgrabung legte Walt Kowal, nachdem er sorgfältig eine dünne Schneeschicht am Fußende des Grabes entfernt hatte, eine kleine Fläche durchsichtigen Eises frei. Unter dieser Eisschicht konnte er einen dunkelblauen Stoff erkennen. „Da ist er! Wir haben es geschafft!" rief er aufgeregt aus, und sofort drängten sich Beattie und die übrigen heran und knieten im engen Kreis um die Fundstelle nieder. Da erst ein sehr kleines Stück freigelegt war, konnte man noch nicht erkennen, um was es sich handelte. Beattie meinte, es könne ein Zipfel des Union Jack sein, andere glaubten eher, es sei ein Stück Uniform, ein Leichentuch oder der Sarg selbst.

Nun, da die Forscher etwas in dem Grab gefunden hatten, brannten sie natürlich darauf weiterzumachen. Doch Beattie wartete noch immer auf die Erlaubnis der Regierung, des „Government of the Northwest Territories", Exhumierung und Wiederbeisetzung vornehmen zu dürfen, ferner auf die Genehmigung der „Royal Canadian Mounted Police" sowie auf grünes Licht vom „Chief Medical Officer", der Gesundheitsbehörde. Was bisher getan worden war, gehörte zur Arbeit der Archäologen und war durch eine besondere Erlaubnis gedeckt. Nachdem nun aber der Leichnam gefunden war, mußte Beattie die Ausgrabung stoppen, bis die zusätzlichen Genehmigungen eingetroffen waren. Inzwischen war mehr als ein Meter Permafrost abgetragen, und für Beattie stand fest, daß Torringtons Leichnam in dem gefrorenen Boden sehr wahrscheinlich hervorragend konserviert sein würde. Selbst im Hochsommer taut die Sonne nicht einmal die oberste Schicht des Permafrosts auf.

Während die Forscher auf die Genehmigungen warteten, trat ein Problem auf, an dem beinahe das gesamte Projekt gescheitert wäre: Wasser begann das Grab zu überfluten. Es handelte sich um abfließendes Schmelzwasser vom Uferhang und den Kliffs oberhalb der Ausgrabungsstätte, das zusätzlich von gelegentlichen Regen- und Graupel-

schauern gespeist wurde. Jetzt stand alles auf dem Spiel: Das Grab und
sein Inhalt, die mehr als ein Jahrhundert unverändert überdauert hatten, konnten nun innerhalb weniger Stunden ernsthaft beschädigt oder
sogar zerstört werden, wenn nicht schnell etwas geschah.

Man entschloß sich, unmittelbar oberhalb der Gräber einen schmalen, V-förmigen, vierzig Meter langen Graben anzulegen. Dieser Graben, der nur ein paar Zentimeter in den gefrorenen Boden geschaufelt
und gekratzt wurde, leitete das Wasser tatsächlich ab, und schon nach
wenigen Stunden sickerte nichts mehr in Torringtons Grab.

Da die Genehmigungen immer noch nicht kamen, nutzten Roger
Amy und Geraldine Ruszala die Zeit, um die Landzunge zu erforschen,
die die Beecheyinsel mit der Devoninsel verbindet. Nach einer Weile
bemerkte Amy in ungefähr dreihundert Meter Entfernung eine schmu-
tzigweiße Erhebung im Schnee. Die ungewöhnliche Farbe erregte seine
Aufmerksamkeit, und als er genauer hinsah, erkannte er, daß sich die
„Erhebung" bewegte. Amy blieb wie angewurzelt stehen: Sie marschierten direkt auf einen Polarbären zu! Diese riesigen und kräftigen
Tiere, die bis zu 450 Kilogramm wiegen und sich bis zu einer Höhe von
dreieinhalb Metern aufrichten können, meiden im allgemeinen den
Kontakt mit Menschen. Dennoch kommt es in der kanadischen Arktis
gelegentlich vor, daß Polarbären angreifen. Leider allzu häufig werden
sie deshalb in Notwehr erschossen.

Während der Bär auf sie zu schlenderte, flüsterte Amy Geraldine
Ruszala zu, sie solle langsam rückwärts gehen. Sie waren noch gut
einen halben Kilometer vom Lager entfernt und setzten ihren vorsichtigen Rückzug fast über die gesamte Strecke fort, während der Bär ihnen
in gleichem Abstand folgte. Schließlich, in Rufweite des Camps, drehten sie sich um und rannten los. „Ein Bär, ein Bär!" rief Geraldine
Ruszala und gestikulierte wild in Richtung der Landzunge. Der Bär war
noch ungefähr dreihundert Meter entfernt, als Kowal und Damkjar
mehrere Schüsse in die Luft abgaben, um das Tier abzuschrecken.
Doch diese Schüsse machten den Bären zunächst nur noch neugieriger.
Die beiden Männer feuerten weiter, und nachdem das gewaltige Tier
noch ein paar Meter näher herangeschlendert war, kam es zu dem
Schluß, daß es besser sei – oder vielleicht auch nur weniger laut –, die
Richtung zu ändern und sich mit etwas anderem zu beschäftigen. Die

Blick auf die Beechey-
insel von der Devoninsel
aus. Auf der rechten
Seite der Landzunge
liegt die Unionbai,
auf der linken die
Erebusbai.

Kowal und Tungilik
transportieren ihre
Ausrüstung auf einem
selbstgebauten,
behelfsmäßigen
Schlitten.

Der Friedhof auf der Beecheyinsel. Die Gräber von rechts nach links: Thomas Morgan von der *Investigator* (gest. 1853), William Braine (gest. 3. 4. 1846), John Hartnell (gest. 4. 1. 1846), John Torrington (gest. 1. 1. 1846) und ein fünftes, nicht identifiziertes Grab.

Das Grab des 20jährigen John Torrington nach der Abtragung des Grabhügels. Man erkennt eine Reihe kleiner Kalksteinplatten, mit der das Grab eingefaßt worden war.

Arne Carlson gräbt den Fuß eines Skelettes aus, den er beim „Bootsplatz" auf Kap Crozier gefunden hat.

Gruppe beobachtete den Rückzug des Bären, bis sie ihn am Ende über die Unionbai auf Kap Spencer zuschwimmen sahen. Amy und Geraldine Ruszala mußten sich nach diesem Abenteuer zunächst einmal eine Weile von ihrem Schrecken erholen.

Da die letzten Genehmigungen noch immer auf sich warten ließen, beschlossen Beattie und Damkjar, zunächst die Überreste des Franklin-Winterlagers und ein paar andere historische Plätze entlang der Ostküste der Insel zu erkunden.

Die meisten Dinge, die die Franklin-Expedition zurückgelassen hatte, waren bereits von den ersten Suchexpeditionen aufgesammelt und mitgenommen worden, und die verbliebenen Überreste waren bis zum Jahr 1984 immer wieder durchsucht worden.

Beattie überprüfte vor allem die beiden Gräber, die aus der Zeit der Suchexpeditionen in den 1850er Jahren stammten und die neben denen von Torrington, Hartnell und Braine angelegt worden waren. Das eine ist das Grab Thomas Morgans, eines Seemannes von Robert McClures *HMS Investigator*. Der Besatzung dieses Schiffes war das Verdienst zuerkannt worden, als erste die Nordwestpassage bezwungen zu haben; erst später erfuhr man von den Leistungen der Franklin-Expedition. Nachdem die Mannschaft der *Investigator* ihr im Eis eingeschlossenes Schiff in der Mercybai an der Nordküste der Banksinsel hatte zurücklassen müssen, trat Morgan mit der restlichen Crew den schwierigen Marsch über das Eis zur Dealyinsel an. Später erreichten sie die Beecheyinsel, wo Morgan am 22. Mai 1854 an Bord der *HMS North Star* im Alter von 36 Jahren starb.

Über das andere Grab weiß man weniger. In einem Tagebuch aus den 1850er Jahren findet sich jedoch ein Hinweis, wonach es sich hier um ein Scheingrab zur Erinnerung an den französischen Marineleutnant Joseph René Bellot handeln könnte. Bellot hatte sich als Freiwilliger gemeldet, um an der Suche nach Franklin teilzunehmen. Er bereiste die Arktis das erste Mal unter Kapitän William Kennedy an Bord der *Prince Albert* und das zweite Mal an Bord der *HMS Phoenix*. Am 18. August 1853, als er mit Depeschen für Sir Edward Belcher den vereisten Wellingtonkanal hinaufsegelte, wurde Bellot von einer Sturmböe erfaßt und in das eisige Wasser gefegt. Sein Leichnam wurde niemals gefunden.

Beattie und Damkjar ließen die Gräber und das Lager Franklins hinter sich und wanderten am Ufer entlang nach Süden. Die ersten Gegenstände, die sie auf ihrem Weg fanden, waren Dosen, zum Teil wahllos verstreut, zum Teil zu kleinen Haufen aufgeschichtet. Eine nähere Prüfung ergab, daß sie von den früheren Suchexpeditionen stammten. Auch hölzerne Überreste entdeckten sie: Hinter einer Biegung tauchte plötzlich der Mast eines der Schiffe auf, die in den 1850er Jahren vor der King-William-Insel aufgegeben worden waren. Er ragte in steilem Winkel aus einer steinigen Uferbank hervor. Das dazugehörige Schiff, das man wahrscheinlich als Lebensmitteldepot vor der Insel zurückgelassen hatte, war bis zum Jahr 1927 noch weitgehend intakt gewesen, als Sir Frederick Banting, der Mitentdecker des Insulins, und der kanadische Maler A. Y. Jackson die Insel auf einer Studienreise besuchten. Doch der Mast und ein kleiner Teil des Rumpfes, der auf einer der niedrigen Uferbänke lag, waren knapp sechzig Jahre später alles, was Beattie und Damkjar noch zur Besichtigung übrigblieb.

Auf einer der höchsten Erhebungen in Ufernähe fanden sie eine Reihe von neuen Gedenktafeln und Steinmalen aus den 50er und 70er Jahren. Hier befindet sich auch eine Gedenkstätte, die an alle diejenigen erinnern soll, die auf der Suche nach Franklin ihr Leben ließen.

Als Beattie und Damkjar von ihrem Ausflug ins Lager zurückkamen, stellte Beattie fest, daß das Warten auf die Genehmigungen langsam allen auf die Nerven ging. In der Annahme, daß diese Genehmigungen nun ohnehin nicht mehr rechtzeitig kommen würden, um das geplante Projekt in diesem Sommer abschließen zu können, entschied sich Amy, nach Edmonton zurückzukehren, wo eine Reihe dringender beruflicher Verpflichtungen auf ihn wartete. Mit einer Twin Otter, die auf Beatties Funkspruch hin bei ihnen vorbeikam, verließ Amy die Beecheyinsel am 15. August.

Zwei Tage später, am 17. August, erhielt Beattie plötzlich über Funk die Erlaubnis des „Polar Shelf Office" in Resolute, mit der Exhumierung, Autopsie und anschließenden Wiederbeerdigung John Torringtons zu beginnen. Das Verlesen der Genehmigungsschreiben beflügelte das Team und verlieh ihm neue Energie und Begeisterung. Sofort begannen die Männer, die letzte Eis- und Gesteinsschicht abzutragen, und bald wurde auch offenbar, woher der unangenehme Geruch kam, der ihre Arbeit von Anfang an begleitet hatte. Es war kein menschlicher

Verwesungsgeruch, wie man erwartet hatte, sondern er rührte von dem verrottenden blauen Wolltuch her, mit dem der Sarg bedeckt war. Während sie noch den Sargdeckel freilegten, nahm der Wind bedenklich zu, und eine große schwarze Gewitterwolke zog auf. Die Planen, die die Ausgrabungsstätte schützten, begannen laut zu knallen. Als das Wetter schlechter wurde, unterbrachen die fünf Forscher schließlich ihre Arbeit und sahen sich besorgt an. Da unter dem Einfluß des bedrohlich-finsteren Wetters plötzlich eine ganz seltsame Atmosphäre entstanden war, entschied Beattie, die Arbeit für diesen Tag zu beenden.

In der Nacht heulte der Wind ununterbrochen weiter, zerrte an Beatties Schlafzelt, und mehrmals klatschte ihm die Leinwand ins Gesicht. Geraldine Ruszala, die nicht schlafen konnte, blieb in einem der Langhauszelte.

Alle machten sich Sorgen um die Standfestigkeit des Zeltes, das man über Torringtons Grab errichtet hatte. Gegen Morgen wurde es dann auch von einer mächtigen Sturmböe erfaßt und emporgehoben, flog über die Grabtafel und landete auf dem angrenzenden Strand. Nur ein dünnes Seil hielt es an einer der Zeltstangen fest und verhinderte, daß es in die Erebusbai hinausgeweht wurde. Etwas später beruhigte sich das Wetter endlich wieder. Gemeinsam bauten sie das Zelt ganz ab, das erstaunlicherweise nur leicht beschädigt war, und setzten die Grabung unter freiem Himmel fort.

Während ihrer ganzen Arbeit spielte Zeit für sie keine Rolle. Da es ohnehin vierundzwanzig Stunden lang hell blieb, hatten sie bald jedes Gefühl für die Tageszeit verloren. Sie aßen, wenn sie hungrig waren, und schliefen, wenn sie müde waren. So entwickelte sich ein natürlicher Rhythmus, bei dem manchmal ein Arbeits„tag" von 28 Stunden herauskam. Die einzige Erinnerung an eine reglementierte, zeitorientierte Außenwelt waren die täglichen Funkkontakte mit dem Polarschelf-Funker morgens und abends um sieben Uhr. Dann gab das Forscherteam Wetterinformationen und Nachrichten durch und empfing seinerseits die Meldungen und Wetterangaben der anderen vom „Polar Shelf" betreuten Lager in der gesamten Arktis.

Als die letzte Eis- und Geröllschicht entfernt war, die den Deckel des Sarges bedeckt hatte, glaubte Damkjar, auf dem oberen Mittelteil des

Sarges etwas zu erkennen, das sich in der Struktur vom übrigen unterschied. „Seht euch das an", forderte er die anderen auf, wobei er mit
dem Säubern des Sargdeckels unbeirrt fortfuhr. „Es scheint, als sei
etwas auf dem Deckel befestigt oder vielleicht auch hineingraviert."
Allmählich nahm seine Entdeckung Form an. Es handelte sich um eine
wunderschöne, handbemalte Schmuckplatte, die sorgfältig auf den
Sargdeckel genagelt worden war und die Form eines nach oben und
unten spitz auslaufenden Herzens hatte. Sie bestand aus geschmiedetem Eisenblech, schien von Hand zugeschnitten worden zu sein und
war in einem dunklen Blaugrün gestrichen. Eine weiße, sorgfältig ausgeführte Inschrift lautete: JOHN TORRINGTON, GESTORBEN AM 1. JANUAR 1846
IM ALTER VON 20 JAHREN.

Damkjar verbrachte viel Zeit damit, diesen rührenden letzten Gruß
von Torringtons Mannschaftskameraden zu studieren und in einer
Skizze festzuhalten. Nach 138 Jahren im ewigen Eis begann nun die
Farbe von der Schmuckplatte abzublättern, und an den äußeren Rändern fing das Metall an zu korrodieren. Damkjar entfernte den Rost
behutsam und reinigte die Oberfläche der Platte vorsichtig mit Wasser.

Der Sarg war augenscheinlich sorgfältig gearbeitet. Mahagonideckel
und -kasten waren einzeln in dunkelblau gefärbtes Wolltuch eingeschlagen. Weißes Leinenband war in einem militärisch-geometrischen, aber durchaus dekorativen Muster auf dem Sarg angebracht. An
den Seiten befanden sich Messinggriffe, und am Kopf- und Fußende
waren Messingringe festgeschraubt.

Das Abnehmen des Deckels gestaltete sich überraschend schwierig.
Er war mit einer Reihe viereckiger Nägel fest auf den Kasten genagelt
worden und außerdem am Eis, das sich im Sarg gebildet hatte, „festgeklebt". Um den Sarg zu öffnen, gab es drei Möglichkeiten: Entweder
stemmte man den Sargdeckel auf, oder man zog die Nägel heraus, oder
man durchtrennte sie zwischen Deckel und Kasten. Beim Aufstemmen
des Sarges hätte man den Deckel mit Sicherheit zerstört, denn das Holz
war weich und morsch. Der Versuch, die Nägel herauszuziehen, hätte
wahrscheinlich zum selben Ergebnis geführt. Das beste war daher nach
Beatties Meinung, die Nägel zu durchtrennen. Er setzte die meißelartige
Seite seines Gesteinshammers zwischen Deckel und Kasten an einer
Stelle an, wo einer der Nägel saß, und schlug mit einem zweiten

Hammer dagegen. Der Meißel drang in den Sarg und durchschlug dabei den Nagel, ohne sonstige Beschädigungen anzurichten.

Als schließlich sämtliche Nägel auf diese Weise durchtrennt und das Eis, das den Deckel von innen festgehalten hatte, aufgetaut war, ergriff Beattie den Deckel am unteren Teil, hob ihn langsam hoch und legte den Inhalt des Sarges frei. Er entpuppte sich als ein zum Teil durchsichtiger Eisblock. Durch eingefrorene Blasen, Risse und glatte Stellen sah man schemenhaft etwas hindurchschimmern.

Dieser Eisblock stellte das bisher größte Hindernis für sie dar. Das mitgebrachte Heizgerät für Flugzeuge konnten sie nicht zum Auftauen des Eises einsetzen, weil die heiße Luft die Leiche und alles, was der Sarg sonst noch enthalten mochte, in Gefahr gebracht hätte. Andererseits lag die Außentemperatur um den Gefrierpunkt und im Grab noch niedriger, deshalb war mit einem natürlichen Auftauen des Eisblocks nicht zu rechnen. Da es aller Wahrscheinlichkeit nach nicht möglich war, das Eis einfach zu zerschlagen, schlug Geraldine Ruszala schließlich vor, abwechselnd warmes und kaltes Wasser auf den Eisblock zu gießen. Das klappte besser und schneller, als sie gehofft hatten. Die Forscher erwärmten Flußwasser auf dem Campingkocher, beförderten es über eine „Eimerkette" bis zum Grab und gossen es dort auf eine bestimmte Stelle im Eis, von wo aus es schließlich bis zur Verbindungsstelle zwischen Sargboden und Grabsohle durchsickerte. Dieses Wasser fingen sie wieder auf und gossen es außerhalb des Grabungsplatzes weg. Sie arbeiteten hart und kamen schnell voran.

Das erste, was man von Torrington sah, war seine Hemdbrust mit sämtlichen Perlmuttknöpfen. Noch aufregender für die Forscher war jedoch der Anblick seiner vollständig erhaltenen Zehen, die nach und nach durch das zurückweichende Eis hindurchstießen.

Die meiste Zeit des Tages verging damit, den Körper freizulegen. Das Gesicht blieb noch verborgen, zugedeckt von einem Stück desselben blauen Wollstoffs, der den Sarg von außen umhüllt hatte. Doch es sollte nicht mehr lange dauern, bis sie in das Gesicht dieses Mannes blicken sollten, der aus einer längst Vergangenheit gewordenen Zeit stammte. Das Wissenschaftlerteam wurde immer aufgeregter. Welcher heute lebende Mensch hätte – abgesehen von einigen Porträts und primitiven Fotos aus jener Zeit – jemals das Gesicht eines Mannes vom Beginn des

vorigen Jahrhunderts gesehen? Und dann noch das eines Mannes, der
an einer der größten Expeditionen in der Geschichte der Entdeckungen
teilgenommen hatte!

Während Beattie weiter Torringtons Füße vom Eis befreite, taute
Arne Carlson sorgfältig den Teil des Wolltuchs auf, der das Gesicht
bedeckte. Mit einer langen Operationspinzette hob er den Stoff jeweils
vorsichtig so weit hoch, wie er sich vom Eis lösen ließ. Dies war eine
schwierige und mit peinlicher Sorgfalt auszuführende Prozedur, da
Carlson das Gewebe möglichst nicht beschädigen wollte und tief vorn-
übergebeugt arbeiten mußte, um alles genau zu sehen. Dann plötzlich,
als er den rechten Zipfel sanft nach oben zog, löste sich die letzte dünne
Eisschicht und gab den Stoff frei: Carlson blickte geradewegs in das
Gesicht John Torringtons. Er schnappte nach Luft, sprang auf und ließ
den Stoff los, der wieder über Torringtons Gesicht fiel. Er deutete mit
der Pinzette auf Torrington. „Da liegt er! Er liegt wirklich da!" stieß er
hervor. Die anderen traten sofort an das Grab, und während sie
gemeinsam auf das Tuch starrten, ergriff Beattie einen der Zipfel und
zog das Stück Stoff zurück.

Niemand rührte sich oder sprach ein Wort. Nichts hatte sie auf das
Gesicht John Torringtons vorbereiten können, der da vor ihnen lag,
eingebettet in seinem Eissarg. Trotz all der Jahre, die seit seinem Tod
vergangen waren, machte er den Eindruck, als sei er noch nicht lange
tot; ja, fast schien es, als sei er gerade eben erst gestorben.

Es war ein erschütternder Moment für Beattie, der Mitleid mit diesem Mann fühlte und Trauer über seinen Tod empfand und doch
zugleich das Gefühl hatte, als stehe er auf einer Klippe und blicke über
einen furchterregenden Abgrund auf eine ferne, fremde Welt.

An dem Tag, als sie mit der Autopsie begannen, war der Himmel
bedeckt. Die grauen Wolken verschmolzen mit den grauen Wassern der
Erebusbucht. Die Temperatur betrug minus ein Grad Celsius, und der
Wind wehte mit einer Durchschnittsgeschwindigkeit von zwanzig Stun-
denkilometern aus südlicher Richtung. Sie standen neben dem Grab
und sahen in den Sarg hinab. Wie Torrington so dalag, in seinen
schlichten grauen Leinenhosen und seinem blau-weiß gestreiften
Hemd, schien sein Anblick die ohnehin schon düstere Stimmung noch
zu verstärken.

John Torrington wirkte dabei alles andere als grotesk. Der Ausdruck seines schmalen Gesichts mit den aufgeworfenen Lippen und halbgeschlossenen Augen, die von zarten hellbraunen Wimpern umrahmt waren, schien friedvoll. Nase und Stirn waren im Gegensatz zu der natürlichen Farbe der übrigen Gesichtspartien durch die Berührung mit dem blauen Wollstoff dunkel verfärbt, was die Sanftheit seines Gesichts besonders betonte. Die Tragik von Torringtons frühem Tod wurde den Forschern ebenso deutlich, wie auch seine Kameraden sie 138 Jahre zuvor empfunden haben mußten.

Torrington war ein Meter dreiundsechzig groß gewesen. Seine Arme waren lang gestreckt, seine Hände ruhten mit den Handflächen nach unten auf seinen Oberschenkeln und wurden in dieser Stellung von Baumwollbändern festgehalten. Ebensolche Bänder waren auch um seine Ellenbogen, seine Fußgelenke und die großen Zehen geschlungen. Sie hatten den Zweck, die Glieder während der Einsargung des Leichnams zusammenzuhalten. Später entdeckte man, daß sein Körper auf einem Bett von Hobelspänen lag, die auf den Boden des Sarges gestreut waren, wobei man den Kopf durch eine größere Menge Späne gestützt hatte. Seine Füße waren nackt, und außer seiner Kleidung hatte man ihm keine persönlichen Dinge mitgegeben.

Unter all den Eindrücken dieses Sommers gab es einen, der sich Beattie am stärksten und nachhaltigsten einprägte. Nachdem die Männer Torringtons Leichnam im Sarg ganz aufgetaut hatten, nahmen sie seinen Körper aus dem Grab, um ihn für die Autopsie vorzubereiten. Diese Szene ergriff Beattie dermaßen, daß er sie wohl nie vergessen wird. Carlson hielt die Beine, und Beattie stützte Torringtons Schultern und Kopf. Der Tote war sehr leicht; vermutlich wog er weniger als vierzig Kilogramm. Auch war er nicht steif wie der eines Toten. Obgleich seine Arme und Beine zusammengebunden waren, war er entspannt. Als sie ihn hochhoben, rollte sein Kopf auf Beatties linke Schulter, und Beattie sah unmittelbar in Torringtons halbgeöffnete Augen. „Es ist, als sei er nur bewußtlos", stellte Beattie leise fest.

Die beiden Männer betteten Torrington vorsichtig auf eine Zeltplane neben dem Grab. Dort lag er nun unter dem arktischen Himmel, den er vor 138 Jahren zuletzt erblickt hatte.

Die Wissenschaftler entfernten die Bänder und entkleideten den Körper. Während Beattie auf Torrington hinabblickte, der nackt auf der Plane für die Autopsie lag, sah er zum ersten Mal, wie ausgemergelt der junge Seemann war. Ein wahrhaft erschütternder Anblick. Man diskutierte darüber und fragte sich, was die Ursache hierfür gewesen sein konnte. War Torrington verhungert? Hatte er an einer Krankheit gelitten, die ihn seiner physischen Kräfte beraubt hatte? Es war sofort klar, daß ein Verbrechen ausschied: Vor ihnen lag ein junger Mann, der todkrank gewesen war.

Für den ausgemergelten Zustand des Leichnams war zu einem geringen Teil der Feuchtigkeitsverlust verantwortlich, der bei jeder länger dauernden Gefrierzeit auftritt. Insofern konnte der Erhaltungszustand des Körpers nicht als absolut unverändert bezeichnet werden. Andererseits konnte man jede seiner Rippen zählen, und bei der späteren Autopsie wurde kein Gramm Fett gefunden. Dies bewies, daß der Gewichtsverlust noch vor seinem Tod eingetreten und äußerst gravierend gewesen sein mußte.

Torringtons Hände, über die Beattie sagte, daß sie „aussähen, als seien sie noch warm", waren auffallend lang und zart, „so wie man sie bei einem Pianisten erwarten würde". Er hatte keinerlei Schwielen an den Fingern. Doch Torrington war Erster Heizer auf der *Terror* gewesen, und normalerweise hätten seine Hände die Spuren dieser Arbeit aufweisen müssen. Aber es gab keine, was Beattie davon überzeugte, daß Torrington bereits einige Zeit vor seinem Tode nicht mehr in der Lage gewesen war zu arbeiten. Auch seine Fingernägel waren sehr sauber, und man hatte ihm die Haare geschnitten.

Der erste Teil der Untersuchung bestand in einer peinlich genauen Suche nach äußeren Hinweisen auf eine mögliche Todesursache (Wunden, Flecken auf der Haut, Krankheitssymptome) oder auf eine ärztliche Behandlung (etwa einen Aderlaß). Man fand nichts bis auf dunkel verfärbte Flecken an den Ellenbogen, Händen und Fußgelenken, die von den Baumwollbändern stammten. Danach begann Beattie mit der eigentlichen Autopsie, die alles in allem mehr als vier Stunden dauerte. Beattie und Carlson, die Operationsschürzen trugen und ihre Hände durch zwei Paar Gummihandschuhe doppelt geschützt hatten, entnahmen Gewebe-, Organ-, Knochen-, Fingernagel- und Haarproben, die in Roger Amys Labor an der Universität von Alberta analysiert werden sollten. Hierfür öffneten sie den Körper mit einem Y-förmigen Schnitt von der Brust bis zum Unterleib, klappten Haut und Muskulatur zurück, entfernten zeitweilig den vorderen Brustkorb und holten dann die Organe aus Brustkorb und Bauch heraus. Zu Beginn der Autopsie waren alle inneren Teile völlig gefroren, und man mußte zunächst jedes Organ mit Wasser auftauen, bevor man ihm mit einem Skalpell eine Probe von etwa zehn bis zwanzig Gramm entnehmen konnte. Carlson und Beattie versahen die einzelnen Probenbehälter mit Informationen für die Identifikation und mit einer Nummer, gaben ein Konservierungsmittel hinein, und Beattie legte dann jeweils eine der gesammelten Proben in den dazugehörigen Behälter, der anschließend versiegelt wurde. Damkjar machte während der einzelnen Abschnitte der Autopsie Fotos, während Kowal aufschrieb, was Beattie ihm diktierte. Eine der größten Schwierigkeiten bei ihrer Arbeit war, warme Hände zu behalten. Deshalb stand während der ganzen Zeit neben Carlson und Beattie ein Eimer mit heißem Wasser, in dem sie sich immer wieder ihre Hände aufwärmen konnten.

Von Anfang an stieß Beattie bei seiner Arbeit auf medizinisch interessante Hinweise. Torringtons Lungen waren völlig schwarz und an mehreren Stellen mit der Brustwand durch Narbengewebe verklebt. Auch Torringtons Herz erschien unnormal. Weder im Magen noch im Darm befanden sich Nahrungsreste. Torringtons rechter Daumennagel wurde ebenso entnommen wie Proben seines Haares, der Rippen und des Speichenknochens, um sie in den nachfolgenden Monaten unterschiedlichen Analysen zu unterziehen. Auf diese Weise hoffte man, eine Art „Tagebuch" über seinen Gesundheitszustand vom Beginn der Expedition bis zu seinem Tod erstellen zu können.

Eine schwierige, aber notwendige Prozedur während einer Autopsie ist die Entnahme des Gehirns. Assistiert von Carlson und Damkjar, entfernte Beattie mit einer chirurgischen Handsäge die Schädeldecke, entnahm dem Gehirn einige Gewebeproben und untersuchte es nach Anomalien.

Obwohl der Körper sich in einem hervorragenden äußeren Zustand befand, stellte Beattie während der Autopsie fest, daß sich die Gewebestruktur nach dem Tod doch degenerativ verändert hatte. Amy bestätigte später anhand der mikroskopischen Untersuchungen, daß so gut wie alle Zellstrukturen schwer geschädigt beziehungsweise zerstört waren. Das Gehirn war, wie auch einige andere Organe, bis auf zwei Drittel seines normalen Umfangs geschrumpft; seine Zellen waren im Wege der Autolyse von ihren eigenen Enzymen zerstört worden. Beattie wurde später mehrfach darauf angesprochen, ob man Torrington nicht eines Tages hätte wieder zum Leben erwecken können, doch die massive Zerstörung der Zellen in allen seinen Organen schloß diese Möglichkeit von vornherein aus.

Beattie hatte Torringtons Gesicht für die Dauer der Autopsie zugedeckt; irgendwie gab ihm das das beruhigende Gefühl, daß die private Sphäre des Toten gewahrt blieb. Diese Geste macht deutlich, wie sehr das Gesicht als Spiegel der Seele und Ausdruck unserer Identität empfunden wird.

Nach Beendigung der Autopsie wurde Torrington wieder angezogen und in sein Grab und seinen Sarg zurückgehoben. Die Wissenschaftler brachten den Körper sorgfältig in seine ursprüngliche Lage und legten dann den Deckel wieder auf den Sarg. Bald würde Wasser das Grab erneut füllen, gefrieren und Torringtons Körper für alle Zeit konservieren. Geraldine Ruszala hatte eine Notiz mit ins Grab gelegt, sie enthielt die Namen der sieben Forscher, schilderte deren Gefühle bei der Exhumierung und gab eine Begründung für die Untersuchungen. Es war eine persönliche Gabe an John Torrington, die zusammen mit seinem Leichnam höchstwahrscheinlich uns alle überdauern wird.

Auf Geraldine Ruszalas Vorschlag versammelte sich das Team zu einem stillen Gebet um das Grab, bevor John Torrington wieder der gefrorenen Tiefe übergeben wurde. In jenen Augenblicken sann Beattie über das Leben dieses Seemannes nach, über die Ereignisse des Winters 1845/46, seine eigenen Erlebnisse im Sommer des Jahres 1984 und wie die dazwischenliegenden Jahre, die sie trennten, irgendwie aufgehoben waren.

Die Mannschaft der *Terror* hatte John Torringtons wegen die Fahrt an jenem bitterkalten Januartag 1846 unterbrochen. Keiner von ihnen mag geahnt haben, welche Schrecken sein Tod ankündigte. Ihr Unternehmen war noch jung, und die Nordwestpassage, die seit dreihundert Jahren in den Köpfen der Menschen gespukt hatte, schien sie hinter dem Eis im Westen in greifbarer Nähe zu erwarten.

9. Das Gesicht des Todes

DER arktische Sommer 1984 ging zu Ende. Obgleich das Wetter im allgemeinen schön war – abgesehen von einigen leichten Schneegestöbern –, verlor die Sommersonne gegen Ende August ihre Wärme, und die Nächte wurden kalt. Während der Winter mit jedem Tag näher rückte, schlich sich auch die nächtliche Dunkelheit wieder in den 24-Stunden-Tag des arktischen Sommers ein. Man mußte den Generator in Betrieb setzen, um während der Abende im Kochzelt einen Flutlichtscheinwerfer mit Strom zu versorgen.

Dann wurde das Wetter so unberechenbar, daß es in der halben Stunde, die das Flugzeug aus Resolute bis zu ihnen brauchte, völlig umschlagen konnte. Eine Veränderung der Windrichtung oder eine sich schnell zusammenziehende Wolkendecke genügten bereits, um eine Landung auf der Beecheyinsel unmöglich zu machen.

Beattie hatte ursprünglich vorgehabt, alle drei Gräber der Franklin-Expedition, die sich auf der Insel befanden, in diesem Sommer zu öffnen. Aber da er dem Wetter nicht mehr traute, begann er sich gedanklich bereits der Laborarbeit zuzuwenden, die ihn in Edmonton erwartete.

Die Exhumierung Torringtons und seine Autopsie hatten drei Tage in Anspruch genommen. Alle Beteiligten waren körperlich und seelisch ausgelaugt. Es bedurfte nur noch eines Anrufs beim „Polar Shelf", und sie konnten die Insel verlassen. Aber da war etwas an Hartnells Grab gewesen, das Beattie und die anderen irritiert hatte. Noch bevor die Autopsie Torringtons abgeschlossen war, hatte Walt Kowal angefangen, den Permafrost über Hartnells Grab abzutragen.

Eine kurze Untersuchung der Gräber von John Hartnell und William Braine hatte gezeigt, daß sie ursprünglich sehr ähnlich, wenn nicht sogar genauso wie das von Torrington angelegt worden waren. Diese Übereinstimmung bestand jedoch nicht mehr: Es war deutlich zu erkennen, daß Hartnells Grab irgendwann während der vergangenen 138 Jahre verändert worden war. Die großen Schieferplatten, die einmal dieses Grab – wie auch das von Braine – gewölbeartig bedeckt hatten, waren planlos auf das Grab geschichtet worden, so als ob man sie entfernt und später hastig wieder hingelegt hatte. Als die Forscher die Oberfläche des Grabes und alle Winkel und Vertiefungen zwischen den großen Steinen sorgfältig inspizierten, fanden sie kleine Holzstücke und ein paar winzige blaue Stoffetzen, die aus dem gleichen Material waren wie das Tuch, das Torringtons Sarg bedeckt hatte. Beattie, der keinerlei Informationen darüber besaß, wann das Grab geöffnet worden war, besprach die Angelegenheit mit den anderen und erörterte vor allem die Schwierigkeit, in der noch verbleibenden Zeit eine komplette Autopsie Hartnells vorzunehmen. Falls das Grab bereits einmal oder mehrmals geöffnet worden war, mußten sie bei der Sammlung der Beweisstücke ganz besonders sorgfältig vorgehen – und das konnte erhebliche Zeit in Anspruch nehmen. Beattie entschied sich deshalb dafür, vorläufig nur nach Hinweisen für den Ablauf der Zerstörung und für den Konservierungszustand der Leiche zu suchen, die Autopsie selbst aber erst im darauffolgenden Jahr durchzuführen.

Während Kowal und die anderen mit den Abtragungsarbeiten an Hartnells Grab beschäftigt waren, besuchte Beattie einen Ort, der weitere wichtige Aufschlüsse für seine Forschungsarbeiten bringen sollte. Etwa einen Kilometer nördlich von den Gräbern, an der schmalsten Stelle der Insel nahe der Landzunge, befindet sich ein großes ovales Rund mit einer Vertiefung in der Mitte, die mit Bruchstücken Hunderter verrosteter und verrotteter Konservendosen von der Franklin-Expedition gefüllt ist. Als dieser Platz im August 1850 entdeckt worden war, hatten die Forscher ein sorgfältiges Arrangement von siebenhundert oder mehr Dosen gefunden, die hintereinander zu kleinen Pyramiden von etwa einem halben Meter Höhe aufgestapelt waren. Zuvor waren die leeren Dosen mit Kies gefüllt worden. Der Grund für die Errichtung dieses „Mals" ist nicht bekannt. Um keine von Franklins Männern möglicherweise hinterlassene Botschaft zu übersehen, hatten die Forscher 1850 aus jeder einzelnen Dose den Kies herausgeschüttet und untersucht. Sie hatten buchstäblich keinen Stein auf dem anderen gelassen und sogar den Boden unter den Dosenpyramiden aufgegraben in der Hoffnung, irgendein Dokument zu finden – vergeblich. Von dieser Ausgrabung rühren das ovale Rund und die Vertiefung her, die den Platz heute kennzeichnen.

Die erste Aufnahme von John
Torrington, wenige Augenblicke
nachdem man das Wolltuch
zurückgeschlagen hatte, in das
der Sarg gehüllt war.

John Torringtons Sarg. Der Pfeil
zeigt die Nordrichtung an.

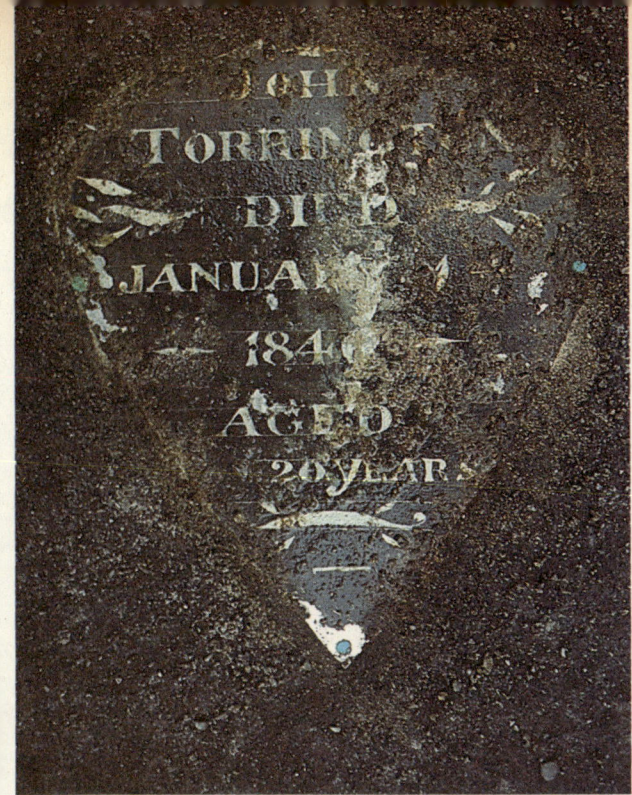

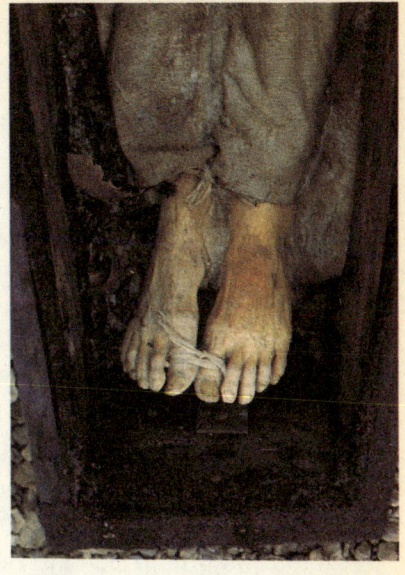

Torringtons Leichnam war mit Baumwollbändern umwickelt, die Arme und Beine
während der Vorbereitung zur
Beisetzung zusammenhalten sollten.

Schmuckplatte mit der Inschrift:
John Torrington, gestorben am
1. Januar 1846 im Alter von
20 Jahren

Die dunklen Stellen in Torringtons
Gesicht stammen von dem blauen
Wolltuch.

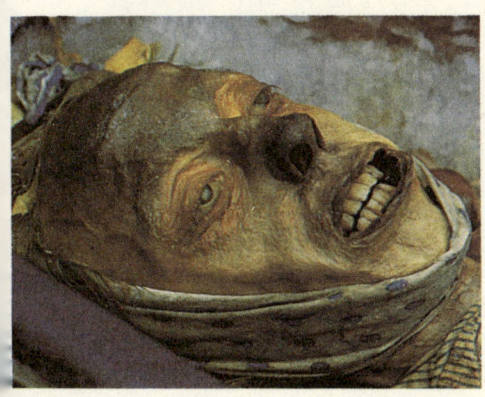

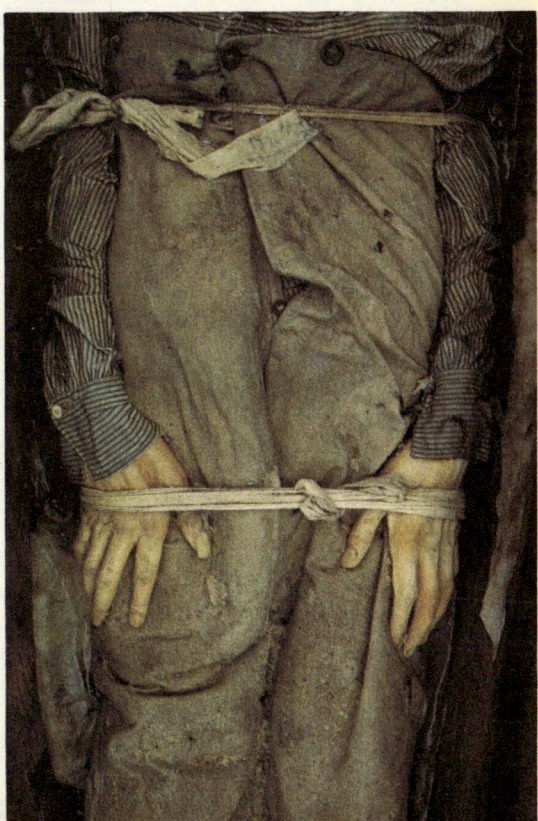

Es hat lange Debatten über die Bedeutung dieser Dosen gegeben. Man glaubte, das „Mal" habe darauf hinweisen sollen, daß es Probleme mit der konservierten Nahrung gegeben habe. Fest steht, daß Stephan Goldner, der die Franklin-Expedition ausgerüstet hatte, in den 1850er Jahren Schwierigkeiten wegen der Qualität von Konservendosen bekam, die er späteren Expeditionen geliefert hatte. Und mehr als einer der Forscher hatte beobachtet, daß zahlreiche auf der Beecheyinsel gefundene Dosen gewölbte Böden aufwiesen, als sei ein Teil der Nahrungsmittel in Fäulnis übergegangen. In diesem Zusammenhang hat ein Historiker des 20. Jahrhunderts errechnet, daß die Zahl der Dosen, die man gefunden hatte, keinesfalls größer war, als man dies bei der Länge des Aufenthaltes der Expeditionsteilnehmer auf der Beecheyinsel hätte erwarten müssen. Mit anderen Worten, es gibt keinen Beweis dafür, daß man sich auf der Beecheyinsel verdorbener Dosen entledigt hätte.

Beattie hatte Fotos von Konservendosen mehrerer britischer Polarexpeditionen gesehen und hatte auch ein paar davon in der Hand gehabt, aber als er die Dosen der Franklin-Expedition genauer betrachtete, entdeckte er einen wichtigen Unterschied: Das Blei war an den Lötstellen dick und schlampig aufgebracht und wie geschmolzenes Kerzenwachs an der Innenseite der Dosen hinabgelaufen. Beattie fragte sich, ob dies die Ursache für den hohen Bleigehalt in den 1981 gefundenen Skelettknochen vom Booth Point war. Dieser Gedanke nahm immer mehr Gestalt an, als jede Dose, die er untersuchte, die gleichen unsauberen Lötstellen aufwies. Er sammelte deshalb ein paar von ihnen für eine gründlichere Überprüfung ein.

Unterdessen gestalteten sich die Ausgrabungsarbeiten an Hartnells Grab für Kowal noch schwieriger als bei Torrington, denn der Permafrost war hier wesentlich härter. Diese Tatsache bewies bereits, daß das Grab geöffnet worden und dann wieder zugefroren war. Da im weiteren Verlauf der Grabung noch mehr Holzstücke und blaue Stoffetzen auftauchten, fand sich Beattie in seiner Annahme bestätigt, daß bei der vorangegangenen Öffnung des Grabes sehr wahrscheinlich der Sarg und möglicherweise sogar Hartnells Leichnam freigelegt worden waren. Kurz darauf meldete Kowal, daß er auf das Fußende des Sarges gestoßen sei. Man hatte eigentlich vermutet, daß das Grab mindestens ebenso tief ausgehoben sei wie Torringtons, doch zur allgemeinen Überraschung war der Sarg nur in etwa fünfundachtzig Zentimeter Tiefe beigesetzt worden.

Die weiße Bänderdekoration war diesmal in sehr schlechtem Zustand. Als Kowal fortfuhr, den Permafrost vom Sargdeckel zu entfernen, stieß er auf zerbrochenes und gesplittertes Holz. „Jemand hat sich bereits an diesem Grab zu schaffen gemacht", meinte er, als er den Sargdeckel freigelegt hatte. Und in der Tat konnte man jetzt sehen, daß der Sarg auf der rechten Seite in Höhe des Unterarmes zerschmettert worden war und ein ziemlich großes Loch aufwies, ja man erkannte sogar noch die Spuren jedes einzelnen Pickelschlages. Um das Loch herum fehlte ein großes rechteckiges Stück des blauen Stoffs, und der Deckel, der ursprünglich fest auf den Sarg genagelt gewesen war, war leicht verrutscht. Die Nägel mußten entweder entfernt oder zerbrochen worden sein. Beattie machte das Ausmaß der Zerstörung betroffen. Hier schien ein eklatanter Fall von Vandalismus vorzuliegen. Erst später sollte sich herausstellen, daß der angerichtete Schaden nicht auf blinde Zerstörungswut zurückzuführen war. Wer auch immer das Grab geöffnet haben mochte, hatte nämlich den Deckel wieder ordentlich auf den Sarg gelegt, und es sah so aus, als habe er die Nägel zuvor sorgfältig herausgezogen. Vandalen hätten sich diese Mühe nicht gemacht.

Beattie sprang in das Grab, beugte sich über das Loch im Deckel und griff hinein. Nachdem er etwas Kies herausgeholt hatte, meinte er: „Seht mal – Hartnells Hemd!" Ein kleines Stück Stoff, fast von der gleichen Art wie Torringtons Hemd, wurde unter dem Eis sichtbar. Offensichtlich handelte es sich um einen Teil des rechten Hemdsärmels. Er war zerrissen, und Beattie befürchtete nun natürlich, daß auch Hartnells Leichnam beschädigt sein könnte. Anders als bei Torrington fand sich auf Hartnells Sargdeckel keine Schmuckplatte. Beattie hielt es für möglich, daß sie bei der ersten Ausgrabung entfernt worden war. Aber auch bei einer sehr gründlichen Untersuchung konnte man keine Nagelspuren entdecken. Immerhin war es jedoch denkbar, daß die kleinen Löcher sich in der Zwischenzeit wieder geschlossen hatten.

Damit hatten die Forscher ein vorläufiges Ergebnis: Hartnell war nur etwa halb so tief beigesetzt worden wie Torrington, und außerdem schien der Sarg nicht auf die Grabtafel hin ausgerichtet. Da die

Forscher vorhatten, nicht den gesamten Sarg freizulegen, mußte die Untersuchung darüber, inwieweit er beschädigt worden war, bis zu ihrer geplanten Rückkehr warten.

Als Kowal den Sargdeckel schließlich abnahm, hockten alle wie gebannt am Rand des Grabes. Im Inneren von Hartnells Sarg befand sich wiederum ein solider Eisblock. „Ohne Zweifel wird er genauso gut erhalten sein wie Torrington", meinte Beattie. Dennoch stand weiterhin unausgesprochen die Befürchtung im Raum, Hartnells Leichnam könne beschädigt sein.

John Torrington hatte auf sie den Eindruck eines zerbrechlichen, unschuldigen jungen Mannes gemacht. Er sah nicht aus wie ein abgehärteter Seemann und Abenteurer, sondern schlicht wie ein Mensch, der zu früh gestorben war. Nach diesem Eindruck war keiner der Wissenschaftler auf den Anblick vorbereitet, der sie wenige Zentimeter unter der Eisoberfläche in Hartnells Grab erwartete.

Kowal goß Wasser über den Kopfteil des Sarges, und bald darauf konnte man in dem zurückweichenden Eis die Umrisse einer Nase erkennen. Während Torringtons Gesicht durch die Berührung mit dem blauen Wolltuch leicht verfärbt gewesen war, erschien Hartnells Nase unter einer Luftblase in ihrer natürlichen Farbe. Nach und nach beobachtete Kowal, wie ein geisterhaftes Bild durch das Eis hindurch Formen annahm – ein furcherregendes, schimmerndes Antlitz des Todes.

„Dieser Bursche sieht gespenstisch aus", stellte Kowal fest, während er fortfuhr, Hartnell freizulegen. „Geradezu der Inbegriff eines Piraten. Er kann einem angst machen."

Die anderen sahen schweigend zu, bis das Gesicht schließlich offen dalag. Sie waren auch diesmal erschüttert, aber auf eine andere Art als bei Torrington. Während Torrington eine jugendliche, tragische Unerfahrenheit verkörpert hatte, stand John Hartnell für die grausame Realität des Todes und des Leidens in der Arktis: Sein Gesicht war das eines vom Leben gezeichneten Seemanns des 19. Jahrhunderts. Seine rechte Augenhöhle schien leer, und seine Lippen waren grausam geschürzt, so als ob er den Zorn über seinen Tod habe hinausschreien wollen. John Hartnells letzte Gedanken und die Unerträglichkeit seiner Schmerzen hatten sich in seine Züge eingegraben.

Eingerahmt wurde dieses Gesicht von einer enganliegenden Mütze, von dem bis unter seinen rötlichen Kinnbart reichenden Leichenhemd und dem äußeren Rand des schmelzenden Eises. Eine Locke seines dunklen Haares schaute unter der Mütze hervor. Im Gegensatz zu seinem rechten Auge schien das linke intakt zu sein. „Ich möchte wissen, warum seine Augen so unterschiedlich erhalten sind", murmelte Beattie, als die Forscher Hartnell der Reihe nach musterten. „Ist das Auge wohl vor seinem Tod verletzt worden? War er krank?" Aber wie viele andere Fragen mußten auch diese bis zur geplanten Rückkehr des Forscherteams zur Beecheyinsel zurückgestellt werden.

Außer dem Gesicht legten sie nur noch das Stück Stoff frei, das Hartnells rechten Unterarm bedeckte. Der Körper war in ein Leichentuch gehüllt. Ein Teil dieses Lakens und der darunterliegende Hemdsärmel seines rechten Armes waren während der ersten Exhumierung zerrissen worden.

Später, nach seiner Rückkehr ins Labor und mit den Informationen der Bücherei von Edmonton, begann Beattie, Stück für Stück das Geheimnis um Hartnells Ausgrabung zu lösen. Sir Edward Belcher hatte im August 1852 als erster versucht, die Gräber zu öffnen, aber er hatte sich von dem zementartigen Permafrost entmutigen lassen. Seine Leute hatten aufgegeben, nachdem sie erst ein paar Zentimeter in den Boden eingedrungen waren. Einen Monat später war Hartnell von einer durch Lady Franklin finanzierten Suchexpedition exhumiert worden. Der Leiter dieser Expedition war Fregattenkapitän Edward A. Inglefield gewesen. Er wurde von Dr. Peter Sutherland begleitet, der eine solche Exhumierung bereits zwei Jahre zuvor bei einer Expedition unter Kapitän William Penny vorgeschlagen hatte.

Die Exhumierung Hartnells erwähnte Inglefield in seinem veröffentlichten Tagebuch nicht. Ein nicht veröffentlichter Brief Inglefields an Konteradmiral Sir Francis Beaufort vom 14. September 1852 füllt indessen diese Lücke:

Mein Schiffsarzt half mir, und ich berührte Arm und Gesicht des armen Hartnell. Er war anständig in ein Baumwollhemd gekleidet, und obgleich die Dunkelheit unsere Sicht behinderte, so konnten wir doch fühlen, daß eine zehrende Krankheit die Ursache seines

Ablebens gewesen war. Es lag eine unheimliche und düstere Stimmung über dem stillen, schneebedeckten Ufer der berühmten Beecheyinsel, als wir beide da um Mitternacht standen. Der blasse Mond sah auf uns herab, während wir schweigend mit Eispickel und Schaufel in dem hartgefrorenen Grab arbeiteten. Bei jedem Schlag sprühten rote Funken [...]. Wir fanden keinerlei Spuren, nur ein Stück dicken Wollstoffs auf halbem Weg zum Sargdeckel. Ich habe alles wieder sorgfältig an seinen Platz gelegt und nur die Platte mitgenommen, die auf dem Sargdeckel aufgenagelt war, und einen Streifen des Stoffes, mit dem der Sarg bedeckt war.

Ein wichtiger Brief und, wie Beatties Untersuchung 1984 zeigte, sehr genau in der Beschreibung dessen, was damals geschehen war – bis zu dem Stück Stoff, das Inglefield entfernt hatte. Hier war der Beweis, der die Veränderung des Grabes, die Ursache der Zerstörung und das Geheimnis der fehlenden Platte erklärte. Wo sich die Platte und das Stück Stoff heute befinden, ist unbekannt.

Da für Beattie und sein Team die Jahreszeit bereits ziemlich weit fortgeschritten war, bestand keine Hoffnung, die medizinischen Untersuchungen an Hartnell und Braine noch in dieser Saison abzuschließen. Die Wissenschaftler mußten noch einmal hierher zurückkehren, um ihre Arbeit zu vollenden.

Nachdem sie Fotos von Hartnell gemacht hatten, begannen sie den Sarg und die Begräbnisstätte in ihren alten Zustand zu versetzen. Sie legten den Deckel wieder leicht schräg auf den Kasten, so wie sie ihn gefunden hatten, verteilten eine dünne Schicht Geröll auf dem Deckel und breiteten zum Schluß – im Hinblick auf ihre geplante Rückkehr – eine leuchtend orangefarbene Plane über dem Sarg aus.

Nachdem sie auch die Oberfläche von Hartnells Grab wieder hergerichtet hatten, machte sich die Gruppe zur Abreise fertig. Das Flugzeug sollte in zwei Tagen kommen – Zeit genug, um zu packen, den Lagerplatz zu säubern und sich noch ein wenig umzusehen. Walt Kowal und Geraldine Ruszala machten sich auf eine 35-Kilometer-Wanderung zum Kap Riley und zurück, während Damkjar und Carlson in das Innere der Insel vorstießen.

Beattie blieb allein zurück. Er hatte einiges, worüber er nachdenken

mußte. Vor allem beschäftigte ihn ein Besuch, den der Forscher Roald
Amundsen der Beecheyinsel im August 1903 abgestattet hatte. Amundsen hatte bei seinem Versuch, die Nordwestpassage zu erkunden, die
Insel angelaufen, um Franklin seine Reverenz zu erweisen. Während er
mit seinem kleinen Schiff, der *Gjøa*, in der Erebusbucht ankerte, rang
er noch mit sich, welchen Weg er nun einschlagen sollte. Im Gegensatz
zu Franklin traf er die richtige Entscheidung und war damit der erste
Mensch, der die schwer auszumachende Passage erfolgreich durchfuhr.
Während Beattie die Ereignisse des Sommers noch einmal durchdachte,
wuchs in ihm die Gewißheit, daß die hervorragende Konservierung der
toten Seeleute aus Franklins Mannschaft seiner eigenen Expedition den
Erfolg sichern würde. Es blieb kaum ein Zweifel, daß die nun vor ihm
liegenden Monate der Laborarbeit wichtige neue Erkenntnisse über das
Schicksal Franklins und seiner Mannschaft bringen würden.

Ihr letzter Tag auf der Beecheyinsel, der 26. August, war warm und
sonnig. Die Zelte waren schnell abgebaut, die Ausrüstung wurde neben
den Gräbern aufgestapelt, und das Geröll um das Lager wurde geglättet
und die letzten Papierfetzen aufgesammelt. Beattie benachrichtigte
über Funk den Leiter der Polarschelf-Basisstation in Resolute, und das
Flugzeug startete, um sie abzuholen. Sie fotografierten den Platz noch
ein letztes Mal, und mit Hilfe eines Selbstauslösers schossen sie ein
Gruppenfoto. In diesem Moment hörten sie aus Richtung Westen
bereits schwach den Motor des Flugzeuges.

Kurz darauf flog eine Twin Otter über sie hinweg. Alle winkten und
machten Fotos, und alle sahen zu, wie das Flugzeug zunächst vorbei-
brummte, einen Bogen flog und danach landete.

Dann verluden sie ihr Gepäck und bestiegen die Maschine. Beattie
saß links im Flugzeug und sah auf die kaum zehn Meter entfernten
Grabstätten hinunter. Während der letzten zwei Wochen hatte er Hunderte von Fotos von allen drei Gräbern gemacht und in zwei von ihnen
hineingesehen. Und dennoch verspürte er den Zwang, durch das
beschlagene Fenster und den sich drehenden Propeller der Twin
Otter noch eine letzte Aufnahme zu machen. Kaum hatte er auf den
Auslöser gedrückt, begann das Flugzeug zu rollen. Mit aufheulendem
Motor hob die Maschine ab und flog davon. Sekunden später waren
sie bereits über der Unionbai und wandten sich der Cornwallisinsel

zu, die im Westen auftauchte. Nach einer Dreiviertelstunde saßen sie schon im Speiseraum der Polarschelfstation in Resolute Bay, tranken Kaffee und ließen sich die herrliche Hausmannskost schmecken, die die Mannschaft für sie warmgestellt hatte. Ihre Erlebnisse auf der Beecheyinsel schienen bereits zu verblassen. Im Augenblick interessierten sie sich ohnehin nur für eine Dusche, frische Wäsche oder Gespräche mit dem Team der Polarschelfstation. Das Flugzeug der Pacific Western Airlines sollte am nächsten Tag kommen, und das bedeutete Heimreise. Der Sommer war bereits ein Erfolg gewesen. Aber ihre Entdeckungen in den Labors in Edmonton sollten noch aufregender werden.

10. Ein Beweis wird erbracht

IM GRUNDE war der Körper John Torringtons zu einer Mumie geworden. Was ihn allerdings von denjenigen Mumien unterschied, die man an anderen Ausgrabungsstätten gefunden hatte, war sein erstaunlich guter Zustand.

In scltenen Fällen kann es vorkommen, daß die Art der Beisetzung unbeabsichtigt zu einer vollständigen oder teilweisen Konservierung eines Leichnams führt. Einige der besterhaltenen Funde aus der Frühzeit hat man in den Mooren Nordwesteuropas gemacht. In einer Reihe von Fällen haben die Säuren der Moore die Leichname weitgehend erhalten, und dies über Tausende von Jahren hinweg. Aber gleichzeitig hatten ebendiese Säuren die „Moorleichen", wie man sie nannte, völlig verfärbt. Ihre Haut sah aus „wie in Teer getaucht", ihr Haar war leuchtend rot, und ihre Knochen waren stark entkalkt. Eine weitere natürliche Art der Konservierung kann durch niedrige Temperaturen und Mangel an Feuchtigkeit eintreten. 1972 fand man im Qilakitsoq auf Grönland fünfhundert Jahre alte menschliche Überreste, darunter die eines Kindes. Jedoch waren alle diese Mumien steif und unbeweglich: Durch das Austrocknen und die Verhärtung des Gewebes waren die Körper für immer in der Haltung erstarrt, in der sie beigesetzt worden waren.

Der zweifellos erstaunlichste Erfolg der Forschungen auf der

Beecheyinsel war daher die Entdeckung von fast völlig erhaltenem Gewebematerial. Tatsächlich hatte die ununterbrochene, seit dem Frühjahr 1846 dauernde Vereisung größere äußere Verfallserscheinungen verhindert, so daß John Torrington noch fast genauso aussah wie zu seinen Lebzeiten. Das ging so weit, daß das Körpergewebe sogar seine Flexibilität behalten hatte. Selbst als man Proben davon unter dem Mikroskop untersuchte, sahen einige von ihnen noch so aus, als wären sie weit jüngeren Datums. Aber die langanhaltende Vereisung hatte auch Spuren hinterlassen. Teile der inneren Zellstruktur fehlten im allgemeinen, und bei den meisten Gewebeproben waren die Zellwände teilweise zerstört. Außerdem variierte der Grad der Konservierung innerhalb des Körpers deutlich.

Die Laborergebnisse der an John Torrington vorgenommenen Autopsie zeichneten das Bild eines jungen Mannes, der an mehreren schweren Krankheiten gelitten hatte. Leider ließ sich jedoch trotz der Untersuchung der Gewebeproben, die Roger Amy am Universitätskrankenhaus von Edmonton mit größter Sorgfalt durchführte, zunächst keine spezifische Todesursache feststellen.

Bereits bei der Autopsie war Torringtons geschwärzte Lunge besonders aufgefallen. Hier lag eine Anthrakose vor, wie sie durch das Einatmen in der Luft vorhandener Schadstoffe wie Tabak, Kohlenrauch und Kohlenstaub hervorgerufen wird. Außerdem war seine Lunge an einigen Stellen mit der Brustwand verwachsen, was auf eine frühere Erkrankung hindeutete. Unter dem Mikroskop sichtbare Zerstörungen des Lungengewebes ergaben ein Emphysem, eine Lungenkrankheit, die normalerweise erst bei sehr viel älteren Menschen auftritt, sowie Beweise für eine Tuberkulose. Die Verwachsungen und das zusätzliche Vorhandensein von Flüssigkeit in der Lunge in Verbindung mit einer Infektion ließen Amy zu dem Schluß kommen, daß die unmittelbare Todesursache eine Lungenentzündung gewesen sei. Dann jedoch fand man bei der Analyse der Spurenelemente in den Knochen und Haaren Torringtons die wohl eigentliche Ursache seines Todes: Eine Atomabsorptionsanalyse von Torringtons Knochen ergab einen erhöhten Bleigehalt von 110–151 Teilen pro Million. Obgleich er nicht so hoch war wie bei dem Franklin-Seemann vom Booth Point, lag auch dieser Bleigehalt um ein Vielfaches über dem Normalwert. Torrington hatte mit Sicherheit unter den ernsten geistigen und körperlichen Krankheitssymptomen gelitten, wie sie eine Bleivergiftung hervorruft. Nachdem er dadurch bereits geschwächt war, muß er schließlich einer Lungenentzündung erlegen sein. Daß das Skelett vom Booth Point einen noch höheren Bleigehalt aufwies, mochte daran liegen, daß der 1981 gefundene Franklin-Seemann gut zwei Jahre länger als Torrington gelebt hatte; während des weiteren Verlaufs der Expedition hatte sich daher noch zusätzlich Blei in seinem Körper anlagern können.

Für Beatties Forschungen war eine Analyse der Haare besonders wichtig. Man verwendete dafür zehn Zentimeter lange Haarsträhnen aus der Nackenpartie, denn diese Haare waren lang genug, um über die Höhe der Bleiaufnahme während der ersten acht Monate der Franklin-Expedition Auskunft geben zu können. Beattie war über die Ergebnisse des sorgfältig durchgeführten Tests verblüfft. Der Bleigehalt im Haar überstieg den Wert von 600 ppm, ein sicherer Beweis für eine akute Bleivergiftung. Nur bei den letzten Zentimetern sank der Bleianteil, wenn auch nur leicht. Dies ließ sich erklären mit einer verminderten Nahrungsaufnahme in den letzten vier bis acht Wochen seines Lebens, als Torrington bereits schwer krank war.

Zweifellos muß John Torrington in den letzten Wochen vor seinem Tod gewußt haben, wie es um ihn stand. Beatties Nachforschungen ergaben, daß die Gesundheit des Maats nie sehr stabil gewesen war, aber seit Ende Dezember 1845 ging es ihm besonders schlecht. John Torrington lag im Sterben.

Acht Monate zuvor hatte er auf der *Terror* angeheuert, zweifellos mit den schönsten Hoffnungen. Äußerlich muß er noch einen völlig gesunden Eindruck gemacht haben, als die Expedition Ende Juli in der Baffinbai den beiden Walfängern begegnete, denn andernfalls hätte man ihn auf einem dieser Schiffe nach Hause geschickt. Es schien so, als sei die Krankheit im September ganz plötzlich ausgebrochen, etwa zu der Zeit, als Franklins Schiffe für den Winter einige hundert Meter vor der Nordostecke der Beecheyinsel vor Anker gingen.

Es war eine schleichende und sich hinschleppende Krankheit. Die ersten Anzeichen jener tödlichen Kombination aus Emphysem, Tuberkulose und Bleivergiftung mögen Appetitlosigkeit, Reizbarkeit, Konzentrationsschwäche, Kurzatmigkeit und Müdigkeit gewesen sein.

Wahrscheinlich hat Torrington seinen Dienst noch bis Mitte oder Ende November versehen, bevor man ihn auf die Krankenstation schickte. Daß sein Körper keine wundgelegenen Stellen aufwies, deutete darauf hin, daß Torrington auf Anweisung des Schiffsarztes zumindest noch im Dezember mehrmals am Tag kurze Spaziergänge unter Deck gemacht hat. Dort konnte er sich mit Freunden unterhalten und von Zeit zu Zeit – solange es seine Krankheit zuließ – in die Dunkelheit des arktischen Winters hinausstarren, auf die öden, schneebedeckten Felsen der Beecheyinsel.

Torringtons Zustand wird sich über Weihnachten dramatisch verschlechtert haben. Sein Verhalten mag unberechenbar geworden sein, und plötzliche Stimmungsumschwünge dürften den Schiffsärzten Alexander Macdonald und John Peddie einige Sorgen bereitet haben. Es ist nicht anzunehmen, daß diese Mediziner mit dem Wissen und den Untersuchungsmöglichkeiten ihrer Zeit die wahre Ursache der Krankheit geahnt haben. Alles, was sie für Torrington tun konnten, war, dafür zu sorgen, daß er gut zu essen bekam und es einigermaßen bequem hatte. Aber trotz ihrer Bemühungen wird er ständig an Gewicht verloren haben, bis hin zur Unterernährung. Wahrscheinlich kam dann gegen Ende des Jahres 1845 noch eine Lungenentzündung hinzu.

Irgendwann in den letzten Tagen vor seinem Tod mag Torrington seine wenigen Besitztümer einem seiner Kameraden anvertraut haben, der ihm versprechen mußte, sie seinem Vater und seiner Stiefmutter auszuhändigen, sobald die Expedition durch die Nordwestpassage in die Beringstraße gesegelt und von dort im Triumph nach England zurückgekehrt sein würde. Kurz vor seinem Ende wird der einundzwanzigjährige Seemann ins Delirium verfallen und nach kurzer Leidenszeit am Neujahrstag gestorben sein.

Die Nachricht vom ersten Todesfall der Expedition sprach sich vermutlich schnell unter der Mannschaft der *Terror* herum, und der Arzt wird Kapitän Francis Crozier benachrichtigt haben. Kurz darauf werden auch die Männer der *Erebus*, als erster natürlich Franklin, über John Torringtons Tod unterrichtet gewesen sein. Sicherlich haben sich die Schiffsärzte über die mögliche Todesursache Gedanken gemacht, wahrscheinlich über die schleichende und fortschreitende Verschlechterung seines Zustandes debattiert, bevor sie zu dem Schluß kamen, daß eine Lungenentzündung, zu der noch Komplikationen durch eine latente Tuberkulose traten, den Tod herbeigeführt habe. Eine Autopsie zog man nicht in Betracht.

Torringtons Leichnam wurde dann unter Deck, wo die Temperaturen ständig um plus zehn Grad lagen, sorgfältig gewaschen und zurechtgemacht. Nachdem man ihn mit Hemd und Hose bekleidet hatte, band man ihm einen Baumwollstreifen in Höhe der Ellenbogen um Körper und Arme und verknotete ihn auf der Vorderseite; mit weiteren Stoffstreifen wurden die großen Zehen, die Fußgelenke und die Oberschenkel zusammengebunden. An Deck, im Schutz einer Segeltuchplane, mit der man das Schiff gegen Schnee und Kälte zeltartig abgedeckt hatte (wahrscheinlich lag die Temperatur um minus zehn Grad Celsius), begannen der Schiffszimmermann Thomas Honey und sein Gehilfe Alexander Wilson, sorgfältig einen Sarg zu zimmern.

Man umkleidete Sargdeckel und Sargkasten mit marineblauem Wollstoff, der mit schmalen weißen Baumwollbändern an den Kanten befestigt wurde. Torringtons Kameraden hatten sich unterdessen größte Mühe gegeben, eine beschriftete Platte herzustellen, die auf dem Sargdeckel angebracht werden sollte. Nun mußten die Zimmerleute nach den Anweisungen eines der Leutnants noch die Grabtafel mit der entsprechenden Inschrift anfertigen.

Danach marschierte die kleine Gruppe, bewaffnet mit Hacken und Schaufeln, die paar hundert Meter über das Eis zur Insel hinüber. Etwas oberhalb der Schmiede des Waffenmeisters entfernten die Seeleute mit Füßen und Schaufeln eine dünne Schneeschicht am Ufer. Franklin hatte eine ordnungsgemäße Beisetzung befohlen, die – soweit es die Umstände zuließen – einer Bestattung entsprechen sollte, wie sie Torrington in seiner Heimatstadt Manchester zuteil geworden wäre. Die Arbeit nur im Licht der Laternen muß zermürbend und schwierig gewesen sein. Als die Seeleute schließlich darangingen, die Grabsohle zu glätten, hatten sie eine Tiefe von 1,45 Meter erreicht.

Die Vorbereitungen für John Torringtons Begräbnis mögen ein bis zwei Tage in Anspruch genommen haben. Aber schließlich wurde der schmale Sarg an Tauen über die Schiffswand auf das Eis hinabgelassen, auf einem Schlitten festgezurrt und mit einer Flagge bedeckt. Ein paar von Torringtons Kameraden ergriffen die Schlittenseile und begannen das Gefährt mit dem Sarg über Eis und Schnee zum Grab zu ziehen. Die dünne Schneeschicht, die Beattie und seine Mitarbeiter auf dem Sargdeckel fanden, zeigt, daß es an jenem Tag Anfang Januar 1846 leicht geschneit hat. Nach Beatties eigenen Erfahrungen auf der King-William-Insel muß es ein mühseliger, über Eisschollen und Spalten führender Zickzackmarsch gewesen sein.

Dem Schlitten folgte eine kleine Prozession: Kameraden und Freunde Torringtons von der *Terror*, an ihrer Spitze Sir John Franklin, Kapitän Francis Crozier, Fregattenkapitän James Fitzjames und einige Offiziere der *Terror*. Irgend jemand trug die hölzerne Grabtafel – eine Erinnerung nicht nur an Torrington, sondern letztendlich an die gesamte Expedition.

Wahrscheinlich übernahm Sir John Franklin den zeremoniellen Teil. Er war ein tiefreligiöser Mann. Vor der Abfahrt hatte er bei der britischen Admiralität hundert Bibeln, Gebetbücher und Neue Testamente angefordert, die zum Selbstkostenpreis an Bord verkauft werden sollten.

Der Schnee umhüllte die Gruppe am Grab im gelben Lampenlicht wie ein wirbelnder Schleier. Torringtons Sarg wurde in das Grab hinabgelassen. In der beißenden Kälte konnte man vermutlich jeden Atemzug Franklins sehen, während seine Worte in dem eisigen, alles durchdringenden Wind untergingen, der beständig auf der Beecheyinsel weht. Seine Grabrede wird kurz, aber ehrfürchtig und aufrichtig gewesen sein.

Genaugenommen hatte Torringtons Tod nichts Spektakuläres an sich, aber die Bestätigung, daß seine Knochen einen abnorm hohen Bleigehalt aufwiesen, war für den gesamten Verlauf der Expedition von Bedeutung. Angesichts dieser neuen Erkenntnis mußte man sich von der gängigen romantischen Version trennen, daß allein Skorbut und Hunger die Männer hinweggerafft hätten. Die medizinischen Befunde, die die Untersuchung Torringtons ergeben hatte, eröffneten völlig neue Perspektiven nicht nur für den Verlauf dieser, sondern auch anderer Expeditionen des 19. Jahrhunderts. Beattie mußte daher versuchen, soviel Beweismaterial wie nur möglich zusammenzutragen. Die Forschungsergebnisse des Jahres 1984 bestätigten somit die Notwendigkeit, zur Beecheyinsel zurückzukehren, um die Ursache für Hartnells und Braines Tod zu klären. Hier bot sich eine einmalige Gelegenheit, einen unmittelbaren Zugang zu einer wichtigen Phase der britischen und kanadischen Geschichte zu erhalten – durch die einzigen „Überlebenden" der Franklin-Expedition.

Nachdem die Feldarbeit 1984 abgeschlossen und Berichte über die Entdeckung der Gräber von John Torrington und John Hartnell veröffentlicht worden waren, meldeten sich bei Beattie zwei entfernte Verwandte von Hartnell. Donald Bray aus Croydon in England zeigte sich höchst erstaunt über den Zeitungsartikel, in dem der Name eines seiner Vorfahren genannt wurde. Als pensionierter Postbeamter hatte er jahrelang Familienforschung betrieben und war im Besitz einzigartiger Briefe und Dokumente, die aufregende Einzelheiten über Hartnells Familie und sein Leben enthielten.

Besonders ergreifend waren zwei Briefe an John Hartnell und seinen Bruder Thomas, einer von ihrer Mutter Sarah, der zweite von ihrem Bruder Charles. Diese Briefe, geschrieben am 23. Dezember 1847, waren als Gruß an die beiden Seeleute auf ihrer Reise durch die Nordwestpassage gedacht. Die beiden Männer haben sie nie erhalten. John Hartnell war zu diesem Zeitpunkt bereits fast zwei Jahre tot; Thomas starb wahrscheinlich im darauffolgenden Sommer auf der King-William-Insel.

Brian Spenceley, ein anderer Verwandter John Hartnells, begleitete schließlich sogar zusammen mit drei weiteren Spezialisten Beatties wissenschaftliches Team, als dieses 1986 die Feldarbeit wiederaufnahm. Spenceley, Professor an der Lakehead-Universität in Thunder Bay, Ontario, war ein Urgroßneffe Hartnells. Er sollte sehr bald eine Erfahrung machen, wie sie noch kein Mensch vor ihm gemacht hatte: einem Verwandten ins Gesicht zu blicken, der bereits seit mehr als einem Jahrhundert tot war.

11. Die zweite Begegnung mit dem Mann im Eis

ALS Beattie am 8. Juni 1986 aus der Twin Otter auf den schneebedeckten Boden der Beecheyinsel sprang, war er eine Zeitlang von dem hellen arktischen Licht und den vom weißen Grund reflektierten Sonnenstrahlen völlig geblendet. Erst ganz allmählich erkannte er die drei kleinen Grabtafeln, die aus dem Schnee herausragten und ihm bestätigten, daß er wieder auf der Insel war, die so viele Erinnerungen barg.

Diesmal wollte Beattie seine Untersuchungen auf dem „Friedhof" zum Abschluß bringen. Ein Teil des Forschungsteams war mit ihm zusammen in Resolute aufgebrochen. Diese Gruppe – der Archäologe Eric Damkjar, Brian Spenceley als Projektfotograf, der historische Berater Dr. Jim Savelle und die Feldassistenten Arne Carlson, Walt Kowal und Joelee Nungaq – sollte das Lager errichten und anschließend die archäologischen Arbeiten und die Exhumierung vornehmen. Außerdem hatten sie noch einen Hund mitgenommen, der auf den Namen „Keena" hörte und sie rechtzeitig vor dem unliebsamen Besuch von Eisbären warnen sollte. Eine zweite Gruppe von Spezialisten – der Pathologe Dr. Roger Amy, der Radiologe Dr. Derek Notman, der Röntgentechniker Larry Anderson und eine Spezialistin für arktische Bekleidung, Barbara Schweger – sollte eine Woche später nachkommen.

Beattie begann diesmal mit der Feldforschung zu einer früheren Jahreszeit als 1984, denn er wollte den Problemen entgehen, die seinerzeit durch das Schmelzwasser entstanden waren. Aber als die Temperaturen noch im Juni unter der Frostgrenze blieben und tagelang ein eisiger Wind über die Insel fegte, wurde es für die Forscher doch etwas ungemütlich.

Jeder faßte mit an, um das Camp rasch aufzubauen. Neben der üblichen Ansammlung von Einzel- und Gemeinschaftszelten errichteten sie diesmal auch einen fünf Meter hohen Fahnenmast, an dem die leuchtend rotweiße kanadische Flagge gemeinsam mit der Flagge der Northwest Territories im Wind flatterte.

Wieder wurde über dem Grab ein Zelt errichtet, um die Ausgrabungsarbeiten vor Wind und Wetter zu schützen. Auch dieses Mal war das Aufgraben des Bodens sehr schwierig. Kowal, Carlson, Savelle und Nungaq arbeiteten im ständigen Wechsel vierundzwanzig Stunden lang, um Hartnells Sarg freizulegen. Einer hackte mit dem Eispickel den Boden auf, bis ihn entweder der Schmerz in seinen Händen oder die Ermüdung seiner Arme zu einer Pause zwang, und in dieser Zeit schaufelten die anderen das losgeschlagene Eis und Geröll in Eimer und reichten diese nach draußen, wo sie dann von einem weiteren Mitarbeiter ausgeleert wurden.

Als sie schließlich bis zum Sargdeckel vorgedrungen und die Umrisse des Sarges bereits zu erkennen waren, unterbrach die Gruppe ihre Grabungen, um das Eintreffen der Spezialisten abzuwarten. Bis zu diesem Punkt war alles nur eine Wiederholung der bereits 1984 durchgeführten Arbeiten gewesen. Der nächste Schritt, das Entfernen des Sargdeckels, würde die Frage beantworten, ob sich das Eis wieder um den Körper geschlossen hatte.

Während der Unterbrechung der Exhumierungsarbeiten gingen Beattie und Damkjar zu dem Konservendosendepot, um dort eine genauere Untersuchung vorzunehmen. Zwei Tage lang fertigten sie äußerst gründliche Aufzeichnungen darüber an, was von den Dosen noch übriggeblieben war. Von den ursprünglich vielleicht siebenhundert fanden sie nur noch die Reste von weniger als hundertfünfzig: Dosen sind leicht zu transportierende und begehrte Fundstücke für Amateurarchäologen und Sammler, die über Jahrzehnte hinweg diese Informationsquelle geplündert hatten. Keine der Büchsen war noch intakt; von den meisten waren nur noch Bruchstücke vorhanden. Aber es war wenigstens jeder Dosenteil vertreten, einschließlich der Lötstellen. Das Gebiet, über das die Konservendosen verstreut lagen, wurde mittels einer Schnur in Quadrate eingeteilt. Jeder Quadratmeter dieses Gitternetzes wurde fotografiert und erforscht und jedes Dosenfragment lokalisiert und beschrieben. Die größeren und besonders gut erhaltenen Stücke wurden einzeln fotografiert, und zehn von ihnen nahm Kowal zur Laboruntersuchung mit.

Am zweiten Tag wurden Beattie und Damkjar bei ihrer Arbeit von Nungaq unterbrochen, der auf das Eis der Unionbai hinausgewandert war. Er kam mit großen Schritten über die Landzunge auf sie zu und hielt dabei seinen Hund Keena fest an der Kette. „Da hinten kommt ein Eisbär!" rief er warnend, als er auf die Anhöhe hinauftrabte. „Er läuft direkt auf uns zu!" Beattie und Damkjar spähten mit zusammengekniffenen Augen über die blendende Eisfläche. Dann sah Beattie den Bären. Er hatte den Kopf gesenkt und bewegte seinen Körper beim Gehen leicht pendelnd von einer Seite auf die andere. Obgleich er sicher noch einen Kilometer entfernt war, sah er sehr groß aus. Die drei Männer rannten so schnell zum Lager zurück, daß ihnen die um den Hals baumelnden Kameras buchstäblich um die Ohren flogen. Notizbücher, Stative und Schrotflinten preßten sie während des Laufens fest an sich. Auf halbem Weg zum Lager schauten sie sich um: Der Bär überquerte die Landzunge in langsamem, zielstrebigem Trott. Sie atmeten erleichtert auf, als sie sahen, wie er einen Moment stehenblieb, prüfend die Luft einsog und dann über die Erebusbucht in Richtung Devoninsel weiterwanderte.

ENDLICH war es soweit. Die Twin Otter mit Amy, Notman, Anderson und Barbara Schweger brummte über das Lager hinweg. Beattie sah, daß man unter die Tundraräder des Flugzeugs Schneekufen montiert hatte. Doch die dünne Schneeschicht, die die Insel bedeckte, ließ eine Landung nicht zu. Das Flugzeug mußte vor der Insel auf der vereisten Erebusbucht heruntergehen, was bedeutete, daß das ganze Gepäck – mehr als die Hälfte der insgesamt 1500 Kilo – über das Eis und den Strand hinauf bis zum Lager geschleppt werden mußte. Nach einer kurzen Begrüßung sah das elfköpfige Team zu, wie die Twin Otter wieder davonflog. Die nächsten zwei Stunden war es dann mit dem Transport der Sachen beschäftigt.

Anschließend wurden die Exhumierungsarbeiten wiederaufgenommen. Zunächst hoben die Männer an der rechten Seite des Sarges einen Arbeitsplatz aus, wobei sie diese Seite des Sarges erstmals freilegten. Dabei entdeckten sie etwas Interessantes: Seitlich am Sarg angeordnet befanden sich drei „Griffe". Allerdings handelte es sich nicht um echte Handgriffe wie an Torringtons Sarg, sondern vielmehr um symbolisch angebrachte Schlaufen aus demselben weißen Leinenband, das die Kanten des Sarges schmückte.

Wie schon zwei Jahre zuvor benutzte das Team auch jetzt warmes Wasser, um das Eis im Innern des Grabes aufzutauen. Kowal erhitzte jeweils zwei Eimer Schmelzwasser auf Petroleumöfen im angrenzenden Autopsie- und Röntgenzelt und trug sie zu Carlson und Nungaq hinüber, die das Wasser langsam auf den Sarg gossen. Sobald sich zuviel Wasser auf dem Boden des Grabes angesammelt hatte, wurde eine elektrische Saugpumpe hinabgelassen, die das Wasser über einen Schlauch aus dem Grabungsbereich hinausbeförderte.

Nachdem der gesäuberte Sarg fotografiert und vermessen worden war – seine Abmessungen betrugen 203,5 cm mal 48 cm mal 33 cm –, ging man an die viel Fingerspitzengefühl erfordernde Arbeit, den bereits geschädigten Sargdeckel erneut von seinem Untergrund zu lösen und abzunehmen. Als dies schließlich gelungen war, sahen Beattie und Carlson sofort, daß Hartnells rechter Arm und sein Gesicht wieder vollständig vom Eis eingeschlossen waren. „Das Wasser ist also wieder hineingelaufen", stellte Beattie erleichtert fest.

Damkjar, der mit den anderen am oberen Ende des Grabes stand, wies darauf hin, daß das Eis um Hartnell herum völlig verfärbt war. In der Mitte des Blocks, dort, wo Hartnells Brust sein mußte, sah das Eis nicht weiß aus wie bei Torrington, sondern eher bräunlich, fast marmoriert.

Man begann jetzt, den Körper freizulegen. Das warme Wasser enthüllte schnell das Gesicht des Seemannes. Für Spenceley, Hartnells Urgroßneffen, war es ein überwältigendes Erlebnis. Schweigend stand er am Rand des Grabes und blickte über eine zeitliche Distanz von 140 Jahren hinweg auf einen Angehörigen seiner Familie.

Es sah so aus, als sei in den vergangenen zwei Jahren keine größere Veränderung am Körpergewebe eingetreten. 1984 hatte man festgestellt, daß Hartnells linkes Auge gut erhalten war, während das rechte beschädigt zu sein schien. Diese Verletzung konnte bereits zu seinen Lebzeiten oder aber erst kurz nach seinem Tod eingetreten sein. In Inglefields Bericht über die Exhumierung Hartnells, die er und Sutherland 1852 durchgeführt hatten, war von einer Beschädigung des Auges nicht die Rede. Beattie bemerkte dieses Mal sofort, daß nicht nur Hartnells rechtes Auge geschrumpft war, sondern daß auch das linke Anzeichen für einen Schrumpfungsprozeß aufwies. Er schloß daraus, daß selbst ein kurzzeitiges Auftauen des Körpers bereits Veränderungen an den Augen bewirkte, während das übrige Gewebe davon nicht berührt wurde. Mit anderen Worten: Die Exhumierung Hartnells im Jahre 1852 hatte wahrscheinlich die Veränderung am rechten Auge verursacht. Die Tatsache, daß das linke Auge den Forschern 1984 normal erschienen war, sprach dafür, daß Inglefield und Sutherland die linke Gesichtshälfte nicht freigelegt hatten.

Als das Eis um Hartnell herum schmolz, sah man, daß er von den

Schultern abwärts in ein weißes Leinentuch gehüllt war. Durch einen Riß konnte man den zerfetzten Hemdsärmel an seinem rechten Arm erkennen. Es schien so, als habe man während der Exhumierung 1852 Teile des Sargdeckels gewaltsam in die rechte Seite seines Brustkorbes hineingetrieben, und als das Eis noch weiter weggetaut war, zeigte sich, daß außerdem Hemdsärmel und Unterhemd zerschnitten worden waren. Offensichtlich hatte Sutherland dies getan, um Hartnells Arm vollständig freizulegen. Somit war offensichtlich, daß sich die Untersuchung von 1852 nur auf Hartnells Gesicht und seinen rechten Arm beschränkt hatte.

Hartnell trug eine enganliegende, randlose Kappe, und sein Kopf, den man inzwischen ganz sehen konnte, ruhte auf einem kleinen, mit Holzspänen gefüllten Zierkissen. Nun ging man daran, auch das restliche Eis, das seinen Körper einschloß, aufzutauen, bis Hartnell endlich völlig frei dalag. Bevor die Forscher irgend etwas veränderten, hielten sie den Zustand des in das Leinentuch gehüllten Körpers schriftlich fest und fotografierten ihn. Dann ging man daran, den Körper aus dem Tuch zu wickeln. Zunächst kamen Hartnells linker und dann sein rechter Arm zum Vorschein. Wie bei Torrington hatte man beide Arme am Körper festgebunden. Seine rechte Hand lag außen auf dem Band, ganz offensichtlich, weil Sutherland den rechten Arm herausgezogen und, nachdem er seine Untersuchung beendet hatte, die Hand nicht wieder unter das Band geschoben hatte.

Hartnells blau-weiß gestreiftes Hemd war vom Muster her dem Torringtons sehr ähnlich, nur waren die Streifen nicht aufgedruckt, sondern eingewebt. Im unteren Teil des Hemdes waren in Rot ein Monogramm und die Jahreszahl 1844 eingestickt. Die Buchstaben lauteten „TH"; es kann daher sein, daß das Hemd seinem älteren Bruder und Schiffskameraden Thomas gehört hatte.

Unter dem Hemd hatte er ein wollsweaterähnliches Unterhemd an und darunter noch ein Baumwollhemd. Dagegen trug er weder Hose noch Strümpfe, noch Schuhe.

Beattie und Barbara Schweger wunderten sich darüber, daß Hartnell am Oberkörper drei Kleidungsstücke übereinandertrug, von der Taille abwärts hingegen nackt war. Sie vermuteten, daß man den Leichnam möglicherweise vor der Beerdigung an Bord der *Erebus* aufgebahrt

Rechts: Die erste Aufnahme von John Hartnell.

Unten: In Hartnells Hemd war die Jahreszahl 1844 eingestickt.

Ganz unten: John Hartnells Hände

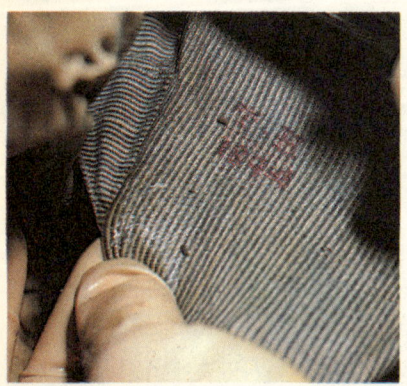

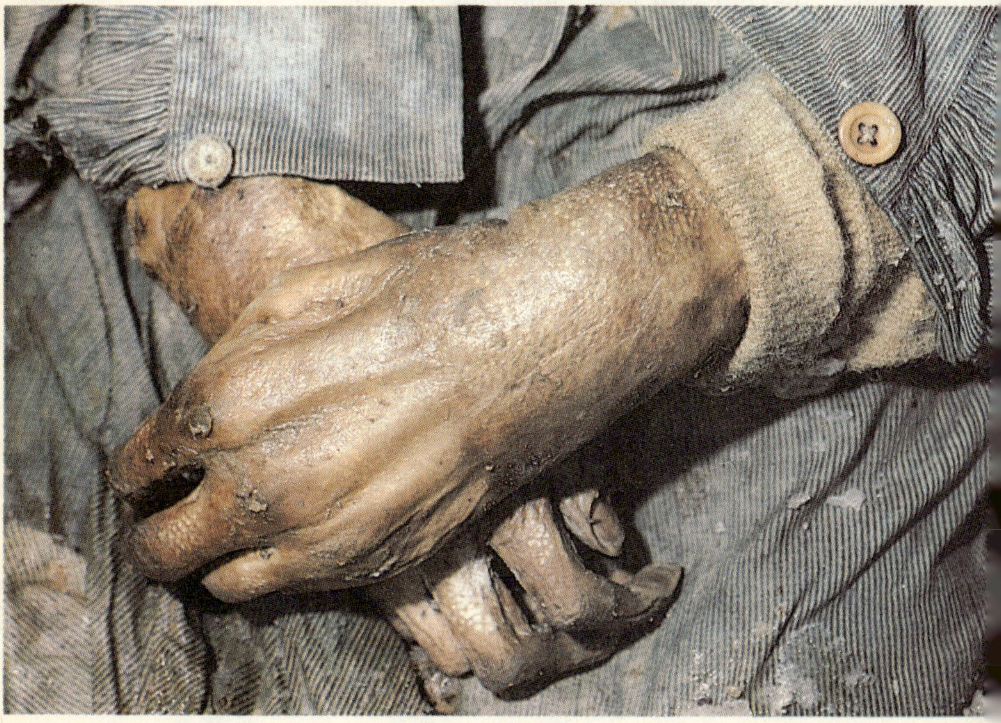

John Hartnells Sarg.
Er wurde 1852 beschä-
digt, als Fregatten-
kapitän Inglefield und
Dr. Sutherland die Leiche
exhumierten.

Das Grab des 25jährigen
John Hartnell

hatte und daß dabei sein Unterkörper mit dem Leichentuch bedeckt gewesen war.

Hartnells Beine und Füße waren leicht dunkel gefärbt und – teils als Folge seiner Krankheit, teils als Folge des Einfrierungsprozesses – stark zusammengeschrumpft und ausgemergelt. Wie bei Torrington hatte man die großen Zehen zusammengebunden. Um Hartnell kurzzeitig für eine Röntgenuntersuchung und eine Autopsie aus dem Grab herausheben zu können, schlugen die Wissenschaftler das Leichentuch völlig zurück und nahmen dem Toten seine Kappe ab, so daß sein volles dunkelbraunes, fast schwarzes Haar zum Vorschein kam, das er auf der linken Seite gescheitelt trug. Ohne Kappe verlor er viel von dem düsteren Aussehen, das die Männer 1984 so erschreckt hatte. Nun entpuppte er sich als ein ganz normaler junger Mann, der unter geheimnisvollen Umständen am 4. Januar 1846 im Alter von fünfundzwanzig Jahren gestorben war.

Dann begann die schwierigste und unerfreulichste Phase der Ausgrabung. Während Hartnell im Sarg lag, war sein Körper noch immer tiefgefroren und mit der darunterliegenden Eismasse fest verbunden. Langsam und behutsam mußte Wasser unter den Leichnam gebracht werden, um ihn Millimeter für Millimeter frei zu bekommen. Es dauerte zwar eine ganze Weile, doch schließlich löste sich der Körper vom Untergrund.

Bevor man Hartnell aus dem Sarg hob, nahm man ihm den rechten Daumennagel ab sowie Proben von Kopfhaar, Bart und Schamhaar. Danach legten Beattie, Carlson und Nungaq den Körper auf ein weißes Leinentuch, in das er sofort eingeschlagen wurde. Notman und Anderson hatten eine „Röntgenkabine" innerhalb des Autopsiezeltes aufgebaut, und dorthin wurde Hartnell nun getragen. Notman und Anderson warteten bereits, um eine Reihe Röntgenaufnahmen von ihm zu machen.

Das Röntgengerät war ein bemerkenswert kompaktes, aber leistungsstarkes Instrument, das man auf vier Stahlrohrfüße montiert hatte. Bei der Arbeit mußte man es über den Körper heben und die Beine fest im Geröll verankern. Dann wurde ein Punktstrahler an der Unterseite des Apparates eingeschaltet, der die zu röntgende Stelle markierte, bevor die Röntgenplatte unter den Körper geschoben wurde.

Notman und Anderson gingen nun an die schwierige Aufgabe, den angezogenen John Hartnell zu röntgen. Dort, wo jetzt die Röntgenaufnahmen gemacht wurden, sollte später auch die Autopsie stattfinden. Vor jeder Aufnahme zog entweder Notman oder Anderson eine schwere, bodenlange Bleischürze an. Alle anderen im Zelt Anwesenden stellten sich in einer Reihe hinter sie. Ein lautes „Aufnahme!" erscholl und warnte diejenigen, die außerhalb des Zeltes arbeiteten, so daß sie sich in dreißig Meter Entfernung in Sicherheit bringen konnten.

Danach trug Anderson die Röntgenplatte in die Dunkelkammer, die er ebenfalls zusammen mit Notman aufgestellt hatte. Von Beattie hatten sie bereits Monate zuvor die Innenmaße des Langhauszeltes erfahren, und davon ausgehend, hatten sie eine einzigartige, zusammenfaltbare und tragbare Dunkelkammer entwickelt. Nach zehn bis fünfzehn Minuten kam Anderson mit der tropfenden Aufnahme wieder heraus und hängte sie mit Klammern an eine Wäscheleine, die über die ganze Länge des Zeltes gespannt war.

Als die Röntgenuntersuchungen abgeschlossen waren, begannen Notman, Anderson und Amy anhand der aufgehängten Bilder mit der ersten Untersuchung. „Das Innere seines Kopfes ist ein einziger Eisblock", stellte Anderson fest, als er die erste Röntgenaufnahme betrachtete. Das gefrorene Gehirn verdunkelte das Röntgenbild, was bedeutete, daß eine weitere Aufnahme nach dem Auftauen gemacht werden mußte. Notman hatte sich inzwischen die Aufnahmen vom Brustraum angesehen. Sie waren verwirrend, da die inneren Organe von der Form her untypisch erschienen und weil auch ihre Lage ungewöhnlich war – lauter unerwartete Ergebnisse bei diesen ersten unter derartigen Bedingungen aufgenommenen Röntgenbildern. Faktisch war außer den Knochen wenig zu sehen, und wichtige Erkenntnisse lieferten sie nicht. Notman war enttäuscht. Selbst bei den ausgedörrten und ausgeweideten Mumien, die er in der Vergangenheit untersucht hatte, waren auf seinen Röntgenbildern stets bemerkenswerte Einzelheiten herausgekommen. Hier konnte nur eine Autopsie eine Erklärung liefern.

Angesichts der mangelhaften und unklaren Ergebnisse beschlossen Notman und Anderson, die Aufnahmen zu wiederholen, nachdem der Tote ausgezogen war. Beattie, Amy, Nungaq und Barbara Schweger machten sich an die schwierige Aufgabe, Hartnell zu entkleiden. Nach

einigen vergeblichen Versuchen, Hartnell das Hemd über den Kopf zu
ziehen und von den Armen zu streifen, blieb ihnen nichts anderes übrig,
als den Stoff aufzuschneiden. Um den Schaden möglichst gering zu
halten, entschloß sich Beattie, die Kleidungsstücke hinten mit einem
Längsschnitt aufzutrennen. Als sie die Kleidung endlich herunter-
bekommen hatten, machten die Wissenschaftler eine erstaunliche Entdeckung.

„Mich laust der Affe, man hat bereits eine Autopsie gemacht! Das
darf doch nicht wahr sein!" rief Amy. „Wir haben hier einen auf dem
Kopf stehenden Y-Einschnitt. Das hat es noch nie gegeben, das ist
absolut einmalig."

Über Hartnells Brust und Bauch zog sich ein vernähter Einschnitt,
der keinen Zweifel daran ließ, daß kurz nach seinem Tod der Arzt der
Erebus, wahrscheinlich Assistenzarzt Dr. Harry D. S. Goodsir, ein
erfahrener Anatom, versucht hatte, die Todesursache festzustellen.
Kein Wunder, daß Amy so aufgeregt war: Hier hatte er die einmalige
Möglichkeit, die Arbeit eines vor langer Zeit gestorbenen Kollegen zu
sehen. Der Schiffsarzt der *Erebus* hatte das Ergebnis seiner Autopsie
bei seiner Rückkehr nach England mitbringen wollen. Nun sollte es
endlich bekanntwerden.

Diese wichtige Entdeckung warf die Frage auf: Warum hatte der Arzt
eine Autopsie durchgeführt? Vielleicht war der Tod John Torringtons
drei Tage zuvor hierfür mitbestimmend gewesen. Auch mögen sich in
Verbindung mit Hartnells Tod Symptome gezeigt haben, die bei den
Ärzten Zweifel über die Todesursache hervorriefen. Für Amy war es
jedenfalls eine Herausforderung, das Rätsel zu lösen.

Der Standardschnitt bei einer Autopsie ist heute ein „Y", wobei sich
die Arme des „Y" von den Schultern herab am Ende des Brustbeines
treffen. Von diesem Punkt folgt ein gerader Schnitt bis zum Schambein.
Bei Hartnells Autopsie war der Schnitt umgekehrt gemacht worden:
Die Arme des „Y" begannen in der Nähe der Hüftknochen, trafen sich
etwa in Höhe des Nabels, von wo ein gerader Schnitt bis zum oberen
Ende des Brustbeins reichte. Zu Autopsietechniken in der Mitte des 19.
Jahrhunderts gab es in der wissenschaftlichen Literatur nicht viele Hinweise. Beattie fragte sich, ob der Schnitt bedeutete, daß sich der Arzt
vor allem auf den Darm konzentriert hatte, oder ob sein Vorgehen den

damals üblichen Gepflogenheiten entsprach. Amy konnte später Schritt für Schritt rekonstruieren, was der Pathologe seinerzeit getan hatte. Der Umfang und die Art seiner Autopsie ergaben, daß er hinsichtlich der Todesursache einen bestimmten Verdacht gehabt haben mußte.

Die Entdeckung, daß eine Autopsie vorgenommen worden war, löste auch das Rätsel der eigenartigen Röntgenbilder: Der Schiffsarzt hatte die Organe für eine Untersuchung entnommen und dann einfach wieder in den Körper „hineingestopft". Es war daher nicht überraschend, daß die Aufnahmen eine sinnlose Anordnung der Organteile gezeigt hatten. Auch die bräunliche Verfärbung des Eises, die den Wissenschaftlern aufgefallen war, als man den Sargdeckel abnahm, stammte wahrscheinlich vom Blut und von anderen körpereigenen Flüssigkeiten, die durch den Schnitt ausgetreten waren, als das Wasser während des Sommers 1848 in den Sarg gesickert war.

Notman und Anderson machten also eine zweite Serie von Röntgenbildern, was noch einmal sechs Stunden dauerte. Nachdem sie somit insgesamt 14 Stunden am Röntgengerät gestanden hatten, wollten sie sich zu einer Ruhepause zurückziehen. Aber zunächst einmal kam es anders: Die Aufnahmen hatten bis tief in die Nacht gedauert, und die meisten Teammitglieder hatten sich bereits in ihre Schlafzelte zurückgezogen. Nur Savelle und Nungaq saßen noch im Küchenzelt und unterhielten sich, während Beattie den beiden Radiologen Gesellschaft leistete. Der Hund Keena, den sie draußen vor dem Küchenzelt angebunden hatten, winselte in seiner gewohnten, nervtötenden Art vor sich hin. Plötzlich hörte er mit dem Winseln auf und begann, wie verrückt zu bellen. Die drei Männer sahen sich an. Sie wußten, daß Keena dafür einen guten Grund haben mußte, und da gab es fast nur eine Möglichkeit: Er hatte einen Bären gewittert! Dann hörten sie das Knallen von Flinten und aus einiger Entfernung den Ruf: „Ein Bär, ein Bär ist im Lager!" Beattie griff nach seinem Gewehr und steckte vorsichtig den Kopf ins Freie. Das Autopsie- und Röntgenzelt war vom eigentlichen Lager etwa hundert Meter entfernt, und der Bär stand genau zwischen ihnen und dem Camp. Notman und Anderson waren inzwischen neben Beattie getreten. Beattie hatte nur Kowals Gewehr, an das er nicht gewöhnt war – und natürlich klemmte zweimal das Schloß. Erst die dritte und letzte Patrone glitt sauber in die Kammer. Notman ergriff in

Ermangelung einer anderen Waffe eine Schaufel. Anderson hatte nur seine Kamera dabei. Sicherheitshalber blieben sie hinter den Zelten stehen, wo der Bär sie nicht sehen konnte. Diesen irritierten die Knallerei und das Geschrei offenbar zunehmend, und langsam begann er, in Richtung Strand davonzutraben. Als er in ungefähr zwanzig Meter Entfernung an den Gräbern vorbeilief, witterte er plötzlich die drei Männer und den Leichnam John Hartnells, reckte die Nase in die Luft und blieb stehen. Beattie hatte nur einen Gedanken: „Verdammt! Der kommt hierher!" Aber dann hörte man das Sirren dreier Kugeln, die neben dem Bären in das Geröll schlugen, und das bewog ihn endgültig, seinen unterbrochenen Rückzug gemächlich fortzusetzen. Er trottete zum Strand und weiter aufs Eis hinaus. Die Gefahr war vorüber. Doch von diesem Tag an blieb immer einer der Männer draußen und hielt zusammen mit dem Hund Wache.

Nachdem Notman und Anderson mit dem Röntgen fertig waren, machten sich Amy und Beattie – gekleidet in grüne Chirurgenanzüge, weiße Schürzen und blaue Chirurgenmützen – an die Autopsie. Zuerst wurde Hartnell gemessen und gewogen. Mit 1,80 Meter und fünfundvierzig Kilogramm war er größer und schwerer als Torrington. Danach öffnete Amy den umgedrehten „Y"-Schnitt, indem er die Autopsienaht auftrennte. Er entdeckte, daß sein Vorgänger an der Oberfläche des Brustkorbes mehrere Einschnitte gemacht hatte, bevor er die Rippen erfolgreich voneinander getrennt hatte. Es wurde schnell deutlich, daß Franklins Ärzte ihre Nachforschungen nicht auf den Darm konzentriert hatten, wie der Schnitt zu belegen schien, sondern offenbar geglaubt hatten, daß die Ursache für Hartnells Tod im Herz-Lungen-Bereich zu suchen sei. Dr. Goodsir hatte das Herz und einen Teil der Luftröhre entfernt. Zunächst wird er nach äußeren Anzeichen für eine Erkrankung gesucht haben. Dann hatte er die rechte und linke Herzkammer aufgeschnitten, um die Herzklappen zu untersuchen. Nachdem er damit fertig war, hatte er die Lungenspitzen seziert, um nach Beweisen für Tuberkulose zu suchen, und aus demselben Grund einige Schnitte in die Leber gemacht. Hartnells Darm hatte er nicht angetastet. Zum Schluß hatte Dr. Goodsir Hartnells Brustkorb (die vorderen Rippen samt dem Brustbein) verkehrt herum wieder zusammengefügt. Diese erste Autopsie war nur oberflächlich gewesen und mochte weniger als eine halbe Stunde gedauert haben. Nun begann Amy mit seinen eigenen, sehr viel detaillierteren Untersuchungen, und Spenceley hielt jeden einzelnen Schritt mit seiner Kamera fest.

Zuerst wurde die gesamte zu Eis gewordene Flüssigkeit aus dem Körper gesammelt, soweit es sich um gefrorene Gewebeflüssigkeit handeln konnte. Dann sterilisierte Amy seine chirurgischen Instrumente in der offenen Flamme des Petroleumofens. Er entnahm jedem der gefrorenen Organe eine Probe und legte sie in einen sterilen Behälter, den Beattie zuvor beschriftet hatte und nun versiegelte und in einen Kühlbehälter stellte. Diese Proben sollten später im Labor einer bakteriologischen Analyse unterzogen werden. Weitere Organ- und Gewebeproben, die später unter dem Mikroskop untersucht werden sollten, wurden in Konservierungsmittel gelegt. Zwischendurch machte Amy immer wieder Bemerkungen über Hartnells Gesamtzustand. So stellte er bezüglich der Blutgefäße fest: „Die Adern enthalten kein Blut, sondern Eis, und dieses Eis ist klar."

Viele der Organe waren gut erhalten; das Gehirn hatte sich allerdings verflüssigt. Schließlich entnahm Amy mit einer Chirurgensäge Knochenstücke von Oberschenkelknochen, Rippen, Lendenwirbel und Schädel. Nachdem er alle erforderlichen Proben zusammenhatte, schloß er die ursprüngliche Naht aus dem Jahre 1846 wieder. Alles in allem hatten die drei Männer für die Autopsie neun Stunden benötigt.

Sie waren ziemlich erschöpft, aber draußen ging die Arbeit bereits weiter: Als nächstes mußte Braines Exhumierung vorbereitet werden. Hartnells Körper wurde lose in ein Autopsielaken gewickelt und in sein Zelt zurückgebracht. Nachdem Barbara Schweger ihre Aufzeichnungen über die in Hartnells Grab gefundenen Textilien abgeschlossen hatte, begann die Gruppe mit seiner erneuten Beisetzung. Die Wolldecke wurde zusammengefaltet wieder auf den Boden des Sarges gelegt und das Originalleichentuch in seine alte Position gebracht. Hartnells Körper wurde in das Grab hinuntergelassen und in den Sarg gelegt. Danach schlugen sie das Leichentuch über ihm zusammen, und damit war der Moment gekommen, sich von dem jungen Seemann endgültig zu verabschieden.

Am 18. Juni, es war kurz vor Mitternacht, versammelten sich alle in dem Zelt über Hartnells Grab. Barbara Schweger hatte seine

Das von der Mitternachtssonne beschienene Lager

Ein Eisbär stattet dem Camp des Forscherteams einen Besuch ab.

Der Beginn der Exhumierung von William Braine. Von links nach rechts: Walt Kowal, Arne Carlson, Jim Savelle und Joelee Nungaq.

Links: Eric Damkjar betrachtet das Denkmal, das Sir Edward Belcher zur Erinnerung an all jene errichten ließ, die bei den Nachforschungen über das Schicksal der Franklin-Expedition ums Leben kamen.

Larry Anderson im Autopsie- und Röntgenzelt. Er stützt sich auf das tragbare Röntgengerät. Daneben die ebenfalls tragbare Dunkelkammer.

Kleidungsstücke mitgebracht, die in Mylar gewickelt waren, ein neutrales Material, das die Sachen schützen und erhalten würde. Spenceley und Beattie sprangen in das Grab hinab, Barbara Schweger reichte ihnen die Kleidungsstücke, und sie legten alles sorgfältig neben den Toten. Dann ließ man den Deckel zu ihnen hinab.

Ihr Schweigen wurde nur vom Geräusch des Windes, der am Zelteingang rüttelte, und von Keenas traurigem Geheul unterbrochen. „Vor hundertvierzig Jahren stand sein Bruder an derselben Stelle wie wir", meinte Beattie schließlich leise.

Gemeinsam gingen sie daran, das Grab wieder zuzuschütten. In diesem Moment spürte wohl jeder von ihnen die Vergänglichkeit des Lebens und die Bedeutung des Todes. Die Exhumierung Hartnells war für alle eine schwere Aufgabe gewesen. Aber nun war die Arbeit getan, und für den Augenblick fühlten sich alle erleichtert. Doch im Zelt nebenan hatte die Exhumierung des Gefreiten William Braine von den Royal Marines bereits für eine Überraschung gesorgt – eine von vielen, die noch folgen sollten.

12. Royal Marine

IM SCHNEE neben Braines Grab baute das Team ein Langhauszelt zusammen, das anschließend über die Grabtafel gehoben und so über dem Grab aufgestellt wurde, daß zu beiden Seiten noch genug Bewegungsraum blieb. Die Wissenschaftler banden es an Hartnells Zelt fest und befestigten die Ecken mit großen Metallheringen.

Eine Besonderheit von Braines Grab war der aus Steinplatten gewölbte Grabhügel, der fast wie eine Krypta wirkte. Für die Ausgräber würde es nicht leicht sein, die Konstruktion genauso wiederherzustellen. Daher wurde die Fläche über Braines Grab in Planquadrate eingeteilt, und Spenceley hockte auf einer Leiter über seiner auf ein Stativ montierten Kamera und machte eine Reihe Polaroidaufnahmen, die man für die spätere Rekonstruktion brauchte. Nachdem der Kies, der das Grab bedeckte und die Zwischenräume zwischen den Kalksteinplatten füllte, mit Kellen entfernt worden war, versah man die Platten auf der Unterseite sofort mit einer Nummer und einem Orientierungszeichen. Dann wurden die Steine aus dem Zelt herausgebracht und in einer Reihe in den Schnee gelegt. Die größten benutzte man, um die Ecken des Zeltes zu beschweren.

Zwei Stunden vergingen mit der Kennzeichnung und dem Abtransport von etwa hundert Steinplatten, darunter als interessantestes Stück eine fast runde Steinscheibe, die den Grabhügel am Fußende abschloß. Zwei Drittel seiner freiliegenden Oberfläche trugen Spuren schwarzer Farbe, die, wie Savelle erklärte, 1853/54 von Kapitän Penny aufgetragen worden war. Als man den Stein umdrehte, sah man, daß seine Unterseite sogar fast vollständig schwarz angemalt war. Es schien, als habe dieser Stein einmal am Fußende des Grabes als Trittstein gedient; auch einige Radierungen und Zeichnungen, die in den 50er Jahren des 19. Jahrhunderts von diesem Platz gemacht worden waren, schienen diese Deutung zu bestätigen. Nachdem alle Steinplatten entfernt waren, begann eine nun schon zur Routine gewordene Arbeit: das Aufbrechen des Permafrostes. Kowal, Carlson, Savelle und Nungaq teilten sich die Arbeit. Achtzehn Stunden später stießen sie auf Braines Sarg. Braine war in zwei Meter Tiefe beigesetzt worden, und sein Sarg war der größte von allen dreien. So mußte weit mehr tiefgefrorene Erde entfernt werden als aus den beiden anderen Gräbern.

Da sich sowohl auf Torringtons als auch auf Hartnells Sargdeckel Gedenkplatten befunden hatten, säuberte Kowal denjenigen Teil des Deckels besonders sorgfältig, wo eine solche Platte – wenn es eine solche gab – am ehesten zu vermuten war. Der erste kleine sichtbare Ausschnitt von Braines Gedenkplatte bot einen völlig unerwarteten Anblick: Er zeigte ein kupferfarbenes Metall. Als Kowal weiterarbeitete, stieß er auf eine Metallplatte, deren Rand von einer grünblauen Farbe war, wie sie durch Kupferoxidation entsteht. Eingeprägte Worte begannen hervorzutreten, und schließlich lag die ganze Platte frei. Sie war 33 mal 44 Zentimeter groß und offensichtlich mit viel Sorgfalt hergestellt worden. Die Inschrift lautete: W. BRAINE R.M. 8 CO. W. D. H. M. S. EREBUS, GESTORBEN AM 3. APRIL 1846 IM ALTER VON 33 JAHREN. Die „4" in 1846 stand dabei verkehrt herum. Da noch weitergegraben werden mußte, deckten die Männer die Platte vorsichtshalber mit einem Stück Plastik und einer dünnen Kiesschicht ab.

Der Sargdeckel befand sich in hervorragendem Zustand, und Carlson war überzeugt, daß er ihn abnehmen könne, ohne die Nägel durchtrennen zu müssen. Er stemmte ihn mit einem Stemmeisen vorsichtig hoch, und tatsächlich gaben die Nägel schnell nach. Nach zwanzig Minuten war der Deckel locker. Carlson und Beattie hoben ihn langsam und vorsichtig an und reichten ihn an Nungaq und Damkjar weiter, die ihn aus dem Zelt brachten.

„Ich sehe etwas leuchtend Rotes", meldete Carlson und deutete auf einen blutroten Fleck im Eis, der Braines Gesicht verdeckte. Als man mit dem Auftauen begann, entpuppte sich das Rot über Braines Gesicht als ein Halstuch von der Art, wie sie in Asien hergestellt wurden.

Nach wenigen Stunden war die obere Hälfte des in ein Leichentuch gewickelten Körpers freigelegt. Es war der fesselndste Anblick, der sich den Forschern an diesem Ort bot. Die Umrisse des Körpers ließen sich unter dem elfenbeinfarbenen Leichentuch gut erkennen, aber bestimmt wurde das Bild von dem leuchtendroten Tuch, das über Braines Gesicht lag. Der hauchdünne Stoff hatte sich eng an das Gesicht geschmiegt und hob die Konturen von Braines Brauen, Nase, Kinn und Wangen deutlich hervor. In der Mitte, unter kleinen Rissen im Tuch, war das schwarze Oval seines leicht geöffneten Mundes zu erkennen. Durch die Risse hatten sich ein paar Schneidezähne hindurchgebohrt und erzeugten den Eindruck eines schreckenerregenden Grinsens, das jeden in der Gruppe förmlich versteinern ließ.

Das Halstuch war in den Ecken des Sarges festgefroren. Als man dorthin Wasser goß, löste sich der Stoff langsam und konnte nach und nach aufgerollt werden. Während er zurückgezogen wurde, erkannte man allmählich das wahre Gesicht des Toten.

Zu diesem Zeitpunkt hatte man sechzehn Stunden ohne Pause im Grab gearbeitet. Beattie beschrieb, was er sah: „Er hat einen Bart, gelockt und dunkel ... Man sieht die Zähne ..., ein Ohr ... Scheint so, als seien ihm bereits die Haare ausgefallen." Dann trat Beattie zurück, um den Toten im ganzen zu betrachten: ein ernst aussehender Mann, der das Leben nur von seiner harten, unerbittlichen Seite kennengelernt hatte, so wie man sich einen einfachen Seemann der Royal Marine des 19. Jahrhunderts vorzustellen hatte.

Anders als bei Torrington und Hartnell bedeckten seine Lippen ein wenig die Zähne. Vielleicht hatte das Tuch verhindert, daß sie sich aufgeworfen hatten. Die Zähne selber befanden sich in schlechtem Zustand. Ein Vorderzahn war schon zu seinen Lebzeiten abgebrochen, wodurch das Zahnmark freigelegt worden war. Braines Nase war leicht gequetscht. Da er 1,80 Meter groß und der Sarg damit für ihn ein wenig zu klein gewesen war, hatte der Sargdeckel beim Schließen auf seine Nase gedrückt.

Seine Augen waren tief in ihre Höhlen eingesunken und nur zu etwa einem Viertel geöffnet. Die Augäpfel schienen nicht sehr gut erhalten, aber er wirkte dennoch fast lebendig – so, als schliefe er nur. Eine Narbe an seiner Stirn verriet, daß er einige Jahre vor seinem Tod einen Schlag abbekommen hatte. Schließlich ließ sich das Tuch ganz von seinem Gesicht entfernen. Nun sah man, daß sein Haar fast schwarz, lang und lockig war und daß er eine Stirnglatze hatte.

Als das Leichentuch entfernt war, kamen Braines Hemd, sein rechter Arm und seine rechte Hand zum Vorschein. „Seht euch die Hand an, sie ist hervorragend erhalten", meine Beattie. „Und er trägt ein hübsches Hemd, völlig ohne Flecken, scheint brandneu zu sein." Der linke Arm war nicht zu sehen, da er unter seinem Körper lag. Beattie stellte fest, daß Braine nicht sehr sorgfältig in den Sarg gelegt worden war; sogar sein Unterhemd hatte man ihm verkehrt herum angezogen. Dies alles legte den Schluß nahe, daß er in großer Eile bestattet worden war.

Wieder wurde zum Auftauen warmes Wasser über die gefrorenen Partien gegossen. In dem kalten Grab entwickelten sich dabei heftige Dampfschwaden, die zusammen mit dem beißenden Geruch von nasser Wolle und Baumwolle nach oben stiegen. Das stundenlange Arbeiten in diesem Dunst und die seelische Anstrengung machten allen zu schaffen. Hinzu kam, daß Braine, der sehr tief beigesetzt war, in einer kälteren Region lag, in der das Eis erst nach langem Kampf nachgab. Teile der Kleidung und des Leichentuches waren am Boden des Sarges festgefroren und hielten Braine eisern in seinem Sarg fest. Die Forscher brauchten noch einmal achtzehn Stunden, bis sie ihn davon befreit hatten. Und selbst dann mußten sie noch ein kleines Stück Stoff aus seinem Rücken herausschneiden, um ihn endlich emporheben zu können. Beattie und Amy stemmten ihn zum Rand des Grabes empor, wo ihn Savelle und Kowal übernahmen und auf eine Plastikplane legten.

Man sah sofort, daß der Mann buchstäblich nur noch aus Haut und

Knochen bestand. Wahrscheinlich wog er weniger als vierzig Kilo. Man konnte jede Rippe zählen, die Umrisse seiner Hüftknochen traten deutlich hervor, und auch sein Gesicht war völlig ausgemergelt; die Haut spannte sich straff über Wangen und Augenhöhlen. Braines Gliedmaßen waren spindeldürr, und seine Hände wirkten dadurch außergewöhnlich lang. Für Beattie, der den zerbrechlichen, leblosen Körper nach der vorangegangenen ungeheuren Anstrengung aus dem Grab hob, war es einer der ergreifendsten Augenblicke während seiner gesamten Arbeit auf der Beecheyinsel. Die angespannten Gesichter der übrigen zeigten, daß sie seine Gefühle teilten.

Braine wurde sofort in ein Tuch gewickelt und in das Röntgenzelt hinübergebracht. Notman und Anderson, die sich gerade ausruhten, wurden geweckt und konnten ihre Arbeit beginnen.

Die Röntgenaufnahmen wurden bei Braine auf ähnliche Art durchgeführt wie bei Hartnell. Die Situation war nur insofern etwas anders, als bei ihm noch keine Autopsie vorgenommen worden war. Notman und Anderson arbeiteten ohne Pause fast elf Stunden, bis sie schließlich alle erforderlichen Bilder gemacht hatten.

Die anderen lösten unterdessen noch Braines Kleider aus dem Sarg, damit Barbara Schweger sie analysieren konnte. Nachdem der Körper herausgehoben war, ging das Auftauen leichter voran, und in einer Stunde war alles erledigt. Schon am Anfang ihrer Arbeit hatte Carlson gemeint, unter den in das Leichentuch eingeschlagenen Füßen liege noch etwas anderes. Erst als der Körper entfernt und das Leichentuch aufgetaut war, bestätigte sich seine Beobachtung: Man hatte Braine ein Paar zusammengerollte Socken unter die Füße geschoben. Sie waren sehr groß und aus grober Wolle hergestellt, und der eine hatte ein Loch. Das völlige Auftauen und Herausnehmen des Leichen- wie des Halstuches sollten am nächsten Tag erfolgen. Beattie, Kowal, Savelle, Amy und Damkjar wanderten zum Küchenzelt hinüber, wuschen sich draußen die Hände und gingen essen. Anschließend hatten sie noch Zeit, sich kurz auszuruhen, bevor sie zurück mußten, um mit der Autopsie zu beginnen.

Als sie sich später trafen, hatten alle Kopfschmerzen, und einige fühlten sich regelrecht krank. Offensichtlich litten sie an einer Kohlenmonoxydvergiftung, ausgelöst durch die beiden Öfen, die während der

Exhumierung ständig in Betrieb gewesen waren. Obgleich der Zelteingang offen gewesen war und ständig ein leichter Luftzug geherrscht
hatte, waren die Dämpfe in die Grube gelangt.

Als Amy und Beattie das Röntgen- und Autopsiezelt betraten, um
ihre Arbeit zu beginnen, wies Notman sie auf eine Reihe Verletzungen
an Braines Körper hin: auf der rechten und linken Schulter, in der
Leistengegend und an der linken Seite des Brustkorbes. Die Verletzungen betrafen in erster Linie die Haut, an manchen Stellen aber auch das
darunterliegende Gewebe und die Muskulatur. Bei einer flüchtigen
Untersuchung entdeckten sie Zahnspuren. Notman und Amy waren
sich einig, daß kurz vor der Beisetzung, noch auf der *Erebus*, Ratten
den Körper angenagt haben mußten.

Ratten waren auf den Segelschiffen des 19. Jahrhunderts ein allgemeines Problem, mit dem auch Polarexpeditionen öfter zu kämpfen
hatten. Elisha Kent Kane, ein amerikanischer Marineoffizier, hatte
ernste Schwierigkeiten mit diesen Nagern bekommen, während er
1853–55 auf der Suche nach Franklin die *Advance* kommandierte:

> Sie sind überall ..., unter dem Herd, in den Schränken der Ste
> wards, in unseren Kissen, in unseren Betten. Wenn man mich
> fragen würde, welches nach Dunkelheit, Kälte und Skorbut die
> drei schlimmsten Heimsuchungen unseres Arktisaufenthaltes
> waren, würde ich sagen RATTEN, RATTEN, RATTEN.
> ... es war unmöglich, irgend etwas unter Deck zu verstauen.
> Pelze, Wollsachen, Schuhe, naturgeschichtliche Fundstücke, alles,
> was wir behalten wollten, auch wenn es nicht besonders wertvoll
> war, wurde angenagt und vernichtet.

Selbst Versuche, das Schiff mit den „scheußlichsten Dämpfen –
Schwefel, verbranntem Leder und Arsen" auszuräuchern, befreite es
nicht von Ratten.

Dr. Notman hatte bereits die Röntgenbilder von Hartnell mit den
eben von Braine aufgenommenen verglichen und wies Beattie auf einen
interessanten Unterschied hin. „Den Schädel Hartnells konnten die
Röntgenstrahlen nicht durchdringen, weil innen alles gefroren war.
Daher heben sich die Knochen auf dem Bild nicht ab, und es ist nur ein

Owen Beattie in der Ruine
des „Northumberland
House", eines Vorrats-
depots, das die Besatzung
der *North Star* 1854 auf der
Beecheyinsel errichtete.
Das Schiff gehörte zu der
von Belcher kommandier-
ten Suchflotte.

Die Kupferplatte, die
auf William Braines
Sarg genagelt war.
Ihre Inschrift lautet:
W. Braine R. M. 8 Co. W. D.
Gestorben am 3. April
1846 im Alter von
33 Jahren.

William Braines Körper
war in ein Leichentuch
gehüllt, sein Gesicht be-
deckte ein rotes Halstuch
(unten). Erst nach mehreren
Stunden Arbeit konnte das
Leichentuch entfernt
werden (rechts).

konturloser weißer Fleck zu sehen", erklärte der Radiologe, während er auf die Aufnahme zeigte. „Im Gegensatz hierzu kamen die Strahlen durch Braines Schädel gut durch. Ich verstehe das nicht. Beide wurden schließlich unter ähnlichen Umständen beigesetzt."

Die Autopsie nahm sieben Stunden in Anspruch und war äußerst gründlich. Während der gesamten Zeit wurde ein schriftliches Protokoll geführt und jeder einzelne Schritt fotografisch festgehalten.

Im Gegensatz zu Torrington und Hartnell war Braines Körper teilweise in Verwesung übergegangen. Die grüne Farbe seines Körpers zeigte, daß nach Braines Tod einige Zeit vergangen sein mußte, bevor die Beisetzung stattgefunden hatte. Eine Erklärung für diese Verzögerung ließ sich zwar schwer finden, doch es wurden zwei Möglichkeiten in Erwägung gezogen: Während des Winters auf der Beecheyinsel hatte man Trupps ausgesandt, um Teile der nahe gelegenen Devoninsel zu erforschen. Suchmannschaften hatten später diese Lagerplätze nördlich der Beecheyinsel an der Westküste der Devoninsel und am Kap Riley entdeckt. Es ist möglich, daß Braine einer dieser Gruppen angehörte und unterwegs starb. Da es bereits zwei Gräber auf der Beecheyinsel gab, könnte man den Toten dorthin zurückgebracht haben, um ihn ebenfalls auf dem kleinen Friedhof beizusetzen. Eingewickelt und auf einen Schlitten gebunden, wäre er in ein paar Stunden gefroren gewesen, obgleich die Verwesung bereits eingesetzt hatte. Als der Trupp mit dem Schlitten dann bei den Schiffen ankam, hat man den Toten sehr wahrscheinlich an Bord gebracht, um ihn von den Schiffsärzten untersuchen zu lassen und um die Beisetzung vorzubereiten. Auf dem Schiff taute Braines Körper dann wieder auf, was den Verwesungsprozeß beschleunigte. Eine andere Möglichkeit ist, daß das Wetter zu schlecht war und man ihn deshalb nicht sofort beerdigen konnte. Dies scheint jedoch nicht sehr wahrscheinlich, da man den Körper in diesem Fall ohne weiteres hätte entsprechend kühl aufbewahren können, so daß die Verwesung weit geringer gewesen wäre. Doch was auch immer die Ursache war, der Verwesungszustand von Braines Leichnam erklärt jedenfalls, warum man ihn in aller Eile und ohne viel Sorgfalt in den Sarg legte.

Nachdem die Autopsie und die Röntgenaufnahmen beendet waren, flogen Amy, Notman, Anderson, Barbara Schweger und Spenceley am

20. Juni zurück. Das restliche Team blieb noch da, um Braine zu bestatten. Nachdem sein Körper in ein Baumwolltuch gewickelt worden war, wurde er wieder in sein Grab hinuntergelassen. Vorsichtig legten die Männer ihn in seinen Sarg zurück. Beattie hatte vorher bereits das Leichentuch darin ausgebreitet, und nun wurde es über dem Toten zusammengeschlagen. Halstuch, Unterhemd, Sweater, Hemd und Strümpfe kamen – alles einzeln in Mylar verpackt – ebenfalls in den Sarg.

Dann schloß man den Deckel. Die Nordseite des Zeltes wurde entfernt, und die Sonne, die um elf Uhr nachts tief am nördlichen Himmel stand, beleuchtete die Grabtafel und die Innenseite des Zeltes. In strahlendgoldenes Sonnenlicht gehüllt, legten die Forscher eine Schweigeminute für William Braine ein. Dann sprang Beattie in das Grab hinunter. Man reichte ihm einen Eimer mit Kies, und vorsichtig verteilte er eine Lage davon über der Platte. Danach wurde das Grab normal aufgefüllt.

Man verwandte mehrere Tage darauf, die Grabstätte wieder sorgfältig herzurichten und anschließend das Lager abzubauen. Dann verließen die Forscher das Camp in zwei Gruppen: Beattie, Nungaq und Kowal wurden am 24., Carlson, Savelle und Damkjar am 27. Juni abgeholt.

Beattie verließ die Beecheyinsel in der Überzeugung, daß John Torrington, John Hartnell und William Braine ihm noch Antworten auf einige Fragen geben würden. Es schien fast so, als seien sie während der arktischen Sommer 1984 und 1986 für ein paar Stunden noch einmal zum Leben erwacht.

13. Des Rätsels Lösung

GEFRORENES Gewebe, Haare und Knochenproben von John Hartnell und William Braine wurden in einem kleinen Kühlbehälter mit nach Edmonton genommen und zwei Tage nach dem Abflug von der Beecheyinsel in einer Tiefkühltruhe des Universitätskrankenhauses von Alberta deponiert.

Nun hing alles weitere vom Inhalt dieser kleinen Behälter ab. Hier war das Beweismaterial, das Beatties Theorie von dem Einfluß einer Bleivergiftung auf das Scheitern der Franklin-Expedition bestätigen oder widerlegen würde. Das Ergebnis von fünf Jahren Forschung hing jetzt von der Analyse der Informationen ab, die in den Gewebeproben enthalten waren.

Analysen wie diese müssen äußerst sorgfältig vorbereitet werden. In den folgenden Monaten, in denen Kowal die notwendigen Vorarbeiten erledigte, nahm sich Beattie daher zunächst die zehn Konservendosen vor, die er auf der Beecheyinsel gesammelt hatte. Daß das Blei der Lötstellen den Inhalt der Dosen verseucht hatte, stand für Beattie außer Frage. Als er sich jetzt die Dosen genauer ansah, stieß er unerwartet auf etwas, das er und Damkjar bisher übersehen hatten: Die Seitennähte einiger Dosen waren unvollständig! Es sah so aus, als ob der Blechschmied bei der Herstellung versäumt hatte, die Enden der Nähte ordentlich zu schließen. Diese Unterlassung konnte leicht zum Verderb des Doseninhalts geführt haben.

1845 war das Konservieren von Nahrungsmitteln in Dosen noch eine relativ neue Erfindung, die besonders für Forschungsreisen große Vorteile bot. Die Konservendose war 1811 in England patentiert und von den Engländern sofort für die Royal Navy in den meisten Teilen der Welt eingesetzt worden. Zugleich war dies eine Erfindung, die den Polarexpeditionen erlaubte, problemlos in der Arktis zu überwintern. Die Durchsegelung der Nordwestpassage schien damit garantiert.

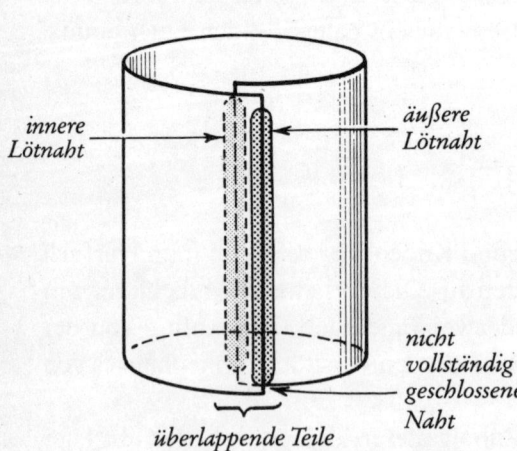

innere Lötnaht

äußere Lötnaht

nicht vollständig geschlossene Naht

überlappende Teile

Die ersten Dosen wurden aus verzinntem Eisenblech hergestellt, das um eine zylindrische Form gebogen wurde, wobei die Enden sich etwas überlappten. Der Blechschmied ging dann mit einem Lötgerät innen und außen über jede Naht und legte auf beiden Seiten eine dicke Schicht Lötmasse über die gesamte Länge. Am oberen und unteren Ende blieben

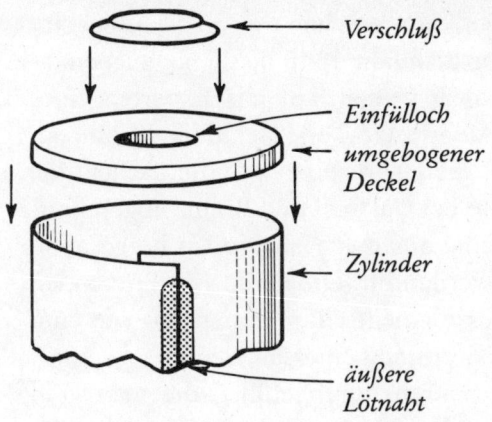

Verschluß

Einfülloch

umgebogener Deckel

Zylinder

äußere Lötnaht

die Nähte ein kleines Stück offen.

Deckel und Boden wurden an den Rändern zu einem Flansch umgebogen. Dieser legte sich beim Zusammensetzen der Dose auf der Außen- beziehungsweise Innenseite um das Ende des Zylinders. Damit aber die Lötnaht nicht den Flansch blockierte, wurde sie nicht bis unten geschlossen. Wenn danach Boden und Deckel mit dem Zylinder fest verlötet wurden, blieb gelegentlich ein schmaler Spalt zwischen Naht und Flansch übrig, und dieser winzige Zwischenraum hat wahrscheinlich dazu geführt, daß ein Teil der mitgeführten Vorräte unterwegs verdarb. Die Lötmasse bestand zu mehr als neunzig Prozent aus Blei, der Rest war Zinn. Der hohe Bleianteil bewirkt, daß die Lötmasse sehr zähflüssig ist, was bei einer Lötmasse mit einem höheren Zinnanteil nicht der Fall wäre.

Am 1. April 1845 erhielt Stephan Goldner den Auftrag für die Lieferung der Konserven. Am 5. Mai meldete der Leiter der Lebensmittelversorgungsstelle in Deptford, daß der Vertrag bisher nur zu einem Zehntel erfüllt sei. Diesem Bericht folgte drei Tage später das Versprechen Goldners, daß er bis zum 12. Mai sämtliche Fleischkonserven und bis zum 15. Mai auch die Suppen liefern würde. Zugleich erbat und erhielt er die Genehmigung, die Suppen in größere Dosen abfüllen zu dürfen als im Vertrag vorgesehen. Es ist durchaus möglich, daß man in der Eile die Qualitätskontrollen vernachlässigte und deshalb von den achttausend an die Expedition gelieferten Konserven eine Anzahl später verdarb. Für die Expedition konnte dies einschneidende Konsequenzen bedeuten: Erfolg oder Mißerfolg, Leben oder Tod standen hier unter Umständen auf dem Spiel.

Während sich Beattie mit den Konservendosen beschäftigte, unterzog Roger Amy die unter sterilen Bedingungen eingesammelten Proben einer bakteriologischen Prüfung. Bei Braine entdeckte er Tuberkulose im Lungengewebe und Bakterienkulturen im Darm. Es erscheint bemerkenswert, daß Bakterien aus dem Jahr 1846 heute noch leben.

Anfang 1987 begann Walt Kowal gemeinsam mit Experten eines wissenschaftlichen Labors, des „Alberta Workers' Health and Compensation Laboratory" in Edmonton, die Haarproben zu untersuchen, die man 1984 bei Torrington und 1986 bei Hartnell und Braine abgeschnitten hatte. Für diesen Test wird eine aus den Haarproben hergestellte Lösung bei hohen Temperaturen verdampft. Die daraus resultierenden Emissionen sind für ein spezielles Element charakteristisch, wie zum Beispiel Blei, und können identifiziert und gemessen werden.

Die ersten Tests wurden mit Haaren durchgeführt, die man vom Scheitel und Nacken Torringtons abgeschnitten hatte. Sie enthielten 413–657 ppm Blei. Im April rief Kowal bei Beattie an, um ihm die ersten Untersuchungsergebnisse bezüglich Hartnells und Braines mitzuteilen. Hartnells Haar wies einen Bleigehalt von 138–313 ppm auf; Braines Werte lagen ähnlich hoch bei 145–280 ppm. Obgleich die Werte niedriger waren als bei Torrington, lagen sie immer noch um mehr als das Zwanzigfache über dem Normalwert. Nachfolgende Tests schlossen die Möglichkeit aus, daß noch nach dem Tod der beiden Seeleute von außen Blei in den Körper eingedrungen sein könnte. Weitere Untersuchungen von Knochen- und Gewebeproben Torringtons, Hartnells und Braines unterstrichen die Genauigkeit der Haartestergebnisse.

Die Tatsache, daß Blei in den Haaren gefunden worden war, bedeutete, daß die Verseuchung erst auf der Reise eingetreten war und nicht schon zu Hause. Die möglichen Quellen für eine Bleivergiftung während der Fahrt waren zahlreich, ob es sich nun um in Bleifolie verpackten Tee, Zinngerät oder bleiglasiertes Tongeschirr handelte. Aber die Hauptursache war, daß sich die Teilnehmer der Expedition überwiegend von Konserven ernährt hatten. Man hat ausgerechnet, daß jeder Seemann jeden zweiten Tag ein halbes Pfund an konservierter Nahrung erhielt, was zu einer ständigen erheblichen Bleiaufnahme führte.

Es gibt keine beweisbare Erklärung für den höheren Bleigehalt bei Torrington gegenüber Hartnell und Braine. Wahrscheinlich liegt dies an der unterschiedlichen Verpflegung der drei Männer und ihrer Arbeit auf dem Schiff. So könnte Torrington beispielsweise als Oberheizer mit dem Kohlenstaub zusätzlich Blei eingeatmet haben.

Was sich nunmehr nach der Untersuchung von vier Expeditionsteilnehmern (einschließlich des Skeletts vom Booth Point) klar abzeichnete, nachdem man die verschiedenen Möglichkeiten einer ganzen
Reihe von Labors genutzt hatte, war, daß Blei eine ganz wesentliche
Rolle bei dem sich ständig verschlechternden Gesamtzustand der Mannschaften der *Erebus* und der *Terror* gespielt hatte. Die fortschreitende
Bleivergiftung führte nicht nur zu einem Schwinden der Körperkräfte,
sondern drückte sich auch in zunehmender Verzweiflung aus. Appetit-
verlust, Müdigkeit, Schwäche und Koliken sind einige der Symptome
einer solchen Vergiftung; sie kann aber auch zu Störungen des zentralen und peripheren Nervensystems führen und ein neurotisches und
unberechenbares Verhalten auslösen – bis hin zu einer Lähmung der
Gliedmaßen. Möglicherweise wirkte sich die Beeinträchtigung der
Gehirntätigkeit für die Expedition am verheerendsten aus. Unter dem
anhaltenden Streß eines langen Arktisaufenthaltes könnte selbst eine
geringfügige Bleivergiftung den Entscheidungsprozeß der Männer,
besonders der Offiziere, nachhaltig beeinflußt haben. Die richtige Ein-
schätzung einer Situation und die daraus resultierende Entscheidung
sind nun einmal nur mit klarem Kopf und wachem Verstand möglich.

Die Franklin-Expedition ist nicht aus einem einzigen Grund gescheitert, sondern ihr wurde eine Kombination tödlicher Fakten zum Ver-
hängnis. Das Beste, was man heute tun kann, ist daher, die einleuchten-
den Gründe herauszuarbeiten und in die breite Palette einzuordnen, die
sich aus den Untersuchungen der über zahlreiche archäologische Fund-
plätze verstreuten Überreste ergibt. Das hat Beattie geleistet.

In einigen Fällen, wie bei den drei Toten der Beecheyinsel, waren die
Auswirkungen der Bleivergiftung katastrophal. Amys Autopsieergeb-
nisse zeigen, daß Torrington, Hartnell und Braine an Tuberkulose litten
und an einer Lungenentzündung starben. Außerdem stellte Notman bei
der Röntgenuntersuchung William Braines einen Bruch des 11. Brust-
wirbels fest, hervorgerufen durch die Pottsche Krankheit, die wiederum
die Folge einer tuberkulösen Infektion ist. Aber nur dadurch, daß die
Seeleute das heimtückische und kaum bekannte Gift „Blei" in den
ersten Monaten der Expedition in hohen Dosen zu sich nahmen, verschlechterte sich ihr körperlicher Zustand so sehr, daß sie ein leichtes
Opfer der hinzukommenden Erkrankung wurden. Anderen Mitgliedern

der Expedition mußte es ebenso ergangen sein. Dies erklärt auch den Tod der einundzwanzig Seeleute, die die Expedition bereits in ihrer Anfangsphase verlor, noch bevor die Schiffe am 22. April 1848 aufgegeben wurden.

Auch für den auffallend hohen Anteil von Offizieren unter den Toten – immerhin neun von einundzwanzig – fand Beattie eine mögliche Erklärung. Falls die Offiziere, die selbst auf langen Reisen und unter räumlich beschränkten Verhältnissen eine Gruppe für sich bildeten, von Zinngeschirr aßen und eine bessere Kost erhielten (was wahrscheinlich „mehr Konserven" bedeutete), haben sie von Anfang an sehr viel mehr Blei zu sich genommen als die übrigen Mannschaftsmitglieder. Es besteht durchaus die Möglichkeit, daß auch Sir John Franklin direkt oder indirekt an den Folgen einer Bleivergiftung starb.

Auch von jenen Männern, die auf dem tragischen Todesmarsch im Frühjahr und Sommer 1848 starben, mögen manche die klassischen Symptome einer solchen Vergiftung aufgewiesen haben, die nun durch Hunger und Skorbut verstärkt wurden.

Es ist eine traurige Ironie, daß gerade Franklins Expedition, mit Sicherheit eine der größten Forschungsreisen zur See, die je stattfand, und mit allem ausgestattet, was die aufstrebende Industrie und der Erfindergeist jener Zeit zu bieten vermochten, ausgerechnet von einer dieser modernen Erfindungen tödlich getroffen wurde. Beattie ist überzeugt, den wissenschaftlichen Beweis hierfür erbracht zu haben.

Als Sir John Franklin im Mai 1845 aus der Themse ins offene Meer segelte, war die ganze Nation sicher, daß für ihn die Ehre, die Nordwestpassage endgültig zu erkunden, zum Greifen nahe war. Niemand konnte ahnen, daß in den Konserven, die im Laderaum seiner Schiffe verstaut waren, eine Zeitbombe tickte, die nicht nur Franklins Triumph verhindern, sondern hundertneunundzwanzig Leben auslöschen sollte. Und während die Hoffnungen der Mannschaften innerhalb relativ kurzer Zeit in Verzweiflung umschlugen, konnten die Ärzte an Bord der *Erebus* und der *Terror* nur hilflos zusehen, wie die Männer starben. Das Gesundheitsrisiko, das der Gebrauch einer Blei-Zinn-Lötmasse mit sich brachte, war zu jener Zeit noch nicht bekannt. Erst 1890 wurde in England das Verlöten von Konservendosen auf der Innenseite der Dosen durch Gesetz verboten.

Forschung, die sich auf neue, manchmal unausgereifte Technologien stützt, muß hierfür häufig einen grausamen Preis zahlen. Dies hat sich auch in heutiger Zeit noch beim „Challenger"-Unglück gezeigt.

Im Grunde genommen besteht kein Unterschied zwischen dem Sterben der Franklin-Mannschaften und dem Tod der Besatzung der Raumfähre. Zeit, Technologie, soziale und politische Bedingungen mögen sich geändert haben, aber der Geist und die Motivation, von der beide Unternehmungen getragen wurden, waren dieselben. Beide nutzten die modernsten Technologien ihrer Zeit, und beide zahlten dafür den höchsten Preis. Ein Artikel, der 1855 in einer Ausgabe von *Blackwood's Edinburgh Magazine* erschien, beklagte diese Gefahren:

> Wir bekennen, daß wir bei allem Streben nach Wissen uns nicht in der Lage sehen, ein Opfer wie das Franklins und seiner Mannschaften, ohne den Schauder des Entsetzens zu betrachten: Es liegt etwas Furchterregendes, Unerbittliches, Unmenschliches darin, Forschungsziele auf eine so kostspielige Weise zu verfolgen, denn letztlich bleibt es doch nur ein Forschen ..., und wenn wir von den Märtyrern der Wissenschaft hören, ob sie nun im arktischen Eis oder im Sand der Wüsten umgekommen sind, fangen wir an, die Wissenschaft als einen selbstgefälligen Moloch ... zu betrachten, der seine Erfolge auf seltsam magische Weise erringt und mit der ganzen Gelassenheit eines abstrakten und unpersönlichen Prinzips alle jene hochherzigen Menschen vernichtet.

Diese Gedanken, die veröffentlicht wurden, noch bevor M'Clintock seine gräßlichen Entdeckungen machte, könnten auch als Reaktion auf Beatties Forschungsergebnisse geschrieben sein. Aber solche Kommentare sehen nur das Scheitern von Wissenschaft und Technologie und leugnen ihre Erfolge. Denn nach Franklin kamen andere. Auch sie nutzten die neuesten Errungenschaften, die die Technik ihnen zur Verfügung stellte. Sie haben nicht nur die Nordwestpassage entdeckt, sondern zugleich das letzte wirklich noch gefahrvolle Stückchen Erde erobert.

Meine armenischen Kinder

von Lois Fisher-Ruge

Während der Busfahrt glaubte Julia, in einem Alptraum zu sein. Alles um sie herum war zerstört. Sie mußte daran denken, wie sie ihre Freunde besucht hatte, in Häusern, die nicht mehr standen. Vor den Trümmern sah sie Tote liegen und fragte sich, ob nun alle, die sie kannte, gestorben.waren.

Lois Fisher-Ruge

Der Schock

MEIN Leben war immer voller Überraschungen und Abenteuer. Aber auf diesen Schock war ich nicht vorbereitet, als ich 1988, kurz vor Weihnachten, in einem Moskauer Kinderkrankenhaus zum erstenmal die verstümmelten jungen Opfer des armenischen Erdbebens sah. Einige von ihnen kämpften um ihr Leben.

Zwei Wochen zuvor, als sich die Katastrophe am 7. Dezember ereignete, war ich in Deutschland gewesen und hatte dort die ausführliche Berichterstattung im Fernsehen verfolgt. Das Ausmaß des Unglücks war erschütternd, aber auch das Chaos und die miserable Organisation der Rettungsaktionen. Schon in diesem Augenblick wollte ich mehr tun als Geld spenden, aber ich wußte nicht, was.

Die Antwort erwartete mich in Moskau. Eine russische Freundin fragte mich, ob ich eine Kollegin kennenlernen wolle, die sich um Überlebende des Erdbebens kümmere. Sie brauche meine Hilfe.

Ich hatte längst begriffen, daß Freundschaft in der Sowjetunion immer auch in der Bereitschaft besteht, dem anderen zu helfen. Je schlechter es jemandem geht, desto mehr Leute kommen ihm zu Hilfe. In einem Land, in dem viele Waren knapp sind, ist die Zahl der Wünsche nach begehrten und notwendigen Dingen aus dem Westen unerschöpflich. Ich gab den Dingen Vorrang, bei denen es um Gesundheit und Menschenleben ging. Herzschrittmacher, Medikamente, Antibabypillen, Krücken und ähnliches gehörten zu den Sachen, die in den letzten zehn Jahren auf meiner Einkaufsliste standen. Es war eine Schande, daß die sowjetische Regierung seit eh und je andere Prioritäten setzte, und davon wurde die Welt nach dem Erdbeben Zeuge. Aber das war für mich kein Grund, diejenigen, die in Not waren, im Stich zu lassen.

Ich erwartete die Kollegin meiner Freundin, die mich im Krankenhaus brauchte, in meiner Wohnung am Kutusowski Prospekt.

Schließlich kam eine hagere, bleiche junge Frau zur Tür herein, die den Eindruck machte, als würde sie jeden Moment vor Erschöpfung zusammenbrechen. Viki war Armenierin, die in Moskau als Soziologin arbeitete, eine von zwanzig Freiwilligen, die der armenischen Kulturorganisation „Barev Dzez" – dem armenischen Wort für „Hallo" – angehörten. Die Mitglieder gaben an die Überlebenden des Erdbebens, die in Moskauer Krankenhäusern lagen, Kleidung und Spielsachen aus. Das Kinderkrankenhaus brauchte medizinische Hilfe aus dem Ausland, und Viki fragte mich, ob ich sie gleich am nächsten Tag dorthin begleiten wolle.

Es war vier Tage vor Weihnachten, als wir den Mammutkomplex, dessen Ausmaße mich überwältigten, betraten. Viki schritt zielsicher durch das Labyrinth der Korridore bis zur Unfallstation.

Während sie von einem Bett zum anderen ging, Spenden an die Kinder und ihre Verwandten austeilte und Wünsche notierte, ließ mich der furchtbare Zustand der Kinder innerlich erstarren. Was hatte ich hier zu suchen? Wollte ich mir wieder einmal beweisen, wieviel ich ertragen konnte?

Mein Leben war eine lange Kette von Herausforderungen, die ich immer angenommen hatte. Bis zu diesem Augenblick hatte ich mir noch keine Niederlage erlaubt, obwohl es manchmal Situationen gegeben hatte, die mich an den Rand meiner Kräfte brachten.

Mit sechzehn war ich als Austauschschülerin in einem kleinen Fischerdorf in Griechenland gewesen und lebte dort bei einer griechischen Familie. Ich sprach kein Wort Griechisch und fühlte mich manchmal so einsam, daß ich nur noch nach Hause wollte. Aber ich hielt durch.

Später kam ich als Frau eines deutschen Journalisten nach Deutschland, mußte eine neue Sprache lernen und eine neue Rolle übernehmen, die Mutterrolle für die neun und fünfzehn Jahre alten Kinder meines Mannes. Nach der Kulturrevolution in China brachte uns die Arbeit meines Mannes für mehrere Jahre nach Peking. Ich fühlte mich isoliert, verloren und hilflos. Es war eine schmerzhafte Zeit des Eingewöhnens, und oft wollte ich aufgeben. Am Ende unseres Aufenthalts ging ich ungern wieder fort.

Wir kamen nach Moskau, und wieder mußte ich eine neue Sprache lernen – die dritte in acht Jahren – und Barrieren überwinden, wie ich sie auch in Peking vorgefunden hatte.

Freundschaften zwischen Ausländern und Einheimischen wurden durch die Propaganda erschwert, alle Ausländer könnten Spione sein. In Peking fiel ich auf wie ein bunter Vogel, aber in Moskau paßten mein Gesicht und mein Akzent ins Bild. Ich bin ein südländischer Typ, und viele glaubten, ich käme aus dem Kaukasus. Es dauerte eine Weile, bis ich das Vertrauen der Moskauer gewann. Als es mir aber gelungen war, wurde ich so herzlich wie ein Familienmitglied aufgenommen.

Die neue Herausforderung, die mich hier im Kinderkrankenhaus erwartete, unterschied sich von den bisherigen. Ich brauchte Kraft und Mut, um das Leiden der Kinder zu ertragen.

Nachdem Viki mit ihrer Runde fertig war, setzten wir uns mit den leitenden Ärzten zusammen, um zu besprechen, was den Kindern an medizinischer Versorgung fehlte.

Die Ärzte stellten mit Hilfe der in deutschen Katalogen verzeichneten medizinischen Ausrüstungen eine Liste für mich zusammen. Ich versprach, Geldgeber aufzutreiben, sobald ich wieder in Deutschland, wo ich wohne, zurück sei.

Während der folgenden Nächte schlief ich kaum. Die Kinder gingen mir nicht aus dem Kopf. Zuerst überhäufte ich sie mit Geschenken aus den Berioska – den Intershops. Zum Beispiel liebte Julia russische Märchenbücher, und Edik wollte, wie alle Jungen, ein Auto haben. Alle freuten sich über die vierzig mit kleinen Spielsachen gefüllten Schokoladeneier, die ich mitbrachte.

Dann bemühte ich mich, die Namen der Kinder zu lernen, und verwechselte sie meistens oder sprach sie falsch aus. Die Kinder hatten mit meinem Namen das gleiche Problem. Die Namen, die ich schnell behalten konnte, gehörten Kindern, zu denen ich ein besonderes Verhältnis entwickelte wie Asgush, Julia, Armen, Grantig, Asnif, Varsik, Ani und Arkadi. Die meisten Kinder sprachen am Anfang wenig Russisch, aber die Sprachbarriere schien unwichtig. In manchen Situationen bedeuten Worte weniger als ein Kuß, ein Lächeln, eine Berührung.

Am Anfang war ich ein Symbol für westliches Engagement in der armenischen Krise. Die armenischen Angehörigen der verletzten Kinder bezogen die Unterstützung ganz persönlich auf sich. Aber ich erklärte ihnen, daß wir uns genauso verhalten hätten, wenn eine andere Nationalität betroffen gewesen wäre.

Silvester war ich nicht in der Stimmung, mit russischen Freunden zu feiern, und beschloß, die Nacht mit Dolores im Krankenhaus zu verbringen. Sie war eine armenische Journalistin, die sich einen Monat freigenommen hatte, um im Krankenhaus auszuhelfen. Mit den armenischen Verwandten der Opfer deckten wir einen festlichen Tisch mit so vielen Schüsseln darauf, wie Platz hatten. Aber das Essen wurde kaum angerührt, und um Mitternacht war die Stille unerträglich. Alle dachten an ihre Toten, die schwerverletzten Kinder und die zerstörten Häuser, und kaum ein Auge blieb trocken. In einem Trinkspruch wurde an die tragische Geschichte des armenischen Volkes erinnert, im nächsten die Hoffnung ausgesprochen, daß anderen eine solche Katastrophe erspart bleiben möge wie die, die uns an diesem Silvesterabend zusammengebracht hatte. Die Armenier dankten den Ärzten für die Rettung ihrer Kinder, und sie dankten mir, daß ich einfach da war.

Als der siebenjährige Robert am frühen Morgen um fünf anfing, hysterisch zu schreien, wurde mir bewußt, daß er körperlich vielleicht wieder gesund werden könnte, aber wie würden er und viele andere Kinder psychisch die furchtbaren Erlebnisse während des Erdbebens verkraften?

Meine häufige Anwesenheit im Krankenhaus brachte mich bald den Kindern und ihren Verwandten näher. Vor allem die Kinder warteten täglich auf mich, und wenn ich nicht kam, waren sie enttäuscht.

Meine Tage waren voll ausgefüllt. Ich verbrachte den größten Teil meiner Zeit mit Zuhören und Reden. Wenn Dolores oder Anaid, eine Schauspielerin aus Armenien, da waren, konnten sie für mich dolmetschen. Später, als sich der kritische Zustand der Kinder besserte, entdeckte ich, daß fast alle etwas Russisch konnten, und die Verständigung war kein Problem mehr. Ich freute mich auf die langen Pausen am Nachmittag, wenn die Verwandten mich einluden, mich zu ihnen in die Küche zu setzen, auf einen „Tee" – eine opulente Mahlzeit mit etlichen Gängen. Dann sprachen wir über alles mögliche, von der armenischen Küche bis zum Erdbeben.

Allmählich weitete sich der Kreis meiner Kontakte im Krankenhaus aus. Die Kinder mußten mehrmals am Tag massiert werden, und ich war häufig dabei. Olga, die junge, dynamische Leiterin des Massage-teams, beeindruckte mich, und oft unterhielt ich mich mit ihr in ihren Arbeitspausen. Unsere Gespräche führten zu einer Einladung zu ihr nach Hause. Alexander Kusin, der Chefarzt der Unfallstation, be-richtete mir geduldig von den Fortschritten „meiner" Kinder. Wir sprachen über die Probleme des Krankenhauses und vor allem über die Bürokratie und den unsinnigen Papierkrieg. Später lernte ich auch seine Familie kennen. Er lebte mit seiner Frau und drei Kindern in einer Gemeinschaftswohnung, in der ihnen ein Zimmer von achtzehn Qua-dratmetern zugeteilt war.

Auch mit Michail und Vahe schloß ich Bekanntschaft. Die beiden Musiker, ein Bratschist und ein Cellist, waren aus Jerewan gekommen, um dem Roten Kreuz zu helfen, nach vermißten Eltern und Kindern zu suchen. Durch meine Fahrten zum Krankenhaus und zurück lernte ich Slawa kennen, einen Invaliden, der mich seiner Familie vorstellte. Der Einblick in sein Leben gab mir eine Vorstellung von der Zukunft, die einigen meiner Krankenhauskinder bevorstand.

Zunächst war mein Engagement für das Krankenhaus und die Kinder ganz persönlicher Natur. Nach einiger Zeit wurde mir klar, daß ich mit Verhältnissen konfrontiert wurde, die ein Ausländer sonst kaum zu sehen bekommt, und ich beschloß, für andere darüber zu berichten. Ein Flügel des Krankenhauses wurde zu meiner Erlebnisbühne, während sich das Krankenhaus zu einem Modell für Perestroika entwickelte. Bis dahin hatte dieses Wort für mich keine konkrete Bedeutung. In den vergangenen Monaten aber hat sich meine Rolle von der einer Beobach-terin zu der einer aktiven Teilnehmerin am aufregenden und oft ent-mutigenden Prozeß des Wiederaufbaus gewandelt. Die Zukunft von Perestroika wäre gesichert, wenn es mehr Menschen gäbe wie jene, die mich bewegt haben, dieses Buch zu schreiben.

Eine Amerikanerin aus Armenien

DU SAGST, du bist eine Amerikanerin, aber könntest du nicht eine „Amerikanerin aus Armenien sein?" fragte der zehnjährige Gran-tig, während er sich auf meinen Arm stützte. Er machte gerade seine ersten Schritte mit Krücken, und wir hielten im Korridor des Krankenhauses an, um zu verschnaufen. Hinter uns stand sein fünfunddreißigjähriger Vater. Er schien um Jahre gealtert seit dem Erdbeben, bei dem er seine Frau verloren hatte. Da ich Grantigs schwere Verletzungen und die der anderen verunstalteten Kinder gesehen hatte, als sie vor sechs Wochen in Moskau angekommen waren, glaubte ich nun an ein Wunder. Die Kinder waren nicht nur alle am Leben, sondern viele konnten bereits aufstehen und fingen wieder an zu laufen.

Aus Gewohnheit fuhr ich Grantig mit der Hand durch sein welliges, langgewordenes Haar. Mein erster Kontakt zu jedem Kind hatte vor einem Monat mit dem Streicheln einer Hand, eines Armes, einer Wange begonnen. Bei manchen fiel es schwer, eine Stelle zu finden, die unverletzt war. Beim Anblick ihrer benommenen Blicke und ihrer sichtbaren Schmerzen stiegen mir die Tränen in die Augen, aber ich kämpfte hinter einem verkrampften Lächeln dagegen an.

Zuerst stand auch die Sprachbarriere zwischen mir und den Kindern. Grantig fragte mich wie die anderen, warum ich kein Armenisch spräche. In ihrer eigenen Sprache hätten sie ungezwungener mit mir reden können. Unser Kompromiß war Russisch, für beide Seiten eine Fremdsprache. Wer kein Russisch konnte, bekam Hilfe von anderen, die stolz waren, meine Dolmetscher sein zu können.

Grantig brauchte einen Haarschnitt, sonst würde man sein schönes, sanftes Gesicht mit den bezaubernden Bambiaugen für das eines Mädchens halten. Ich hatte schon Varsik verletzt, indem ich sie wie einen Jungen behandelte. Ihr kurzgeschorenes Haar hatte mich verwirrt. Als ich einem anderen Mädchen eine Haarspange schenkte und Varsik ein kleines Auto, brach sie in Tränen aus. Ihre Mutter versuchte sie zu beruhigen und erklärte mir, daß Varsik ein Mädchen sei. Ein Foto ihrer Tochter war auf der ersten Seite der Tageszeitung *Iswestija* erschienen. Es zeigte das schwerverletzte Kind mit langen, wunderschönen Locken. Während die Moskauer Ärzte um Varsiks Leben kämpften, waren die Haare abgeschnitten worden. Sie waren bei der Operation im Weg.

Nun schenkte ich Varsik eine Spange, und sie wollte gleich eine zweite haben. Ich zögerte, denn ich wußte, daß ich nicht genug für alle haben würde. Varsik weinte. Ich gab ihr eine zweite Spange, und sie

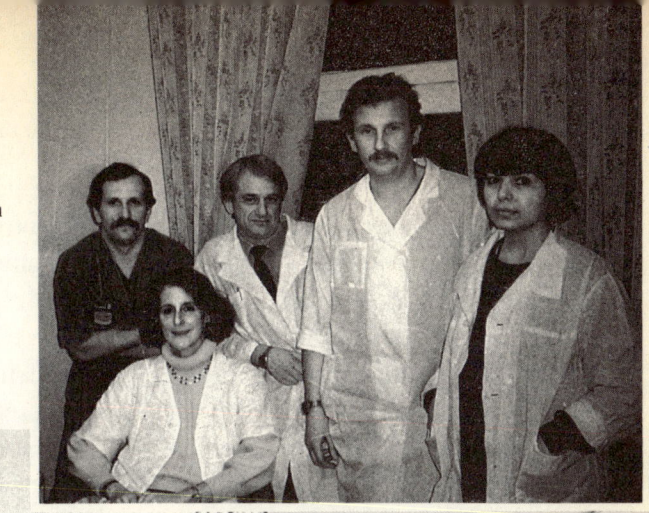

Rechts: Dolores,
Dr. Kusin und sein Team
(v. r. n. l.), Lois Fisher-
Ruge (sitzend)

Unten: das Moskauer
Kinderkrankenhaus.
Reparaturarbeiten sind
ständig erforderlich.

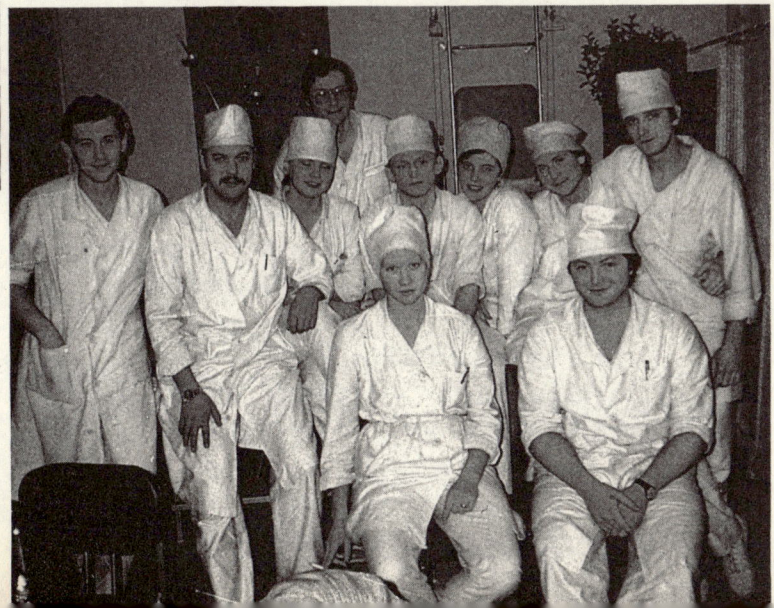

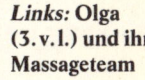

Links: Olga
(3. v. l.) und ihr
Massageteam

beruhigte sich. Erst später zeigte sie mir eine ganze Sammlung von Spangen, die ihr die Mutter gekauft hatte. Sie verheimlichte sie damals vor mir, weil sie fürchtete, ich würde ihr sonst keine von meinen ausländischen Spangen geben, die sie hübscher fand als ihre eigenen.

Draußen auf dem Flur entschuldigte sich Varsiks Mutter für das schlechte Benehmen ihrer Tochter. Sie habe sich seit dem Erdbeben sehr verändert, sagte sie. Vorher war sie ein bescheidenes, geduldiges und gutmütiges Kind gewesen. Jetzt zeigte sie sich launisch und anspruchsvoll. Die Mutter fühlte sich aber nicht in der Lage, mit ihr zu schimpfen, denn Varsik war das einzige, was ihr nach dem Erdbeben geblieben war. Kurz nach ihrer Ankunft in Moskau hatte sie die Nachricht erhalten, daß ihr Sohn und ihr Mann an ihren schweren Verletzungen gestorben waren.

Nur wenige Kinder wußten von den tragischen Verlusten in ihren Familien. Wenn ein Kind nach seiner Mutter fragte, die gestorben war, erklärte ein Verwandter, die Mutter habe sich ein Bein gebrochen und läge in einem anderen Krankenhaus. Auch Grantigs Vater brachte es nicht übers Herz, seinem Sohn den Tod der Mutter beizubringen. Kurz nach dem Erdbeben, als im Gesicht des Vaters ein dunkler Bart sichtbar wurde, fragte ihn Grantig, warum er sich nicht rasiere. Nach armenischer Sitte rasieren sich die Männer nach dem Tod eines nahen Verwandten vierzig Tage lang nicht. Er trauerte um seine Frau und seine Mutter. Innerhalb weniger Minuten kam der Vater rasiert zurück. Aber das schob die Notwendigkeit nur auf, seinem Sohn die Wahrheit zu sagen.

Nun, da es Grantig besserging, fragte er oft nach seiner Mutter. Sein Bein heilte allmählich. Warum war seine Mutter noch nicht gesund? Andere Armenier ermunterten den Vater, endlich die Wahrheit zu sagen, aber er hatte nicht den Mut.

Grantigs Vater war der einzige Vater, der die ganze Zeit über allein im Krankenhaus blieb. Andere Männer, die auch ihre Frauen verloren hatten, kamen und gingen, während Tanten und Großmütter die Mutterrolle übernahmen. „Es wäre besser gewesen, ich wäre gestorben", sagte er manchmal zu mir. „Die Mutter ist wichtiger für ein Kind als der Vater."

Grantig war ein anschmiegsames, liebenswertes Kind, das sich nie beklagte. Selbst als er unter einem Zementblock des zusammengestürzten Hauses gefangenlag, war er ruhig geblieben. Am Tag des Erdbebens war er zu spät zur Schule losgegangen, weil er noch einen Krimi gesehen hatte. Als der Film zu Ende war, begann das Beben. Grantig stand auf der Treppe, als er die Schreie seiner Großmutter hörte. Er kehrte um, weil er helfen wollte. Dann erinnerte er sich nur noch an Dunkelheit und an Blut, das ihm über das Gesicht lief. Er zerriß sein Hemd und verband sich damit die blutende Kopfwunde. Drei Tage lang war eines seiner Beine unter den Trümmern eingeklemmt. Er habe keine Angst gehabt, sagte er, und sogar eine Nacht geschlafen. Seine warme Jacke und die Stiefel, die er für den Schulweg angezogen hatte, schützten ihn vor der Kälte. Eine Scheibe Brot, die er in der Hand gehabt hatte, als er die Wohnung verließ, war die Ration, an der er knabberte. Kleine Steine und Mörtel rieselten auf ihn herab, und er wischte sie sich immer wieder aus dem Gesicht.

Als ein Nachbar ausgegraben wurde, hörte er die Stimme seines Vaters und rief ihm zu, er solle sich keine Sorgen machen. Die Rettungsmannschaft brauchte vierzehn Stunden, um den Jungen zu bergen.

Julia war das einzige Kind, das sich von Anfang an so benahm, als wüßte es vom Tod seiner Mutter. Sie sprach nicht davon, und auch ihr Vater erwähnte nichts, aber er sagte zu mir: „Ich glaube, sie bereitet sich innerlich darauf vor, daß sie keine Mutter mehr hat." Immer wenn er von der Mutter sprach, ging Julia aus dem Zimmer. Fotos von ihrer blonden, attraktiven Mutter und ihrer dreijährigen Schwester standen auf ihrem Nachttisch.

Julia fiel unter den verletzten Kindern sofort auf. Sie war die einzige blonde Patientin, die einzige Russin mit Russisch als Muttersprache und die einzige, um die sich keine Verwandten kümmerten. Kein armenisches Kind war allein. Oft standen den Kindern sehr entfernte Verwandte bei, aber das minderte ihr Verantwortungsgefühl nicht. Die älteren Frauen bezeichneten sich als *Babuschka* – Großmutter – und die jüngeren als Tante. Eine russische Freundin von mir staunte über die aufopferungsvolle Hingabe und Fürsorge dieser nur weitläufig verwandten Helfer. „Das wäre unter Russen heutzutage undenkbar", meinte sie.

Julias Vater war Hubschrauberpilot und hatte nur wenig freie Zeit, nach Moskau zu kommen und sich um Julia zu kümmern. Bei meiner ersten Begegnung mit ihm war er zusammen mit Julias dreizehnjähriger Schwester und der Zwillingsschwester seiner Frau da, die der Mutter wie aus dem Gesicht geschnitten war. Beherrscht und tapfer hielt Julia ihre Tränen zurück, während sie sich an die Frau klammerte, die ihrer Mutter so glich. „Später werde ich bei dieser Tante wohnen", erklärte sie mir, „und mein Vater hat mir versprochen, mit dem Fliegen aufzuhören."

Julia erschien mir von den anderen Kindern isoliert. Vielleicht lag es daran, daß sie Russin war und kein Armenisch sprach. Zu Anfang vergrub sie sich in ihren Büchern. Als ich ihr russische Märchen brachte, leuchteten ihre traurigen Augen auf. Sie sagte, sie habe noch nie so schön illustrierte russische Bücher gesehen. Kein Wunder, sie werden nur im Intershop gegen Devisen verkauft. Julia bewunderte auch die Verpackungen von der Schokolade und den anderen Geschenken, die ich ihr mitbrachte, faltete das Papier sorgfältig zusammen und hob es auf.

Es dauerte Wochen, ehe die zehnjährige Julia, die auf mich viel älter wirkte, von sich zu sprechen begann. Als sie es schließlich tat, geschah es mit tonloser Stimme, ohne die Gefühlsausbrüche oder die Unruhe, die andere Kinder zeigten.

Einmal zeigte mir Julia die breite, lange Narbe an ihrem rechten Arm, und als ich tief Luft holte, erzählte sie stolz, daß nach einer Hauttransplantation kaum noch etwas zu sehen sein würde. Von ihrer rechten Hand sagte sie nichts. Sie hing wie ein nasser Lappen herunter, weil die Nervenstränge beschädigt waren.

Damals, als die Welt in Leninakan noch in Ordnung war, besuchte Julia den Nachmittagsunterricht in einer russischen Schule. Sie war mit ihrer Mutter und ihrer Schwester zu Hause, als um elf Uhr einundvierzig das Erdbeben kam. Die Familie suchte Schutz im Treppenhaus, das kurz danach einstürzte. Julia erinnert sich, daß Steine auf sie fielen und sie das Bewußtsein verlor. Als sie aufwachte, lag ihre Hand auf einem Bein ihrer Mutter, und die Mutter weinte. Als Julia hörte, daß ihre Schwester tot sei, fing sie auch an zu weinen. Die letzten Worte ihrer Mutter waren: „Wenn du Vater siehst, sag ihm, ich lebe, und er soll sich keine

Sorgen machen." Julia konnte plötzlich Licht sehen und hörte jemand ihren Namen rufen. Und dann sagte jemand: „Julia ist tot." Da fing sie an zu schreien, und der Soldat, der für dieses Haus zuständig war, rettete sie. Stunden später trug er sie zu einem Bus, und ihre Mutter, die nun ganz still dalag, wurde in eine andere Richtung weggebracht.

Während der Busfahrt glaubte Julia, in einem Alptraum zu sein. Alles um sie herum war zerstört. Sie mußte daran denken, wie sie ihre Freunde besucht hatte in Häusern, die nicht mehr standen. Vor den Trümmern sah sie Tote liegen und fragte sich, ob nun alle, die sie kannte, gestorben waren.

Sie wurde in ein Krankenhaus eingeliefert, wo die Ärzte sofort einen Arm amputieren wollten. Aber zum Glück kam ihre Tante rechtzeitig an, um das zu verhindern. Sie gab sich als Krankenschwester aus und erhielt so Zutritt zur Intensivstation. Sie bestand darauf, daß Julia in ein anderes Krankenhaus verlegt wurde, in dem ein Moskauer Arzt ihren Arm operierte und sie dann zusammen mit anderen schwerverletzten Kindern nach Moskau schickte. Die katastrophalen Zustände im Erdbebengebiet zwangen unerfahrene Ärzte vielfach zu vorschnellem Handeln. Es war sicherer für sie zu amputieren, um ein Leben zu retten, als zu behandeln und den Tod zu riskieren. Spezialisten sagen, daß es unter normalen Umständen durchaus möglich gewesen wäre, viele der rund viertausend Amputationen zu verhindern.

Dr. Haim Stein, ein führender orthopädischer Chirurg aus Israel, war nach Jerewan gekommen, um Patienten für eine Weiterbehandlung in Israel auszusuchen. Als ich ihn in Jerewan traf, sagte er: „Es gibt nur wenige Chirurgen auf der Welt, die Erfahrungen mit der ungeheuren Menge von Schwerverletzten bei Katastrophen haben. Die Ärzte in Armenien haben das Richtige getan und erst einmal Leben gerettet. Die ausländischen Ärzte, die danach gekommen sind, konnten dann weiterhelfen." In unserem Kinderkrankenhaus in Moskau, in dem schwere Arm- und Beinverletzungen behandelt werden, wurde nicht eine einzige Amputation vorgenommen. Das war eine außerordentliche, unter selbstlosem Einsatz erkämpfte Leistung der Ärzte und des Pflegepersonals.

Als Julia ihr Bett verlassen konnte, kam sie auch aus ihrer Isolation heraus. Sie fand Freunde unter den russischen Kindern. Ich sah sie oft mit ihnen auf dem Flur, händchenhaltend und kichernd. Sie bekam nun auch häufiger Besuch von fremden Leuten, die sich ihrer angenommen hatten, wie zum Beispiel von einer russischen Akademikerin, die wußte, daß Julia viel allein war. Auch die Medizinstudentin, die sie im Flugzeug nach Moskau begleitet hatte, war eine treue Besucherin. Und der Moskauer Arzt, der sie in Jerewan operiert hatte, kam fast jeden Sonnabend und brachte ihr besondere Speisen mit, die seine Frau für Julia zubereitet hatte.

Eines Tages, etwa fünf Monate nach dem Erdbeben, als ich gerade bei Julia im Zimmer saß, erschien ein unerwarteter Gast. Es war ein jungenhaft aussehender blonder Soldat, der in Armenien stationiert war. Er hatte Urlaub, und anstatt direkt nach Hause zu fahren, hatte er einen Umweg von zweihundert Kilometern gemacht, um Julia zu besuchen. Als ich erfuhr, daß es Sergei war, jener Soldat, der Julia aus den Trümmern des Hauses gerettet hatte, wollte ich mehr wissen. Er erzählte verlegen stotternd die Geschichte, während Julia ihm aufmerksam zuhörte.

„Ich ging an einem eingestürzten Haus vorbei, da hörte ich eine Kinderstimme schreien. Es war Julia, deren Arm unter einer Steinplatte eingeklemmt war. Ich konnte sie nicht hochheben. Die einzigen Werkzeuge, die ich bei mir hatte, waren ein Hammer und ein Stück Metall. Ich brauchte mehr als acht Stunden, um den Arm frei zu bekommen. Die ganze Zeit über hat Julia nicht geweint. Sie bat nur um Tee.“

Die Ärzte erlaubten Sergei, im Krankenhaus zu übernachten. Am nächsten Tag kommandierte Julia ihn bereits wie eine Schwester herum, und er genoß es wie ein gutmütiger älterer Bruder. Sergei begleitete sie auf ihrem ersten Spaziergang nach draußen, und als sie zurückkamen, hatte Julia rote Wangen und strahlende Augen.

Auf dem Weg ins Krankenhaus

FAST täglich beschrieb ich Moskauern, wie man das Kinderkrankenhaus der Republik erreicht. Es liegt am Stadtrand von Moskau, achtzehn Kilometer vom Zentrum und meiner Wohnung entfernt. Die offizielle Anschrift lautet auf eine bekannte und verkehrsreiche Autostraße, die von Moskau nach Kiew führt. Es ist erst vier Jahre alt und nimmt nur Kinder auf, die außerhalb Moskaus wohnen.

Wenn ich Zeit hatte, benutzte ich die billigen öffentlichen Verkehrsmittel Bus, Metro und wieder Bus, um zu meinem Ziel zu gelangen. Jede Einzelstrecke kostet nur fünf Kopeken*. Die Fahrzeit hin und zurück dauert anderthalb Stunden, eine Zeit, an die die Moskauer gewöhnt sind, ich allerdings nicht. Ich leistete mir oft ein Taxi oder Privatauto, das für eine Fahrt von zwanzig bis dreißig Minuten vier Rubel* kostet. Bei einem Durchschnittseinkommen von unter zweihundert Rubel im Monat können sich nicht viele Russen diesen Luxus leisten.

Wenn ich anfangs bei Schnee und Wind und bei Temperaturen, die manchmal unter zwanzig Grad minus lagen, vor meinem Haus am Kutusowski Prospekt stand und vergeblich auf ein Taxi wartete, ärgerte ich mich, daß ich nicht schon am Abend eins vorbestellt hatte. Ich wußte nicht, daß man eine Taxifahrt viele Stunden vorher anmelden muß, wenn man sichergehen will, daß eines kommt.

Manchmal hielten auch Privatfahrer an, die mit diesen Fahrten ihren Lebensunterhalt aufbessern. Kaum hatten sie meinen starken ausländischen Akzent gehört, schnellte bei vielen von ihnen der Preis in die Höhe. Ich lehnte ab und beschimpfte sie für die Unterstellung, alle Ausländer seien reich oder tauschten ihr Geld auf dem Schwarzmarkt. Andere Autofahrer wollten Geld tauschen oder in ausländischer Währung bezahlt werden, was beides strafbar ist.

Auf meinen täglichen Fahrten ins Krankenhaus lernte ich alle möglichen Arten von Fahrern kennen. Diejenigen, die redeten und Fragen stellten, fuhren langsam und vorsichtig. Die Schweigsamen waren die Tollkühnen. Zum Beispiel der Cowboy mit seinem schwarzen Hut mit der breiten, flott nach Trapperart gebogenen Krempe, den Jeans und der Jeansjacke. Es fehlten nur die Stiefel. Er behandelte das Steuer wie Zügel und das Auto wie ein Pferd. Er überholte rechts, fuhr im Zickzack, quetschte sich zwischen Autos durch und zwang die entgegenkommenden Wagen auszuweichen. Gleichzeitig mußte er auf die für sowjetische Straßen typischen Schlaglöcher achten und all das bei der

---

* 1 Rubel = 100 Kopeken = 2,78 DM (amtlicher Kurs 1988)

doppelten Geschwindigkeit der im Stadtverkehr zugelassenen fünfzig Stundenkilometer.

Es gibt viele verschiedene Wege zum Krankenhaus, und alle führten mich an den vertrauten Moskauer Straßenszenen vorbei, die sich in den letzten zehn Jahren kaum verändert haben. Überall standen die Leute Schlange wie eh und je, und ich erinnerte mich an die statistischen Untersuchungen, nach denen der Durchschnittsbürger täglich mindestens eine Stunde für Nahrungsmittel ansteht und zwei bis drei weitere Stunden für Kleidung, Schuhe, Toilettenpapier und so weiter. Manche Leute stellen sich auch einfach bei einer Schlange an, ohne zu wissen, was eigentlich angeboten wird.

In manchen Seitenstraßen standen Autos, die zum Überwintern fest in Zeltplanen verpackt waren. Autos kosten bis zu fünf Jahresgehälter und müssen entsprechend lange halten. Garagen für Privatfahrzeuge gibt es kaum, bewachte Parkplätze sind auf Jahre ausgebucht. An einer Hauptstraße wartete eine Flotte Schneeräumfahrzeuge auf den Einsatz. Bei plötzlichem Schneefall oder Regen hielten viele Autofahrer am Straßenrand, um die Scheibenwischer anzubringen, denn Scheibenwischer und Außenspiegel werden mit Vorliebe von geparkten Fahrzeugen gestohlen. Sie sind knapp und bringen auf dem Schwarzmarkt hohe Preise.

Die grauen Wohnblocks im Zentrum boten das gewohnte, trostlose Bild. Nicht weniger deprimierend wirkten die Schneeräumbrigaden, die hauptsächlich aus alten Frauen bestanden, die ihre schmalen Renten aufbesserten. Wo blieben die Versprechungen von Premierminister Ryschkow, die ich mit eigenen Ohren anläßlich eines Empfangs sowjetischer und ausländischer Journalistinnen im Kreml gehört hatte, daß es eine wichtige Aufgabe der Perestroika sei, die Frauen endlich von der schweren körperlichen Arbeit zu befreien?

Sobald wir das Leben und Treiben der Hauptstadt mit den endlosen, tristen Häuserzeilen hinter uns gelassen hatten, atmete ich auf. Offene Flächen mit kleinen Wäldchen hier und da und weißen, zwanzigstöckigen Hochhäusern am Horizont erstreckten sich zwischen der Stadt und den Vororten. In den Vororten selbst bemühten sich dürre, neu angepflanzte Bäume um einen frischen Eindruck. Ich hatte Freunde, die in diesen Siedlungen wohnten und dabei in Kauf nahmen, daß es keine

U-Bahn-Anschlüsse und Kinos gab und weniger Geschäfte. Die reine Luft hier draußen war ihnen für ihre Kinder wichtiger.

Ein Birkenwäldchen und ein gelber Kran waren unsere Wegweiser zum Kinderkrankenhaus. Wir bogen an der Ampel vor dem Krankenhaus links ab, fuhren durch ein paar Seitenstraßen und hielten am Eingang. Während der Wintermonate schlitterten die Autos, die Laster und die roten und weißen Rettungswagen gefährlich auf der vereisten, ungeräumten Straße zum Krankenhaus.

Das Krankenhaus war ein langgestreckter, wuchtiger Gebäudekomplex, bestehend aus einzelnen Häusern mit Seitenflügeln. An einem Gebäude zur Autobahn hin wurde noch gearbeitet. Überhaupt hatte man den Eindruck, sich mitten auf einer Baustelle zu befinden. Die Ärzte konnten mir die Ausmaße dieser monströsen Anlage nicht nennen, aber ich schätze die Länge auf etwa dreihundert Meter. Ich brauchte zu Fuß fünf Minuten von einem Ende zum anderen.

Wenn man davorstand, fiel es schwer zu glauben, daß sich die Krankenhaustüren erst vor vier Jahren für die ersten Patienten geöffnet hatten. Durch die minderwertige Qualität des Baumaterials und die schlampige Ausführung sah das Gebäude jetzt schon aus wie ein Veteran, der viele harte Jahre hinter sich gebracht hat. „Die Geschichte dieses Krankenhauses ist traurig", sagte mir der stellvertretende Chefchirurg Dr. Warlomow. „Der erste Plan wurde 1968 erstellt. Aus Kostengründen dauerte es mehr als fünfzehn Jahre, bis ein Teilkomplex in Betrieb genommen werden konnte." Dieses Phänomen ist in der Sowjetunion kein Einzelfall. Die Russen haben dafür einen eigenen Begriff geprägt, nämlich *dolgo strojut*, lange Bauzeit. Und das bedeutet im Falle dieses Krankenhauses auch, daß bereits größere Renovierungsarbeiten nötig sein werden, bevor der ganze Bau überhaupt fertig ist.

Das Kinderkrankenhaus mit über tausend Betten, in dem die schwersten Fälle aus der ganzen Sowjetunion behandelt werden, ist gleichzeitig Lehrspital. Hier werden Studenten und junge Ärzte von weltbekannten sowjetischen Ärzten ausgebildet. Diesen Spezialisten stehen hochmoderne importierte Geräte zur Verfügung, so daß sie in der Lage sind, komplizierte Operationen an allen Organen, außer dem Herzen, durchzuführen.

Als ich die Tür zu meiner Abteilung geöffnet hatte, lächelte mir von der Flurwand eine Plastik-Mickymaus mit einem gelben Hut in der Hand entgegen. Mäntel müssen an der Garderobe abgegeben werden. Ständige Besucher bringen ihre eigenen weißen Kittel mit.

Ich hatte immer ein sauberes Paar Schuhe zum Wechseln dabei, und die Garderobenfrau nahm meine nassen, schmutzigen Stiefel nur in einer Plastiktüte entgegen.

Das Krankenhaus ist ein Wirrwarr aus Korridoren und Seitenflügeln, und ich wagte es nie, allein von den zwei oder drei auswendiggelernten Routen abzuweichen.

Auf dem langen Flur zum Treppenhaus blätterte die Farbe ab, die Decke war reparaturbedürftig, Flecken verfärbten den Fußboden. Der Aufgang aus häßlichem Beton, der in die Unfallstation führt, sah so unfertig aus wie die elektrischen Leitungen, die aus den Wänden hingen. Rauchen war auf den Fluren und in den Zimmern nicht erlaubt. Und so war das Treppenhaus, in das sich die Raucher verzogen, gewöhnlich mit Kippen von der vergangenen Nacht übersät. In den letzten Jahren hatte ich viele Freunde in verschiedenen Krankenhäusern besucht, so daß ich die vergammelte, schmutzige und primitive Umgebung hier gar nicht mehr wahrnahm.

Jetzt war ich im ersten Stock angekommen und öffnete die Tür mit der Aufschrift: „Kein Eintritt ohne schriftliche Erlaubnis".

Ein guter Geist

OHNE Dolores hätte ich dieses Buch möglicherweise nie geschrieben. Als ich zum erstenmal im Krankenhaus war und an einer Besprechung der Ärzte teilnahm, saß sie mir gegenüber, und ihr melancholischer Gesichtsausdruck fiel mir sofort auf. Sie war eine gutaussehende Frau mit glatten olivbraunen Wangen, vollen Lippen und, wie mir schien, vorzeitig ergrautem Haar. Ich schätzte sie auf etwa vierzig, später erzählte sie mir, daß sie fünfzig sei. Sie hatte traurige braune, von dunklen Rändern umschattete Augen, und ihre Stimme klang bedrückt.

Dolores arbeitete als Journalistin und Filmkritikerin bei einer staatlichen Filmgesellschaft in Moskau. Am Tag nach dem Erdbeben ließ sie

sich beurlauben und kaufte ein Flugticket nach Jerewan, ihrer Heimatstadt, um ihren Landsleuten zu helfen. Freunde und Kollegen schleppten Lebensmittelpakete und Kleidung für die Überlebenden an, aber
das alles konnte sie unmöglich im Flugzeug mitnehmen. Und so brachte
sie die Sachen zum Weitertransport in die Armenische Vertretung –
jede der fünfzehn Sowjetrepubliken hat eine Vertretung in Moskau.

Vor dem Gebäude bildeten Moskauer, beladen mit den unterschiedlichsten Geschenken für die Armenier, eine lange Schlange. Doch Dolores vernahm, daß die Beamten in der Vertretung die Spenden nicht
annehmen wollten. Sie verwiesen die Leute an das Rote Kreuz oder das
Zentralkomitee des Komsomol, der kommunistischen Jugendorganisa-
tion. Dolores war in Begleitung eines armenischen Filmregisseurs, und
gemeinsam erzwangen sie sich den Zutritt in die Vertretung, um gegen
die Abweisung der hilfsbereiten Menschen zu protestieren. „Wozu ist
denn die Armenische Vertretung sonst da, wenn nicht für die unbüro-
kratische Hilfe ihrer Landsleute?" fuhr sie die erschrockenen Beamten
an, und sie hatte Erfolg mit ihrem Wutausbruch. Die Beamten ließen
ein Zimmer freiräumen, in dem dann die Spenden gestapelt wurden.
Zusammen mit anderen freiwilligen Helfern fing Dolores sofort an, die
Sachen zu sortieren. Das ging bis morgens um vier, und ein Ende war
nicht abzusehen, weil immer neue Spenden eintrafen. Da die Armenische Vertretung zu schlecht organisiert war, um diese Arbeit zuverläs-
sig und zügig zu übernehmen, verschob Dolores ihren Flug nach Jerewan. Sie wurde hier gebraucht.

In den folgenden Tagen war Dolores immer wieder gerührt, wenn sie
die Menschen sah, die hier ihre Geschenke abgaben. Da kamen zum Beispiel Rentner, die fünfzig Rubel im Monat zur Verfügung hatten – das
ist weniger als das Existenzminimum –, und brachten Kondensmilch
und Schokolade.

Als die Verletzten aus dem Erdbebengebiet nach Moskau geflogen
wurden, folgten ihnen oft ihre Verwandten. Da diese aber nicht wußten, in welches der Krankenhäuser ihre Angehörigen gebracht worden
waren, wandten sie sich hilfesuchend an die Armenische Vertretung.
Dolores hatte gerade Dienst, als ein junges, völlig aufgelöstes Paar
erschien, Hambar und Therese. Sie hatten in Armenien ihren zwölfjäh-
rigen Sohn begraben und waren am Tag darauf nach Moskau geflogen,

um ihre schwerverletzte Tochter Asgush zu suchen. Die Nacht hatten sie auf dem Flughafen verbracht, weil sie wußten, wie aussichtslos es für Fremde ist, in der Hauptstadt ein Hotelzimmer zu finden. Ein Taxifahrer hatte sie am frühen Morgen zu dieser Adresse gebracht.

Dolores beschrieb mir Hambar als blaß und unrasiert, mit müden, tiefliegenden Augen in seinem gutaussehenden, dunklen Gesicht. Er war knapp über dreißig, lang und dünn und hatte Schwierigkeiten beim Gehen. Dolores schickte ihn sofort ins Krankenhaus, wo sich herausstellte, daß ein Bein gebrochen war. Erst nach vier Wochen wurde er wieder entlassen. Später hörte ich, das sei passiert, als er Kinder aus den Ruinen herausholte, auch Asnif, die in meinem Krankenhaus lag. Von der Intensivstation schrieb sie ihm ein Briefchen, in dem sie ihm für ihre Rettung dankte.

Therese, deren braune Augen und dunkle Locken in einem reizvollen Kontrast zu ihrem hellen Teint standen, sollte bei einer Moskauer Familie untergebracht werden, die sich bereit erklärt hatte, Evakuierte aufzunehmen. Als Dolores sah, wie verstört Therese war, beschloß sie, mit ihr zusammen ins Krankenhaus zu fahren, in dem Asgush lag. Unterwegs erzählte Therese von ihrem anderen Sohn Edgar, der seit seiner Geburt vor zehn Jahren spastisch gelähmt war und nicht aufstehen konnte. Er lag zu Hause in seinem Bett, als das Erdbeben kam, und dieses Zuhause gehörte zu den wenigen, die in Nalband, dem Epizentrum, stehen geblieben waren. Obwohl er unverletzt geblieben war, sprach er seitdem nicht mehr und bewegte sich kaum. Hambars Bruder kümmerte sich jetzt um ihn, und Therese hoffte, daß ihn die Ärzte in Nalband bald zur Behandlung nach Moskau schicken würden.

Dolores war zum erstenmal in dem Kinderkrankenhaus. Als sie mit Therese auf die Unfallstation kam, wo auch die armenischen Kinder lagen, wurde sie sofort von den Ärzten gebeten, auf der Intensivstation für sie zu dolmetschen. Das half ihr über die ersten Augenblicke tiefer Erschütterung hinweg. Hier fand sie auch Asgush und sagte, daß ihre Mutter draußen warte. Sie dürfe nur nicht hereinkommen, weil das Betreten der Intensivstation für Eltern verboten sei. „Du lügst!" schrie Asgush. Erst als Dolores die Vornamen ihrer Eltern nannte, beruhigte sie sich und fragte nach ihrem toten Bruder. Diesmal log Dolores. „Er ist in einem anderen Krankenhaus", erklärte sie.

Asgush hatte mehrere Stunden lang tief in der Erde zwischen herab-
gestürztem Mauerwerk eingeklemmt gelegen, begraben unter Toten.
Sie war eine der wenigen gewesen, die man durch einen hastig gegrabe-
nen Tunnel lebend herausgeholt hatte. In den ersten Tagen mußte sie
künstlich beatmet werden, damit ihr Herz nicht aufhörte zu schlagen.

Bald dolmetschte Dolores auch auf der Unfallstation, wo sich inzwischen Eltern und Verwandte bei den Kindern eingefunden hatten.
„Möchtest du sie nicht einmal alle kennenlernen?" fragte sie mich nach
unserem Treffen im Ärztezimmer. So kam ich nach ein paar Tagen
wieder und begleitete Dolores, wie schon vor kurzem Viki, als sie Kleider, Spielsachen und Geld von der armenischen Kirche und der Vertretung verteilte. Aber Dolores stellte mich jedem Kind vor, und ich weiß
nicht, wie es mir gelang, meine Tränen zurückzuhalten beim Anblick
dieser verstümmelten Kinder, die mir zulächelten und sich für mein
Kommen bedankten. Von diesem Augenblick an wurde jedes Kind ein
Teil meines Lebens.

In den folgenden Wochen verbrachte Dolores Tage und häufig auch
Nächte im Krankenhaus. Immer wieder mußte sie zwischen dem Kran-
kenhauspersonal und den Verwandten vermitteln. Normalerweise dürfen Eltern nicht bei den Kindern im Krankenhaus wohnen, es sei denn,
das Kind ist noch sehr klein. Bei den Angehörigen der armenischen
Kinder sah die Situation anders aus. Sie hatten in Moskau keine Bleibe
und weigerten sich außerdem hartnäckig, ihre Kinder in dem kritischen
Zustand allein zu lassen. Und so wurde die Bestimmung in diesem
besonderen Fall von den Ärzten aufgehoben und den Verwandten
erlaubt, auf Stühlen, Bänken oder auf dem Fußboden neben ihren Kindern zu schlafen. Erst später, als die Kinder außer Lebensgefahr waren,
erklärten sich einige Angehörige bereit, in von der Armenischen Vertretung reservierten Hotelzimmern zu übernachten.

Anfangs terrorisierten die Verwandten die Ärzte und Schwestern und
mischten sich ständig ein. Sie kontrollierten alles, was die Mediziner
taten, und gaben gute Ratschläge für die Behandlungen. Zum Beispiel
hatten viele Kinder bei ihrer Ankunft hohes Fieber, und die Verwandten maßen mehrmals am Tag die Temperatur. Wenn sie nicht gesunken
war, gaben sie den Ärzten die Schuld. Sie wollten auch nicht begreifen,
daß die Kinder besonders anfällig für Infektionen waren, die sie oft

selbst ins Krankenhaus eingeschleppt hatten. Als die Ärzte die Horden von Verwandten und Besuchern davon abhielten, mit schmutzigen Stiefeln und beladen mit Taschen und Tüten von draußen über den Stationsflur zu trampeln, gab es ein mächtiges Gezeter, das sich noch steigerte, als die Ärzte drohten, die Zahl der Besucher einzuschränken. Dolores, die auf beiden Seiten großes Ansehen genoß, hatte ihre liebe Müh und Not, den Frieden einigermaßen wiederherzustellen.

Dolores' Hingabe und Selbstlosigkeit wurzelten in ihrer Erziehung. Sie bezeichnete sich selbst als ein Kind der Stalin-Ära, dem beigebracht worden war, eine aktive Rolle in der Gesellschaft zu übernehmen und sich für andere – und für das Vaterland natürlich – einzusetzen und Opfer zu bringen. Auch als ihr Vater, ein Ingenieur, nach dem Krieg zum Wiederaufbau in die Ukraine abkommandiert wurde und sich dort mit einer neuen Frau niederließ, verurteilte sie ihn nicht. Er leistete seinen Beitrag für das Vaterland. Ihre Mutter mußte sich mit den beiden Töchtern allein durchschlagen. Obwohl wenig Geld da war, hatte Dolores nie das Gefühl, arm zu sein. Ihre Mutter versorgte sie und ihre Schwester mit dem Wichtigsten, mit armenischem Brot, Käse, Gemüse und vor allem mit Liebe. Stalin war für Dolores, wie für viele Menschen damals in der Sowjetunion, der Vater der Nation. Als er starb, trauerte sie mit ihren Klassenkameradinnen von ganzem Herzen um ihn. Es war die erste Erschütterung in ihrem Leben. Die zweite war die Erkenntnis, daß das Stalin-Märchen, das ihr in der Schule eingetrichtert worden war, nichts mit Realität und Wahrheit gemein hatte.

Dolores wollte Schauspielerin werden, studierte am Theaterinstitut in Jerewan und stand dann drei Jahre lang auf der Bühne. Ihr Interesse für den Film führte sie nach Moskau an die Filmhochschule. Sie heiratete einen Armenier, der in Moskau lebte, aber die Ehe zerbrach, als ihr Sohn vier Jahre alt war. Nun wurde ihr Leben mühsam. Zunächst dachte sie daran, nach Jerewan zurückzukehren. Dort hatte sie viele Verwandte in guten Positionen, die ihr wahrscheinlich weitergeholfen hätten. Aber ihr Stolz ließ das nicht zu. Sie war entschlossen, es allein zu schaffen, suchte und fand eine Wohnung und auch einen Job als Filmkritikerin. Langsam baute sie sich ein neues Leben auf, doch innerlich blieb sie zerrissen. Sie sehnte sich nach der Warmherzigkeit der Armenier und dem Aufgehobensein in der großen Familie zu Hause.

Küchengespräche

IN DEN meisten sowjetischen Wohnungen ist die Küche der Mittelpunkt des Familienlebens. Hier versammeln sich alle am Feierabend zum Essen und zum Erzählen, und auch Freunde werden am Küchentisch mit großem Aufwand bewirtet. Das war in unserem Krankenhaus, jetzt für viele das einzige Zuhause, nicht anders. Am frühen Nachmittag, wenn die Kinder ihren Mittagsschlaf hielten, legten wir eine Pause ein, und jeder von den Betreuern, der Zeit hatte, schlenderte in die Küche.

Das war ein langgestreckter Raum mit pfirsichfarbenen Wänden, der immer ein wenig im Dunkeln lag, denn es gab nur ein einziges Fenster an der Schmalseite zum Hof. Drei lange Tische für jeweils sechs bis acht Leute ließen gerade so viel Platz, daß man sich zu einem Stuhl durchschlängeln konnte. Schalen mit Äpfeln, Keksen und Bonbons warteten auf den Tischen den ganzen Tag über auf Abnehmer.

Wenn wir hier gemeinsam am Tisch saßen, um unsere Art von Nachmittagsruhe zu halten, mußten wir besonders laut sprechen, um uns verstehen zu können, weil der Wasserhahn ständig lief und in dem metallenen Abwaschbecken ein nervtötendes, durchdringendes Geräusch erzeugte. Der Elektroherd, der für eine Hotelküche ausgereicht hätte, hatte eine durchgehende schwarze Kochplatte, die immer heiß war. Wasser und Strom sind billig, und niemand macht sich die Mühe zu sparen.

Die „Teestunde" fing bescheiden an und endete im Überfluß armenischer Spezialitäten. Tag für Tag zog der verlockende Duft eines neuen Gerichts durch die Küche, und oft warf ich schnell einen Blick unter den Topfdeckel, um zu sehen, was da köchelte. Suppe mit Kohlrouladen, Schaschlik, gebratene Nudeln und Hühnchen mit besonderen Gewürzen waren bei den Kindern über alles beliebt.

Unsere kleinen Patienten hatten sich von Anfang an geweigert, die ihnen unbekannten russischen Gerichte aus der Krankenhausküche zu essen. Im Gegensatz zu anderen Krankenhäusern bekamen die Verwandten die Erlaubnis, die Teeküche auf dem Stockwerk zu benutzen, und da kochten sie nun jeden Tag ihre armenischen Nationalspeisen. Die Zutaten bekamen sie von der armenischen Vertretung.

Ich probierte täglich von einem neuen Gericht, und während unserer Mahlzeit am Nachmittag füllte sich der Tisch nach und nach mit besonderen Delikatessen, die armenische Verwandte mitgebracht hatten und die in Kartons und Koffern unter den Betten gehortet wurden. Würziges Dörrfleisch vom Rind, *Basturma* genannt, marinierte süße rote Paprikaschoten, in Sirup eingelegte Feigen und Pfirsiche, Nüsse in einer Masse aus Traubensaft und anderen rätselhaften Zutaten wurden vor mir ausgebreitet. Als ich einen klumpigen graugrünen Käse mißtrauisch betrachtete, versicherte man mir, er sei eßbar. Ich folgte den Anweisungen und wickelte den salzigen Käse, ein kleingehacktes gekochtes Ei und eine scharfe Mischung aus petersilienähnlichem Grünzeug in *Lavasch* – ein papierdünnes, flaches, gummiartiges Brot –, und diese Kombination schmeckte in der Tat köstlich. Wenn Männer zu unserer Runde dazukamen, brachten sie eine Flasche Wodka oder Wein mit, die sie in Zeitungspapier gewickelt hatten. Die armenischen Frauen weigerten sich mitzutrinken, ich aber mußte einen besonderen Rotwein, den sie „Wein für eine Königin" nannten, probieren. Später fand ich in meiner Einkaufstasche drei Flaschen davon, die die Männer hineingeschmuggelt hatten.

Ging die Mahlzeit langsam zu Ende, kam der langersehnte starke Kaffee, den eine der Frauen in der Zwischenzeit frisch gemahlen hatte, indem sie den Hebel einer zylindrischen Kaffeemühle wie ein Uhrwerk betätigte – ein wichtiger Gegenstand übrigens, den jeder Dauerbesucher besaß. Ich zog Tee vor und brachte immer wieder neue Geschmacksrichtungen aus England mit, die allen gut schmeckten.

Nach dem Essen begannen die ernsthaften Gespräche. Sie drehten sich immer wieder um dasselbe Thema: die schrecklichen Erlebnisse während des Erdbebens, die Toten, die zerstörte Heimat und die trostlose Zukunft, begleitet von heftigen Gefühlsausbrüchen und Tränen. Dann folgte bedrücktes Schweigen.

Einmal kam Therese mit geröteten Augen dazu. Als ich sie fragte, ob sie erkältet sei, fing sie an zu weinen, und ich bereute meine Frage. Ihr Mann Hambar war gerade aus Nalband zurückgekommen und hatte ein Foto und die erste Kinderzeichnung ihres toten Sohnes mitgebracht.

Therese hatte nicht nur einen ihrer beiden Söhne, sondern auch ihren Vater und an die zwanzig Verwandte durch das Erdbeben verloren. Der Tante der kleinen Ani, die hier im Kinderkrankenhaus Patientin war, liefen die Tränen über das Gesicht, weil sie in diesem Augenblick an das Geburtstagsgeschenk für ihre tote Tochter dachte, das sie ihr nicht mehr hatte schenken können.

Mit Wut und Trauer sprachen die Frauen über die Neubauten, die in sich zusammengefallen waren, während die alten Gebäude dem Erdbeben standgehalten hatten. Diejenigen Häuser, die die Armenier mit ihren eigenen Händen gebaut hatten, wie zum Beispiel das Haus von Hambar und Therese, waren kaum beschädigt worden. In vielen Neubauten jedoch, die als Schulen und Wohnhäuser gedient hatten, fanden Kinder und Angehörige den Tod. Sowjetische Zeitungen hatten die schlampigen Bauausführungen kritisiert und für die hohe Todesrate verantwortlich gemacht. Die *Prawda* berichtete, daß zahlreiche neue Gebäude zu Schutthaufen zusammengefallen und zu Massengräbern geworden waren. Ein deutscher Architekt berichtete, er sei nur mit einem Finger an einer Ruinenwand entlanggefahren und dabei seien Sand und Kieselsteine herausgerieselt. Ein kalifornischer Geologe, der nach Armenien gekommen war, erzählte, daß viele Gebäude in der Region aus zwei Meter dicken Betonplatten bestanden, die lediglich durch Metallhaken und Mörtel zusammengehalten wurden und nicht durch die erforderliche Stahlkonstruktion.

Darüber hinaus hatte ein Professor an einem sowjetischen seismographischen Institut in einem Interview festgestellt, daß das Erdbeben in Armenien nicht überraschend gekommen sei. 1985 hatte sein Institut den zuständigen Stellen Karten für langfristige Erdbebenvoraussagen vorgelegt, in denen dieses Gebiet als Gefahrenherd eingezeichnet war. Leider verfüge sein Institut, sagte er, nicht über die notwendigen Instrumente für kurzfristige Voraussagen. Es sei aber bekannt, daß der Norden der armenischen Republik die aktivste seismische Region der Sowjetunion sei.

Im Krankenhaus sprachen die Frauen über ihre konkreten Sorgen. An erster Stelle stand das Geld. Am Anfang hatten sie zur Überbrückung kleinere Summen von der Armenischen Vertretung, der Kirche, staatlichen Organisationen und privaten Spendern erhalten. Außerdem bekamen berufstätige Frauen noch sechs Monate lang ihr Gehalt. Aber wovon sollten sie danach leben? Viele der alten Arbeitsstellen existierten nicht mehr, und viele Frauen würden arbeitslos bleiben. Manche von ihnen hatten bereits Entschädigungen für die materiellen Verluste bekommen, aber sie standen in keinem Verhältnis zu den realen Werten.

Da also einige der Erdbebenopfer größere Geldsummen vom Staat zur Verfügung hatten, versuchten gewisse Leute sofort, für sich Profit daraus zu schlagen. So verlangten zum Beispiel einige Beamte ein Bestechungsgeld von tausend Rubel für die Zuteilung von Fertighäusern, die Italien kostenlos nach Spitak geliefert hatte. Ungerechtigkeiten und Korruption waren zwar auch in der Vergangenheit an der Tagesordnung gewesen, aber jetzt bekamen sie andere Dimensionen. Eine der Frauen hatte mit einem Studenten gesprochen, der bei einer Lokalzeitung in Leninakan arbeitete. Er lobte den Ersten Parteisekretär, kritisierte aber dessen Mitarbeiter, die bei der Verteilung von Lebensmitteln und Kleidung ihre Verwandten bevorzugten und den anderen nur den schäbigen Rest überließen. Einige der ausländischen Spenden landeten auf dem Schwarzmarkt, wie eine andere Frau berichtete. Auf einem bekannten Moskauer Privatmarkt hatte sie einen pelzgefütterten Wildledermantel gesehen mit französischem Etikett und einem Extraschildchen: „Für Leninakan". Auch kanadische Parkas wurden dort verkauft.

„Es liegt nun einmal in der Natur der Menschen – die einen leiden, und die anderen profitieren", meinte Dolores, die bis dahin geschwiegen hatte. Dann gab sie dem Gespräch eine andere Wendung. „Wir sollten auch diejenigen nicht vergessen, die geholfen haben." Sie erinnerte an Larissa, eine einfache Fabrikarbeiterin, die täglich nach der Arbeit ins Krankenhaus kam mit Geschenken, die sie sich kaum leisten konnte. Sie half auch, die Kinder zu waschen und zu füttern, reinigte Bettpfannen und bezog die Betten. An den Wochenenden löste sie die Verwandten bei der Nachtwache ab, damit sie auch einmal schlafen konnten.

Eine andere Frau erinnerte an eine Rentnerin, die den weiten Weg von Sibirien gekommen war, um den Kindern einen großen Sack voll selbstgebackener Plätzchen zu bringen. Alle Frauen lobten die Medizinstudenten, die erschöpft die Hände der Kinder hielten und darüber einschliefen, und auch die Ärzte und Schwestern, die rund um die Uhr Dienst taten. Armenische und georgische Besitzer von Kooperativ-restaurants stellten kostenlos Mahlzeiten zur Verfügung.

Nachdem die Frauen gegangen waren, um nach ihren Kindern zu sehen, blieben Dolores und ich allein zurück. Dolores äußerte sich nun freier und kritischer. Es bedrückte sie, daß sich die Kinder an eine Situation gewöhnten, in der ihnen jeder etwas mitbrachte, und daß sie anfingen, Geschenke zu erwarten. Jeder neue Besucher wurde nach seiner Tasche taxiert, am liebsten sollte sie ausländische Geschenke enthalten. Sowjetische Mitbringsel interessierten die Kinder kaum.

Mich überraschte es allerdings nicht, daß Kinder im Krankenhaus dazu neigen, sich verwöhnen zu lassen. Aber in einem Fall wurde es selbst mir zuviel. Eine Veteranendelegation aus Texas brachte so viele Geschenke mit, daß sie für die ganze Unfallstation gereicht hätten, in der nicht nur armenische Kinder lagen. Als einige Verwandte anfingen, die Geschenke ausschließlich unter den armenischen Kindern aufzutei-len, während die anderen kranken Kinder zusehen mußten, stoppte ich die ganze Prozedur. Ich hatte mich bis dahin nie in diese Dinge ein-gemischt. Aber jetzt hatte ich den Eindruck, daß meine Kinder und ihre Verwandten dabei waren, eine Eigenschaft zu verlieren, die ich an ihnen so schätzte. Die Armenier sind ein großzügiges Volk, und ein Erdbeben sollte diese Tradition auch nicht für Augenblicke verschüt-ten. Ich übernahm die Verteilung und achtete darauf, daß jedes Kind in der Abteilung, ob armenisch oder nicht, bedacht wurde. Danach habe ich eine solche Situation nicht mehr erlebt.

Ani Edigaran

ALS Grantig mich kommen sah, alarmierte er die anderen. Für man-che Kinder war der Flur sehr lang, und sie schlurften mir langsam entgegen. Einige dagegen humpelten mit Rekordgeschwindigkeit. Jeder versuchte meine Hände zu halten, während ich den Flur entlang zu dem kleinen Zimmer von Ani ging. Ich war gerade aus Deutschland zurück-gekommen, aber auch dort hatte ich die ganze Zeit über an dieses dreizehnjährige Mädchen denken müssen. Jedesmal, wenn ich Dolores anrief, war meine erste Frage: „Lebt sie?" Ani war die einzige, die noch in Lebensgefahr schwebte. Als ich Moskau verließ, hatte sie hohes Fieber. „Wir werden alles für Ani tun, sogar das Unmögliche", hatte mir Dr. Kusin versichert, als er meine Besorgnis sah.

Ich betrat den vertrauten Raum. Ani lächelte schüchtern, und mit ihrer üblichen leisen Stimme sagte sie: „Ich habe deine Schritte und deine Stimme im Flur gehört." Ich küßte sie vorsichtig, weil ich wußte, daß ihr jede Berührung Schmerz bereitete. Ihre großen braunen Augen mit den langen Wimpern sahen noch größer aus. Sie hatte noch mehr an Gewicht verloren und wirkte klein und zerbrechlich unter der Bettdecke, die sie bis zum Kinn hochgezogen hatte. Ihre Arme waren so dünn wie meine schmalen Handgelenke. Aber sie lebte, und das Fieber war gesunken.

Ani war eines der wenigen Kinder, die ein Einzelzimmer hatten und ein Spezialbett, das aus der DDR stammte. Obwohl es nicht gerade wie das neueste Modell aussah, war es doch bedeutend besser als die Betten der anderen Patienten.

Anis Tante saß auf einem solchen normalen Krankenhausbett. Es war eine Art Feldbett mit einem Eisenrahmen, ausgeleierten Sprungfedern und einer dünnen Matratze, die die Form einer Hängematte annahm, wenn mehr als eine Person darauf saß.

Ani war niemals allein, obwohl ihre Mutter, eine Lehrerin, nicht mehr lebte und ihr Vater kaum Zeit für sie hatte. Er war Ingenieur und wurde im Erdbebengebiet gebraucht. Alle vier bis sechs Wochen lernte ich eine andere Tante und einen anderen Onkel kennen, die Ani wie ihr eigenes Kind umsorgten.

Eine ihrer Lieblingstanten war eine besonders schöne Frau, die gut Russisch sprach. Ihre blasse, makellose Haut und ihr tiefschwarzes Haar machten sie zu einer auffallenden Erscheinung. Als Ani vier Jahre alt war und ihre Mutter mit ihren beiden jüngeren Schwestern alle Hände voll zu tun hatte, kam sie zu dieser Tante und dem Onkel. Die beiden hatten beim Erdbeben eine Tochter verloren und waren nach Moskau gekommen, um sich um Ani zu kümmern. Ihren zehn Monate alten Sohn und ihre andere Tochter hatten sie in der Obhut von Verwandten zurückgelassen. Der Onkel machte die schwere Arbeit, wie

zum Beispiel Ani, die völlig hilflos war, hochzuheben, und ihre Tante
fütterte und wusch sie. Anis ununterbrochene Schmerzen ließen beide
nicht zur Ruhe kommen, denn sie versuchten ständig, das schwerverletzte Mädchen in eine bequemere Lage zu bringen.

Anis Zimmer hatte einen winzigen Vorraum mit einem Waschbecken
und einer abgetrennten Toilette. Ein Fenster ging auf einen leeren
grauen Hof mit Blick auf einen Krankenhaustrakt. Das andere Fenster
lag zum Flur hin.

Auf der Fensterbank befanden sich Geschenke, wie sie die anderen
Kinder auch bekommen hatten. Puppen und Stofftiere aus Amerika,
Spiele und Bücher aus Deutschland, Süßigkeiten aus aller Welt, die
sie nicht aß.

Der beigefarben gesprenkelte Fußboden mit braunen Flecken und die
blaßgrünen nackten Wände wirkten so freudlos, daß ich beschloß, das
Zimmer, in dem Ani so viele Monate würde verbringen müssen, fröhlicher zu gestalten. Ich spannte eine Girlande aus roten Papierherzen
quer durch den Raum. Ein Lächeln huschte über Anis blasses Gesicht.
Jedes Lächeln, das einen Moment lang ihre schmerzverzerrten Züge
entspannte und den ängstlichen Ausdruck in ihren Augen verdrängte,
war ein Geschenk für mich.

Am meisten freute Ani sich über den Walkman-Radiorecorder, den
ich ihr mitgebracht hatte. Bald würde sie ihre Gymnastikübungen mit
Musikbegleitung machen können, aber an diesem Tag war sie zu
schwach, um auch nur ihre Zehen zu bewegen. Ich bemerkte zum
erstenmal, daß ihre Beine nicht mehr in der Froschposition lagen. Sie
waren ausgestreckt, geschient und mit Bandagen umwickelt. Ani hatte
teilweise wieder Gefühl in den Beinen, und der Schmerz, der sich damit
einstellte, war ein gutes Zeichen.

Während Ani die Kopfhörer einstöpselte, kamen andere Kinder ins
Zimmer. Ich fürchtete, daß sie auf dieses Geschenk eifersüchtig sein
würden, aber sie schienen Verständnis zu haben. Wenn Anis Schmer-
zensschreie aus dem Zimmer drangen, hörten sie auf zu spielen und
waren ebenso bedrückt wie ich. Manchmal setzten sie sich zu ihr, um
ihr Gesellschaft zu leisten, und lasen ihr aus einem Buch vor.

Das medizinische Personal bewunderte Ani wegen ihres Mutes und
ihrer Geduld. Als sie noch auf der Intensivstation lag, hatte sie für

andere Kinder übersetzt, die kein Russisch sprachen. „Sie ist unglaublich. Ich hätte nie gedacht, daß ein Kind mit derartigen Verletzungen so tapfer sein kann", meinte Dr. Kusin voller Bewunderung.

Als das Erdbeben kam, befand sich Ani gerade in der Musikschule ihrer Heimatstadt Spitak. Die Schule stürzte ein, und Ani lag sechsunddreißig Stunden lang mit der unteren Körperhälfte eingeklemmt unter einer Mauer. Sie erlitt schwerste Verletzungen. Ihr Becken war zertrümmert, die Beckenmuskeln und der Schließmuskel der Blase waren abgestorben. Man mußte einen künstlichen Darmausgang legen, und Ani hatte noch mehrere komplizierte Operationen vor sich. Ihr Leben war nicht außer Gefahr.

Von Anis Mutter sprach man im Krankenhaus wie von einer Heiligen. Nachdem sie bereits siebzehn ihrer Schüler gerettet hatte, war sie noch einmal zurückgekehrt, um weitere Kinder aus dem zusammenstürzenden Gebäude herauszuholen. Dabei wurde sie von einem Zementblock erschlagen.

Wie anderen Kindern im Krankenhaus hatte man auch Ani nichts vom Tod ihrer Mutter gesagt. Aber sie fragte nie nach ihr. Und darum dachte ich, daß sie alles wußte.

Ani verlor von Tag zu Tag an Gewicht, und ihre Tante bat mich, mit dem Mädchen zu sprechen in der Hoffnung, daß sie auf mich hören würde. Sie aß und trank kaum, und ich versuchte sie mit selbstgemachten Leckerbissen zu verlocken. Ihre Abneigung gegen Süßigkeiten, Fleisch, Brot und viele andere Dinge war eine Herausforderung an meine Kochkünste. Um mich nicht zu enttäuschen, kostete Ani höflichkeitshalber von jedem neuen Gericht, das ich von zu Hause mitbrachte. Nach einiger Zeit hatte ich einen ersten wirklichen Erfolg mit einer Dose importierter Maiskörner. Anis Appetit wuchs, als das Wetter besser wurde und sie im Rollstuhl ins Freie gebracht werden konnte.

Als Anis Kräfte langsam wiederkehrten, erwachte auch ihre mädchenhafte Eitelkeit. Sie freute sich, wenn ich ihr die Fingernägel rot lackierte. Jeden Tag mußte ich den weißen Kittel über meiner Straßenkleidung für eine kleine Modenschau öffnen, und ich wartete auf ihren anerkennenden Blick. Sie wußte nicht, daß ich mir besondere Mühe gab, mich für sie anzuziehen. Ihr kurzes braunes Haar gefiel ihr nicht, sie hätte lieber Locken wie ich gehabt. Anis Haar wurde immer dünner, und Dr. Kusin erklärte mir, daß dies auf ihre seelische Verfassung zurückzuführen sei. Während der langen Monate, in denen sie im Bett liegen mußte, wurde sie immer stiller. Wenn sie halbwegs bei Kräften war, bekam sie Unterricht, machte Hausaufgaben und zeichnete. Manchmal wurde sie zu den anderen Kindern auf den Flur geschoben und konnte mit ihnen fernsehen. Sie war nicht launisch und beschwerte sich nie, und so war oft schwer festzustellen, woran sie dachte.

Durch die Bemühungen des Massageteams und ihre eigene unermüdliche Mitarbeit konnte Ani jetzt ihre Beine wieder bewegen, aber nicht stehen.

Ihr Vater hatte gehört, daß Kinder zur Behandlung ins Ausland geschickt wurden, und fragte mich bei einem seiner Besuche, ob ich etwas für Ani arrangieren könnte. Da Dr. Kusin meinte, sie sei zu schwach zum Reisen, lehnte ich die Bitte des Vaters ab.

Aber es ergab sich die Möglichkeit für mich, einen zweiten Arzt zu befragen, und das war der israelische orthopädische Chirurg Dr. Haim Stein. Nach einem Besuch in Jerewan hatte er auf seinem Heimflug einen dreistündigen Zwischenaufenthalt in Moskau und war bereit, in dieser Zeit Ani zu untersuchen. „Sie sieht ganz verhungert aus. Sie muß zwangsernährt werden", waren seine ersten Worte. Er und Dr. Kusin stimmten überein, daß Ani nicht operiert werden konnte, bevor sie nicht zugenommen hatte, und das würde mindestens noch zwei Monate dauern. Beide Ärzte waren sich auch über die Vielzahl der Komplikationen und Risiken bei den erforderlichen Operationen einig. Dr. Stein erklärte sich bereit, Ani nach Israel mitzunehmen, doch er äußerte sich besorgt über ihren psychischen Zustand. In diesem Krankenhaus sei sie zu Hause, und ihre Verwandten könnten sich um sie kümmern. An dieser Stelle unterbrach ich ihn und bat, Anis Onkel in das Gespräch einzubeziehen. „Ani fühlt sich einsam, seit die meisten anderen armenischen Kinder entlassen worden sind", sagte er. Dr. Stein entgegnete, daß Ani in Israel noch einsamer sein würde, in einer fremden Umgebung mit fremder Sprache und fremdem Essen. Der Onkel fragte, ob Dr. Stein Anis Genesung in Israel garantieren könne. Niemand könne in diesem Fall eine Genesung garantieren, erwiderte dieser, und Dr. Kusin nickte. Dr. Stein erklärte, daß er Vertrauen in das sowjetische

Ärzteteam habe, und fügte hinzu, daß er jederzeit als Berater zur Verfügung stünde.

Ich ging zu Ani zurück und erzählte ihr von der Entscheidung der Ärzte, sie in Moskau zu lassen. Sie war glücklich darüber, und ich war erleichtert, denn ich hatte eine andere Reaktion befürchtet. Ein paar Tage später war sie bereit, das verordnete proteinhaltige Aufbaumittel zu trinken. Sie hielt sich die Nase zu, während sie die Zusatzkalorien hinunterwürgte. Ich nickte anerkennend und gab ihr einen dicken Kuß. Sie war fest entschlossen, am Leben zu bleiben, und wir alle werden ihr dabei helfen.

Die Unentbehrlichen

DAS Orchester probte Beethovens siebte Symphonie, als die ersten Stöße des Erdbebens in Jerewan, mehr als hundert Kilometer vom Epizentrum entfernt, beängstigend spürbar wurden. Michael ergriff seine Bratsche, Vahe sein Cello, und sie verließen das Gebäude.

„Die Instrumente sind wie unsere Kinder. Wir konnten sie nicht zurücklassen", sagte Vahe. Die beiden Musiker riefen ihre Eltern und Großeltern zu Hause an und waren erleichtert. Keiner war verletzt, nur eine der Wohnungen hatte Risse in den Wänden.

Vahe und Michael waren beide sechsundzwanzig und seit ihrer Konservatoriumszeit befreundet. Vahe sah jungenhaft aus und war klein und schmächtig, Michael war groß und wirkte mit seinem rötlichbraunen Bart älter. Sie kamen aus unterschiedlichen Familienverhältnissen, aber durch ihre Freundschaft hatten sich auch ihre Eltern angefreundet. Vahes Eltern waren beide Musiker, Michaels Vater war Elektriker in einer Wollfabrik, seine Mutter Chemikerin in der Industrie.

In den nächsten Wochen gingen die beiden Freunde nicht mehr zum Üben. Wie viele andere junge Leute stellten sie sich zur Betreuung der Erdbebenopfer als freiwillige Helfer zur Verfügung.

In den ersten Tagen halfen sie in einem Krankenhaus bei den Vorbereitungen für die Aufnahme Verletzter. Als Medizinstudenten ankamen, wurden sie nicht mehr gebraucht. Sie begaben sich zum Flughafen von Jerewan, wo ihnen gesagt wurde, daß alle Hilfe schon arrangiert sei. Aber dort warteten mehrere Flugzeuge darauf, entladen zu werden, während die Angestellten tatenlos herumstanden. Also machten sich Vahe und Michael trotz der Abweisung sofort an die Arbeit. Alle fünf Minuten landete ein Flugzeug mit Blutkonserven, die aus allen Teilen des Landes kamen, und für jedes Flugzeug brauchte man eine halbe Stunde zum Ausladen. Erst nach ein paar Tagen bequemte sich die Bürokratie, Studenten der Polytechnischen Hochschulen zum Einsatz auf den Hauptflughafen zu schicken.

Da nun genügend Helfer zur Verfügung standen, fuhren Vahe und Michael zu einem kleineren Flugplatz, wo Vahes Vater als Freiwilliger arbeitete. Von hier flogen Hubschrauber ins Katastrophengebiet und kehrten mit Verletzten zurück. Ein Pilot sagte, daß dringend Hilfe in Nalband, dem Epizentrum, gebraucht werde. Also flogen Vahe und Michael mit einem Hubschrauber hin und landeten in der Nähe des Friedhofs. Neben vielen Särgen lag ein verletzter Mann. Die Stadt war vollkommen zerstört. Es gab weder Medikamente noch Ärzte oder Sanitäter. Vahe und Michael verteilten das Notwendigste an die Überlebenden.

Die Straßen waren vom Verkehr heillos verstopft, und so liefen Vahe und Michael über die Eisenbahnschienen nach Spitak, das zehn Kilometer entfernt lag. Dort sah es aus wie in einem Horrorfilm, erklärten sie, als sie mir die Situation schilderten. Später berichtete ein sowjetischer Fernsehkommentator, daß neunundneunzig Prozent der Stadt zerstört waren. Vahe und Michael kamen an einem Kuhstall vorbei und hörten das Gebrüll der Kühe mit ihren vollen Eutern. Sie konnten aber keine überlebenden Menschen entdecken.

In der Autoschlange, die sich neben den Bahngleisen vorwärts quälte, entdeckten Vahe und Michael einen Wagen, aus dessen Kofferraum ein Sarg ragte. Auf dem Dach eines anderen Wagens war eine in ein Tuch gewickelte Leiche festgeschnürt. Weil kurz nach dem Erdbeben ein Mangel an Särgen herrschte, schnitten Eltern Lastwagenreifen auf, um ihre Kinder in dieser Hülle zu begraben. Nach ein paar Tagen gab es Mengen von Särgen in allen Größen und Farben. Die überzähligen wurden von den Obdachlosen bei minus zwanzig Grad angezündet, um sich am Feuer zu wärmen.

Alle lobten die Arbeit der ausländischen Rettungsmannschaften, die nicht auf Instruktionen warteten, sondern sofort zupackten, wo Hilfe gebraucht wurde. Von den fünftausend Ärzten, die im Katastrophengebiet im Einsatz waren, kamen viertausend aus Armenien, siebenhundert aus anderen Republiken und dreihundert aus dem Ausland. Neben den Ärzten waren zweitausend Spezialisten aus anderen Berufen im Einsatz. Wie TASS am 19. Dezember 1988 meldete, konnten mit in- und ausländischer Hilfe 15 300 von den 23 700 Menschen, die aus den Trümmern geborgen worden waren, gerettet werden.

Das Chaos, das trotz dieser Hilfsaktionen herrschte, hielt wochenlang an. Die Rettungsmannschaften verloren viel Zeit, weil ihre Ausrüstung – Medikamente, Verbandszeug und Geräte zum Schuttabräumen – nach dem Entladen der Flugzeuge einfach irgendwo hingebracht worden war. Manche Ladung blieb unauffindbar, und die freiwilligen Helfer warteten oft tagelang auf ihre Ausrüstung. Später kritisierte Premierminister Ryschkow das Außenministerium, weil es die Zusammenarbeit mit den ausländischen Helfern mangelhaft organisiert hatte.

Während die offiziellen Stellen zu Recht kritisiert wurden, verdienten die einheimischen Freiwilligen uneingeschränkte Bewunderung. Ich traf später einige Studenten des Fremdsprcheninstituts in Jerewan, die ausländische Gruppen in die betroffenen Erdbebengebiete begleitet hatten. Helene arbeitete mit einem Hundertzwanzigmannteam aus Österreich, das acht Tage lang in Leninakan eingesetzt war und dreizehn Menschen aus den Trümmern gerettet hatte. Hasmik befand sich mit sechzehn Männern und fünfzehn Hunden aus Hamburg in Spitak, wo sie sechs Menschen retten konnten. Alle beschwerten sich über die ungerechte Verteilung der Hilfsgüter. Die großen Städte wie Spitak und Leninakan erhielten den Hauptanteil, während die vielen kleinen zerstörten Dörfer in der Umgebung fast leer ausgingen.

In Jerewan traf ich auch einen Armenier, der in Leninakan zwei Wochen lang nach seinen Angehörigen gesucht hatte. Sein Bericht war unglaublich. Er erzählte von Menschen, die das Erdbeben überlebt hatten, aber am Schock starben, nachdem sie aus den Trümmern geborgen worden waren. Als die ausländischen Rettungsmannschaften ankamen, verbanden sie den Verschütteten, bevor sie sie herausholten, zuerst die Augen. So konnten sie den tödlichen Schock vermeiden. Ein polnisches Team rettete drei Überlebende. Sie kamen mit hocherhobenen Händen

aus dem Schutt. Sie dachten, es wäre Krieg. Und als sie eine fremde
Sprache hörten, glaubten sie, sie würden gefangengenommen.

Er erzählte auch von einer nahezu grotesken Rettungsaktion. Ein
neunstöckiges Haus war zusammengestürzt, und ein Bewohner des
obersten Stockwerks saß, als die Rettungsmannschaft eintraf, im zweiten Stock in seiner eigenen Küche. Er lud die Leute ein, sich zu setzen,
und bot ihnen Kompott an. Sie gaben ihm eine Beruhigungsspritze und
verbanden ihm die Augen.

Wenn Verschüttete nicht sofort befreit werden konnten, weil es an
entsprechendem Gerät fehlte oder Einsturzgefahr bestand, schickte
man Hunde mit Papier und Bleistift am Halsband zu den Eingeschlossenen. Einmal kam ein Hund mit einem Zettel zurück, auf dem um Wasser gebeten wurde. Er wurde mit einem Wasserschlauch im Maul wieder in die Trümmer geschickt.

Die Luftwaffe flog über neunhundert Einsätze mit Hilfsgütern.
Zwanzigtausend Soldaten reparierten hundert Kilometer zerstörte
Straßen, stellten 17 500 Zelte, 75 Generatoren und 37 000 warme
Mahlzeiten für die Obdachlosen zur Verfügung. Sie setzten auch
Patrouillen ein, um Plünderungen zu verhindern.

Als die Armee und sowjetische Baubrigaden die Aufräumarbeiten
übernahmen, kehrten Michael und Vahe nach Jerewan zurück. Dort
wurde ihre Hilfe in Krankenhäusern, in denen die Verletzten noch nicht
registriert waren, gebraucht. Die beiden jungen Männer stellten Listen
zusammen und brachten sie zum Roten Kreuz, wo andere Freiwillige
mithalfen. Außerdem arbeiteten sie mit Alada zusammen, einer Frau,
die in ihrer Wohnung ein Rettungskomitee gegründet hatte, weil die
staatlichen Stellen zu langsam und desorganisiert waren. Aladas
Gruppe brachte die Verletzten mit ihren Familienmitgliedern zusammen. Während der ersten zwanzig Tage konnte die Gruppe fast hundert
Vermißte ausfindig machen.

In Moskau baute die inoffizielle armenische Kulturorganisation
„Hallo" (Barev Dzez) ein Hilfssystem auf für Erdbebenopfer, die in den
dortigen Krankenhäusern lagen, und für die nachgereisten Verwandten.
Viele Moskauer hatten Blut gespendet und Nahrungsmittel, Kleidung
und Spielsachen für die Opfer zur Verfügung gestellt, aber wichtige
Kleinigkeiten waren vergessen worden. Die Freiwilligen von „Hallo"

gingen von Krankenhaus zu Krankenhaus, registrierten die Namen der Armenier und notierten ihre besonderen Wünsche. Dann brachten sie ihnen die fehlenden Sachen, zum Beispiel Seife, Shampoo, Unterwäsche, Pantoffeln und Toilettenpapier. Außerdem sammelten sie Geld für Kühlschränke und Fernseher, die in den Krankenhäusern fehlten. Zu Neujahr verteilten sie Geschenke an alle Verletzten, und einige hochgestellte Beamte nutzten den Anlaß, um mit großmütiger Geste ebenfalls Geschenke zu überreichen. Danach ließen sie nie wieder von sich hören, während die Freiwilligen von „Hallo" und Vertreter der armenischen Kirche die Krankenhäuser regelmäßig weiterbesuchten.

Da Michael und Vahe Moskau von ihrem Militärdienst her kannten und dort Freunde hatten, bei denen sie wohnen konnten, beschlossen sie, ihre Arbeit für die Erdbebenopfer in der Hauptstadt fortzusetzen. Die Orchesterleitung genehmigte ihnen einen Monat bezahlten Urlaub, und so flogen sie auf eigene Kosten nach Moskau. Sie hatten eine offizielle Beglaubigung des Roten Kreuzes bei sich, die sie bevollmächtigte, nach Verwandten von Verletzten und Evakuierten zu forschen und dafür auch andere Organisationen in Anspruch zu nehmen. Es war eine mühsame Aufgabe.

Zunächst galt es, Listen mit den Personalangaben unzähliger Verletzter in Moskauer Krankenhäusern zusammenzustellen, dazu die Angaben von fünftausend Armeniern, die in Sanatorien am Stadtrand untergebracht waren. Dies war nur ein Bruchteil der fünfhunderttausend Menschen, die das Erdbeben obdachlos gemacht hatte. Einige Schwerverletzte waren zur Behandlung ins Ausland geflogen worden, und auch diese mußten aufgespürt werden.

Die erste Anlaufstation, die Armenische Vertretung, hatte eine Liste angeblich bereits an das Rote Kreuz in Jerewan geschickt. Dort war sie aber noch nicht angekommen. Vahe und Michael baten die Vertretung um eine Kopie, erhielten aber nur eine ausweichende Antwort, offenbar wollte man sie bloß loswerden. Ich selbst hatte gehört, daß die Jugoslawen einen Autobus für die Erdbebenopfer nach Moskau schicken wollten. Trotz mehrfacher telegrafischer Wiederholungen des jugoslawischen Angebots reagierte die Vertretung nie. Wie andere bürokratische Organisationen war sie daran gewöhnt, Probleme langsam oder gar nicht zu lösen.

Adoption kommt nicht in Frage

ANAID war zierlich, hatte silberblond gefärbtes Haar und trug ein Make-up, das in dieser Umgebung eine Spur zu grell war. Dadurch unterschied sie sich von den anderen armenischen Frauen, die dunkelhaarig, untersetzt und ungeschminkt waren. Wenn Anaid aber ihren weißen Kittel anhatte und die weiße Haube das gefärbte Haar verdeckte, konnte man kaum ausmachen, ob diese attraktive Frau Anfang Vierzig eine Krankenschwester war oder die Verwandte eines armenischen Kindes oder – und das war sie wirklich – eine beliebte Schauspielerin.

Anaid war Armenierin und kurze Zeit nach dem Erdbeben als freiwillige Helferin von Jerewan nach Moskau gekommen. Als ich sie im Kinderkrankenhaus zum erstenmal sah, leerte sie gerade eilig eine Bettpfanne, weil Edik nach ihr rief. Edik war ein blasser, schüchterner Siebenjähriger, dessen rechtes Bein nach dem Erdbeben am Knie amputiert werden mußte. Wie ich bald feststellte, war Anaid der einzige Mensch, dem er sich nicht verschloß.

Unmittelbar nach der Katastrophe hatte sich Anaid in Jerewan als Helferin zur Verfügung gestellt. Es herrschte ein einziges Chaos. Die Krankenhäuser waren überfüllt mit Verletzten, verstörte Menschen forschten nach ihren Angehörigen. Eines Tages kam eine ältere Frau aus Tiflis zu ihr, die ihren Großneffen Edik aus Kirovakan suchte. Anaid ging mit ihr von einem Krankenhaus zum anderen, zum Roten Kreuz und zu Organisationen, die vielleicht Auskunft geben konnten. Als sie Edik schließlich in einem Krankenhaus fanden, war er in einem äußerst kritischen Zustand. Drei Tage lang hatte er unter den Trümmern gelegen, die seine Familie ausgelöscht hatten.

Ediks Erinnerung an die Situation war ziemlich deutlich. Seine Mutter kochte in der Küche gerade Kaffee für seine Großeltern, und er saß auf einem Hocker daneben. Da kam das Erdbeben „wie eine Hexe von draußen". Der Tisch bewegte sich, und seine Mutter wurde gegen den Kühlschrank geschleudert. Er wollte zu seinem fünf Monate alten Bruder hinlaufen, den er weinen hörte, aber der Tisch stürzte über ihn.

Erde deckte seine Augen zu, und er konnte kaum noch atmen. Sein Vater hielt seine Hand und redete ihm tröstend zu, und dann hörte er auf zu reden, und seine Hand wurde kalt. Edik tastete nach der Hand seiner Mutter, aber die rührte sich nicht. Da wußte er, daß beide tot waren. Edik muß lange bewußtlos gewesen sein, denn seine nächste Erinnerung war, daß er Licht sah und Geräusche hörte. Ein Traktor und ein Kran räumten Schutt ab.

Seine Großtante aus Tiflis war dabei, als man Edik endlich aus den Trümmern herausholte. Fast wäre sie zu spät gekommen. Sie hatte sich zwar gleich auf den Weg gemacht, als sie nach dem Erdbeben ihre Verwandten in Kirovakan telefonisch nicht erreichen konnte, aber sie war unterwegs von dem Verkehrschaos aufgehalten worden. Sie konnte nicht ahnen, wie dringend sie gebraucht wurde. Es gab niemanden mehr von Ediks Familie, der ihn hätte vermissen können. Als sie am Unglücksort ankam und Helfer alarmierte, um nach Edik und seinen Eltern zu suchen, mußte sie fassungslos mit ansehen, wie Nachbarn die Autos mit ihrem Besitz volluden, anstatt erst einmal zu helfen, Überlebende auszugraben.

Ein Hubschrauber brachte Edik nach Jerewan, und die Großtante folgte in einem Auto. Sie hatte keine Ahnung, in welchem Krankenhaus Edik lag. Als sie ihn schließlich mit Anaids Hilfe fand, war sein Bein schon amputiert. Sie machte sich große Vorwürfe. Wäre sie rechtzeitig zur Stelle gewesen, hätte sein Bein vielleicht gerettet werden können.

Ein Moskauer Arzt, der unmittelbar nach der Katastrophe nach Jerewan gekommen war, sorgte dafür, daß Edik und andere Kinder, die in Lebensgefahr schwebten, sofort in ein Moskauer Krankenhaus geflogen wurden. Anaid meldete sich freiwillig, diejenigen Kinder, die ohne Begleitung waren, im Flugzeug zu betreuen. Ihre Schützlinge waren Edik, Anuschka und Robert. Die fünfzehn Monate alte Anuschka und ihre einundzwanzig Tage alte Schwester hatten ihre Mutter überlebt. Diese hatte sich unter den Trümmern schützend über ihre beiden kleinen Kinder gelegt, den Säugling gestillt und Anuschka ihren Finger zum Lutschen gegeben. So fand sie die Rettungsmannschaft, als alle drei nach Stunden ausgegraben wurden. Kurz darauf starb die Mutter. Der siebenjährige Robert hatte schwere Verletzungen am Kopf und komplizierte Beinbrüche.

Anaid und die Kinder wurden in unserem Krankenhaus von den Ärzten, Schwestern und von Dolores, der armenischen Journalistin, die hier aushalf, bereits erwartet. Edik, der Schwierigkeiten beim Atmen hatte, kam sofort in den sogenannten „Sarkophag", eine kleine, abgeschlossene Sauerstoffkammer in einem Extraraum. Die Verbindung zu ihm erfolgte über ein Telefon. Da Anaid mit Robert und Anuschka beschäftigt war, kümmerte sich Dolores um Edik in seinem kleinen Gefängnis. „Hast du Angst?" fragte sie durchs Telefon. „Nein", erwiderte er mit zitternder Stimme.

Kurz nach Mitternacht wachte Edik in seinem Krankenzimmer auf. Er lachte und sang und wollte Spielzeugautos haben. Plötzlich meinte er: „Wo ist mein Sarg? Bring mir meinen Sarg. Die anderen haben auch alle einen." Edik hatte einundvierzig Grad Fieber. Er war im Delirium, und das Trauma der vergangenen Tage tauchte aus dem Unterbewußtsein auf. Das war bei vielen der anderen schwerverletzten Kinder ebenso, die nachts in ihren Alpträumen schrien.

Als Anuschkas Großmutter und Roberts Onkel aus Armenien eintrafen, mußte Edik Anaid nicht mehr mit den beiden Kindern teilen. Alle Kinder brauchten in dieser ersten kritischen Zeit Tag und Nacht Pflege und Zuspruch, und niemand von den Verwandten verließ das Krankenhaus, auch Anaid nicht.

Tagelang hatte Edik sich geweigert, zu essen und zu trinken. Als er eines Morgens um vier plötzlich Suppe haben wollte, war Anaid so außer sich vor Freude, daß sie die anderen Verwandten weckte und sie gemeinsam in bester Stimmung berieten, wie zu dieser nachtschlafenden Zeit an Suppe heranzukommen sei. „Und?" fragte ich. „Natürlich haben wir es geschafft", erklärte Anaid.

Als Ediks kritische Phase vorüber war, übernachtete Anaid in einem Hotel. Früh am Morgen war sie wieder im Krankenhaus, um den Jungen zu füttern, zu waschen und mit ihm zu spielen.

So, wie sich Ediks Zustand besserte, besserte sich auch Anaids Stimmung. Sie sah nicht mehr so ernst aus und war wieder hübscher geworden. Als ich ihr später einmal Fotos zeigte, die ich im Laufe von sechs Wochen von ihr gemacht hatte, war sie erschrocken, wie elend sie damals ausgesehen hatte.

Nach zwei Wochen mußte Anaid nach Jerewan zurückkehren, weil sie sich dort für ein Theaterstück verpflichtet hatte. Seit zwanzig Jahren spielte sie im Kindertheater immer dieselbe Rolle. In jeder Aufführung saßen vierhundert Kinder, und viele Kinder in Jerewan kannten sie in ihrer Rolle als Mutter, eine Rolle, die sie zu ihrem Bedauern im Leben nicht spielen konnte. Sie war kinderlos wie ich. Als sie hörte, daß wir das gleiche Schicksal teilten, fühlten wir uns einander näher, und sie erzählte mir von sich. Ihr erster Mann hatte sich von ihr scheiden lassen, weil sie ihm kein Kind geboren hatte. Jetzt war sie glücklich mit einem bekannten armenischen Filmregisseur verheiratet, in dessen Filmen sie mitgespielt hatte.

Als Anaid Moskau verließ, nahm sie sich vor, nicht mehr zurückzukehren. Ediks Großtante war inzwischen angekommen, und sie wurde nicht mehr gebraucht. Aber kaum war sie in Jerewan, rief sie auch schon im Krankenhaus an. Ein paar Tage später stand sie plötzlich wieder in Ediks Zimmer. Fünfmal flog sie zwischen Jerewan und Moskau hin und her, und in dieser Zeit machte Edik erhebliche Fortschritte und begann, über seine Zukunft nachzudenken.

„Gehört Jerewan dir?" fragte er eines Tages Anaid und meinte damit, ob sie in Jerewan zu Hause sei.

„Ja, Jerewan ist mein", erwiderte sie.

„Dann will ich in deinem Jerewan leben."

Bis zu diesem Zeitpunkt hatte es Anaid vermieden, mit der Großtante über Ediks Zukunft zu sprechen. Anaid wollte Edik gern zu sich nehmen, aber sie wußte, daß Blutsverwandte nach dem Gesetz Vorrang hatten. Ein Gerücht, das sich bald nach dem Erdbeben verbreitete, hatte damals für große Aufregung gesorgt. Danach sollten zehn- bis zwanzigtausend armenische Waisenkinder zur Adoption in andere Teile der Sowjetunion gebracht worden sein. In Wahrheit hatte man zwei- bis vierhundert verletzte Kinder in Krankenhäuser anderer Republiken geflogen, und hunderttausend Frauen und Kinder waren evakuiert worden. Die Medien machten schwerwiegende Fehler, indem sie berichteten, daß elternlose Kinder auf dem Weg nach Taschkent und Moskau seien, und die Adresse des Sammelpunktes nannten für diejenigen, die an einer Adoption interessiert seien. Am nächsten Tag fanden sich Hunderte von Frauen an dem Treffpunkt in Moskau ein – angeblich wurden fünftausend Adoptionsaufträge aufgenommen –, und ein Vertreter der armenischen Kirche mußte den enttäuschten Frauen erklären, daß eine Entscheidung zu diesem Zeitpunkt unmöglich sei. Ein halbes Jahr müsse verstreichen, um sicherzugehen, daß keine armenischen Angehörigen Ansprüche stellten. In diesen Fällen müßten die Kinder nach Armenien zurückgebracht werden.

In Armenien hatten unterdessen hunderttausend Frauen gegen die Aufforderung der Medien, Kinder zu adoptieren, auf den Straßen protestiert, und prompt traf aus Moskau eine offizielle Entschuldigung für das Mißverständnis ein.

Premierminister Ryschkow versprach, die Regierung würde nichts unversucht lassen, um die Verwandten der elternlosen Kinder aufzuspüren. Ich wußte, daß es in Armenien kaum Waisenhäuser gibt. In meinem Moskauer Kinderkrankenhaus fand ich die Erklärung. Armenien ist wie eine große Familie, in der sich jeder für seine Verwandten – mögen es auch noch so entfernte sein – verantwortlich fühlt und sich um sie kümmert.

Anaid gehörte zu dieser großen armenischen Familie. Und als sie mit Ediks Großtante über ihren Wunsch gesprochen hatte, war diese bereit, ihr Edik zu überlassen, doch die Entscheidung lag nicht allein bei ihr. Die Schwester von Ediks Vater, die sich niemals im Krankenhaus hatte blicken lassen, erhob plötzlich Anspruch auf das Kind. Anaid kam nicht mehr nach Moskau zurück.

Monate später, als Hambar und ich in Kirovakan waren, sahen wir plötzlich Edik mit seiner Prothese am Bein und den Krücken daneben am Straßenrand sitzen. Er erkannte uns sofort, vergrub sein Gesicht in den Händen und wollte nicht mit uns sprechen. Ich war unglücklich, ihn wieder so in sich versunken zu sehen, wie ich ihn in seiner Anfangsphase im Moskauer Kinderkrankenhaus erlebt hatte. Anaid hatte es damals verstanden, ihn mit ihrer liebevollen und geduldigen Zuwendung aus seiner stummen Verstörtheit zu lösen und in ein fröhliches, gesprächiges Kind zu verwandeln. Nun war er zwar wieder in seiner Heimat, aber ihm fehlte die Liebe der Mutter, die Anaid ihm hätte ersetzen können. Ich war mir bewußt, daß Edik eine zweite Tragödie durchlebte, und doch konnte ich ihm nicht helfen.

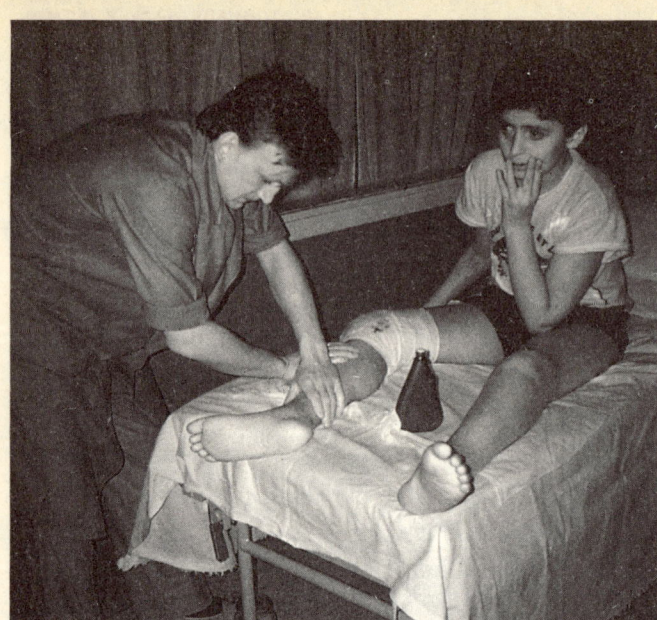

Links: Ein Arzt massiert das verletzte Bein des vierzehnjährigen Armen.

Rechts: Lois Fisher-Ruge mit ihren armenischen Kindern. Therese (3. v. l.) hält ihren Sohn Edgar.

Unten: Julia liest der schwerverletzten Ani etwas vor.

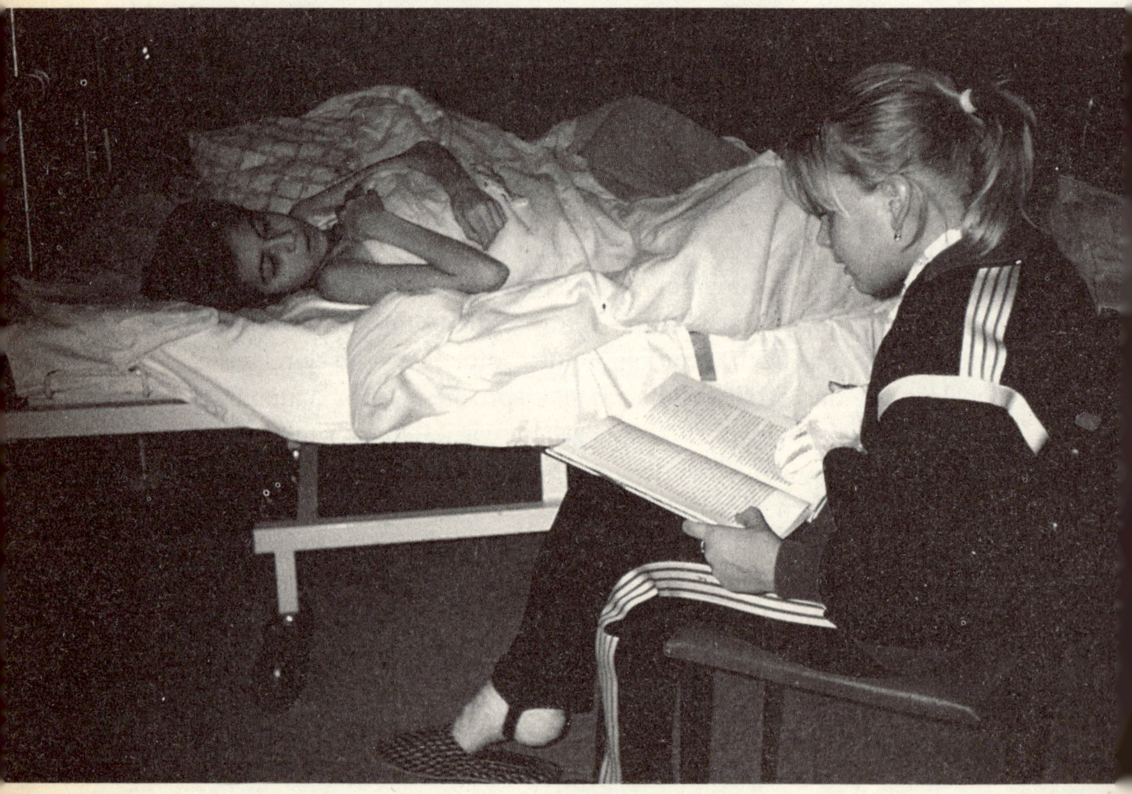

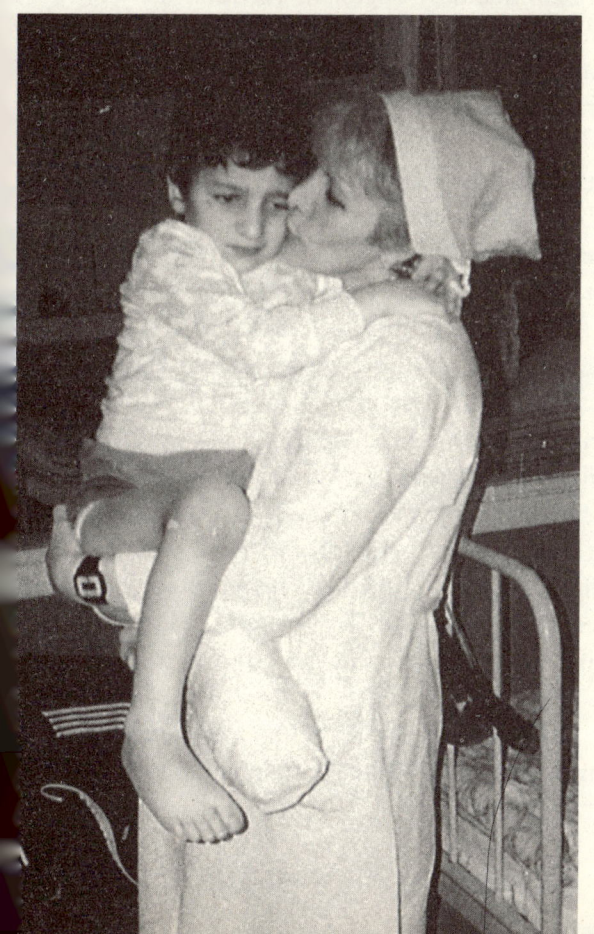

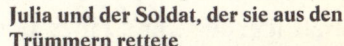

Links: **Anaid würde den siebenjährigen Edik, der durch das Erdbeben zur Vollwaise wurde, gerne adoptieren.**

Julia und der Soldat, der sie aus den Trümmern rettete

Mein Privatfahrer

ICH fühle mich nicht wie ein Behinderter, aber ich merke, wie die „Leute mich anstarren", erklärte Slawa, während er mich in seinem Taxi zum Krankenhaus kutschierte.

Bei dieser Bemerkung mußte ich an ein Gespräch mit Olga denken, die als Leiterin des Massageteams Erfahrung hatte, wie Eltern mit ihren Kindern, denen Arme oder Beine amputiert worden waren, umgingen. „Sie bemitleiden sie nur, sagen ständig ‚mein armes Kind', anstatt ihnen zu helfen, mit der Behinderung fertig zu werden", meinte Olga.

Ich selbst hatte von einem fünfzehnjährigen Mädchen in einem anderen Krankenhaus gehört, das beide Beine verloren hatte und sterben wollte. „Nicht, weil sie sich selbst bemitleidete", sagte ein Vertreter der armenischen Kirche, „sondern wegen der Art und Weise, wie ihre Verwandten sie behandelten. Das Mädchen spürte, daß es ihnen in Zukunft eine Last sein würde. Einige der verletzten Kinder baten, getauft zu werden. Das gab ihnen Kraft."

Slawas Mentalität und Ausgangssituation waren anders. Er war als Vierjähriger während eines Bombenangriffs im Krieg verwundet worden und hatte zehn Jahre mit einer schweren Rückenverletzung in einem Sanatorium verbracht. Im Laufe der Zeit verschlechterte sich sein Zustand, die Rückenverletzung griff nach und nach auf die Beine über, bis sie schließlich teilweise gelähmt waren. Nun ist er fünfzig Jahre alt, verheiratet und schwerstbehindert. Vor über dreißig Jahren, als er noch in besserer gesundheitlicher Verfassung war, hatte er eine Ausbildung zum Ingenieur absolviert. Der drastische Wohnungsmangel in Moskau zwang ihn damals, eine Stellung bei einer Elektrofabrik anzunehmen, die ihm gleichzeitig eine Wohnung garantierte. Auf diese Weise kam er nach Selinograd, einer gerade aufgebauten neuen Stadt, etwa eine Stunde von Moskau entfernt. Über die Elektrofabrik dort hatte er nach ein paar Monaten eine Wohnung bekommen, auf die man heute jahrelang warten müßte.

Vor fünf Jahren mußte er seine Arbeit aufgeben. Er bekam eine verhältnismäßig hohe Rente von hundertzwanzig Rubel im Monat. Aber ich kannte niemanden hier, der davon einigermaßen gut hätte leben können. Darum arbeitete er schwarz als Taxifahrer, und in dieser Eigenschaft lernte ich ihn kennen. Slawa fuhr einen Schiguli, der im Westen Lada heißt. Er gabelte mich an einem jener Tage auf, an denen kein Taxi zu bekommen war. Hinter der Windschutzscheibe seines Autos klemmte ein Pappschild mit einem handgemalten schwarzen Dreieck auf weißem Kreis, das ihn als Schwerbehinderten auswies. Der Wagen war so umgebaut, daß Slawa ihn nur mit den Händen zu bedienen brauchte. Das hatte er alles selbst gemacht und dadurch fünfhundert Rubel gespart.

Seine Behinderung fiel nicht sofort auf. Eine schwarze Lederjacke verbarg seinen verwachsenen Oberkörper. Die blauen Augen hinter einer Brille mit passendem blauem Gestell hoben sich ebenso wie die buschigen Koteletten von seinem unauffälligen, aber freundlichen Gesicht ab. Der Lärm, der durch das offene Fenster hereindrang, aus dem sein Zigarettenrauch entwich, und sein Redetempo machten es mir schwer, ihn zu verstehen. Ihm ging es offenbar ebenso mit mir.

Slawa war glücklich mit seiner Arbeit als Taxifahrer und fühlte sich, wie er unbekümmert betonte, „wie ein Fisch im Wasser". „Wenn man nur für sich selbst arbeitet, hat man mehr Verantwortungsgefühl und bemüht sich mehr, gute Arbeit zu leisten. Ich bin mein eigener Herr und kann mir meine Arbeit selbst einteilen", erklärte er stolz.

In den letzten Monaten hatte er für einen sowjetischen Videorecorder gespart, der über tausend Rubel kostete. Bald nachdem er ihn gekauft hatte, waren auch schon die ersten Reparaturen fällig, und er bedauerte, daß er nicht für einen Panasonic gespart hatte, der auf dem Schwarzmarkt sechstausend Rubel kostete, aber wenigstens Qualität garantierte. „Nicht nur Luxus ist teuer, auch das Lebensnotwendige", meinte er. „Eine Damenstrumpfhose kostet fünf Prozent eines durchschnittlichen Monatslohns und ein Büstenhalter und Lippenstift noch mal fünf Prozent." Er zahlte monatlich nur zwanzig Rubel für Miete, Gas, Strom und Telefon, aber er hätte für mehr Komfort auch gern mehr bezahlt.

Seine Arbeit barg manche Risiken, einen Unfall zum Beispiel. Oder noch schlimmer, er könnte überfallen und ausgeraubt werden. „Geldgierige Jugendliche suchen sich manchmal Behinderte als Opfer", sagte er verbittert. „Das ist das Problem mit den jungen Leuten von heute. Viele interessieren sich nur für Geld und wollen nicht dafür arbeiten."

Nach dieser ersten Fahrt ins Krankenhaus fragte ich Slawa, bevor ich ausstieg, ob er mich nicht auch sonst gelegentlich fahren könnte. Er war einverstanden, und bald hatten wir uns angefreundet. Als ich ihn einmal versehentlich mit dem förmlichen Sie statt mit dem unter Russen üblichen Du anredete, verbesserte er mich sofort. Er lehnte es auch ab, Geld für die Fahrten zu nehmen. Aber ich bestand darauf, mich mit Geschenken, die Mangelware waren, zu revanchieren.

Seine Frau nähte gern, wie er mir erzählte, und so brachte ich für sie vom Intershop eine russische Ausgabe der deutschen Modezeitschrift *Burda* mit. An diese begehrte Frauenzeitschrift, die nur in begrenzter Anzahl für Rubel zu kaufen ist, kamen nur sowjetische Privilegierte und Leute mit guten Beziehungen heran. Slawa bekam von mir Tonbänder für seinen Kassettenrecorder.

Er sprach viel von seiner Tochter und seiner bemerkenswerten Frau Wanna, die zehn Jahre jünger war als er. Sie hatten sich kennengelernt und ineinander verliebt, als beide noch mit anderen Partnern verheiratet waren. Seine jetzige Frau wußte nicht, was sie machen sollte, und fragte eine Zigeunerin um Rat. Diese prophezeite ihr, sie würde eine zweite Ehe eingehen und eine Tochter bekommen. Beides trat ein. Vor zehn Jahren haben sie geheiratet, und Slawa findet sie immer noch amüsant und langweilt sich nie mit ihr.

Im Gegensatz zu den meisten anderen sowjetischen Frauen besaß seine Frau einen Führerschein. Doch seinen Wagen vertraute Slawa ihr nicht an, wohl aber seinen Verdienst, den er täglich bei ihr ablieferte. Früher hatte die Schwiegermutter seiner ersten Frau sein Geld unter Verschluß gehalten. Sie war geizig und rückte kaum etwas davon für seinen eigenen Verbrauch heraus. Seine jetzige Frau war da ganz anders. Sie ließ ihn nicht aus der Wohnung, ohne daß er mindestens sechzig Rubel in der Tasche hatte.

Nun hatte ich so viel von Slawas Familie gehört, daß ich sie auch gern kennenlernen wollte. Da ich wußte, daß er in der Nähe des Flughafens wohnte, verabredeten wir uns zum Mittagessen bei ihm zu Hause an dem Tag, an dem ich abends nach Deutschland zurückfliegen wollte.

Schon morgens um zehn rief mich Slawas neunjährige Tochter

Uljana aus einer Telefonzelle vor meinem Haus an. Sie wartete bereits mit ihrem Vater auf mich. Zu meiner Begrüßung überreichte sie mir ein Sträußchen aus drei roten Tulpen, die bereits die Köpfe hängen ließen. Die Geste war rührend, ebenso wie ihr Drängen, mich zu ihr nach hinten in den Wagen zu setzen, damit wir uns besser unterhalten konnten. Uljana war ein hübsches blondes Kind mit einem langen Pferdeschwanz. Sie sah adrett aus und trug eine hellblaue Bauernbluse, einen dunkelgrauen Faltenrock, eine dicke Wollstrumpfhose und beigefarbene Schuhe. Vom ersten Augenblick an machte sie einen reifen und selbstsicheren Eindruck, und im Laufe des Tages begriff ich, warum. Beide Eltern brauchten ihre Hilfe, und sie hatte mehr Verantwortung zu tragen als die meisten Kinder in ihrem Alter. Bei einem Privatlehrer lernte sie Englisch und war nun darauf erpicht, es an der ersten Amerikanerin, die ihr begegnete, auszuprobieren. Außerdem bekam sie Klavierstunden und ging regelmäßig zum Schwimmen.

„Ich möchte ihr all das bieten, was ich nie gehabt habe", unterbrach Slawa das muntere Geplauder seiner Tochter. Er war einer von vier Söhnen einer armen Familie. Seine Mutter war nie zur Schule gegangen und arbeitete als Näherin, sein Vater war Fabrikarbeiter.

Unsere erste Station an diesem Tag war das Krankenhaus. Es gab einen langen, traurigen Abschied von meinen Kindern. „Aber ich werde ja bald wieder dasein", tröstete ich sie und mich.

Vom Krankenhaus aus steuerte Slawa zunächst zum Restaurant Prag, das bekannt ist für eine Kuchenspezialität, genannt „Vogelmilch". Vor ein paar Wochen hatte ich beiläufig erwähnt, daß das mein Lieblingsnachtisch sei, und Slawa hatte es nicht vergessen. Er gab Uljana Geld, und ein paar Minuten später kam sie strahlend mit einem Karton in der Hand wieder heraus.

Kaum waren nach der Ausfahrt zum Flughafen die Häuser der Stadt hinter uns geblieben, da schien die Zeit zurückgedreht. Wir kamen auf der Autobahn an gemütlichen Dörfern vorbei mit einfachen kleinen Holzhäusern wie aus dem Baukasten. Junge Frauen, Kinder und Babuschkas standen mit Eimern vor dem Brunnen, um Wasser zu schöpfen. Es gab weder fließend Wasser noch Toiletten oder Telefon in den Häusern, und geheizt wurde mit Holzöfen. Manche Häuser waren baufällig, aber Wäsche flatterte überall auf der Leine.

Wir waren schon fast vierzig Kilometer gefahren, als wir an einem großen Schild mit der Aufschrift SELINOGRAD von der Autobahn abbogen. „Was ist das für eine häßliche Bauruine?" fragte ich Slawa. Viele Neubauten in seinem Land verfielen in dieser Weise schon im Rohbau, erklärte er mir, weil das staatliche Geld während der Bauzeit ausgegangen war. Er kannte eine Fabrikanlage, die als Bau für eine Nähfabrik begonnen worden war, dann aber zu einer Elektronikfabrik umfunktioniert werden mußte. Dem Ministerium für Leichtindustrie war das Geld ausgegangen, und ein Ministerium, das mehr Geld zur Verfügung hatte, vollendete den Bau.

Am Rand eines hübschen Waldgebietes lag der Block mit Slawas Wohnung und Uljanas Schule. Slawa parkte direkt vor seiner Haustür und sagte, wir sollten nicht auf ihn warten. Während Uljana und ich ausstiegen, drehte Slawa sich schwerfällig herum, rückte seine Beine zurecht, nahm die hölzernen Krücken, die neben ihm im Wagen lagen, hievte sich mit großer Anstrengung aus dem Auto und balancierte auf einem Bein. Dann schleppte er Schritt für Schritt schwer atmend sein rechtes Bein hinter sich her. An dem verzerrten Gesichtsausdruck konnte ich seine Schmerzen beim Gehen erkennen, von denen er nie gesprochen hatte. Bisher hatte ich ihn immer nur hinter dem Lenkrad sitzend gesehen, jetzt war ich von Mitleid überwältigt.

Wie in den meisten Gebäuden gab es auch hier keinerlei Vorrichtungen für Körperbehinderte, und die Stufen bis zum Aufzug waren für Slawa sichtlich eine Qual. Die Wohnung lag im vierten Stock. Als Wanna uns die Tür öffnete, sah ich, daß auch sie behindert war. Das hatte Slawa nie erwähnt. Ihr Oberkörper war verkrüppelt. Sie hatte einen Buckel, und der Kopf saß direkt auf den Schultern. Ihr braunes langes Haar glänzte, und jede Locke ihrer Frisur saß. Wannas unauffälliges Gesicht war sympathisch. Aber ihre hohe, schrille Stimme überraschte mich und ging mir durch Mark und Bein. Slawas tiefe Stimme war dagegen die reine Wohltat, und ich nahm mir vor, mich nie wieder über sein rasantes Sprechtempo aufzuregen.

Ich hatte Slawa ein paar Kassetten für sein Videogerät mitgebracht. Er war so überwältigt von meinem Geschenk, von dem er behauptete, es würde auf dem Schwarzmarkt mindestens achtzig Rubel kosten, daß er den erstbesten Wertgegenstand, der ihm ins Auge fiel, nahm und ihn mir schenkte. Es war ein kleines, in Metall geprägtes Stalin-Porträt, hergestellt in einer Fabrik, die auf Porträts bekannter Politiker für besondere Anlässe spezialisiert ist. Aber dieses Stalin-Porträt hatten die Arbeiter nur aus Jux gemacht. Für Sammler, zu denen ich nicht zählte, war es unbezahlbar.

Der Name Stalin weckte alte Erinnerungen, und Slawa zitierte Gedichte und sang Loblieder auf Stalin, die er in der Schule gelernt hatte. Heute haßte er den Diktator, aber seine Frau reagierte nicht so radikal. Sie erzählte, daß ihre Eltern und sie geweint hätten, als Stalin starb. Es fiel ihr heute immer noch schwer, den Berichten über die Greueltaten eines Mannes zu glauben, den alle wie einen Gott verehrt hatten.

Kaum war ich in der Wohnung, da faßte Uljana auch schon meine Hand und zog mich in ihr Zimmer. Es war ungefähr zwölf Quadratmeter groß, ein Luxus für sowjetische Verhältnisse. Ein Klavier, ein großer Kleiderschrank, eine Ausziehcouch und die Nähmaschine und die Strickmaschine ihrer Mutter, beide aus der DDR, ließen in der Mitte des Raums noch ein bißchen Platz zum Spielen. Eine Wand war mit einem bunten Teppich geschmückt, eine andere mit Familienfotos tapeziert.

Dann inspizierte ich das Wohnzimmer, das immerhin auch etwa achtzehn Quadratmeter groß war und meinen Gastgebern gleichzeitig als Schlafzimmer diente. Als ich die mächtige Schrankwand voller Bücher bestaunte, gestand Slawa, noch nicht alle gelesen zu haben, aber er hoffe, eines Tages doch noch dazu zu kommen. Ich entdeckte einige Bücher darunter, von denen ich wußte, daß sie in der Sowjetunion schwer zu beschaffen waren, und fragte Slawa, wie er daran gekommen sei.

Einige stammten vom Schwarzmarkt, andere hatte er mit Hilfe eines Systems erworben, nach dem man Altpapier gegen Papiergutscheine eintauschen kann, die einen wiederum berechtigen, in einer Buchhandlung Bücher dafür zu kaufen. Slawas Quelle für diese Gutscheine waren Altpapiersammler.

Zu beiden Seiten des Fensters standen der unvermeidbare Fernseher und Slawas besonderer Stolz, das Videogerät. Vor der Wand, an der ein protziger Teppich hing, stand der Eßtisch, und an der hinteren Wand, dem Fenster gegenüber, befand sich der gemütliche Teil des Mobiliars, die Ausziehcouch.

Ich bewunderte die Geräumigkeit der Wohnung.

„Mir geht es auch weit besser als vielen meiner behinderten Freunde", erklärte Slawa. „Ich würde Ihnen gern einmal zeigen, wie armselig manche von ihnen leben. Aber ich bin sicher, daß sie keine Ausländerin empfangen würden. Sie sind ihre Komplexe von früher immer noch nicht losgeworden."

Inzwischen hatte Wanna den Tisch gedeckt. Es gab drei verschiedene Nationalgerichte: Auberginen, nach ukrainischem Rezept mariniert, dazu Gurken, einen Käse-Eier-Salat und roten Kaviar auf Butterbrot, dann Brathähnchen nach russischer Art und *Plof*, ein usbekisches Gericht aus Reis, Gemüse und Lammfleisch. Aus Erfahrung wußte ich, daß dieses Gericht besonders fett ist und meinem Magen nicht bekommt. Aber ich wollte meine Gastgeberin, die sich so viel Mühe gegeben hatte, nicht enttäuschen und aß tapfer meine Schüssel leer. Aber eine zweite Portion mußte ich dann wirklich ablehnen. Die vielen Trinksprüche mit Wodka waren meine Rettung.

Als ich Slawa kennenlernte, hatte mich vor allem seine Offenheit sofort angezogen, die selbstverständliche Art, mit der er seine Behinderung zu ignorieren schien. Hier, in seiner Familie, war sein Verhalten nicht anders. Ich saß mit zwei verkrüppelten Menschen am Tisch, die fast so klein waren wie Liliputaner, so daß ich mir noch größer vorkam, als ich ohnehin schon bin. Und doch hatte ich selten eine so lockere Atmosphäre erlebt, eine so natürliche Art, mich als ausländischen Gast in die Familie einzubeziehen. Das gab mir im Gedanken an meine armenischen Kinder Hoffnung und den Mut, Slawa zu bitten, mir mehr von der allgemeinen Situation der Behinderten in der Sowjetunion zu erzählen.

Slawa war sofort dazu bereit. Er bat seine Tochter Uljana, ihm eine bestimmte Broschüre aus dem Bücherschrank zu holen. Es handelte sich um eine Broschüre, die von der Gesundheitskommission für Behindertenfragen herausgegeben worden war, und er las mir daraus vor.

Die Kommission legte darin den Grad der Behinderung fest und stellte danach den Behindertenausweis aus. Dieser berechtigt den Inhaber, sich in den in der Broschüre genannten Moskauer Fabriken um

Arbeit zu bewerben. Laut Vorschrift müssen zwei Prozent der Stellen in diesen Fabriken an Behinderte vergeben werden, doch in der Praxis sieht das oft ganz anders aus, wie Slawa kommentierte. In der Broschüre waren Arbeitsplätze zum Beispiel mit folgenden Tätigkeiten aufgezählt: Stricken, Nähen, Sticken, Blumenarrangements stecken, Modeschmuck basteln oder auch Spielzeug und Elektrogeräte zusammenbauen. Ein Behinderter erster Klasse wie Slawa braucht in der Sowjetunion nur sechsunddreißig statt vierzig Stunden zu arbeiten, bekommt vierundzwanzig Tage Urlaub im Jahr und hat zusätzlich Anspruch auf zwei Monate unbezahlten Urlaub. Außerdem stehen ihm ein kostenloser jährlicher Sanatoriumsaufenthalt zu, während andere Arbeitnehmer mindestens dreißig Prozent der Kosten tragen müssen, und Lebensmittelpakete mit Mangelwaren. Das Produktionssoll der Behinderten liegt zwanzig Prozent unter dem Soll der anderen Arbeiter. Über eine Bestimmung machte sich Slawa allerdings lustig, nämlich über das Recht auf kostenlose Benutzung der öffentlichen Verkehrsmittel. Er konnte kaum laufen und sich auf den Beinen halten. Wie sollte er da vom Bordstein in den Bus klettern oder auf der schnellen Rolltreppe der Metro sein Gleichgewicht halten?

Die Bestimmungen sahen auf dem Papier gut aus, nur Richtlinien für die Bezahlung fanden sich an keiner Stelle. Als ich danach fragte, sagte Wanna, ihr sei es zu peinlich, darüber zu reden. Aber der freimütige Slawa hatte keine Hemmungen. Ein behinderter Freund von ihm, der in Heimarbeit Etiketten für Kleidungsstücke stempelt, erhielt zum Beispiel für zehntausend Stück achtzehn Rubel, und nach Slawas Berechnung konnte er höchstens viertausend am Tag schaffen.

„Dieser Lohn ist reine Ausbeutung", meinte ich.

„Was soll man machen?" fragte Slawa achselzuckend.

Um über das Existenzminimum hinauszukommen, bemühen sich viele Behinderte um ein zweites Einkommen. Manche machen Schwarzmarktgeschäfte, was illegal und riskant, aber lukrativ ist. Sie verkaufen zum Beispiel Autoersatzteile. Man darf dabei nicht vergessen, daß das Leben für Behinderte besonders teuer ist. Reifen für einen Rollstuhl kosten fünfundfünfzig Rubel pro Stück und müssen jedes Jahr erneuert werden. Das spezielle Invalidenauto – laut Slawa „ein Schandfleck auf den Straßen" – kostet zweitausendsiebenhundert Rubel, eine

Riesensumme für jemanden, der auf die Rente von knapp fünfzig Rubel im Monat angewiesen ist. Und dazu gehören viele der Behinderten, wie ich erfuhr, weil sie entweder gar nicht arbeiten können oder nur Beschäftigungen finden, bei denen sie noch weniger verdienen. Das ist die Kehrseite der Medaille dieser Broschüre, deren Richtlinien sich so human lesen. „Aber wenn man Glück hat, helfen die Verwandten", tröstete mich Slawa. Doch wenn ich an die Zukunft meiner Krankenhauskinder dachte und mir vorstellte, daß sie auch ein Leben lang auf die Hilfe von Verwandten angewiesen sein könnten, war es eben doch nicht Trost genug.

Andererseits hatte es Slawa, der wirklich schlimm dran war, ja auch geschafft. Seine Frau war Assistentin in einem Chemielabor, bis sie chronischen Husten bekam und er darauf bestand, daß sie dort aufhörte. Slawa konnte seine Familie jetzt auch allein ernähren, was selbst für Familien, in denen beide Eheleute gesund sind, ungewöhnlich ist. Wanna sollte machen können, wozu sie Lust hatte. Und das war neben ihren Hobbys Nähen und Stricken vor allem ihre ehrenamtliche Arbeit mit Behinderten aller Altersstufen. Sie organisierte Kulturprogramme und Ausflüge, erledigte Schreibarbeiten für die Behinderten und füllte die zahllosen Formulare aus, die sie brauchten, um an die gesetzlich bewilligten Vergünstigungen heranzukommen. „Um jedes bißchen muß man kämpfen", erklärte Wanna, „um ein Telefon zum Beispiel, das für Behinderte in Notfällen so wichtig ist." Wanna besuchte auch regelmäßig eine gelähmte Frau, die ans Bett gefesselt war und niemanden hatte, der sie wusch und für sie sorgte. Als sie meine entrüstete Miene bemerkte, sagte sie, Sozialarbeit sei bei ihrem Volk nicht üblich.

„Das ist eine gute Sache, die ihr von uns lernen könnt", murmelte ich und dachte an einen Artikel in der *Moscow News*, in dem junge Leute, die alten Menschen halfen, ausdrücklich gelobt wurden. Für mich war das selbstverständlich.

Erst im Juli 1988 wurde ein staatlich geförderter Behindertenverein gegründet, sogar mit Büro und Telefon. Zweck des Vereins ist es, Behinderte in die Gesellschaft zu integrieren. Sie werden auf ihre Rechte aufmerksam gemacht und haben Gelegenheit, andere Menschen mit ähnlichen Problemen kennenzulernen, ein erster Schritt, um aus der Isolation herauszukommen.

Vor dem Nachtisch wollte Slawa rauchen und fragte Wanna mit einem übermütigen Glitzern in den Augen, ob er in die Küche oder auf den Flur müsse. Sie warf ihm einen bösen Blick zu. Sein Raucherhusten machte ihr Sorgen, aber nach fünfunddreißig Jahren konnte er mit dem Rauchen beim besten Willen nicht aufhören. Wanna war sehr gesundheitsbewußt und trug ein Kupferarmband wie viele meiner Freunde. Jeder nannte einen anderen Grund. Es sollte gegen Kopfschmerzen, hohen Blutdruck und Rheumatismus helfen. Wanna fühlte sich einfach besser, wenn sie es trug.

Ich half ihr bcim Tischabräumen und bekam dadurch Gelegenheit, die große, gemütliche Küche zu besichtigen, in der überall Pflanzen herumstanden. Das war der Raum, in dem die Familie normalerweise aß und ihre Freizeit verbrachte.

Zum Tee probierte ich eine eigenartige Marmelade aus kleinen gelben Beeren, die in der Moskauer Umgebung wachsen. Sie schmeckte scheußlich, aber der ölige Saft der Beeren soll Infektionen vorbeugen. Während Slawa ein Band abspielte, auf dem der Mönchschor von Sagorsk zu den Osterfeierlichkeiten sang, bat er Uljana, das Handbuch internationaler Flugzeuge von 1938 zu bringen. Er blätterte es durch, zeigte mir die verschiedenen Modelle und gestand, sein geheimer Wunsch sei immer gewesen, Pilot zu werden.

Obwohl es schon spät war und ich zum Flughafen mußte, wollte Uljana mir unbedingt noch etwas auf dem Klavier vorspielen. Inzwischen packte mir Wanna eine Dose roten Kaviar, eine Flasche Wodka, Pralinen und den Rest des Vogelmilchkuchens in die Reisetasche. Auf unserer rasenden Fahrt zum Flughafen mußte ich Slawa versprechen, ihm den Zeitpunkt meiner Rückkehr mitzuteilen, damit er mich abholen könne.

Olgas Team

HASTIG streifte ich einen der weißen Kittel, die im Flur hingen, über. Als Therese sah, daß er schmutzig war, schimpfte sie und bestand darauf, daß ich einen frisch gestärkten anzog, bevor ich zu den Kindern ging. Einige der Patienten trugen neue Jeans oder Jogginganzüge,

die aus einem Moskauer Kaufhaus stammten, das eigens eine Textil-
abteilung nur für armenische Erdbebenopfer eingerichtet hatte. Der
Flur war zum Spielplatz für alle Kinder geworden, selbst für diejenigen,
die noch nicht aufstehen durften. Sie wurden in ihren Betten hinaus-
geschoben und konnten so mit den anderen spielen und fernsehen.
Heute übten sie alle für ihren späteren Beruf als Doktor oder Krankenschwester, und einer ihrer Lieblingsärzte, Sergei Nikolajewitsch, stand
dabei und gab ihnen Anweisungen.

Der siebenjährige Robert hatte einen viel zu großen weißen Kittel
angezogen, den er über den Boden hinter sich herschleifen ließ. Die
weiße Kappe verbarg seine fröhlichen blauen Augen, aber sein breites
Lachen zeigte die fehlenden Vorderzähne. Andere Kinder saßen auf
einem Rollbett, das in einem Zickzackkurs über den Korridor gesteuert
wurde. Zwei Kinder lieferten sich mit Krücken ein Duell. Einem Jungen
waren die Hände mit einem Mullverband auf den Rücken gefesselt, und
er wurde über den Gang abgeführt. Der vierzehnjährige Armen war
dabei, jedem, der die Geduld aufbrachte, den Blutdruck zu messen.
Julia half den Schwestern, für das Spritzen Gaze in dreieckige Stücke zu
falten. Leona gab ihrer Puppe eine Spritze mit einer gebrauchten Ein-
wegspritze, ein sehr geschätztes Geschenk aus dem Ausland.

Das erinnerte mich an einen Artikel in einer sowjetischen Zeitung
über den Tod von siebenundzwanzig Säuglingen, die in einem Krankenhaus mit AIDS infiziert worden waren, höchstwahrscheinlich durch
eine nichtsterilisierte Spritze. Die Journalistin war empört, daß dies in
einem Land passierte, das zwar Raumschiffe ins Weltall schicken
konnte, aber nicht in der Lage war, Einwegspritzen herzustellen. Im
selben Krankenhaus waren im letzten Jahr hundertdreiundzwanzig Kinder an Hepatitis und Salmonelleninfektionen gestorben. Der Bericht
enthielt erschreckende Statistiken, nach denen die Sowjetunion im
Schutz gegen Hepatitis weltweit nur den fünfunddreißigsten Rang ein-
nimmt.

Da ich von sowjetischen Freundinnen Horrorgeschichten über die
Zustände auf Entbindungsstationen gehört hatte, überraschte es mich
nicht zu lesen, daß die Säuglingssterblichkeit in der Sowjetunion
sehr hoch ist. Ich konnte nun auch verstehen, warum meine Freunde
ihre Kinder immer viel zu warm anzogen. Sie hatten Angst, sie könnten

krank werden und sich im Krankenhaus der Gefahr einer tödlichen
Infektion aussetzen. In Zeitungsartikeln wurde auch die Rückständig-
keit der medizinischen Ausrüstung in den Krankenhäusern kritisiert.
Als ich einmal sah, daß der Gipsverband eines Kindes mit zwei Lese-
lampen getrocknet wurde, starrte ich ungläubig auf dieses Bild. Und
das passierte in einem modernst ausgerüsteten Krankenhaus, in dem
einige prominente Ärzte des Landes arbeiteten.

Ein anderer Schandfleck der Krankenhäuser ist der Mangel an hygie-
nischer Grundausstattung. Es fehlt an Bettwäsche, Watte, Toilettenpapier, Bettpfannen usw. Eine Freundin erzählte mir, daß sie ihrem
Sohn Bettwäsche ins Krankenhaus brachte, weil er nach einer Operation auf einer Wachstuchunterlage liegen mußte. Vor ein paar Monaten
hatte der Chefchirurg Dr. Kusin in einer Apotheke auf eigene Kosten
Mullbinden gekauft, weil der Vorrat in unserem Krankenhaus ausgegangen war. Aber wer trug die Verantwortung für diese Mißwirtschaft?
Bis vor kurzem entschied das Gesundheitsministerium über Menge und
Art der medizinischen und hygienischen Versorgung in den Krankenhäusern und auch über die Anzahl der Ärzte auf den jeweiligen Stationen. Nach dem neuen System sind die Krankenhäuser selbst für ihre
Finanzplanung zuständig, und so entscheiden endlich die Ärzte und
nicht die Beamten.

In meinem Krankenhaus, wie in den meisten anderen Krankenhäusern, gab es zuwenig Putzfrauen, und so übernahmen die Verwandten
diese Arbeiten. Sie leerten die Mülleimer, wischten die Böden, wechselten die Bettwäsche. Einmal im Jahr, am letzten Sonnabend im April,
gibt es in den Krankenhäusern ein Großreinemachen. Diese Aktion
heißt *Subbotnik* und findet zu Ehren von Lenins Geburtstag statt. An
diesem Tag stellen Studenten und alle Berufstätigen dem Land ihre
Arbeitskraft kostenlos zur Verfügung. Im Krankenhaus putzten die
Schwestern die Fenster, und das Massageteam räumte den Hof auf und
sammelte den Müll ein, der seit Monaten dort herumlag.

Normalerweise war das Massageteam in einem Raum am Ende des
Flurs zu finden, aus dem laute russische Popmusik dröhnte. Hier machten die Kinder ihre tägliche Krankengymnastik. Das Massageteam hatte
es verstanden, dem tristen Raum eine heitere Atmosphäre zu geben.
Die Musikfans des Teams brachten Platten und Kassetten mit, um die

Kinder während der Therapie zu entspannen. Der Masseur Andrei hatte seine Fechtmaske und den Säbel an die Wand gehängt und sein Kollege Sergei eine tropische Ecke mit Pflanzen und einem Aquarium eingerichtet.

Als ich eintrat, massierte Andrei gerade Hamlets verstümmeltes Bein. Die Mutter des Siebenjährigen war erst nach mehreren Wochen von den beiden Rotkreuzfreiwilligen Vahe und Michael ausfindig gemacht worden. In der langen Zeit des Alleinseins war der Junge so verstört gewesen, daß er einen Strick haben wollte, um sich aufzuhängen. Andrei war der einzige, der Zugang zu ihm hatte, obwohl er kein Armenisch sprach und Hamlet kein Russisch. „Alle Kinder, egal, welcher Nationalität und Sprache, spielen gern, auch wenn es ihnen schlecht geht", erklärte Andrei. „Und Therapie kann auch ein Spiel sein."

Andrei ist ein dreiundzwanzigjähriger Medizinstudent, der noch fünfeinhalb Jahre Ausbildung vor sich hat. Danach möchte er weiter in diesem Krankenhaus arbeiten, denn „neue Ideen und Fortschritt gedeihen, wo junge Leute arbeiten", sagte er. Er überraschte mich mit einer Statistik, wonach das Durchschnittsalter der Schwestern und Ärzte unter Dreißig liegt.

In der durch einen Vorhang abgetrennten Kabine nebenan behandelte der Masseur Dima Oscups Arm mit Akupressur. Während er seine Daumen auf die verletzten Stellen drückte, schlug Oscup nach ihm mit einem Gegenstand, der aussah wie ein Fleischklopfer. Zum erstenmal sah ich Oscups Narbe, die von der Schulter bis zur Hand reichte. Meistens waren die Verletzungen der Kinder unter Decken, Verbänden und Kleidern verborgen. Und immer, wenn ich das Ausmaß der Verletzungen an ihren kleinen Körpern sah, zog sich mir das Herz zusammen.

Oscup schrie, teils aus Schmerz, teils, um die Aufmerksamkeit auf sich zu lenken. „Ich werde sofort sterben, wenn du weitermachst", stöhnte er.

„Gut, wenn du stirbst, spürst du keinen Schmerz mehr", erwiderte Dima ungerührt. Er fragte Oscup nach dem armenischen Wort für Hammer, und als er nicht gleich antwortete, sagte Dima, er habe wohl seine eigene Sprache vergessen. Dima hatte von den Kindern viele armenische Ausdrücke gelernt und wurde, wie die anderen Männer und Frauen des Massageteams auch, allmählich zweisprachig.

In der dritten Kabine saß Julia. Der achtundzwanzigjährige Sergei steckte Nadeln in ihren Arm, um die Nerven in ihrer gefühllos herabhängenden Hand zu aktivieren. Schon im Alter von drei Jahren, als sein Großvater von einem langen Chinaaufenthalt zurückgekehrt war, hatte Sergei angefangen, Akupunktur von ihm zu lernen. Mit dreizehn behandelte er seinen ersten Patienten.

Während die meisten Kinder zur täglichen Massage und Krankengymnastik gehen oder humpeln konnten oder im Rollstuhl gefahren wurden, wartete Edgar, der Sohn von Hambar und Therese, der spastisch gelähmt ist, in seinem Zimmer im Bett auf die Behandlung. Edgar war Anfang Februar im Schockzustand nach Moskau gekommen und hatte in den letzten Monaten langsam wieder angefangen zu sprechen und auf seine Umwelt zu reagieren. Er rief sogar, wenn er meine Stimme im Flur hörte, und lachte, wenn ich dann erschien. Er konnte jetzt auch schon die Spielzeugautos, die ich ihm mitbrachte, festhalten und untersuchte sie genau. In den ganzen zehn Jahren seines Lebens, die er im Bett verbracht hatte, war er noch nie therapeutisch behandelt worden. Diese ersten deutlichen Fortschritte sind das Verdienst des Massageteams, das von Olga, der engagierten jungen Ärztin, geleitet wird. Sie ist bei allen beliebt, und auch ich mag sie sehr.

Olga ist achtundzwanzig und strahlt eine eigenartige Schönheit aus, die von innen zu kommen scheint. Sie hat eine blasse Haut, große blaue, blitzende Augen, kurzes dunkles Haar, das sie nach hinten gekämmt trägt, und ebenmäßige Züge. Im Krankenhaus kannte sie jeder in hellblauen Hosen und einer weiten blauen Bluse, die ihre gute Figur verbargen. Weil sie im Krankenhaus kilometerlange Strecken über die Flure zurücklegen mußte, trug sie Turnschuhe. Mit ihrem ansteckenden Lachen sagte sie einmal zu mir: „Ich bin die Tochter zweier verfeindeter Nationen."

Olga hat nie in Armenien gelebt, wo ihr Vater geboren ist, oder in Aserbaidschan, dem Herkunftsland ihrer Mutter. Sie wurde in Tiflis in Georgien geboren und wuchs dort auch auf.

Die Ärztin war emotional nicht in den Konflikt zwischen den beiden Republiken, aus denen ihre Eltern stammten, verwickelt. „Für jemanden, der in ständigem Kontakt mit Menschen steht, die um ihr Leben kämpfen, verliert der Konflikt über die Aufteilung von Mein und Dein an Bedeutung", erklärte sie. „Man muß wirkliche Trauer empfunden haben, um die wahren Werte des Lebens erkennen zu können."

Als sie noch ein junges Mädchen war, wurde ihr Vater nach Moskau versetzt und leitet seitdem eine Fabrik für Entwicklung und Fertigung wissenschaftlicher Geräte. Ihre Mutter ist Industriedesignerin. Die Übersiedlung von Tiflis nach Moskau fiel Olga nicht schwer, weil sie anpassungsfähig ist. Sie hatte ihr Leben lang russisch gesprochen, und es gab keine Sprachbarriere.

„Ich bin ein glücklicher Mensch, aber dieses Glück ist mir nicht in den Schoß gefallen", sagte sie. Olga hatte während ihrer Studienzeit geheiratet, und als ihre Tochter zur Welt gekommen war, verließ ihr Mann sie wegen einer anderen Frau. Ihre Mutter konnte ihr wenig helfen, weil ihr jüngerer Bruder krank war und ständiger Betreuung bedurfte. Olga mußte mit ihrem Kind allein zurechtkommen und konnte erst nach einem Jahr ihre Ausbildung am medizinischen Institut fortsetzen. Sie wäre gern Chirurgin geworden, hatte aber nicht die Zeit, den hohen Anforderungen dieser Fachausbildung zu genügen. Widerstrebend entschloß sie sich für den krankengymnastischen Zweig und arbeitet nun als Ärztin in diesem Bereich. Heute ist sie von ihrem Beruf begeistert. „Der Chirurg merzt eine Krankheit aus. Ich führe die Kranken ins Leben zurück."

Seit ein paar Jahren lebt Olga mit ihrem Kind bei ihren Eltern in einer Vierzimmerwohnung. Ihre Arbeit beginnt morgens um neun. Olga fährt ungefähr eine Stunde und muß unterwegs ihre Tochter im Kindergarten abgeben. Am Nachmittag um halb fünf hat sie Feierabend, aber nur selten kommt sie pünktlich aus dem Krankenhaus. Ihr Vorbild ist Albert Schweitzer. Wie er glaubt sie, daß ein Mensch nicht nur für sich selbst, sondern auch für andere leben soll. Und das ist genau das, was sie und ihr Team nach dem Erdbeben taten.

Als sie am Freitagnachmittag, dem 9. Dezember, gemeinsam das Krankenhaus verließen, ahnten sie nicht, daß am nächsten Tag die ersten schwerverletzten Kinder eintreffen würden. Sie erfuhren es am Abend im Fernsehen. Obwohl es ein Wochenende war, kamen Olgas Studenten und Kollegen spontan ins Krankenhaus. Doch konnten sie nicht sofort mit der Arbeit beginnen, weil den Kindern zunächst Erste Hilfe geleistet werden mußte. Nach ein paar Tagen begann ihre schwere

Aufgabe. Drei Wochen lang verbrachte Olgas Team fast Tag und Nacht im Krankenhaus. Alle Kinder mußten täglich fünf- bis sechsmal eine halbe Stunde lang massiert werden. Sie litten am sogenannten Quetschsyndrom, weil ihre Körper viele Stunden lang unter Zementblöcken eingeklemmt gewesen waren. Dadurch wird der Blutkreislauf verlangsamt, und das Gewebe stirbt ab. Die Nieren können die Giftstoffe, die sich ansammeln, nicht mehr ausscheiden, und es besteht Lebensgefahr. Das Blut muß mittels Dialyse gereinigt werden, damit sich die Gefäße wieder öffnen. Das Team mußte Lungenentzündungen und andere Komplikationen bekämpfen. Olga bedauerte, daß es im Krankenhaus keine Spezialbetten mit luftgefüllten Kissen gab. Sie hätten die Schmerzen der Kinder erheblich lindern können. Durch Massage, Atemgymnastik, um Streß abzubauen, Akupressur und Akupunktur wurden die Glieder der Kinder allmählich wieder beweglich. Am Anfang schrien sie bei den Behandlungen vor Schmerz, doch später bettelten sie um Massagen. Sie baten sogar ihre Verwandten, sie zu massieren.

Als Olga die Kinder zum erstenmal sah, mußte sie sich zusammennehmen, um nicht zu weinen. „Mitleid zeigt man am besten durch Handeln", sagte sie zu mir. „Kinder sind psychisch stabiler als Erwachsene und denken nicht an den Tod. Sie möchten gesund werden, und das ist die Grundlage für ihre Heilung."

Bei diesen Worten mußte ich an Ani Edigaran denken, die die Ärzte gebeten hatte, die nächste Operation so schnell wie möglich in Angriff zu nehmen, damit sie bald wieder gehen könne. Wenn andere Kinder Olga fragten, ob sie wieder würden laufen können, antwortete sie immer: „Wenn du gesund werden willst, mußt du selbst mithelfen."

Das Massageteam bestand aus zwölf Leuten zwischen zwanzig und zweiunddreißig Jahren. Alle hatten drei Jahre lang studiert und ein sechsmonatiges Praktikum absolviert, bevor sie selbständig arbeiten durften. Bei einem Anfangsgehalt von hundertzehn Rubel und einer Gehaltserhöhung von ganzen fünf Rubel alle fünf Jahre bleiben nur die Engagiertesten in diesem schlechtbezahlten Beruf. In einer Kooperative könnten sie als Privatmasseure wesentlich besser verdienen, aber Olgas Team lehnte das ab. Ihre Befriedigung, wirklich Kranken zu helfen, war ihnen mehr wert, als an den Reichen und ihren Wehwehchen zu verdienen. Sergei, der Akupunkteur, hatte seinen Beruf gewählt, weil er helfen wollte. Dima sagte: „In diesem Beruf kann ich meinem Leben einen Sinn geben." Und Olga erklärte: „Diese Arbeit ist gut für die Seele." Sie verdiente zweihundertvierzig Rubel, weil sie als Ärztin und Ausbilderin zwei Gehälter bezog. Das Team arbeitete eng zusammen, und alle waren untereinander befreundet. Wer in diese Familie aufgenommen werden wollte, mußte mindestens drei Monate auf Probe arbeiten. Die Entscheidung für die Aufnahme in das Team trafen alle gemeinsam, wobei auch die menschlichen Qualitäten mit ausschlaggebend waren.

Aber auch die Zusammenarbeit zwischen den Ärzten und dem Massageteam in diesem Kinderkrankenhaus, in dem die schwersten Fälle des Landes behandelt wurden, war vorbildlich. Selbst dann, wenn eine Operation unvermeidbar schien, hatte das hochqualifizierte Massageteam die Chance, mit seiner risikoloseren Behandlungsmethode den Versuch zu unternehmen, Gliedmaßen oder gar Leben zu retten. Ich werde nie vergessen, wie ich einmal Zeuge eines solchen Erfolges war. Julia, deren Hand monatelang leblos herunterhing und eigentlich hätte amputiert werden müssen, hatte Olga nach der erfolgreichen Behandlung ein Geschenk gemacht. Es war ein Bild, mit der Hand gemalt, die Olga und ihr Team wieder geheilt hatten.

Doktor Kusin

VOR Jahren widmete eine Mutter ihm ein Gedicht, und eine andere gab ihrem Kind seinen Namen. Die Kinder nannten ihn *Djadja* – Onkel. Ihre Bewunderung galt Alexander Kusin, dem Chefchirurgen der Unfallstation des Moskauer Kinderkrankenhauses.

Kaum erwähnt man hier seinen Namen, so suchen alle Verwandten nach lobenden Worten, die, verglichen mit der Dankbarkeit in ihren Blicken, banal erscheinen. Sie erinnern sich daran, wie sie oft beim Aufwachen sahen, daß er einem Kind, dessen Zustand sich verschlechtert hatte, die ganze Nacht über nicht von der Seite gewichen war. Um Anis Bein zu retten, hatte er mitten in der Nacht vier Stunden lang operiert.

Doch für Sascha, wie Dr. Kusin von vielen genannt wurde, waren nach dem Erdbeben die chirurgischen Probleme nicht annähernd so ernst wie die psychologischen. Die meisten Kinder standen bei der Ankunft im Krankenhaus unter Schock und hatten vielerlei Verletzungen. Sie waren in der ersten Zeit ohne Eltern oder Verwandte, und manche sprachen kaum ein Wort Russisch. Als die Verwandten aus Armenien nach und nach ankamen, wollten sie natürlich sofort zu ihren Kindern, aber Verwandte hatten keinen Zutritt zur Intensivstation. Dr. Kusin war für die Aufrechterhaltung von Ordnung und Hygienevorschriften verantwortlich. Aber er konnte kein Armenisch, und die Verwandten konnten in der Mehrzahl kein Russisch. Zum Glück gab es im Krankenhaus armenische Praktikanten, die in Moskau wohnten und die ihm helfen konnten, die besonderen Probleme der Armenier zu verstehen. Aber sie waren nicht immer zur Stelle, um die Verständnisbarrieren zu überwinden.

Einmal, als ich in Dr. Kusins Büro saß, kamen die Großeltern eines der Kinder herein. Sie waren gerade aus Jerewan eingetroffen und fragten, ob sie ihren schwerverletzten Enkel besuchen dürften. Dr. Kusin lehnte ab und erklärte, es liege in seiner Verantwortung, die Kinder vor jeder möglichen Infektion zu schützen. Die Zahl der Besucher müsse auf die bereits im Krankenhaus wohnenden Verwandten beschränkt bleiben. Die Großeltern fingen an zu weinen und ihn anzuflehen. „Aber begreifen Sie doch, welche Folgen eine Infektion haben könnte", erwiderte er.

Später sah ich die beiden Alten neben ihrem Enkelkind sitzen. Der sanfte Dr. Kusin hatte also aufgegeben und ihnen die erforderliche schriftliche Erlaubnis erteilt.

Ein andermal wollte ein Vater, der Herzbeschwerden hatte, im Krankenhaus ein Medikament kaufen, das er nirgends bekam und für das er auf dem Schwarzmarkt in Leninakan fünfzig Rubel bezahlt hätte, obwohl es offiziell nur zwei Rubel fünfzig kostete. Aber Dr. Kusin konnte ihm das Medikament aus den streng kontrollierten Beständen des Krankenhauses nicht geben. Und so kaufte er in einer Apotheke das rezeptpflichtige Medikament von seinem Geld und schenkte es dem Mann.

Mit zwei Jahren kam Sascha Kusin zum erstenmal mit der Medizin in

Berührung, als er einen schweren Unfall hatte und viele Monate im Krankenhaus liegen mußte. Während der jahrelangen Rekonvaleszenz beschloß er, Arzt zu werden. Sein Vater hatte im Zweiten Weltkrieg eine schwere Kopfverletzung davongetragen und war seitdem arbeitsunfähig. Seine Mutter war Kassiererin, und während sie arbeitete, sorgte seine Großmutter für ihn.

Das Kinderkrankenhaus in Moskau war vor vier Jahren eingeweiht worden. Seit der Zeit ist Dr. Kusin Chefarzt der Unfallstation. Der stellvertretende Chefchirurg, Dr. Eugen Warlomow, hatte ihn, wie auch die anderen jungen engagierten Ärzte hier, in das neueröffnete Krankenhaus geholt. Die beiden Männer hatten zusammen studiert, und Dr. Warlomow wußte, daß Sascha Kusin ein herausragender Student gewesen war.

Dr. Kusin durfte sich sein Team nach eigenen Maßstäben zusammenstellen. Seine Leute waren alle unter Dreißig. „Fehlendes Wissen können sie bei mir lernen. Menschlichkeit müssen sie mitbringen", lautete seine Devise. Er hielt sich auch nicht für unersetzbar. „Meine Mitarbeiter müssen in der Lage sein, jederzeit auch ohne mich schwierige Entscheidungen zu treffen."

Das war nicht überall so. Einmal war Sascha Kusin empört von einem Besuch in einem Krankenhaus in einer anderen Republik zurückgekommen. Dort fanden in Abwesenheit der fast sechzigjährigen Chefchirurgin keine Operationen statt.

Das gute Klima, das Dr. Kusin verbreitete, strahlte auch auf die Schwestern aus. Als ich die schüchterne, einundzwanzigjährige Sweta fragte, warum sie ausgerechnet in diesem Krankenhaus arbeite, sagte sie überraschend lebhaft: „Wegen meiner wunderbaren Arbeitsgruppe und der Oberschwester Nadeschda, die uns allen hilft." Ich war daran gewöhnt, in meinem russischen Freundeskreis ständig Klagen über das schlechte Arbeitsklima in ihren Kollektiven zu hören, und fragte mich, ob dies hier der einzige konfliktfreie Ort in der ganzen Sowjetunion sei.

Doch Dr. Kusin ging es nicht um Harmonie um jeden Preis, wie ich im Lauf der Zeit feststellte. Er konnte unerbittlich sein, wenn einem seiner Mitarbeiter aus Nachlässigkeit oder Gleichgültigkeit schwerwiegende Fehler unterliefen. So hatte zum Beispiel eine Schwester auf der Intensivstation einen Frischoperierten allein gelassen. Die Folge war, daß er sich die Schläuche abriß und zwei Stunden später noch mal operiert werden mußte. Dr. Kusin drohte der Schwester, sie zu entlassen und rechtliche Schritte einzuleiten.

Es fiel mir schwer zu glauben, daß der große blonde und jungenhafte Sascha schon achtunddreißig war und drei Kinder zwischen fünfzehn Jahren und fünfzehn Monaten hatte. Selbst der Schnurrbart ließ sein junges Gesicht nicht älter erscheinen. Eines Abends lud er mich nach Hause zum Essen ein, und das zwang ihn, ein paar Stunden früher als üblich heimzugehen. Wir verließen um halb sechs gemeinsam das Krankenhaus.

Die Fahrt in seinem Auto dauerte eine halbe Stunde. Wenn man ein eigenes Auto hatte, verringerte sich die Fahrzeit mindestens um zwei Stunden pro Tag. „Aber das hat auch einen Nachteil", erklärte er mir. „Im Bus und in der Metro hat man Zeit, sich zu entspannen und zu lesen." Und das vermißte er jetzt, denn sein Arbeitstag, der um halb acht anfing und oft erst gegen zehn Uhr abends endete, war so anstrengend, daß er, wenn er nach Hause kam, nur noch fernsehen konnte.

Die Straßen waren überfüllt und verstopft. In den letzten Jahren hatte die Zahl der Autos stark zugenommen, und die Straßen waren schlechter geworden.

Nachdem wir in einer Markthalle Radieschen und Gemüse gekauft hatten, sagte Sascha in Anspielung auf seine Frau Tanja, damit habe er die Anordnungen des Kommandeurs erfüllt, und salutierte mit einem lausbübischen Grinsen. Und fröhlich erzählte er von seiner Zeit als armer Student, als er und seine Kommilitonen mittags zum Markt gingen, um dort umsonst zu essen. Ein guter Kunde kauft nie, ohne zu kosten, und sie kosteten nur.

Dr. Kusin bog schließlich in eine holprige Seitenstraße ein, die in einem Hof endete, einem langgestreckten betonierten Rechteck, in das sich ein paar Bäume verirrt hatten. Wir waren da, und Dr. Kusin meinte, als wir vor seiner Haustür ausstiegen: „Willkommen im italienischen Viertel. Hier wohnen alle schon seit tausend Jahren." Der Lärm aus Kindergeschrei und Palaver war nicht zu überhören. Eltern und Großeltern saßen auf Bänken und redeten laut durcheinander, während unzählige Kinder auf einem Spielplatz herumtobten, der zu einem Kindergarten in der Nähe gehörte.

Die Stille im Treppenhaus war ein merkwürdiger Kontrast. Wie in allen Treppenhäusern Moskaus, die ich kenne, blätterte auch hier die Farbe von den Wänden, und ein feuchter, muffiger Geruch hing in der Luft.

Die Kusins wohnten im dritten Stock. Kaum hatte Dr. Kusin geklingelt, öffnete auch schon seine Frau Tanja, als habe sie die ganze Zeit hinter der Tür auf uns gewartet. Sie begrüßte uns mit einem Wortschwall, der so schnell kam, daß ich kein Wort verstehen konnte. Dr. Kusin warf seine Sachen auf einen Tisch, nahm die kleine blonde Lena auf den Arm und küßte ihr Gesicht ab. Dieses dralle Puppenkind hätte ein perfektes Modell für Kindernahrungsreklame abgegeben.

Der älteste Sohn Sergei begrüßte mich auf englisch, das er in seiner Schule bereits seit der zweiten Klasse lernte, wie er mir sofort erklärte. Üblicherweise beginnt der Fremdsprachenunterricht erst in der fünften Klasse. Seine Mutter wollte, daß er später Sprachen studiere, weil sie ihm so leichtfielen. Er aber wollte Arzt werden wie sein Vater, und Sascha sagte nicht ohne Stolz: „Er wird die Dynastie fortführen." Sergei sah aus wie ein perfekter Gentleman und verhielt sich auch so, ganz im Gegensatz zu Aljoscha, der im Alter zwischen Sergei und der kleinen Lena war. Er sah hinreißend aus, war lebhaft und ungezügelt, ein richtiger Lausbub, was Sascha bestätigte. „Alles, was er anfaßt, geht in die Brüche", meinte er gutmütig.

Ich folgte Tanja in die Küche, wo sie letzte Hand an das Essen legte. Eine junge rothaarige Frau, die nicht aufblickte, hantierte dort ebenfalls herum, und Tanja stellte sie als ihre „Nachbarin" vor. Erst später begriff ich, daß die Kusins ihre Wohnung mit dieser Frau, ihrem Mann und einer Tochter teilten. Tanja erklärte mir, ihre Nachbarin sei so verstört, weil sie gerade vom Wohnungsamt ihres Bezirks zurückgekommen war, wo man ihr mitgeteilt habe, daß sie noch zwei weitere Jahre warten müsse, bevor ihre Familie Anspruch auf mehr Wohnraum habe. Tanja hatte auch einen Termin beim Wohnungsamt vor sich und fürchtete, die gleiche Nachricht zu bekommen. Aber Sascha war bei der ganzen Misere noch froh, die Wohnung wenigstens mit „normalen" Menschen zu teilen. Sie hätten ja auch gezwungen sein können, mit einem Alkoholiker oder einem zerstrittenen Ehepaar zusammenzuleben.

Beide Familien benutzten die vollgestopfte Küche gemeinsam, in der es fast alles doppelt gab: zwei kleine Tische, zwei Wäscheleinen mit trocknender Wäsche, zahllose Krüge, Flaschen, Töpfe und Pfannen. Aber nur ein Kühlschrank paßte in die Küche, so daß der von den Kusins auf dem Flur stand.

Der Wohnblock war vor mehr als fünfunddreißig Jahren erbaut worden, und es gab immer noch nur kaltes Wasser in der Küche. Das Nebenhaus war vor fünf Jahren gründlich renoviert und auch mit Warmwasser versorgt worden. Als ihr Haus an die Reihe kommen sollte, war das staatliche Geld ausgegangen, und so warteten sie immer noch auf die Sanierung.

Als ich Tanja bei ihren Vorbereitungen helfen wollte, lehnte sie mit den Worten „Gäste sollten sich wie Gäste benehmen" strikt ab und scheuchte mich aus der Küche. In der Diele stand die Tür zur Toilette offen. Das Örtchen war winzig, an den Wänden baumelten Stühle, Eimer, Körbe, Besen und Schlitten, in einer Ecke standen Skier.

Das Badezimmer daneben war genauso voll, und die Wäsche der beiden Familien weichte in verschiedenen Eimern ein. Im Gegensatz zu vielen anderen Wohnungen in Moskau gab es allerdings einen Boiler über der Badewanne, der den Bewohnern das ganze Jahr hindurch warmes Wasser sicherte. Das war ein Komfort, den ich in meiner kleinen Einzimmerwohnung am exklusiven Kutusowski Prospekt nicht hatte, wo ich wie viele Moskauer in jedem Sommer drei bis vier Wochen auf heißes Wasser verzichten mußte, da in dieser Zeit die Leitungen gereinigt werden.

Ich steuerte durch die enge Diele, vorbei an dem zwölf Quadratmeter großen Wohnraum, in dem die Nachbarn seit sechs Jahren wohnten, ins Zimmer der Kusins. Ich wußte von Sascha Kusin, daß sie seit fünfzehn Jahren in diesem achtzehn Quadratmeter großen Raum wohnten, und doch war ich wie vom Donner gerührt. Ich glaubte, ersticken zu müssen. Wie konnten fünf Menschen hier überhaupt atmen? Ich versuchte meine Fassung zu bewahren, indem ich mich auf die geschickte Raumaufteilung konzentrierte, die die Kusins ausgeklügelt hatten, um das Lebensnotwendigste unterzubringen.

Die beiden Jungen schliefen in einer dunklen Ecke in einem Etagenbett, das Dr. Kusin selbst gebaut hatte. Die Bettkonstruktion war von Bücherregalen und einem Schrank umgeben, so daß man den Eindruck von einem Zimmer im Zimmer hatte. Eine Karte der Sowjetunion schmückte das Stückchen freie Wand. Es gab sogar noch Platz für einen Stoffaffen, der an der Deckenlampe schaukelte.

Auf der anderen Seite des Zimmers, wo sich das Leben des Ehepaars abspielte, stand eine verschossene grüne Bettcouch, daneben Lenas Kinderbettchen, das bald zu klein scin würde. Aber ich konnte mir beim besten Willen nicht vorstellen, wo hier noch ein weiteres großes Bett Platz haben sollte. Die Wände, die kein Fenster hatten, waren zugestellt mit Stühlen, einem Schrank, durch dessen Glastür man lauter Kristallkram bewundern konnte, mit Bücherregalen, einem Plattenspieler und Lenas Laufställchen. Als Sascha Kusin einen kleinen Eßtisch hereintrug, konnte man sich in dem Zimmer nur bewegen, wenn man irgend etwas beiseite schob.

Während Sascha den Tisch deckte und Lena in ihrem Laufstall spielte, unterhielten mich die Jungen. Sergei zeigte mir seine sorgfältig geordnete Münzsammlung. Dann brachte er von wer weiß woher ein dickes Münzenlexikon und erklärte mir, welche Länder ihm in seiner Sammlung noch fehlten. Dabei erzählte er mir, er habe im letzten Sommer auf einer Kolchose gearbeitet und zweihundertvierzig Rubel verdient. Er hatte von dem Geld kleine Geschenke für die Familie gekauft und den Rest seinen Eltern gegeben. In diesem Sommer wollte er wieder dort arbeiten.

Das war ungewöhnlich. Die meisten Jugendlichen, die ich kenne, suchen sich privilegierte Ferienjobs, zum Beispiel in Redaktionen. Sie haben keine Lust zu der schweren körperlichen Arbeit auf den Kolchosen.

Tanja unterbrach uns und bat Sergei, sich um Lena zu kümmern, die in ihrem Ställchen quengelte. Nun hatte Aljoscha seinen Auftritt. Er zeigte mir seine Briefmarkensammlung, die er planlos in Umschläge und ein Album gestopft hatte. Im Gegensatz zu seinem Bruder konnte er sich nur schwer konzentrieren und sprang von einem Thema zum anderen. Er war stolz auf seine guten Zensuren, die er gerade in der Musikschule bekommen hatte. Da ich kein Musikinstrument entdecken konnte, fragte ich ihn, was er spiele. „Klavier", antwortete er und erklärte, er übe in der Wohnung eines Freundes im selben Haus.

Tanja, die gerade mit Salatschüsseln hereinkam, sagte, auch Sascha sei ein ausgezeichneter Sänger und Gitarrenspieler. „Und hat er dir eigentlich schon seine Holzschnitzereien an der Wand gezeigt?" fragte sie mich. Sascha konnte offenbar alles.

Der Tisch war genauso voll wie das Zimmer, und ich wußte, was auf mich zukommen würde. Es wurde von mir erwartet, daß ich von jedem Gericht eine kräftige Portion nahm. Ich begann mit marinierten Pilzen, die die Familie selbst gesammelt hatte, und ging dann über zu gebratenem Hähnchen, heißem Sandwich, gefüllt mit Gemüse, Käse, Gurken und Salami, Käse-Eier-Salat, geräuchertem Fisch, frischem Gemüse und Brot. Die Wein- und Kognakflaschen rührten wir nicht an. Sascha und ich blieben bei Wodka.

Tanja redete die ganze Zeit wie ein Wasserfall, und die anderen unternahmen keinen Versuch, sie zu unterbrechen. Sie hatte ein sehr hübsches Gesicht, das die schönsten Züge ihrer russischen Mutter und ihres ukrainischen Vaters vereinte. Ihre Haut war wie Samt. Auf Saschas Bitte hin hatte sie aufgehört, ihr kurzes graues Haar blond zu färben.

Ihr einziger Schönheitsfehler war ihr Gewicht. Sie wog mindestens zwanzig Kilo zuviel. „Es ist ein ewiger vergeblicher Kampf", meinte Tanja lächelnd, als wir darauf zu sprechen kamen.

Sergei und Tanja waren die Leseratten der Familie. Tanja interessierte sich für Psychologie und Literatur. Besonders gern las sie Science-fiction-Romane und, wie die ganze Familie, Tierbücher. Tanja fand nur nachts Zeit und Ruhe zum Lesen. Während sie bis zum Morgengrauen in der Küche über ihren Büchern hockte, schlief Sascha auf der Bettcouch in dem einzigen Zimmer.

Die beiden hatten sich in der fünften Klasse kennengelernt. In der neunten Klasse saßen sie in der Schulbank nebeneinander, und mit zwanzig heirateten sie. Die nächsten dreieinhalb Jahre lang lebten sie wie Zigeuner ohne festen Wohnsitz. Zuerst wohnten sie bei Saschas Vater, der aber so krank war, daß sie zu Tanjas Eltern umziehen mußten. In der siebenundzwanzig Quadratmeter großen Wohnung lebten sie zusammen mit den Eltern, zwei jüngeren Geschwistern und einer Großmutter. Das war so eng, daß sie bald in ein Privatzimmer flüchteten, bis ihnen ein Verwandter ein Zimmer von neun Quadratmetern in seiner Gemeinschaftswohnung anbot, in der auch ein aggressiver

Alkoholiker wohnte. Hier kam Sergei zur Welt. Am 1. Mai 1975 zogen sie in die jetzige Wohnung, die ihnen damals riesengroß erschien.

Tanja war anders als die meisten sowjetischen Frauen in meinem Bekanntenkreis. Sie war sehr sparsam und führte genau Buch über ihre Ausgaben. Voller Stolz erzählte sie, daß sie einen Kredit, den sie im Vorjahr für den Kauf ihres Schiguli bei Freunden aufnehmen mußten, schon fast vollständig zurückgezahlt hatten. Dies war nur möglich gewesen, weil Sascha sein Monatseinkommen von zweihundertfünf-undvierzig Rubel durch zusätzliche Arbeit in einer medizinischen Ko-operative aufbesserte. Dieses Zusatzeinkommen lag höher als Saschas Krankenhausgehalt und würde Tanja ermöglichen, nach ihrem Mutter-schaftsurlaub nur noch halbtags in ihrem Beruf als Ingenieurin zu arbei-ten. Doch alles zusammengenommen reichte trotzdem nicht aus, um die sechstausend bis achttausend Rubel Anzahlung für eine Genossen-schaftswohnung aufzubringen. Die Kusins standen erst seit einem Jahr auf der staatlichen Wohnungsvergabeliste. Sie hatten sich erst nach Lenas Geburt eintragen lassen können, weil ihnen weniger als fünf Quadratmeter Wohnraum pro Person zustanden und Sascha in der Wohnung seiner Eltern gemeldet war. Durch dieses in Moskau durch-aus übliche Arrangement wollte er sich den Anspruch auf diese Woh-nung sichern, falls seinen Eltern etwas passieren sollte. Alle Argumente, die Tanja dem Beamten vom Wohnungszuteilungsbüro gegenüber vor-brachte – die Nervosität und Schlafstörungen der Kinder, die verant-wortungsvolle Tätigkeit ihres Mannes im Krankenhaus –, prallten ab.

Der Beamte sah durch Tanja hindurch, als ob sie Luft wäre. Dann entgegnete er: „Zweihundert Familien in diesem Bezirk sind in der gleichen Lage wie Sie. Die 1985 eingetragenen Familien bekommen jetzt ihre Wohnung, und Sie müssen eben noch drei bis vier Jahre warten."

Besuch bei einer Privilegierten

MONATELANG hatte ich auf diesen Besuch gewartet. Ich hatte die armenischen Verwandten aus dem Krankenhaus zu mir nach Hause eingeladen. Meine kleine Einzimmerwohnung liegt im Zentrum

von Moskau am Kutusowski Prospekt. Er ist eine jener Hauptdurch-
gangsstraßen, über die sich die sowjetische Staatsführung auf den Weg
zu ihren Datschen zu machen pflegt. Als ich vor zehn Jahren schon
einmal an dieser Straße gewohnt hatte, war ich stets informiert gewesen, wann Breschnew seinen Arbeitstag anfing und wann er ihn
beendete. Lautsprecher scheuchten die Autos zur Seite, und Polizisten
stoppten an den Kreuzungen den Verkehr. Ein Wagen mit Sicherheits-
beamten fuhr voraus, dicht gefolgt von zwei langen schwarzen Staats-
karossen mit getönten Scheiben, so daß niemand von den Passanten
sehen konnte, in welcher der Generalsekretär saß. Gorbatschow nimmt
dieselbe Route wie seine Vorgänger, nur beginnt sein Tag früher und
hört später auf.

In dieser exklusiven Straße eine Wohnung zu bekommen ist eigentlich noch aussichtsloser als ohnehin schon anderswo in Moskau. Nach
dem Gesetz darf man nur mit einer staatlichen Genehmigung in der
Hauptstadt wohnen, es sei denn, man ist dort geboren. Zugereiste müssen eine Arbeitserlaubnis vorweisen, bevor sie Anspruch auf Wohnraum haben, oder eine teure Scheinehe mit einem gebürtigen Moskauer
eingehen. Ich kam im Herbst 1988 zu meiner Wohnung, die zufällig
frei geworden war, durch die Akkreditierung als Journalistin für eine
deutsche Frauenzeitschrift. Die Wohnung war zwar winzig, aber mir
kam es vor allem auf die zentrale Lage und die Nähe zu meinen sowjetischen Freunden an.

Mein Wohnblock ist nur Ausländern vorbehalten und wird Tag und
Nacht bewacht. Polizisten stehen in einem kleinen grünen Häuschen
vor dem Eingang und beobachten das Kommen und Gehen der Bewohner und ihrer Gäste. Zu den Ausländern sind sie meistens freundlich, zu
ihren Landsleuten weniger. Vor zehn Jahren empfing ich meine russischen Gäste schon auf der Straße, um sie vor Ausweiskontrollen und
penetranten Fragen zur Person zu bewahren. Heute ist die Atmosphäre
entspannter, und die meisten meiner Freunde können kommen und
gehen, ohne angehalten zu werden.

Meine Wohnung liegt in der dritten Etage. Den klapprigen Lift in
dem achtstöckigen Gebäude benutze ich fast nie. Ich habe Angst, in
dem kleinen Drahtkäfig steckenzubleiben. Das Treppenhaus ist in den
verschiedensten Grüntönen gestrichen, je nachdem, welche Farbe
gerade zu bekommen war, wenn ein paar Wände es dringend nötig

hatten. Auch der Fliesenboden ist bunt durcheinandergewürfelt, kurz, alles hier wirkt schäbig, und die Bewohner tragen ihren Teil dazu bei. Kippen, Papier und Essensreste werden einfach fallen gelassen. Auf meinem Treppenabsatz gibt es zum Glück einen Müllschlucker. Ist er einmal verstopft, werfe ich meinen Müll in große Container im Hof, aus denen sich Tauben, streunende Hunde und Katzen verpflegen. Auf dem Fensterbrett neben dem Müllschlucker stellen die Nachbarn ihre leeren Flaschen ab, die von den Russen, die irgendwann das Treppenhaus putzen, mitgenommen und gegen Pfand eingetauscht werden.

Zu Anfang ekelte ich mich vor den zermatschten und herumhuschenden Kakerlaken im Treppenhaus, die mindestens halb so lang sind wie mein Daumen. Aber mit der Zeit habe ich mich an sie gewöhnt, ebenso wie an die Ameisen und Mäuse in meiner Wohnung, die ich nun „meine Nachbarn" nenne. Im Kinderkrankenhaus, wo sie auch Unterkunft suchen, nennt ein Arzt sie scherzend „unsere Haustiere".

Hat man die innen abgepolsterte Wohnungstür geschlossen, steht man in einer kleinen Diele mit einem Bücherregal und einer schmiedeeisernen Garderobe an der Wand, ein Geschenk russischer Freunde, die einiges Aufsehen erregten, als sie vier Mann hoch das monströse Ding den Kutusowski Prospekt entlangschleppten. Gegenstand ständiger Beschwerden war der Spiegel außen an der Badezimmertür. Ich hatte ihn meinen einsachtundsiebzig entsprechend hoch aufgehängt, aber die meisten meiner Freundinnen sind wesentlich kleiner. Ich hatte es satt, ihn jedesmal mit lahmen Armen in der gewünschten Höhe zu halten, und kaufte eine Fußbank.

Mein winziges Badezimmer, in dem man sich gerade so um die eigene Achse drehen kann, ist platzsparend eingerichtet. Ein langer drehbarer Wasserhahn bedient sowohl das Waschbecken als auch die Badewanne.

Probleme hatte ich beim Einzug mit der Einrichtung des einzigen Zimmers. Ein Kinderspiel allerdings für meine russischen Freunde, die reichlich Erfahrung hatten, noch viel kleinere Räume optimal vollzustopfen. Im Nu hatten sie meine modernen Möbel, die zum Glück nicht so schwer sind wie ihr klobiges Mobiliar, schon untergebracht. Mein Bettsofa, zwei Sessel und ein Beistelltischchen hatten sie zur sogenannten Couchecke arrangiert, der Schreibtisch kam vors hohe und

breite Fenster mit Ausblick auf den Parkplatz, daneben der ausziehbare
Eßtisch, auch einfühlsam als zusätzliche Arbeitsfläche gedacht. Den
tragbaren japanischen Fernseher stellten sie praktisch auf eine kleine
Kommode, dem einzigen „Schandfleck" gegenüber, einem häßlichen
Holzschrank mit einem großen Vorteil, seinem Fassungsvermögen. Wie
in ein Faß ohne Boden verschwand darin einfach alles, zum Beispiel
Unmengen von Waschpulver und Reinigungsmitteln, die in Moskau
Mangelware sind und die ich im Möbeltransport von Köln mitverfrach-
tet hatte. Freunde steuerten nach und nach ihre persönliche Note bei.
Sie brachten bemalte Holztafeln, russische Landschaften und Lack-
schalen als Wandschmuck mit. Hauptthema dieses Dekors war Perestroika, so zum Beispiel auf einem bemalten Holzlöffel, einem Poster
und einem Spielautomaten, dessen Figuren heftig die Trommel für
Perestroika rührten.

In diesem Nest fröhlich überladener Gemütlichkeit fühlte ich mich
gegen manche Tücken gefeit, die das Leben in Moskau so mit sich
bringt. Entweder war das Rohr zum Waschbecken verstopft, oder die
Klospülung lief und war nicht abzudrehen. Die Heizungen wurden
nach dem Kalender an- und ausgestellt und nicht nach der Außentemperatur. Im Winter zog es wie Hechtsuppe durch die Fensterritzen, aber
ich wagte nicht, sie einfach zuzukleistern, wie es die Russen tun, weil
ich befürchtete, ohne Lüften ersticken zu müssen. Manchmal fiel der
Strom aus, und so hatte ich überall Kerzen in Reichweite.

Der Tag, an dem mein Besuch kommen sollte, begann ohne besondere Vorkommnisse. Ich hatte im Intershop bereits allerlei Delikatessen
besorgt, die in den Geschäften für Rubel nicht zu haben waren. Oft,
wenn ich russische Freunde bewirtete, erwähnten sie, daß sie eine
besondere Sorte Wurst, Käse oder eine bestimmte Süßigkeit zuletzt in
ihrer Jugend gegessen hätten. Jetzt waren dies Spezialitäten, die ich
kaufen durfte, sie aber nicht.

Ich kannte meine Privilegien als Ausländerin nur zu gut und hatte
meinen Freunden gegenüber immer ein schlechtes Gewissen. Auch
wenn ich sie mit westlichen und Intershop-Geschenken überhäufte,
änderte das nichts an ihrem täglichen Kampf ums Nötigste und an ihrer
demütigenden Ohnmacht im Gestrüpp der Bestimmungen und der Bürokratie. Ich konnte mir zum Beispiel mit meinen Dollars in Extrabüros für

Ausländer innerhalb weniger Minuten eine Flugkarte kaufen, wohin auch immer. Eine russische Freundin, die ein Flugticket für eine Geschäftsreise nach Prag haben wollte, brauchte dafür eine ganze Woche. In Moskau gibt es nur ein einziges Aeroflotbüro, in dem man mit Rubel zahlen konnte. Meine Freundin bekam in der Schlange die Nummer 218. Zweimal täglich, morgens und nachmittags, mußte sie am Schalter antanzen, um zu erfragen, ob sie jetzt dran sei. Als ich sie am fünften Tag ihrer vergeblichen Rennerei traf, war sie einem Nervenzusammenbruch nahe. Schließlich bekam sie ihr Flugticket über Beziehungen.

Ich hatte noch ein paar Besorgungen in der Nähe zu machen. Im Milchgeschäft, dessen Regale ziemlich leer aussahen, gab es weder Milch und Sahne noch Joghurt oder Käse, dafür Eier, Butter und Margarine. Ich stellte mich nach Eiern in die Schlange. Milch gab es zu meiner Überraschung in dem großen Lebensmittelgeschäft gegenüber. Da wie immer die Extraausgänge verschlossen waren, vermutlich um den Kundenandrang auf diese simple Weise zu drosseln, herrschte vor dem Eingang und im Laden ein aggressives Gedränge. Die Vorstellung, in dieser Menschenmenge die übliche Prozedur mitzumachen, einmal Schlangestehen zum Bezahlen, einmal zum Abholen der Ware, schreckte mich von meinem Milchkauf ab. Ich verzichtete. Aber in der Bäckerei im nächsten Block hatte ich Glück. Hier gab es eine verlockende Auswahl an frischem Weiß-, Grau- und Schwarzbrot mit Kardamom, süßes Brot und Diätbrot. Griffbereit lag ein Löffel zum Überprüfen der Frische. Während ich diesmal geduldig in der Schlange wartete, holte sich die Frau vor mir ihre monatliche Zuckerration, und die Frauen um mich herum schimpften. Hätten sie nur einen Gedanken an die Leute in kleineren Städten, wo auch Käse, Butter und Fleisch rationiert sind, verschwendet, wäre ihnen die Meckerei vergangen.

Immer wieder hört man die unterschiedlichsten Begründungen für den Mangel an Lebensmitteln und Gebrauchsgütern. Einen Grund kenne ich aus Erfahrung. Sobald Waren in den Geschäften eingetroffen sind, kaufen die Leute viel mehr, als sie brauchen, aus Angst, die Sachen könnten morgen schon wieder aus den Regalen verschwunden sein. Diese Hamsterei, die ich mir in Moskau auch zu eigen machte, führt zu künstlichen Engpässen.

Mit meiner Einkaufsbeute von Brot und Eiern beeilte ich mich, nach

Oben: Die armenischen Verwandten besuchen die Autorin in ihrer Moskauer Wohnung.

Rechts: Die kleine Uljana sorgt für ihre Eltern, die beide behindert sind.

Hause zu kommen, um die letzten Vorbereitungen für meine Gäste zu treffen. Sie waren fremd in der Stadt, und so hatten wir die Metrostation in der Nähe meiner Wohnung als Treffpunkt vereinbart. Ich hatte keine Ahnung, wie viele kommen würden. Als ich am Treffpunkt zwölf zählte, wußte ich, daß mein Zimmer von sechzehn Quadratmetern aus allen Nähten platzen würde.

Ich hatte die Verwandten noch nie außerhalb des Krankenhauses gesehen. Ich kannte sie bisher nur in ihrer Einheitskleidung, in weißen Kitteln und mit den übergestülpten weißen Kappen. Jetzt sah ich auf den ersten Blick, daß sie ihre besten Ausgehsachen anhatten. Die Farben waren genauso düster wie ihr Gesichtsausdruck. Erst als sie mich erkannten, hellten sich ihre Mienen auf. Lächeln enthüllte Goldzähne in Gesichtern, die in den letzten Monaten deutlich gealtert waren.

In meiner Wohnung überreichten sie mir rote Nelken, Schokolade und mein geliebtes *Basturma*, das würzige getrocknete Rindfleisch aus Armenien, zogen die Schuhe aus und suchten nach einer Sitzgelegenheit. Ich holte die Klappstühle aus der Reserve. Wie viele meiner sowjetischen Gäste waren sie überrascht, daß ich so bescheiden wohnte. Sie sahen sich um und lächelten, wenn ihr Blick auf das eine oder andere bunte Souvenir fiel. Sie fanden es lustig und gemütlich in meinem Zimmer. Aber die Schüchternheit der Frauen löste diese Atmosphäre kaum. Wären nicht Hambar und Dolores dabeigewesen, hätte ich meine liebe Müh und Not gehabt, ein Gespräch einigermaßen in Gang zu halten. Nur während ich damit beschäftigt war, das Essen aufzutragen, hörte ich sie entspannt armenisch miteinander schnattern.

Meine Gerichte waren international – deutsche Räucherwurst, französischer Käse, frisches Gemüse, Fischsalat, gewürzte Hähnchenkasserolle nach chinesischer Art und amerikanische Desserts mit Apfel und Schokolade. Die Frauen tranken wie üblich nur Saft, die Männer probierten etwas Neues wie Gin und Tonic und blieben dann bei Bier. Mit der Frage, welches Bier das beste in der Welt sei, bestritten denn auch die Männer im wesentlichen die Tischunterhaltung, an der ich mich nicht beteiligen konnte, weil ich kein Bier trinke. Hambar stand auf und wollte automatisch in den Flur gehen, um zu rauchen. Ich hielt ihn zurück und sagte, bei mir dürfe man im Zimmer rauchen.

Die ganze Zeit über hatte ich mich dem Drängen der Frauen, mir

beim Rein- und Raustragen der Speisen zu helfen, widersetzt. Nun, als
ich den Tee servierte, gab ich nach, und zwei von ihnen verschwanden
in der Küche zum Abwaschen. Kaum wollte ich mich einen Moment
entspannen, da dröhnte ein ungeheurer Krach aus der Küche, kurz
darauf das Geklirr von tausend Scherben. Meine Gäste erstarrten und
wurden kalkweiß. Ein Erdbeben? Ich sprang auf und rannte zur Küche,
aber die Tür war verklemmt. Zu meiner Erleichterung konnte ich durch
die Glasscheibe sehen, daß die beiden Frauen unverletzt inmitten eines
Trümmerhaufens standen. Einer der Hängeschränke, der mindestens
sechzig Kilo gehorteter Vorräte aus dem Westen und dem Intershop zu
tragen hatte, war heruntergefallen. Ausgelaufenes Öl, Lebensmittel und
Scherben vermischten sich zu einem klebrigen Haufen, der sich nur
mühsam von der Tür wegschieben ließ. In diesen Minuten fiel kein
Wort. Ich wußte, daß meine Gäste an jenen Augenblick dachten, der
ihr Leben so tragisch verändert hatte.

Dolores sprach es beim Abschied aus, nachdem sie sich im Namen
aller Verwandten für meine Gastfreundschaft bedankt hatte: „Vielleicht
wirst du ja den Tag nie vergessen, an dem dir deine armenischen
Freunde ein kleines Erdbeben mitgebracht haben."

Tjotja Lois

„GEBT mir Fleisch", forderte der mollige vierzehn Jahre alte Armen,
als er auf der Intensivstation lag. Schwestern und Ärzte erklärten ihm geduldig, daß das nicht erlaubt sei. Von den schweren Stein-
brocken, die den Jungen eingeklemmt hatten, waren nicht nur die
Arme, Hände, Beine und Füße zerquetscht, sondern auch die Nieren geschädigt worden. In seiner langsamen, von Medikamenten schweren
Stimme fragte er: „Wißt ihr nicht, wer mein Vater ist? Er ist Direktor
einer Fleischfabrik." In Armenien und auch anderswo in der Sowjetunion öffnet eine solche Position Tür und Tor zu Mangelwaren und
Privilegien. Statt beeindruckt zu sein, hatte das Krankenhausteam aus-
nahmsweise mal etwas zu lachen.

Armen wollte trinken, und auch das war verboten. Die anderen Kinder, die essen und trinken durften, hatten Mitleid mit ihm. Unter großer

Mühe schob ihm Asnif ein Glas Wasser hin, das er hastig austrank. In seinem Schockzustand, an den er sich nur dunkel erinnerte, hatte er sich den Ruf eines unbeherrschten Kindes erworben. Er riß sich Schläuche aus dem Körper, schlug auf Ärzte ein und zertrümmerte Geschirr. Seine Hände mußten festgebunden werden.

Olga hatte andere Probleme mit Armen. „Er ist ein verwöhntes Kind, das gewohnt ist, alles zu bekommen, was es will. Das Wort ‚nein' kennt er nicht." Am Anfang machte er auch bei den Masseuren nicht mit, wenn sie ihn behandelten. Er kämpfte viel weniger darum, gesund zu werden, als manche der Mädchen, die mehr Schmerzen hatten als er und weniger klagten.

Ich sah Armen zum erstenmal auf der Intensivstation. Als er hörte, daß ich Amerikanerin sei, sprach er sofort englisch. Im Gegensatz zu den meisten anderen Kindern konnte er auch gut russisch. Später, als er auf der Station lag, gelang es mir nie, an seinem Zimmer vorbeizukommen. Der vertraute Ruf „Auntie Lois" – Tante Lois – oder das russische Pendant „Tjotja Lois – come here" nagelte mich jedesmal fest. Er wollte immer der erste sein, den ich begrüßte.

Während der ersten Wochen waren seine stillen und bescheidenen Eltern bei ihm. Armen schwebte in Lebensgefahr und nahm rapide ab. Als sein alter Heißhunger zurückkehrte, warnte ich ihn, sein neues schönes Aussehen nicht aufs Spiel zu setzen. Einer seiner ersten Wünsche war, Schaschlik zu essen. Nach ein paar Stunden kam sein Vater zurück mit Schaschlik für alle Kinder, die begeistert waren. Nur Armen mäkelte an dem Restaurantessen herum. Am nächsten Tag traf ich seinen Vater in der Krankenhausküche, als er dabei war, einen Spießbraten zuzubereiten, so, wie ihn sein Sohn von zu Hause gewöhnt war. Als Armen über den Berg war, kehrte sein Vater nach Leninakan zurück. Seine Fleischfabrik gehörte zu den wenigen Fabriken in der Region, die bald nach dem Erdbeben wiedereröffnet werden konnten. Armens sanfte, gebildete Mutter hielt die Stellung in Moskau und hatte selten Zeit, an unseren Küchengesprächen teilzunehmen, denn Armen forderte ihre ganze Aufmerksamkeit. Wenn sie sich doch einmal ein paar Minuten Pause gönnte, weinte sie meistens leise. In Armens Gegenwart durfte sie das nicht, denn dann hätte er gewußt, daß seine siebzehnjährige Schwester gestorben war.

So, wie sich Armens Zustand besserte, besserte sich auch sein Benehmen. Er war intelligent und aufgeschlossen, und es fiel ihm leicht, sich
bei allen beliebt zu machen. Oft führte sein Arzt Sergei Nikolajewitsch
medizinische Gespräche mit ihm, so daß Armen mehr als die anderen
Kinder über die Art seiner Verletzungen und die nötige Behandlung
wußte. Unter den Kindern genoß er eine gewisse Autorität, und das
nicht nur, weil er der Älteste auf der Station war. Wenn die Kinder am
Wochenende kleine Konzerte veranstalteten, gab er den Ton an.

Als die kritischste Zeit für die meisten Kinder vorüber war, stellte
sich auch die tägliche Routine im Krankenhausablauf wieder ein. Die
Kinder wurden um acht geweckt, und bald saßen diejenigen, die aufstehen und sich einigermaßen fortbewegen konnten, zum Frühstück im
Eßraum. Die Verwandten kochten nun seltener, und die Mahlzeiten
kamen aus der Zentralküche. Die Mütter, Tanten und Großmütter
wechselten sich jeden Tag mit dem Bedienen ab. Sie holten das Essen
auf einem Metallwagen und schöpften aus riesigen Töpfen die Teller
voll.

An Wochentagen kamen russische und armenische Lehrer ins Krankenhaus und unterrichteten die Kinder von zehn bis zum Mittagessen.
Armen hatte Algebra, Physik, Geschichte, Russisch, Armenisch und
Chemie. Er war ein lernbegieriger Schüler und wollte auch sein Englisch verbessern. Und so diktierte ich ihm eines Tages einen englischen
Text. Zum erstenmal bemerkte ich, daß zwei Fingerkuppen seiner rechten Hand amputiert waren. Aber er hatte schnell gelernt, den Bleistift
zwischen den Fingern festzuklemmen, und schrieb einwandfrei. Auch
in seinem Text fand ich kaum Fehler. Zur Belohnung bat ich ihn, mir
auf englisch eine Liste mit den Namen der Kinder und ihrer Verwandten im Krankenhaus zusammenzustellen. Ich gestand ihm mein sprich-
wörtlich schlechtes Gedächtnis ein, und so war er besonders stolz auf
diese Aufgabe. Auch andere Kinder hielt ich auf Trab, indem ich sie
ständig auf die Suche nach meinen Brillen, Filmen, meinem Notizbuch,
Kassettenrecorder oder meiner Kamera schickte, die ich irgendwo hatte
liegenlassen.

Als Ani im Rollstuhl gefahren werden konnte, wurde sie meine Foto-
assistentin. Jedesmal, wenn die Kinder meine Kamera sahen, wollten sie
fotografiert werden. Dann warteten sie wochenlang geduldig auf die

Abzüge. Manchmal nervten mich Verwandte, weil sie meinten, ich hätte ein anderes Kind öfter fotografiert als ihres. Das stimmte meistens. Ich fotografierte vorrangig die schwerkranken, bettlägerigen Kinder, um ihnen die Phasen ihrer Fortschritte während der letzten Wochen zu zeigen. Für die nörgelnden Verwandten brachte ich meine Fotos von amputierten Erdbebenopfern mit, die ich in anderen Krankenhäusern gemacht hatte, und das Mitgefühl verdrängte ihre Eifersucht.

Am Nachmittag freuten sich die Kinder schon auf ihre Gymnastikstunden mit Marina. Sie ist ein zierliches blondes Mädchen und eine Freundin von Olga seit frühester Jugend. Wenn ich Marina im Umgang mit den Kindern bei der Behandlung beobachtete, wäre ich nie auf den Gedanken gekommen, daß sie einmal sowjetische Tischtennismeisterin war und ein paar Jahre lang als Trainerin gearbeitet hatte. Olgas Überzeugungskraft ist es zu verdanken, daß ihre Freundin den Beruf wechselte und nun als Krankengymnastin für behinderte Kinder zu ihrem Team gehört.

Da es jetzt weniger akute Probleme auf der Station gab, hatten auch die Ärzte und Schwestern hin und wieder Zeit, sich zusammenzusetzen und zu entspannen. Einmal lud Dr. Kusin mich zu einer solchen zwanglosen Teestunde ein, die in seinem Zimmer stattfand, das so groß war wie seine ganze Wohnung. Alle knabberten Schokolade, spielten Scrabble und machten Witze. Olga erzählte von einem Aerobic-Kurs, der für die Frauen im Krankenhaus organisiert werden sollte. „Warum können keine Männer mitmachen?" fragte ein älterer Oberarzt. „Weil sie nicht die richtigen Klamotten haben", erwiderte Olga, denn die bunten Trikots waren den modebewußten Frauen genauso wichtig wie die Gymnastik.

Oberschwester Nadeschda beschwerte sich, daß sie mehr Buchhalterin als Krankenschwester sei. Sie habe so viel sinnlosen Verwaltungskram am Hals, zum Beispiel das Eintragen jeder einzelnen Spritze und Verordnung in mehrere verschiedene Listen, daß sie kaum noch zu ihren eigentlichen Aufgaben komme. Die schüchterne Sweta unterbrach sie und fragte, ob jemand an der wöchentlichen Sonderzuteilung von Lebensmitteln interessiert sei. Es gibt drei verschiedene Paketsorten zu vier bis acht Rubel. Die billigste Kategorie bietet unter anderem

Dosenfisch und Dosenschweinefleisch, die teuerste als Krönung Dosen-
gans. Jedes Paket enthält einige Mangelprodukte, die aber nicht
getrennt gekauft werden können; entweder alles oder nichts. In letzter
Zeit waren Salz und Streichhölzer aus den Geschäften verschwunden,
und man witzelte, daß diese Sachen vielleicht in den Sonderpaketen
enthalten sein könnten und man darum blind zugreifen müsse.

Dr. Kusin und Olga wollten am nächsten Tag ihre wöchentliche
Visite im Sanatorium machen, in dem bereits einige unserer Kinder zur
Rehabilitation waren. Da ich noch nie dort gewesen war, freute ich
mich über ihre Einladung, mitzukommen und meine Kinder wieder-
zusehen.

Das Sanatorium liegt idyllisch mitten im Wald, etwa eine Dreiviertelstunde über die obligatorisch verstopften Autobahnen von Moskau entfernt. Ich genoß die grüne, friedliche Umgebung, aber Dr. Kusin meinte
einschränkend, sie sei zwar schön für die Kinder und Besucher, aber es
sei schwierig, in dieser abgelegenen Gegend Personal zu bekommen.
Der Pförtner erkannte Dr. Kusin gleich und öffnete das Parktor. Wir
fuhren ein paar hundert Meter weiter bis zu einem dreistöckigen
Gebäude, das ebenso trostlos und abgewirtschaftet aussah wie viele
Häuser in Moskau.

Dr. Kusin und Olga gingen mit mir in den zweiten Stock, wo die
armenischen Kinder untergebracht waren. Ein paar mir unbekannte
Kinder standen herum und musterten die fremde Besucherin. Keine
freudige Begrüßung wie sonst, wenn ich in mein Krankenhaus kam,
kein aufgeregtes Hallo und keine Umarmungen. Erst als sich meine
Ankunft herumgesprochen hatte, kamen mir „meine" Kinder strahlend
entgegen, und ich umarmte sie herzlich – Armen und Robert, Varsik,
Oscup und Asgush. Einige von ihnen hatte ich wochenlang nicht gesehen und war überrascht, wie gut sie wieder laufen konnten. Das hätte
ich damals nicht zu hoffen gewagt. Ich wußte, daß ich Edgar bei Therese im Zimmer finden würde, und fragte nach Asnif und Hamlet. Asnif
mußte im Bett liegen, weil ihr Bein wieder angeschwollen war, und
Hamlet war vor ein paar Tagen entlassen worden.

Bevor Dr. Kusin und Olga anfingen, die Kinder zu untersuchen,
führten sie mich in Thereses Zimmer. Die Möblierung war zwar weniger spartanisch als in unserem Krankenhaus, aber statt der zwei oder

drei Betten in einem Zimmer dort, standen hier zehn Betten. Edgar erkannte mich sofort, und Therese setzte ihre Wiedersehensfreude tätig um, indem sie die Teestunde vorbereitete. Eine Bank wurde zum Tisch umfunktioniert, und wieder erschienen wie von Zauberhand die armenischen Spezialitäten und Leckerbissen. Nach und nach kamen die armenischen Verwandten dazu, und für eine Teestunde lang saßen wir vertraut zusammen wie damals bei unseren Küchengesprächen. Nur hagelte es diesmal Beschwerden. Die Verwandten klagten über die Enge und den Lärm auf der Station. Es gab nur kaltes Wasser, und für die Bäder mußte das Wasser auf dem Herd heiß gemacht werden. Auch die therapeutische Behandlung der Kinder ließ ihrer Meinung nach zu wünschen übrig, und sie trauerten alle der guten Betreuung und familiären Atmosphäre des Moskauer Kinderkrankenhauses nach, in dem sie sich zu Hause gefühlt hatten. Nun wollten sie so bald wie möglich zurück nach Armenien, obwohl die Zukunft dort im ungewissen lag. Die Großmutter des kleinen Oscup hatte schon Zugplätze für die Abreise mit ihrem Enkel in zwei Wochen gebucht. Aber Varsik und Asgush sollten noch einmal für weitere Operationen zurück ins Krankenhaus. Armen würde noch eine Weile im Sanatorium bleiben müssen.

Als wir uns von ihm verabschiedeten, brach er in Tränen aus. Ich hatte ihn nur einmal weinen sehen, ohne daß er Schmerzen hatte. Das war beim Abschied von Grantig, seinem besten Freund, der vor seiner nächsten Operation für ein paar Monate mit seinem Vater nach Hause fahren durfte. Traurig und verloren stand Armen auf seine Krücken gestützt vor mir, und ich nahm ihn in die Arme. Er wollte mitkommen in die stille, liebevolle Atmosphäre unseres Krankenhauses. Und er sagte: „Ich vermisse Marina und Sergei Nikolajewitsch.“

Die Reise nach Nalband

SEIT Wochen hatte mir Hambar versprochen, mich einmal nach Nalband, seinem Heimatort, mitzunehmen. An einem Tag im Juni war es endlich soweit. Wir verabredeten uns in meiner Wohnung.

Slawa holte uns mit seinem Taxi ab und brachte uns zum Flughafen.

In der überfüllten Abflughalle bahnten Hambar und ich uns einen Weg durch die Menge zur Passagierkontrolle, für mich eine vergebliche Mühe, wie sich herausstellte, denn mit meinem blauen amerikanischen Paß mußte ich einen anderen Durchgang benutzen als die Sowjetbürger mit ihren roten Pässen. Der galante Hambar behielt meinen schweren Koffer bei sich, und erst bei der Intouristabfertigung fiel mir plötzlich ein, daß er dafür Übergewicht zahlen mußte. Aber aus Erfahrung wußte ich, daß es sinnlos gewesen wäre, mit ihm darüber zu streiten. In Armenien treffen die Männer die Entscheidungen.

Normalerweise werden auf Aeroflotflügen Ausländer als erste auf ihre Plätze dirigiert, und die sowjetischen Passagiere müssen draußen vor der Treppe warten. Aber diesmal war die Gruppe der Ausländer, die mit mir abgefertigt wurde, zu spät dran, und als wir am Flugzeug ankamen, stand nur noch der besorgte Hambar auf dem Rollfeld. Wir betraten in der Maschine ein großes Gepäckabteil, in dem die Passagiere ihre Siebensachen abstellen und beim Aussteigen gleich wieder an sich nehmen konnten, ein praktischer Service, durch den das stundenlange Warten am Gepäckrollband, wie ich es sonst auf Aeroflotflügen gewöhnt war, vermieden wurde. Über eine Treppe gelangten wir in den Passagierraum, der in drei Kabinen unterteilt war. Hambar wählte die vorderste, weil es dort, wie er meinte, leiser sei als in den anderen. Ich war beeindruckt von den breiten, bequemen Sitzen in diesem Jumbo mit dreihundertfünfzig Plätzen, den Hambar als eine „Iljuschin 86" identifizierte. Wir setzten uns in die mittlere Dreierreihe. Es war schwül in Moskau, und Hambar drehte das Lüftungsventil am Sitz seines Vordermanns an, eine weitere praktische Erfindung, die einem als Passagier das Armausrenken wie in unseren westlichen Flugzeugen erspart, wo man sich nach dem Ventil hoch über dem Kopf strecken muß.

Der 2000-Kilometer-Flug von Moskau nach Jerewan dauert zweieinhalb Stunden. So lange waren Hambar und ich noch nie allein zusammen gewesen, und so erfuhr ich ein wenig über ihn und seine Familie. Er und Therese waren gleichaltrig und gemeinsam in Nalband zur Schule gegangen. In der achten Klasse fingen sie an, sich füreinander zu interessieren, zwei Jahre später, nach Beendigung der Schule, heirateten sie. Die Hochzeitsfeierlichkeiten dauerten drei Tage und kosteten Hambars Vater mindestens zehntausend Rubel. Kurze Zeit später, mit achtzehn, leistete Hambar seinen Wehrdienst ab, und als er nach zwei Jahren zurückkam, sah er seine Tochter Asgush zum ersten Mal.

Bevor Hambar sich für einen Beruf entschied, vertrieb er sich die Zeit mit Fallschirmspringen. Dann beschloß er, Mechaniker zu werden, und ging zur Ausbildung für fünf Jahre nach Archangelsk, einer Stadt im Norden. Im fünften Jahr kam Therese mit ihren inzwischen drei Kindern nach. Asgush und Gevorik waren gesund, Edgar, der jüngste Sohn, war spastisch gelähmt.

Während Hambar aus seinem Leben erzählte, servierten die Stewardessen Limonade und Mineralwasser, sonst nichts. Die Hungrigen konnten sich Süßigkeiten kaufen, die Gelangweilten Computerspiele ausleihen. Als wir schließlich zur Landung ansetzten, stellte ich meine Uhr auf armenische Zeit um. Es war hier eine Stunde später als in Moskau.

Am Fuß der Treppe erwartete mich eine wunderbare Überraschung. Carina und ihr Sohn Alex begrüßten mich mit einem riesigen Strauß weißer Chrysanthemen. Ich hatte die Armenierin Carina in Deutschland kennengelernt, als sie zu Gast bei einem deutschen Techniker war, der in Jerewan nach dem Erdbeben geholfen hatte. Sie wußte, daß ich am selben Tag nach Nalband weiterfahren würde, wollte mich aber als erste in Armenien willkommen heißen. Hambars jüngerer Bruder Gagik stand mit seiner Frau und dem kleinen Sohn in der Ankunftshalle. Sie waren schüchtern, vielleicht, weil sie nur wenig Russisch konnten. Aber der vierjährige Sohn verlor nach kurzer Zeit seine Hemmungen und erfand aus dem Stegreif Kauderwelschgedichte, die er mir widmete. Zweifellos inspirierten ihn dazu die kleinen Spielzeugautos, die ich ihm mitgebracht hatte.

Hambar setzte sich hinter das Steuer des Familienautos, eines Wolga, ich kam neben ihn auf den Ehrenplatz. Wir hatten hundertzwanzig Kilometer bis Nalband vor uns. Als wir die Straße entlangfuhren, hatte ich das Gefühl, in einem ganz anderen Land zu sein, zum Beispiel in Griechenland. Nur die Ortsschilder in armenischer und russischer Sprache brachten mich in die Wirklichkeit zurück. In den Vororten von Jerewan verkauften Frauen Blumen am Straßenrand, zwei alte Männer spielten eine Art Scrabble an einem Tisch vor ihrem schäbigen Haus,

Frauen klopften Orientteppiche, die über einer Stange im Hof hingen. Ein alter Mann balancierte mit der einen Hand drei Brote übereinander, mit der anderen einen offenen Karton mit Dutzenden von Eiern. Obst-, Gemüse- und Schaschlikstände sahen verlockend aus. Dann weitete sich die Straße zu einer zweispurigen Autobahn in erstaunlich gutem Zustand. Hambar zeigte auf eine Datschasiedlung am Fuß eines Berges, wo wohlhabende Bürger aus Jerewan ihre Wochenenden verbringen. Die Landschaft wechselte von fruchtbaren Feldern und grünen Tälern zu steinigem, trockenem Land mit schneebedeckten Bergen in der Ferne.

Je mehr wir uns von Jerewan entfernten, desto kühler wurde es. Hambar hatte mir vor unserer Abreise gesagt, das Klima in Nalband sei ungefähr so wie das in Moskau, aber ich hatte vergessen zu fragen, zu welcher Jahreszeit. Ich fror und überlegte, ob wir vielleicht in ein armenisches Sibirien führen. Ich hatte offenbar die völlig falschen Sachen eingepackt, und als es anfing zu regnen, bedauerte ich, sogar meinen Regenmantel in Moskau gelassen und auch in diesem Punkt dem optimistischen Hambar blind vertraut zu haben. Angeblich sollte es in Nalband so gut wie nie regnen. Aber die schwarzen Regenwolken, die die Dunkelheit beschleunigten, waren in gewisser Weise auch gnädig. Sie ersparten mir bei meiner Erschöpfung den vollen Anblick des verwüsteten Ortes.

Es war ungefähr zehn Uhr, als wir nach Nalband abbogen. Hambar hielt vor einem Zelt und hupte. Ein Mann, sein Nachbar, den ich schon in Moskau kennengelernt hatte, stürzte heraus und bat uns zur ausführlichen Begrüßung in sein Zelt. Aber Hambars Eltern warteten, und wir versprachen, ein andermal vorbeizukommen.

Die Eltern mußten das Hupen gehört haben, denn Hambars Mutter Asgush und sein Vater Wolodja standen bereits vor ihrer Hütte, als wir hielten. Myro, eine lustige schwarzweiße Promenadenmischung, bellte und bettelte um Aufmerksamkeit, während Hambar die alte Frau umarmte, die er „meine Göttin" nannte. „Man kann die Frau wechseln, aber nie die Mutter", erklärte er dabei.

Es war kaum zu glauben, daß diese schmächtige Frau neun Kinder geboren hatte. Fünf Töchter und zwei Söhne zwischen zwanzig und dreiunddreißig Jahren sind noch am Leben.

Asgushs wettergegerbtes, kräftiges Gesicht, das wesentlich älter wirkte als achtundfünfzig, zeigte noch Spuren ihrer einstigen Schönheit. Sie hatte ebenmäßige Züge und klare grüne Augen. Ihr langes weißes Haar war zu einem Knoten gesteckt, aus dem hellorange gefärbte Spitzen leuchteten, Überbleibsel aus der Zeit, als sie ihr Haar noch färbte.

Das „Haus", in das uns Hambars Eltern nun hereinbaten, war eine aus Brettern und Latten notdürftig zusammengezimmerte Behelfsbude auf lehmiger Erde. In der Sowjetunion ziehen Besucher beim Betreten einer Wohnung automatisch die Schuhe aus und gehen entweder auf Socken oder schlüpfen in ein Paar der für diese Zwecke bereitliegenden Hausschuhe. Ich ließ also meine nassen, schmutzigen Sandalen vor der Tür und zog ein Paar alte Pantoffeln an. Als ich eintrat, stand ich sofort in dem kleinen Wohnraum, der nur das Nötigste enthielt: zwei Betten, einen Schrank, eine Kommode, einen Eßtisch, auf dem das Bügeleisen parat stand, und einen großen Fernseher. Die einzige persönliche Note waren Familienfotos und der traditionelle Wandteppich. Später erzählte Hambar, diese Einrichtung stamme aus seinem Haus. Die Eltern hatten sonst nichts retten können.

Asgush war sehr aufmerksam. Ich mußte die alten Hausschuhe beiseite werfen und in hübsche blaurote Filzpantoffeln schlüpfen, die sie zusammen mit einem warmen Hauskleid für mich herbeigezaubert hatte. Nur meinen verlangenden Blick auf den herausgezogenen Stecker des Heizöfchens bemerkte leider niemand. Alle waren so aufgeregt über den amerikanischen Gast, der nach ihrer Meinung sicherlich fast dem Hungertod nahe war, daß die Essensvorbereitungen jetzt Vorrang hatten. Asgush verschwand in der Küche, und Wolodja bat mich, am Tisch Platz zu nehmen. Er erwies sich als ebenso begeisterungsfähig wie sein Sohn und redete in einer Lautstärke, die ich gern etwas zurückgedreht hätte. Er war klein und weißhaarig und ungemein tatkräftig für seine vierundsechzig Jahre. Seine tätowierten Hände, die mir als erstes an ihm aufgefallen waren, wirkten zupackend.

Inzwischen füllte sich der Tisch mit den vertrauten armenischen Spezialitäten, die ich so oft im Krankenhaus gegessen hatte. Der Höhepunkt war eine köstliche heiße Kartoffelsuppe mit Fleisch, die mich von innen wärmte. Mein volles Glas Wodka sah mich verlockend an, aber ich dachte an meine guten Vorsätze, mich den Sitten der armenischen Frauen anzupassen, die ich vom Krankenhaus her kannte. Erst als Asgush ihr Glas in Angriff nahm, leistete ich ihr Gesellschaft. Das Heizöfchen konnte mir nun gestohlen bleiben.

Es war schon nach Mitternacht, als ich mit Hambar durch den Matsch nach nebenan zu dem *Wagontschik* stapfte, in dem ich übernachten sollte. Diese Bauarbeiterbuden aus Wellblech wurden nach dem Erdbeben überall als Notunterkünfte eingesetzt. Hambar öffnete das Vorhängeschloß, und selbstverständlich zogen wir in dem winzigen Vorraum die Schuhe aus. Eine strahlendblau gestrichene Tür führte in das Wohnabteil, in dem ein Klavier die ganze Aufmerksamkeit auf sich zog. Hambar klimperte versonnen auf den Tasten. Auf dem Klavier lagen Stofftiere, ein Haufen Geschenke, die seine Tochter im Krankenhaus bekommen hatte, und auch ein Stapel Fotoalben. „Bist du zu müde, sie anzusehen?" fragte mich Hambar und legte sie auf den Tisch. Obwohl der Tag lang gewesen war, konnte ich nicht nein sagen. Hambar blätterte die Familienalben durch, und sein Blick blieb immer wieder auf dem Gesicht seines toten Sohnes haften. Er zündete sich eine Zigarette an, um seine Gefühle zu verbergen. Aber ich sah in seinen dunklen Augen, wie er sich quälte. Schließlich klappte er die Alben zu, blieb einen Moment vor einem Bild von Maria und dem Jesuskind stehen, das über einem niedrigen Schränkchen hing, gab mir dann den Schlüssel und sagte: „Das ist nun dein Wagontschik. Du bist der erste Gast, der darin schläft."

Kurz danach brachte mir Asgush ein Heizöfchen, und als sie mein dünnes Nachthemd sah, holte sie ein warmes Flanellhemd aus dem Schrank im Nebenraum, in dem es noch zwei Betten und eine Kommode gab. Dann stellte sie eine große Aluminiumschüssel in den Vorraum, die mir den Weg zum Plumpsklo draußen ersparen sollte. „Fürchtest du dich alleine?" fragte sie liebevoll, als sie schon in der Tür stand.

„Hier nicht", entgegnete ich.

Am nächsten Morgen stand ich schon ganz früh auf. Ich fühlte mich frisch und sah mir im Tageslicht meine Behausung näher an. Ich war überrascht, wie farbenfroh alles war: die Vorhänge in herbstlichen Brauntönen, die Fensterrahmen türkis, die Tagesdecke goldfarben, der

Lichtschalter orange – fast die ganze Farbskala war abgedeckt. Nur die häßlichen heraushängenden Elektrodrähte störten den Versuch, dem primitiven Blechgehäuse eine fröhliche Behaglichkeit zu geben.

Der Blick aus meinem Fenster allerdings konfrontierte mich mit dem ganzen Ausmaß der Verwüstung. Zwischen Holzplanken, Zcmentblökken, Metallteilen und Häuserschutt standen Hütten, die wic die Bretterbudc von Hambars Eltern aus irgendwelchen Überresten zusammengestoppelt worden waren. Die Autos vor diesen armseligen Behausungen wirkten fast wie Ironie. Ein einsamer blühender Apfelbaum war alles, was von den Gärten übriggeblieben war.

Langsam erwachte das Dorf – oder das, was von ihm übriggeblieben war. Hunde bellten, Hühner suchten gackernd nach Futter. Auf der Schotterstraße in der Nähe fuhren die ersten Laster mit Baumaterial. Eine Familie trieb unter lautem Geschrei sechs Kühe auf eine Weide. Ein Mann mit Aktenköfferchen, eine ältliche Frau in Schwarz und ein elegant gekleidetes Mädchen, das vorsichtig um die Pfützen stöckelte, waren, wie ich annahm, unterwegs zum Bahnhof, der hinter den Wagontschiks liegen mußte; eine Station auf der Strecke Leninakan–Tiflis.

Asgush kam aus der Hütte und gähnte, während Myro, der freundliche schwarzweiße Pinscher, ihr schwanzwedelnd um die Beine strich. Nachts blieb er draußen und hielt Wache. Bald hatte er mich als neues Frauchen auserkoren und schlief vor meinem Wagontschik. Ich wagte den Weg zum Plumpsklo, etwa zwanzig Meter über Stock und Stein. Das Häuschen war so groß wie eine Telefonzelle, der Gestank aus dem offenen Loch war überwältigend, aber die unerwartete Rolle Klopapier versöhnte mich.

In der Küche durfte ich keinen Finger rühren. Ich setzte mich auf die Holzbank hinter dem Tisch, der bereits fürs Frühstück gedeckt war mit Brot, Käse, gekochten Eiern, Wurst, Huhn, Salat und frischem Gemüse. Der Honig vom Vorjahr aus ihren eigenen Bienenstöcken erinnerte Asgush daran, was sie alles an Hab und Gut verloren hatten. Vor dem Erdbeben konnten sie ihr *Lavasch* selbst in ihrem eigenen Spezialofen backen. Sie hatten ein paar Kühe, Hühner und einen großen Garten gehabt. „Gerade als es anfing, uns gutzugehen, haben wir alles verloren, wofür wir ein Leben lang gearbeitet haben", sagte

Asgush mit klagender Stimme. „Jetzt habe ich nur noch den Tod vor mir." Ich versicherte ihr, daß der so schnell nicht kommen würde. Hambar hatte mir erzählt, daß die Leute im Dorf neunzig bis hundert Jahre alt würden. „Das macht die reine Luft, die natürliche Ernährung und die harte Arbeit", erklärte er mir dieses Phänomen.

Der unrasierte Hambar und sein Vater Wolodja verputzten mit einem Heißhunger ihr Frühstück, gegen den selbst mein an diesem Morgen ungewöhnlich großer Appetit ein Pappenstiel war.

Als ich Hühnerbrühwürfel mit englischer und arabischer Aufschrift auf dem Tisch entdeckte, interessierte es mich, woher sie stammten. Es waren Spenden aus dem Ausland, die man nach dem Erdbeben verteilt hatte. Asgush holte auch eine Schachtel Trockennahrung für Säuglinge aus dem Regal, Etikett und Gebrauchsanweisung waren auf französisch. Die Erdbebenopfer hatten viele solcher Packungen erhalten, wußten aber nicht, was sie damit anfangen sollten, weil sie die Sprachen nicht verstanden. Vieles hatten sie einfach weggeworfen.

Überhaupt hörte ich das alte Lied von Desorganisation, bürokratischer Trägheit und Bestechlichkeit. Im Radio wurden unmittelbar nach der Katastrophe beruhigende Meldungen über spontane Hilfsaktionen aus dem Ausland durchgegeben. In Nalband merkte man nichts davon. Auch von inländischer Hilfe keine Spur. Nur die Georgier waren mit Nahrungsmitteln, Kleidung und Decken in ihren Autos sofort zur Stelle. Die Regionalverwaltung von Spitak, die für siebzehn umliegende Dörfer, zu denen auch Nalband gehörte, verantwortlich war, schien auch nach Tagen noch nicht in der Lage zu reagieren. Die Notunterkunft von Hambars Eltern, die vor ein paar Monaten von den Russen zusammengezimmert worden war, hatte Wolodja nur durch Beziehungen ergattert. Mein Wagontschik war einem Donnerwetter zu verdanken, das Hambar im Büro des Ersten Parteisekretärs in Spitak losgelassen hatte. Nicht anders war es den Nachbarn ergangen, die immer noch in Zelten und Bruchbuden hausten. Und selbst die hatten sie sich erkämpfen oder selber machen müssen.

Früher zählte Nalband dreitausendfünfhundert Einwohner. Heute leben in dieser plattgewalzten Einöde nach Wolodjas Aussage noch etwa fünfhundert Menschen. Einige waren evakuiert worden und würden vielleicht zurückkommen, viele wahrscheinlich nie mehr. Die Zahl der Toten, vorwiegend Kinder, wurde auf sechshundert bis achthundert geschätzt. „Keine Familie ist verschont geblieben", meinte Hambar traurig. Als sich Wolodjas Augen mit Tränen füllten, wußte ich, daß er an Gevorik, seinen toten Lieblingsenkel, dachte.

Hambars Haus war eines der wenigen Gebäude, die noch halbwegs standen. Er hatte es selbst aus Zementblöcken gebaut. Es war ein verhältnismäßig großes Haus mit sechs Zimmern. Das Erdbeben hatte lediglich Risse in den Mauern hinterlassen. Nachträglich waren Fenster, Türen und Dachteile herausgenommen worden, die an anderer Stelle gebraucht wurden. Hambar hätte wie viele Verwandte und Nachbarn weit mehr von seinem Hab und Gut retten können, doch während sie in dem Chaos noch fieberhaft nach ihren Angehörigen suchten, zogen Plünderer durch die Straßen, die alles ausraubten. Das war überall im Erdbebengebiet so, bis Soldatenpatrouillen eingesetzt wurden.

Hambar hatte für sein beschädigtes Haus, das wegen der geplanten Straßenerweiterung demnächst abgetragen und wer weiß wann ein paar Meter weiter wieder aufgebaut werden sollte, vom Staat als Entschädigung über zwanzigtausend Rubel erhalten. Aber das war nur ein Bruchteil dessen, was er für das hochwertige Material auf dem Schwarzmarkt bezahlt hatte. „Die Korruption beginnt in der Parteizentrale", erklärte Hambar, „und endet beim Verkäufer im Laden. Ohne die Partei läuft so gut wie nichts."

Hambar kannte Parteikandidaten, die Parteimitglieder bestachen, um aufgenommen zu werden. Ich war überrascht.

„Die Parteimitgliedschaft garantiert günstige Arbeitsmöglichkeiten und andere Vorteile", meinte Hambar. „Also ist der Ansturm auf ein warmes Plätzchen in dcr Partei groß. Aber im Prinzip müssen alle bestochen werden."

Für die Ärzte, die seinen spastisch gelähmten Sohn Edgar behandelten, zahlte Hambar viele tausend Rubel, und das in einem System, in dem ärztliche Versorgung offiziell kostenlos ist. „Hier regiert nicht die Regierung, sondern das Geld, und du mußt dich an die Spielregeln halten, wenn du zu etwas kommen willst."

Monatelang hatte ich mich gefragt, wo Hambar seinen offenbar unerschöpflichen Vorrat an Rubel hernahm. Allein in Moskau hatte er in

sechs Monaten neuntausend Rubel ausgegeben, das sind vier durchschnittliche Jahresgehälter. Er zeigte mir auch Schecks über insgesamt
zehntausend Rubel. Zusätzlich hatte er noch die zwanzigtausend Rubel
Entschädigung auf der Bank. Ich kannte ihn nun gut genug, um ihn
nach der Herkunft dieses Vermögens zu fragen.

„Ich habe es mit ehrlicher Arbeit verdient", entgegnete er, und
Wolodja bestätigte das. Beide Männer hatten jahrelang sechs Monate
im Jahr als Bauarbeiter im Norden gearbeitet, wo sie zwischen fünfzehnhundert und zweitausend Rubel im Monat verdienten. Hambar
hatte noch eine zweite Stelle als Lastwagenfahrer für eine Kanalbau-
und Pumpenbrigade in Nalband. So verdiente er zusätzliche hundertsiebzig Rubel im Monat.

Unser nächster Besuch galt der Baubrigade aus Krasnodar, einer der
vielen sowjetischen Organisationen, die beim Wiederaufbau Nalbands
halfen. Wolodja war von deren Leiter, der für den Wohnungsbau
zuständig war, sehr beeindruckt. Ich sollte bei ihm ein gutes Wort
einlegen, dann hätten sie bessere Chancen, bald ein neues Haus zu
bekommen. Bedauerlicherweise traf ich nur auf seinen Stellvertreter.
Dieser war seit dem elften Dezember in Nalband, dem Tag, an dem die
erste Rettungsmannschaft von sechzig Mann eintraf. „Schutt und
Dächer waren das einzige, was von Nalband übriggeblieben war", sagte
er.

Nach der Rettung der Menschen bestand die erste Aufgabe der Rettungstrupps darin, für ein Mindestmaß an Hygiene zu sorgen und sich
um die Rettung der Haustiere und des Viehs in den Ställen zu kümmern. Er erzählte eine rührende Geschichte von der Rettung einer Hündin fünfzehn Tage nach dem Erdbeben. Sie hatte unter dem Schutt acht
Junge geboren, und alle hatten überlebt.

Jetzt waren die Männer für den Wiederaufbau zuständig, und der
stellvertretende Bauleiter zeigte uns die Baustelle. Die Arbeiter bekamen tausend Rubel im Monat, mußten dafür aber zwölf Stunden am
Tag arbeiten. Zur Zeit waren dreihundertfünfzig Männer in seiner Brigade, doch der Zweijahresplan sah insgesamt sechshundert Arbeiter
vor, um hundertfünfzig Häuser zu bauen. „Allerdings hängt die Erfüllung dieses Plansolls auch von den Baumateriallieferungen aus Krasnodar ab", erklärte er.

Oben: Wagontschiks bieten den Einwohnern des zerstörten Nalband eine notdürftige Unterkunft.

Rechts: Fassungslos stehen Hambar und sein Vater vor dem Bild des kleinen Gevorik, der bei dem Erdbeben umkam.

Oben: **Schutt und Trümmer sind alles, was von Nalband übriggeblieben ist.**
Unten: **Einmal in der Woche kommt ein Wasserwagen in die zerstörten Dörfer.**

Wolodja und Hambar prüften die Bautechnik bei den neuen Häusern und stellten viele Fragen. Die Antworten erfüllten sie nicht gerade mit Zuversicht, und sie befürchteten, daß man aus den Erfahrungen der Vergangenheit keine Konsequenzen zog, bis auf die eine, nur noch niedrige Gebäude zu bauen.

Als wir uns verabschiedeten, hörte ich, wie jemand meinen Namen rief. Ich drehte mich um und sah ein bekanntes Gesicht. Es war eine der armenischen Angehörigen aus dem Moskauer Krankenhaus, und sie bestand darauf, uns in ihr Haus, das ihr Mann soeben fertiggestellt hatte, einzuladen. Es war ein Flickwerk aus zusammengebastelten Teilen, die zufällig herumgelegen hatten. Als die Frau mir das winzige Zelt zeigte, in dem sie und ihr Mann viele Monate gewohnt hatten, war mir klar, daß ihnen diese Hütte nun geradezu komfortabel erscheinen mußte. Jetzt wartete das Ehepaar geduldig auf eins der Häuser, die die Brigade aus Krasnodar gerade bauten. „Das wird wegen der Knappheit an Baumaterial mindestens fünf Jahre dauern", meinte Hambar.

Nun waren die vielen Verwandtenbesuche an der Reihe, und auf dem Weg zu den einzelnen Familien erklärte Hambar mir jeden Schutthaufen. Einer war einmal eine Fabrik gewesen, in der Teile von Aufzügen hergestellt wurden, ein anderer eine Nähfabrik, der nächste ein dreistöckiges Wohnhaus, dann eine Schule und so weiter.

An diesem Abend zog ich mich in meinen Wagontschik zurück, als die Männer gerade eine weitere Flasche Wodka öffneten. Wir sollten am nächsten Morgen nach Jerewan fahren, um an einem Essen zu Ehren von Asgushs verstorbener Schwester, Hambars Tante, teilzunehmen. Das war der siebte Tag nach dem Tod von Asgushs Schwester. Nach alter Sitte kommen an diesem und am vierzigsten Tag Familienmitglieder und enge Freunde zusammen, um der Verstorbenen zu gedenken.

Wieder stand ich lange vor den anderen auf, und diesmal wagte ich es, meine Umgebung allein zu erkunden. Die Schotterstraße führte mich an einem einstöckigen gelben Gebäude vorbei. Es war der neue Kindergarten, den die Krasnodar-Brigade gebaut hatte. Früher stand hier das Kulturzentrum, das Therese geleitet hatte. Doch wo waren in Nalband die Kinder, für die der neue Kindergarten gedacht war? Wann würden die Evakuierten zurückkehren? Kinder konnten unter diesen schwierigen Bedingungen und Wohnverhältnissen kaum überleben, vor

allem im Winter nicht, wenn die Temperaturen oft unter fünfunddreißig Grad sanken.

In den kleinen Gärten ringsumher blühten bereits Kartoffelpflanzen,
und Pflaumen- und Apfelbäume würden Ende August und im September Früchte tragen. Der Wassermangel schränkte die Anbaumöglich-
keiten ein. Es waren neue Wasserleitungen gelegt worden, doch dieses
Wasser konnte nur zum Waschen und Bewässern benutzt werden.
Trinkwasser wurde einmal wöchentlich angeliefert.

Ich begegnete Hambars Freund und Nachbar, und er erinnerte mich
an unser Versprechen auf der Herfahrt, ihn zu besuchen. Er arbeitete
an seinem neuen Haus, das im Sommer kühler und im Winter wärmer
sein würde als das Zelt. Nach dem Erdbeben hatte seine vierköpfige
Familie zunächst in einem Hühnerstall, dann in einem winzigen Zelt
gehaust, bis sie an dieses große Zelt kamen, eine Spende der Poliklinik,
in der seine Frau arbeitete. Es war Zeit zum Frühstück, als ich das Zelt
betrat. Es erschien mir groß genug, um Möbel für eine Vier- oder
Fünfzimmerwohnung hineinzustopfen. Der Frühstückstisch wurde zu
meinem Empfang festlich gedeckt: dampfende Kartoffeln und Fleisch,
Wodka und Kognak. Die alkoholischen Getränke waren etwas zuviel
für mich am frühen Morgen, doch ein Nachbar, der eine Tochter und
vier Enkelkinder verloren hatte, kam vorbei und leerte die Wodka-
flasche.

Mitten beim Frühstück spürte mich Hambar auf, der sich einen
schwarzen Bart hatte wachsen lassen. Seit unserer Ankunft hatte er sich
nicht mehr rasiert. Seine Eltern warteten draußen im Auto, und es war
Zeit, nach Jerewan aufzubrechen. Wir fuhren durch das zehn Kilometer
von Nalband entfernte Spitak, und es sah aus wie nach einem Bomben-
angriff. Nalband war dem Erdboden gleichgemacht, im alten Spitak
standen noch Ruinen und schwerbeschädigte Häuser. Ein neues Spitak
wurde sechs Kilometer entfernt aufgebaut, das alte würde eine Geister-
stadt aus Ruinen bleiben. In der neuen Stadt gab es bereits eine Siedlung aus hundert Zwei- und Dreizimmerfertighäuschen – ein Geschenk
Italiens. Gegenüber stand ein neues Krankenhaus, das von Norwegen
gespendet worden war.

Wir fuhren weiter. Hambar hatte einen Wolga, der auf dem Land
einen gewissen Status verleiht. In einem solchen Wagen sitzen

meist hohe Funktionäre oder reiche Leute mit guten Verbindungen.

Nicht weit vom Zentrum Jerewans entfernt, drängten sich kleine Schafherden am Straßenrand. Ich begriff erst, daß sie zum Kauf und sofortigen Schlachten angeboten wurden, als ich auf einem Bürgersteig ein Schaf mit aufgeschlitzter Kehle liegen sah, das gerade ausgenommen wurde.

Wir erreichten den Ort des Familientreffens, und ich nahm an, daß dieses geräumige Haus ein für diesen Anlaß gemietetes Restaurant oder ein Club war. Über einen Hof gelangten wir auf einem Gartenpfad zu dem Haus. Die ganze Betriebsamkeit konzentrierte sich auf die Terrasse, auf der Frauen zwei lange Tische deckten, an denen mindestens fünfzig Personen Platz hatten. Als sich die Tische mit den verschiedensten Speisen füllten, fragte ich mich, wie groß wohl die Küche sein mochte und wie viele Köche bei den Vorbereitungen mitgeholfen hatten.

Noch waren viele der Gäste auf dem Friedhof. Wir setzten uns in ein großes Zimmer, dessen Einrichtung etwas heruntergekommen wirkte. Eine Verwandte brachte Asgush ein großes gerahmtes Schwarzweißfoto ihrer Schwester. Sie küßte es unter Tränen und begann sich hin- und herzuwiegen und die eigenartigen Klagerufe auszustoßen, die ich oft bei armenischen Frauen gehört hatte. Die anderen Frauen waren neugierig, wer ich wohl sein könnte. Sie beäugten mich von allen Seiten, flüsterten miteinander, manche wagten sogar, mich anzusprechen. Wie mir Armenien gefalle?

Schließlich kamen die übrigen Gäste, und Asgush führte mich auf die Terrasse zu den gedeckten Tischen und bot mir den Platz neben sich an. Ich hatte das Gefühl, daß sie stolz war, mich ihren Verwandten vorführen zu können, von denen die meisten, wie sie mir zuflüsterte, entfernte Verwandte in Amerika hatten. Die Frauen saßen an einem Tisch, die Männer an dem anderen. Die nahen Angehörigen der Toten waren an den stoppligen Bärten zu erkennen, die sie traditionsgemäß vierzig Tage lang behalten würden. Asgushs älteste Schwester war eine der wenigen, die Schwarz trugen, eine Sitte, die heute eigentlich nur noch auf dem Land und selten in den Städten üblich ist.

Beim ersten Trinkspruch stießen wir nicht mit den Gläsern, sondern lautlos mit allen Handrücken an, die wir erreichen konnten. Dies sollte der Seele der Verstorbenen die ewige Ruhe sichern. Die nächsten Trinksprüche handelten von einer wunderbaren Frau, und am Ende der Mahlzeit hatte ich das Gefühl, die Verstorbene gut zu kennen. Zwischen den Trinksprüchen herrschte langes Schweigen, und in den verhärmten Gesichtern lag die Trauer um viele andere Verluste. Die Augen einer jungen Frau sahen wie leergeweint aus. Sie hatte durch das Erdbeben zwei Kinder verloren.

„Wo ist Asgushs Schwester gestorben?" fragte ich, um mit den Frauen ins Gespräch zu kommen.

„Hier, in ihrem Haus", erwiderte die Frau links neben mir. Ich war die beengten Wohnverhältnisse Moskaus gewohnt, wo viele Menschen weniger als zwölf Quadratmeter pro Kopf zur Verfügung haben, und war wieder einmal überrascht von der Größe der Wohnungen, nicht nur in den armenischen Dörfern, sondern auch in den Städten.

Nach einigen Stunden brachen die ersten Gäste auf, und auch wir verabschiedeten uns. Ich wollte den Rest des Wochenendes mit Carina verbringen, die mich am Flugplatz begrüßt hatte. Ihre Wohnung war bequem und geräumig, und sie besaß sogar etwas, was für mich nun Luxus bedeutete, nämlich ein Badezimmer und fließendes Wasser. Es machte mir nichts aus, daß es warmes Wasser nur einige Stunden morgens und abends gab. Die anderthalb Tage, die ich bei Carina verbrachte, waren ausgefüllt mit Krankenhausbesuchen, bei denen ich die Arbeit ausländischer Spezialisten, die die Überlebenden des Erdbebens behandelten, beobachten durfte, und Gesprächen über die Zukunftsaussichten der fünfhunderttausend Obdachlosen führte, die nun jahrelang würden warten müssen, bis sich die Lebensbedingungen in ihren Dörfern normalisierten. Wie viele von ihnen würden wie Hambar hier durchhalten, statt in eine andere Region zu ziehen, die ein leichteres Leben versprach?

Auf dem Rückweg nach Nalband hatte ich Gelegenheit, dieses Thema zu vertiefen. An einer Bushaltestelle erkannte Hambar einen früheren Nachbarn aus seinem Dorf, bremste mit quietschenden Reifen und ließ den untersetzten Mann mit schwarzem Schnurrbart einsteigen. Er kam aus dem neunhundert Kilometer entfernten Krasnodar, jener Stadt, die beim Wiederaufbau Nalbands half. Dort hatte er bald nach dem Erdbeben ein Haus gekauft für seine Familie mit drei Kindern.

Dreihundert seiner neuen Nachbarn in Krasnodar kamen ebenfalls aus dem Erdbebengebiet.

Er hätte Nalband nicht verlassen, erklärte der Mann, wenn die Behörden in Spitak ihm einen Wagontschik zugeteilt oder wenigstens sonst etwas für ihn getan hätten. Aus dem Geschäft, in dem er angestellt gewesen war, hatte er viele Leute gerettet. Sein eigenes Haus war vollkommen zerstört. Aber die Behörden rührten sich nicht und machten ihm auch keinerlei Hoffnungen auf Hilfe. Das erinnerte mich an eine oft gehörte Bemerkung: „Erst kam das katastrophale Erdbeben und dann die Unmenschlichkeit der Funktionäre, die keinerlei Mitgefühl zeigten – außer ihren eigenen Angehörigen gegenüber."

Seit dem Erdbeben hatte Hambars früherer Nachbar keinen Lohn mehr erhalten, da sein Geschäft und seine Arbeitsgruppe nicht mehr existierten. Er hatte in Spitak und sogar in Leninakan Arbeit gesucht, aber keine gefunden. Er hatte alles verloren, und so blieb ihm keine andere Wahl, als dorthin zu ziehen, wo er mit seiner Familie leben konnte. Inzwischen fühlte er sich in Krasnodar wohl, das Klima war mild, und die Preise waren niedrig. Als wir an einem Obststand hielten, an dem Kirschen für vier Rubel das Kilo verkauft wurden, erzählte er, in Krasnodar gäbe es so viele davon, daß sie an den Bäumen verfaulten.

Jetzt wollte er nach Nalband, um zu sehen, was dort in den letzten Monaten passiert war. Er war noch in Nalband gemeldet, seine Frau in Krasnodar, so hielten sie sich beide Möglichkeiten offen. Aber als er seine Kinder erwähnte und die Schulen, die in den Städten besser seien als die auf dem Land, wußte ich, daß seine Entscheidung für Krasnodar bereits gefallen war. Später meinte Hambar nachdenklich: „Ich weiß nicht, was ich getan hätte, wenn nicht Gevorik in Nalband begraben wäre."

Als Hambar schließlich von der Straße abbog, wollte ich meinen Augen nicht trauen. Er parkte vor einer Restaurant-Kooperative. Es war also wieder Essenszeit. Nachdem er mich bei Carina abgeholt hatte, waren drei sogenannte Fünfminutenbesuche bei Verwandten in Jerewan fällig gewesen, und ich fühlte mich bereits wie eine gestopfte Gans. Aber als das Essen im Restaurant aufgetragen wurde, kam mein Appetit überraschenderweise zurück, und ich nahm mir sogar eine zweite Portion köstlich gegrilltes Rindfleisch.

Nach meiner fünften Mahlzeit und dem dazugehörigen Zuprosten an diesem Tag brauchte ich frische Luft. Wir hielten an einem stillen Plätzchen mit Bergen im Hintergrund und Wiesen vor uns, auf denen viele kleine blaue Kästchen verstreut waren. Sie gehörten einem Imker, der sich nun über etwas Gesellschaft freute, die sonst nur aus einem großen schwarzen und einem kleinen weißen Hund bestand. In kürzester Zeit hatte er uns seine Lebensgeschichte erzählt. Er war siebzig und Vater von neun Kindern. Früher hatte er Mathematik und Physik am Gymnasium unterrichtet, nun war er Rentner.

In der Dunkelheit kamen wir in Nalband an, und Asgush deckte automatisch den Tisch, und ich aß automatisch, was mir vorgesetzt wurde. Um halb zwölf beschlossen alle, noch einen Besuch bei Verwandten zu machen. Ich fragte höflich, ob sie mich entschuldigen würden. Ich war völlig erschöpft und versank in tiefen Schlaf.

Am nächsten Morgen sah ich eine Schlange vor einem Wagontschik nahe der Eisenbahnstation stehen. Ich ging hinüber, um auszukundschaften, was es zu kaufen gab. Vor dem Geschäft in dem Wagontschik stand ein Lastwagen aus Leninakan, und der Fahrer lud frisches Brot aus. Hambar erklärte mir, daß dieses Geschäft mehr und bessere Lieferungen bekäme, weil es für die Eisenbahnarbeiter, die in anderen Regionen zu Hause waren, eingerichtet worden war. Alle, die hier in der Schlange standen, hofften Brot, Butter und Wurst zu ergattern, was es in dieser Qualität sonst in keinem anderen Geschäft in Nalband gab.

Die nächste Einkaufsmöglichkeit ist in Kirovakan, das etwa fünfundzwanzig Kilometer entfernt liegt. Dort machte auch Asgush die meisten ihrer Besorgungen. Ich begleitete Hambar und seinen Bruder Gagik auf einer ihrer wöchentlichen Einkaufsfahrten. Die Straße von Nalband nach Kirovakan war voller Lastwagen, die Baumaterial transportierten und uns in Staubwolken hüllten.

Kirovakan sah verhältnismäßig unbeschädigt aus, obwohl es auch dort Verluste gegeben hatte. Die lebhafte Geschäftigkeit bildete einen auffallenden Kontrast zu Nalband, wo Totenstille herrschte. Auf dem privaten Bauernmarkt florierten die Geschäfte in den inneren und äußeren Hallen, in denen hauptsächlich Gemüse und Obst verkauft wurden.

Ich liebte Lavasch, und als wir an dem Brotstand in der inneren Halle vorbeikamen, stellte sich Hambar an. Der Verkäufer sah, daß ich fremd war, und erkundigte sich nach mir. Als er erfuhr, daß ich Journalistin sei, teilte er uns seine Sorgen mit. Vor ein paar Monaten hatte er seine Kooperative eröffnet, die Steuern bezahlt und die vielen sonstigen Formalitäten hinter sich gebracht. Nun gebe es Gerüchte, daß die Regierung ihm nicht dic erforderliche Menge Mehl zuteilen wolle. Dies sei ungerecht, und ich solle darüber schreiben, bat er.

Ich verließ die Markthalle und ging zu einem Stand, an dem drei wohlgenährte Bäuerinnen eingelegte Gurken, Knoblauch, Kohl und anderes Gemüse verkauften. Das Probieren vor dem Kaufen ist ein köstlicher Bestandteil eines jeden Marktbesuchs, und bis ich mich entscheiden konnte, was ich nun kaufen wollte, war ich schon überrumpelt. Die Bäuerinnen hatten eine Plastiktüte mit einer vollständigen Auswahl gefüllt und weigerten sich, von ihrer ersten amerikanischen Kundin Geld anzunehmen. Ich fotografierte sie in der Hoffnung, Hambar würde sie später ausfindig machen können und ihnen das Foto mit meinen Grüßen bringen.

Nachdem wir Kirschen, Tomaten und Aprikosen – eine Spezialität Armeniens – besorgt hatten, näherten wir uns dem Fleischstand. Davor hatte sich bereits eine Schlange gebildet, obwohl noch gar kein Fleisch eingetroffen war. Als der Metzger mit einem Stück Schwein erschien, trat ein Kunde durch die Hintertür ein, verhandelte mit ihm und verschwand mit dem Fleisch. Das führte zu einem Aufruhr, der in eine Schlägerei zwischen Kunden und dem Metzger ausartete. Das Auftauchen eines Polizisten konnte die Gemüter nicht besänftigen, also mußte Hambar vermitteln. Schließlich wurde doch noch ein Schwung Fleisch angeliefert, und der wütende Kunde, der den Metzger geohrfeigt hatte, wurde als erster bedient. Der Auftritt hatte mich verwirrt, aber Hambar blieb gelassen. „In den staatlichen Läden gibt es kein Fleisch", sagte er. „Und die Leute sind erbittert, daß es ihnen immer schlechter und schlechter geht."

Als nächstes stand der Besuch bei einer von Hambars Schwestern auf unserem Programm. Sie war achtundzwanzig und bereits Witwe. Auch sie hatte eins ihrer beiden Kinder durch das Erdbeben verloren. Als sie Hambar sah, brach sie in Tränen aus, und ich ging ein paar Minuten zur Seite.

Hambars Schwester wohnte in einem Zweizimmerwagontschik zusammen mit ihrer Schwiegermutter und Verwandten. Die traurige Stimmung, die hier herrschte, beeinträchtigte nicht die armenische Gastfreundschaft. Es wurden verschiedene Speisen aufgetragen, aber ich hatte Schwierigkeiten zu essen, und das nicht, weil ich satt war.

„Was soll aus ihr werden?" fragte ich Hambar auf dem Heimweg.

„Wenn sie heimkehrt, bedeutet es, daß sie bereit ist, wieder zu heiraten. Manche Witwer haben schon wieder geheiratet, weil sie Frauen brauchen, die ihre Kinder versorgen", erwiderte Hambar.

Die nächsten Tage waren ausgefüllt mit weiteren Besuchen bei Verwandten, und überall hörte ich ihren leidvollen Berichten zu, über das, was sie alles verloren hatten, und auch ihrem Ärger über die ungerechten Verteilungen. Ich konnte ihnen vieles nachfühlen, doch war mir auch klar, daß die Probleme nach dem Erdbeben so riesig waren, daß alle Wünsche unmöglich auf einmal erfüllt werden konnten. Jeder wollte als erster versorgt werden, und diejenigen, die die Entscheidungen zu treffen hatten, mußten Prioritäten setzen, manchmal gerechtfertigte und manchmal ungerechtfertigte.

An meinem letzten Tag besuchten wir den Friedhof, auf dem Gevorik begraben war. Ich hatte sein Bild und seine Geige an der Wand in Gagiks Wagontschik gesehen. Wolodja konnte seine Tränen nicht verbergen. Aber Hambar erlaubte sich auch hier nicht, seine Gefühle zu zeigen, und bewahrte seine übliche versteinerte Miene. Auf anderen Gräbern waren bereits die Namen der Verstorbenen in die Steine eingemeißelt, und Gevoriks Grabstein würde auch bald fertig sein.

Wir kehrten nach Hause zurück, und ich nahm traurig Abschied. Ich hatte meine neue Familie ins Herz geschlossen, und sie alle schienen meine Gefühle zu erwidern. Als mich Asgush umarmte, sagte sie: „Bevor du kamst, hatte ich fünf Töchter, jetzt habe ich sechs."

Von Tür zu Tür

SIEBEN Monate nach dem Erdbeben gab es nur noch ein paar vertraute Gesichter in meinem Krankenhaus. Ani Edigaran konnte sich nun auf Krücken halten und hatte etwas zugenommen. Aber sie war noch weit davon entfernt, kräftig genug für die erste der schweren Operationen zu sein, die für den Herbst vorgesehen waren. Sie war noch immer der Liebling der Station, und ihre fröhliche Miene verriet, daß sie die Zuneigung restlos genoß. Einmal durfte Ani sogar im Krankenwagen einen Ausflug ins Sanatorium machen, in dem das Reisefieber ausgebrochen war. Diejenigen unserer Kinder, die keine Behandlung mehr brauchten und zu Hause ein Dach über dem Kopf hatten, waren abgereist. Andere, deren Wohnungen und Häuser zerstört waren, wollten lieber bei Verwandten unterschlüpfen und die schwierigen Bedingungen in ihren Heimatdörfern in Kauf nehmen, als den Sommer über in einem Sanatorium zu bleiben, das kaum mehr zu bieten hatte als frische Luft, Langeweile und Unterkunft.

Armen konnte als einer der wenigen in das Haus seiner Eltern in Leninakan zurückkehren. Julia hatte vor, den Sommer bei ihrer Großmutter zu verbringen. Asgush und der spastisch gelähmte Edgar sollten mit ihren Eltern Hambar und Therese Ferien am Schwarzen Meer machen.

Dr. Kusin erwartete viele der Kinder im Herbst zu weiteren Behandlungen und Kontrolluntersuchungen zurück. Als ich mich bei meinem Besuch im Sanatorium von meinen Kindern verabschiedete, fiel mir auf, daß Leona und Asgush noch stark hinkten. Auch Armen und Varsik mußten noch Krücken benutzen, und Julia konnte ihre Hand gerade erst wieder ein bißchen bewegen. Sicherlich hatten alle Kinder unglaubliche Fortschritte gemacht, aber nun regte sich in mir die Sorge um ihre Zukunft. Wenn sie nicht die richtige Therapie bekämen, würden sie ein Leben lang behindert bleiben.

Ich besprach meine Befürchtungen mit Professor Michael Becker, dem Leiter der Ambulanz in der Bonner Universitätskinderklinik. Wir hatten uns zum erstenmal im Januar nach dem Erdbeben in Bonn getroffen.

Damals beschloß der Vorsitzende des Bundesverbandes Deutscher Zeitungsverleger, Professor Becker sofort nach Moskau zu schicken, um die Situation im Kinderkrankenhaus an Ort und Stelle zu prüfen. Nachdem er meinen ausführlichen Bericht gehört hatte, hielt er die Sache für so dringlich, daß er Professor Beckers Reise nicht einmal um zwei Tage hinausschieben wollte, denn dann hätten wir gemeinsam nach Moskau fliegen können. Die sowjetische Botschaft kooperierte und erteilte ihm innerhalb von vierundzwanzig Stunden ein Visum. Als ich in Moskau eintraf, war Professor Becker mit seinen Bestellungen für das Krankenhaus bereits auf dem Rückflug. Geräte für die Intensivstation und für das Rehabilitationszentrum wurden am dringendsten gebraucht. Nach seiner Rückkehr verhandelte Professor Becker sogar persönlich mit den entsprechenden Firmen, die versprachen, sofort, wenn die Bestellungen vorlägen, zu liefern.

Die Ärzte im Krankenhaus mußten fünf lange Monate warten, bis die erste von drei Sendungen endlich in Moskau eintraf. Diese verhängnisvolle Verzögerung ging vorwiegend auf das Konto bürokratischer Dienststellen und Organisationen hüben wie drüben, auch des Bonner und Moskauer Roten Kreuzes, die Bestellung und Lieferung abzuwickeln hatten. Das war aber nur eins der vielen Probleme, die sich im Zuge der großzügigen Hilfe des Westens nach dem Erdbeben ergaben. Komplizierte Geräte wurden mit Gebrauchsanleitungen in allen erdenklichen Sprachen, außer in Russisch, losgeschickt. Einige der Geräte müssen regelmäßig von Fachkräften gewartet werden, aber dieses wichtige Detail wurde übersehen, ebenso die Lieferung von Ersatzteilen für sechzig Mercedesfahrzeuge.

Trotz des guten Willens der vielen ausländischen Ärzte, die nach der Katastrophe in den Krankenhäusern des Erdbebengebiets arbeiteten, blieben zahlreiche medizinische Probleme ungelöst. Der israelische Arzt Dr. Haim Stein sprach nur eine der Schwierigkeiten an, als er fragte: „Wenn wir eine Prothese angepaßt haben, was geschieht sechs bis acht Monate danach? Der Stumpf ist geschrumpft, und der Patient braucht die endgültige Prothese. Bei Heranwachsenden sind ständige Kontrollen und immer neue Prothesen erforderlich."

Einige Länder bauen nun Fabriken in Jerewan, die künstliche Gliedmaßen herstellen. Es bleibt zu hoffen, daß auch Fachärzte und Techniker aus diesen Ländern mitgeschickt werden, um armenische Kollegen auszubilden, damit sie die Arbeit entsprechend weiterführen können.

Westliches Engagement bei Wiederaufbauprojekten nach dem Erdbeben, zum Beispiel beim Bau von Krankenhäusern, Rehabilitationszentren und Fabriken, führt zu ständigen Auseinandersetzungen mit der sowjetischen Bürokratie, zu Konfrontationen mit Korruption,

Gleichgültigkeit und Desorganisation. Unnötige Verzögerungen durch das Ausbleiben sowjetischer Entscheidungen, unverschämte Forderungen und Mißbrauch unserer Hilfe haben engagierte Ausländer verbittert. Das Ergebnis ist ein beschämend langsames Fortschreiten von Rehabilitation und Wiederaufbau. Die Erfahrung hat aber gezeigt, daß gezielte Vorhaben sofort durchgesetzt werden können, wenn sie von „Tür zu Tür", also ohne Zwischenschaltung von Bürokratie und Organisationen, gehen. Ich erinnere mich an einen Fernsehbericht über einen Lastwagen, bepackt mit Hilfsgütern, der ohne Umwege in eins der vom Erdbeben betroffenen Dörfer fuhr; die Ladung wurde direkt an alle Bedürftigen verteilt.

Dieses Beispiel vor Augen, sprach ich mit Professor Becker über künftige Hilfsmöglichkeiten. „Für die Rehabilitation sind gute Krankengymnasten wichtiger als Ärzte", meinte er und bot mir an, zwei hervorragende Krankengymnasten auszuwählen, die bereit wären, zwei bis drei Wochen in meinem Krankenhaus in Moskau die Methoden des Massageteams zu beobachten. Olga war begeistert, als ich in unserem Kinderkrankenhaus von diesem Vorschlag berichtete.

Im Rahmen dieses Austauschprogramms für Krankenhäuser werden die von Professor Becker ausgewählten Therapeuten in Olgas Team mitarbeiten, wenn die Kinder zu weiteren Behandlungen ins Krankenhaus zurückkehren. Bis dahin sollen die deutschen Rehabilitationsgeräte, die Monate vorher bestellt wurden, eingetroffen sein. Danach werden Olga und ein weiterer Ausbilder als Hospitanten in ein von Professor Becker bestimmtes Krankenhaus in der Bundesrepublik kommen. Daraus könnte sich auch ein Fortbildungskurs unter Leitung eines internationalen Teams für einheimische Therapeuten in Armenien ergeben.

Das Deutsche Rote Kreuz hat bereits ein sehr wirkungsvolles Programm für Patienten mit Rückgratverletzungen in einem armenischen Krankenhaus aufgezogen. Doch es werden immer noch Therapien für diejenigen Verletzten benötigt, die aus dem Krankenhaus entlassen wurden, aber dringender Weiterbehandlung bedürfen. Für dieses Hilfsprojekt reiste Professor Becker mit einem deutschen Ärzteteam nach Armenien, und zwar Anfang Dezember 1989, ein Jahr nach dem Erdbeben. Im Rahmen der Aktion „Tür zu Tür" untersuchten sie die Verletz-

ten in ihren Heimatorten wie Spitak, Leninakan, Kirovakan und Stepi-
navan, verordneten entsprechende Therapien und sorgten für deren
Durchführung. Medizinische Apparate wurden zur Verfügung gestellt
und Krankengymnastik und Operationen organisiert, damit die
Zukunft der Erdbebenopfer so lebenswert wie möglich verlaufen kann.

Es ist leicht, sich angesichts einer Katastrophe helfend zu engagieren,
und es ist ebenso leicht zu vergessen, daß auch auf das Schlimmste
noch Schlimmeres folgen kann. Meine armenischen Kinder werden für
immer in meiner Erinnerung bleiben, und ich werde immer für sie dasein, wenn sie mich brauchen.

Für alle, die helfen wollen:

„Tür zu Tür e.V."
Commerzbank AG Köln
Kontonummer 1 818 111
BLZ 370 400 44

Zweck des Vereins ist die Unterstützung der Bevölkerung in der
UdSSR, vor allem durch schnelle medizinische Hilfe sowie Erfahrungs-
austausch auf medizinischem Gebiet zwischen der UdSSR und der Bundesrepublik Deutschland. Der Verein ist parteipolitisch und konfessio-
nell unabhängig.

ÜBER DIE AUTOREN

Rüdiger Nehberg (rechts, mit Häuptling Davi Kopenawa), bekannt als Deutschlands Abenteurer und Survival-Experte Nummer eins, hat schon viele gefährliche Expeditionen in Afrika und Südamerika durchgestanden und darüber in Büchern, Filmen und Vorträgen berichtet. Aufsehen erregte der 1935 geborene gelernte Konditor durch seine Erstbefahrung des Blauen Nils (1972), seinen Marsch durch Deutschland

ohne Nahrung (1981) und seine Überquerung des Atlantiks im Tretboot (1987). Seit gut einem Jahrzehnt gilt der besondere Einsatz des engagierten Autors dem Schutz der Yanomami-Indianer.

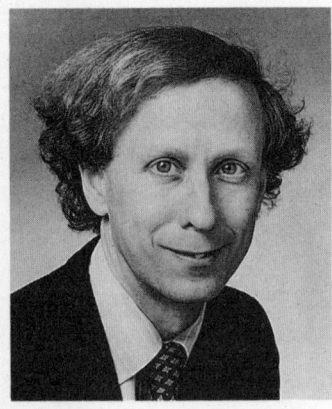

Sonny Kleinfield arbeitet als Reporter für die renommierte Tageszeitung *The New York Times*. Er ist bekannt für seine Hartnäckigkeit bei der Recherche, die ihn für *Hotel* in die abgelegensten Winkel des Plaza führte. Um ein vollständiges Bild des Hotelalltags zu erhalten, interviewte Kleinfield das gesamte Personal von der Hausdame über den Oberkellner bis zum Hoteldetektiv. Er folgte dem Waschküchenleiter und dem Nachtportier von den – wie er sagt – „unterirdischen Gewölben bis zum Dachfirst". Berühmt wurde Sonny Kleinfield übrigens 1988 durch den Bestseller *Mein amerikanischer Traum* – die Biographie des Wirtschaftstycoons Lee Iacocca.

Dr. Owen Beattie (links) ist Professor für Anthropologie an der University of Alberta, Kanada. Im Rahmen einer Langzeitstudie, die die Auswirkungen von Ernährung und Umwelt auf die Gesundheit der europäischen Forscher im 19. Jahrhundert untersucht, leitet er das Franklin-Projekt. Beattie ist verheiratet und lebt mit seiner Frau und drei Kindern in Alberta. **John Grigsby Geiger** (rechts) wurde 1960 in Ithaka, New York, geboren und lebt heute in Alberta. Nachdem er an der University of Alberta Geschichte studiert und in diesem Fach auch promoviert hatte, arbeitete er als Journalist für das *Edmonton Journal*. Für seine Berichterstattung über die wissenschaftlichen Forschungen zum Schicksal der Franklin-Expedition erhielt er 1984 den „Edward Dunlop Award of Excellence".

Lois Fisher-Ruge wurde 1940 in Hartford/Connecticut, USA, geboren. Nach dem Studium arbeitete sie im Weißen Haus in Washington, zunächst im Peace Corps, später im Stab von US-Präsident Johnson. Durch ihre Arbeit lernte sie ihren Mann, den deutschen Fernsehjournalisten Gerd Ruge kennen, von dem sie heute geschieden ist. Dreieinhalb Jahre verbrachte Lois Fisher-Ruge als Frau des Journalisten in Peking, drei Jahre in Moskau. Ihre gesellschaftlichen, politischen und kulturellen Erfahrungen in China und der UdSSR hat die Autorin in ihren Büchern *Alltag in Peking* und *Alltag in Moskau* festgehalten. *Meine armenischen Kinder* ist das neueste Buch der Amerikanerin, die in Köln lebt. Die von ihr ins Leben gerufene und weiterhin betreute Initiative „Tür zu Tür" hat bereits zur Rehabilitation vieler Erdbebenopfer beigetragen.